경남 노동운동가들의
삶과 투쟁

국립창원대학교 사회과학연구소
산업도시연구 총서 제5권

경남 노동운동가들의 삶과 투쟁

조효래 | 심상완 | 김정호 | 한양하 엮음

이 논문은 2022년 대한민국 교육부와 한국연구재단의 지원을 받아 수행된 연구임
(NRF-2022S1A5C2A03093617)
This work was supported by the Ministry of Education of the Republic of Korea and the National Research Foundation of Korea (NRF-2022S1A5C2A03093617)

■ 서문

경남 노동운동가의 삶과 투쟁

1

1987년 노동자 대투쟁 이후 40여 년의 세월이 지났다. 이미 87년 대투쟁에 참여했던 세대의 상당수가 노동 현장에서 은퇴했거나 정년퇴직을 준비 중이고, 새로운 세내의 소수 정규직과 다수의 하청 비정규 노동자들이 그 자리를 메꾸고 있다. 1987년 노동자 대투쟁과 마창노련의 경험은 전설처럼 떠돌아다니지만 지금 노동자들에게는 오래전 이야기이기도 하고, IMF 이후 각자도생의 삶은 노동운동의 단결과 연대에 어려움을 더하고 있다. 지난 세대의 계급적 단결과 투쟁의 경험은 잊혀 가고 있고, 사업장의 벽이 높아지면서 하청 비정규 노동자의 극한적 투쟁과 지역적 연대의 목소리는 큰 반향을 불러 모으지 못하고 있다.

그 와중에 계급적 단결과 지역연대의 경험을 가진 87년 세대들은 정년퇴직으로 노동조합운동의 일선에서 물러나고 있고 각자의 연고를 찾아 우리 지역을 떠나기도 한다. 점점 만나기 힘들어지고 있는 87년 세대들의 경험과 이야기를 더 늦기 전에 기록으로 담아놓지 않으면, 그 많은 사연이 흔적 없이 사라지거나 한 줄의 건조한 문장으로만 전해질 거라는 우려가 컸다. 87년 세대 노동운동가들이 다 은퇴하기 전에, 혹은 은퇴한 현 위치에서 하고 싶은 말이나 후배들에게 들려주고 싶은 이야기도 많은데 시간이 많지 않아 보였다. 그래서 아직 연락이 닿는 분들을 모셔서 개인적으로 노동운동에 들어선 과정이나 노동운동에 참여해서 주요하게 활동했던 내용, 상황이나 쟁점을 듣는 것이 필요하다고 생각했다.

이 세대가 겪어왔던 삶의 경험과 투쟁들은 그냥 흘려보내기에는 노동운동의 소중한 자산이기도 하고 후배들이 꼭 알아야 할 민중의 역사이기도 하다. 이 세대 노동운동가들의 고민과 경험을 그들의 목소리로 들려주면 그 자체가 풍부하고 생생한 교훈이 될 것이고, 이 구술자료가 지역노동운동사 연구의 중요한 사료가 될 것이라는 생각이다. 이는 1980년대 이후 산업화 과정에서 1세대 노동자들의 삶에 관한 기록이기도 하고, 1987년 이후 민주노조 운동의 역사이며, 이를 이끌어왔던 사람들의 지역노동운동에 대한 자기반성이자 후배들에 대한 당부이기도 하다.

사실 87년 세대 노동운동가들의 치열했던 삶과 투쟁을 기록으로 남겨야 한다는 문제의식은 누구나 공감하는 것이었지만, 이는 개인이 감당하기에 쉽지 않은 작업이다. 은퇴하는 노동운동가들이 개별적으로 자서전을 쓰는 경우가 왕왕 있지만, 같은 시기의 공통 경험에 대해 서로 다른 위치에 있던 당사자들이 어떻게 생각했고 어떤 의미를 부여했는지를 모아보면, 더 체계적으로 이 세대의 삶과 투쟁을 조망할 수 있을 것이라는 기대가 있었다. 이분들 다수가 이제 정년을 지나고 있거나 은퇴하면서 연락이 끊어지는 경우가 많아, 꼭 기록을 남겨야 할 분이나 퇴직을 전후한 분들을 중심으로 그 목소리를 기록하기로 했다.

사실, 이 작업은 노동조합 차원에서 진행하기보다 학계에서 주도하는 것이 더 적절해 보였다. 노동운동 내부의 정파적 갈등이 적지 않고, 노동운동 내에서 과거 사건을 보는 시각과 해석이 일치하지 않는 조건에서 특정한 노선이나 경향과 거리를 두고 중립적인 시각에서 다양한 노동운동가의 목소리를 왜곡 없이 그대로 담는 것이 중요하다고 보았기 때문이다. 동시에 학계에서는 노동조합운동의 주요 사건과 투쟁에 대한 정확한 구술과 해석뿐 아니라, 87년 세대 노동운동가 개인의 삶과 생애과정에도 큰 관심을 갖고 있다. 그래서 구술의 초점을 어떻게 잡을 것인가는 쉽지 않은 문제였다. 이 작업은 1987년 이후 지역노동운동사의 기초 연구이면서, 이 시대를 살았던 노동자들의 생각과 행동에 관한 사회사적 접근을 포괄하는 것이다. 결국, 그 시대를 살았던 노동자의 한 사람이자 민주노조 운동의 지도자이기도 했던 분들의 생애 구술을 통해, 노동운동가로서 개인들의 삶과 변화과정을 조망하면서 동시에 주요 지도자들이 경험했던 지역노동운동의 큰 그림을 밑에서부터 맞추어 보려는 노력이기도 했다.

2

그래서 주요 노동운동가들의 삶과 투쟁 경험을 듣고 기록하되 각자의 경험과 이야기가 큰 그림으로 모일 수 있도록, 노동운동의 주요 계기와 쟁점들을 어떻게 경험했는지, 그 이면의 이야기들은 어떤 것이었는지에 주목했다. 큰 틀에서 시기별 · 주제별로 질문 항목을 미리 전달하고 이를 중심으로 자기 경험을 이야기해 주길 요청했다. 이는 같은 시기, 비슷한 사건이라도 각자의 위치에 따라 사건을 경험한 방식이나 기억도 다르고 그에 대한 의미를 부여하는 방식도 다르기 때문이다. 그래서 지역에서 다양한 위치에 있는 대표적인 노동운동가들을 모시고 생애과정에서 노동운동의 경험과 소회를 들어보고, 주요한 노동운동의 쟁점에 대한 솔직한 이야기를 부탁드렸다.

또한, 화자들이 자기 삶의 이야기, 각자가 하고 싶은 이야기를 충분히, 자연스럽게 말할 수 있도록 면접자가 구술에 끼어들거나 질문으로 방해하는 것을 최소화하도록 원칙을 정했다. 본인이 노동운동을 시작한 이후 경험했던 사건들과 그 경험들이 자신의 삶에 갖는 의미, 여러 가지 성과와 반성, 소회를 포함하여, 하고 싶은 얘기를 폭넓게 들어보자고 생각했다. 구술내용에 제한을 두지 말고 질문에 대한 모범답안을 구하기보다, 본인이 어떤 생각으로 어떤 행동을 했고, 그 행동에 어떤 의미를 부여하고 있는지에 주목하고자 했다.

구술을 위한 질문을 뽑는 과정에서, 처음에는 87년 세대 노동자들을 대표하는 전형으로서 노동운동가 개인의 생애사를 중심으로 구술채록을 하자는 주장도 있었고, 지역노동운동의 성장과 발전과정에서 구체적인 사실을 중심에 놓고 그에 대한 진단과 평가에 초점을 두자는 논의도 있었다. 그래서 이 양자를 절충하는 방식으로 질문을 작성했다. 이미 1987년, 길게 보면 1985년부터 40여 년의 시간이 지난 시점에서, 이는 노동운동에 일생을 헌신해 온 노동운동가 개인의 삶에 대한 소회이기도 하고, 자신이 경험한 민주노조 운동에 대한 회상과 반성이기도 하다.

구술자에게 미리 전달한 질문지는 크게 세 부분으로 구성되었다. 먼저, 구술자의 생애사와 관련한 내용으로, 성장 과정과 취업, 노동운동 참여 계기, 노동운동가로서의 주요한 경험, 가족생활, 노동운동을 통한 삶의 변화이다. 다음으로 지역노동운동에 대한 경험이다. 노동조합의 주요한 투쟁과 지역연대 활동, 노조 운동의 노선과 방향에 관한 생각, IMF 이후 노동운동의 변화와 금속 산별노조의 경험이다. 주요쟁점으로는 노동자 정치세력화와 정파 갈등, 노동운동의 변화와 발전을 위한 과제 등을 포함하였다. 그러나 이 질문지는 구술할 내용을 범주별로 분류한 것으로 구술자가 질문 전체를 소화할 것을 요청하는 것이라기보다는, 자신의 경험과 투쟁을 이야기하는 좌표를 일깨우기 위한 것일 뿐이다. 구술자 개인별로 주요하게 참여한 투쟁이나 조직 활동의 무대가 다르기에, 이 틀을 참고해 자기 활동과 투쟁의 경험을 평가해주기를 부탁한 것이었다.

구술 사전 질문지

1. 생애사

- 인적 사항과 생애사: 생년, 고향, 사업장, 직무, 경력, 취업
- 노동운동 참여의 계기와 동기, 학습모임 경험
- 1980~90년대 활동과 삶: 수배·구속 경험, 정당·사회단체 경험
- 결혼과 가족생활
- 노동운동 전후의 삶과 생각의 변화, 노동운동 과정에서의 어려움

2. 마창지역 노동운동

- 노동조합 활동의 기억, 중요한 투쟁 경험
- 노동조합의 연대 활동
- 노조 운동의 방향과 노선
- 1998년 IMF의 경험과 노동운동에 미친 영향
- 2000년대 금속 산별노조 건설과정

3. 주요쟁점

- 노동자 정치세력화와 민주노동당 활동
- 현장조직 운동과 정파 갈등
- 2000년대 비정규직 노동운동
- 노조 내 세대교체와 새로운 노동운동의 과제
- 마창지역 노동운동 발전을 위한 과제

전체적으로 구술은 자신의 성장과정과 취업, 노동운동 참여, 주요한 투쟁 경험, 조직 활동의 경험과 평가, 지역 내 주요한 투쟁이나 정치활동에 관한 경험으로 진행되었다. 대부분 자신의 직접적인 경험이나 고민했던 부분에 초점을 맞추어 구술했고, 1987~90년 시기 최초의 투쟁 경험이 가장 큰 비중을 차지했다. 대부분 처음에 창원에서의 삶을 어떻게 시작했고, 왜 노동운동을 하게 됐으며, 지금까지 계속 노동운동을 하는 과정에서 어떤 경험을 해왔는지, 돌이켜보면 이것이 자신의 삶에서 어떤 의미가 있었는지 등의 서사가 중심이었다. 특히 IMF 경제위기와 금속노조 결성, 노조 간부 활동과 진보정당 활동 경험이 주요하게 다루어졌다

3

처음 구술대상자를 선정하는 것부터 난제였다. 경남지역 노동운동이 창원, 마산, 거제 등 산업도시를 기반으로 전개해 왔고, 창원공단의 대사업장 노조를 중심으로 연대 활동이 이루어져 주로 창원공단 사업장에서 활동했던 지도자들이 많이 포함되었다. 이는 1987년 이후 마창노련 결성에서부터, 지역연대 투쟁, 금속 산별노조 건설과 노동자 정치활동 등 노동운동의 주요한 계기마다 창원공단 대사업장 출신 지도자들의 역할이 컸기 때문이기도 했다. 이 때문에 아무래도 금속 중심, 창원 중심, 남성 사업장 중심으로 구술자가 편중된 측면이 없지 않다. 마산수출자유지역은 대표적으로 여성 사업장이 밀집된 곳이고 오랫동안 여성 노동자들의 투쟁이 축적된 곳이지만, 개별사업장 투쟁이 장기적으로 계속된 곳이 많지 않아 구술자가 많지 않았다. 마찬가지로 대우조선 투쟁이 중심인 거제지역이나 중소기업이 많고 금속산업이 취약한 진주지역도 많이 포함되지 않았다. 거제와 진주의 경우는 백순환, 김재명의 구술을 통해 일부 보완하였고, 여성 노동운동의 경우는 김은형, 서향미의 구술을 통해 일부 보완하였다. 1987년 이후의 투쟁 과정을 중심으로 구술대상을 선정하다 보니 아무래도 금속에 치우쳤고, 2000년대 들어 활성화된 공공 부문이나 서비스 부문의 노동운동 활동가들이 포함되지 못했다.

지역뿐만 아니라 창원공단 내에서도 지난 40여 년 동안 시기별 주요 투쟁 사업장이 여럿이고, 노조의 역사가 축적되면서 사업장별로도 주요한 지도자들이 적지 않았다. 노동운동의 노

선에서도 같은 사업장 내 노동운동가들의 정파가 달라, 정파별로 지도자들이 균형 있게 대표되었는지도 중요한 문제였다. 더욱이 일부 노동운동가들은 노동운동 지도자로서 구술에 참여하는 것을 꺼리기도 했고, 일부 노동운동가들은 이미 노동운동의 대열에서 이탈하였거나 정치적 입장에서 민주노조 운동의 주요 흐름과 상당한 거리가 있는 분들도 적지 않았다.

그래서, 구술자를 선정하는 과정은 '지역노동운동'이라는 개념에서 출발했고, 개별사업장도 지역노동운동의 조직과 투쟁이라는 관점에서 주요한 사업장의 지도자를 선택했다. 우선 1987년 노동자 대투쟁 이후 지역노동운동의 조직화 과정에서 선도적 위치에 있었던 노동운동가들과 이후 민주노총과 금속노조, 금속연맹의 지역조직에서 지도적 위치에 있었던 노동운동가를 중심으로 정파적 차이를 감안하여 구술자를 선발했다. 여기에 2000년대 이후 주요한 투쟁 사업장의 경험을 가진 분들을 추가했다. 그래서 이미 은퇴했거나 은퇴를 앞둔 노동운동가들 외에 아직 현장에서 적극적으로 활동하는 분들도 포함하였다.

주로 노동운동 1세대를 중심으로 개인의 경험과 생각을 채록하다 보니 지역노동운동의 흐름을 잘 모르는 분들은 논의를 따라가기 어려울 수도 있어서, 앞부분에 지역노동운동의 역사에 관한 김정호의 글을 배치했다. 뒷부분에는 주요 노동운동 조직 내에서 주요한 책임을 맡은 노조 간부들의 집담회를 추가했다. 구술이 지역노동운동의 역사적 흐름을 따라가는 것이라면, 집담회는 현재 노동운동의 쟁점들에 대한 전략적 고민을 정리하기 위한 것이다. 4가지 쟁점은 ① 산별노조 운동의 평가와 방향, ② 노동자 정치세력화의 문제점과 과제, ③ 노동운동의 지역연대, 어떻게 확장할 것인가? ④ 노동운동의 혁신, 무엇부터 시작할 것인가이다. 지역노동운동의 문제를 어떻게 풀어가야 할지, 민주노총 중앙과 경남본부, 금속노조 경남지부, 공공운수노조 지부, 정의당 등에서 활동하는 간부들의 고민을 들어보는 장이다.

4

구술은 2024년 1월부터 2025년 3월까지 총 13명의 노동운동가가 참여하여 진행되었다. 개 개인의 구술 참여를 요청하고, 이를 수락하신 분들을 대상으로 가능한 시간을 잡아 일정을 잡다 보니 전체 작업 일정이 길어졌다. 여기에 지역노동운동의 쟁점을 다루는 집담회가 추가되면서, 처음 기획에서 출간까지는 거의 2년 가까운 시간이 걸린 셈이다. 구술작업은 창원대학교 사회과학연구소 산업도시연구팀과 '미래를 준비하는 노동사회교육원'의 협업으로 진행했다. 노조 간부와 조합원 교육을 주요 사업으로 하는 교육원이 노동운동가에 대한 섭외와 녹취를 담당하고, 창원대학교 사회과학연구소는 기획과 편집, 집담회, 출판 작업을 진행했다. 구술과정은 구술자에게 미리 질문지를 전달한 뒤, 구술자가 자기 경험을 자유롭게 이야기하고 면접자들이 보충 질문을 하는 방식으로 진행되었다. 이후 편집자가 녹취록을 문장화하는 편집작업을 거친 후, 다시 구술자에게 구술내용을 확인하고 수정하였다. 불필요한 내용이나 내용이 정확하지 않은 부분을 삭제하고 구술자에 따라 개별적으로 재편집을 거친 후, 편집자가 다시 2차 편집하는 방식으로 원고를 확정했다.

기획과정에서부터 조효래, 김정호, 심상완이 논의를 같이했고, 구술과정에서 오하나, 한양하, 송미옥이 함께했다. 구술자 섭외에는 김정호, 심상완이 수고를 아끼지 않았고, 편집 작업에는 조효래, 한양하가 애를 많이 썼다. 그 외에 많은 분이 도움을 주었고, 무엇보다 구술과 집담회에 참여해 귀중한 경험을 이야기해 준 노동운동가들에게 감사드린다

조효래(국립창원대학교 사회학과 교수)

■ 목차

서문: 경남 노동운동가의 삶과 투쟁 005

Ⅰ. 개관

마창지역 민주노조운동의 흐름 금속 부문을 중심으로 015
김정호(미래를준비하는노동사회교육원 소장)

Ⅱ. 구술

1. 전투적 노동운동에서 진보정치 운동으로 060
   여영국(전 국회의원)
2. 진짜 노동자의 삶과 한국중공업 노조투쟁 098
   김창근(전 금속노조 위원장)
3. 창원지역 최초의 '학출노동자' 136
   주재석(전 금속노조 경남지부 부지부장)
4. 한국중공업 노조 투쟁 이후 노동자 정치운동 164
   손석형(전 민주노총 경남본부장)

5. 대우조선 노조의 투쟁과 거제지역 노동운동 204
백순환(전 금속산업연맹 위원장)

6. 통일중공업 노조의 투쟁과 산별노조운동 236
신천섭(전 금속노조 경남지부장)

7. 마창노련 투쟁에서 금속 산별노조로 276
홍지욱(민주노총 부위원장)

8. 지역 노동운동의 경험과 실천 과제 310
김성대(전 민주노총 경남본부 정책국장)

9. 진주지역의 노동운동과 일반노동조합 운동 338
김재명(전 민주노총 경남본부장)

10. 산별노조 전환과 모트롤의 복수노조 투쟁 358
손송주(전 금속노조 수석부위원장)

11. 한국산연 투쟁과 연대의 힘 390
김은형(민주노총 경남본부장)

12. 시티즌정밀 투쟁 이후 금속 여성 활동가의 길 426
서향미(금속노조 경남본부 조직국장)

13. 한국GM 창원비정규직지회의 20년 투쟁 460
진환(전 전국금속노조 한국지엠창원 비정규직지회 사무장)

Ⅲ. 집담회

경남의 노동운동, 쟁점과 과제 503
진행 조효래(국립창원대학교 사회학과)
참여 김성대(전 민주노총 경남본부 정책국장), 문상환(금속노조 경남지부 미조직비정규사업국장),
배종절(공공운수노조 경남본부 조직국장), 안석태(민주노총 경남본부 부본부장),
여영국(전 국회의원), 홍지욱(민주노총 부위원장)

I 개관

마창지역 민주노조운동의 흐름

금속 부문을 중심으로

김정호
(미래를준비하는노동사회교육원 소장)

1. 들어가며

이 글은 1980년대부터 2010년대 중반까지 마산·창원지역 민주노조운동이 새로운 흐름으로 자리 잡아 오늘에 이르기까지 역사적 전개과정을 개략적으로 다룬다. 민주노총 산하에는 금속을 비롯하여 16개의 산별연맹(노조)이 있지만, 여기서는 마창지역 민주노조운동을 주도해 왔고, 또한 가장 큰 비중을 차지하고 있는 금속 부문을 중심으로 다룬다. 이 글은 아주 새로 쓴 글은 아니며, 글쓴이가 예전에 썼던 글(김정호, 2023)의 주요 부분을 발췌 · 요약하고, 외환위기 이후 상황을 좀 더 덧붙여 정리한 것이다.

마창지역 노동운동의 역사는 일제 강점기까지 거슬러 올라간다. 1907년에 마산에 전국 최초로 노동야학이 설립되고, 1927년에는 '마산노동연맹'이라는 지역조직이 결성되어 활동했던 것으로 전해진다. 1945년 8월 15일 해방이 되고 나서 조선의 노동운동은 조선노동조합전국평의회(이하 전평)가 주도했다. 전평은 노동자들의 처우 개선 등 경제투쟁뿐만 아니라 자주적인 통일국가 건설을 위해 활발한 정치투쟁을 벌였으나, 냉전과 분단으로 이어지는 시대 상황 속에서 미군정과 극우 정치세력의 탄압으로 인해 궤멸되고 말았다. 해방공간의 노동운동은 '분단과 냉전'의 시대 상황 속에서 궤멸되고 1960년대까지는 독재정권과 자본의 이익을 위해 복무하는 관치 어용노조 운동이 득세했다.

1970년 11월 13일 전태일 열사의 분신을 시발점으로 민주노조운동의 흐름이 미약하게나마 형성되었으나 박정희 정권의 폭압적 탄압 때문에 대중적인 운동으로 발전하지는 못했다. 예컨대 1969년에 제정된 '외국인투자기업에서의 노동쟁의에 관한 임시특례법'은 수출자유지역에서 일하는 여성 노동자들의 노동기본권을 원천 봉쇄했다. 1976년 5월 마산수출자유지역 내의 섬유업체인 한국스와니에서 노조 결성 시도가 실패한 것도 이 때문이었다.

2. 1980년대 초중반의 노동운동

1) 전두환 정권의 노동통제와 노동자들의 저항

1979년 10월 26일 박정희 대통령의 피살로 인해 빚어진 정치적 공백기는 '80년의 봄'을 가져왔다. 노동쟁의 건수는 1979년 105건에서 1980년 407건으로 급격히 증가했다. 신규 노조 결성 투쟁도 활발하게 벌어져 불과 두 달 동안 조직 노동자가 8만여 명이나 증가했다. 이 시기의 주요한 투쟁으로는 사북 동원탄좌 노동자들의 어용노조 민주화 투쟁과 원풍모방 · 동일방직·반도상사 등 1970년대 민주노조들의 한국노총 민주화 투쟁을 들 수 있다.

이 시기 마산·창원지역에서도 마산수출자유지역 내 북릉(수산물 가공업체) 노동자들이 1980년 3월 31일 수출자유지역 설립 10년 만에 노동조합을 결성한 것을 시작으로 5월 중순까지 5개의 노조가 결성되었다. 또 한국삼양공업, 신흥화학, 동경전자 등과 진동의 두산유리, 창원의 현대양행, 동양기계 창원공장, 풍성정밀, 동명중공업, 한국공작기계, 삼성라디에터, 창원산재병원, 진해의 진해화학 등에서 노동자들이 임금인상과 노동조건 개선, 어용노조 퇴진 등 다양한 요구를 내걸고 농성이나 파업 투쟁을 전개했다.

그러나 신군부는 광주민주항쟁을 진압한 후 노동운동에 대한 대대적인 탄압에 나섰다. 1980년 8월 '노동조합 정화지침'을 내려 산별노조 지역지부를 해산 조치하고, 노조 간부들을 강제로 사퇴시키거나 해고했으며, 삼청교육대를 통해 감금과 폭력을 일삼았다. 그리고 12월 31일, 전두환 정권은 국가보위비상입법회의를 통해 근로기준법, 노동조합법, 노동쟁의조정법, 노동위원회법을 개정하고 노사협의회법을 새로 제정했다. 이를 통해 노동조합 형태를 산별 체계에서 기업별 노조 체계로 개편했으며, 유니온샵 제도를 폐지하고 노조 설립 요건을 대폭 강화했다. 그뿐만 아니라 노조 활동에 대한 행정관청의 감독권 강화, 단체교섭권 위임 금지, 제3자 개입 금지, 국공영업체와 방위산업체의 쟁의행위 금지, 냉각기간 설정, 행정관청의 긴급조정 등을 통해 단체교섭권과 단체행동권에 대한 제한도 대폭 강화했다. 이에 더해 노사협의회법을 제정하여 노사관계를 노사협조주의로 왜곡 · 순치시키려고 기도했다. 전두환 정권이 노동관계법을 전면 개정한 목적은 노조운동을 원천적으로 차단하고 억압할 수 있는 제도적 틀을 갖추는 데 있었다.

전두환 정권은 1981년 들어서면서 민주노조들에 대한 대대적인 파괴 공작을 자행했다. 청계피복노조를 시작으로, 반도상사, 콘트롤데이타, 서통, 남화전자, 태창메리야스 노조를 차례로 깨트렸으며, 마지막으로 1982년 9월 원풍모방 노조를 무너뜨렸다. 하지만 아무리 군사독재 정권이라고 해도 1985년 총선, 1986년 아시안게임, 1988년 올림픽 등 중요한 정치 일정과 국제 행사를 앞두고 마냥 채찍만 휘두를 수는 없었다. 전두환 정권은 1983년 12월 대학 제적생 복교 허용, 대학 상주 경찰의 철수, 해직 교수 복직, 정치활동 규제자 해금 등을 주요 내용으로 하는 '유화 조치'를 내놓았다. 탄압의 고삐가 잠시 풀린 틈을 타고 노동 현장에서 노조 결성과 생존권 확보를 위한 투쟁들이 터져 나왔다. 1984년 한 해에 새로 설립된 노동조합만 해도 200개에 달했다.

2) 택시 노동자들의 투쟁

1984년 5월 25일, 대구에서 시작된 택시 노동자의 파업 시위는 전국의 거의 모든 도시로 확대되었는데, 6월 4일과 5일에 일어난 부산, 마산지역 택시 노동자들의 파업 시위는 대구의 투쟁과 함께 가장 규모가 크고 격렬하게 진행되었다.

마산·창원지역의 택시 노동자들은 1983년 7월 이후 1984년 초까지 21개의 노조를 결성했으나, 행정관청과 사업주들의 노조 와해 책동으로 거의 파괴되어 1984년 6월에는 8개만이 남아 있었다. 그럼에도 대구를 비롯한 전국적인 택시 노동자들의 투쟁 분위기에 고무되어 1984년 5월 11일과 12일 사업주가 같은 석전택시와 용마택시 노동자들의 공동파업에 이어 6월 5일 지역 차원의 공동투쟁에 나섰다.

이날 택시 노동자들은 육호광장, 3.15 의거탑, 불종거리 등 마산 시내 10여 곳에서 100여 대의 택시를 동원하여 도로를 차단한 채 격렬한 가두 투쟁을 벌였고, 밤 9시 30분쯤 협상을 통해 사납금 인하를 비롯한 노조 쪽의 근로조건 개선 요구를 대부분 관철했다. 비록 투쟁의 성과는 택시업체들이 9월 들어 기습적으로 사납금을 인상하는 바람에 물거품이 되고 말았지만, 이 시기의 투쟁은 택시 노조운동이 성장하는 데 커다란 발판이 되었다.

3) 제조업 노동자들의 민주노조 건설 투쟁

마창지역의 제조업 부문에서도 저항 분위기가 서서히 만들어지고 있었다. 특히 (주)통일이

나 기아기공과 같이 이미 노조가 결성되어 있던 대기업들이 서울에서 창원공단으로 이전해 오면서 앞서가던 경인지역의 노동운동 분위기가 직간접적으로 전파되었다.

먼저 창원공단의 삼성라디에터에서 노동자들이 노조 결성 투쟁을 벌여 1984년에 한 차례 실패했으나 1985년에 다시 시도하여 성공했다. 창원공단의 손꼽히는 대기업인 한국중공업에서도 1983년부터 노조 설립을 준비하는 모임이 시작되었고, 이들 중 4명이 1985년 5월, '악질반장'의 갑질을 바로잡기 위한 연판장을 돌리다가 해고되었다. 하지만 남은 이들은 김창근을 중심으로 6월 24일 기습적으로 노동조합을 설립했다. 이에 회사는 노조 지도부에 대해 건설현장에 출장 명령을 내리고, 이를 거부하는 김창근 등 9명을 해고 조치했다. 결국 나머지 노조 설립 발기인들은 회사의 회유와 협박을 견디지 못해 노조를 탈퇴했고, 이를 근거로 회사 쪽이 노동조합 해산서를 제출하면서 노조 설립은 무산되었다. 그러나 해고자들은 유인물을 내고, 통상임금 지급 소송 등을 벌이며 1987년 노동자 대투쟁까지 끈질기게 민주노조 건설 투쟁을 이어갔다.

노동자들의 민주노조 건설 열망은 (주)통일에서 더 위력적인 대중투쟁의 형태로 터져 나왔다. 1982년 동양기계가 (주)통일에 합병되면서 동양기계 영등포공장 노동자들이 창원공장으로 옮겨온 이후 노조는 간부진을 보강하는 등 조직력 강화에 힘을 기울여 1984년 가을 단체협약 갱신 투쟁에서 상당한 성과를 거두었다. 이 일을 계기로 조합원 수가 400~500명에서 2,000여 명으로 크게 증가한 노조는 1985년 임금인상 투쟁을 조합원들의 높은 참여 열기 속에서 진행하였다. 하지만 4월 20일, 김재진 노조위원장이 회사 쪽의 4.5% 인상안에 직권 조인을 하는 일이 발생했고, 이에 분노한 조합원들은 대학생 출신 노동운동가인 문성현 사무국장을 중심으로 투쟁을 계속하면서 4월 25일에는 전 조합원이 참가하는 파업 농성을 밤새 벌였다. 이에 놀란 회사가 이튿날 새벽 4시, 문성현 위원장을 비롯한 노조 간부 징계 철회, 파업 조합원에 대한 보복 행위 금지 등 노조의 요구를 전면 수용함으로써 통일 노동자들의 투쟁은 성공적으로 마무리되었다. 기세를 탄 노동자들은 5월 초 위원장을 불신임하고 문성현 사무국장을 새로 위원장에 선출하는 등 민주노조의 기틀을 다지는 데 주력했다. 하지만 6월 27일 늦은 밤부터 이튿날 새벽 사이에 노조 간부 18명이 국가보안법 위반으로 대거 연행되면서 통일 노동자들의 노조 민주화 투쟁은 일단 막을 내리게 된다. 그러나 통일 노동자들은 그 후에도 노조 민주화를 위한 활동을 이어갔고, 특히 그 과정에서 해고된 노동자들은 회사의 탄압에 맞서 출근투쟁, 유인물 배포, 소모임 조직, 점심시간 식당을 이용한 기습 선동 등 다양한 방법을 활용하여 활동을 지속했다.

한국노동운동사에서 1980년대 전반기는 노동운동 활동가 집단이 본격적으로 형성되기 시작한 시기라고 할 수 있다. 마창지역에서도 한국중공업과 통일 등에서 확인할 수 있듯이 공장으로 들어간 학생운동 출신의 '위장취업자'들과 현장 출신의 '선진 노동자'들이 결합하여 민주노조를 세우기 위한 활동을 계획적이고 꾸준하게 벌여 나갔다.

4) 6월 민주항쟁과 노동자들의 참가

전두환 정권의 폭압 통치는 임기 후반으로 가면서 시민들의 저항에 맞닥뜨리기 시작했다. 1987년 1월 14일, 서울대생 박종철이 남영동 대공분실에서 조사를 받다가 물고문을 당해 목숨을 잃는 일이 일어났다. 군사독재 정권의 잔악한 만행과 거짓말에 분노한 시민들은 2월 7일 국민추도회와 3월 3일 고문추방 국민대행진을 거치면서 행동으로 나서기 시작했다. 마창지역에서도 2월 7일 가톨릭 여성회관에서 추도회가 열렸으며, 3월 3일에는 경남대와 창원대 학생들이 중심이 되어 집회와 시위를 벌였다. 모든 개헌 논의를 중단하고 차기 대통령도 체육관에서 선출하겠다는 4.13 호헌 조치가 국민들의 분노를 증폭시키면서, 이를 반대하고 직선제 개헌과 민주화 조치를 요구하는 시국선언과 서명운동이 전국 각계각층에서 줄을 이었다.

마창지역에서는 4월 17일 경남대와 창원대 학생 400여 명이 경남대 대운동장에서 '4.19 기념식 및 직선제 쟁취 결의 실천대회'를 연 뒤 가두 진출을 위한 시위를 벌였다. 5월 들어 학생과 시민들의 항거가 더 확대되고, 종교계와 학계 등 각계각층으로 확산하는 가운데 5월 27일 민주운동 진영과 야당이 연합한 '민주헌법쟁취 국민운동본부'(이하 국본)가 출범했고, 이후 국본은 6월 민주항쟁의 구심이 되었다. 경남에서도 민주헌법쟁취국민운동 경남본부가 6월 초에 결성되었다.

전두환 정권은 이에 아랑곳하지 않고 6월 10일 민정당 전당대회를 열어 노태우를 대통령 후보로 지명했다. 국본은 이에 맞서 같은 날 '고문살인 은폐조작 규탄 및 민주헌법쟁취 범국민대회'를 전국 22개 도시에서 동시다발로 열었다. 전국에서 24만 명이 집회와 가두시위, 철야농성 등에 참가했다. 이날 마산에서 열린 경남의 범국민대회는 경찰이 마산공설운동장 앞에서 최루탄을 발사함으로써 대통령배 축구대회를 관람하고 있던 관중들이 대거 합세하고,

퇴근하던 노동자들까지 합류하면서 3만여 명이 참가하는 대규모 시위로 발전했다. 또한 6월 26일 '호헌철폐 민주헌법쟁취를 위한 국민평화대행진'에도 2만여 명이 참가하는 등 6.29 선언이 나온 6월 29일까지 마창지역의 가두 투쟁은 계속 이어졌다.

마산 · 창원의 6월 민주항쟁은 초기엔 대학생들이 주도했지만, 경찰의 진압이 폭력적으로 변하면서부터 시민들과 노동자들이 폭넓게 참여하는 양상으로 발전했다. 노동자들은 처음에는 개별적으로 또는 소모임 형태로 참가했으나, 나중에는 퇴근하는 버스에서 집단적으로 내려서 집회에 참가하기도 했다. 심지어 몇몇 기업에서는 노동자들의 시위 참여를 막기 위해 일부러 연장근로를 시킬 정도로 6월 항쟁에 참여하는 노동자 수는 늘어갔다. 노동자들은 가두투쟁에서 화염병을 던지고 군중을 선동하는 구호를 외치면서 새로운 투쟁 경험을 쌓는 한편, 집회가 끝난 후에는 뒤풀이 자리를 통해 자연스레 '민주노조 건설'에 대한 공감대를 넓혀 갔다.

3. 1987년 노동자 대투쟁

1) 십 년을 하루에 뛰어넘은 투쟁

6월 민주항쟁의 큰 걸음은 공장 문 앞에서 멈추었다. 민주항쟁의 결과 한국의 민주주의는 커다란 진전을 이루었지만 노동자들에게 돌아온 것은 없었다. 6.29 선언에는 임금인상을 비롯한 처우 개선이나 단결권 보장 등 노동기본권 신장과 관련한 내용은 단 한 줄도 담겨 있지 않았다. 현장은 여전히 비민주적이고 반인간적인 지배와 착취가 계속되고 있었고, 합법적인 노동조합의 결성은 거의 불가능했다.

당시 한국경제는 1986년부터 시작된 저유가 · 저금리 · 저환율 등 3저 현상에 힘입어 엄청난 호황('3저 호황')을 누리고 있었다. 연평균 경제성장률은 12~13%에 이르고, 1인당 국민소득은 1989년에 5,000달러를 넘어섰다. 무역수지는 흑자로 돌아서 1986년 46억 달러, 1987년 99억 달러, 1988년 142억 달러를 기록한다. 하지만 노동자들의 삶은 여전히 고단했다. 전두환 정권과 기업들은 1980년대 초반의 경제위기를 노동자들에게 전가했고, 이 때문에 노동자들의 실질임금은 1986년까지 지속적으로 하락했다. 1980년 실질임금을 100으로 했을 때 1986년 임금은 72%에 불과했다. 그뿐만 아니라 장시간 노동과 높은 노동강도, 열악한 작업환경, 잦은 산업재해, 강압적 노동 통제로 인해 노동자들의 불만은 폭발 직전에 있었다.

1987년 7월 5일, 현대엔진에서 노조가 결성되었다. 노동자 대투쟁의 시작을 알리는 신호탄이 터진 것이다. 현대엔진에서 지펴진 노동자 대투쟁의 불꽃은 삽시간에 울산 전역을 휩쓸었다. 7월 15일 현대미포조선, 21일 현대중공업, 24일 현대자동차에서 노조가 결성되어 설립 신고를 둘러싸고 노동자들과 회사가 충돌하였다. 울산에서 불붙은 노동자 대투쟁의 불길은 7월 말에 부산과 창원으로 옮겨붙었고, 8월에는 마산을 거쳐 대우조선으로 건너갔으며, 이후 전국으로 번져나갔다. 공단이 밀접한 영남권과 서울 · 인천 · 경기 등 수도권은 물론, 전라·충청·강원·제주에 이르기까지 전국의 모든 지역에서 빠짐없이 파업이 전개되었다. 산업 · 업종별로 보면 대투쟁은 금속산업 사업장들에서 시작되었지만, 이내 제조업의 담장을 넘어 광산, 서비스 산업으로 번져나갔고, 민간부문의 경계를 넘어 공공부문으로 퍼져나갔다.

노동자 대투쟁은 말 그대로 "10년을 하루에 뛰어넘은" 비약적인 투쟁이었다. 노동부에 따르면 이해 6월 29일부터 10월 31일까지 발생한 노사분쟁 총건수는 3,311건이었고, 그 가운데 쟁의행위를 수반한 분쟁은 97.7%에 해당하는 3,235건이었으며, 쟁의행위 참가인원 총수는 122만 5,830명이었다. 이는 10인 이상 기업체에서 일하는 정규직 노동자의 36.8%에 해당하는 수치이다. 또 1977년부터 1986년에 걸친 10년 동안 노동쟁의 발생 건수가 1,638건, 참가자 수가 22만 8,495명이었던 데 비해, 1987년 한 해 동안 일어난 노동쟁의 발생 건수가 3,749건이었고, 참가자 수는 26만 2,285명이었다. 업종별로는 제조업이 1,740건으로 전체 투쟁의 53%, 운수업이 1,186건, 광업이 118건을 차지했다.

노동자들의 투쟁은 대체로 체계적인 계획이나 전략, 조직적인 통솔 없이 진행되었다. 쟁의는 대부분 작업중단, 파업, 또는 시위의 형태를 띠고 격렬하게 진행되었다. 당시에는 노동법 절차에 따라 노조 설립을 하기가 어려웠고, 설사 노조를 설립한다고 해도 일반사업장의 경우 30일, 공익사업장의 경우 40일의 냉각기간을 거쳐야 비로소 파업이 가능했기에 합법적인 파업을 한다는 것은 사실상 불가능했다. 그래서 노동자들은 대체로 파업에 먼저 들어간 후 노조를 만들어 회사 쪽과 단체교섭을 진행하는 방식을 선호했다. 노동자들은 '선 투쟁 후 협상'을 하나의 원칙으로 삼았고, 투쟁을 통해 악법을 무력화시켜 버렸다.

노동자들의 요구는 임금 · 상여금 인상, 수당 신설, 법정공휴일 유급휴가제, 악덕 관리자 처벌, 두발 및 복장 자율화, 생산직과 사무직 간 차별 철폐, 어용 집행부 퇴진 등으로 다양하게 분출되었다. 한마디로 요약하면 '노동자도 인간답게 살고 싶다'는 것이었다.

전두환 정권은 8월 28일 대우조선 노동자 이석규의 장례 투쟁에 대한 탄압을 계기로 대대적인 반격에 나선다. 이날, 김정렬 국무총리는 '좌경용공세력 척결을 위한 담화문'을 발표했다. 이어서 정부는 9월 4일 대우자동차와 현대중공업 파업 농성장에 경찰 병력을 투입하여, 대우자동차 농성자 94명 전원과 현대중공업 노동자 40명을 구속했다. 경동산업과 영창악기 투쟁도 같은 시기에 회사와 경찰의 합동 공격으로 파괴되었다. 이때부터 노동자들의 투쟁은 급격히 줄어들었고, 7 · 8 · 9월 노동자 대투쟁은 하강 국면으로 접어들게 된다.

2) 마창지역의 투쟁

마창지역은 1987년 노동자 대투쟁 이전까지만 해도 노동운동이 미약한 곳이었다. 수출자유지역은 1987년 이전까지 '외국인 투자기업 특례법'에 묶여 노조의 결성 자체가 사실상 금지된 노동운동의 불모지였다. 1980년 봄 몇몇 사업장에서 있었던 노조 결성 시도도 신군부 집단의 5.17 쿠데타로 인해 좌절되었다. 창원공단은 수출자유지역과 달리 일부 입주업체 중에 노조가 있는 곳도 있었고, (주)통일과 한국중공업처럼 노조 결성이나 노조 민주화 투쟁을 경험한 곳도 있었지만, 전체적으로는 노동운동의 무풍지대나 다름없었다. 하지만 두 공단 모두 공장이 밀집되어 있고, 동일하거나 유사한 업종으로 이루어져 있었다. 또 20대 젊은 노동자가 70% 이상을 차지하는 등 노동력 구성의 동질성이 높아 투쟁의 확산에 유리한 잠재적 조건을 갖추고 있었다. 마산수출자유지역은 전기전자와 금속의 비중이 크고 외자기업, 특히 일본 기업이 많이 입주해 있었으며, 업종의 특성상 여성 노동력이 주를 이루었다. 이에 비해 창원공단은 대규모 기계산업과 장치산업, 그리고 군수산업이 큰 비중을 차지하였으며 삼성, 현대, LG, 대우 등 국내의 대표적인 재벌기업들이 고루 입주해 있었다. 그리고 업종의 특성상 남성 노동력의 비중이 압도적이었다. 한편 노동자들 사이에 출신 중고교 및 직업훈련원 동문회나 향우회 등 사적 연고에 기반한 친목 모임이 폭넓게 자리 잡고 있었던 것도 투쟁의 확산과 연대의 동력을 만드는 데 유리하게 작용했다.

(1) 창원공단

창원공단에서는 7월 21일 동명중공업노조가 노조를 결성한 것을 시작으로 노동자 대투쟁이 전개되었다. 7월 27일 효성중공업 1,500여 명의 노동자들이 임금인상과 휴가비 지급 요구를 내걸고 파업 농성에 들어갔고, 7월 31일에는 현대정공에서 노조가 설립되었으며 한국중공업 노동자들은 노조민주화추진위원회를 구성했다.

8월 들어 투쟁은 창원공단 전역으로 확산되었다. 8월 1일 세신실업 1,000여 명의 노동자들이 상여금 400%, 연월차 수당 150%, 식사 질 개선 등을 요구하며 파업에 들어갔다. 8월 2일에는 현대정공 1,000여 명의 노동자들이 노조 결성 보고대회를 갖고, "8시간 근무로 생활임금 쟁취하자", "악덕 관리자는 즉각 물러가라"는 구호를 외치며 농성에 들어간다. 8월 4일부터 파업에 들어간 대우중공업 1, 2공장 노동자 1,300여 명은 가족들까지 동참하여 7일 동안 파업을 벌인 끝에 기본급 2만 원 인상 등을 관철했다. 같은 날 삼성중공업 1공장 일용노동자들은 "하기휴가를 유급으로 처리하라", "작업복을 사원과 동일하게 지급하라"는 등 일상적인 요구를 내걸고 파업에 들어갔다. 그리고 8월 5일에는 한국중공업 2,000여 명의 노동자들이 파업에 들어갔다. 노동자들은 가족들과 함께 4일 동안 철야농성을 벌인 끝에 어용노조 퇴진, 체불임금 지급, 임금 5% 추가 인상, 해고자 복직 등을 관철함으로써 노조 민주화의 발판을 마련했다. 그 후에도 파업은 줄을 이었다. 8월 6일 한국카브레타가 임금 18% 인상, 상여금 450% 지급 등의 요구를 내걸고 파업에 들어갔으며, 8월 7일에는 한국철강, 범한금속, 대한화학기계, 효성기계, (주)통일, 기아기공 등에서 파업 투쟁이 터져 나왔다.

이 중에서도 통일과 기아기공은 노조 민주화를 내걸고 파업에 들어갔는데, 두 회사 모두 '구사대'를 조직하여 파업 농성을 폭력으로 진압하려고 했기 때문에 투쟁이 장기화하였다. 8월 10일에는 금성사를 비롯한 10여 개 사업장 노동자들이 파업 농성에 들어갔고, 그 이후 투쟁은 중소기업과 하청기업으로 빠르게 퍼져갔다. '어용노조 퇴진'과 '임금 30% 인상' 등을 요구하며 파업 농성에 들어갔던 금성사 1, 2공장 3,000여 명의 노동자들은 10일 두 공장을 왕래하는 가두시위를 벌인 데 이어 이튿날인 11일에도 가두로 진출한다. 전날 철야농성을 벌인 1,000여 명의 노동자 중 200여 명이 지게차 25대에 나눠 타고 공장 주변 도로를 돌며 1시간 동안 가두시위를 벌였다. 이어서 오후 5시쯤에도 250여 명이 지게차를 몰고 가두로 진출, 경찰과 맞서 몸싸움을 벌이다가 경찰의 최루탄 난사로 인해 노동자 3명이 후송되는 사태가 벌어졌다. 이에 노동자들은 규탄대회를 열고 철야농성에 들어갔고, 회사는 이에 맞서 곧바로 휴업 조치를 내렸다.

이날 대림자동차 노동자 500여 명이 "인간답게 살고 싶다. 생활임금 보장하라"는 펼침막을 들고 2시간 동안 가두시위를 벌였고, 창원기화기 노동자 300여 명은 가두시위를 벌이고 창원시청 앞에서 연좌농성을 벌였다. 또한 400여 명의 풍성전기 노동자들이 회사 통근버스 8대에 나눠 타고 창원 전 지역을 돌며 가두시위를 벌였다. 8월 20일에는 한국중공업 노동자들이, 8월 투쟁을 주도했던 6명이 강제로 연행되고 이 중 3명이 구속된 것에 항의하여 '구속자 석방'을 외치며 파업과 가두시위를 벌이기도 했다.

이처럼 창원공단의 투쟁은 거의 동시다발적으로 터져 나와 빠르게 확산하면서 8월 중순에는 창원공단 전체가 사실상 마비되는 상태로 치달았다.

(2) 마산지역

마산지역의 투쟁은 8월 5일 조선맥주, 동방유량, 태영운수의 투쟁을 시작으로 8월 6일에는 마산공동탁주, 8월 7일에는 화섬업계의 주요 대기업인 한일합섬으로 확산되었다. 8월 9일 코리아타코마 노동자들이 노조 결성 보고대회에 이어 임금인상 투쟁에 들어갔고, 8월 11일에는 대성공업 1,000여 명의 노동자들이 '임금, 상여금, 식비 인상', '법정공휴일 유급제 실시' 등을 요구하며 파업 농성에 들어갔다.

그리고 같은 날 마침내 투쟁의 불길은 수출자유지역으로 옮겨붙었다. 이날 하루 동안에만 수출자유지역에서 동아실크, 동경실리콘, 한국판창, 한국산본의 여성 노동자들이 임금인상을 내걸고 농성에 들어갔다. 8월 13일 한국삼미 1,300여 명의 노동자들이 '일본인 공장장 퇴진', '임금 50% 인상' 등을 요구하며 파업 농성에 들어갔고, 신흥화학 노동자 1,000여 명도 임금 30% 인상, 각 부서장 퇴진 등을 요구하며 농성에 들어갔다. 한국삼미 회사 쪽은 파업을 무마하기 위해 즉각 휴무 조치를 내렸지만, 노동자들은 휴무가 끝난 17일 수출자유지역 내에서 가두시위를 벌이고 노조를 결성했으며, 19일에는 임금 10% 인상을 관철했다. 신흥화학 노동자들도 17일 임금 12.5% 인상 등의 합의를 끌어냈다.

그 후에도 투쟁은 계속 이어졌다. 8월 17일에는 금성교통, 한국일선, 한국성전에서, 18일에는 한국수미다, 신한공업, 한국동광, 한국I.S.I, 동양통신, 소요엔터프라이즈 등에서 자연발생적으로 또는 노조 주도의 임금인상 투쟁이 전개되었다. 그리고 8월 20일을 전후하여 한국시티즌, 한국중천, 한국스타 등 규모가 비교적 큰 업체에서도 파업 농성이 잇따라 발생하여 8월

한 달 동안 총 75개 입주업체 중 41개 업체에서 쟁의가 발생했다.

1987년 당시 마창지역 전체 노동자 규모는 14만여 명이었는데, 이 중 절반이 넘는 7만 5,000여 명이 대투쟁에 참가했다. 수출자유지역과 창원공단에 한정하면 전체 노동자의 63% 이상이 투쟁에 참가한 것으로 추산된다.

〈표 1〉 마산과 창원지역의 1987년 노동자 대투쟁 현황

지역명	업체 수	노동자 수	쟁의 발생 업체 수	쟁의 참가 노동자 수	비고
마산수출자유지역	74	36,800	41(55%)	25,000(67%)	신규노조 20여 개 설립
창원공단	167	65,800	74(44%)	40,000(60%)	신규노조 20여 개 설립 노조민주화 쟁취사업장 20여 개
그 외 지역	약 50	약 30,000	20(40%)	7,000(23%)	신규노조 3개 설립
합계	약 270	약 140,000	135(50%)	75,000(50%)	신규노조 약 50개 설립

자료: 경남노동자협의회(1987).

3) 거제 대우조선 투쟁

대우조선 노동자들은 노동자 대투쟁을 눈앞에 둔 1987년 4월에 노동조합 결성을 시도했다가 회사의 방해로 무산되어 1명이 구속되고 15명이 해고되는 쓰라린 경험을 갖고 있었다.

1987년 8월 8일 제12타각실 옆 소조립 외업반 쪽 250톤 크레인 상부에서 이 회사 노동자 이상용이 '노조 건설', '임금인상'이라는 펼침막을 내걸고 핸드마이크로 "노동조합을 건설하자"는 구호를 외친 것을 시작으로 삽시간에 수천을 헤아리는 노동자들이 모여들었다. 노동자들은 지게차와 트레일러를 앞세우고 종합운동장을 거쳐 옥포 시가지와 통영의 신아조선까지 진출하여 차량시위를 벌였다. 이튿날 노동자들은 이상용을 위원장으로 하여 노조를 결성하였으나 위원장은 8월 10일 회사 부사장과 관리자들을 만난 후 해고자들에 대해 흑색선전을 하는 등 미심쩍은 태도를 보였다. 이에 노동자들은 8월 11일 새벽 각 부서 대표 40여 명이 모인 가운데 비상계획부 2층 사무실에서 노조 결성식을 갖고 양동생을 새 위원장으로 선출하였다. 노동자들은 노조설립 신고필증을 받아내기 위해 200여 명의 대표단을 꾸려 오전 10시에 거제군청으로 몰려갔고, 해가 질 때까지 군청 앞에서 농성을 벌인 끝에 오후 6시쯤 신고필증을

받아냈다. 8월 12일 새로이 결성된 노조는 '임금 7만 원 인상, 가족수당 · 근속수당 지급, 상여금 600% 지급, 사무직과 기능직의 차별 철폐' 등 13개 요구사항을 확정하고 협상을 촉구했으나 회사는 협상에 제대로 응하지 않고 휴무를 강행하는 등 강경한 태도로 나왔다.

노동자들은 분노했고, 8월 18일부터 다시 가두로 진출하기 시작했다. 8월 20일 노동자 5,000여 명이 연좌농성에 돌입한 가운데 6차에 걸친 협상이 진행되어 기본급 1만 원 인상 등 14개 합의사항이 발표되었지만, 노동자들은 이를 전면 거부했다. 그 결과 협상이 결렬되고 회사 쪽은 무기한 휴업을 단행했다.

이에 노동자들은 8월 21일 22개 부서별로 1,350명을 선발해 30대의 버스에 나눠 타고 서울 본사 상경 투쟁을 시도하였으나 경찰은 12개 중대 1,500여 명의 병력을 동원하여 도로를 차단하고는 행진하는 시위대열을 향해 최루탄을 난사했다. 이튿날 새벽 3~4시까지 옥포 사거리에서는 노동자들의 시위가 계속되었다. 8월 22일, 밤을 꼬박 지새운 노동자 3,000여 명이 단체교섭이 열리고 있는 옥포관광호텔 앞 사거리에 집결했다. 오후 1시 30분 협상이 결렬되면서 분노한 노동자들은 경찰의 최루탄을 뚫고 옥포관광호텔로 진입을 시도하였다. 이 과정에서 경찰은 다시 최루탄을 난사하였고, 당시 스물한 살의 이석규 조합원이 경찰이 쏜 직격 최루탄에 맞아 대우병원으로 옮기던 중 오후 3시 30분쯤 숨을 거두고 말았다.

투쟁은 새로운 국면으로 접어들었다. 장례 절차에 관해 유족과 회사 쪽, 그리고 재야인사와 민주화운동단체들까지 포함된 장례위원회 사이에 의견 대립이 있었으나 장례위원회가 '임금 인상 3개 항의 선 타결 후 장례 절차 협의, 장지는 광주 망월동으로 한다'는 등의 타협안을 제시함으로써 협상의 실마리가 풀렸다. 8월 27일 새벽 1시 옥포호텔에서 양동생 위원장은 회사 쪽과 협상하여 임금 4만 5,000원 인상 등 17개 항에 합의하였다.

8월 28일 오후 3시쯤 회사 버스 26대와 관광버스 2대에 나눠 탄 1,500여 명의 노동자들은 옥포호텔 앞 도로에서 노제를 지낸 뒤 장지인 광주로 출발했다. 하지만 경찰 2,500여 명이 고성 삼거리에서 기다리고 있었다. 경찰은 장례집행위원들과 노동자들이 타고 있던 버스들을 가로막고 유족만 태운 장의차를 6대의 전경 버스로 호위하여 전북 남원으로 빼돌렸고, 밤늦게 시신을 매장했다. 장례식이 거행된 8월 28일, 서울을 비롯한 전국 주요 도시에서 개최될 예정이었던 '이석규 열사 추모제'와 관련하여 933명이 연행되어 64명이 구속되었고 대우조선에서는 이미 구속된 해고자 3명 외에 7명이 더 구속되었다.

4) 노동자 대투쟁이 몰고 온 변화

노동자 대투쟁의 결과 노동 현장에서는 임금인상과 더불어 근로조건이 대폭 개선되었다. 마창지역에서는 1987년 한 해 동안 임금이 18~28% 인상되었다. 이는 대투쟁 이전인 봄에 한 번 인상되고(평균 7.5%), 여름에 또다시 투쟁을 통해 10~20% 추가 인상함으로써 한 해에 두 번 임금인상을 쟁취한 결과였다.

노동자들의 의식도 크게 향상되었다. 노동자들은 '시키는 대로 일하고 주는 대로 받던 임금 노예'의 굴레를 벗어나 '당당하게 자기 권리를 주장하는 노동자'로 거듭났다. 노동자들은 1987년 이전까지만 해도 자신이 노동자라는 사실을 감추고 싶어 했지만, 노동자 대투쟁 이후에는 '작업복'을 당당하게 입고 다니게 되었다.

무엇보다 중요한 성과는 노동자 대투쟁의 결실로 노동조합들이 대거 결성되거나 민주화된 것이다. 전국적으로 1987년 7월부터 12월까지 1,344개(조합원 21만 7,000명)의 노조가 새로 만들어졌다. 마창지역에도 노동자 대투쟁 기간에 40여 개의 노조가 새로 만들어졌고, 20여 개의 노조가 민주화되었다.[1] 1987년 노동자 대투쟁은 '민주노조운동'이라는 노동운동의 새로운 흐름이 형성되고 대중화된 전환점이었다. 민주노조들은 기존 한국노총 중심의 노조 체제를 거부하고 독자적인 노조 연대조직 건설에 나섰다.

노동운동의 주체에도 변화가 있었다. 1970년대에는 경공업 부문 여성 노동자들이 노동운동의 중심에 있었지만, 1987년 노동자 대투쟁을 거치면서 중화학공업 부문 대공장의 남성 노동자들이 노동운동의 주축으로 등장했다. 이러한 흐름은 대기업 남성 노동자들이 밀집해 있던 울산과 마창, 거제 등 영남권 지역에서 두드러지게 나타났다.[2]

1987년 노동자 대투쟁은 비단 노동운동의 역사뿐만 아니라 전체 현대사에도 커다란 획을 그은 역사적 사건이었다. 전평의 붕괴 이후 자주적인 노동조합 활동을 원천적으로 봉쇄당해 왔던 한국의 노동자들은 노동자 대투쟁을 통해 다시 역사의 전면에 등장하여 하나의 계급으

---

1 1987년 노동자 대투쟁 직전인 1987년 6월 말 현재 노동조합 수는 2,742개, 조합원 수는 105만 명이었다(조직률 11.7%). 그러나 1987년 노동자 대투쟁 이후 노동조합운동이 활발해지면서 1989년 말에는 노동조합 수가 7,883개, 조합원 수는 193만 명으로 증가했다(조직률 18.6%).(김금수, 2004: 145~146쪽)

2 노동부 자료에 따르면 당시 행정구역상으로 울산까지 포괄하고 있던 경남은 중공업 거대 사업장이 밀집해 있어 파업 발생 건수는 352건(전체 3,235건 중 10.9%), 파업 참가자 수는 394,387명(전체 파업 참가자 수 1,225,760명의 32.2%)으로 다른 지역을 크게 상회하고 있다.(김금수, 2004: 122~123쪽)

로 자리 잡게 되었다. 그리하여 해방 이후 정치사회의 발전을 선도했던 학생층을 대신하여 사회 발전의 중심 세력이자 변혁의 주체로 부상하였다.

1987년 노동자 대투쟁의 여진은 1989년까지 이어져 신규노조 결성과 노조 민주화 투쟁이 지속되었다. 하지만 삼성과 LG(구 럭키금성) 같은 재벌기업에서 민주노조 건설 시도가 연거푸 좌절된 것은 대투쟁의 한계로 볼 수 있다. 1987년 8월에는 삼성중공업 2공장과 삼성클라크 노동자들이 노조를 결성하고 파업 농성을 벌였으나, 회사 쪽은 실체도 없이 서류상으로만 존재하는, 이른바 '유령노조'를 사전에 접수해 놓은 상태에서 노조 간부들을 납치·감금하여 회유한 끝에 노조 설립을 무산시켰다. 노동조합은 노동자협의회로 대체되었다. 1988~89년에는 삼성중공업 1공장, 그리고 삼성중공업 3공장(거제 삼성조선소)에서 노동조합 결성 시도가 있었다. 특히 삼성중공업 거제조선소 노동자들은 파업 농성과 상경 투쟁을 벌이는 한편 각계 각층과 연대하여 지역별 규탄 집회와 삼성제품 불매운동을 전개하는 등 끈질기게 투쟁을 이어갔지만, 유령노조 접수, 미행, 감시, 도청, 납치, 감금, 부서 이동, 해고 등 온갖 수단을 다 동원하며 '무노조 경영'을 고수한 삼성의 두꺼운 벽을 끝내 뚫지 못했다.

금성사는 어용노조를 노동 통제의 유용한 도구로 활용했다. 금성사 노동자들은 1987년의 실패를 딛고 1989년에 다시 노조 민주화 투쟁에 나섰다. 이해 2월에 민주노조추진위원회를 결성한 노동자들은 3월 23일 금성사 노조 역사상 처음으로 조합원 직선제를 통해 하태욱을 지부장으로 하는 지부(창원2지부) 집행부를 꾸렸고, 임금인상 교섭이 결렬되자 4월 17일부터 전면파업에 들어갔다. 그러나 회사 쪽의 탄압과 분리책으로 다른 지부들이 투쟁에서 이탈하고 2공장만의 고립된 투쟁으로 축소되면서, 결국 6월 3일 회사가 강요하는 제시안에 합의함으로써 투쟁이 마무리되었다. 노조 민주화 투쟁의 여진은 그 후에도 금성사 2공장에서 한동안 지속되었으나 투쟁을 이끌던 노동자 17명이 구속되고 수십 명이 해고된 상황에서 회사 쪽의 집요한 탄압을 이겨내기엔 역부족이었고, 그 결과 끝내 노조 민주화의 결실을 거두지 못했다. 이들 재벌기업에서의 민주노조 건설 무산은 지역 차원의 노사관계에 영향을 미치는 데 그치지 않고 전국적 노사관계에서 구조적 불균형을 낳는 요인으로 작용하였다.

4. 마창노련의 활동과 민주노조운동의 성장

1) 마창지역 노동자 대투쟁의 결집체 '마창노련'

"우리 마산 · 창원지역 노동자들은 자기 운명의 주인으로서 그리고 역사 발전의 주체로서 모든 억압과 예속을 거부하고, 마산 · 창원노동조합총연합의 깃발 아래 일치단결하여 자주적이고 민주적인 노조운동의 새 시대를 창조해 나갈 것을 엄숙히 선언한다."

1987년 12월 14일 마산의 한 중국집에서 18개 노조 1만 6,000여 명의 조합원을 대표한 50여 명의 노조 대표자와 간부들이 모인 가운데 마산 · 창원노동조합총연합(이하 마창노련)의 창립이 선포되었다.[3] 참석자들은 이홍석 코리아타코마노조 위원장을 초대 의장으로 선출하고, 4국(사무국, 조직국, 교선국, 조통국) 11부의 조직기구를 구성하였다.

이처럼 마창지역 민주노조운동 진영은 1987년 노동자 대투쟁의 성과를 마창노련 결성으로 모아냄으로써 이후 노동조합운동의 성장을 위한 든든한 토대를 구축할 수 있게 되었다. 지역 민주노조운동의 조직적 구심체가 세워짐으로써 간부 · 활동가들의 지도력과 조합원 대중의 참여를 통일적으로 결합할 수 있는 조건, 그리고 지역 연대활동을 목적의식적이고 체계적으로 펼칠 수 있는 조건이 확보되었기 때문이다.

마창노련은 1987년 이후 전국 최초로 결성된 지역노동조합협의회로 그 후 다른 지역 민주노조 연대조직 건설을 선도하는 역할을 했다. 지역별 연대조직 결성은 서울, 인천, 전북 등을 거쳐 1989년 11월 대구지역노동조합연합에 이르기까지 모두 11개 지역에서 이루어졌다. 경남에서는 마창노련 외에 진주지역에서도 1989년 4월 16일 우창기계노조 등 16개 노조의 참가로 진주지역민주노동조합연합이 결성되었다. 이들 지역별 연대조직들은 그 후 1990년 1월 22일 결성된 전국노동조합협의회(이하 전노협)의 중추를 이루게 된다. 마창노련의 결성 배경에는 1987년 투쟁 과정에서 경험적으로 체득한 노동운동 탄압에 대한 공동대응과 노조 간 연대의 필요성이 크게 자리 잡고 있었지만, 한국노총이 신생노조들에 대해 지원 · 지도의 역할을 못 하고 있었던 점, 또한 당시 대통령 선거를 앞두고 민주화 운동 세력의 분열로 인한 위기

---

3 김하경(1999)을 비롯한 기존 자료에는 19개 노조가 참가한 것으로 되어 있으나, 전 한국산본노조 간부 등의 증언에 따르면 한국산본노조는 정식으로 가입하지 않은 상태에서 참관한 것으로 확인된다.

의식도 어느 정도 작용하고 있었다. 물론 마창노련이 한국노총 산하 노조들과의 교류와 연대를 전면 부정한 것은 아니다. 마창노련은 '노동자는 하나'라는 원칙 아래 미가입 노조의 간부들을 개별적으로 부서별 분과위원회에 참여시키고 사안별로 공동대응 기구를 꾸려서 중간 노조들을 포괄하려고 노력했다.

마창노련은 산하 노조와 교류 노조들의 임금인상과 단체협약 갱신 투쟁을 지도 · 지원하였다. 그 방식은 대체로 단체교섭과 쟁의 시기를 집중시켜 지역 차원의 공동투쟁이 이루어지도록 하는 것이었다. 이는 단체교섭과 쟁의 시기가 사업장별로 분산되면 사용자 쪽 탄압에 쉽게 각개격파 될 수 있기 때문에, 이를 방지하고 노조들 간에 활발한 연대투쟁을 가능케 하려는 목적에서였다. 1988년과 1989년 두 해 동안 마창노련은 공동 임금인상 투쟁과 활발한 교육선전 활동 등을 통해 조직의 기반을 다지면서 마창지역 노동운동의 실질적인 구심점으로 떠올랐다. 그리하여 1989년 상반기 투쟁 이후 마창노련 산하 단위노조들은 노조 발간물에 여전히 법률상 상급단체로 되어 있던 한국노총 산별연맹의 이름을 쓰지 않고 마창노련을 상급단체로 표기하는 등 마창노련을 실질적으로 인정하는 단계에 이르렀다.

마창노련은 1988년 말부터 시작된 노태우 정권과 기업주들의 엄청난 탄압에 정면으로 맞서 공세적인 투쟁을 전개하였다. 그 결과 마창노련은 1989년 말에는 39개 노조 3만 5,000여 명으로 조직이 확대되었으며, 1990년 2월에는 가입 노조가 최대 수준인 41개에 이르렀다. 그러나 1990년 이후 마창노련은 정권과 자본의 탄압에 따른 단위노조들의 잇따른 탈퇴와 사업장 폐업 등으로 인해 조직 규모가 지속적으로 감소했다.

〈표 2〉 마창노련 가입 조직 현황

1987년 말	1988년 말	1989년 말	1990년 말	1991년 9월	1993년 4월	1994년 11월	1995년 12월
19개 노조 16,000여 명	35개 노조 27,000여 명	39개 노조 35,000여 명	25개 노조 18,000여 명	22개 노조 17,439명	17개 노조 12,675명	14개 노조 10,025명	14개 노조 10,275명

자료: 1987~1990년 말은 이상철(1992: 168~170쪽), 1991~1995년은 김하경(1999: 789쪽)에 근거하여 작성.

〈표 3〉 마산 · 창원지역의 노동조합 조직 현황*

지역	업체(개소)	조합(개소)	결성률(%)	노동자(명)	조합원(명)	조직률(%)
수출자유지역	70	40	57	27,830	20,520	74
창원	272	86	33	81,016	44,060	54

* 수출자유지역은 1989년 11월, 창원은 12월 기준.

자료: 노동부 마산지방사무소, 창원기계공업공단. 이상철(1992: 167쪽)에서 재인용.

〈표 2〉와 〈표 3〉에서 확인되듯이 마창노련은 1990년 이후 조직 노동자의 30%도 채 안 되는 규모로도 지역 전체의 운동을 대표하였다. 이는 한국노총의 영향 아래에 있는 노조와 간부들의 역량이 미약하여 지역노동운동에 별다른 영향력을 행사하지 못한 탓도 있지만 마창노련이 조직의 자원과 역량을 최대한 활용하여 중간적 입장인 노조와 간부들에 대해 실질적인 영향력을 행사했기 때문에 가능한 일이었다. 그만큼 마창노련과 산하 노동조합의 간부들은 모범적인 노조 활동과 지역연대 투쟁, 그리고 공동의 교육 · 조직 활동을 경험하면서 축적한 활동 역량을 통해 지역 노동자 대중으로부터 폭넓은 인정과 신뢰를 받았던 것이다.

2) 지역연대 투쟁의 모범을 만들다

마창노련이 중심이 된 마창지역 노동자 투쟁의 가장 큰 특징은 전국 어느 지역보다도 연대투쟁이 활발했다는 점이다. 단위노조의 투쟁이 격렬하게 진행된 사례도 많았지만 노조 탄압에 대한 공동대응, 마창노련과 지도부를 지키기 위한 투쟁이 큰 흐름을 형성하고 있다. 주요한 투쟁들을 살펴보면 다음과 같다.

(1) 구사대 추방 및 마창노련 의장 석방 투쟁(1988년)

창원공단 임단투가 마무리되어 가던 6월부터 마산수출자유지역 노동자들이 임금인상 투쟁을 시작했다. 이 시기에 미국계 기업인 TC전자와 일본계 기업인 한국소와에는 여성 노동자들을 대상으로 한 남성 구사대의 폭행 사태가 자주 일어났다. 7월 7일에는 한국소와 정문 앞에서 이흥석 마창노련 의장과 간부들이 구사대로부터 폭행을 당하는 사건이 발생했으며, 7월 9일에는 TC전자의 여성 노동자들이 폭행을 당해 병원에 입원하는 일이 벌어졌다. 이에 전국노동운동단체협의회는 7월 10일부터 17일까지 전국노동자대회 주간을 선포하고 첫 전국노동자대회를 마창지역에서 열기로 했다. 7월 10일 경남대학교에서 5,000여 명의 노동자들이 노동부 장관 화형식을 거행하고 격렬한 가두 투쟁을 전개했다. 그러나 구사대의 폭행은 계속되었고, 7월 17일에는 구사대의 폭행에 맞서 연대투쟁을 주도하던 이흥석 마창노련 의장을 비롯해 4명의 간부가 구속되었다.

이에 이흥석 의장의 출신 사업장인 코리아타코마 노동자들을 비롯한 마창지역 노동자 3,000여 명은 구속자 석방을 요구하며 매일같이 수출자유지역에서 모여 도심지로 진출하는 가두 투쟁을 벌였다. 전국적으로는 KBS노조의 파업과 철도기관사들의 파업이 전개되고 있던 시기였다. 마창노련은 비가 오락가락하는 장마 속에서도 하루가 멀다 하고 조직적인 가두 투쟁을 이어갔고, 마침내 7월 27일 구속된 마창노련 의장과 간부들은 석방되었다.

(2) 세신실업 구사대 격퇴 투쟁(1989년)

1989년 4월 10일 새벽 5시, 단체협약 갱신을 위한 단체교섭을 벌이다가 회사 쪽의 직장폐쇄에 맞서 파업 농성을 벌이고 있던 세신실업(수공구 생산업체)에 200여 명의 구사대가 침입했다. 비조합원들로 구성된 구사대는 농성을 벌이고 있던 50여 명의 노조 간부와 조합원들을 밧줄로 묶고 몽둥이로 두들겨 패는 등 마구 폭력을 휘둘렀다. 또 노조 사무실 집기를 부수고 서류를 불태웠으며, 조합원들을 강제로 끌고 가서 식당에 감금하고, 노조 간부 10여 명을 경찰로 연행했다.

이날 아침 이 소식을 듣고, 부산산업기계에서 지원 농성을 하던 마창노련 선봉대를 비롯하여 코리아타코마, 대원강업, 금성사 2공장, 통일, 대림자동차, 삼미금속 등에서 노동자들의 자위 조직인 '정당방위대(이하 '정방대')'를 중심으로 700여 명의 노동자들이 속속 세신실업으로 몰려들었다. 마창노련 정방대와 노동자들은 대오를 짜고 코리아타코마노조 정방대가 준비한 사과탄 5발을 터뜨리면서 정문을 돌파했다. 대오 측면에서도 화염병과 돌을 던지며 공격했다. 구사대는 당황하여 이리저리 도망치기에 바빴고, 미처 도망가지 못한 구사대원들은 노동자들에게 붙잡혔다. 정방대원들이 구사대를 체포하고 현장을 탈환하는 데는 5분도 채 걸리지 않았다. 식당에 잡혀 있던 농성 조합원들도 구출되었다. 구사대를 공장에서 몰아낸 지역의 노동자들은 구사대가 쓴 자술서를 토대로 회사의 계획적인 노조 탄압 책동을 낱낱이 폭로하는 한편 경찰과 대치한 상황에서 창원경찰서장과 창원시장을 상대로 협상을 벌여 구사대 17명과 맞교환하는 방식으로 세신실업노조 김명길 위원장을 비롯한 10명의 연행된 노조 간부들을 석방하는 데 성공했다. 이 사건으로 마창노련은 지역연대 투쟁의 '모범'으로 알려졌으며, 마창노련 정방대는 전국에 이름을 떨쳤다.

(3) 창원대로 가두 투쟁(1989년)

1989년 4월은 마창지역 노동자들이 가장 장기적이고 대규모로 가두 투쟁을 벌인 달로 기록된다. 4월 19일 파업 중인 금성사 1공장 노동자들이 KBS의 왜곡보도에 항의방문을 하러 갔다가 조합원 6명이 경찰에 연행된 데 항의하여 가두로 진출했다. 통일, 금성사 2공장, 효성기계, 대원강업 등에서 뛰쳐나온 수천 명의 노동자들은 금성사 1공장 노동자들과 연대하여 치열한 가두 투쟁을 벌인 끝에 금성사 노동자 6명을 포함해 이날 투쟁 과정에서 연행된 38명을 석방시키는 개가를 올렸다. 창원대로 투쟁의 서막이었다.

4월 24일 마산수출자유지역 후문 '노동자 민주광장'에서 '마산 · 창원지역 노동법 개정 및 임금인상투쟁본부(이하 '마창투본') 쟁의 결의 및 방산특위 발대식'이 열렸다. 마산에 있는 사업장과 인근의 한국중공업 · 세신실업 노조 조합원들은 오전 근무를 한 후 집단조퇴를 하고 집회에 참가했으나, 창원공단에 있는 통일, 현대정공, 기아기공, 대림자동차, 금성사 등의 노동자들에 대해서는 경찰이 마산으로 통하는 모든 길목을 차단하고 가두 행진을 원천 봉쇄했다. 분노한 노동자들은 화염병과 돌, 심지어 길가에 있던 포장용 콜타르 드럼통에 불을 붙여 굴리며 격렬히 저항했다. 창원대로를 가운데 두고 공단 쪽에는 노동자 대오가, 주거지역 쪽에는 전투복 차림의 경찰 대오가 맞붙는 모양새였다. 최루탄 연기와 화염병, 돌멩이, 콜타르 연기가 난무한 가운데 창원대로 10차선은 차량 통행이 완전히 차단되었다. 이날 경찰에 연행된 노동자들은 창원경찰서 지하실에 끌려가 전신 구타는 물론 전자봉 고문까지 당했으나 경찰은 이를 부인하고 마창노련과 민주당의 진상조사에 협조하지 않았다. 노동자들은 4월 26일 오후부터 다시 가두 투쟁을 전개했고, 이튿날 이흥석 마창노련 의장이 재차 진상조사를 하러 경찰서를 방문했다가 구속되면서 투쟁은 더욱 확산되었다.

4월 27일 마창투본 산하 40여 개 노조는 오후에 집단조퇴, 임시총회 등을 통해 가두로 진출하여 '노태우 정권 퇴진'과 '구속자 석방' 등을 요구하며 격렬한 투쟁을 벌였다. 이에 그치지 않고 마창투본은 4월 28~29일 이틀 동안 총파업 투쟁을 감행했다. 이 총파업에는 마창노련 미가입 노조들까지 포함하여 43개 노조 4만여 명이 참가했다. 4월 30일에는 마창지역에서 열린 노동절 기념 전국노동자대회가 원천 봉쇄되면서 다시 한번 격렬한 가두 투쟁이 벌어졌다. 그 후 5월 3일 동의대 사태가 발생하고 5월 4일 경남대에서 열릴 예정이었던 전국노동자결의대회가 경찰의 원천 봉쇄로 무산되면서 투쟁은 수그러들었다.

창원대로 투쟁은 마창지역 노동자들이 노태우 정권의 공안정국 조성과 노동탄압에 정면으로 맞섰던 대중적인 정치투쟁이었다. 창원대로에서는 일주일이 넘는 기간 동안 5,000~1만여 명의 노동자들이 매일같이 시가전을 방불케 하는 가두 투쟁을 벌였다. 신문과 TV에서는 연일 마창지역의 투쟁을 크게 보도하였고, 항간에는 마창지역에 위수령이 발동될지 모른다는 소문이 나돌기도 했다. 이 투쟁으로 인해 마창노련 지도부와 산하 노조들은 집중적인 탄압을 받았고, 그 결과 1989년 상반기에 구속 · 수배된 마창지역 노동자들의 수는 60여 명에 달했다. 그렇지만 이 투쟁은 마창지역 노동자 투쟁의 역동성과 연대성을 한눈에 보여준 투쟁으로서 전체 민주노조운동을 지켜내는 데 크게 기여했다.

(4) 마창노련 침탈 테러 사건과 11월 총파업 투쟁(1989년)

1989년 9월 2일, 정체를 알 수 없는 괴한들이 마창노련 사무실에 난입하여 일하고 있던 실무자들에게 집단 테러를 가하고, 사무실을 난장판으로 만들어 버렸다. 회사의 노조 탄압이 기승을 부리고 있던 통일에서도 노조 간부와 해고자들에 대한 테러와 연행이 잇따라 발생하고 있었는데, 10월 28일에는 경찰이 투입되어 12명의 노조 간부와 조합원들을 연행하고 경찰 병력으로 노조 사무실 출입을 봉쇄했다. 10월 29일, 이번에는 무장한 전경들이 마창노련 사무실을 급습하여 이종엽 마창노련 부의장과 통일노조 간부들을 비롯한 19명을 연행했다. 이 사건은 계속되는 노동운동 탄압에 반발하고 있던 지역 노동자들을 극도로 분노케 하였고, 마창노련은 10월 30일 오후 비상운영위원회를 열어 총파업을 결의했다.

11월 1일 마창노련 산하 41개 노조 중 23개 노조가 임시총회를 마친 후 총파업 투쟁에 들어갔다. 조합원들은 오후에 '마창노련 탄압 분쇄 및 공권력 개입 불법연행 저지를 위한 마창노동자 결의대회'에 참석하려고 마산수출자유지역 후문으로 모여들었으나 집회장은 이미 경찰이 원천 봉쇄하고 있었다. 노동자들은 몇 개 대오로 나뉘어 검찰청과 마산동부경찰서 항의 방문에 나섰고, 뒤이어 경찰에 맞선 가두 투쟁이 벌어졌다. 경찰은 오후 5시쯤 마무리 집회를 하고 해산하는 노동자들을 마구 연행했으며, 정리해고에 반발하여 두 달째 철야농성을 벌이고 있던 통일 4공장을 기습적으로 침탈하여 조합원 및 가족 80여 명 전원을 연행하는 폭거를 저질렀다. 이에 마창노련은 11월 1일 밤 비상운영위원회를 열어 파업을 하루 더 연장하기로 결정했다. 11월 2일 파업에는 대림자동차, 대원강업, 세신실업 등 11개 노조가 참가했고, 나머지 노조들은 중식 집회와 준법 투쟁을 벌였다.

총파업 투쟁으로 이승필 마창노련 조직국장을 비롯한 간부 3명이 석방되기도 했으나, 나머지 수십여 명의 노동자들은 풀려나지 못했다. 그럼에도 마창노련은 11월 12일 전국노동자대회가 있다는 점을 고려하여 파업을 중단하고 전국적인 투쟁 일정에 보조를 맞추기로 했다.

11월 1~2일 총파업 투쟁은 마창노련이 노태우 정권과 자본의 노동탄압에 정면으로 맞섰던 정치파업으로 평가된다. 이 투쟁을 계기로 마창노련은 조직 사수 차원의 소극적 투쟁 기조에서 벗어나 노동악법 철폐와 전국노동조합협의회(이하 전노협) 건설 투쟁이라는 전국적 사안과 결합한 공세적 투쟁으로 전환했다.

3) 전노협의 선봉 · 민주노총 건설의 주역으로

마창노련은 당시 민주노조운동의 주요 과제였던 전노협 건설에 앞장섰다. 전노협 창립(1990년 1월 22일)을 앞두고 각 노조별로 총회나 대의원대회를 열어 전노협 가입을 결의했다. 또한 1990년 1월 13일에는 2차 임시대의원대회를 열어 전노협 가입과 더불어 조합원 1인당 월 100원씩의 전노협 의무금을 내기로 결의했다.[4]

마창노련의 활발한 지역연대 투쟁과 전노협 활동은 노태우 정권과 사용자들의 집중적인 탄압을 불러왔다. 민주노조운동에 대한 탄압은 1988년 12월 28일 노태우 대통령의 '민생치안에 관한 특별 지시' 이후 본격화했는데, 노태우 정권은 특히 전노협에 대해 "체제 전복을 추구하는 폭력집단"으로 규정하고 전면적인 탄압에 나섰다. 여기에는 노조 간부 · 활동가들에 대한 대대적인 구속 · 수배 · 해고 조치와 더불어 집행부 교체에 의한 어용화, 전노협 탈퇴 강요, 업

---

4 전노협 창립대회 자료집(1990)에 따르면 민주노조운동진영은 전노협 건설을 앞두고 전노협 건설 기금 모금 운동을 벌였는데, 전국의 모금 총액 1억 3천만 원 중 마창노련 모금액이 무려 1억 원(75%)에 달했다.(김하경, 1999: 245쪽)

무조사 등 다양한 방법이 동원되었다.

1988년 3월부터 1992년 4월까지 전국에서 구속된 노동자 수는 모두 1,729명인데, 지역별로는 서울이 237명으로 가장 많고, 마창 205명, 울산 165명 등의 순이다. 마창 205명과 거제 67명과 진주 9명을 모두 합치면 경남은 281명에 이른다(전노협, 1992).

외자기업이 많은 수출자유지역에서는 휴폐업, 인원감축 등 생산 규모를 축소하고 실업을 야기함으로써 노조를 와해하는 방법이 주요 수단으로 동원되었다. 그 결과 1990년 한 해 동안 마창노련 핵심 노조였던 TC노조와 수미다노조가 자본 철수로 인해 해산의 길을 걸었고, 시티즌, 남산업, 동경전파, 중천, 스타 등의 노조가 줄줄이 마창노련을 탈퇴하였다.

창원공단에서도 전노협이 건설된 이후 몇몇 노조가 마창노련을 탈퇴했지만, 마창노련은 업무조사 거부 투쟁을 대중적으로 벌이면서 탄압에 정면에 맞섰다. 먼저, 마창노련 가입 노조 중 조합원이 4,300여 명으로 조합원 수가 가장 많았던 한국중공업노조가 1990년 3월 10일 임시대의원대회에서 반대 33명, 찬성 6명의 압도적인 표 차로 마창노련 탈퇴안을 부결시켰다.[5] 마창노련의 핵심 노조 중 하나였던 현대정공노조도 3월 28일 조합원총회에서 총투표자의 62.75% 반대로 마창노련 탈퇴를 거부하였다. 마창지역 노동자들은 마창노련을 중심으로 한 대중적인 활동과 투쟁으로 전노협 건설에 이어 '전노협 사수 투쟁'에서도 중심적인 역할을 했던 것이다.

1995년 11월 11일, 중소제조업 노조 중심의 전노협과 사무직 중심의 업종회의, 그리고 현대 · 대우 · 기아 등 재벌기업 노조들이 모인 그룹별 협의회까지 총망라한 이른바 '민주노조 총단결 조직'으로서 전국민주노동조합총연맹(이하 민주노총)이 결성되었다. 출범 당시 민주노총은 단위노조 862개, 조합원 42만 명을 아우르고 있었다. 민주노총의 건설은 1987년 이후 비약적으로 성장해 온 한국의 민주노조운동이 한국노총에 맞설 수 있는 전국적 구심체를 갖게 됨으로써 자주성 · 민주성 · 계급성에 기초한 노동조합운동을 본격적으로 벌여나갈 수 있는 조직적 토대를 갖게 된 것을 의미한다.

민주노총의 출범으로 전노협과 그 산하 지역노동조합협의회들은 잇따라 '발전적 해산'의 길을 걸었다. 마창노련 또한 1995년 12월 16일 대의원대회를 열고 해산하였다. 이후 민주노

5 마창지역의 단위노조들은 개별 단위로 전노협에 가입한 것이 아니라 마창노련 단위로 가입한 것이기 때문에 마창노련 탈퇴는 곧 전노협 탈퇴를 의미한다.

총이 산별노조 건설로 나아가기 위해 산별연맹 중심의 조직체계를 강화함에 따라 경남지역의 민주노조운동은 민주노총 산하 지역조직과 금속을 비롯한 각 산별연맹(노조) 산하 지역조직들로 재편되어 간다. 금속산업 부문 민주노조들은 1996~97년 전국민주금속노동조합연맹과 자동차노동조합연맹, 현대그룹노동조합총연합 소속으로 분화했다가 1998년 2월 15일 금속 세 조직이 합쳐서 금속산업연맹을 설립함에 따라 금속산업연맹 경남본부로 편제되었다. 민주노총 지역단위 조직으로는 먼저 민주노총 마창지역협의회가 1996년 3월 20일 깃발을 올렸다.

4) 1996~97년 노동법 개정 총파업

1996~97년 노동법 개정 투쟁은 1987년 이후 다져온 민주노조운동의 역량이 한껏 발휘된 투쟁이었다. 민주노총은 국회에서 신한국당이 주도하여 정리해고제를 골자로 하는 노동법 개정을 안기부법 개정과 함께 묶어서 날치기로 처리한 당일인 1996년 12월 26일, 88개 사업장 15만여 명의 노동자들이 파업에 들어간 것을 시작으로 전면적인 총파업에 들어갔다. 민주노총이 주도한 총파업 투쟁은 2월 말까지 4단계에 걸쳐 진행되었는데, 1월 중순에는 한국노총도 합세하여 1월 15일 파업 참가자 수가 35만 명에 이를 정도로 투쟁의 규모가 커졌다. 그뿐만 아니라 노동자들 외에 교수, 종교인, 변호사 등 각계각층의 시민사회 세력도 가세함으로써 범국민적인 투쟁으로 발전했다.

결국 김영삼 정권은 노동자들의 거센 투쟁에 밀려 개정된 노동법을 무효화시키고 1997년 3월, 여야 합의로 노동법을 재개정하였다. 그러나 이 법은 정리해고제와 전임자 임금 지급 금지 제도를 일정 기간 유예하는 등 날치기 법안을 약간 완화하는 수준에 그쳤다.

경남지역에서도 민주노총 마창지역협의회 산하 노조들을 중심으로 노동법 개정 투쟁에 적극 참여했다. 12월 26일 26개 사업장이 총파업에 들어가 8,000여 명이 창원 실내 운동장 앞에서 규탄 집회를 연 것을 시작으로 1997년 2월까지 위력적인 대중투쟁을 전개하였다. 이 투쟁에는 금속 부문 노조들을 중심으로 화학섬유, 언론, 공공, 전국의료보험노조 등에서 폭넓게 결합하였으며, 지역의 시민사회단체들도 서명운동, 시국선언, 범국민 궐기대회 등을 통해 연대했다.

〈표 4〉 창원지역의 1996~97년 노동법 개정 투쟁 주요 현황

날짜	집회 이름	참가자 수	집회 장소
1996.12.26.	노동법 · 안기부법 날치기 통과 규탄 및 김영삼 정권 퇴진 1차 결의대회	8,000	창원 실내체육관 앞
12.27.	노동법 · 안기부법 날치기 통과 규탄 및 김영삼 정권 퇴진 2차 결의대회	10,000	창원시청 앞 광장
1997.1.6.	노동법 · 안기부법 날치기 통과 규탄 및 김영삼 정권 퇴진 4차 결의대회	7,000	창원 중앙체육공원
1.7.	노동법 · 안기부법 날치기 통과 규탄 및 김영삼 정권 퇴진 5차 결의대회	5,000	창원 중앙체육공원
1.15.	노동법 · 안기부법 전면무효화 총력집중 투쟁 결의대회	10,000	마산역→오동동다리→창동
1.16.	노동법 · 안기부법 전면무효와 민주주의 수호를 위한 범국민 4차 궐기대회	5,000	마산 창동 코아 앞
1.17.	노동법 · 안기부법 전면무효와 총파업 승리를 위한 문화 한마당	3,500	창원 중앙체육공원
1.22.	날치기 노동악법 · 안기부법 전면 무효화와 김영삼 정권 규탄대회	5,000	창원 중앙체육공원

자료: 민주노총 마창지역협의회(1997).

5. 외환위기와 신자유주의에 맞서

1) 경제위기에서 노동의 위기로

1997년 11월에 터진 'IMF 구제금융 사태'는 한국경제를 뿌리째 뒤흔들면서 공황으로 이어졌다. IMF는 210억 달러의 구제금융을 해주는 대가로 한국 정부에 초긴축 금리정책과 금융 · 기업의 구조조정, 정리해고와 근로자파견제의 법제화를 비롯한 노동시장 유연화를 요구하여 관철하였다. 경제위기는 '노동의 위기'로 전화되었다. 대규모의 산업 구조조정을 동반한 부실기업의 구조조정과 함께 금융기관 통폐합, 공기업 사유화가 진행되면서 수많은 노동자들이 길거리로 나앉게 되었다. 제조업 부문의 구조조정은 생산방식을 외주 · 분사로 전환하거나 소사장제를 도입하는 등 기업조직 재편으로 이어졌다. 그 결과 원-하청 지배 구조가 더욱 굳

어지면서 정규직 일자리가 감소하고 비정규직 노동자들이 급속도로 증가하였다. 경남지역도 이 흐름에서 벗어날 수 없었다. 재벌 산하 대기업들이 큰 비중을 차지하고 있는 창원공단에서는 그 파장이 더욱 컸다.

외환위기 직전 삼미특수강이 포항제철에 자산매매 방식으로 매각되면서 지역에서 첫 대량 해고 사태가 터졌다. 1996년 12월 경영난에 빠진 삼미특수강은 강봉 · 강관 공장을 분할 매각할 것을 발표했고, 1997년 2월 포항제철은 창원특수강을 설립하여 삼미특수강을 인수하였다. 하지만 포항제철이 4월에 해당 노동자 2,342명 중 1,770명만 신규채용 형식으로 재고용하면서 572명이 사실상 정리해고를 당하게 된다. 해고된 노동자들은 이후 국회 청원과 상경 투쟁, 단식농성 등 온갖 방법을 다 써서 투쟁을 벌였고, 12월에는 중앙노동위원회로부터 구제신청을 낸 182명 전원의 '부당해고 원직복직' 결정을 받아냈다. 1998년에는 노사정위원회에서도 원직복직을 약속했다. 뒤이어 1999년 1월에는 서울고법에서 전원 원직복직 승소 판결을 받아냄으로써 이들의 싸움은 승리로 마무리되는 듯했다. 그러나 2001년 7월 27일 대법원은 "영업양도가 아닌 자산인수로 부당해고가 아니므로 포항제철은 고용승계 의무가 없다"고 판결함으로써 해고 노동자들의 복직 노력에 쐐기를 박았다. 해고 노동자들은 그 후에도 한동안 투쟁을 계속했지만 끝내 일터로 돌아가지 못했다.

다른 대기업에서도 구조조정이 잇따랐다. 기아그룹 계열사들은 몇 번에 걸쳐 지배 주주가 바뀌는 기업변동을 거친 끝에 기아기공은 현대자동차 계열인 현대위아로, 기아정기는 1공장과 2공장이 분리·매각되어 각각 독일계 자본인 ZF삭스코리아와 현대자동차 계열인 현대모비스로 회사명이 바뀌었다.

국가 기간산업인 한국중공업은 민영화를 둘러싼 노사 간의 극심한 진통 끝에 2000년 12월 두산그룹으로 넘어갔다. 노조는 1999년 발전설비와 선박엔진의 분리 및 빅딜 반대, 그리고 재벌로의 매각을 반대하며 48일 동안 파업 투쟁을 벌였으나 요구를 관철하지 못했다. 대우그룹 산하 대우중공업도 대우그룹 부도 사태로 공장별로 분리 · 매각 처리되었다.

2) 산별노조운동

외환위기는 2003년을 고비로 극복되어 갔지만 신자유주의 세계화 정책은 더욱 강화되었다. 신자유주의는 먼저 한국의 노동시장 구조에 근본적인 변화를 가져왔다. 기업의 구조조정이 일상화하면서 정리해고가 빈발하게 되었고, 정규직 대신 비정규직이 급증하는 한편 고용불안이 일상이 되었다. 또한 계층 간 불평등이 확대되면서 사회 양극화 현상이 확산되었다. 이런 상황 속에서 기업들은 고용불안을 무기로 노동통제를 강화하는 한편 경쟁주의적 임금체계와 인사제도를 통해 노동자들 사이의 경쟁을 부추겼다. 또한 노동자들의 투쟁에 대해서 구속과 해고 등 전통적인 탄압 수단 외에도 손해배상청구나 가압류 등 민사소송을 활용하여 압박했다.

민주노총을 중심으로 한 민주노조운동 진영은 이런 상황을 돌파하기 위해 자본의 탄압에 취약한 기업별 노조 체계를 극복하고 산별노조를 건설하는 데 힘을 쏟았다. 1998년 병원노조들이 보건의료노조를 건설하였고, 2001년 2월에는 금속 부문의 노동조합들이 전국금속노동조합(이하 금속노조)을 출범시켰다. 경남지역의 금속 부문 노동자들은 처음에 경남1지부와 경남2지부로 편제되었다가 2003년 9월부터 금속노조 경남지부로 통합되었다. 경남의 금속노동자들은 초기 금속노조의 창립과 발전과정에서 중심적인 역할을 맡았다. 한국중공업, 통일중공업, 대림자동차노조 등 창원공단 내 주요 대기업 노조들이 산별 전환에 앞장섰으며, 이승필 · 김창근 등 지역 출신 노조 활동가들이 금속노조 1 · 2대 위원장을 맡아서 산별조직 체계를 정비하고 산별교섭 체계를 마련하는 데 헌신했다.

2003년 1월 9일 새벽, 두산중공업 노동자 배달호가 노조 탄압에 항거하여 사내 민주광장에서 분신 자결했다. 뒤이어 벌어진 '배달호 열사 분신 투쟁'은 사실상 두산재벌 대 금속노조의 대리전이었다. 두산중공업이 2002년 임단협 과정에서 2001년에 합의한 집단교섭 참가 약속을 이행하지 않고, 그것도 모자라 2002년 임단협 합의 과정에서 아예 집단교섭 조항을 삭제한 것은 금속노조의 체계와 존재를 정면으로 부정하는 행위였기 때문이다. 더욱이 두산그룹은 오래전부터 강압적 노무관리로 이름을 떨치고 있었고, 두산중공업은 갓 결성된 금속노조의 최대 사업장이었기 때문에 두산중공업의 집단교섭 거부는 다른 사업장에 미치는 파장이 클 수밖에 없는 상황이었다. 금속노조는 2003년 1월 16일 52개 지회 1만 4,000여 명이 참가하는 총파업을 벌이는 등 배달호 분신 사건 해결에 적극 나섰다. 경남지역에는 통일중공업을 비롯한 6개 사업장에서 1,700여 명이 파업, 조퇴, 교육 등의 방식으로 금속노조의 파업에 동참했다. 손배가압류 문제가 사회적 이슈로 떠오르면서 각계각층의 지원 · 연대 활동도 활발하게 진행되었다. 결국 노동부가 중재에 나섰고, 3월 12일 협상이 타결됐지만 결과는 미흡하여

해고자 5명 복직과 손배가압류의 부분적 해제에 그치고, 해고자 완전 복직과 두산의 강압적 노무관리 개선, 그리고 금속노조에 대한 태도 변화를 끌어내는 데까지는 이르지 못했다.

2000년대 중반 이후 경남지역 노동운동의 구심 역할을 해왔던 대기업 노조들은 자본의 구조조정과 신규채용 기피, 그리고 극심한 노동통제로 인해 조직력이 크게 약해졌다. 2005년 노조 탄압과 대량 징계해고에 맞선 통일중공업지회의 투쟁은 그런 점에서 상징적이다. 이 투쟁은 경남지부의 5.3 총파업으로 이어지면서 지역으로 확대되었으나 S&T자본의 강경한 태도와 해고자들 내부의 이견으로 인해 일부는 복직하고, 일부는 법적 소송을 선택함으로써 '절반의 해결'에 그쳤다.

금속노조는 2006년 현대자동차노조를 비롯한 대기업노조들이 대거 합류하면서 출범 당시 3만여 명에 불과했던 조합원 수가 14만 명으로 크게 증가했다. 금속노조 경남지부에도 6개 지회 6,000여 명의 조합원이 합류함으로써 조합원 수가 2007년 기준 1만 3,500여 명으로 증가했다.

산별노조 전환과 더불어 민주노총 지역조직도 정비되어 갔다. 민주노총 대의원 배정이 광역단위별로 이루어짐에 따라 1998년 5월 민주노총 경남본부가 출범했다. 2000년 9월에는 민주노총 마창지역협의회를 해산하고, 대신 민주노총 경남본부가 마창지역을 직할하게 되었고, 진주 · 거제 · 김해 · 양산에 시 단위 지부를 두었다.

3) 노동자 정치세력화

신자유주의 세계화가 초래한 노동운동의 위기를 극복하기 위해 노동자 계급의 정치 역량을 강화하는 것이 노동운동의 중요한 과제로 떠올랐다. 한국노총은 대통령 선거가 있을 때마다 보수 양당 사이를 오가는 행보를 했지만, 민주노총은 독자적인 정치세력화를 목표로 진보정당 건설에 주력하였다.

민주노총을 비롯한 진보진영은 1997년 10월 대선 대책기구인 '민주와 진보를 위한 국민승리21'을 결성하여 권영길 민주노총 위원장을 12월에 실시된 15대 대통령 선거 후보로 출마시키면서 본격적인 정치세력화에 나섰고, 2001년 1월에 정식으로 민주노동당을 창립했다. 그 후 민주노동당은 민주노총의 조직적 · 재정적 지지를 기반으로 다른 보수정당과 달리 선명한 정책 노선과 당원의 참여에 기반한 민주적인 조직 운영을 통해 지지기반을 넓혀 갔다. 그 결과 2004년 4.15 총선에서는 13.0%의 높은 정당 지지율을 바탕으로 10명의 국회의원(지역구 2명, 비례대표 8명)을 당선시키며 제3당으로 부상하는 놀라운 성과를 거두었다.

경남지역 노동운동은 그동안 다져온 조직력과 정치 역량을 발휘하여 2004년과 2008년 총선에서 창원 성산구에 출마한 권영길 민주노동당 후보를 연달아 당선시키는 성과를 냈다. 경남지역에서 민주노동당은 2006년 지방선거의 비례투표에서 열린우리당을 누르고 2위를 차지할 정도로 위상이 높아졌다. 그뿐만 아니라 경남지역의 민주노동당 당원 수(1999년은 발기인 수)는 1999년 9월 114명에서 2000년 말 1,314명으로 10배 이상 늘었는데, 그중 73.7%인 969명이 민주노총 조합원이었다. 마창지역은 민주노총 조합원의 비중이 더 높아 당원 961명 중 727명(75.7%)이 민주노총 조합원일 정도로 노조운동과 진보정치 운동의 결합력이 높았다.[6]

그러나 민주노동당의 전성기는 2004년을 채 넘기지 못했다. 정파 간의 권력 다툼과 이념 갈등은 조직적 분열을 심화시켰고, 민생을 소홀히 했던 활동은 대중의 등을 돌리게 만들었다. 2004년 총선 직후 20%까지 치솟았던 당 지지율은 계속 하강 곡선을 그렸다. 그러다가 2008년 초 17대 대선 평가와 일심회 사건을 둘러싼 극심한 내부 갈등 끝에 일부 세력이 탈당하여 진보신당을 결성하는 분당 사태가 일어났다. 이로써 민주노총의 '민주노동당을 통한 노동자 정치세력화' 전략은 사실상 실패로 귀결되었다. '진보정치 1번지' 자리를 놓고 울산과 다투던 마창지역도 이 흐름에서 벗어날 수 없었다.

4) 비정규 노동자 투쟁: GM대우(현 한국GM)

2005년 금속산업연맹의 사내하청 불법파견 철폐 투쟁이 진행되면서 금속 부문 비정규직 노동자 조직화 활동과 투쟁이 본격화했다. 마창지역에서는 GM대우 창원공장 비정규직 노동자들의 투쟁이 대표적이다. 지엠대우 사내하청 노동자들의 차별 철폐 및 노조 결성 투쟁은 처음에 정규직 지부(지엠대우노조 창원지부: 지부장 김학철)의 적극적인 노력과 지원 속에서 진행되었다. 정규직 지부는 2005년 1월 16일 비정규직 노동자들 및 상급단체와 함께 노동부에 불법파견을 진정하는 한편 비정규직 활동가들을 대상으로 한 교육, 수련회 등의 사업을 전개

6 민주노동당 자료 등에 따르면 2000년 기준 민주노동당의 총 당원 수는 11,643명이고, 이 중 민주노총 조합원 당원 수는 5,683명으로 48.81%를 차지했다. 이후 당원 수는 증가했지만 민주노총 조합원 당원 비율은 차츰 낮아져 2007년 2월에는 40.8%(전체 당원 수 78,277명, 민주노총 조합원 당원 수 31,990명) 수준으로 떨어진다.(김장민, 2017: 142~143쪽)

하였다. 이런 활동의 성과를 딛고 4월 10일 금속노조 지엠대우창원비정규직지회(지회장 권순만)가 결성되었다. 또한 노동부는 4월에 6개 사내하청업체 843명 모두가 불법파견에 해당한다는 판정을 내렸다. 정규직 지부의 지원과 연대에 힘입어 지회 결성 당시 85명이었던 조합원 수는 전체 비정규 노동자의 절반에 육박하는 600여 명으로 크게 늘어났다.

그러나 원청은 비정규직의 정규직 전환을 위해 노력하기는커녕 비정규직지회의 핵심들이 포진한 사내하청업체 대정을 폐업하도록 압박하는 등 탄압을 계속 자행했다. 이에 맞서 비정규직지회는 8월 26일부터 파업 투쟁에 들어갔다. 비정규직지회는 처음에는 하루에 몇 차례씩 게릴라 파업을 진행하다가 대정의 폐업 예고일 전날인 9월 29일부터 전면파업에 들어갔다.

비정규직지회의 파업 투쟁으로 라인이 정지되고, 지역 차원의 연대투쟁이 사내에서 전개되는 등 투쟁이 확산됨에 따라 원청은 대응 강도를 높였다. 대정 폐업을 통한 핵심 간부 해고에 이어 정규직 조합원에 대한 여론전을 강화했다. 정규직 노동자들은 비정규직지회 출범 초기에는 별로 반감을 보이지 않았다. 하지만 비정규직지회의 파업이 확대되고 정규직 지부가 비정규직의 투쟁을 엄호하기 위해 대체인력과 계약직 투입을 저지하면서 비정규직 투쟁과 정규직 지부에 대한 불만이 커져갔다. 연장근로를 못 하는 데 따른 금전적 손실, 대체인력 투입 저지에 따른 노동강도 강화 등이 불만의 핵심이었다. 비정규직 투쟁에 대한 여론이 반전되면서 정규직 노조 대의원들이 행동에 나섰다. 이들은 원 · 하청 연대에 공개적으로 반발했다. 뒤이어 9월에 정규직 지부 임시대의원대회에서 지부 집행부가 대의원들의 신임 투표에서 34%의 찬성을 얻는 데 그쳐 임기 종료를 5개월 앞두고 사퇴하는 일이 발생했다. 비정규직지회로 노조 탈퇴서가 쏟아져 들어왔고, 조합원 수는 200여 명으로 급격히 줄었다. 9월 30일, 예정대로 대정이 폐업하면서 85명의 노동자들이 해고되었다. 비정규직지회 조합원들은 곧바로 공장 내 노조 사무실 앞에서 천막농성에 들어갔다. 하지만 파업 투쟁은 점점 힘을 잃어가다가 중단되었다.

10월 20일부터 이듬해 2월까지 부평 본조가 나서서 9차례 '대리교섭'을 벌였으나, 진전이 없었다. 회사는 탄압 강도를 더욱 높여 비정규직지회 간부 25명에 대한 고소·고발, 손해배상청구 4억여 원, 4,100만 원 상당의 급여 및 부동산 가압류를 단행했다.

2006년 3월 22일 권순만 지회장과 오성범 조합원 등 비정규직 해고자 2명이 철탑형 굴뚝에 올라 고공농성에 들어갔다. 며칠 뒤에는 진환도 굴뚝 농성에 합류했다. 이틀날 하청노조 조합원들이 굴뚝 아래에서 농성을 시작했고, 정규직 지부 활동가들도 합류해 50여 명 규모의 농성대오가 꾸려졌다.

비정규직지회의 요구는 대정 폐업 해고자 85명을 포함한 전체 87명 하청해고자들 중 복직 희망자의 원직복직, 고소 · 고발 및 손배가압류 취하, 하청노조 인정 등이었다. 사측은 2005년 임금협상에서 합의된 칼로스 생산라인 이전이 고공농성으로 인해 바뀔 수 있다며 정규직 노동자들의 고용불안 심리를 부추겼다. 정규직 지부는 비정규직지회에 협상 전권을 위임할 것을 요구했다가 비정규직지회가 이를 거부하자 연대투쟁을 단절하겠다고 선언했다.

고공농성은 농성자들이 건강 악화로 4월 22일 굴뚝을 내려옴으로써 32일 만에 막을 내렸다. 4월 27일부터 정규직 지부와 사측의 대리교섭이 진행되어 5월 10일 사내하청 해고자 28명 복직과 투쟁 주도자 8명 단계적 복직, 정문 앞 컨테이너 철거 및 집회 종료를 조건으로 고소·고발 건 일괄 취하, 1개월 후 손배가압류 취하 등에 합의했다. 사측이 2월 말에 내놓은 최종 제시안에서 바뀐 것은 복직자가 20명에서 28명으로 늘어난 것뿐이었다. 단기 계약직은 복직 대상에서 제외되었다. 회사는 비정규직지회 노조 활동은 보장할 내용이 아님을 분명히 했다. 그 후 비정규직지회는 사실상 조직이 와해되는 상태에 이르러 금속노조에 의해 사고지회로 분류되었다.

회사는 불법파견 문제를 해소하기 위해 2007년에 생산라인을 도급 라인과 정규직 라인으로 재편하는 과정에서 도급 부문의 일부를 정규직 라인으로 전환시켰고, 이로 인해 300여 명의 비정규 노동자가 정규직으로 전환되었다. 2년 이상 근무자 중 "하청업체의 조장과 반장, 사측의 편을 들었거나 백이 있는 사람들"이 대부분이었다. 정규직 지부는 비정규직의 정규직 전환 과정에 관여하지 못했다.

6. 2008년 이후 노동운동

2008년은 세계 금융위기가 일어난 해이고, 이명박 정권이 출범한 해이다. 이러한 객관적인 환경 변화 속에서 노동운동은 자본과 정권의 구조조정 및 노동탄압 공세에 맞서야 했다. 2008년은 또한 노동운동의 역사에 큰 파장을 불러온 민주노동당 분당 사태가 발생한 해이기도 하다. 진보정치의 분열은 거기서 그치지 않고, 민주노총 내부의 분열과 권력 경쟁을 격화시킴으로써 전체 조직력을 크게 약화시켰다.

1) 대림자동차 · 중소 조선소 구조조정 반대 투쟁

2008년 세계 금융위기 이후 지역에서도 자본의 노조 탄압 및 구조조정 공세가 거셌다. 2009년에 발생한 쌍용자동차 정리해고 사태는 전국적인 파장을 몰고 왔으며, 창원의 엔진공장 노동자들도 이 투쟁에 참여했다.

마창노련 시절부터 20여 년 동안 지역 노동운동에서 큰 역할을 해왔던 대림자동차지회도 2009~2010년 자본의 구조조정에 맞닥뜨렸다. 회사는 2009년 10월 말 전체 사원 665명 중 293명을 정리해고 하겠다는 계획을 고용노동부 창원지청에 제출했다. 그 후 200여 명이 희망퇴직 등으로 회사를 나갔고, 2009년 말에 최종적으로 이경수 지회장을 포함한 47명이 정리해고를 당했다. 지회는 회사의 구조조정에 맞서 파업 투쟁과 더불어 정문 앞 컨테이너 농성, 본관 1층 로비 농성, 시민대책위와 함께 하는 촛불문화제 등 다양한 방법으로 투쟁을 벌였다. 그리고 2010년 3월 1일부터 정리해고자 40명이 19일 동안 본관 2층을 점거하고 끝장 농성 투쟁을 벌였다. 하지만 노사 간 교섭에서 정리해고를 완전히 철회시키지는 못하고 정리해고자 19명 재입사 허용 등 미흡한 수준에서 마무리되었다. 상당수의 전현직 간부들이 해고된 상태에서 현장에 남은 조합원들은 금속노조를 탈퇴하고 기업별 노조를 설립했다. 지회는 정리해고자를 포함하여 몇 사람만 남을 정도로 조직이 무너졌다.[7]

세계 금융위기는 한국 조선산업을 불황의 늪에 빠뜨렸다. 경기 침체에 더해 정부의 중소 조선 지원 정책도 부실하여 2009년께부터 중형조선소의 경영난이 심화되고, 이에 따른 기업회생 절차 및 구조조정이 본격화했다. 이런 분위기 속에서 금속노조 경남지부 산하 신아sb, STX조선, 성동조선 노동자들도 일자리와 생존권을 지키기 위한 투쟁에 나섰다. 통영에 있는 신아sb는 2000년대 중반 수주 잔량 기준으로 세계 10대 조선소에 들기도 했으나 경영진의 방만한 경영과 조선 경기 침체로 2009년 워크아웃을 거쳐 2014년 법정관리에 들어갔다. 지회는 회사를 살리기 위해 지역집회, 국토대행진, 채권단 앞 집회, 법원 면담 등 갖은 노력을 다했다. 하

7 정리해고자 중 12명은 소송 끝에 2014년 12월 대법원에서 부당해고 판결을 받고, 2015년 2월에 복직했다.

지만 회사는 4차에 걸친 매각 시도가 무산됨에 따라 2015년 11월 창원지법의 파산 결정을 받고 끝내 문을 닫게 되었다.

성동조선은 경영난으로 2018년 3월 법정관리에 들어갔다. 회사는 두 차례에 걸친 희망퇴직을 실시하여 360여 명을 내보냈다. 그것도 모자라 회사는 정리해고를 통해 생산직 450여 명을 추가로 감축하려고 했다. 이에 지회는 정리해고 계획을 중단할 것을 요구하며 경남도청 앞에서 6월 14일부터 천막농성에 들어갔고, 7월에는 강기성 지회장이 23일간 단식투쟁을 벌였다. 지회는 8월 30일 회사와 경남도, 경제사회노동위원회와 함께 상생협약을 체결했다. 인위적인 정리해고를 하지 않는 대신 2020년 12월까지 무급휴직을 실시하기로 한 것이다. 지회는 2019년에도 4월부터 경남도청 앞에서 8개월간 천막농성을 벌이며 생존권 보장과 성동조선 회생을 요구하며 투쟁하다가 2019년 12월, 네 번째 매각 시도 만에 HSG중공업이 재무적 투자자와 손잡고 회사를 인수하면서 재기의 기회를 잡았다. 회사는 2020년 5월에 법정관리를 졸업하고 HSG성동조선으로 이름을 바꿨다.

2016년에 법정관리에 들어간 STX조선은 2017년에 법정관리를 졸업했지만, 회사는 2018년부터 임금을 삭감하고 생산직 500여 명을 250여 명씩 번갈아 6개월 일하고 6개월은 월급을 받지 않고 대기하는 방식의 순환무급휴직을 강행했다. 지회는 이에 맞서 수년간 파업투쟁과 천막농성, 상경 투쟁 등을 벌였다. 지회는 순환무급휴직이 3년째에 접어들면서 조합원들이 극심한 생활고를 겪자 순환무급휴직 중단을 촉구하며 7월부터 전면파업과 더불어 이장섭 지회장이 16일간 단식투쟁을 벌인 끝에 회사, 경남도와 함께 상생협약을 체결했다. 그 후 2021년 3월 STX조선 노-사, 경남도와 창원시, 투자사인 유암코-KHI가 'STX조선해양 정상화를 위한 협약'을 체결하면서 회생의 길이 열렸다. 회사 이름은 K조선으로 바뀌었다.

중형조선소 노동자들의 투쟁에는 금속노조와 민주노총은 물론이고 지역의 시민사회단체들까지 합세하여 '노동자 생존권 보장, 조선산업 살리기 경남지역 공동대책위원회'를 꾸리고 활발한 연대투쟁을 벌였다.

2) 민주노총 경남본부의 정치 활동과 대지자체 활동

민주노총은 진보정당이 분화된 후에도 2012년 총선까지 민주노동당(2012년에는 통진당)에 대한 배타적 지지 방침을 고수했다. 이는 민주노총 내부에 심각한 대립과 갈등을 불러왔다.

또 총선이나 지방선거에서 후보 단일화를 둘러싸고 극심한 진통과 후유증을 낳게 만들었다. 2012년 당내 비례대표 선출을 둘러싼 부정 선거 논란에서 비롯된 '통진당 사태' 이후 민주노총의 배타적 지지 방침은 중단되었지만, 민주노총의 선거 시기 정치 방침은 장기적 전망과 일관된 기준이 없이 정치 상황에 따라 갈지자 행보를 걷는 경우가 많았다.

2012년 19대 총선에서 창원 성산구 선거에서는 진보진영의 후보 단일화가 이루어지지 못한 채 통합진보당 손석형 후보와 노동당 김창근 후보가 각각 출마했고, 선거 결과 새누리당의 강기윤 후보가 당선되었다. 이에 반해 2016년 20대 총선에서는 민주노총 경남본부가 주관한 '민주노총 후보' 경선 및 더불어민주당 허성무와 후보 단일화 과정을 거친 정의당 노회찬 후보가 52.16%의 득표율로 당선되었다. 그 후 노회찬 의원의 사망으로 치러진 2019년 4월 보궐선거에서도 노동당의 여영국 후보가 민중당과 단일화에는 실패했지만 더불어민주당과 단일화 과정을 거쳐 당선되었다. 하지만 이 두 번의 선거는 야권 후보 단일화의 효과가 크게 작용한 선거여서 2004년과 2008년 총선에서 권영길이 보수 양당 후보가 모두 출마한 상황에서 진보진영의 독자적인 힘으로 당선된 것과는 정치적 의미가 다르다.

진보정치 운동은 2022년 지방선거에서 정의당, 진보당 등 진보정당들이 경남에서 지역구 당선자를 한 명도 못 낼 정도로 후퇴를 거듭했다. 그 후 민주노총은 2023년 9월 임시대의원대회를 열어 "진보정치세력의 연대연합 실현"을 통한 노동자 정치세력화 및 진보정당 건설과 "친자본 보수양당 체제 타파"를 위한 정치사업 전면화 등을 골자로 하는 정치방침과 2024년 총선 방침을 수립했다. 하지만 진보당은 2024년 총선과 2025년 대선에서 더불어민주당과의 선거연합에 집중했다. 이에 따라 두 선거에서는 민주노총 내부 진보당 지지 세력과 비판 세력 간의 의견 대립으로 민주노총 차원의 통일된 방침을 정하지 못하고, 산별조직이나 지역본부별로 지지 정당과 후보를 달리하는 선거 투쟁을 벌였다. 예컨대 창원에서는 2024년 총선 때 성산구에서 진보당 예비후보가 민주당과 후보단일화를 위해 사퇴하고, 허성무 후보를 지지했다. 이에 힘입어 더불어민주당 허성무 후보는 정의당 여영국 후보와 야권단일화에 실패했음에도 강기윤 국민의힘 후보를 누르고 당선되었다. 윤석열 탄핵 이후 2025년 6월에 치러진 조기 대선에서도 진보당 계열은 '광장후보'로 이재명 후보를 지지하고, 정의당과 노동당, 일부 노동사회단체들은 '사회대전환 연대회의'를 꾸려 권영국 후보를 출마시키는 분열상을 드러냈다. 중요한 점은 이러한 일련의 과정에서 민주노총 내부의 분열이 더욱 심화 · 확대되면서 조직 역량이 크게 훼손되고 있다는 사실이다.

한편 민주노총의 합법화(1999년 11월) 이후 민주노총 지역본부가 주도하는 대지자체 사업의 중요성이 커졌다.

민주노총 경남지역본부는 2010년 지방선거에서 야권 단일후보로 당선된 무소속 김두관 도정 시기에 민주도정협의회에 참석함으로써 제한적이나마 진보개혁의 목소리를 도정에 전달할 수 있었다. 또한 경남도의 예산 지원을 받아 도내 주요 거점에서 비정규직 센터를 설치·운영하기도 했다. 하지만 김두관은 대선후보 출마를 선언하며 2년 만에 도지사직을 중도에 사퇴했고, 이후 보궐선거에서 홍준표가 당선되었다. 민주노총 경남본부가 기대했던 경남도와의 안정적인 협력 관계는 중단되었다.

이와 대조적으로 2012년 새누리당 홍준표 도정 때는 홍준표가 민주노총에 대한 적대적 태도를 천명하고 진주의료원 폐업, 무상급식 중단 등 반복지·반노동 정책을 밀어붙이면서 민주노총 경남지역본부와 경남도의 관계가 극한 대립으로 치달았다.

진주의료원 사태는 2013년 2월 26일 경남도가 진주의료원 폐업 방침을 발표하면서 시작되었다. 진주의료원 폐업 조치는 진주의료원 직원들이 일자리 상실은 물론이고 지역 주민의 건강권 침해, 의료 공공성 축소로 이어지는 문제였다. 이에 진주의료원지부와 보건의료노조는 물론 민주노총 경남본부를 비롯한 지역 노동계와 시민사회단체가 힘을 합쳐 연대투쟁을 벌였다. 하지만 천막농성, 단식농성, 집회 및 시위, 고공농성, 촛불집회, 서명운동 등 다양한 방법을 동원하여 끈질기게 투쟁했음에도 폐업을 철회시키지는 못했다. 경남도가 5월 29일 폐업 신고를 한 데 이어 6월 11일 새누리당이 다수를 점하고 있던 경남도의회가 진주의료원 해산 조례안을 날치기로 통과 처리함으로써 사태가 일단락되었다. 민주노총 경남지역본부는 시민사회단체와 함께 2014~2015년에도 홍준표 지사의 학교 무상급식 중단 조치에 맞서 시민사회와 연대하여 투쟁했지만 막아내지 못해 2015년 한 해 경남에서는 학교 급식이 유상으로 전환되기도 했다. 노동운동진영과 시민사회는 홍준표의 폭정을 심판하기 위해 최후 수단으로 주민소환 운동을 벌였으나 청구 요건을 채우지 못해 무위로 돌아갔다.

이 투쟁들은 비록 그 당시에는 별로 성과를 내지 못했지만, 의료 공공성과 무상교육 등 사회복지 문제에 대한 공감대를 넓히고 노동운동의 대지자체 활동에 대한 중요성의 인식을 넓히는 계기가 되었다.

3) 비정규 노동자 투쟁

(1) 거통고 조선하청지회의 투쟁

거제 · 통영 · 고성 조선하청지회(거통고 조선하청지회)의 조직 활동과 투쟁은 조선소 하청 노동자들의 열악한 조건과 험난한 활동 과정을 보여주는 대표적인 사례이다.

조선하청노동자들은 조선 경기가 좋을 때도 고용불안과 저임금, 잦은 산업재해와 원청의 노동통제에 시달렸지만, 조선산업 위기와 중형조선소의 경영난 여파로 2016년 이후 임금삭감과 고용불안이 더 심해졌다. 특히 대우조선해양은 2018년 이후 기업매각이 추진되는 과정에 구조조정이 계속되어 고용불안이 일상화되어 있었다.

거통고 조선하청지회는 2017년 2월에 결성되었다. 이동성이 높은 조선하청노동자의 현실을 반영하여 거제·통영·고성지역의 조선소 하청노동자들을 하나의 조직으로 묶어내기 위해 지역노조 형태로 만들어졌다. 지회 결성 과정에서는 금속노조와 지역 시민사회의 지원과 연대가 큰 힘이 되었다.

지회는 설립 직후 선전 활동과 상담 활동 등을 통해 작업장 현안에 대한 문제를 제기하며 노조의 존재를 알리고 노조 가입을 확대하는 데 주력했다. 지회의 현장 투쟁과 조직화 작업은 2017년 말 "되찾자 550%" 운동을 계기로 본격화되었다. 조선 하청업체들은 최저임금 인상에 대응하기 위해 상여금 550% 중 400%를 기본급화 하고 150%를 삭감했는데, 이를 원상회복하기 위한 투쟁에 나선 것이다. 지회는 수요 촛불집회와 하청노동자 서명운동을 거치면서 공개 활동에 나서기 시작했고, 이 과정에서 현장 활동가들이 발굴되고, 조합원 수도 2017년 창립 당시 34명에서 2019년 말 380여 명으로 꾸준히 증가했다. 2019년 3월에는 파워공 200여 명의 자연발생적인 임금인상 투쟁이 터지는 등 자연발생적인 투쟁이 증가했다. 지회는 2019년 5월 성과급 미지급에 항의하며 하청노동자 2,000여 명이 참여한 가운데 '하청노동자 총궐기대회'를 여는 등 대중투쟁을 적극 벌여서 전체 하청노동자들의 요구를 제기하는 한편 이를 조직화로 연결시켰다. 2021년 4월 파워공 등이 다시 23일간 파업 투쟁을 벌였다. 피워공 200여 명이 한꺼번에 금속노조에 가입했고, 지회는 이들을 도장분회에 편제하고 9개 도장업체에 교섭을 요구했다. 파워공 투쟁은 1도크 노숙농성 2일째에 편법적인 퇴직적치금과 단기계약을 폐지하는 선에서 합의에 이르렀다.

이듬해인 2022년 단체교섭에서 지회는 2016년 이후 삭감된 임금 30% 원상회복과 노동조합 활동 보장 등을 요구하며 총력투쟁에 나섰다. 지회는 조합원이 있는 22개 하청업체와 단체교섭을 추진하기로 했다. 지회는 1~3월에 수백여 명이 참여한 총궐기대회를 3차례 열었고, 4월 말에는 고용 갱신 시점을 앞두고 8일간 파업 투쟁을 벌인 끝에 고용보장에 합의했다. 뒤이어 전체 하청노동자의 임금인상 투쟁이 전개되었다. 업체별 교섭에 진전이 없자 지회는 6월 2일 부분파업에 들어갔고, 6월 7일부터 전면파업과 8개 거점농성에 들어갔다. 거점 사수투쟁은 6월 21일까지 2주간 계속되었다. 조합원들은 직종별로 조를 편성해서 철야농성과 규탄집회를 벌였다. 사측의 탄압 강도도 높아졌다. 사측은 관리자들을 동원하여 농성장 기물을 부수고, 농성노동자들을 도발하여 물리적 충돌을 유도하고 노노 갈등을 부추기는 한편 고소 · 고발을 일삼았다.

이를 막아내려면 새로운 전술이 필요했다. 지회는 전체 파업대오를 집결해 1도크 '끝장농성'으로 전환했다. 1도크 점거는 구사대 폭력이 계속되는 상황에서 파업대오를 유지하고 생산을 중단시켜 협상을 이끌어내려는 전술이었다. 유최안 부지회장은 구사대의 농성장 침탈을 막기 위해 1m^{3}의 철창 속에 자신을 가두었고, 6명의 지회 간부들은 스트링거 고공농성에 들어갔다. "이대로 살 순 없지 않습니까?"라는 조선하청노동자들의 절규는 사회에 큰 반향을 낳아 노동계는 물론 시민사회의 폭넓은 지지와 연대를 불러일으켰다.

그러나 당시 회사 매각 문제가 걸려 있던 상황에서 원청은 하청지회를 완전히 와해시키고 정규직 노조를 순치시키기 위해 생산 중단을 감수하며 강경 대응을 고수했다. 하청업체 대표들은 공권력 투입을 요청하는 기자회견을 열었고, 원청업체는 구사대를 동원한 농성장 침탈 시도와 더불어 정규직 노동자들을 부추겨 대우조선지회의 금속노조 탈퇴를 추진했다. 이에 맞서 노동계와 시민사회의 연대도 확산되었다. 금속노조와 민주노총 집회가 거제와 서울에서 잇달아 열렸고, 하청노동자들의 투쟁과 생계비 지원을 위한 모금 운동도 활발하게 전개되었다. 사태가 총노동과 총자본의 대리전 양상을 띠고 장기화하면서 정부가 공권력 투입을 시사하는 가운데 7월 15일 교섭 국면이 시작되었다. 정부가 공권력 투입의 압박 강도를 높이고 대우조선지회의 금속노조 탈퇴 투표가 진행되는 한편, 노동계의 총력투쟁 및 전국적인 연대가 확산하는 가운데, 마침내 7월 22일 임금 4.5% 인상 등 잠정합의안이 나오면서 마무리되었다. 하지만 대우조선은 8월에 하청노동자들에게 470억 원의 손해배상을 청구했고 형사 고소고발도 취하하지 않았다.

이 투쟁은 500여 명에 불과한 사내 하청노동자들이 원청대기업을 상대로 조선산업 노조운동 역사상 처음으로 도크를 점거한 채 51일 동안 장기 파업을 벌였다는 점에서 그 자체만으로도 기록적인 투쟁이었다.

비록 노동자들의 주요한 요구를 관철하지 못한 채 마무리되었지만 조선하청노동자들의 열악한 현실을 사회에 알리고 노조 탄압 수단으로 악용된 손해배상청구의 문제점과 노조법 2 · 3조 개정의 필요성을 부각시키는 계기가 되었다. 하지만 조직 내부적으로 사내하청 노동자들의 조직화와 투쟁은 원·하청 연대가 뒷받침되지 않으면 실질적인 성과를 내기 어렵다는 점을 다시금 확인시켜 주었다.[8]

(2) 한국지엠 비정규직 투쟁

2013년 2월에 대법원에서 한국GM의 불법파견 인정 판결이 나왔다. 이 사건을 계기로 몇 사람이 모여 비정규직 지회를 재건하기 위한 활동을 시작했다. 5월부터 중식시간 선전전을 비롯한 현장활동에 나섰고, 5월 22일부터 31일까지 불법파견 정규직화 집단소송 참여자를 모집하면서 조합원 가입을 늘렸다. 부당해고자의 복직, 계약직의 장기직 전환, 정규직 파업 기간 미지급된 상여급 지급 등 투쟁의 성과가 나오면서 현장의 분위기도 달라져 갔다.

마침내 11월 비정규직지회는 조합원 총회를 열어 지회 명칭을 한국지엠비정규직창원지회로 변경하고, 집행부를 새롭게 꾸리면서 조직을 재정비하는 데 성공했다. 지회는 이렇게 다진 조직력을 바탕으로 2015년 말 3개 사내 하청업체의 폐업에 맞서 신규계약업체에 고용 · 노동조건 · 근속을 승계하는 데 성공했다. 2016년에도 불법파견 집단소송 참여자 모집을 통해 조합원을 160여 명으로 늘렸고, 이해 말 4개 업체의 폐업에 맞서 한 달 동안의 전면파업을 전개하여 고용승계 등 '3승계'를 쟁취했다.

그러나 원청 회사는 비정규 노동자들이 한숨 돌리기도 전에 다시 치고 들어왔다. 원청은

8 사내하청노조가 안정된 조건에서 노조 활동을 할 수 있으려면 원청 자본의 노조 인정과 활동 보장이 필수적이라는 게 거통고 조선하청지회의 2024년 임단협에서도 확인되었다. 지회의 핵심 요구는 상여금 인상이었지만 단체교섭에서 풀리지 않아서 해를 넘겼고, 결국 김형수 지회장이 올해 3월 15일부터 서울 중구 한화빌딩 앞 30m 높이의 CCTV 철탑 위에서 고공농성을 벌였다. 그 후 6월 17일 노사가 상여금 50% 인상, 상용공 확대 및 취업 방해 금지, 산업재해 예방 활동 등에 합의하면서 김형수 지회장은 고공농성 97일 만인 6월 19일에 다시 땅으로 내려왔다.

2017년 하반기에 엔진부에 있는 비정규직을 내보내고 정규직으로 채우는 인소싱을 추진했다. 지회는 12월 4일부터 두 달여 동안 전면파업으로 맞섰으나 정규직 조합원들까지 치고 들어오는 상황에서 계속 버틸 수가 없었다. 원청은 2018년 1월 말 2개 업체를 폐업시키면서 조합원 70여 명을 해고했다. 2018년 2월 13일 군산공장 폐쇄 발표가 나왔다. 한편 노동부는 미적거리다가 5월 28일에서야 창원공장 8개 업체 774명 전원에 대해 불법파견 판정을 내놓았다.

비정규직지회는 해고자 복직 투쟁의 강도를 높였다. 정부와 원청을 상대로 상경 투쟁과 사장실 농성을 벌였으며, 11～12월에는 26일간 창원 노동부 농성을 벌였다. 투쟁의 결과는 '순차적 선별 복직'이라는 이름 아래 2019년 4월까지 5명가량이 계약직으로 현장에 복귀하는 선에서 그쳤다. 금속노조 경남지부는 2019년 3월 대의원대회에서 한국지엠 해고자 생계기금(조합원당 1만 원)을 결의하여 남은 해고자들의 복직 투쟁을 지원했다.

더 결정적인 고비는 2019년에 찾아왔다. 원청은 7월에 1교대 전환 방침을 내놓았다. 이미 부평공장과 군산공장에서 1교대 전환으로 사내하청 노동자들이 무더기로 해고되는 걸 지켜보았던 비정규직지회는 사태의 심각성을 인식하고 10～12월 '해고 반대 전체 하청 노동자 궐기대회'와 본관 앞 천막농성 등 총력투쟁에 나섰다. 비조합원들까지 적극 투쟁에 동참하는 분위기가 만들어지고 있었다. 회사는 위로금을 미끼로 투쟁 전열을 흩트려 놓으려 했으나, 노동자들은 자신이 일하던 자리를 지키며 저항했다. 하지만 10월에 원청으로부터 '계약 만료' 통보를 받은 7개 사내하청업체는 11월 25일 해고 예고 통보를 거쳐 12월 31일 자로 585명을 해고했다. 거의 모든 사내하청 노동자들이 포함되었다.

비정규직지회가 투쟁을 이어가는 가운데 정규직 지부가 2020년 1월에 회사 쪽과 대리교섭을 벌이고, 2022년에는 비정규직지회와 원청 간에 교섭이 열리기도 했으나 진전이 없었다. 그러자 회사 쪽은 '발탁 채용'이라는 이름으로 해고자 일부만을, 그것도 근속도 제대로 인정하지 않는 조건으로 채용했다. 해고자들을 흔들기 위한 꼼수였다. 해고자들의 투쟁은 그 뒤로도 쭉 이어졌으나 성과는 없었다.

결국 해고자들은 2024년 7월 대법원 근로자지위확인소송에서 최종 승소함으로써 이해 11월 1일 자로 복직(정규직 전환)하게 되었다. 창원공장에는 88명이 복직했고, 지회는 이해 말에 스스로 해산했다.

4) 외자기업 철수 반대 투쟁 등

일본인 투자기업들에도 자본 철수 움직임이 거셌다. 맨 먼저 마산 자유무역지역 내 한국웨스트전기가 2009년 8월에 폐업을 맞았다. 그 후 창원공단 내 제이티정밀(한국시티즌정밀)과 마산자유무역지역 내 한국산연의 자본 철수가 뒤따랐다.

손목시계 생산업체인 한국시티즌정밀의 자본 철수는 '위장 매각'이라는 중간 단계를 거쳐서 진행되었다. 회사는 2008년에 고려티티알로 매각되어 회사 이름이 제이티정밀로 바뀌었다. 지회도 자본 철수 과정의 한 단계라는 걸 모르지는 않았지만, 자본 철수는 예상보다 더 빠르게 진행되었다. 일본 시티즌 자본은 노동자들이 숨 돌릴 틈도 없이 2010년 4월에 폐업을 공고하고, 7월에는 고용노동부에 폐업 신고를 했다. 노동자들은 이에 맞서 공장을 점거한 채 집회 시위, 일본 원정 투쟁 등을 끈질기게 펼쳤으나 폐업을 철회시키지는 못하고 같은 해 12월 일정액의 위로금을 받는 선에서 투쟁을 마무리했다.

일본 산켄전기가 투자한 한국산연의 경우에는 구조조정에서 자본 철수로 이어지는 과정이 노동자들의 거센 반대에 부딪혀 더 장기화했다. 한국산연은 LED조명 등을 생산하는 회사로 일본의 산켄전기가 모기업이다. 회사는 오래전인 1997년에 자본 철수를 하려다가 노조의 반발에 막혀 철회하고, 오히려 2000년대 이후 투자를 확대하고 인원을 늘리는 등 기업을 확장하기도 했다. 그러다가 회사는 2009~2011년 다시 구조조정을 추진했고, 이 기간에 140여 명을 '희망퇴직'이란 이름으로 내보냈다. 2016년 2월 생산부문을 폐지한다고 발표하고 희망퇴직을 실시했다. 10월에는 이에 끝까지 저항하는 조합원 35명을 해고시켰다. 지회는 세 차례에 걸친 일본 원정 투쟁을 벌이는 한편 노동위원회에 구제신청을 제기하여 2017년 4월 중노위로부터 부당해고 판정을 받아내기도 했다. 그사이에 희망퇴직으로 20여 명이 나갔고, 16명이 남아서 투쟁을 벌인 끝에 마침내 2017년 6월 부당해고 246일 만에 원직에 복귀했다. 산켄자본은 이때 재투자를 약속했지만 지키지 않았다. 그리고 2020년 7월 일본 산켄전기는 한국산연의 청산을 결정하고, 2021년 1월에 폐업 조치했다. 지회는 회사 청산 철회를 요구하며 2021년 7월 13일 천막농성을 시작으로 집회 및 시위, 점거 농성, 단식 농성 등 일본 원정 투쟁, 단식투쟁 등 온갖 방법을 다 동원하여 끈질기게 투쟁을 벌였다. 코로나19 대유행으로 지회의 일본 원정 투쟁 길이 막힌 상황에서 일본 시민사회에서 나섰다. 이들은 '산켄노조를 지원하는 시민모임' 등을 꾸려 산켄전기를 상대로 청산 철회를 요구하는 투쟁을 지속적으로 벌였다. 그 과정에서 2021년 5월에는 일본인 한 명이 구속되기도 했다. 결국 지회는 2022년 7월 고용노동부의 중재로 이뤄진 교섭 끝에 사측으로부터 위로금과 함께 일방적인 청산에 대한 유감 표명을 받아내며 724일간의 기나긴 투쟁을 마무리하고 해산 총회를 열어 해산했다.

외국인투자기업은 그동안 한국 정부로부터 세금 감면 등 많은 특혜를 받으며 기업을 운영하다가 단물을 다 빼먹고 나면 철수하는 횡포를 반복해서 저질러왔다. 외자기업의 노동자들의 고용안정과 외국인 투자자 규제를 위한 '외국인 투자 촉진법' 개정이 필요한 이유다.

한편 2010년 노동법 개정으로 2011년 7월부터 기업별 복수노조가 허용되면서 창원공단에서도 회사 쪽이 '어용노조' 결성과 운영을 지원하여 민주노조를 탄압하는 사례가 생겨났다. 센트랄은 2011년 하반기부터 '어용노조'를 활용하여 센트랄지회에 대한 탄압을 시작했고, 2012년에는 탄압이 더 강화되어 노조 간부들에 대한 해고와 징계를 강행하고 지회 탈퇴 공작을 전면화하면서 결국 센트랄지회를 와해시켰다. 두산모트롤지회(현 모트롤지회)에도 2011년 7월 회사를 등에 업은 '어용노조'가 생겼지만, 두산모트롤지회는 '소수노조'의 불리한 조건 속에서도 끈질기게 조직 활동과 투쟁을 펼친 끝에 마침내 2018년에 교섭대표노조의 지위를 획득했다.

7. 나가며

마창지역 민주노조운동은 1987년 노동자 대투쟁 이후 1990년대 중반까지 대중적이고 역동적인 지역연대 투쟁, 활발한 일상 활동과 민주적 조직 운영, 중앙 방침의 적극적인 이행 등으로 민주노조운동의 발전을 선도하는 역할을 해왔다.

1987년 노동자 대투쟁의 성과를 모아 전국 최초의 지역연대 조직인 마창노련을 결성했으며, 이를 통해 지역연대의 모범을 만드는 한편 전노협을 건설하고 지키는 데 중추적인 역할을 했다. 마창지역 민주노조운동은 그 후에도 민주노총 건설 과정에서, 그리고 2000년대 초중반 초기 산별노조운동에 이르기까지 중요한 역할을 담당했다. 또한 그동안 쌓은 노조운동의 역량을 바탕으로 진보정치 운동에서도 2008년 민주노동당 분당 사태 이전까지 큰 발자취를 남겼다.

그러나 2000년대 중반 이후 마창지역 민주노조운동은 전체 노조운동의 흐름과 맞물려 질적으로 후퇴하거나 침체된 모습을 보이고 있다. 그동안 지역 노조운동을 견인하는 역할을 해왔던 대공장 노조들의 조직력 약화와 실리주의 득세, 간부 · 활동가 재생산 구조의 붕괴-노동단체 소멸, 학생운동의 쇠퇴에 따른 활동가 유입 통로 축소 및 현장 출신 해고 활동가 감소-등으로 인해 노조운동의 구심 세력이 크게 약화했다. 이 때문에 미조직 · 비정규 노동자 조직화 활동으로 조합원 수는 큰 폭으로 증가했지만, 노조운동의 활동 역량과 사회적 영향력은 오히려 후퇴하고 있는 것이다.

노동운동은 끊임없이 연대의 깊이를 더하고 폭을 확장함으로써 발전한다. 1987년 이후 민주노조운동의 가장 중요한 과제는 기업별 민주노조들을 모아 지역 · 전국적 연대조직을 만들어내는 것이고, 그다음으로는 노조 간 벽을 허물어 산별노조로 전환하는 것이었다. 하지만 2000년대 중반 이후 노동운동이 추구하는 연대의 방향과 과제는 변화했다. 복합위기 시대에 노동운동이 사회변혁의 길을 앞장서서 열어가는 역할을 계속하기 위해서는 조직 내부의 단결을 강화하는 것은 물론이고 다양한 형태로 존재하는 미조직 노동자들과의 연대, 더 나아가 사회적 약자 및 사회운동과의 연대를 강화하고 확대하는 것이 주요한 방향이고 과제이다. 그리고 이러한 과제를 실현하는 데도 '지역'은 여전히 가장 중요한 활동 공간이다.

다만 오늘의 노동조합운동에서 민주노총 지역조직이 차지하는 위상과 역할은 과거의 그것과 다르다. 과거에는 마창노련이 산업과 업종을 떠나 지역 민주노조운동의 단일한 구심체로서 지역 전체의 노조 활동과 투쟁을 관장했지만, 민주노총 창립 이후로는 산별체계가 강화되면서, 산별 지역조직과 민주노총 지역조직 간의 협업과 조율이 더 중요해졌다. 이와는 대조적으로 정치활동 영역에서는 대지자체 활동을 포함한 지역 정치의 중요성이 갈수록 커지고 있다. 따라서 이러한 변화한 조건을 잘 살펴 민주노총 및 산별 지역조직의 역할과 활동 방향을 재구성해야 할 것이다.

조직 내부적으로는 조직 민주주의와 정파 갈등 문제에 대한 성찰에서부터 활로 모색을 시도할 필요가 있다. 두 문제는 전체 노조운동이 안고 있는 많은 문제들의 원인이자 해결의 걸림돌로 작용하고 있기 때문에, 노조운동을 혁신하는 출발점이라고 할 수 있다. 또한 이 둘은 서로 긴밀하게 맞물려 있다. 극심한 정파 갈등은 조직 민주주의를 후퇴시키고, 비민주적인 조직 운영과 활동 방식은 정파 갈등의 폐해를 심화 · 확대한다. 누구나 알고 있듯이 민주노조운동은 이미 그 악순환의 본궤도에 올라 있다. 간부도 모자라 조합원들마저 줄 세우기 하는 직선제, 신규 노조 가입과 조직 확대를 둘러싼 산별노조 간의 자기 파괴적인 경쟁, 정치활동 방침과 관련한 끝이 보이지 않는 균열 등에서 그 상태를 확인할 수 있다.

마창지역, 더 나아가 경남지역 민주노조운동이 다시 한번 전체 노동조합운동의 발전에 의미 있는 역할을 하려면 이 문제에 대해 정면으로 마주할 수 있어야 할 것이다.

참고문헌

금속노조, 2008, 『금속노동자를 위한 노동운동사』.

김금수, 2004, 『한국노동운동사』 6, 지식마당.

김성혁 외, 2024, 『대전환 시대 노동운동 진단』, 민주노총 부설 민주노동연구원.

김용기 · 임영일, 1991, "80년대 지역노동운동사 연구-80~87년 마창지역을 중심으로", 경남대학교 노동복지연구소, 『노동복지연구』, 제10집(별쇄).

김정호, 2023, "경남의 노동운동: 1987년 이후 마창 지역 민주노조운동을 중심으로", 김명희 외, 『경남 근현대사』, 경상국립대학교출판부.

김하경, 1999, 『내 사랑 마창노련』 상 · 하, 갈무리.

민주노총 마창지역협의회, 1997, 『제2년 차 정기대의원대회 자료집』.

이상철, 1992, 『한국의 지역노동운동연구』, 한울.

전국노동조합협의회, 1992, "제6공화국 출범 이후 구속 노동자 현황조사(88년 3월~92년 4월)."

조효래, 2001, "창원과 울산의 지역노동운동", 지역사회학회, 『지역사회학』, 제3권 제1호.

조효래, 2024, 『산업도시와 노동조합』, 한국학술정보.

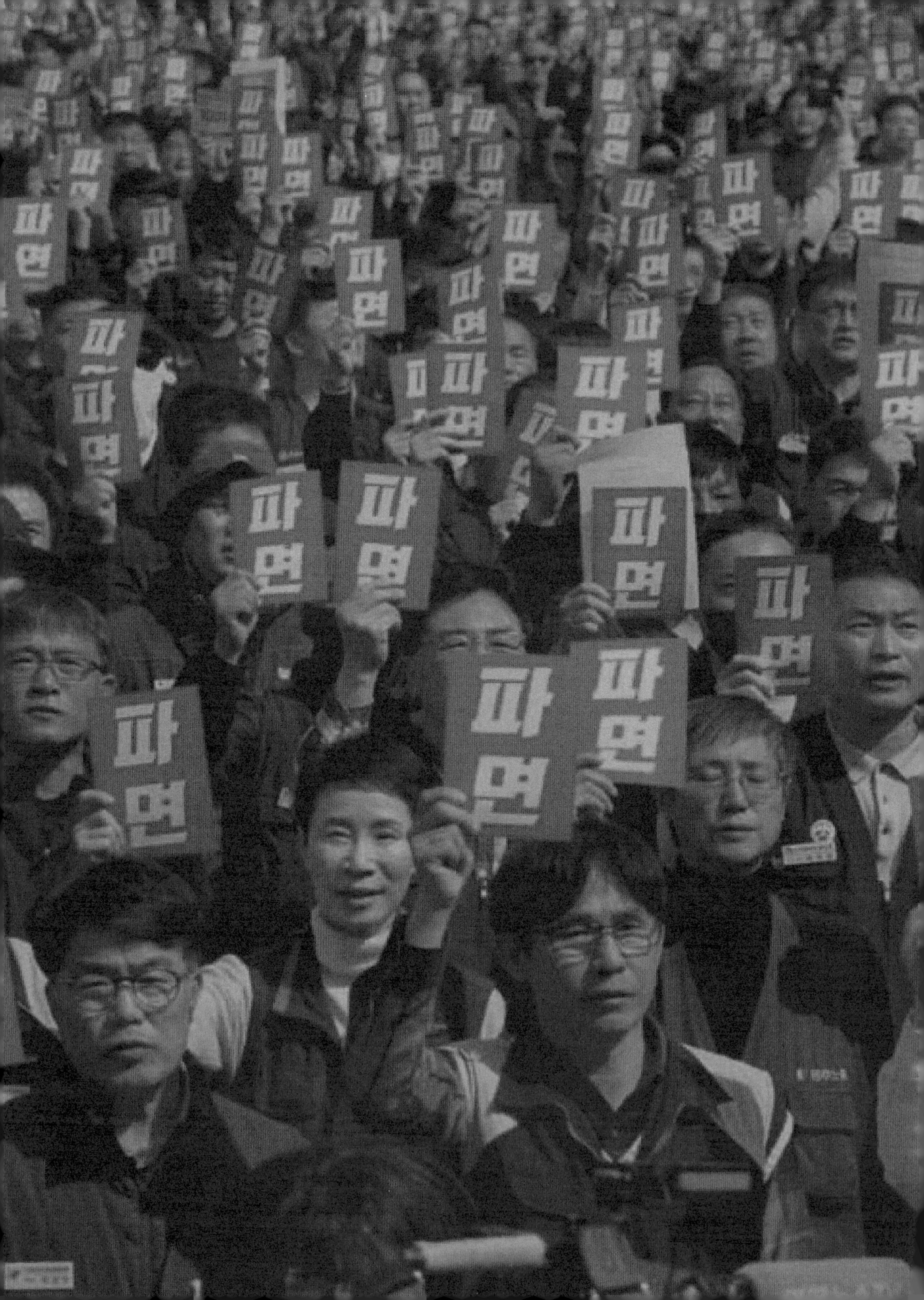
파면
파면
파면
파면
파면
파면

II 구술

여영국(전 국회의원)

김창근(전 금속노조 위원장)

주재석(전 금속노조 경남지부 부지부장)

손석형(전 민주노총 경남본부장)

백순환(전 금속산업연맹 위원장)

신천섭(전 금속노조 경남지부장)

홍지욱(민주노총 부위원장)

김성대(전 민주노총 경남본부 정책국장)

김재명(전 민주노총 경남본부장)

손송주(전 금속노조 수석부위원장)

김은형(민주노총 경남본부장)

서향미(금속노조 경남본부 조직국장)

진환(전 전국금속노조 한국지엠창원 비정규직지회 사무장)

1

전투적 노동운동에서 진보정치 운동으로

여영국(전 국회의원)

1964년 경남 사천시 출생

1983년 동양기계공업 입사

1984년 동양기계공업이 통일중공업과 합병

2000년 금속연맹 조직국장

2006년 민주노동당 경산남도당 부위원장

2009년 진보신당 창원시 당협위원장

2010년 제9대 경남도의원

2014년 제10대 경남도의원

2017년 정의당 경남도당 위원장

2019년 제20대 국회의원

2021년 정의당 제6대 대표

학창 시절, 제가 맞겠습니다

고향은 사천이고 거기서 초등학교, 중학교를 나왔습니다. 고등학교는 해운대에 있는 부산기계공고를 졸업했습니다. 고등학교 갈 때 형님이든 아버지든 엄마든 진학을 이렇게 해라, 저렇게 해라는 말을 건넬 수 있는 사람이 없었습니다. 대부분 중졸이고 하니 제가 알아서 "돈 안 드는 학교로 가자" 이렇게 생각했습니다.

처음에 금호공고를 갈까 생각하다가 바닷가가 좋겠다 싶어 부산기계공고로 갔는데, 가서 보니까 제 적성에 안 맞았습니다. 입학한 지 한 달 만에 아버지가 돌아가시고 그때부터 그냥 공부하고 그냥 완전히 담을 쌓아 버렸어요. 기숙사 생활하면서 그냥 시간만 때우고, 저녁 되면 어째 술이나 한잔 더 먹을까 궁리하고, 몰래 기숙사를 빠져나가서 한잔 먹고 들어오곤 했습니다. 담배도 고등학교 때부터 피웠습니다.

기숙사 생활을 하면서 내가 담배 피우다 직접 걸린 적은 없는데, 누군가 담배를 피우면 냄새가 실내에 뱁니다. 화장실에서 피우면 냄새가 쫙 퍼집니다. 그러면 전체 기합이 들어오는 겁니다. 하루는 우리 기숙사 층에 있는, 우리 한 방에 8명이 있었으니까. 우리 한 학년이 900명이거든요. 그러니까 한 층에 100여 명에서 150명쯤 됐는데 선배 중대장이 집합시켜 놓고 "담배 핀 놈 나온나. 안 나오면 다 맞는다"고 했는데 아무도 안 나가자 제가 손을 들어서 "저부터 맞겠습니다." 그랬습니다. 맞으려고 기다리는 순간이 참 고문이거든요. 그렇게 딱 맞는데 거의 다 맞아 가는데 방송이 나오더라고요. "어이 서관, 구타 중단하세요." 선배들의 구타가 사감 선생님 귀에 들어갔나 봅니다. 그렇게 저 혼자 다 맞았던 기억이 있습니다.

우리가 기계 쪽이니까. 선반을 다루는 과가 있고 그게 최고 많아요. 5개 반. 그다음에 밀링을 다루는 반이 있고 기계설계, 배관 그다음에 조립, 전기 금속. 이렇게 15개 반으로 구성되어 있었는데, 우리 선반 쪽에서 제가 가장 먼저 실습을 나갔습니다. 금형 쪽에서 부산 감전동 사상공단의 신일 기계인지 신일 금속인지 지금 끝자리가 조금 헷갈리는데. 신일기계 같아요. 거기 자동차 부품, 바퀴에 보면 밖에서 죄는 그 볼트 있잖아요. 육각으로 된 볼트. 그거 가공하고 도금하고 열처리하는 공장에서 실습을 했습니다.

1982년 9월 실습 일당이 2,600원. 하숙비가 5만 원이었습니다. 2,600원 곱하기 30 하면 아마 7만 얼마 나올 거예요. 그러니까 잔업 이빠이 하고 특근하고 해서 받는 돈이 한 11만 원 내외. 하여튼 이렇게 받고 있다가, 1983년 초에 고등학교를 졸업했습니다. 졸업 앞두고 일당 3,000원을 줄 테니까 계속 남아 있으라는 걸 안 한다고 했습니다. 그 뒤 전봇대에 딱지 붙은 거 그거 보고 마찌꼬바에 갔어요. 다행히 거기 일하는 사람이 3~4명밖에 안 됐는데 책임자로 있던 사람이 저와 같은 고등학교 1학년까지 다니다 그만둔 분이었어요. 두세 살 위였는데, 그때 월급제로 16만 원 주겠다고 했으니 어마어마하게 큰돈이었습니다. 부산 한진중공업에 기차 바퀴를 1차 가공해서 납품하는 데인데 일하는 데 쓰는 공구를 본인이 용접해서 다 만들어 쓰게 합니다. 소위 바이트라고, 쇠 깎는 일을 했습니다.

그러다가 군에 신체검사 받으라고 연락이 왔습니다. 촌에 교통편이 그렇게 원활한 것도 아니고 한 3일쯤 빼야죠. 신검 갔다 와서 월급을 받았는데 월급 반쪽인 거예요. 그때 계산도 제대로 할 줄 모르고. 진짜 거짓말 안 하고 제가 그 노란 봉투, 월급을 딱 손에 쥐고 울면서 감전동에서 서면까지 걸어갔어요. 현장 책임자 선배는 계속 뒤에서 졸졸 따라오면서 "술 한잔하자. 술 한잔하자" 했습니다. 둘이서 술 한잔하면서 더 안 다닐 거라고 했습니다.

동양기계 입사, 역전파출소 소파에서 밤을 보내고 첫 출근

다음 날 학교에 찾아가니 지방 기능경기대회가 열리고 있었어요. 학교는 졸업했지만, 그때는 회사 취업 알선해 주는 부서가 학교 내에 직업보도실이라고 있었습니다. 실장 선생님이 통일에 들어올 때 보증인이 된 분이 있었는데, 그분이 "니 가고 싶은 데 가라."며 삼성, 현대, 뭐 쭉 펼쳐놓고 고르라고 했습니다. 그래 누구 어디 갔냐, 누구 어디 갔냐 하며 보니 저랑 친한 친구들이 전부 통일, 동양기계에 있는 겁니다. 선생님은 현대나 삼성 가라고 했는데 제가 "아이고, 제 요 갈랍니다." 해가지고, 제가 꾸역꾸역 우겨서 통일로 갔습니다.

1983년 4월 25일, 친구 따라 동양기계에 오게 된 거죠. 지원하러 갔는데 면접은 안 보고 신체 상태만 딱 보더니, 제 머리가 좀 장발이었거든요. "야, 이 새끼 이리 와." 머리를 질질 끌고 가더니 그 회사 이발소 가서 머리를 짧게 깎아 버렸습니다. 이런 무지막지한 놈들이 어디 있나 싶었지만 참았습니다. 그놈이 정창영이라고, 노무과에 있던 사람인데, 뭐 지금도 한 번씩 길 가다 만나면 반갑게 인사도 하고 합니다.

이틀 지나고 나서 일요일 날 우체국 전보로 내일부터 출근하라고 연락이 왔습니다. 아무 준비도 안 돼 있는데. 돈이 어디 있습니까. 요만한 007가방에, 부산에서 샀던 마이마이 카세트 하나 넣고, 얇은 이불 하나 넣고, 빤스 한 2개 넣었습니다. 엄마한테 돈 좀 달라고 했더니 돈이 없어 옆집에 가서 2만 원 빌려 그 돈으로 창원으로 왔습니다. 시외버스 터미널에 내려 창원병원 앞에까지 왔는데 지리를 알 수 있어야지요. 친구들이 창원 오면 목동으로 오라고 했는데 목동이 지금 LG 있는 자리입니다.

당시만 해도 완전히 다 촌이었습니다. 잘 데도 없고 여인숙 갈 돈도 없어서 다리 밑에서 잘까 생각도 했지만 안 되겠다 싶어 마산역으로 갔습니다. 처음에 여관에 가서 마이마이 카세트 맡기니까 안 받아주더라고요. 그래서 마산역으로 간 거죠. 한 12시쯤 되었을 때였습니다. 한창 부랑아 잡아서 부산 형제 복지원 같은 데 보내버리던 때였습니다. 역전파출소에 잡혀가 신원조회를 받았습니다. 취직해서 창원에 오게 됐다고 하니까 파출소 소파에서 자라고 했습니다. 첫날밤을 마산 역전파출소에서 보냈던 것입니다.

그때가 1983년 4월 24일입니다. 소파에 누워 있는데, 온갖 놈들이 다 잡혀 오는데 술 처먹고 싸움하다 잡혀 온 놈, 가다가 여자 오줌 누는데 빤스 끄집어 내리다가 잡혀 온 놈부터 해가지고. 새벽 되니까 또 라면을 하나 끓여주더라고요. 얼른 출근하라고. 라면 먹고 창원병원 앞에 내려서 걸어서 통일 정문으로 들어가 출근했습니다.

그렇게 간 데가 폭탄 만드는 반이었습니다. 2공장 탄체반이라고. 이제 1공장은 공작 기계였고 2공장이 주로 군용 차량에 들어가는 변속기, 그다음에 대검 앞에 총 앞 대검. 그다음에 81mm 61mm 폭탄. 거기에 한국 화약, 지금은 풍산인가 한화인가 거기서 생산하는 뇌관하고 폭약만 넣으면 폭탄이 되는 거죠. 그거 깎는 반으로 갔습니다. 옛날 위원장 한 조철우도 그 반이었고, 입사하여 기본 주야 맞교대를 하며 지냈습니다.

사람이 아프다는데 왜 조퇴가 안 되나

1983년 6월 25일, 아마 토요일일 겁니다. 그날이 조철우 생일이었습니다. 나는 야간이고 조철우는 주간이고, 생일 파티를 하는데 한잔 먹고 출근했습니다. 시간은 짧지요, 술은 무한정 들어갈 때니까 출근은 했는데 기계 앞에 서니 기계가 왔다 갔다 했습니다. 도저히 작업을 못 할 것 같아, 조장한테 조퇴를 좀 해달라고 했습니다. 조장이 과장한테 영국이 몸이 아파 작업 안 된다고 했는데 조퇴가 안 된다고 하는 겁니다.

그래서 조장이 안쪽으로 가서 좀 쉬라고 했습니다. 한숨 자고 일어났는데도 도저히 작업을 못 하겠더라고요. 조퇴증을 끊어 달라는데 안 끊어주었습니다. 그래서 "그래 간다." 하고 정문을 나왔는데 경비들이 딱 차단을 하는 겁니다. 문을 걸어 잠그고. 그래서 "아이고, 너그가 막으면 내가 못 갈 줄 아나." 하면서 담을 뛰어넘었습니다. 담 위에 둥글둥글 철조망이 있는데 그걸 어찌해서 넘어가지고 탁 뛰어내렸습니다. 그때 옷이 철조망에 걸려 쭉 찢어졌습니다. 경비들이 손전등을 비추면서 거의 저를 체포하다시피 해서 공장으로 끌고 들어갔습니다. 얼마나 성질이 나는지, 술을 먹긴 했지만, 몸이 아파 작업을 못 하겠다는데 왜 조퇴를 안 시켜 주냐고, 그래서 폭탄 껍데기 깎아놓은 걸 들고 과장 개새끼를 때려죽이겠다고 집어 던지고. 진짜 뭐 난리버꾸통을 쳤습니다. 그러니까 뭐 도리가 있나요. 그냥 간다 하고 조퇴했죠.

토요일 밤에 난리를 치고 일요일 아침에 일어나니까 눈앞이 캄캄했습니다. '이 일을 어찌 수습할꼬.' 월요일 출근하니까 아니나 다를까 전체 조회를 하는데 부장이 어쩌고저쩌고하면서 밤에 술을 먹고 들어와 가지고 행패를 부리고 난동을 부렸다고 조치를 하겠다고 했습니다. 그래서 나는 그냥 군대 가지 뭐, 진짜 그 생각했습니다. 이렇게 생각하고 있으니 그냥 아무 일도 없었다는 듯이 다른 반으로, 그때 스태아링반이라고 자동차 핸들 조정하는 스태아링, 그걸 가공하는 반이었는데, 그리로 쫓겨 갔습니다. 그 뒤에 들어보니, 학교 선배들이 공장에 있으면서 이래저래 영향력 있는 위치에 있어 놓으니까 해고하지 말라고 압력을 넣었다고 했습니다.

통일에 들어갈 때 병역특례로 들어갔습니다. 스태아링반으로 갔더니 거기에서 운명의 문성현을 만난 거죠. 그 반에 참 인복이 없어서 그런지 반장이 지귀동 고향인 분인데, 이 양반이 어찌나 갈구는지, 아침에 출근하면 우리는 8시까지만 정문을 통과하면 된다고 생각하는데 반장은 8시에 작업을 준비해야 한다는 겁니다. 이것 가지고 부딪치고. 저는 찍혀서 이 반으로 쫓겨 왔으니 요주의 인물이었습니다.

반장은 만날 술에 절어 있었습니다. 뭐 저도 그랬지만. 제가 퇴근할 때마다 칠판에 분필로 그림을 그려놓고 왔습니다. 소주병을 커다랗게 그리고 똥파리 새끼가 촉수를 딱 넣어 술 빨아 먹는. 원래 반장 별명이 똥파리였거든요. 매일 그려놓고 나왔어요. 매일매일. 그러면 매일매일 누가 지우는 겁니다. 반장도 누가 그랬는지 알았습니다. 하루는 반장이 "제발 내 좀 갉지 마소." 했으니까요. 그때 프로야구도 한참 재미나고 할 때라 한 번씩 잔업 좀 빼달라 하면, "할배 제사가 1년에 몇 번 되노." 그랬습니다. 또 저한테는 중요한 일자리는 안 주는 거죠.

그때는 문성현이라는 존재를 몰랐습니다. 한 3mm 되는 드릴 작업하는 데가 있는데 그 드릴 기계가 딱 두 대 놓여 있었습니다. 거기 가서 일을 하라고 해서 갔는데 옆에 앉은 사람이 문성현이었습니다. 첫인상은 꺼벙해 보였습니다. 그러다 뭐 이런저런 이야기도 했습니다. 반장은 처음에는 험한 일만 시켰습니다. 문 앞에 그 추운데 쇠 절단하는 절단기 있는데, 그걸 또 하라고 했습니다. 내가 선반공 출신인데 내 기능과 다르지 않느냐고 항의를 했습니다. 난 이거 가지고 병역특례 받았다고 했는데도 소용이 없었습니다. 저는 일을 하느라고 하는데도 작업이 느리다고 잔소리하길래, "예, 알겠습니다." 하면서 기계를 확 눌렀는데 전동기가 타버렸습니다. 그거 고친다고 한 3일을 놀았습니다. 이래저래 저도 고문관이었습니다. 그래서 또 쫓겨 가공반으로 갔습니다. 거기는 윤재모라는 악명 높은 부서장이 있는 공장이었습니다.

1985년 4월 노동운동의 본격화, 노조대의원에 당선

1984년 준법투쟁이 있었는데 어느 날 문성현 씨가 노조 사무장이 되었다고 했습니다. 그러면서 사무장은 사무실로 상근한다고 한번 놀러 오라고 했습니다. 어느 날 문성현 사무장이 "영국아, 노조 사무실에 너그 중학교 동기가 와 있다"고 했습니다. 유을선이라고 이후 박수철 씨와 결혼해서 지금은 미국 로스앤젤레스에 살고 있습니다만 이 여자 동기가 노조 사무실에 와 있다니까 반가웠습니다. 그래 노조 사무실에 갔는데 유을선이 "뭐 하로 왔노?" 하니 "니 보러 왔다"는 말도 못 하고. 그렇게 처음 노조 사무실에 갔습니다. 그래서 "책 빌리러 왔다"고 했습니다. 쭉 보니 『암태도』라는 소작쟁의를 다룬 소설이 있어 그걸 보고 또 반납한다는 이유로 또 갔습니다. 그렇게 하다가 이제 문형하고도 친해졌습니다.

가공반으로 다시 쫓겨 가서 1985년 임금협상을 했습니다. 그때 주야간으로 근무할 때니까 야간 때 직권 조인을 했습니다. 그다음 주 출근하니까 웅성웅성하고 있는데, 문성현 위원장이 저를 불렀습니다. 저도 합성동 살았고 문성현 위원장도 합성동 살았고. 제가 살던 집이 우리 반 대의원 집이었어요. 윤용건 씨라고 대의원 집이었는데, 그 집에 날 부르더니 서울대 졸업했다는 이야기를 쭉 했습니다. 그때가 3월이었습니다. 회사가 문형 신분을 알고 나서 본인도 위기감을 좀 느꼈나 봅니다. 문형이 이런 상태라는 이야기를 듣고 저는 "아이구, 괜찮습니다." 했습니다.

징계 철회 요구 파업이 85년 4월 25일 있었습니다. 철야 농성을 하고 난 다음 회사가 두 손 들고 나오자 현장은 완전히 아주 봄날이었습니다. 위원장 불신임 대의원회가 소집됐습니다. 우리 대의원이 완전히 회사 편에 붙었던 겁니다. 그래서 제가 우리 대의원은 뭐 이렇고 저렇게 해서 자격을 박탈한다는 글을 써서 서명을 받았습니다. 대의원 자격 박탈. 아마 반장하고 당사자 빼고는 다 받은 것 같습니다. 서명을 받아 대의원대회 하는 데 올라가서 제출했죠. 대의원 자격을 박탈하고 그다음에 위원장 불신임을 표결에 부쳐 불신임시키고, 그다음 날 문성현 위원장이 새로운 위원장이 되었습니다. 이때부터 제가 회사로부터 주목받게 되었습니다.

그렇게 봄날처럼 지내던 현장은 잡혀가기 전 한 달, 한 달 보름 정도 완전히 해방구 비슷하게 너무 자유로웠습니다. 이랬는데 어느 날 갑자기 사람들이 막 잡혀가게 되었습니다. 내가 주간을 하고 퇴근하면서 우리 반 사람들 몇 명이서 형수 집에 가보자고 했습니다. 상남동 개발되기 전, 자연부락 사거리 근처에 살았는데 둘레둘레 가서 문을 똑똑 두드리니 형수가 놀랐습니다. 어떻게 왔냐고 하면서 자기한테 오면 회사에 찍힌다고. 그런데 나와 보니 진짜 회사 관리자가 그 집 앞에 있었습니다. 그때부터 지켜보든가 말든가 형수 집을 들락날락거렸습니다.

그해 9월에 대의원 선거가 있었는데, 허재우, 박성철과 그때부터 친하게 되었습니다. 물론 그전부터 면은 있었지만. 1985년도 대의원 선거를 하는데 박중기라는 우리 반장하고 저하고 둘이서 경선을 했어요. 그때는 50명 단위로 한 선거구가 구성됐는데 전체 모여서 유세를 했거든요. 처음으로 50명 앞에 서서 연설을 하는데 무슨 말을 해야 할지 걱정이 되어, 진짜 밤새 잠 한숨 못 자고 적었습니다. 통일에 진영규가 경선으로 당선될 때 그때 김영진이라는 위원장 후보가 1명 있어요. 고등학교 동기인데 내 옆방에 같이 있었거든요. 내가 대의원 출마하는데 영진이도 출마했습니다. 거긴 민주파는 아니고. 그래 어쨌든 전체 앞에 섰는데 무슨 말을 했는지 뭐 원고를 보고 한 게 아니고 기억도 없어요. 한 10분간 떠들었다는데 거의 더블스코어로 이겼죠.

대의원에 당선되고 회사로부터 이래저래 주목도 받고 은근히 술 먹자는 사람도 많고. 그래 갖고 실제로 제가 정창영이라고 내 대가리 끌고 가서 머리 깎인 놈한테 "한잔합시다." 했지요. 그때 통일 후문. 우리가 야근할 때마다 가던 〈부산식당〉이라고 있었는데, "돼지 두루치기 2인분만 해놓으소. 소주 한 병하고." 딱 12시 점심시간 종 딱 치면 확 뛰어나가죠. 경비한테 잠깐 눈 감아달라 하고. 그 앞에 슈퍼가 하나 있었어요. 제가 자꾸 술 먹자 하니까 슈퍼 평상에서 소주 대병을 하나 시켜놓고 글라스에 따라 주고받고 했습니다. 그러니 질려가지고 다시 술 먹자는 소리도 안 했습니다.

대의원대회 끝나고 문성현 위원장이 구속된 상태에서 12월에 선고 재판이 있는 날, 날짜는 기억이 안 납니다. 12월에 월차 신청서를 당당하게 딱 써서 냈더니 거부가 된 거예요. 월차 사유를 [노동조합 대의원으로서 위원장 재판 관람]이라고 했습니다. 속일 필요도 없이 그냥, 이래도 안 해주고 저래도 안 해줄 건데. 나는 알았다 하고 법원으로 갔습니다. 나는 분명히 휴가를 신청했고, 문성현 위원장은 그날 바로 석방이 되었습니다. 그런데 다음 날 회사에 갔더니 일이 벌어진 겁니다. 당시 공장에 윤재모라는 놈이 머리가 귀를 덮는다든지, 작업복 위에 단추가 한 개 풀려 있다든지, 안전화 끈을 제대로 안 맸다든지 하면 출근해도 출근하지 않은 것으로 한다고 했습니다. 그걸 지침으로 붙여 놨었지요. 이런 개 같은 경우가 어디 있냐고 보란 듯이 단추 한 개 풀고, 안전화 끈 대충 헐렁하게 매고 다녔습니다. 아니나 다를까 바로 와서 "함 붙자." 해서 싸움이 벌어졌습니다.

지금 식당 있는 선불 SNT에 들어가면, 우리를 감시한다고 2층 건물을 높게 해가지고, 1층과 2층 중간에 사무실이 있어 둘러보면 현장이 다 보입니다. 붙자마자 손이 올라오는 겁니다. 밀고 안 맞으려고 피하고. 그래 막 서로 멱살 쥐고 흔들고 이러는데 현장에 있던 반장 관리자들이 개떼같이 다 올라오는 겁니다. 우리 부서가 굉장히 컸습니다. 1층에 있는 전체 인원이 600명 되었으니까 어마어마하게 컸죠. 대의원이 9명인가 10명인가 이랬어요. 누가 막 팍 날아서 가슴팍을 차고, 내가 창문 벽에 부딪혀서 "꾸웅" 하면서 소리가 나니까 우리 과장이 봤나 봐요. 내가 씨발놈 하면서 옆에 보니까 T자가 하나 보여요. T자가 무슨 힘이 있습니까. 내가 T자를 딱 들고 "이 새끼들, 딱 여기까지 오면 내가 그냥 친다." 이러고 한참 대치를 했어요. 그러니 현장에서도 난리가 난 거지요. "쥑이라! 쥑이라!" 하면서 막 박수 치고. 한 2시간 동안 작업이 자발적으로 중단이 돼버린 거죠. 한참 대치하고 있는데, 공군 대령 출신 설삼섭이라는 공장장이 수습하러 온 거예요. 윤 부장은 저리 가라고 해놓고 나를 2층으로 데리고 가서 진정시켰습니다. 그때부터 나에게 일을 안 시켰습니다. 그때 막심 고리키의 『어머니』라는 책을 읽었습니다.

그런 일이 있고 난 다음, 내가 옆에 가면 평소에 친하던 사람도 나를 부담스러워했습니다. 공장장이 혹시 무슨 사고가 날까 봐 내 옆에 보초 둘을 맨날 붙여 놓았습니다. 내 주변에 재떨이를 치우고. 그때 사실은 해고될 줄 알았어요. 당시 누가 찾아왔다고 해서 밖에 나가니까 고등학교 때 직업보도실 실장이었던 선생님이 찾아온 겁니다. 회사에서 연락이 간 모양이에요. 저랑 소주를 먹으면서 현장 이야기를 했더니 "열심히 해라." 하시고 그냥 가셨습니다.

해고와 복직 투쟁, 창원 중부경찰서로 잡혀가 1년 6개월 수감

그 일로 인해 회사로부터 더 찍히게 되었습니다. 그때는 제가 약간 눈을 떴을 때니까 복장불량을 무단결근으로 처리하면 구제 신청 내려고 마음먹고 있었습니다. 다행히 무단결근은 취소되었고, 복장 불량과 같은 지침은 없어졌으니 제법 성과 있는 싸움이었습니다. 그러고 해가 지나 우리 민주파 대의원이 한 열서너 명 당선됐는데 하룻밤 지나고 나면 사측으로 한 명씩 넘어가 버리고, 결국 여섯, 일곱 명도 채 안 남았을 때입니다. 대개 소수파가 남았는데 임금교섭한다고 해도 그냥 대의원들 모아 놓고 언제 들어간다, 교섭위원이 누구누구다 정도만 알지 언제 몇 차 교섭을 하는지, 내용이 무엇인지는 전혀 공유가 안 되었습니다. 시작할 때하고 끝날 때밖에는 모르는 거죠. 그래서 끝났다는 이야기를 듣고 이거 안 되겠다며 거사를 한 번 일으키자고 해서 허재우, 박성철, 정광희, 이내권 등이 모의했습니다.

3월 10일 근로자의 날에 놀 때 준비를 했습니다. 우리가 유인물을 만들면 이것(A4 반)도 커서 들고 들어가기가 너무 불편한 거예요. 딱딱 요 정도(A4의 1/4) 크기의 앞뒤로 간단하게 선동 문구 적고 이랬는데, 그게 아마 86년 3월 17일일 겁니다. 점심시간에 거사를 일으켰습니다. 사람들이 와와 모여들고 막 "죽이라!" 이러고 식당에 모여 문을 잠그려고 했는데 문 쪽으로 통일교 교인들하고 관리자들이 밀고 들어오면서 육탄전이 벌어진 거죠. 다행히 어찌 밀다가 식탁에 넘어졌는데 식탁하고 의자하고 세트로 있으니까 의자가 분리가 된 겁니다. 의자를 잡고 빙빙 돌리면서 "새끼들, 오지 마라." 하고 이랬는데 결국은 우리가 밀려 나왔습니다. 그대로 창원 중부경찰서에 잡혀갔습니다. 여러 명이 잡혀갔는데 박성철과 나는 오늘 저녁에 석방되면 한일합섬 로터리에서 만나자고 약속했습니다. 밤 9시가 되니 불렀습니다. 통닭과 소주를 갖다 놓고 "누가 했는지 불어라."고 했고 나는 안 했다고 하고, 그러면 거짓말하지 말라면서 "유인물은 누가 적었느냐?"고 해서 "내가 적었습니다." 했습니다. 나는 병역특례라 구속이 아니고 해고되면 바로 군대에 가면 되니까. 이미 거사하기 전부터 '모든 건 내가 책임진다.' 하고 시작했거든요. 그길로 박성철하고 둘이 구속되었습니다.

처음에 이혜자 형수하고 문형이 노무현 변호사한테 이야기했던가 봐요. 창원에 있는 변호사가 왔는데 "반성은 좀 하고 있지?" 하면서 집에 연락처가 있는지, 집은 살 만한지 물었습니다. 변호사비 이야기를 하면서 150만 원을 이야기하더라고요. "아이고, 저는 안 할랍니다. 집에 연락도 하지 말고." 나는 변호사 없이 시작한다고 했습니다. 그랬더니 온 게 노무현 변호사였습니다. 그렇게 3월 17일 잡혀가서 8월 16일까지 꼬박 5개월 살고 석방이 되었어요.

그다음 날 출근 투쟁한다고 공장 앞에 갔더니만 회사에서 퇴직금을 들고 나왔습니다. 해고당하고. 예상은 했지만 그래도… 우리 반장하고 대의원 선거에 붙었던 그 반장도 대의원 되고 쫓아낸다고 했는데 결국 우리 반장은 다른 부서로 갔어요. 그때 새 반장이 왔는데 가음정 로스구이 집에서 회식을 했습니다. 그때 우리 형님 하나가 엉엉 울면서 들어오는데 통일교인들한테 맞았다고 하는 겁니다. 어떤 새끼냐고 하니 저 새끼라고 하면서 이름이 호구라고 했습니다. 진짜 이름이 '호구'입니다. "아이고, 호구 형님!" 하면서 "이 새끼 이리 와." 해가지고 딱 한 대 때렸는데 광대뼈가 금이 가서 진단 8주가 나왔습니다. 합의금이 270만 원이라는데 돈이 어디 있습니까. 우리 반 사람들 십만 원씩 걷고, 내가 60만 원인가 냈습니다. 그때 우리 반에 김정부라고 사채놀이 하는 분이 있었는데 그분이 나서서 돈도 빌려주고 합의도 하고 했습니다. 퇴직금 정산한 걸 보니 얼마 안 되었습니다. 회사에 가서 퇴직금 정산 다시 해달라고 했더니 팔십 얼마였는데 115만 원으로 다시 산정해 왔습니다. 그 자리에서 바로 돈을 주며 "형님, 이자는 없습니다." 하고 정리했지요.

그러고는 생활을 정리하고 지금 명서동 서부경찰서 가기 전에 집터만 닦아놓고 도로만 있는 텅 빈 데 집이 한두 채만 있었는데 거기 1층에 전세를 얻어 문성현, 이혜자, 허재우와 같이 생활을 했습니다. 해고되어 수입이 있는 것도 아니고. 그러면서 야간 퇴근하는 사람들은 아침에 만나고, 저녁에 퇴근하는 조합원들은 저녁에 만나고 했습니다. 그때 진영규니 조철우니 김종만이니 유수종이니 통일 노조사에 등장하는 그런 분들을 만난 겁니다. 같이 족구도 하고, 아침 술도 한잔하고, 돈이 없어 걸어 다닐 때도 있었고요. 그럭저럭 지나다가 건국대 사태인가, 86년 10월인가 11월인가. 건국대 사람이 죽더니 분위기가 좀 심상찮대요. 우리 집에 형사들이 지키고 있었는데 약간의 가택연금 비슷했지요. 박계동 씨라고 국회 사무총장을 했고 문성현 위원장하고는 아마 서울대 동기 같은데, 그분도 당시 수배돼 있으면서 몰래 우리 집에 와서 하룻밤 자고 가기도 했습니다. 그때 해고된 부산 노재열 씨라고 지금은 뭐 하시는지 모르겠다. 침 뜬다고 했는데, 그분이 박성철, 여영국, 허재우 3명을 모아놓고 학습을 한 몇 개월 했죠. 『러시아 혁명사』 I·II 부터 철학책을 메모해 가면서 학습을 했습니다.

(심: 명서동에 그 집에 살 때 해고가 되면 병역특례가 끝나니 군대 가야 하지 않나요?) 아닙니다. 그때는 법이 좋아가지고, 징역 살고 나오면 뭐 몇 년 기준도 없이 바로 면제. 소집 면제가 되었습니다. 그래갖고 제 케이스를 보고 병역 특례병들이 87년 투쟁에 앞장섰죠. 정부에서 법을 바꿨는지 하여튼 제도를 바꿨는지 무슨 지침을 바꿨는지 2년 이상 실형을 살아야 군대에 안 가게 되었는데. 그때 통일에 임종호라고 돌아가신 분이 있는데 감방 안에서. 그분이 1년 6개월 징역을 떴어요. 그럼 1년 6개월 살고 군대 끌려가야 되거든요. 그러니 수갑 풀어가지고 재판부에 뭘 던져서 추가로 6개월 더 떴습니다. 그때는 2년을 받으려고 했습니다.

그러면서 박종철 고문치사 사건이 터지고 2.7 대회라고 있습니다. 그때 주로 우리가 모이던 거점이 지금 마산 가톨릭 여성회관, 거기 돌아가신 이경숙 선생님이 그때 계셨고 정동화, 가톨릭 노동문제상담소 소장님이 계셨습니다. 거기 등사기도 있으니까 '(주)통일 노동자 생존권 쟁취 투쟁위원회'라는 이름을 만들어서 가톨릭 여성회관 옥상에서 선전물을 제작해 뿌렸습니다. 우리뿐만 아니고 위아, 그때는 기아기공이죠. 대우중공업 등 그런 한국중공업 김창근부터 우리 선전물을 같이 공유도 하고 그랬거든요.

이러면서 6월 항쟁으로 깊숙이 빠져 들어가는 거죠. 그때가 이제 87년 초인데, 아마 김문수 또라이 노동부 장관을 그때 불러서 그때는 서노련이었나 서노련 관계자였을 거예요. 불러서 활동가의 자세란 이름으로… 하여튼 그때부터 가톨릭에 참석했던 사람들이 공장에서 해고되고 또 이래저래 알고 지내는 사람들, 그다음에 JOC라고 가톨릭 노동청년회 활동하던 사람들, 박성철이 다니고 있던 YMCA, 사랑의 Y 노동형제단 단원들, 예를 들면 로템의 황호남, 이종엽이라든지. 다 이런 사람들이거든요. 이렇게 해서 같이 교육도 받고 그때부터 서로 얼굴도 알고, 일이 이렇게 진행된 거죠.

1987년 6월 항쟁, 노동자들의 자발적 참여

1987년 6월 항쟁 때 저는 몇몇 학생운동 출신들하고 야전 사령부를 맡았습니다. 다방으로 옮겨 다녔는데 문이 두 쪽으로 열려 있는 데를 갔습니다. 잡으러 오면 다른 한쪽으로 도망가야 되니까. 하여튼 그렇게 하다가 87년 6월 26일, 처음으로 "우리 노동자들만 모여보자."는 의견이 나왔습니다. 북마산 파출소 인근에서 이제 한번 모았어요. 100여 명에서 150명이 채 안 되는데 처음으로 노동자들만 모여서 북마산 파출소를 향해서 진격하면서 화염병도 던지고 그때 노동자들이 6월 항쟁에 자발적으로 많이 참여했거든요.

(조: '노동자만 따로 해보자.'라고 한 무슨 이유가 있었습니까?) 모르겠어요. 노동자들이 모여서 뭐라도 한번 해봐야 되지 않느냐 막연한 그런 생각을 했는데, 그때는 매일매일 끝나고 나면 〈양산박〉이란 술집에서 매일 무용담 이야기하고 최루탄 냄새를 털어냈지요. 하여튼 그 과정을 거치다가 6월 28일, 저녁에 양산박 큰딸 박영희 씨라고 지금은 양산에 계신데, 그 집이 칠공주예요. 큰딸이 이쁘장하니 체구도 작고 그러는데 그분도 같이 막 시위하다가 경찰이 머리채를 잡고 끌고 가는 겁니다. 우리가 또 그런 거 보면 그냥 못 있으니까 또 허재우하고 몇이 달려가서 "야, 이 새끼들!" 하면서 경찰을 두드려 팼어요. 그러다 모두 연행되었습니다. 안 그래도 눈엣가시였는데. 박영주라고 주로 지역운동 하시는 분. 그분하고 나하고 허재우하고 포함해서 총 7명이 창원 사파동에 있는 대공분실, 그러니까 남영동 고문치사 한 데와 똑같은. 이게 전국의 광역 단위별로 한두 곳씩 다 똑같아요. 구조가.

(조: 사파동에 있었던 모양이네요?) 지금도 있어요. 거기에 6월 28일 잡혀 왔던 분들 무지

무지하게 많이 맞았어요. 이만큼 백지를 주면서 그러니까 때릴 명분을 찾는 거죠. 백지를 주면서 지난 3년간 행적을 다 쓰라고. 볼펜을 한 개 딱 주거든. 가만히 있으면 "이 새끼 봐라." 또 두드려 패고. "좋다. 봐준다." 하면서 3개월 행적을 다 써라. 그러니 맞기만 맞았어요. 지하실인데 딱 욕조 하나 있고 테이블 책상 하나에 까만 전화기 하나, 의자 2개 딱 이 구조였습니다. 그 안에도 유치장 같은 게 있어요. 가둬 놓더니만 새벽이 되니까 이것들이 뭣이 와가지고 "어디 멍든 데는 없나?" 하면서 약을 갖다주고 지랄 발광을 하더니 나가라는 겁니다. 그날이 6월 29일이었습니다. 우리는 "못 나간다"고 우기고. 그때 우리 관할이 마산경찰서였거든요. 우리가 마산에서 잡혀 놓으니까 마산경찰서로 그냥 떠넘겼습니다. 경찰서에 가서 서장실 농성을 시작했죠. 다친 사람들, 그다음에 안경 잃어버린 사람들, 하여튼 다친 치료비, 물품 보상 그다음에 연행자 석방 등등. 그리 농성을 시작해서 퇴근 때까지 하고. 앞에 집회할 때 우리가 안에서 버티고 있었어요. 그래서 사과받고 뭐 물품 보상은 해준다고 했는데 세부적인 것은 모르겠습니다. 그리고 거기서 나와 인사하고, 3·15 분수대에서 좀 내려오면 신마산 몽고정이 있는데 3.15 탑 앞에서 앞으로 어떻게 할 거냐, 더 싸워야 한다는 등 난상토론을 했습니다.

하여튼 '우리가 그냥 있으면 안 된다'는 결론만 내리고 뚜렷한 결론 없이 헤어졌어요. 6.29 터지고 열린 공간이 되니까, 그때 충무경찰서에 문성현이 국가보안법으로 구속돼 있었는데, 문성현 석방을 요구하러 가자고 했습니다. 제 기억에 1987년 7월 9일, 버스 한 차를 타고, 그때 강삼재 국회의원 보좌관까지 포함해 가지고 충무지청으로 가서 충무지청장실을 바로 점거한 거죠. 그러니 거기서 홀라당 잡혀가지고, 충무경찰서, 거제경찰서, 고성경찰서 이렇게 나눠서 가두었습니다. '구속시켜야 되겠다' 싶은 사람은 고성경찰서로 보냈는데 백순환 대우조선 해고자부터 데리고 가고, 저하고 임수태 선배, 박성철 등은 거제경찰서로 갔습니다. 그때 거제경찰서가 장승포 바닷가에 있었는데 구류 29일 받고 정식 재판 청구해서 한 열흘 만에 석방되었습니다. 그때 나가면 어떻게 할지 모의했습니다.

1987년 경남노동자협의회 창립대회

소위 경노협, '경남노동자협의회'를 만들자고 했습니다. 이름까지 결정을 해서 나온 거지요.

울산도 그때 경남이었으니까. 울산에 '울산 노동교육협회'라고 노옥희 선생님이 대표로 있던 거기를 박성철이하고 찾아갔어요. 이래 노동 단체를 하나 만들자 했는데 울산은 거리도 있고 해서 따로 하겠다 해가지고, 그렇게 해서 급하게 87년 7월 26일, 경남노동자협의회 창립대회를 하고 현대 엔진 노조 결성 사례 보고를 현대중공업 위원장 했던 오종세를 불러서 했죠. 그때 강당뿐만 아니고 밖에까지 노동자들이 꽉 찼습니다. 아마 마창지역 87년 노동자 대투쟁이 상당한 기폭제 역할을 했던 거죠.

그러고 저는 이제 가톨릭 노동문제상담소 정동화 소장이 있던 곳에 월 10만 원 파트타임 상담원으로 일했습니다. 노동조합 투쟁 경험도 많이 없지만, 그런 상담도 하고 지원도 하고 그렇게 해서 87년 투쟁을 쭉 했는데 찾아온 사람이 더 많았죠. 우리가 의식적으로 조직하려고 했던 거는 '기아 기공'하고 '통일.' 이 두 군데는 같은 날 투쟁에 돌입하자 해서 87년 8월 7일 동시에 스트라이크를 일으키는데 집행부를 제치고 살괭이 파업을 들어간 거죠.

우리는 뭐 공장 밖에 있으니까, 통일은 알아서 잘 할 거라고. 거기도 우리가 밖에서 북을 하나 빌려서 갖다줬나. 건네주고 기아 기공으로 갔습니다. 기아 기공은 그때 허연도와 연결돼 있었기 때문에, 기아 기공은 이미 노동조합이 있는 소위 1공장은 노동자들이 장악하고 있고, 그 맞은편 2공장은 도로 하나 건너 사이에 축구부를 중심으로 한 구사대가 장악을 하고 있었습니다. 겁도 없이 북을 전달해 주고 나오는데 건너편에서 구사대가 개떼같이 몰려오더라고요. 진짜 잡히면 뭐 그냥 죽어도 말도 못 하는 그런 상황. 그래 내가 막 죽도록 뛰는데 누가 "영국아!" 불렀습니다. 우리 고등학교 동기가 경비를 서고 있었던 겁니다. 파업 대오 망루에서 동기가 "쌔리, 빨리 타 넘어라." 해서 제가 담장을 타고 넘어간 거예요. 두 번째 철조망을 넘은 거지요. 허허허. 그게 LG하고 딱 경계선이 있는 담장인데 그걸 뛰어넘어서 LG 1공장으로 뛰어들어갔죠. 거기서 유유히 걸어서 정문으로 나왔는데, 아우 그때 잡혔으면 진짜 식겁할 뻔했어요.

8월 중순 즈음 충혼탑에서 그 악명 높은 윤재모가 파업을 깨기 위해서 사람들 모아놓고 뭘 한다는 겁니다. 그래서 우리는 뒤에 가서 지켜보고 있었어요. 사람들이 쭉 모이고 그때 통일

파업 대오 지도부 중에 뒤에 사무장 했던 이성희 씨하고 김종만 두 사람이 거기 같이 섰어요. 윤재모가 앞에 서서 핸드마이크로 뭐라 뭐라 하더니만 갑자기 "이런 새끼들이 어쩌고" 하면서 김종만을 핸드마이크로 바로 내리찍는 겁니다. 다행히 피해서 어깨를 맞았는데 내가 그 순간 뛰어가서 윤재모 머리채를 잡고 그대로 막 무릎 갖고 쳐올렸는데 피범벅이 되었습니다. 관리자들도 꽉 나와 있었거든요. "저 새끼 잡아라!" 하는데 내가 잡히나. 박성철은 아무 짓도 안 했어요. 그래 후다닥 도망가 가지고 안 잡혔는데, 아 박성철이 그때 잡혔나. 하여튼 그때 박성철이 구속됐는데, 그 건으로 수배가 됐습니다. 김영식 신부라고 들어봤어요? 그때 주로 그런 기관 쪽하고 이래저래 협상도 하고 그 역할들을 많이 하셨는데, 박성철이가 잡혀서 구속될 위기에 처해 있는데, 경찰 쪽에서 연락이 온 게 여영국이 자수하면 둘 다 풀어주겠다는 거예요.

도경에 김인국 씨라고 있습니다. 퇴직하고 충청도 가 계신데, 이분이 반송성당에서 김영식 신부하고 배진구 신부라고 그때 주임신부를 했습니다. 거기서 보자는 겁니다. 안 간다 하니까 믿으라는 겁니다. 그래 무슨 이야기를 하는지 들어보자 해가지고 허재우는 쇠파이프 1개 들고 밖에 지키고 있고, 나는 안으로 들어갔는데 지금 바로 같이 경찰서로 가자는 거예요. 그러면 학생들까지 풀어주겠다는데 어떻게 믿습니까? 안 된다고 "신부님, 미안합니다." 하고 나와서 도망쳤습니다. 그 순간 바로 구속된 거지요.

그때는 오래 살지는 않고 석방이 됐습니다. 석방 위로하는 자리에서 이봉균 씨라고 문성현 위원장 할 때 부위원장 했던 그분하고 박성철, 허재우와 만났습니다. 통일에도 9월 탄압이 몰아치고, 한국중공업도 탄압 구속되고, 뭔가 공동 대응을 할 수 있는 지도부가 필요했습니다. 연합체를 만들자는 이야기가 한창 나올 때 수출 후문 양덕시장에서 네 명이 소주 한잔하면서 "차라리 단일노조를 만드는 게 어떻노?" 그런 이야기를 했거든요. 그때는 우리가 산별노조나 이런 개념 용어도 몰랐고, 단일노조를 만드는 게 어떠냐고 이야기했습니다. 그때 고민에 더 깊은 문제의식을 가지고 추진했다면 좀 다른 변화도 기대할 수 있지 않았을까 하는 생각이 들기도 했습니다.

마창노련 창립과 탄압, 그리고 구속

전두환이 백담사 갈 때 노태우가 조치를 취했어요. 저는 경찰서에 가서 조사만 받고 무혐의로 수배가 해제된 거죠. (조: 단일노조 만들자라는 거는 술 먹으면서 나온 그걸로 끝이었죠?) 끝이었죠. 진전된 이야기가 있고 그런 거 아닌데 저한테는 강하게 남아 있어요. 그때 첫 이야기는 이봉균 씨가 꺼냈죠. (심: 그때 만약에 단일노조를 만들었다고 하면 그 범위가 어느 정도?) 지역이죠. 지역. 그때는 주로 제조업 중심이었으니까 창원공단, 마산수출자유지역 이랬으니까요. 다른 업종은 좀 뒤에 88년 89년 되면서. 하여튼 그냥 아이디어 수준에서의 고민이었는데 이상하게 그 기억은 강하게 남아 있습니다.

저는 그때 수배 중인 상태에서 신분이 자유롭지 못했고 실제로 경찰이 저를 잡으러 왔어요. 가톨릭 여성회관에 경찰들이 이경숙 선생님한테 "여영국 씨 없습니까?" 하니까 "어떻게 생겼는데요?" 하고 능청을 떨었답니다. 그러니 "잘생기고 미남인데…" 이래서 이경숙 선생님이 저를 '미남'이라고 맨날 놀립니다.

그때 마창노련 만들 때는 한국노총 강령이라든지 규약 이런 거 가지고 골방에 앉아서 몇 사람이 이야기하는 수준이었습니다. 부영공업이라고 있어요. 지금은 풍산. (김: 풍산은 한국노총으로 갔더라고.) 제가 그때 김정열이라는 가명을 쓰면서 노동조합 상담들을 많이 했습니다. 요건 조금 뛰어넘어서 이야기인데 2010년도 제가 첫 도의원 출마해 당선될 때 그분들이 어마어마하게 도와줬어요. 87년도 그때 저는 기억도 못 해요. 그분들이 이제 중소기업 하고 있고, 뭐 나름대로 초반에 노동조합 하다가 회사가 이놈의 새끼들 그러면서 "좀 떼 줄 테니까, 노동조합 그만두고 사업이나 해라." 이렇게 해서 쉽게 얘기하면 개인적으로 출세한 사람이 되게 많은 거예요. 한번은 "내가 당신 때문에 참 출세했소." 하면서 저녁에 술 한잔 먹고 가면서 "여영국 씨, 아 김정열 씨" 이러면서 "명함 한 100장만 주소. 내 모르죠? 내가 그때 노동조합 한다고 당신한테 상담도 많이 받고 내 그 덕에 지금 사업하고 있소." 하는 사람들이 제법 있었어요. 그런 사람들. 실제로 그런 분들이 많이 도와줬고. 하여튼 숱한 사람들을 그때 상담도 하고. 그게 87년도 고 시기였죠.

그리고 88년도는 뭐 수배 중이고 경남노동자협의회 활동하면서 선전물도 제작하고 그때 이름이 뭐였더라? 경남 노동자인가, 진짜 노동자인가. (김: 진짜 노동자 같은데.) 진짜인가 봅니다. 하여튼 여전히 사업장 사람들 만나서 제가 직접 학습을 지도할 위치가 안 되니까 우리 경노협에 들어와 있던 주로 인민노련 출신들이죠. 그 활동가들한테 연결시켜 주고 학습으로. 그게 또 그쪽 사람들 '가물치는 아무리 커봐야 가물치다.' 하는 이런 문제를 가지고 선진 노동자론을 비판하면서 막 따로 살림 차리던 때입니다.

민노협 들어보셨죠? 다들 그때 활동가들이 가명을 썼습니다. 그때 김경영 웨스트 위원장이나 창원대 출신 이 그룹들. 그다음에 김훤주, 김훤주는 제가 직접 관계는 좀 안 했고 아마 활동가 중에 다른 분하고 관계를 했었거든요. (김: 계열로 보면 인민노련 출신?) 그렇죠. 그렇죠. 그쪽 영향을 많이 받았죠. 실제로 여성 활동가들은 현장 활동가하고 결혼하는 경우도 있고. 하여튼 88년도에는 주로 그런 활동. 그다음에 '효성' 같은 경우에 홍여표를 여관방에 가둬놓고 유세 연습시켜서 노조 지부장 당선시키고 했습니다. 하여튼 주로 대공장의 노조위원장. 괜찮은 사람 발굴해서 세우고. 주로 이런 작업들을 주로 언더에서 많이 했죠. 공개적으로 나서서 못 하고 수배 신분이기도 했으니까요. 그게 88년도까지 주로 그런 활동들로 쭉 채우고, 88년도에 제가 기억나는 거는 그때 막 파업하고 할 때 그때 이혜자, 여영국, 한경숙 우리 마누라. 그때 '동경전파' 위원장 하고 있었죠. 조기두라고 'SNT공업' 출신이 있었습니다. 비정기적으로 이 사람들을 만나서 투쟁하고 있는 사업장 공동 프로그램을 했고요. 밖에 모여서 족구대회도 한 번씩 하고 체육대회 비슷한 이런 것도 하고. 그런 것들을 기획하고 조직하고 이런 일들은 주로 했었죠.

그러고 88년도 수배가 해제되고 1989년을 맞았는데 마창지역 노동운동사의 가장 피크를 이룬 때이죠. 수출 후문 옆에 삼각지 공원에서 임단투 전진대회 또 다른 명칭도 있었는데, 조합원 총회식으로 개최를 했습니다. 그때 창원 공단에서 행진을 했습니다. 마창 공투본이 구성되어 있었는데 제가 4지부 간사를 맡았습니다. 그해 1월인가 2월에 LG 2공장 대의원들이 교육을 좀 해달라 해서 마산역 모처에서 여관 어디 홀 같은 데 빌려서 대의원들 교육을 했는데 거기에 김기석 씨 하태욱 씨가 다 있었던 거죠.

그리고 제가 지부 간사니까 투쟁 사업장들 농성장에서 자고 밥도 먹고 술도 먹고 했습니다. 총각이 돼놓으니까 집에 들어갈 이유도 없지요. 그때 세신실업 구사대가 89년 4월 10일인가 새벽에 들이닥쳤습니다. 부산 산업기계 백승만이라는 사람이 위원장이었는데 마창노련 부의장을 맡고 있었어요. 거기도 파업하고 농성장에서 자고 있었는데 세신실업 구사대 퇴치한다고 새벽에 달려가고, 막 비상 때리고, 엘지 사람들 튀어나왔습니다. 그때 '정방대'가 굉장했죠. '정당방위대' 활동이 기억에 남고, 또 '효성기계'에 가서 교육을 좀 했어요. 파업 현장에 들어가서 효성기계 간부인지 조합인지 모르겠습니다. 교육을 하고 효성중공업이 그때 파업을 하고 있었는데 간부들 교육하고, 그다음에 LG 2공장 브라운관 쌓아놓고 파업할 때 들어가서 간부들 교육하고. 효성기계를 제외하고 나머지는 3자 개입으로 걸었던 거죠. 어떻게 녹음까지 다 했더라고요. 어떻게 싸우고 어쩌고저쩌고. 저를 잡으려고 실제로 허재우를 잡고 "너 여영국이지." 했던 적도 있었습니다.

(조: 경노협 내에서 허재우 씨나 박성철 씨는 역할을 좀 어떻게 내부적으로 분담하신 거예요?) 경노협에서 박성철은 사무국장을 주로 맡았고, 저는 사업 국장이라는 이름으로 조직 사업을 중심으로 했죠. 그리고 수배되면서 다시 또 발이 좀 자유롭지 못하면서 우리 경노협 내부에 진로 문제, '선진 노동자론'에 대한 비판, 이게 전면적으로 제기가 되고 88년부터인가 '전국 노운협'이 또 생깁니다. 87년 말인가 그래서 저는 '전국 노운협' 회의도 한 번씩 가기도 하고. 그때는 전노협 생기기 전이니까 90년대 이전에는 주로 '전국노운협'이 전국 대회도 주최하고 이랬던 기억이 있습니다. 내부에 논쟁이 벌어지면서 잘 모르기도 하고, 귀찮기도 했습니다. 어찌 보면 이쪽 말 들으면은 맞는 것 같기도 하고. 예를 들어 그때 정치세력화 노동자정당 이야기를 들으면 맞는 것 같기도 하고 이러니까 이혜자 형수가 수배 상태에서 만났는데 저한테 재떨이를 던진 적도 있습니다.

마창노련 의장으로 이흥석이 하고 있을 때 또 탄압이 어마어마하게 들어왔습니다. 동의대 사태가 89년 5월인가 생기고 이러면서 완전히 탄압 국면으로 이렇게 돌아섰습니다. 통일중공업을 비롯해서 9월부턴가 공권력이 공장에 투입되고, 마창노련 테러 사건 일어나고 대개 좀 분위기가 어수선했습니다. 저는 수배돼 갖고 있고 경노협 내부에서는 그런 논쟁으로 골머리가 아프고.

수배자들 만나서 내부정리를 한다고 마산 산호성당에서 어느 날 임수관 씨를 만나기로 했는데, 1989년 10월 30일인가 31일인가 그랬습니다. 딱 가는데 이미 갇힌 느낌. 곳곳에 눈빛이 번뜩번뜩하는데 늑대 새끼들이 막 구석구석 숨어 있는 겁니다. 임수관 씨가 오는데 "형님, 아무 조치 취하지 말고 너무나 자연스럽게 앞으로 갑시다." 해가지고 그냥 둘이서 웃고 즐기고 하면서 마치 아무런 일이 없다는 듯이 가다가 탁 골목길로 접어들었어요. 탁 꺾어 들어갔는데 이게 막다른 골목인 거라. 뒤에 딱 두 놈이 따라오데. 그래서 문을 두드리며 똑똑 "여기 방 보러 왔는데요." 하고 연기를 했습니다. 산호동에 용마산하고 주택하고 꽤 높아요. "형님이나 도망가이소." 하고 내가 형님을 내 어깨에 올려서 위에 그걸 밟고 도망가도록 했습니다. 저는 파출소로 연행이 되었습니다. 그때 저는 나보다 한 살 많은 고종사촌 주민등록번호를 외우고 있었거든요. 신원 확인되니까. 딱 나가는데 "어, 여영국이!" 하는데 그 길로 잡혔습니다. 그때는 3자 개입으로 수배가 되어 있으니까 경찰서로 간 게 아니라 노동부로 갔어요. 신마산에 있었거든요. 그래갖고 거기서 창원경찰서로 데리고 가면서 근로감독 과장, 얼굴도 지금 다 생생한데 수갑을 딱 채우려고 하는 거예요. "도망 안 간다. 수갑 채우지 마라." 실제로 수갑 안 차고 거기까지 왔어요.

그때 바로 구속되어 1991년 8월에 석방이 됐거든요. 꼬박 22개월 징역을 산 거죠. 징역은 1년 6월 받았는데. 이게 그때만 해도 대법 상고를 하면 보통 한 기간이 4개월 걸리는데 기각되면 그 4개월을 미통(미결통산)을 몰수하는 거예요. 징역을 살아도 안 산 걸로 그냥 까버리는 거죠. 미통을 4개월 몰수당하고 18개월 살 걸 22개월을 꼬박 살고 뭐 안에서 별일도 다 있고. 그래 전주교도소에서 만기 석방을 했는데, 그때 여전히 우리 경노협 내부는 노선 투쟁의 후유증을 심하게 앓고 있었습니다. 문성현 위원장이 그때 진짜 소주 대병 먹고 석방된 날 산호동에서 한잔하면서 "영국이, 니 계속 같이 할 거제?" 해서 "같이 해야죠." 한 게 다입니다. 그때 나를 되게 걱정을 많이 했던가 봐요. 내가 나오면 다른 데로 갈까 싶어서.

그게 1991년이니까. 그때 '전노협'도 만들어지고 우리가 전노협 기금을 감방에서 냈거든요.

우리가 마산에 사무실이 있었는데, 창원으로 '창원 노동문제 상담소'라는 이름으로 경창상가로 들어오게 된 거죠. 그게 91년인지 2년인지 모르겠네요. 그때 나오니까 이미 햇수로는 89, 90, 91년 한 3년 기간 안에 현장도 많이 바뀌어 있는 겁니다. 사람 관계도 많이 바뀌고 그래봐야 다 아는 사람이긴 한데, 여전히 쭉 해오던 노조 집행부도 괜찮은 사람으로 발굴해서 바뀌었습니다.

그때는 아마 '전국 노운협'사업에 집중했던 것 같습니다. 그러면서 노조가 그때부터 많이 좀 어려워졌잖아요. 김영삼 정부가 93년도 들어서서 '일 더하기 운동'을 벌였고, 부산에서는 권미경 열사가 투신했고, 그다음에 통일에 구조조정 칼바람이 불어서 힘든 시기를 보냈습니다. 그때 전국 조직을 만들어야 한다 이러면서 '업종 회의'도 만들어지고 '대공장 연대회의'도 만들어졌습니다. 노동운동 조직이 재편되는 시기였습니다. 거기에 우리가 특별히 관여할 만한 건 없었고, 그렇게 92년 3년까지 보낸 것 같아요.

민주노총 건설, 다른 길을 가게 된 동지들

그리고 1994년도 '민주노총'을 건설하자고 했습니다. 제가 기억하는 투쟁으로는 옛날 통일 4공장이 '삼우산기'라는 회사에 인수되어 공장이 완전히 폐업을 해버렸습니다. 폐업 반대 투쟁을 하고 있을 때 단병호 위원장 내려오셔서 우리가 이런 투쟁을 더 극복해 나가기 위해서는 하여튼 '큰 그릇이 필요하다.' 이러면서 연설도 하고. 그래도 그런 희망을 가지고 노동운동 했던 거죠.

그때는 '영남노조단체연석회의'라는 게 있었습니다. 거기서 '영남노동자대회'도 조직하고, '5.1절 노동자대회', '등반대회' 등 1년에 두 번 정도 행사를 했습니다. 서울의 노동자대회 빼고 영남 이름으로 화왕산 등반대회, 지리산 등반대회도 하고. 경남은 주로 부산대학교에서 5.1 노동자대회, 경북대학교에서 노동자대회를 했습니다. 보통 하고 나면 가두 진출해서 한판 붙고 그 전날 전야제도 하고 이랬는데, 제가 94년 95년도에 '영남노조단체연석회의' 간사를 맡아서 그런 일을 했고, 그때 노운협이 이적 단체로 돼 가지고 문성현 위원장이 94년도인가 5년도에 구속이 되어서 구형을 7년 받고 집행유예로 석방이 되거든요.

그때가 마창노련 해산 직전이었죠. YS정부의 '노사관계 개혁위원회'가 출범할 때 그때 이쪽 민주노조 진영에서는 참여를 안 한다고 했는데, 1994년 4월 30일부터 5월 1일에 부산대학교에서 노동자대회가 열리는데 문성현이 등장합니다. 그날 저녁에 술 한잔하면서 '이제 노동운동이 변해야 된다.' 그날 말씀을 여러 가지 하셨어요. '노사관계 개혁위원회 참여하라는 자기 특명을 받고 요번에 나왔다.' 한잔하면서 그런 말씀을 하셔서 그때 우리만 해도 '전투적 조합주의' 안에 갇혀 있었기 때문에 '뭐 그라믄 인제 같이 몬 한다.' 하여튼 온갖 이야기를 했습니다.

(조: 벌써 노개위 관련해서 문성현 위원장의 생각이 좀 달라지신 거네요.) 예. 그러면서 자기 생각은 그런데 동생들이 뭐 생각이 그런 것 같으면 동생들 생각을 따라 해야지, 이러면서 어쨌든 속하고 겉하고 포장을 좀 다르게 했던 거죠. 그래서 그 대회 마치고 경창상가에 '빛광고'라고 이정민이 하던 거기에 모여서 한 번 더 이야기를 했죠. "형님, 그런 식으로 하면 안 됩니다." 하고. 그러면 우리 '노동문제 상담소'는 어떻게 할 거냐, 이런저런 고민이 있었습니다. 이러면서 1995년 민주노총이 생기면서 산별 조직으로 재편했습니다. 전노협은 해산되면서 산별 조직으로 재편되었고 1996년 저는 '민주금속연맹 서부경남지부', 조직부장으로 대중조직에서 공식 직함을 가지고 활동을 했습니다.

제가 조직부장 하면서 위원장들을 조직해서 삭발도 하고 기차 타고 상경 투쟁을 했습니다. 그때 명동성당에 농성하면서 '언제 파업을 한다' 뭐 이런 걸 잡아놓고 결의대회 하러 서울 올라갔는데, 대표자들과 기차 타고 올라갔어요. (조: 영남노조 단체 연석회의랑 민주금속연맹 서부경남지부가 조직적으로 연속성이 있는 겁니까?) 전노협이 주로 제조업 금속 중심이지요. 부울경이 주로 금속 중심이니까 영남노조 단체 연석회의에도 주요 주체는 사실은 이런 분들이었죠. 그때 주로 브레인 역할은 노재열. 재미있는 일도 있습니다. 96, 97 파업하러 대표자들 올라갈 때 '범한금속', 지금 '피케이밸브' 한재영 위원장이라고 있어요. 엄청 심적 부담을 느끼기도 했습니다. "씨바, 내 파업하면 될 거 아니가, 내가 해병대 출신이 그런 기백도 없겠나." 하니 옆에서 "해병대 노래를 불러봐라." 했는데 진짜 노래를 불렀어요. 알고 보니 해군 방위 출신이야. 어디 가서 큰소리치려고 해병대 노래를 배웠던 겁니다. 그래 한바탕 웃고. 기차 타고 가면서. 하여튼 그랬던 기억도 있습니다.

(조: 지금 말씀 들어보면 문성현 위원장이 노개위 참여를 생각했던 시점이 일종의 '사회적 합의' 그게 생각보다 일찍 바뀌셨다는 거죠?) 그렇죠. 실제로 그랬습니다. 1995년 그해 민주노총 11월에 창립대회를 하고 지역도 '지역협의회'로 논쟁을 할 때, 우리 창원노동문제상담소 이건 어떻게 할 거고 하면서 박성철은 그대로 남아 있고, 나는 연맹으로 들어가고 서부경남지부로 들어가고 좀 이렇게 결정했던 것 같습니다.

문성현 위원장이 금속연맹 위원장으로 올라가면서 조직국장으로 99년 말에 올라가서 2년 있다 내려왔죠, 그때 산별노조 추진위원회를 구성해서 거기 담당하면서 금속연맹 안에는 자동차 업종으로 간 분들도 있고. 산별노조 그때 처음에 한 3만이었죠. 제가 그 조직을 만드는 좀 기초 작업을 연맹에서. 교육도 다니고 이런 일을 조금 하고, 그때도 산별 이야기도 하고 했는데, 지금 지나놓고 보면 한국의 재벌 그룹, 그다음에 특성. 이걸 뛰어넘기 위한 노조의 힘이 사실은 안 되는 것 같아요. 지금 더 강하게 작용되고 있잖아요. 차라리 그때 현대자동차 이쪽 합류 안 하고 그냥 그대로 연대적 관계를 가지고 이렇게 하면서. 그때 우리 산별 이름이 뭐였죠? (김: 전국금속노동조합) 그걸 오히려 더 빡세게 좀 확대도 하고 동질성도 높여내고 진짜 산별다운 조직으로 좀 이렇게 갔으면 어떻게 됐을까? 지나놓고 보니까 이런 생각이 듭니다.

(조: 그 당시만 해도 현대자동차가 합류하기를 막 목이 빠지게 기다리고 그러지 않았습니까?) 그랬죠. 뭐 재정 문제나 '그렇게 돼야 제대로 된 산별이 된다' 뭐 이런 거였으니까. 그런데 어쨌든 결과적으로 제가 금속산업연맹 경남본부 조직부장으로 있으면서 2002년 지방선거 앞두고 정치 담당을 맡았습니다. 지금 로템 위에 공단회관 거기서 '정치실천단 발대식' 그걸 하는데 그때 허연도가 정치위원장이었거든요. 민주노총 정치위원장이었는데. 그때 제가 "행사만 하지 말고 강의도 하나 배치하자" 해가지고, 제가 노회찬을 추천해서 짧게 한 20분인가 30분인가 짧은 강연을 배치를 하게 되죠. 그때 허연도가 묻더라고요. 왜 노회찬이냐고. 그렇게

해서 많이 싸웠는데, "아니 지금 우리가 어차피 정치로 민주노동당 만들어서 가는 마당에 그래도 진보정치에 대해서 가장 이야기를 잘할 수 있는 사람이 노회찬 말고 또 있으면 더 좋은 사람들 추천하시라." 그렇게 해서 이경숙 선생님이 당선되고 그때 아마 시의원이 이종엽 씨가 당선됐는지 모르겠다. 그것까지는 기억이 가물가물하고.

그리고 2003년도 1월 초 민주노총 정치담당자 수련회가 충북 어디에선가 열렸는데 허연도하고 둘이 차 타고 가다가 배달호 열사 사망 소식 듣고 그대로 차를 돌려 두산중공업 안으로 들어갔죠. 그 투쟁을 하던 때 민주노동당 중앙 당직자 선거가 있었어요. 처음으로 제가 중앙위원 출마를 했습니다. 그때 제가 전태일 열사 일기 '나에게 대학생 친구가 한 명 있었으면 좋겠다.'라는 말을 인용해서 '우리 노동자들한테 배달호 열사 곁에 노동자 국회의원도 한 명 있었다면' 이런 유세문을 적었습니다. 그때는 마산 창원 진해를 한 묶음으로 투표를 했는데 제가 1등으로 당선되었습니다.

그 투쟁 하고 구속돼 갔고 있는다고 제대로 활동을 못 하고, 그리고 2004년 총선 치르고 그때 10명인가 당선되고 그해 연말에 당 대회인가 중앙위원회인가 모르겠습니다. 거기서 평가를 하는데 제출된 평가 초안에 대해서 제가 대표로 문제 제기를 했습니다. 그때 김창현 사무총장이 있었는데, 노무현 정부 초기 시점에 국가보안법 폐지 투쟁에 완전 올인을 했거든요. 그쪽 그룹이. 당도 많은 역량을 그쪽으로 좀 쏟아붓고. 그래서 그 사업에 대한 비판을 해서 거기에 대한 찬반 토론을 했습니다. 그다음에 민주노동당 내부에 사업 기조를 둘러싼 것들이 그때부터 벌어지기 시작했던 거죠.

2006년도 이승필 민주노동당 경남도당위원장, 제가 부위원장, 석영철 부위원장을 했습니다. 그때는 합의해서 단일집행부를 구성했는데, 그때 당 대표로는 문성현 위원장이 맡았습니다. 2004년 제가 민주노총 가건물에 있을 때 제가 본부장 출마해서 떨어졌습니다. 그때 간선제였습니다. 5.1절 앞두고 총선이 있었는데 총선 전에 민주노총 경남본부장 선거가 간선제로 잡혀 있었는데, 권영길 당시 위원장이 총선 선거 이후로 좀 연기해 달라고 했습니다. 괜히 민노총 선거 때문에 잡음 생기면 안 되니까. 그래서 합의하에 연기를 해서 치렀는데, 내가 떨어지고 그다음 날, 임수태와 정치운동을 같이 하고 있었는데 문성현 위원장이 그쪽 당선된 이홍석 NL 쪽하고 손잡고 민주노동당 경남도당위원장 출마하겠다고 선언을 했습니다. 그러면서 갈라서자 해가지고 사실상 그때부터 문성현 위원장하고는 다른 길을 가게 되었습니다. 같이 했던 사람 중에 허재우, 이승필 위원장 둘이 함께 가게 된 거죠. 그게 2004년도 5월 1일 전후입니다.

저는 이제 백수니까 민주노동당 경남도당의 '비정규직 철폐운동' 본부장이라도 좀 맡아달라고 해서 맡았어요. 당기위원장이었는데, 그때 정동화 소장이 '천만 원 금품수수 사건'으로 구속됐을 때 바로 당기위원회에 소집해서 제명 조치하고, 중부경찰서 찾아가서 참, 말이 안 떨어지더만은 "제명됐습니다." 구두로 통보하고 "이의가 있으면 일주일 내로 제기할 수 있습니다." 그랬던 기억도 납니다. (조: 요 때가 그러니까 정파 갈등이 되게 심해지기 시작한 그런 시점이죠?) 문성현 위원장은 제가 구속됐다가 11월에 석방이 되어서 대림자동차 뒤에 가면 개고기도 팔고 오리백숙도 하고 하는 집이 있는데, 거기에 모여서 고생했다고 밥도 한 그릇 하고 했습니나. (김: 대림 뒤에 백숙 먹을 때도 그때 계속 민주노총 위원장을 희망했고 저는 그거는 아니다. 지금 흐름으로 보면 선배님이 지금 민주노총 위원장 나와야 할 때는 아닌 것 같다고 그렇게 이야기를 했죠. 그런데 위원장은 상당히 고집을 했어요.) 그 자리뿐만 아니라 그 앞자리, 그때는 무슨 회의라는 이름으로 그때 활동가 조직들이 무슨 '전진'도 있었고, 그 뒤에 하여튼 이래저래 있었습니다.

주로 제조업 따로 그다음에 비제조업, 공공부문 따로, 양경규를 중심으로 해서 움직였습니다. 전체 민주노총 선거를 두고 한번은 전국 단위 모임을 할 때, 문 위원장이 자청해서 '내가 한번 해보겠다.' 하길래 제가 반대를 했어요. 그게 문 위원장한테 되게 좀 맺혀 있었던 거고, 금속연맹에서 문성현이 위원장하고 내가 조직국장으로 올라갔을 때 같이 자취방에 있었습니다. 사무실 뒤에서 술 한잔 먹으면 선이 막 구분이 안 되는 겁니다. 한날 술이 많이 돼 들어오셨어. "그래 어디 다녀왔습니까?" 하니까 나만 지금 이렇지, 내 친구들은 다 대기업의 사장 하고 있고 국회의원 하고 있고. 현대자동차 사장을 만나고 온 겁니다. 그러면서 용돈 하라고 돈을 주던데 하면서, 나한테 10만 원인 줄 알고 수표를 주더라고. 알겠습니다, 하고 봤는데 100

만 원짜리였습니다. 낙장불입, 안 돌려줘 버렸지. 술자리에서는 형님은 절대로 민주노총 위원장 하시면 안 됩니다. "누구보다 내가 잘 압니다." 하고 말했습니다. (김: 금속산업연맹위원장 할 때 그런 모습들이 많이 노출됐습니다. 그래서 정부나 이쪽하고 관계하는 거 보면 너무 좀 선이 없는 거야. 옛날하고 달리 그랬던 면이 있었고, 그다음에 또 하나는 그때 내가 반대했던 논리 중의 하나는 금속은 사실상 애초에 목표로 했던 산별 전환에는 실패한 거다. 이제 3만으로 출발을 해야 되는데 금속산별 전환에 실패한 위원장이 민주노총 위원장을 한다는 것은 흐름으로 보더라도 맞지 않다. 오히려 다른 쪽에서 해줘야 한다고 나는 이야기를 했지요.)

(조: 그 시기에 문성현 위원장이 계급적 태도에서 신뢰를 많이 잃었다고 볼 수 있는 거네요.) 하여튼 내가 석방되고 그 자린지 그다음 자리인지는 모르겠는데, 술이 돼 "이 새끼야, 니가 뭔데 내 앞길을 막아." 민주노총 위원장 출마를 반대했던 데 대한 원망 섞인 이야기로 감정을 실어서 표현을 좀 많이 했어요. 그럼에도 내가 총선을 앞두고 "형님, 저하고 노동자 실천단 요거를 살살 하면서 다음 지역 정치라도 좀 도모합시다." 했습니다. 이건 2002년의 일입니다. 위원장 임기가 2002년 끝났잖아요. 임기가 끝나고 또 갈 데 없어, 다시 지역에 오셨거든요. 오셔가지고 권영길 대표가 대선 출마하고 그다음에 노무현 당선될 때. 이때 같이 노동자 실천단을 했습니다. 명함 같은 거 4면짜리로 만들어서 현장 다니면서 배포하고 이렇게 같이 했는데, 저녁 되면 저녁때 여기 박호철 선생님 만나면 계속 노무현 이야기를 하는 거예요. 우리는 권영길 운동을 하고 있는데. 계속 노무현 이야기를 해서 "형님, 이러면 같이 못 합니다." 그쪽으로 가시려면 가시라고 했습니다. 이때가 2002년 11월 때죠. 그때부터 정치적 태도도 그랬습니다. 우리가 계속 반대하니까 아닌 척하고 또 일을 하고.

(조: 문성현 위원장은 사실은 지역에서 대단히 중요한 위치에 있었던 사람이니까 그분이 입장의 변화되는 계기라고 그럴까요? 그거를 우리가 단순히 '그냥 나이가 들어서 뭐 그런 거다.' 이렇게 평가할 수 있는 겁니까? 뭔가 어떤 계기가 있다든가?) 글쎄요. 일단 본인이 조급함이 좀 있었어요. 본인의 처지에 대한 조급함. 저한테 몇 번 신세 한탄식으로 "현대자동차 사장은 어떻고, 누가 어떻고, 뭐 다 내 동기들인데 응 동기들은 다 됐는데 나만 지금 이렇게 있다"는 이야기를 몇 번을 했거든요. 술 한잔 먹고 하면서. "형님, 그럼 빨리 좀 정치를 하셔서…" 그런

본인의 조급함도 있고, 현실에 본인이 발 담고 있는 우리 관계하고 또 본인 속마음하고 괴리가 돼 있는 그런 상황이 공존하고 갔던 거죠.

2004년 4월 30일인가, 총선 끝나고 문성현 위원장이 "나는 이제 저쪽하고 손잡고 한다"는 이야기를 공개적으로 했습니다. 총선 직후 민주노총 경남본부장 선거를 했는데 제가 출마해서 떨어졌습니다.

정파 갈등, 대중조직을 강화하고 토대를 키웠어야

2006년 문성현은 당위원장으로 올라갔습니다. 경남도당에는 이승필 위원장과 제가 부위원장이 되었습니다. 나머지는 저쪽에 부위원장이 3, 4명 또 처장하고 다 내어주고 형식적으로는 같이하는 틀을 구성했습니다. 그러나 여전히 그쪽 그룹은 진해에 '주한 미군 관련 시설도 있고 하니까 거기서 어떤 움직임이 있으면 거기에 계속 집회를 가자'고 하고, 우리는 자꾸 '현장 노동자들이나 이런저런 데 함께 좀 하자.' 그때 많은 토론을 했어요. 우리에게 역량이 100개가 있는데, 우리가 어디다 중심으로 힘을 쏟아야 하느냐 논쟁도 하고 그런데 결정적인 게 재정 문제였죠.

그때 임수태 도지사 보궐선거가 있었는가 하여튼 선거가 있었습니다. 정기선거였는지 보궐선거였는지 모르겠는데 그걸 본인이 뭐 어쨌든 방송 토론도 잘하고 해서 그때 보전을 10점 몇 프로 해가지고 절반 정도 보전을 받았거든요. 후원금도 받았지만 많은 돈을 본인이 출연했던 거죠. 그런데 회계 보고를 하라니까 보고를 안 하는 겁니다. 이승필 위원장이 얼마나 갑갑했겠습니까. 그쪽이 회계가 굉장히 불투명하거든요. 아마 자기들 아는 업체에 영수증 얼마짜리 끊고 뒤로 얼마 받고 막 이런 것들이 숱하게 좀 있었을 겁니다. 그게 해결되지 않은 상태에서 회계 부정 문제로 계속 갈등을 빚고 있는 상태에서 도당위원장이 아무래도 인사권이 있으니까 사무처에 한 명을 들이려고 했습니다. 오상준이라고. 이 친구가 중국에서 북한 탈북자를 도우다가 중국 공안에 체포돼 있는 걸 권영길 의원이 어찌어찌해서 국내로 데리고 온 겁니다. 정종권이 연락이 와서 저한테 '이 친구 좀 써달라' 그래가지고 위원장한테 건의해서 "이 친구를 언론 담당, 공보 담당으로 쓰자." 했습니다. 이 친구가 이력서를 제출했는데 자기소개서에 중국에 있었던 일을 상세히 기록한 겁니다. 그게 그쪽 그룹 소위 NL 쪽 그룹에서 용납이 안 되는 겁니다. 탈북자를 도운 것은 안기부 프락치라는 인식, 탈북자는 범죄자라는 인식이 너무 깊이 박혀 있더라고요.

그래서 그거 가지고 어마어마한 갈등을 겪죠. 회계 부정 문제, 그다음에 탈북자를 바라보는 시각 문제, 사업 기조 문제. 이런 걸로 계속 갈등을 겪었습니다. 제가 위원장 빼고 나머지 임원들 사무처장, 부위원장을 모아 당사 앞에 포장마차에서 술 한잔하면서 "야, 도대체 우리 민주노동당이 집권했을 때 만들고자 하는 상이 뭣고? 북한 사회가?" 하니까 지금 돌아가셨는데 박민홍 부위원장이라고 계셨습니다. 농민운동 하시는. "그렇지 뭐." 이리 이야기가 됐어요. "다 동의하나?" 거기서 술 한잔하면서. "아니 그럼 공개적으로 이야기를 하든가. 그러믄 너거가 국가보안법 구속되면 면회는 갈게. 사상의 자유를 보장하라고. 그것도 싫으면 그럼 차라리 북한을 가든가. 뭐 할라고 민주노동당 하는데." 내 말에 '요' 자가 안 붙으니까 "니 지금 반말 하냐." 그게 2007년도였습니다.

2006년도 봄, 우리가 회계 부정 건으로 계속 갈등을 겪고, 그다음에 집권 초기니까 '임명권은 위원장한테 있다면 추천권은 처장한테 있습니다.' 이렇게 하면서 막 붙었습니다. 그리고 내용적으로는 탈북자를 바라보는 시각이 너무나 확연하게 갈라지고 도저히 당을 함께 할 수 없다는 판단을 그때 좀 많이 했어요. 그때 '일심회 간첩사건'이 있었고, 위원장이 사퇴하고 심상정 비대위가 구성되고. 우리도 이제 그런 갈등을 계속 지속하면서 지역도 갈라서는 그런 일이 계속되었습니다. 지금 같이하라 했으면 같이 못 할 것 같아요. 그분들의 조직운동 방식이나 이런 게 너무나 배타적이고. 민주노동당 추억은 주로 그런 겁니다.

(조: 그 과정이 노조 운동에도 사실은 큰 영향을 미칠 수 있잖아요? 2006년 2007년 가면서부터 점점 갈등이 더 심화되고, 당내에서 분열이 첨예하게 되니까 그게 노조 운동에도 사실은 상당히 큰 영향을 미쳤습니다. 지금 돌이켜 생각해 보면 불가피했던 건지, 나름대로 이렇게 대응했는데 좀 다른 방식으로 했어야 하는지, 그런 부분에 대해서는 좀 어떻게 생각하세요?)

2004년도 국회의원 처음 되고 민주노동당이 한참 올라가고 한때 정당 지지율이 22, 23%까지 올라가고 이런 때잖습니까. 당직 · 공직 금지. 뭐 이런 나름대로 규정을 잡고 이랬는데 지나놓고 보면 좀 그런 것 같아요. 그때는 민주노총의 배타적 지지 방침이 있었고, 오히려 그때는 집권 전략 중심으로 사업을 좀 했거든요.

2012년도 집권전략위원회 같은 걸 구성해서 했는데, 그게 저는 큰 오산이었던 게 아닌가 생각이 들어요. 다른 나라 역사를 보더라도 튼튼한 대중조직에 기반하지 않은 진보정당이 집권한 예가 거의 없잖아요. 그런 점에서 볼 때 당시 민주노동당의 역량을 다양한 정치 사업을 통해 어떤 기층 조직, 대중조직을 강화하고 우리 토대를 튼튼히 키우는데 오히려 주된 전략을 좀 가져갔으면 내부의 노선 논쟁이나 이런 것도 좀 덜 했지 않았는가 이런 생각을 합니다.

그렇게 좀 합의하는 거 어차피 노선 차이가 있다는 건 다 아니까. 뒤돌아보면 좀 그런 생각이 많이 들고, 그거는 민주노동당뿐만 아니고 정의당도 역시 그런 제도정치 내에서의 다수파가 되기 위한, 또 그 다수파를 통해서 집권으로 이르기 위한 그 정도의 실력도 안 되는데 좀 그런 망상을 좇아서 간 게 아닌가. 제 개인적으로는 그런 생각들이 참 많이 들고. 지금 정의당이나 진보당이 노동 계급정치의 주체가 될 수 있는가 하는 점에서 정의당 같은 경우는 노동계급 정치에 우군은 될 수 있어도 주체는 되기 어렵다 하는 생각이 많이 듭니다. 왜냐하면, 토대가 이미 없잖아요. 새로운 한국 사회의 진보정치나 노동정치가 풀어야 될 혁신적 과제 중에 보면 예를 들면 불평등 해소라든지, 그리고 이 불평등으로 인해서 피해를 받고 있는 사람들을 조직적으로 묶어 세우지 않으면, 그 토대 없이 계급 정당이든, 진보정당이든 성장이 가능한가 하는 점에서는 좀 어렵지 않은가 하는 생각이 지금 되돌아보면 그런 생각이 드는 거죠.

그리고 과거에 민주노동당 한창 잘나갈 때 오히려 그런 데 주안점을 두고 매진했더라면 진보정치의 결과는 좀 많이 달랐을 거라는 생각이 많이 듭니다. 그렇지 않고 해 놓으니까 바깥의 정치적 노선 대립이 현장으로 그대로 투영되고, 사실 현장에 노선 예를 들면 NL이 잡든, 이쪽에 반대파가 잡든 사실 노조 운영하는, 또 임금협상이나 단체교섭 하는 거 결과나 이런 건 별 차이가 없거든요. 약간의 강조점 이런 차이는 있을지 몰라도.

결국은 우리 앞에 놓여 있는 여러 가지 과제를 해결하기 위한 예를 들면 우리가 집행을 해서 이런 과제를 해결해야 하겠다는 것보다도 그냥 권력을 잡는 것 이상의 의미도 아닌 거 아닌가 하는 생각이 많이 들었어요. 그런 갈등 때문에 현장도 힘이 약화되고, 또 회사는 또 그런 틈을 비집고 들어와서 내부를 분열시키기도 하고 좀 이런 거죠. 예를 들면 큰 공장 같은 경우도 그 뭡니까? 성과급 크기나 임금인상 크기 가지고 현장 조직에서 막 선전물 내잖아요. 부결운동 하고. 이게 다 더 많은 돈을 받기 위한 것도 있지만 다음 권력을 잡기 위한 그런 거거든요. 거기에 우선 지금 소위 노동자들이 안고 있는 전체의 문제에 대한 문제 제기가 있습니까? 아무것도 없잖아요. 그런 점에서 정파운동이 특히 진보정치의 갈등이 또 현장에 투영되어서 더 심화된 정파운동의 폐해가 대중조직을 많이 갉아먹었다는 생각을 지금도 하고 있습니다.

오히려 그런 정파 조직들이 현장에서 건강하게 예를 들면 우리 공단이나 하청 노동자들을 어떻게 할 건지, 우리 같이 힘을 합쳐서 뭔가 저 사람들 처우를 개선할 수 있는 방안을 함께 찾자든지 뭔가 이런 노동운동의 과제를 가지고 쭉 토론한다면 저는 건강하게 성장할 수 있다 생각합니다. 정규직이야 그런 과제를 가지고 하면 지금은 아마 싫어할지 몰라도 그게 '우리 노동조합이 추구해야 할 일반적 과제다.' 이렇게 교육시켜 나가고 설득시켜 나가면 다시 저는 노조 운동을 본래의 정신으로 조금은 물꼬를 바꿀 수도 있지 않는가. 그런 게 되려면 정파 운동에서 결의하고 그게 안 되면 한 정파라도 좀 그렇게 해야 되는 것 아닌가 이런 생각을 합니다.

이거는 제가 도의원에 당선돼 가지고 사실 저는 도의원에 진출하는 과정도 어떤 대중조직이나 우리 이쪽 그룹의 어떤 결의, 또 합의, 이런 과정이 아니었거든요. 그냥 제가 노동조합 하다가 전체 이거 해보니까 '제도정치 안에서 또 풀 과제들이 좀 많이 있다.' 이런 원론적 입장을 가지고 있었고, 또 당이란 게 선거를 하는 데 후보를 내고 대응하지 않으면 이게 무슨 의미가 있느냐, 뭐 이런 생각을 가지고 사실 출마했는데 덜컥 당선이 됐어요. 그리해도 제 활동과 관련해서 지금까지 다 마찬가지 이게 뭔가 구조적으로, 우리 당이란 것도 사실 진보신당 지역에 있어도 제가 잘못한 측면도 큰데, 이런 도의원 활동을 어떻게 하고 어떤 방향으로 할 건지 이걸 좀 함께 의견도 모아내고 그 활동의 결과물들이 당으로 다시 들어가고 이럴 수 있도록 노력을 해야 되는데 전혀 그렇지 못했던 거죠. 제 잘못이 일차적으로 좀 크다고 보여지고, 그러니까 그냥 제 개인 활동 비슷하게 미화된 측면이 큽니다.

정파 갈등을 해소하기 위한 노력들

(조: 실제로 민주노동당이나 정의당 내에서 지금 말씀하신 그런 문제에 대한 노력 같은 게 없지는 않았을 거 아니에요. 의원이나 시의원들의 활동을 당의 활동으로 수렴하고 당 중심으로 성과를 모아내는?) 형식적인 노력들은 저도 했어요. 예를 들면 제가 어떤 의제를 제기할 걸 당에 보고하고, 그다음에 이게 당 이름으로 뭔가 입장도 내게 하고 어떤 일을 개입한다든지. 이런 걸 했는데 저도 노동운동에 관여했던 사람으로서 지방의원이란 게 뭘 할 수 있을까? 하는 고민이 초반부터 좀 들었고, 그래서 저는 지방의원 활동을 노동운동의 연장에서 한번 해보자면서 제가 그때 산별운동도 쭉 관여하고 했기 때문에 '지역협약'을 만들어야겠다는 생각을 좀 많이 했어요.

많이 했는데 이 고민이 우리 당과 예를 들면 당시 금속노조 또는 민주노총 지역 조직하고 사전에 조직적 토론을 통해서 그 대안도 모색해야 하는데 끈질기게 제가 그런 노력을 하지 않은 거죠. 예를 들면 하다가 포기를 해버렸는데 어쨌든 우리 조직 안에 있는 사람들도 마찬가지지만 이보다 더 힘든 사람들 미조직 노동자들에게도 포함되는 지역협약을 할 수 있는 게 뭐가 있을까? 봤을 때 그때만 해도 한창 우리 때 학자금 문제가 많이 경제적으로 부담이 컸거든요. 이런 문제를 공장 규모, 또 재벌 그룹 성격에 따라서 지급되는 게 다 달랐어요. 그래서 우리 노동자들이 상여금 받을 때 뭐 만 원씩 내고 회사는 우리가 만 원 내면 곱하기 2로 내고, 그다음에 지방정부도 이만큼 내고. 그런 노사정 기금 형식으로 만들어서 이걸 지역 협약식으로 한번 만들어보자, 이게 일 번.

두 번째 대공장 노동자들은 산재 사망으로 죽으면 위로금이나 이런 걸 좀 받잖아요. 죽음의 대가가 노동조합이 있는 곳 특히 대공장과 또 작은 공장 또 노동조합이 없는 곳 이런 차이들이 있으니까 저도 이런 문제에서는 노동자들이 최소한 중대재해를 당했을 때 보상금을 받을 수 있도록 한 2개 조항이라도 노사정 합의로 한국노총 포함해서 추진을 한번 해보자고 제가 당시에 금속노조, 그때는 금속노조 경남지부죠. 김창근 그때 연대사업 담당 아마 부지부장이었을 거예요. 이야기를 했는데 그걸 왜 우리 노조가 합니까? 정부에서 해야지. 예를 들면 어떤 문제 인식을 가지고 함께 뭔가 공유하고 토론할 수 있는 게 없었습니다. '이걸 왜 우리가 해.' 정부에서 우리가 낸 세금으로, 어차피 그러려고 세금을 내는 거 아니에요. 틀린 말은 아니에요. 아닌데 어쨌든 그런 걸 저는 지역협약으로 제도화하고 1개 만들고 또 1개 만들고 이러다 보면 10개 항목 되고 그게 결국은 지역 산별 협약으로 발전되는 거 아니냐 이런 생각이었습니다.

처음에 그런 생각을 했고 약간의 좀 조바심 같은 게 있었어요. 제가 해봐야 요 도의원 한 번 하고 그다음 재선이 되겠나. 그래서 결론은 자영업자 실태조사하고 〈상남동 사람들〉도 만들고 이랬는데, 그 시작은 비정규직 실태조사를 한번 해보자. 그래도 도의원이라는 신분으로 좀 접근성이 있을 때 한번 해보자고 했습니다. 이게 하기 전에 탐문을 해보니까 자영업 시장하고 비정규직 시장하고 겹친 부분이 있어요. 경기 좀 좋을 때는 노가다 하고, 어려워지고 일자리 없어지면 좀 모아놓은 돈 가지고 통닭집이라도 하고 이게 겹쳐 있는 겁니다. 원래 조사는 이걸 한번 해보려고 했는데 막상 인터뷰하고 하다 보니까 자영업 시장 자체가 너무 힘든 과정, 그래서 결국 자영업자 실태조사로 결론지어지고 말았는데, 물론 그중에 그런 내용도 있습니다. 전직이 뭔지. 만약에 다시 또 상황이 나아지면 일자리로 다시 돌아가고 싶은 그런 거에 많은 사람들이 찬성하고 이런 게 있는데. 그런 걸 통해서 뭔가 진보정치를 하는 사람으로서 뭔가 결과를 자꾸 만들어내고 싶었는데, 이게 뭔가 조직적으로 함께 대중조직과 함께 안 되니까 좀 한계가 클 수밖에 없었죠.

물론 그거는 되돌아보면 제가 힘들어도 함께 하려고 계속 여기도 문도 두드리고 저도 두드리고 하면서 이래야 되는데 좀 그러지 못했던 것 같아요. 이후에 만약에 저는 민주노총이나 금속이나 이쪽이 좀 지역에서 만약에 사업을 한다면 지금 금속 같은 경우는 지부 집단교섭도 줄어들어서 지금 효력이 많이 떨어졌잖아요. 하여튼 그런 문제를 산별노조로서 또 민주노총 지역 조직으로서 공장 담벼락을 넘어서 뭘 할 건가 하는 이런 고민들이 있습니다.

노동조합운동과 진보정치운동이 만나서 할 수 있는 일

앞서 제가 말씀드렸던 전체 노동자들이 안고 있는 과제를 찾아서 좀 해야 하는 게 아닌가 이런 생각도 들어요. 근데 지금은 뭐 전혀. 아마 지금은 더 어려울 겁니다. 올해 총선 앞두고 사업장을 진짜 많이 다녔었어요. 공장도 다니고 하청에 있는 사장들도 만나고. 로템 갔는데 지회장님이 "여기는 별로 우리가 안 좋아하는데요." 하는 겁니다. 내가 그 사람들 해코지한 게 있나, 손해 끼친 게 있나. 그 사람들은 여 의원도 정규직 편이라고. 그렇게 하고 있다고. "너그가 이 사람들아 사업을 그리하니까 그렇지. 제발 임단협 할 때 성과급 다문 돈 100만 원이라고 하청도 같이 나누자 말이라도 꺼내라", "노조가 힘을 써서 우리가 100만 원 받게 되고, 50만 원 받게 됐다, 이렇게 해서 뭔가 좀 함께 하려는 노력들을 해야지." 그런데 이런 말은 꺼내지도 못합니다.

옛날에 김상합이 할 때는 그래도 그런 말을 꺼낼 정도의 분위기는 되었어요. 그런데 이미 1,300 조합원 중에 절반 이상이 40대 초반 30대로 확 바뀌어 버렸거든요. 그러니까 이 친구들은 비정규직한테 그런 거 하는 거는 자기 몫이 뺏긴다고 생각합니다. 이미 일반화 돼버린 거죠. 그래서 그런 노조 운동에 기반해서 무슨 산별 운동을 할 수 있으며 그에 기반한 정치운동을 할 수 있는지, 제가 보기엔 불가능합니다. 그래서 그런 현실을 좀 정확하게 인식하고 새로운 방향으로 틀어야 되는 거 아니냐. 저는 그런 점에서 대공장 출신들이 지부장을 하는 건 절대적으로 반대입니다. 총 맞을 일이지만.

(조: 아무래도 과거에는 노동조합운동이 정치세력화를 해야 한다, 정치세력화가 중요한 전략적 요소 중 하나였고. 산별노조가 그렇듯이. 그러면 이 진보정당운동, 진보정치라고 하는 것이 노동조합운동 혹은 노동자들을 위해서 과연 뭘 할 수 있는지, 뭘 할 수 있는데 못 한 건지, 처음부터 하기가 어려운 거였던 건지, 그런 문제를 좀 돌이켜 보면 어떻습니까?) 민주노동당도 2004년도에 10명의 국회의원 만들어지고 나서 뭐 고민했던 게 바로 집권전략위원회였습니다. (조: 예컨대 지금 다시 2004년으로 돌아갔다 그러면 기층 노동자 운동을 강화시키는 활동이나 전략적 방안으로 우리가 생각해 볼 수 있는 게 있나요?) 그러니까 지방의원들 민주노

총 후보, 저는 민주노총 후보가 아닌 상태에서도 당선되기도 했는데 그 사람들이 의원들하고 정기적인 의정 활동 보고. 되게 좀 강제하려고 노력을 그쪽에서 하죠. 본인들이 필요한 조례 같은 거, 이런 걸 제정하자고 합니다.

저는 그 수준을 좀 넘어서야 한다는 겁니다. 우리가 임기가 4년이잖아요. 지방의회 같은 경우. 임기 4년 동안에 우리 지역의 노동정치 강화를 위해서 뭘 할 건지 이게 함께 토의하고 합의가 돼야죠. 당은 좀 다르더라도. 당은 진보당 소속일 수 있고 정의당 소속일 수 있고 이런데. 이런 게 집단적으로 토의를 해야 하는데 전혀 그렇지 않고 이게 정파 중심으로만 되어 버리니까 과제를 해결할 수 없는 겁니다. 초반에 제가 도의원 할 때 조례 같은 경우 예를 들면 비정규직 지원 조례라든지 이런 데 관여를 많이 했죠. 또 실제로 홍준표 들어와서 그런 예산 깎으려고 할 때 새누리당에 가서 그쪽 의원들하고 실제로 정치협상도 하기도 하고. 정치협상이라는 게 이렇습니다. "나도 먹고 살아야 될 거 아니가, 이 사람들아. 예산을 다 깎으면 우짜노 무식하게. 의회는 좀 집행부하고 달라야지." 예를 들면 이런 논리로.

그다음에 지금 당신들 조카들이고 다 비정규직으로 생활을 많이 하는데 이 사람들 상담하고 지원할 수 있는 창구는 필요하지 않으냐, 이런 논리로 설득을 하는 거죠. 이거는 그냥 개인의 활동이고 뭔가 집단적으로 할 수 있는 실태조사를 통해서 정말 대안 모색을 한번 해본다든지, 우리 지금 창원으로 치면 법적으로 여럿 나와 있는 것 중에 최저임금 또 여러 임금이 있잖아요. 생활임금. 하여튼 이런 게 있는데, 그러면 우리 창원의 생활임금 같은 건 어느 정도가 돼야 하는지. 이런 거 조사도 민간까지 다 포함해서 하는 거지요. 그러면 우리 같은 사람들이 의회에 있으면 경남 또는 창원에 있는 모든 노동자에게 2025년 생활임금 최저선은 최저임금하고 별개로, 경남형 최저임금보다 높아야 되겠죠. 이런 걸 권고안으로 채택하도록 한다든지 이렇게 해서 많은 노동자들에게 진보정치가 우리 삶의 개선을 위해서 노력을 함께 하고 있다. 이런 걸 저는 해야 된다고 봅니다.

(조: 예를 들면 금속산업 최저임금이 아니라 금속산업 협약 임금 같은 거를 만들면 그거를 의회에서 지역 차원의 생활임금으로 조례를 하든가 이런 방식으로 할 수 있는?) 그런 방식을

통해서 미조직 노동자들을 진보정치의 우군이 되게 하고, 또 금속노조나 민주노총의 그런 조사를 통해서 한 주체로 발표하게 되면 또 그런 우호적 생각을 가지게 되고, 그렇게 좀 발전해 가야 되는 것 아닌가 합니다. 지금은 워낙 기업별 의식이 강하니까 그런 사람들이 다 개별적으로 노동조합에 가입하면 감당을 할 수 있겠는가, 지금 현재 체제에서 그런 생각이 들더라고요. 그래서 그런 사람들이 노조 가입도 하게 만들고, 이런 방향으로 노동조합운동과 진보정치운동이 함께 만나서 좀 해야 될 일 그런. 그렇게 해서 조금씩 토대도 다지고 확대해 나가고 (조: 구체적인 사업을 중심으로 노동조합과 정당운동이 같이 해나가는…) 전략적 목표는 세울 수 있겠죠. 몇 년 안에 뭔가 이루어낼 수 있는. 그렇게 해서 예를 들면 4년 또는 8년 뒤에는 창원시장을 우리가.

(조: 이건 좀 다른 질문인데, 정치세력화라고 하는 진보정당 운동이 2기를 준비해야 된다는 얘기를 많이 합니다. 기존에 두 가지 문제가 있는데, 하나는 예전에 민주노동당의 지지표가 전부 어디로 갔냐면 민주당 지지표로 갔단 말이에요. 그러니까 이미 경남 지역의 제1야당이 민주노동당에서 민주당으로 바뀐 겁니다. 그런 측면에서 민주당과 다른 진보정당의 상, 모습 이런 것들이 앞으로 어떤 방식으로 가능할 수 있을까? 다른 하나는 진보당이 의회 정당이 됐으니까, 우리 지역에서 정의당과 진보당 혹은 다른 NL과 PD 이런 정파들이 노동자 운동이라고 하는 차원에서 어떤 방식으로 서로 협력하고, 할 수 있을 것인지. 그러니까 민주당, 정의당, 진보당 이런 식의 정치 세력, 자유주의 정치 세력과 진보정당 내의 차이가 있는 세력 간에 협력을 어떤 식으로 그려 가야 될 것인지?) 그런 생각은 좀 들어요. 저는 자유주의 정당하고 우리 전략 목표를 이루기 위해서 연대 협력할 수 있다고 생각합니다. 적어도 민주노총 현재 지도부가 사실상 지난 총선에서 민주당, 진보당하고 다 해서 위성정당을 꾸려서 했잖아요. 함께한 거죠. 함께했는데 지금 만약에 한국노조운동에서 가장 중요한 게 만약 산별협약 법제화, 산별교섭 법제화 이게 우리 절체절명의 과제다 싶으면 저는 뭐 다른 거 다 주더라도 그렇게 지지해주고 그런 성과를 받는 이런 운동을 할 수 있다고 생각하거든요. 이런 전략들이 없다는 겁니다.

지금도 그런 거잖습니까? 윤석열 퇴진이라는 이 구호는 그 결론은 빤하거든요. 퇴진시키고 난 다음에 결론은 이재명 대통령 만들기라는 겁니다. 다음 차기 대통령 자리를 둔 그냥 고도의 정치권력 투쟁에 지금 모든 시민사회와 정당들이 다 여기에 다 매몰돼 있다. 이러니까 이재명 씨가 대통령 할 거라고 금투세 폐지 입장을 밝혀도 비판을 못 하잖아요. 그런 조직들이. 이렇게 해서 이런 방식으로 협력하는 거는 노동자 정치세력화에 역행하는, 오히려 그동안 함께했던 사람들이 잘 모르는 사람들이 그냥 그 흐름에 편승하게 만들고 역행하는 거라서 저는 이제 이런 관계부터 좀 명확히 좀 해야 된다 하는 거죠. 그게 좀 불명확하면 노동자 정치 노동정치를 이야기하기가 참 힘들지 않겠는가 이런 생각이 들고, 요새는 노동자 정치세력화라는 게 도대체 뭐냐, 상이 뭐냐, 이 고민이 참 많이 들어요.

예를 들면 이런 거죠. 우리 옛날 정의당 지금 강령 1호가 '정의당은 비정규직 정당이다.' 이렇게 돼 있습니다. 그럼 자꾸 노동 중심성이라고 하는데 우리 강령도 그렇게 돼 있고. 또 우리 당원들 다수가 민주노총 조합원이 아니다 뿐이지 한국 사회에서 일하면서 먹고 사는 노동자들이란 말이지. 그러면 도대체 노동정치 강화라는 게 도대체 뭐냐. 집회 많이 가고 그러면 노동정치 강화하는 거냐. 예를 들면 이렇게 반론을 제기하는 사람이 있단 말이죠. 저는 우리 당 내부적으로도 그렇고 소위 노동자 정치세력화를 새롭게 이루어야 한다고 주장하는 학계나 이런 쪽도 노동자 정치세력화의 상이 좀 정리가 돼야 하는 거 아닌가 싶은 생각이 들어요.

예를 들면 만약에 민주노총이 내부적 단결력이 강해지고 한 100만 표로 움직일 수 있다. 100만 표. 100만 표 같으면 사실 빡빡한 선거에서는 당락을 좌우하잖아요. 이걸 가지고 이 힘을 가지고 그래도 좀 가까운 민주당이든 이쪽하고 협상해서 문서화시킨다든지 협상 결과라든지, 이게 만약에 불이행됐을 때 어떤 조항까지도. 이렇게 구체적 내용을 가지고 '우리는 그래서 이번 선거에서 어느 정당을 지지한다.' 그렇게 태도를 취하는 것이 노동정치와는 거리가 먼 것인가? 하여튼 뭐 이것 좀 포함해서 노동자 정치세력화에 대한 상을 저도 잘 모르겠어요. 다수 노동자가 참여해서 정당을 만드는 것이 노동자 정치세력화인가? 우리가 대체적으로 상을 잡는 것은 산별노조에 기반한 정당, 그런 걸 노동자 정치세력화의 기본적 상으로 보는 게 아닌가 하는 생각이 듭니다. 또 그런 게 분명해야 현장에 가서도 왜 진보당식으로 이렇게 하면 안 되는지와 같은 이야기도 좀 하고.

(심: 여 의원께서 과제 중심으로 노동자들이 직면하고 있는 문제를 해결하는 데 거기에 그런 노력을 하는 게 노동정치라고 보는 것 같습니다. 그런데 지금까지 노동자 정치세력화는 집권 전략에 상당히 많이 치중되어 왔습니다. 우리 지역 수준에서 현재 해결이 필요한 과제라고 했을 때 이게 뭘까? 제가 최근에 엊그제까지 우리 지역의 낙동강 녹조 문제에 대해서 그거를 토론하는 청문회를 열어달라고 했다가 청원을 하는데 5만 명의 표를 모으는 데 절반도 못 채웠습니다. 현실에 기초하여 노동자들이 우리 지역에서 직면하고 있는 가장 중요한 문제, 제기된 문제 중의 하나가 말하자면, 한화오션 대우조선의 비정규직 문제라고 할 수 있습니다. 지역 내에 진보정치 세력이 어떻게 할 거냐?) 그런 문제뿐만 아니고 노조 운동도 그렇고 진보정치 운동도 그렇고 한국 사회가 안고 있는 불평등 또 다른 말로 표현하면 차별 여러 가지가 이게 중첩돼 있고 가면 갈수록 계속 확대되잖아요. 특히 소득 격차라든가. 우리 창원의 100만 시민이라고 하는데 여기에 그래도 가장 임금을 높게 받는 사람들이 공공부문에 종사하는 노동자들이거든요. 그다음에 대공장, 자영업자들 소득이 최고 낮아요. 우리 같은 창원 안에. 그러면 적어도 우리 정치 입장에서는 이런 문제를 바라보고 밑을 끌어올리기 위한, 격차를 조금 어쨌든 줄이기 위한 노력들을 노동조합이나 이런 데 하고 해야 되는 거죠.

아까도 뭐 다 같은 문제 인식이지만 작년에 효성의 하청 사장이 저를 찾아왔어요. 임금 끝나고 상여금 조정하고 어쩌고저쩌고하면 천만 원도 받고. 현장에 똑같이 일하고 자기들 더 힘들게 일하고 하는데, 파업한다고 우리는 일 못 하고, 그것도 돈도 못 받고, 저거는 또 협상할 때 그것까지 받아가고. 미치겠다는 거예요. 진짜 돌아버릴 정도로 이 현실이 너무 불공평하다는 거죠. 몇 명을 데리고 있냐고 하니 8명이 있다고 합니다. 그래서 사장은 얼마를 가져가냐고 하니 오백 정도 가져간다고 합니다. 일반 중소기업 노동자, 하청 사장이 그 정도 수준인 거죠. 그래서 저는 지금 정규직 노조가 이 문제 건드리기에는 이미 많이 늦었다고 생각해요. 이런 조사라도 필요합니다. 금속노조나 민주노총은 할 수 있는 그런 일이라고 봅니다. 지역에서 인구 소멸 가속화 또한 노조운동에서 반 정도는 우리 과제라고 생각하면 상당히 풀 수 있는 지점들이 많다고 봅니다. (구술 일시: 2025년 3월 6일)

2

진짜 노동자의 삶과 한국중공업 노조투쟁

김창근(전 금속노조 위원장)

1955년 진주 출생

1972년 울산현대중공업 건설 현장

1974~1981년 포항 건설 노동자

1981~1983년 해외 건설 현장

1983년 한국중공업 입사

1985년 한국중공업 노조설립 해고

1990년 대법원 승소판결 복직

1991~2001년 한국중공업 제7대, 10대, 12대, 14대 위원장

2002~2004년 전국 금속노조 2기 위원장

고단하고 힘들었던 어린 시절

저는 1955년 진주에서 태어났습니다. 옛날 주소로는 진양군 진성면인데 지금은 진주와 통합되었지요. 어릴 때는 대부분 그랬겠지만, 좁은 산골에 농토는 비좁고 인구가 많다 보니 대부분 가난했지요. 그중에서도 우리 집은 더 가난했던 것 같고, 먹을 게 부족하고 배를 곯고 헐벗고 굶주렸다는 말 표현 그대로입니다. 중학교 1학년이던 1967년 당시 아버지 돌아가신 해에 학비도 못 내고 있었어요. 방학 지나고 2학년 올라가고 하는데 내가 회비를 못 내고 이러니까 쪽팔려가지고 학교에 못 가겠는 거예요. 학교 갈 형편이 아닌 거 뻔히 아는 거고, 어머니한테 얘기해 봐야 소용도 없고 같은 마을 친구가 가져온 자퇴서에 그냥 내가 도장 찾아 찍어서 보내버렸어요. 그래서 최종 학력이 중학교 1학년 마치고 중퇴한 거지요.

15살 무렵 학교를 중퇴하고 나니 할 일도 없고 시골에서 어린애가 취업할 수 있는 곳도 없고 농사도 별로 없는데 집에는 큰형님이 계셨어요. 그래서 남의 집에 꼴머슴으로 소 먹여주고 소 풀 베어주고 소 죽 끓여주고 하면서 지냈는데, 남의 집에 가기도 하고 외가에 가서도 하고 작은아버지나 오촌 아재 집에도 일을 했지요.

그렇게 일하면서 보냈는데, 어느 봄날에 무릎이 퉁퉁 부으면서 이상하게 다리가 아픈 거예요. 그래서 반성 병원에 가서 진찰했는데 무릎이 관절염이라는 거예요. 병원 다닐 형편도 못되고 봄부터 가을까지 쑥뜸으로 치료하며 고생을 많이 하였습니다. 다리가 아파 장애인이 될 뻔했는데, 쑥뜸으로 생살을 태우며 고생하고는 어떻게 다행히 나았습니다. 그렇게 모질게 고생하고 큰 고비를 넘기고 보니까 웬만한 어려움이 닥쳐도 참을성이 강해지게 된 거예요.

울산, 포항에서의 건설 노동자 생활

위로 형님 세 분이 있었는데 셋째 형님을 따라다니며 일을 배우고 많은 영향을 받았습니다. 형님은 군대 제대하고 부산에서 공장 생활을 시작하여 서울에서 빌딩공사장에서 돈을 벌어와 고향집 수리도 하고 도움이 되었지요. 내가 중학교도 못 다니고 다리가 아파 성장기도 늦어 꼬마지만 어디로 보내서 사회 진출을 시켜야겠다 싶었죠. 진주에 학교를 알아보려니까 중학교 졸업장이 없으니 고등학교 진학을 못 했어요. 벌써 나이가 다른 애들보다 4~5세 많아져 버렸으니까, 지금 중학교 공부해서 어느 천년에 고등학교를 졸업해요? 그래서 직업훈련소에 들어가서 용접을 배워서 형님이 계신 울산으로 갔지요.

울산 현대중공업에 갔을 때가 1972년쯤이었던 것 같아요. 거기서 용접, 절단 이런 거를 배웠고 처음에는 어리니까 조수를 했지요. 울산 현대중공업에 한참 토목공사를 하고 있을 때 공장을 짓는 공사장에서 건설 노동자부터 시작한 거지요. 그때 당시에는 전부 땅 파내고 덤프트럭으로 실어 나르고 덤프가 여러 수십 대가 줄로 서고 불도저로 밀고 기초 토목공사가 한창이었어요.

철골이나 건축, 기계 계통은 일할 단계도 아니었는데, 그 와중에도 쇠를 만드는 것과 관련해서 할 수 있는 일이 몇 가지 있었던 거예요. 준설선이 모래를 파내 뿜어내고 땅을 바닥 깊이 파야 큰 배가 들어올 수 있는데, 준설선이 한 아름 크기의 파이프 관을 통해서 모래를 파내다 보니까 강철이 닳아서 자주 교체해 줘야 해요. 그런 거 만들었습니다. 또 부두에 큰 강관으로 파이프 박아서 흙과 물을 구분하려면 촘촘히 들이박거든요. 파이프 박는 것하고 그 외에 자잘한 일을 하고 했는데, 우리가 선발대로 일찍 파견된 거예요.

그래서 초창기 현대중공업 건설 단계에서 공장 짓는 순서나 속속들이 전부 다 알고 있지요. 그때는 사고가 많이 났지만, 건설 현장에서 안전사고의 심각성을 전혀 깨닫지 못하고 본인 과실로 '그냥 그러는가 보다.' 이런 정도로 여겼어요. 그러니까 사고가 계속 되풀이되었고, 사흘거리 사고 소문이 났고, 직접 본 것도 많았어요. 조선소 작업순서가 자재부터 시작해 조금씩 용접 작업을 해 큰 블록이 되고 나중에는 야드에서 더 크게 만들고 골리앗 크레인으로 도크에 옮기잖아요. 공장은 대조립공장이 제일 큰데, 여기서 우리는 파트별로 건설 작업을 했어요. 크레인의 레일을 까는 게 가장 단순한 편이고, 기둥 칼럼 하는 사람, 위에 트러스 하는 사람이 있어서 같은 사장이 하는데도 분야별로 파트가 나누어져 있어요.

포항에서 건설 노동자로 있을 때는 일을 하기 시작한 지 2, 3년 되었고, 젊을 때니까 머리도 잘 돌아가고 일을 잘해서 인정도 받고 일당도 올라가고 했습니다. 노가다 판에서는 일하다가 현장을 옮기면 일당이 올라가거든요. '내가 저기서 만 원 받았는데 여기서 12,000원 정도는 받아야 합니다. 여기는 최고 단가가 15,000원인데, 나는 최고 단가 받아야 합니다.' 이런 식으로 구두 근로계약이 이루어지지요. 그러면 진짜 그 정도 일을 잘하는지 보고 첫 달 월급을 타 봐야 일당이 정해지는 방식이었어요.

포항에서 1974년부터 1981년까지 근 8년을 살았네요. 해외 건설 현장에 2년 나가 있을 때는 이미 숱한 경험을 했고, 건설 노동자로 계속 살아가는 게 내 갈 길이 아니라고 스스로 목표 설정을 이미 했어요. 단지 해외에 나가서 3년 정도 목돈을 벌어서 살림 밑천을 하고 건설 노동자는 청산한다고 생각했지요. 떠돌이 생활을 하다 보니까 형님의 사는 모습을 반면교사로 삼았죠. 형님은 포항에서 오래 살긴 했지만, 일 끝나면 가야 하잖아요. 이미 애들이 있는데, 애들과 떨어져서 두 집 살림을 살기도 그렇고 가족이 같이 움직이기에는 애들이 어릴 때는 괜찮은데 학교 들어가면 자꾸 이사할 수가 없잖아요. 이런 걸 가만히 보니까 환하게 보이는 거야. 이렇게 살면 안 되겠다는 게 내 눈에는 보였어요. 그래서 나는 건설 노동자의 삶은 아니라고 생각했지요.

해외 현장에서 노동자 생활

기술도 있고 해외에 가면 목돈을 벌 수 있으니까 갔지요. 그런데 사람들이 얘기하듯이 해외 가면 일당이 세서 돈을 많이 버는 게 아니고 일을 죽도록 많이 해요. 나는 그걸 진짜 잘 몰랐어요. 실 근무시간이 하루에 13~14시간쯤 되었어요. 그랬으니 일당이 높지 않아도 장시간 노동에, 또 돈 쓸 일이 없이 통째로 모았으니까 목돈이 되는 거지요. 더군다나 나는 총각이었으니까 거기서 쓸 수 있는 용돈이나 귀국할 선물을 제외하면 통째로 예금을 다 했거든요. 과거 일기장을 보니 하루하루가 다 고달픈 나날이었어요. 그냥 일만 많은 게 아니고 사람 관계도 국내에서는 일하다가 꿀릴 이유가 없고 관리자들하고 수틀리면 그냥 치받아 뿌고 한바탕 크게 싸우고 그만두는 거였어요. 다른 데 일 구하면 되니까요. 그게 몸에 배어 있어요. 그런데 해외 현장에서는 그게 안 되는 게 일한 지 6개월 전에 귀국하면 왕복 비행기 삯을 물어야 했어요. 6개월 이후 1년 이내에 귀국하면 편도 비행기 삯을 물어야 한다고 계약서에 명시되어 있어요. 거기에서 조금이라도 분쟁이나 다툼이 있어 귀국 조치 되면 피박을 쓰게 되어 있었어요. 아주 불공정한 거래, 불공정한 계약이었지요. 실제로 성질 급한 사람들은 싸우다가 욕하고 안 되면 멱살 잡을 수도 있잖아요.

나는 제관공이니까 저유 시설을 만드는 일을 했어요. 국내에서 철판을 말아가면 거기서 차곡차곡 쌓아 올리며 용접해서 기름 탱크를 만드는 거였어요. 그런데 반장이 아주 고약한 사람이었어요. 나는 어느 건설 현장에서도 누구 못지않게 잘한다고 자부심이 있었는데, 꼭 힘들고 못된 것만 골라 시키는 거예요. 그라인더나 힘들고 남들이 하기 싫어하거나 조수들이 해야 할 일만 시키는 거예요. 전부 기능공만 뽑아 갔으니 조수가 따로 없지만, 국내에서라면 조수가 해야 할 일만 골라 시키는 거예요. 이 양반이 하도 그러니까 나만 그런 게 아니고 안 싸운 사람이 없었어요. 반장 때문에 다들 어렵고 힘들었어요.

해외 노동계약은 1년 계약인데 재계약하여 2년으로 연장하였어요. 1년 6개월을 채우고 이년이 안 되었는데, 오만 정유공장 공사도 다 돼 가니까 다시 리비아로 보냈어요. 그때 나이가 스물아홉이 되니까 결혼도 해야 하니까 2년만 하고 돌아오라고 성화였어요. 어쨌든 3년 계약을 또 했어요. 그런데 2년이 다 되기 한 달 전에 갑자기 귀국하라고 통보가 떨어진 거예요. 왜 그러냐면 해외 건설 경기가 줄어들어 사람이 남아돈다는 거예요. 늦게 투입된 사람들은 계약을 중간에 해지할 수 없어 기간이 초과한 사람들을 먼저 해지하여 3년은 못 채우고 2년 만에 귀국했지요.

한국중공업 입사와 노동법 학습모임

29살에 귀국해서 30살에 결혼하고 31살에 애를 낳았지요. 귀국하고 한 달은 집에서 술 먹고 그래 놀다가 '아 이러면 안 된다.' 정신을 번쩍 차렸지요. 술 딱 끊고 보따리 싸서 갈 곳도 정해 놓지 않은 채 일단 마산으로 왔어요. 건설 노동자들은 취업에 별로 부담을 안 느껴요. 아무 데나 찾아가 '일꾼 안 씁니까?' 하고 제관공이니 무조건 찾아가 내 일자리를 찾거든요. 그게 익숙하니까 어디 가도 '내가 뭐 못 먹고 살겠나.' 이런 자신감이 있는 거예요. 그래서 방 하나 얻어놓고 친구한테 일거리를 찾았습니다. 보통 소개 소개로 연결되잖아요. 수출자유지역 삼각지 주변에 옛날에 마찌꼬바 철공소들이 있었어요. 당분간 마찌꼬바 철공소에 가서 일을 좀 했지요. 거기서 일하면서 광양제철소에 진입도로 철물 가드레일 공사가 있어서 그런 작업을 하기도 했어요. 그러다가 한국중공업에 입사했습니다.

1983년 8월 22일에 입사했는데, 보통 제관공은 이론 시험을 볼 기회가 잘 없는데, 해외 갈 때 처음 이론 시험을 보고 우연히도 만점을 받았어요. 그러니까 자신만만했는데 두 문제를 틀렸는데 아깝고 어이가 없는 거예요. 실기는 따로 안 보고 주로 면접이었지요. 도면을 펴고 쭉 얘기하는 거였는데, 면접관이 알고 보니까 담당과장으로 자기가 데리고 일할 사람을 찾았던 거예요. 그 과장한테 발탁되어 1년도 안 되어서 공사감독관이 되었지요. 화력발전소의 매연을 잡아주는 전기집진기가 있는데, 일본 기술을 받아 그을음을 다 끌어모으는 전기집진기 시공을 하려면 한중에서 감독을 나가야 하는 거예요. 그래서 교육을 받고 감독하러 다녔는데, 생산직 중에서는 상당히 좋은 데 뽑힌 거예요. 1년 동안 다른 사람들로부터 부러움을 사는 인정받는 일이었지요.

주재석 씨와 함께 장명국 선생을 중심으로 해서 노동법 해설을 공부했지요. 거기서 장명국 선생을 처음 만났는데 여러 가지 책을 몇 권 가지고 설명하면서 이런 책을 읽어보라는 거예요. 처음에 얘기는 자연스럽게 각자 살아온 얘기를 쭉 돌아가면서 하고, 그러니까 서로를 알게 되잖아요. 이런 식으로 얘기가 진행되었는데, 나는 처음에 책 팔기 위한 책 장사인 줄 알았어요.

당시 7~8명 정도가 모였고 이후 10명 내외로 계속 연결되었습니다. 그때가 1984년이었습니다. 1985년 초 작은 실천을 하기로 한 게 반장 축출을 위한 연판장 사건이었어요. 최병석, 주재석, 이배근, 박선종이 있던 품질안전부에 김 반장이라고 있었어요. 우리 반장이 횡포가 너무 심하니 어떻게 개선이나 교체를 해달라고 부서장에게 의견을 표명해야 하는데 누가 총대를 못 메는 거예요. 그래서 했던 게 연판장 사건으로, 내용과 요구를 자세히 적고 서명을 하는데 제일 먼저 서명한 사람이 주동자가 되잖아요. 그래서 동그랗게 칸을 만들어 순서 없이 이름을 적도록 했어요. 그런데 회사에서는 반장의 횡포가 문제가 아니고 이런 집단행동 자체를 예사롭게 안 본 거고, 캐기 시작했어요. 회사 측이 집요하게 파고들어 주동자로 지목된 네 사람 다 사직서를 썼고, 주재석은 신분이 탄로 나기 전에 사직서를 썼을 거예요.

노동조합 결성과 해고

그동안에 나름대로 주재석이 젊은 친구들과 공차고 하면서 학습을 더러 했단 말이에요. 독서 모임이 들통난 거지만, 다행히 우리는 아무도 드러나지 않았어요. 하지만, 우리도 위기감을 느끼고 "이렇게 있다가는 안 좋게 그냥 당하는 수가 있으니 기왕에 희생당할 바에는 제대로 조직해서 한번 싸워보자. 우리도 노동조합을 만들어 싸워야 할 거 아니냐, 노동조합을 만들자." 한 거라. 〈노동법 해설〉이 노동조합 만드는 교과서잖아요. 그래서 교과서에 나와 있는 대로 노동조합을 만들기로 하고 사람을 모았어요. 장소가 노출되면 안 되니까 자연스럽게 마산 고속버스터미널 옆에 제일다방에서 만나 노동조합 결성식을 하기로 했어요. 당시에는 노조 결성을 위해서는 종업원의 1/5 또는 30명 이상의 발기인이 있어야 했어요, 그래서 30명 이상을 모았는데, 그날 기다리는데 25명밖에 안 온 거예요. 왜 그런가 보니까 회사 기숙사를 뒤져서 젊은 친구들이 학습했던 책들을 가져가 버렸는데, 잘못하면 꼬리가 밟혀서 문제 될 수 있으니 쫄아서 못 온 거지요. 그렇지만 25명밖에 안 모여 노조 결성은 못 하였지만, 다행히 들통이 나지 않았습니다.

2차로 1985년 6월 24일 마산 남성동 남성반점에서 서울 금속노련에 연락해 이진우 조직국장이 연맹의 인준증도 갖고 내려오고 긴장된 상태에서 준비된 대로 노조를 설립했지요. 그때는 연맹의 가맹 인준증이 있어야 설립 신고가 가능했거든요. 사전에 의견을 조정해서 내가 위원장을 하고 산재하던 정문성과 정동부가 부위원장을 하고 우희상이 사무국장, 김희겸이 회계감사로 정했어요. 당시 임원 자격이 일 년 이상 근무자이고 조건이 까다로웠는데 나는 입사한 지 2년 됐으니까 문제가 없었지요. 노동조합 결성식은 35명이 모여 박수로 진행했고, 밤새 회의록을 작성해 제출해야 하는데 글자 한 자만 틀려도 그걸 트집 잡아 반려시킬 수 있다고 하더라고요. 핑곗거리를 잡히면 안 되니까. 밤새 작성해 다음 날 아침에 이진우 조직국장과 함께 경남도청으로 갔습니다. 그때 시청이 아니고 도청에 간 이유는 서울에 지부가 있었기에 2개 시도 이상 걸쳐 있는 사업장으로 도에 신고해야 했어요.

그런데 도는 이런저런 핑계를 대면서 외자 투자 기업인지 확인이 필요하다는 이유로 시간을 끌었는데, 실제 그사이에 9명을 해고해 버리고 나머지 사람들은 개별적으로 탈퇴서를 받아 버렸어요. 그때 대단했던 게 6월 25일부터 해서 3일 만에, 그리고 29, 30일 이틀이 연휴고 5~8일 4일밖에 시간이 없었는데, 그 시간에 받은 가입원서가 1,000명 가까이 될 정도로 엄청났어요. 그렇게 엄혹한 시기에 사람들이 그렇게 호응을 하니까 회사도 깜짝 놀란 거지요. 그러니까 회사도 무리하게 '일단 자르고 보자' 이렇게 된 거예요. 9명을 해고해 버린 거지요. 그런데 해고 사유가 말도 안 되는 거예요. 여수, 포항 등 다른 지역으로 출장을 가라는 겁니다. 간다, 안간다, 지금 가라, 연휴 쉬고 간다며 옥신각신했지요. 창립 기념일과 일요일을 지나 월요일에 출근하니까 노무부장 면담이 있다고 올라오라고 해서 아무 의심도 없이 올라갔지요. 대기실에서 노무 직원들과 이런저런 얘기를 하고 있는데, "김창근 위원장 이리 좀 와 보세요." 하더니 뒤에 있는 방에 인사위원회를 하는 거예요. 부장들 몇 명이 앉아서 저를 앞에 딱 세워놓고 "해고다. 노동조합 하려면 다른 데 가서 해라, 우리 회사는 안 된다." 그러더니 경비들이 팔을 잡고 달랑 들어다가 임원들만 쓰는 조그마한 엘리베이터로 내려 1층에서 봉고차 딱 태워 딱 손 잡힌 채로 정문 앞에 내려놓는 거예요. 계속 한 사람 두 사람 다 들려 나와 해고된 거예요.

결국, 우리도 가만히 있을 수가 없으니 퇴근길에 피켓팅을 했고, 당시 금속노련에서는 민정식 위원장이 한국중공업에서 자발적으로 큰 조직이 하나 뜨니까 '한 건 했다' 싶어 우리를 살려보려고 애를 썼어요. 그런데 가만 보니까 기관으로부터 언질을 받았는가 봐요. 위장 취업자가 연결되어 있다, 노동조합은 절대 인정할 수 없다고 한 것 같아요. 처음에 경남지역 노조 대표자회의에서 이석행을 처음 만났어요. 이석행 씨도 한 해 전에 이미 대동중공업에서 노동조합 만드는 데 성공했는데, 우리가 적극적으로 지원해 한국중공업 노동조합을 성공시켜야 한다며 적극적으로 발언했지요. 중앙 임원과 경남지역 곳곳에서 노조 대표자들이 다 모여 한국중공업을 규탄했고, 우리는 이미 해고되어 있어 회의장에 가서 상황 보고를 했어요.

빠트릴 수 없는 얘기가 있는데, 해고자 9명 중에 곽동률이 그때 병역 특례자로 몇 년을 근무했는데 해고가 되면 며칠이 남았든 군대에 끌려가야 하는 난감한 상황에 걸린 거예요. 그거를 어떻게든 구제해 줘야 해서 회사 비서실 윤종규 과장과 대화 창구가 열렸는데, 회사에서는 처음에는 한꺼번에 9명이나 해고해 사회적 무리가 크니까 회사도 수습하려고 생각을 했었던 거 같아요. 그러면서 의견이 나온 게 일단 노조는 지금은 안 된다. 적자 상태여서 노조는 안 되고 노조를 포기하면 재입사 형식으로 복직을 고려해 보겠다는 거예요. 이렇게 안이 나왔는데, 그다음 날 아침에 전화가 와서 전부는 안 되고 부분적으로 복직시키겠다. 의사가 있는 사람을 따로 만나사 해서 어쩔 수 없이 곽농률을 보냈는데 그때 이기용과 강웅표 등 세 사람이 그냥 포기하고 들어가기로 해버렸어요. 한 사람 한 사람에게 부모들 압력을 넣어 난리를 치니 견딜 수가 있나요. 우리 집에도 찾아가 온갖 압력을 넣어서 새벽에 어머니와 큰형님이 찾아와 난리가 났는데, 나니까 버티는 거지 다른 사람들은 버틸 방법이 없지요.

한 사람 두 사람 들어가는데 도저히 안 되겠더라고요. 결국은 나하고 황성고, 우희상 사무국장 세 사람 남고 다 떨어지는 거예요. 세 명을 제외하고 전부 윤종규 과장을 만나 포기각서 쓰고 들어가면서, 나한테 찾아와서 미안하다고, 어쩔 수 없이 들어가야 한다는 겁니다. 곽동률은 우리가 어쨌든 살리기로 한 거지만, 나머지 사람들은 답답하니까 일단 결정해 놓고 와서 미안하다고 이러는 거예요. 이래서 될 일이 아니다 싶어서 이미 들어갈 사람 다 들어가고 서로 나중에 가슴에 남고 꼴이 좀 이상하더라고요. 그래서 내가 그때 판단했던 게 다 모이라고 해 놓고 일단 "이미 합의서 썼는데 우짤기고. 우리가 끝까지 다 못 가는 거니까 일단 상황이 이렇게 됐으니 합의를 통해 다 복직하는 것으로 하고 나머지 세 사람이 끝까지 가자. 너거는 들어가는데 가볍게 들어가라." 이렇게 정리했지요. 각자 합의서를 썼지만 계속 발령이 안 나고 대기하고 있는 어정쩡한 상황에서 그렇게 정리하면 서로 가볍잖아요. 그래서 세 사람만 남고 다른 사람은 절차를 밟아서 그렇게 했어요. 그때 정리를 참 잘한 거라고 생각하는 게 다음에 다 돌아와서 전부 지금도 복무를 했잖아요. 그렇지 않았다면, 배신하고 돌아갔던 놈 이렇게 되고 서로 손가락질하기 시작하면 우리 편이 아무도 없어지고 우리끼리 등지게 된단 말이에요.

결국은 세 사람 남았는데, 우희상은 기계 가공기술이 있어서 마찌꼬바에 취직했는데, 큰 기계를 다루다가 마찌꼬바 일을 하려니까 도저히 안 되겠는지 나중에 항복하더라고요. 미안하다고 하면서 들어가야겠다는 거예요. 나는 황성고가 입사한 지도 얼마 안 됐고 일당도 높지도 않으니 "그 정도는 노가다 판에라도 내가 취직시켜 줄 테니 남아라. 뭐 더럽구로 지금 와서 숙이고 들어갈래. 같이 버티자. 남아라"고 했지요. 그래서 남았고 실제 취직을 소개해 줬어요. 결국에 자기도 수출자유지역에 있는 회사에 취직해 해고 기간 5년 동안 일을 했어요. 요새처럼 전산처리가 안 되니까 월급 다 받으면서 나중에 해고 기간 중 임금도 받았지요.

해고자 생활과 회사의 감시

해고되어 있을 때 회사가 계속 미행 감시를 했는데, 특히 주재석과 나를 집중적으로 감시했어요. 그때 별로 활동이 많지 않았지만, 버스를 타고 가는데 어느 날 보니까 뒤에 조그마한 승용차가 계속 따라오는 거예요. 당시 대우자동차에서 나온 제미니라는 승용차가 있었는데, 까만 제미니 하나가 졸졸 따라오면서 버스가 서면 자기도 서고 그러는데, 이전에도 몇 번 그랬어요. 그때는 중앙동으로 이사 가서 전세를 살고 있었는데, 아침에 일하러 가면 뭔가가 따라오는 게 보여요. 못 따라오게 택시 타고 가버리거나 종종 따돌리고 했는데 나중에 보니까 차가 어떻게 따라오는 걸 확실히 내가 안 거예요. 미행이었지요. 그래서 세신실업 지나 기찻길 밑에 시내버스가 서 있을 때 퍼뜩 내려가 앞차를 타고 가버렸어요. 그러니까 애들이 나를 놓쳤을 거 아니에요. 미행한다는 걸 먼저 알았기 때문에 계속 이거를 따돌린 거지요.

그런데 다음 날 시내버스에 탔는데 또 오는 거예요. 처음에는 멀리 모른 척하고 타더니만 나중에는 아예 나 내리면 따라 내리려고 내 옆에 노골적으로 따라붙는 거예요. 더 이상 안 되겠다 싶어서 시내버스 타고 가다가 신촌 로터리 공업탑에서 내렸지요. 따라 내리길래 시비가 붙었지. "시발 너 뭔데 따라다니노. 너 어디서 나왔어? 임마. 회사에서 나왔제?" 하니까 아니라 하고, "경찰에서 나왔제?" 하니까 아니라 하고 "그라면 너 뭐고? 안기부에서 나왔어?" 하니까, 긍정도 부정도 안 하는 거예요. 좀 센 데를 얘기하니까 공무 중이라는 식으로 자기 딴에는 협박 비슷하게 얘기한 거지요. 내가 "너 꼬라지를 보니까 쫄따구 같은데, 안 되겠다. 네가 안기부 요원인지 뭔지는 모르겠지만, 내가 너한테 따져봐야 되도 안 하겠고, 너 상관이 어떤 놈인지 내가 찾아가 봐야겠다."며 진해에서 오는 택시를 잡아 태웠어요. 돋섬 선착장 간첩신고센터까지 끌고 가 식겁시키러 간 거지요. 근데 이놈은 간첩신고 센터에서 이야기하는 동안 화장실에서 도망가 버렸어요. 나중에 알고 보니까 주재석도 미행을 당했는데 그놈은 노무안전부 소속이었다고 하더라고요.

해고자들끼리도 학습모임을 하기는 했는데, 그렇게 잘된 건 아니고, 주로 소식지 발간을 계속했는데, 해고자가 중간에 없어지기도 하고 늘어나기도 했으니까요. 그때는 이 유인물 내는 게 그렇게 큰일이고 사선으로 받아들여져서 일단 유인물 내는 것을 중시했었어요. 우리는 유인물을 열심히 만들어 돌리려고 했고 회사는 그걸 열심히 막으려고 했습니다. 그래서 나 혼자 바쁘니까 집사람도 한 번씩 따라나섰는데, 노무부 직원들이 유인물 나눠줄 때 뺏어 도망가면 집사람은 당시 임신했을 때라 힘들었지만 따라가서 뺏어오기도 했어요. 아침에 출근할 때는 시간이 바쁘니까 주로 퇴근할 때 많이 했지요.

1987년 한국중공업 파업 투쟁

1987년에 한국중공업이 처음 파업에 들어갔던 날, 저는 수출 지역 후문 앞에 대동건업사라는 작은 설비회사에서 소장으로 밥벌이하고 있었는데, 주로 대우중공업에서 보수공사를 하는 협력업체였어요. 대우중공업 정경식 사건 날 때가 그때였거든요. 대우중공업 주된 활동가들이 박종근, 안재석, 이효영 등이었는데, 1987년 시위 때도 만났던 친구들이고 거기서도 서로 인사하고 아는 사이였는데, 대우중공업에서 먼저 파업이 벌어졌어요. 서석교 지부장이 노사합의 본 것을 '인정 못 한다.' 이러면서 노조 민주화 투쟁이 벌어졌지요. 파업은 일단 벌어진 거고, 그때 저는 화장실하고 탈의실하고 복지시설 개보수 공사를 하고 있었어요. 다른 사람들은 정문 봉쇄해서 아무도 못 들어가는데 우리만 들어갔지요. 저거 파업하는 동안 화장실 공사하고 있었어요. 그러고 있었는데, 삐삐를 받고 연락하니 한국중공업에 파업이 벌어졌다는 거예요.

1987년 8월 5일이었어요. 그런데 파업이 그냥 벌어진 건 아니에요. 그때는 내가 마산 시영아파트 살 때인데, 당시 YMCA 다니면서 학습했던 젊은 친구들과 노동조합 결성할 때 우리 부서에 같이 있었던 애들 몇몇이 찾아와서 한중에 노조가 만들어졌다는 거예요. 그러니까 진짜 성이 나잖아요. 우리가 노조 만들 때는 해고하고 미행 감시하던 놈들이었는데, 이거는 틀림없이 민주노조를 막기 위한 어용노조라고 의심할 수밖에 없는 거지요. 아무런 정황증거도 없었지만, '이건 어용노조다. 이건 엎어야 한다.' 이렇게 생각했어요. '그럼 어떻게 엎을 거냐.' 그거잖아요. 그때 고맙게도 사람들이 뭔 일만 있으면 우리 집으로 찾아와 상담했습니다. 젊은 친구들 몇몇이 와서 엎어야 하는데 어떻게 할거냐고 하기에 일단 보고대회를 요청해야 한다고 했지요. 그때는 민주노조인지 아닌지의 기준이 보고대회를 하면 민주노조고, 안 하면 어용노조였어요. 노조가 만들어졌는데. 필증도 나왔고 식당에서 가입 원서를 돌린다는 거예요. 그걸 보고 그날 저녁에 우리 집에 온 거예요. 그렇게 해서 내일 당장 가입원서 받는 데 가서 엎어버리고 보고대회를 요구하기로 하고 몇몇이 판을 엎고 선동하고 역할 분담을 했어요.

다음 날 점심시간에 구자언이 "씨발놈들, 뭐하는 짓이고!" 하면서 상을 들어 엎어버린 거예요. 그러니까 사람들이 쳐다보고 난리가 났을 거 아니에요. 또 이시형이라고 충청도 출신인데 표준말이고 말 잘하는 친구가 선동했어요. 그래서 보고대회를 하라고 선동을 하고 계단 밑으로 내려와 판이 크게 벌어졌어요. 구자언과 이시형 등이 주도를 했어요. 거기서 그냥 판이 끝난 게 아니고 본관으로 쳐들어가자 해서 난리가 났어요. 그러나 그게 사전 조직 준비가 없는 돌발 상황이다 보니까 잘 되나요. 거기서 젊은 친구들이 끝까지 해 질 때까지 버틴 거예요.

밑에서는 본관으로 올라가자 하는데, 노동자 광장 넓은 데 모여 스크럼 짜고 농성을 하고 있었어요. 관리자들이 달려와 하나둘씩 떼 내는데 결국은 해 지기 전에 숫자가 줄면서 다 떼

내어 해산되었어요. 그날 저녁에 바로 거사를 치렀던 한 열댓 명하고 나하고 마산 가톨릭여성회관에서 다시 만났지요. 그날 상황을 파악하고 부서별로 담당자를 정하고 사실상 민주화추진위원회를 구성한 거예요. 그래서 이거는 엎어야 한다고 해서 선동을 하고 본관으로 쳐 올라간 게 8월 5일이에요. 8월 5일에 본관 앞에서 집회하고 정문 앞으로 내려가 정문을 봉쇄해 버렸어요. 그때 정문을 틀어막고 나는 대우중공업에서 일을 마치고 왔으니까 해 질 무렵이었어요. 해 질 무렵 봉고 1톤 트럭을 타고 주재석, 신건욱과 함께 왔어요. 사탕을 큰 거를 몇 봉지 사 가지고 갔어요. 가서 펼쳐진 광경을 보니까 진짜 감격했어요. 하지만 나서서 인사도 못 했지요. 해고자들이 집회를 주도하는 모습은 불순하게 비치니 온갖 구설에 휘말릴 걸 우려해서 직접 나서지는 못했습니다. 그때 이시형, 이상정, 주두식, 최금경 등 5명이 공식적으로 파업 지도부로 정해져 있었고, 이 친구들하고 상대로 한 거예요.

파업 지도부를 차로 불러서, 절대로 술 같은 거 먹고 개인 행동하면 안 되고 규율이 엄격해야 하고 지도부의 통제에 절대복종할 수 있도록 규율을 지켜야 하고 등등 우리 나름대로 지도를 한 거지요. 그때 손석형 씨가 말발이 좋아서 계속 사회를 봤어요. 그 파업 농성 과정에서 손석형 씨에 대해서는 엄청나게 경계를 했어요. 왜 경계를 했냐면, 손석형이 삼성라디에터에서 노동조합 하다가 어찌 되었다는 등 부정적인 말들이 있었고, 해고되었다가 복직하면서 합의하고 정리했다는 안 좋은 소문이 있었어요. 어쨌든 손석형이 파업에서 역할을 톡톡히 했어요. 그래도 지도부로서는 경계할 수밖에 없는 그런 상황이었지요.

8월 5일에 파업을 시작해서 10일까지 했어요. 그래서 합의를 보고 잘 정리가 됐는데 주요 요구사항은 통상임금 50만 원이 제일 컸고, 다음으로 해고자 복직, 노조 만들다 울진으로 쫓겨난 사람들의 복귀도 있었고, 직업훈련소 사람들이 그때 무더기로 들어왔는데 직업 훈련소생들 임금을 정상화해라 등등이었지요. 해고되어 있을 때 우리가 선전물로 문제 제기했던 효과로 조합원들이 전부 다 통상임금 50만 원을 받을 수 있다고 생각한 거예요. 대충 그때 돈으로 두 달 치 월급쯤 됐어요. 3년 차를 기준으로 50만 원이니까 근무 기간이 3년 안 된 사람은 10만 원짜리도 있고 20만 원짜리도 있고, 2만 원짜리도 있겠지만, 전부 50만 원을 다 받아야 한다고 생각한 거예요. 해고자복직을 비롯하여 '민주노조 쟁취하자' 등이 주요한 쟁점이었지요.

투쟁 이후 구속과 한국중공업 2차 파업

그래서 저는 몇 날 며칠을 낮에 일하고 저녁에 와 밤새 토론하고 했는데, 한참 지난 어느 날 밤에 구속돼 버렸습니다. 파업 합의가 끝나고, 8월 중순쯤 잠잠해졌는데, 어느 날 갑자기 황창호 경노협 의장이 잡혀가 6.29 선언 이후에 처음으로 구속된 거예요. 황창호 의장이 잡혀갔다는 소리를 들은 그날 밤에 전화가 와서 "최 사장님 댁입니까?" 하는 거예요. "아닌데요." 하고 끊고 조금 지나서 딩동 하는 소리에 문을 열었는데, 경찰이 들이닥쳐 "경찰서 좀 갑시다." 하는 거예요. 그때 여름이라 윗도리도 벗고 반바지만 입고 잤는데, 밤중에 자존심 상하는 거예요. 그래서 오늘 밤엔 못 간다고, 영장도 없이 밤에 이러면 되냐고 내일 오라고 했지요. 문을 따주기 전에 그랬어야 했는데, 따주고 나서 말이 통하겠어요. 거기서 씨름이 붙었는데 장정들 네 명하고 싸움이 되나요. 잡혀가 구속되었습니다. 그런데, 2주일도 안 되어 8월 21일에 2년간 진행했던 소송에서 해고무효 판결이 난 거예요. 바로 문재인 변호사에게 연락해 구속적부심을 신청했는데, 법원에서 받아들였어요. 1985년 7월부터 해고 무효소송이 시작되었고, 구속은 제3자 개입금지 위반이었는데, 나는 한중 해고자이고 해고로 다투고 있으니 제3자가 아니라고 주장했으나 먹혀들지 않았어요. 해고 무효소송에서 이겼으니까 제3자가 아닌 게 인정된 거고 구속적부심에서 받아들인 거지요.

교도소에서 나오니까 마산 시내에 난리가 났는데 온 도로에 최루 가스가 터지고 했어요. 이게 뭐냐면 2차 파업인데, 한중 2차 파업은 엄청나게 컸어요. 한중 2차 파업을 왜 예사롭지 않게 보았냐면, 1차 파업 때 합의 과정에서 민형사상 고소를 취하하기로 했는데, 어느 날 출근길에 7명가량이 경찰에 연행된 거예요. 통근버스를 탈 때 연행되었으니 소문이 크게 났지요. 그러니까 아침에 통근버스 내리면서 아예 파업이 벌어져 버린 거예요. 파업이 그냥 되는 게 아니니까 누군가 총대를 메고 앞장서야 하잖아요. 그게 식당에서 판을 뒤집었던 구자언이 총대를 메고 그날 바로 파업이 벌어진 거였어요. 그래서 파업이 벌어졌는데 그냥 파업이 아니고 연행자를 구출하러 경찰서로 가자는 거예요. 한국중공업에서 창원경찰서까지 14km를 천여 명이 걸어간 거예요. 내가 구속되었다가 나오는 날도 가두시위가 벌어져 퀴퀴한 냄새로 시내가 엉망진창이었어요.

그때는 법원과 검찰청이 마산에 있었어요. 집사람하고 문재인 변호사하고 구속적부심 관련해 검찰청을 들락날락할 때 검찰청 마당을 점거해 농성했어요. "구속자를 석방하라"며 구속자 세 사람의 석방을 외치는데, 김창근이 구속된 거는 알지도 못하고 요구사항에도 없으니 집사람이 얼마나 섭섭했겠어요. 김창근은 먼저 구속되어 있는데 아무도 얘기 안 하고 그렇게 싸우는데도 김창근은 요구사항에 없다는 거예요. 어쨌든 그때 심지어 파업 농성 중에 삼각공원 주변에서 시위자들이 경찰 호송차를 막아서, 호송차가 못 움직이고 포승줄 묶인 세 사람을 끌어내렸어요. 하지만 그래서 해결될 문제가 아니니까 다시 타고 검찰 유치장으로 갔어요. 그 정도로 세게 붙었고 대단했어요.

이 사람들은 나중에 집행유예로 나왔는데, 다른 사람들은 12월 7일에 집행유예로 나오고, 앞장섰던 구자언은 12월 28일에 제일 늦게 나왔어요. 구자언이 석방될 때 내가 갔는데, 집이 소답동 빌라였어요. 아버지 나이가 많고 아들 석방되고 아들 친구들이 많이 오니 기분 좋잖아요. 그 분위기에 아버지 노래 한 곡 시키고 이랬어요. 파업 상황을 정리하다 보니 한중이 진짜 파업을 많이 했어요. 1987년에 1차 파업 10일, 2차 파업 16일 했지, 특히 그건 그냥 파업 농성이 아니라 거리에서 시위 농성이었어요. 삼각공원, 창원경찰서, 마산 법원 앞, 검찰청 온 천지를 휩쓸고 다녔으니까요. 그 파업이 훨씬 큰 건데 사람들이 그걸 잘 모르고 그 투쟁으로 누가 구속되었는지도 잘 몰라요.

앞의 세 사람은 1차 파업의 주동이고 구자언은 2차 파업으로 구속된 거지요. 1차 파업은 우리가 조직한 준비된 파업이었지만, 2차 파업은 우리 집행부를 너희가 잡아가지 않았냐, 회사가 약속을 어기지 않았냐며 의리를 가지고 파업한 거라서 의미도 훨씬 크다고 봐요. 규모도 훨씬 크고 기간도 길었을 뿐만 아니라, 한국중공업에서 창원경찰서까지 차 타고 가도 먼데 대오를 끌고 걸어갔다는 것 자체가 쉬운 일이 아니에요. 16일 동안 파업을 하면서 마산 창원에 거리 시위를 했고, 내가 석방될 무렵인 28일 무렵에는 마산 시내 전체가 완전히 최루탄 냄새로 덮였을 정도였으니까요. 그때 다 투사들이었어요.

복직과 노동조합 대의원 활동

복직 소송은 마산지방법원에 해고무효 소송과 노동위원회에 부당노동행위 구제 신청을 했어요. 지노위 중노위에서 지고 중노위 상대로 행정 소송을 하고 있었고, 민사소송은 1심에서 이기고 고등법원까지 올라갔는데 고등법원에서 서로 미루는 거예요. 민사소송에서는 부당노동행위 구제 신청에 대한 재심판정, 행정 소송 판결을 기다리고 있고, 행정 소송에서는 민사소송 판결이 언제 날지 서로 미루고 있었어요. 결국, 행정 소송 판결이 먼저 나서 승소하고 회사가 상고하여 대법원까지 갔는데, 당시 대법원은 상고심을 허가제로 했어요. 대법원의 판단 기준이 되느냐 안 되느냐, 사전 허가 과정에서 그냥 기각돼 버렸죠. 재심 판단의 여지가 없다는 결과를 받아 들고 나서 민사소송은 고등법원에서 판결받고, 결국은 대법원 가서 확정판결 받고 복직한 거죠.

1990년 4월 2일부로 복직을 했습니다. 1985년에 해고되고 5년 만에 복직한 거지요. 복직해서 원래대로 제관 공장에 배치되었습니다. 원래는 제관공으로 자부심도 있었고 현장에서도 일을 잘한다고 인정을 받았는데, 5년 만에 현장에 배치되어 일이 손에 잡힐 리도 없고 일을 아무리 잘해 봐야 노동조합 하면 잘리고 상급자에게 찍히면 소용없으니까 일 잘하는 것과 회사생활 하는 거는 별 상관없다는 생각이 드는 거예요. 그러니까 회사에서 열심히 일할 이유가 없죠. 실제로 5년간 안 하던 일을 하려니까 일도 좀 서먹서먹했습니다.

그리고 노동조합 선거가 닥쳤는데 그때는 위원장들이 중간에 계속 불신임당해서 중도 하차하고 해서, 복직하자마자 위원장 선거가 있었어요. 이제 해고자로서 상징적인 인물이 된 상태고 많은 사람이 기대하고 복직했으니 '위원장을 해야 한다, 안 해야 한다.' 논쟁이 많았어요. 주변에 저를 지지하는 사람들은 위원장을 해야 한다는 얘기였지만, 아직 복직하자마자 현장 실정도 모르는데 위원장을 해야 하냐, 안 해야 하나 같은 논쟁 끝에 결국 단일화를 해서 차경준 위원장을 밀어주고 출마를 하지 않았습니다. 출마하지 않고 그해에 대의원을 한 해 했습니다. 그때는 노동조합 초기였고 하니까 대의원 활동을 상당히 활발하게 했죠.

1987년에 민주화되면서 한국중공업 노조위원장 계보를 보면, 처음에 최현수 위원장이었는데, 회사가 지명했는지는 잘 모르겠지만, 그때 군포에서 내려온 사람들 70여 명을 중심으로 최현수 위원장이 초대 위원장이었습니다. 우리는 이 집행부를 어용이라고 해서 우리가 엎은 거였지요. 어용노조인지 민주노조인지 당시의 기준은 보고대회를 하는지였습니다. 1987년 파업 투쟁이 일어나면서 다시 선거를 해 차경준 위원장이 최초의 민주노조 위원장으로 당선되었어요. 차경준 위원장은 파업도 하고 최초로 단체협약을 체결하고 나름대로 열심히 했어요. 처음 민주노조라고 하니까 열심히 하는 대표성 있는 활동가들이 다 모였을 거잖아요. 그런데 중간에 사퇴하게 되지요. 중도사퇴를 했는데 손석형 위원장이 1987년 파업 투쟁에서 언변이 좋고 지지 세력이 많아 다수가 되니까, 차경준 위원장은 손석형 위원장 쪽에서 흔들었다 이렇게 보는 거고, 손 위원장 쪽에서 차경준 위원장이 잘못해서 그랬다는 거고, 결국 3대 왕용규 위원장이 당선되었고, 다음에 4대가 손석형, 5대가 최현수, 6대가 차경준으로 이어졌습니다.

차경준 6대 위원장은 내가 대의원 할 때, 민주파라고 세웠는데 임금인상을 하면서 총회 인준은커녕 그야말로 직권 조인을 해버린 거예요. 회사와 합의하면서 협상 위원들한테 제대로 동의도 구하지 않고 위원장이 그냥 합의를 해버려서 발칵 뒤집어졌지요. 나는 차경준 위원장과 단일화해서 지지했던 대의원인데 결국은 위원장 불신임에 총대를 메게 되었어요. 사실상 손석형을 지지했던 대의원들이 차경준 위원장을 계속 견제하고 반대했는데 결정적인 순간에 내가 불신임대책위원장을 맡게 되어 버렸어요. 나도 좀 약삭빠르게 빠지고 해야 하는데, 나는 스타일이 그런 거를 물불을 가리지 않고, 그런 게 못 되는 거예요. 잘못됐다고 주장했으면 끝까지 내가 실천해야 직성이 풀리니까 굳이 또 불신임대책위원장을 맡았어요. "그래서 안 된다. 너 이런 식으로 해서 무슨 민주파냐, 그냥 내려와라." 했지요. 집행부에서는 "불신임하는 거는 좋은데 무슨 사유가 있어야 할 거 아니냐."며 억울하다는 거예요. 그래서 굳이 이런저런 사유가 있다고 문건으로 작성해 제출했어요.

그 와중에 회사가 또 뒤통수를 쳤는데, 과장급 이상 관리직은 임금인상을 조합원과 따로 더 해준 거예요. 보통 일괄적으로 같이 하는데 뒤통수를 맞은 거지요. 노조위원장 불신임 논란이 있는 와중에 비조합원의 임금을 추가로 인상해 주니까 조합원들이 생각하기에도 어이가 없잖아요. 차경준 위원장도 적당히 합의하고 넘어가려고 했는데, 회사가 이렇게 나오니까 자기도 배신당했다고 회사와 한판 싸워야 하겠는데, 불신임이 걸려 있어 입장이 난감하다. 모든 걸 다 떠나서 투쟁하겠다는 거예요. 그래서 불신임대책위를 해산하고 한판 하는 걸로 정리된 거지요. 그래서 비대위를 꾸렸는데, 거기에 또 대의원 대표로 들어갔어요. 약삭빠른 대의원들은 뒤에다 대고 불만을 토로하는 거예요. 집행부 잘못을 지적했으면 말한 만큼 행동해야 하는데 대의원들 대부분은 안 그래요. 나는 물불을 안 가리고 그냥 잘못했다고 했으니까 내가 앞장서서 하겠다고 했는데, 이 친구들은 말로만 앞장서고 파업 지도부에는 마지못해 포함된 거예요.

그래서 그냥 조합원들을 운동장에 모아놓고 파업 선언하고 막무가내로 치고 나갔어요. 북 치고 그냥 본관으로 쳐들어갔습니다. 우리는 집행부 5명 대의원 5명으로 파업 지도부를 10여 명 대충 꾸려 사나흘 파업을 했지요. 사장은 간담회를 하면서, "우리가 공기업이고 적자라서 관리직 사람들이 전부 떠나려고 하니 기술자들을 붙잡기 위해서는 임금을 타 회사에 맞춰줄 수밖에 없었다"는 거예요. "그럼 우리는 쌔가 빠지게 일만 하면 되냐." 하고 싸웠어요. 결국, 마지막에 사장이 정리하면서 동종 업체 몇 개를 지정해서 연말에 그 업체들의 임금인상률을 보고 그때 우리 회사는 100%까지는 못 맞춰주더라도 85~86% 정도로 해주겠다고 선언했어요. 그래서 합의서를 따로 쓸 수는 없으니 이 말을 그대로 기록하고 녹화하라고 약간 이상한 방식으로 합의한 거예요.

7대 노조 집행부 출범 이후 회사와 갈등

차경준 집행부가 물러나고 선거를 했어요. 그때는 위원장, 부위원장을 따로 뽑았으니까. 위원장 네 명이 출마해서 내가 1차에 과반수로 당선됐어요. 그때부터 회사와의 관계가 꼬이기 시작했습니다. 회사는 우리가 툭하면 파업하니까 기강을 잡아야겠고, 더군다나 해고자 출신의 강성집행부가 됐으니 계속 신경전을 벌였어요. 우리도 회사에 엎드리게 되면 계속 밟을 거란 말이에요. 그래서 호락호락 당할 수도 없고 버티기를 하니 이제 서로가 피곤한 거예요. 사무국장이 나긋하지 않고 빳빳해서 될 일도 안 된다며 현장에 여론을 띄우고 악선전을 하는 거지요. 노조 집행부가 당선되고 사장 상견례도 못 했는데, 안천학 사장이 서울에서 버티고 내려오지 않는 거예요.

그 당시 노태우 정권 때 민영화를 할 거냐 말 거냐 논란이 있다가, 민영화를 안 하고 공기업으로 유지하면서 발전설비를 몰아주는 방향으로 정책이 바뀌면서 쌍용에 있던 안천학 사장이 취임했어요. 안천학 사장은 노태우 대통령을 등에 업고 와서 오직 노동조합만 때려잡으면 좋겠는데, 이게 마음대로 안 되니까 극한 대치가 되는 거예요. 그러니까 사장이 서울에 앉아 아예 창원에 잘 내려오지도 않고 노동조합과 상견례도 안 하면서 버텼어요.

당시 단체협약에는 가을에 체육대회를 한다는 항목이 있었는데 이것도 안 지키고 계속 길들이기를 했어요. 성과급이 핵심 이슈였는데 성과가 얼마 나면 얼마 주는 게 단체협약에 다 있었어요. 연말에 타사와 비교한 부족분에 대해서 통계를 내야 하는데, 이것도 어려운 게 임금이라는 게 모호한 게 많잖아요. 수당을 포함할 거냐 말거냐 문제 등 노사 간 합의를 해야 하는데, 애를 먹이는 거예요. 이미 100만 원 정도라고 기대치는 높은데, 회사가 자료도 제공하지 않고 일방적으로 몇십만 원이라면 얼마 지급하겠다고 선언해 버렸어요. 이게 노조를 골탕 먹이려고 작정을 한 거지요. 100만 원에 절반밖에 안 되니 연말에 파업할 수밖에 없었지요. 공장을 세우지 않고 노동조합이 회사를 압박할 수 있는 게 많지 않아요.

파업하려면 노동위원회에 쟁의 발생 신고를 해야 해요. 그 후에 노동위원회의 절차를 거쳐서 조정이 안 되면, 파업을 할 수 있지요. 쟁의 발생 신고를 해야 하는데, 회사를 지지하는 대의원들은 "조합이 너무 강경 위주로 가서는 안 된다. 쟁의 발생 신고할 게 아니라 계속 회사와 타협점을 찾아야 한다."며 반대하는 거예요. 하지만, 타협이라는 게 서로 한 발짝 물러나야 가능한 거지, 회사가 노동조합을 상대하는 방향이 명확하니까 운신의 폭이 참 좁았죠. 쟁의 발생 신고를 하자고 했는데, 12월 12일 대의원대회가 완전히 난장판이 된 거예요. 쟁의 발생 신고를 해야 한다, 안 해야 한다로 격렬하게 싸우다가 결의가 무산되고, 바로 조합원 총회를 소집했어요. 이건 쟁의 발생 결의도 총회에서 하겠다는 거고 대의원들이 하도 반대하니까 다른 방법이 없잖아요. 다음 날 조합원 총회를 소집하여 조합원을 다 모았어요. 쟁의행위도 아니고 쟁의 발생 결의하는 데 조합원을 다 모아 총회를 했어요.

대의원대회 상황을 소상하게 보고를 했지요. 쟁의 발생이란 노동조합과 회사의 주장이 배치되어 서로 분쟁이 생겼다는 뜻인데 그것조차도 대의원들이 결의를 안 해주면 노동조합이 할 수 있는 게 없다, 조합원 여러분이 직접 판단해 봐라. 지금부터 표결하겠다고 했어요. 전체 2,000여 명이 다 앉아 있는데, "쟁의 발생 결의에 반대하는 사람 일어서시오." 했어요. 직장 한 명과 반대했던 대의원 총 15명이 일어선 거예요. 누가 반대하는지 전부 얼굴을 쳐다볼 거 아니에요. 누가 대의원대회에서 꼬장을 부렸는지 확인시켜 준 거예요. 일단 기록하고 "찬성하는 조합원 일어서시오." 하니까 "와." 하고 다 일어서며 분위기가 잡히는 거지요. 그렇게 대의원들의 반대를 총회에서 제압해 버리니까, 엄청 통쾌했고 찬성했던 대의원들도 그날 저녁에 "아, 오늘 기분 좋다. 속이 시원하다." 그런 게 있었어요.

그래서 파업을 했어요. 오후에 조합원 보고대회 하고 바로 전 조합원을 철야 농성에 참여하게 하고, 대표 세 사람이 서울로 올라갔어요. 어떻게 되든지 사장을 불러 내려야 하는데, 사장을 불러 내리려면 파업을 몇 날 며칠 해야 할지 모르잖아요. 그러니 답답한 놈이 또 올라가는 거예요. 창원에서는 밤 12시가 넘어가니까 조합원들이 이탈한다는 거예요. 어정쩡하니 안 된다. 차라리 그냥 집에 보내라고 해서 밤 12시에 조합원들은 전부 집으로 보내고 그다음 날 사장 출근할 때 만났어요. 사장에게 연말 보너스 주기로 약속해 놓고 왜 안 주냐고 따지니까 모든 것은 부사장한테 다 말해 놨으니 내려가면 부사장이 다 해줄거라는 거예요. 연말 상여금은 자기가 알아서 신년 조회 때 발표하기로 하고 내려왔는데, 그때 백만 원이 좀 안 되는 어정쩡한 상태에서 합의하고 끝냈어요.

그때부터 쟁의 발생 결의에 반대했던 대의원 15명이 분기탱천해 난리가 났지요. '사퇴하라, 불신임하자.' 난리가 나고 어수선했는데, 사장이 본관에서 전체 사원들 다 모아놓고 신년 조회를 하면서 그냥 악담을 퍼부은 거예요. "이런 위원장하고는 같이 못 한다. 지금 정부 물량을 받아서 겨우 일어서려고 사장이 밤낮으로 뛰고 있는데, 막 쳐들어와서 뭐 하는 짓이냐? 사장, 부사장에게 전화 걸어 막말하고 내가 그런 소리 들어가며 벌어줘야 하나?" 전체 조합원들 앞에서 공개적으로 악담을 퍼부은 거예요. '이런 위원장하고 같이 못 한다. 여러분들이 알아서 해라.' 노조위원장 끌어 내리라고 지시를 한 거예요.

그래서 노조에 내려와 긴급하게 확대간부회의를 소집했고, "뭐 이런 개 같은 경우가 어디 있노." 하며 거품을 무는데, 한편으로 사장 이야기에 반박하지 않았던 반대파 대의원들은 나한테 뭐라 하는 거예요. 그런 상황에서 불신임은 어려운 거고, 또 버티는 것도 우습고 해서, 신임 투표를 했죠. 신임 45 대 불신임 54로 어정쩡하게 사퇴하였지요.

10대 집행부의 일방중재 철폐 투쟁

7대 위원장 하다가 내려오면서 신임 찬반 투표를 할 때, 총회 인준 사항을 규정한 규약 개정을 같이 부쳤어요. 이 규약 개정은 대의원대회에서 반대가 많아 그동안 못 했어요. 하지만, 이 문제를 제도화하지 않으면 계속 중간에 불신임 문제가 불거지기 때문에 총회에 부치니까 압도적으로 가결이 되었어요. 총회에서 가결된 규약은 대의원대회에서 다시 고칠 수가 없잖아요. 그다음부터는 불신임 문제나 총회 인준 문제가 쟁점이 되지 않았지요.

10대 위원장에 당선될 때는 일방중재 철폐를 공약으로 내걸어 가장 큰 쟁점이었어요. 일방중재와 관련해 여러 단체협약을 찾아보니까 옛날 한국노총 시절 금속연맹에 모범단체협약 안이 있어서 처음 노조를 만들 때 그대로 도입했어요. 협약에 따르면 노사 일방에서 중재 신청을 할 수가 있고 노동위원회에 중재를 신청하면 중재 기간 동안 단체행동이 금지되어 있었어요. 회사가 이걸 악용할 소지가 많았지요. 더구나 한국중공업은 정권 바뀔 때마다 계속해서 민영화 문제가 발생했는데, 민영화는 조합원 고용 문제와 직결되기 때문에 무조건 반대할 수밖에 없었어요.

민영화 반대 투쟁할 때, 회사가 일방적으로 중재를 신청하면 우리는 단체행동권을 행사하지 못하니 일방중재 조항은 반드시 없애야 하는 것이었어요. 하지만 일방중재 조항을 없애려면 단체협약을 바꿔야 해서 쉬운 일이 아니었어요. 부산 한진중공업에서 일방 중재를 없애기 위해서 조길표 위원장이 선상 점거 투쟁까지 했는데 성공하지 못했거든요. 내가 10대 위원장 선거 출마할 때 공약으로 내걸었고 조합원들에게도 일방중재를 1년 내내 집중적으로 교육했어요. 한진중공업은 선상 투쟁을 하면서도 일방중재를 못 깼는데 우리가 일방중재를 없애려면 그 이상의 투쟁을 해야 한다는 거지요. 부서별로 돌아가면서 현장위원 간담회에서 이 점을 계속 강조하니까, 조합원들도 '야, 이거 올해는 그냥 넘어가기는 틀렸구나.' 각오를 단단히 했어요.

회사도 올해는 일방중재가 쟁점이 되겠구나 하고 서로 예고된 싸움을 하게 된 거예요. 그래서 1995년 그때 크게 붙었죠. 조길표 위원장 초청해 조합원 강연도 했어요. 그때는 안천학 사장이 물러나고 이수강 부사장이 승진해 사장이 되었는데, 그간의 노조와의 관계를 잘 알고 나하고도 악연도 있고 세게 붙었죠. 실패를 되풀이해서는 안 된다는 각오가 단단하게 되어 있었어요. 우리가 팀워크가 좋았던 게 다들 훌륭한 선수들이지만, 전대동, 한삼수, 김이환, 배달호 등이 특히 열심이었어요. 배달호 같은 경우는 막 큼직하니 무대를 만들고 온 공장 들어가는 출입구 화단 옆에 깃발 다 달았고, 문화체육부 한삼수는 풍물패를 조직해 집회만 하면 앞에서 길놀이 해서 분위기를 잡았어요. 김이환은 성능 좋은 앰프 차를 준비했습니다. 파업도 부서별로 하다가, 현장 내보냈다가, 시내에도 내보냈다가, 돌아가며 재미나게 했는데, 마지막에 본관 점거 계획을 잡았어요.

본관 옥상에 가면 간판이 붙어 있는 큰 옥탑이 하나 있어요. 그 안에 물탱크가 있는데 밤에 전대동과 내가 올라가서 미리미리 사전 조사를 많이 해 두었어요. 1층부터 12층 엘리베이터 끝나고 옥상으로 올라가는 계단까지 파업하는 전 조합원을 쫙 깔아버린 거예요. 전 조합원을 깔아놓고 배달호가 밑에서 미리 준비해 놨던 40미리, 6미터짜리 아시바 파이프를 신고 와 조합원 릴레이를 해 1층부터 12층까지 전부 다 들어 올린 거예요. 용접하는 조합원들은 미리 용접기를 대기시켜 놨다가 넓은 계단에다 설치해서 한 사람도 통과 못 하게 아시바 파이프로 전부 용접을 다 해놓고 조합원들이 본관 집회하는 시간에 맞춰 준비했던 식량이나 부식, 프로판 가스를 가져놓을 수 있게 바깥에 다 준비해 놓았어요. 제일 겁을 내는 게 밥을 해 먹으려면 프로판 가스가 필요한데, 프로판 가스를 갖다 놓으니까 회사도 그렇고 기관에서 엄청 겁을 냈어요.

이런 사고위험은 우리도 다 알고 있고 목적이 위협하는 것이 아니라 밥해 먹기 위한 것이지만 그들 눈에는 그런 게 아닌 거예요. 그래서 노동부에서도 그때는 사정 조로 애원하다시피 막 매달리고 그랬어요. 아니 회사와 합의 보면 끝나는 거 아니냐고, 회사가 합의를 봐야지 노동부가 우리한테 맨날 와서 보채냐? 회사로 압력을 넣지 왜 나한테 맨날 그래 샀냐고 했더니, 노동부 사무관이 치근대다가 산자부와 노동부 차관급이 창원호텔에 왔다고 하더라고요. 우리도 세게 했는데 그때 사실상 고민을 많이 했어요. 일단 올라가면 공장이 돌아가면 안 되니까요. 적게 올라오면 공장이 돌아갈 거 같고, 많이 올라가면 버티는 인원수가 문제고 고민하고 있는데, 올라가기 직전에 밤샘해서 합의한 게, 일방중재 조항은 3년 후에 자동 소멸하는 것으로 합의를 봤어요. 사실 일방중재 이거 하나 없애자고 본관 점거하고 경찰이 투입되고 헬기가 뜨고 해야 하나 이런 생각도 많이 들기는 했어요. 하지만, 시작한 김에 안 하면 방법이 없으니 진짜로 올라갈 계획을 다 했는데, 합의가 된 거지요.

합의하고 나서 '민 · 형사상 책임지지 않는다.'에 서명하고 '징계는 하지 않는다.'까지 해야 하는데 회사가 그거는 끝까지 안 해주려는 거예요. 그러면, '해고는 하지 않는다.'까지 해달라고 요구했어요. 징계나 구속은 겁이 안 나는데 해고는 겁나는 거예요. 구속되면 언젠가는 나오지만, 해고는 들어올지 안 들어올지도 모르는 거잖아요. 회복이 보장되지 않는 거란 말이에요. 그래서 '해고는 하지 않는다'는 답을 받아냈어요. 합의를 보고 나니까 엄청나게 투쟁을 잘했고 재미나게 완전히 성공을 거둔 투쟁이었어요. 그런데도 조합원들은 부족하다는 거예요. 임금인상도 더 해야 하고 수당도 더 있어야 한다는 거예요. 전부 임금인상이 똑같이 되니까 그거는 당연한 거고, 젊은 층에서는 내 거 왜 안 챙겨주나 하는 거고, 이쪽에서는 무슨 수당이 어쩌고 투쟁 열기에 비해 성과가 부족했다는 투로 불만이 들어오는데 참 답답하더라고요. 그런데 조합원 불만을 뭐라고 할 수도 없고 싸울 수도 없잖아요. 심지어는 일방중재를 왜 올해 합의 보지 않고 3년 후로 미뤘냐 이렇게 따지는 놈도 있었어요. 그거는 진짜 시비를 위한 시비거든요. 어쨌든 일방중재 철폐는 큰 성과였고 기억에 많이 남는 그런 투쟁이었습니다.

두 번째 구속

1987년에 한 번 들어가고 이제 두 번째로 마산 교도소에 들어갔죠. 교도소에서 보내는 게 재충전하는 기회라고 느껴져요. 보통 사람들은 "아이고, 얼마나 고생이 많노?" 하는데, 교도소가 솔직히 육체적으로 고된 것도 없고 정신적으로 갇혀 있는 게 좀 고되긴 하지만 생각보다는 그리 힘들지 않거든요. 거기다가 배달호, 김종환이 담당해서 계속 조합원 면회 조를 짰는데 하루도 안 빠지고 여러 명이 면회를 왔어요. 그때 저하고 임병섭 부위원장, 강웅표 교선부장 세 명 구속됐어요. 파업을 많이 하다 보면 실제 폭력이 아닌데도 얽어매면 폭력행위가 수반됩니다.

폭력행위는 주로 이런 겁니다. 당시 우리는 본관에서 집회하고 조합원들을 현장으로 돌려보내지 않고 밥 먹으러 가자고 본관 식당에 줄을 서는 전술을 썼어요. 집회는 분명히 점심시간 내에 마쳤지만, 식당에 가서 줄 서서 밥 먹다 보면 점심시간 훌쩍 넘어버리잖아요. 이게 하나의 전술인데 회사는 이를 막기 위해서 현장에 가면 식당이 여러 군데 있어 빨리 밥을 먹을 수 있는데, 왜 여기서 밥 먹으려고 줄을 서냐, 차를 제공할 테니 현장에 가서 먹으라는 거예요. 하지만, 우리는 일부러 안 하는 거고, 여기 밥이 모자라면 밥 싣고 오면 되지. 왜 사람을 가라고 그러냐면서 버티는 거예요. 그렇게 버티면서 줄로 쫙 서서 30분에서 한 시간까지 시간을 까먹어 버리니까. 이제 관리자들이 나와 막는다 말이에요. 그런데 관리자들이 설치는 거를 그대로 놔두면 조합원 사기가 떨어지잖아요. 그래서 사회를 많이 본 강웅표 교선부장이 나가서 대응하거든요. 관리자들이 카메라 들고 설치면. 막고 밀고 하는데, 노무과장이 할리우드 액션을 하는 거예요. 그 노무과 과장이 진단서 3주 끊어 고발 들어갔잖아요. 그런데 '회사가 민형사상 책임을 묻지 않는다'고 했지만, 이미 들어간 고소 고발은 입건이 돼 있는 거잖아요. 그것도 없어지는 것은 아니거든요.

저 같은 경우는 파업하면서 절대 빌미 잡히면 안 되기 때문에 "폭력 행사하지 마라. 기물을 파손하지 마라."고 집회 때마다 주의를 줍니다. 우리가 작전에 휘말리면 안 되기 때문에 대의원들에게도 신신당부합니다. 회사가 꼬투리 잡으려면 체증하면 다 나오게 돼 있고, 주먹을 치켜드는 것도 때렸다고 해요. 이렇게 사진 찍혀 버리면 때렸다 할 거 아니에요. 몸싸움으로 밀고 당기고 하다 뒤로 자빠져서 3주 진단서를 끊는데. 이게 폭력행위가 되는 거지요. 나 같은 경우에는 뭐냐면 4,000명이 파업에 참여했는데 그중 150명이 방산 업무라 쟁의하지 못하게 되어 있잖아요. 그러면 4,000명이 정당한 파업을 해도 150명이 불법이기 때문에 그 책임을 위원장이 둘러써야 하는 거예요. 그런 식으로 모든 파업은 우리나라 법에서 100% 합법적으로 하는 게 불가능합니다. 코에 걸면 코걸이 귀에 걸면 귀걸이고, 재판할 때도 그런 거로 많이 싸우죠.

누가 불법을 했냐 안 했냐가 중요한 게 아니고 누가 핵심적 역할을 했느냐에 따라 구속의 순서가 되는 거죠. 위원장이니까 책임이 있는 거고, 임병섭 부위원장은 실무 교섭 대표이긴 하지만 회사가 볼 때는 가장 꼴통 부위원장이에요. 이게 시시콜콜 물고 늘어지는 스타일이고, 강웅표 교선부장은 모든 집회에 사회를 많이 보고 영향력이 있잖아요. 이게 구속의 순서인 거예요. 구속의 순서는 누가 불법을 저질렀고 하는 게 아니고 누가 가장 영향력이 있고 회사가 봤을 때 눈에 찍힌 사람이 누구냐 하는가가 기준이 되는 겁니다.

구속되면 좀 힘들긴 했지만, 다른 한편으로는 인정받는 느낌이 있죠. 조합원들이 줄을 서서 면회 오니까요. 한 번에 세 사람까지 면회할 수 있으니까. 예를 들어서 19명이 온다면 세 사람이 먼저 면회하고 한꺼번에 면회를 안 시켜주잖아요. 그러면 세 사람이 면회하면서 대기하고 있던 사람들이 퍼뜩 얼굴만 보고 "위원장님, 잘 지냅니까?" 이런 식으로 대여섯 명을 볼 수가 있는 거지요. 근데 면회 와서 얼굴 한번 봤다, 이게 중요한 거지 무슨 대화가 있겠어요? 그런데 솔직하게 얘기하면 그동안에 싸운 투쟁에 대한 인정을 받는 그런 느낌이 있는 거죠.

박운서 사장 시절 '반 생산회의' 갈등

구속되었다가 나온 얼마 후에 사장이 바뀌었어요. 이수강 사장이 그 파업에서 극한 대립을 겪고 식겁했잖아요. 그런데 어느 날 갑자기 김영삼 정부 때, 차관 3인방이라고 불리던 실세 차관 중에서 산자부 박운서 차관이 한중 사장으로 내려왔어요.

새 사장 왔다고 취임식 날 사장실에 위원장을 오라는 거예요. 가니까 사장실 원탁 테이블에 앉자마자 퇴임 사장과 신임 사장 둘이 오는 거예요. 그래서 "처음 뵙겠습니다." 인사하고 배석자도 없이 셋이 앉았어요. 나는 그래도 인사를 한다고 떠나는 이수강 사장 보고 "사장님 그동안 고생 많았습니다." 했는데, 툭 던지는 말이 "위원장이 나를 이렇게 골탕을 많이 먹였지 뭐!" 이러는 거예요. 순간적으로 화가 팍 나는 거예요. 나도 남의 면전에 험한 소리 못 하는 성격인데, 성이 확 올라오는 게 엉겁결에 "아니 다른 사람 평생에 함 갈까 말까 하는 교도소를 갔다 왔는데 사장님이 저를 골탕 먹인 거 아닙니까?" 그냥 되받아 버렸어요. 박운서 사장은 처음 만났는데 분위기가 이상하게 되어 버린 거예요. 어색한 분위기에 셋이 침묵이 흐르다가 차 한잔 마시고 취임식장에 셋이 걸어 내려갔어요. 사장 취임하면 단상에 노조위원장을 한쪽에 세우거든요. 그때 처음부터 전임 사장하고 언쟁하는 거 보고 사장이 당황한 것 같았어요.

박운서 사장 취임 첫날 노조에서 담화를 냈어요. 그 전날 신문에 주주총회에서 사장이 취임 인터뷰를 했는데, "한중 민영화에 대해서 주인을 찾아주는 민영화가 바람직하다"는 소신 발언을 한 거예요. 사장이 오자마자 이런 소리 하면 되겠나 싶어 노조에서 바로 성명서를 붙였지요. "사장이 종업원들의 뜻과 배치되는 의견을 말한 것이 개인적인 사견이기를 바란다."며 일침을 놨습니다. 그리고 다음 날 찾아 올라가서 사장과 조합 임원들의 간담회 자리에서 "입장이 무엇인지 소신을 밝히라."라고 다그치니까 사장도 난감했을 거 아니에요. 그래서 그건 내 개인적인 사견이었고 종업원들의 의사를 파악해서 그때 입장을 내겠다고 한발 물러섰지요.

그때부터 계속 민영화 문제가 쟁점이 되었는데, 박운서 사장하고는 뭘 가지고 많이 싸웠나 하면, '반 생산회의'라고 신바람 555라는 경영 캠페인을 하는데, 좀 극성스러웠어요. 그 양반이 솔직한 면도 있지만 극성스럽고 설치는 스타일이었어요. 그러니까 노조 입장에서 자칫 잘못하면 주도권을 빼앗길 우려가 있는 거예요. '반 생산회의'라는 게 경영자 입장에서는 생산을 극대화하기 위한 거 아니에요? 노조가 경계했던 것은 노조 활동 관련된 것을 포함해 모든 민원을 반 생산회의라는 회사의 조직 체계를 통해서 해결하는 시스템을 만들려고 했다는 거지요. 잘 되는 반은 포상하면서 경쟁을 부추기는 거지요. 그래서 이에 제동을 걸어서 '일체 안 된다. 더군다나 포상 같은 건 더더욱 안 된다.'며, 계속 싸웠습니다.

그래서 1년 내내 싸웠는데 1996년에 내가 구속되어 있을 때도 계속 정도석 조직부장이 보고하는 편지를 보내는데, 반 생산회의 관련해 지금 전부 싸우고 있고 회사와 협의하고 있다는 거예요. 하지만, 반 생산회의 자체를 막을 수는 없고 회의 내용에 관해 시비를 걸 수밖에 없잖아요. 결국은 내용에서 노조 무력화하는 정책 등은 빼고 우리가 다 막아냈지요. 나중에 들은 얘기지만, 박운서 사장이 회사 그만두고 나서 회고록을 썼어요. 내가 직접 읽어보진 않았지만, 그때 나하고 조직부장 두 사람을 해고하려고 했다는 거예요. '반 생산회의' 저지 때문에 원체 세게 붙었으니까요. 내가 구속됐을 때도 정도석 조직부장이 그 문제 가지고 온 현장을 돌아다니면서 반 생산회의에서 '이런 거 이런 거는 하면 안 된다.'며 전체 조합원 교육도 하면서 박운서 사장과 회사 측하고 엄청 많이 싸웠지요.

'반 생산회의' 투쟁은 이수강 사장 때 시작했고 박운서 사장 때 본격화했지요. 반 생산회의 쟁점은 결국 노조 무력화 정책에 대한 싸움이었는데, 그걸 심각한 사항으로 기억에 남기는 사람은 별로 없을 거예요. 왜냐면 반 생산회의는 당시 신경영전략이라고 노조 무력화를 위한 것이었기에 조합 간부들이 집중적으로 막아냈지만, 그 자체는 항상 하는 회의였고 조합원들이 생각할 내용에 대해서 싸우기는 했지만, 그게 그리 심각한가에 대해서 체감하지 못했을 수도 있어요. 하지만, 우리는 당시 신경영 전략에 대해 엄청 신경을 많이 썼는데, 다물단 교육이나 반 생산회의에 우리가 진짜 알레르기 반응을 일으키고 했지요.

1996~97 총파업 이후 민영화 반대 투쟁

1996년 총파업할 무렵, 10월에 임기가 만료되고 11월부터 손석형 위원장이 다시 집행을 맡았어요. 96~97 총파업 때는 박운서 사장이 설치고 할 땐데 노동법 날치기 통과하는 날 아침에 출근하자마자 공장에 들어가지 않고 바로 집회를 했어요. 좀 망설이긴 했는데 일단 파업을 하고 작업복도 안 갈아입은 상태에서 바로 정문을 뛰쳐나갔어요. 문제는 96 총파업이 시작되면서 정문으로 쫓아 나가는데, 사장 사모님이 정문 앞에서 가로막는 거예요. 사장이 막아도 그런데 사모님이 정문 앞에 길을 막아서니까 더 성이 나는 거지요. 막 뿌리치고 뛰어나갔지요. 조합원들의 성난 분위기에 기름을 부은 거지요.

회사가 정문을 틀어막고 하는데, 박운서 사장 부인이 사장보다 더 설치는 스타일이었어요. 그 양반이 중역 부인들 여러 명과 함께 점심시간에 식당에서 국 퍼주고 이런 활동을 하는 거예요. 그러면 노조에서 그런 걸 견제해 줘야 하는데 안 하는 거예요. 나는 물러난 전직 위원장이잖아요. 박운서 사장 역시 설치는 스타일이라 조합원 상갓집을 꼭 다녀요. 노조위원장도 상갓집에 많이 다니긴 하지요. 근데 회사 사장이 조합원 상갓집에 자주 와요. 그러면 간부들 따라오고 상갓집에 있던 반장들도 다 나서 "사장님 오셨다." 하며 모신다고 난리가 나잖아요. 상을 당한 입장에서는 사장이 와 주니까 얼마나 홍감하고 고맙겠어요. 어쨌든 내가 상갓집에 갔는데 박운서 사장이 나타난 거예요. 그런데 내가 있으니까 사장님 자리를 내 옆에다 모신 거예요. 그래서 앉아서 소주를 한 잔 먹었어요. 나도 사장하고 많이 부딪친 게 있으니까 한잔하면서, 노골적으로 얘기를 했지요. "열심히 하고 고생 많으신데 사모님이 너무 설쳐서 좀 그렇다. 사모님 단속 좀 하세요."라고 내가 얘기를 했어요. 그런데 뚱하게 있더니만 집에 가서 대판 싸웠는지 어쨌는지, 그다음 날 사모님이 노조에 찾아와 울고불고 난리가 났어요.

1996년 총파업과 IMF 지나면서 민영화 고비가 엄청 많았습니다. 내가 12대 집행부를 할 때인 1998년에도 민영화 문제가 쟁점이 되었는데, 여기에는 조합원들의 의견을 모아내는 게 핵심이에요. '민영화를 왜 반대해야 하고, 어떻게 싸울 거냐'가 핵심인데, 나는 집행부가 조합원들의 의지를 모아내는 데 한계가 있으니까 외부 유명 인사들을 많이 활용했어요. 노동정책연구소 박석운 소장에 '한중 민영화에 대한 대응방안' 용역을 의뢰해서 보고서를 토대로 조합원 공청회를 했어요. 여러 학자를 불러 '민영화는 이렇게 하면 좋겠다'는 교육을 했고, 기억에 남는 게 강신준 선생이 나한테 이렇게 얘기했어요. 강신준 선생은 경제학자로서 민영화가 옳으냐, 공기업이 옳으냐에 대한 본질적인 문제를 말하더라고요. '민영화가 옳다 그르다'를 따질 일이 아니었어요. 민영화로 파생되는 문제를 노동조합이 책임져야 하니까 이에 개입하고 반대할 수 있고 싸울 수도 있는 거지요. 결국, 우리 조합원들의 피해를 막기 위한 거잖아요. 어쨌든 식당에서 유명한 학자들을 모시고 공청회를 하니까 조합원들은 그런 걸 처음 해보잖아요. 대한중석 위원장이 다른 공기업 사례를 말하니까 뭔가 믿음이 간단 말이에요. 용기가 생기고 자신감도 생기는 그런 공청회를 하고 상경 투쟁도 했습니다.

결국은 김영삼 정부가 한중 공기업을 유지하면서 발전설비를 몰아주는 형태로 정리되었는데, 나중에 IMF 들어오고 김대중 정부의 민영화는 대세가 되니까 막는 거는 어림도 없고 그 과정에서 우리가 무엇을 챙길 거냐에 집중할 수밖에 없었어요. 우리는 '재벌로의 민영화 반대,

재벌로의 부의 집중'을 명분으로 내세웠지만, 그건 다 명분인 거지요. 재벌인수를 반대하면 우리는 한중을 인수할 기업이 쉽지 않을 것이라는 기대도 있었고, 재벌 경제력 집중에 대해 반대한다는 명분도 있었습니다. 그래서 '해외 매각 반대, 재벌 매각 반대'를 핵심 요구로 해서 반대 투쟁을 전개했습니다. 마산 창원에서 가두시위도 하고 싸움은 신나게 했는데, 정부가 하는 정책을 노동조합이 막거나 반대하는 데는 한계가 있다는 것을 알면서도 최대한 열심히 싸웠지요.

결국은 1999년 손석형 위원장 때 마지막 합의를 하게 됩니다. 재벌에게는 매각하지 않으며, 종업원 지주제를 통해 주식을 배분한다는 것이었어요. 조합원 상당수는 종업원 지주제를 통해서 주식을 받는다는데 많은 관심을 가졌어요. 그 당시 송태경 위원장이 내려와 우리사주를 어떻게 활용할 수 있는지에 대해서 교육이나 의견을 많이 냈어요. 조합원들에게는 경영 참가의 방법이 될 수 있고 여러 가지 사례를 만들 수도 있지만, 조합원들이 주식을 받아 우리사주를 통해 경영 참가하는 게 현실적으로 가능하지 않았어요. 다들 주가 올라갈 때마다 팔기 바쁜데. 1~2년 되니까 대부분 '5,000원에 받아서 몇만 원에 팔았다', 이게 화젯거리였어요. 당시에도 우리사주 교육을 많이 했죠. 우리 사주가 5% 이상만 돼도 열람권이 있고 사외이사 추천권이 있다고 교육했지만, 실제로 그걸 활용하거나 영향력을 행사하지는 못했죠. 다만 주주총회에 참석해 발언권을 얻어 책상 위 뛰어다니면서 그런 걸 좀 했지요. 자본주의 사회에서 사람들이 돈에 약해요. 나도 결국은 주식을 대부분 팔아치웠고 지금 11주 갖고 있는데, 주주총회에 참여하려고 그건 아직도 팔지 않고 있습니다.

노동조합 민주주의와 관련한 기억1 – 선거 규정으로 인한 혼란

지금까지 평생 노동운동에 몸담아 오면서 우리나라 민주주의가 왜 이렇게 취약하고 퇴보하는지에 대해서 두 가지를 생각해 봤어요. 물론 순전히 내 생각이지만, 하나는 그나마 노동조합이 가장 민주적인 조직이고 민주주의를 배우고 체험할 수 있는 조직이지만, 노동조합의 민주주의도 많이 훼손되어 참 회의가 많이 있습니다. 두 번째로는 학생운동에 대해서는 내가 경험이 전혀 없고 내부를 들여다본 적도 없지만, 학생운동 출신들의 민주주의가 노동조합 민주주의보다 훨씬 뒤떨어진다는 점을 경험했습니다.

그중에서 꼭 짚고 싶은 게 두 가지가 있습니다. 노조에서 조합원 직접 투표를 하는데, 투표에서 조합원의 주권이 왜곡되면 안 되는데, 왜곡되는 사례들이 종종 있습니다. 여기에 떠올리고 싶지 않은 안타까운 경험이 하나 있습니다. 12대 위원장 선거 때 조별로 러닝메이트제를 도입했어요. 그것도 내가 집행할 때 규약 개정을 했는데, 위원장과 부위원장을 따로 뽑다 보니까 다른 계파에서 올라오게 되고 부위원장이 위원장을 견제하는 역할을 하게 되는 거예요. 그래서 위원장과 임원은 한 팀이 되어 한목소리를 내야 한다는 문제의식에서 위원장, 부위원장, 사무국장을 팀으로 해서 러닝메이트제를 도입했습니다. 그런데 두 팀으로 선거를 하다 보니까 선거 규정이 치밀하지 않았던 거예요. 원래 따로 할 때는 과반수가 안 되면 2차 투표를 하고, 2차 투표에서도 안 되면 3차 투표를 한다고 되어 있고, 실제 3차 투표에서 당선된 적도 있었어요. 조별 투표를 하고부터는 '과반 득표자가 없으면 2차 투표를 한다.'라고 되어 있고, 3차 투표에 대한 언급이 없는 거예요.

그런데 실제 14대 선거 때 1차 투표에서 과반수가 안 되어서 2차 투표를 했는데 2차 투표에서도 과반수에서 2표가 모자랐어요. 당시 손석형은 민주노총 경남 본부장이어서 출마하지 않고 강용철 조직과 손석형 조직이 연합해서 강용철, 박종욱, 강대균, 김춘백이 한 팀으로 나오고, 우리는 나와 강웅표, 전대동, 김종환으로 한 팀을 짰어요. 그런데 2차 투표에서 과반수를 얻지 못했을 때 규약에 정해진 게 없는 거예요. 그래서 우리 노조 법률 자문하는 정주석 변호사, 부산에 정재성 변호사, 금속법률원 김기덕 변호사 등 3곳에서 자문을 받았어요. 그런데 두 명은 2차에서 다득표자가 당선이라고 답을 했고, 한 명은 3차 투표를 해야 한다는 거예요. 그런데 손석형 위원장은 대의원대회를 열어 두 팀을 모두 무효로 하고 처음부터 새로 한다는 거예요. 거기서 우리가 이의 제기를 했지요.

다득표 당선 여부를 떠나서 무효표가 엄청 많이 나와서 재검표를 요구한 거예요. 그런데 재검표를 안 받아들이고 '당선자 없음'으로 결론을 내버리는 거예요. 우리가 왜 재검표를 요청했냐면, 그때 당시 참관인으로 우리 쪽에서는 배달호, 저쪽에서는 김종일이 들어갔는데, 기표지의 어중간한 선에 물린 거를 모두 무효표를 만들었어요. 배달호가 먼저 상대 표에 대해 어정쩡하게 확실하지 않으니까 무효표라고 주장했는데, 김종일도 마찬가지로 둘이서 무효표 만드는 경쟁이 붙은 거예요. 그래서 우리도 그랬으니까 너희 것도 빼라 하면서 무효표가 많이 나와버린 거였어요. 과반수에 2표 모자랐으니까 무효표만 바로잡아도 충분히 당선된다는 확신이 있었던 거지요. 금에 물린 것도 시비 소지가 있지만, 나중에는 감정이 격해지다 보니까 표가 칸 안에 찍혔는데도 잉크가 뭉개져서 인(ㅅ) 자가 안 보이는 것도 무효표로 만든 거예요. 너무한 거잖아요. "조합원들 의사가 왜곡되는 이런 거는 있을 수가 없다. 재개표하라"고 요구했는데 안 하는 거예요. 법률 자문도 다득표 당선이 되거나 3차 투표를 하라고 나왔는데, 이걸 모두 무시하고 자파 대의원이 35명으로 다수를 점하고 있는 대의원 결의로 밀어붙이는 거예요. 선거가 무효가 되고 재등록을 하면 기존에 출마했던 사람들은 등록할 수 없게 되는 거예요.

그래서 운영위원회 결정이나 대의원 결정도 합당한 근거가 있어야지 무조건 다수결이 정답이 아니라는 게 우리 쪽 주장이었어요. 나중에 절충안으로 제3자인 변호사 3명이 재개표를 하는 것으로 합의했고, 양쪽 후보가 서명도 했어요. 한중 선거관리위원들은 투표함만 개함하고 개표는 변호사들에게 맡긴다고 한 거예요. 선거관리위원들은 투표함만 개함하고 아무것도 안 하기로 했는데, 어떤 꼼수를 썼냐면 나중에 알고 보니 그동안 한중에서는 전혀 없었던 열몇 가지 무효표 사례를 만들어 개표하는 변호사에게 몰래 제공한 거예요. 결론적으로 무효표 10표가 유효표로 살아나면서 과반수에서 8표가 넘어 변호사 세 사람과 선거관리위원장이 사인하고 당선이 확정되었어요. 근데 이거를 틀어쥐고 실행을 안 한 거예요.

10월 말이 임기종료라 11월 1일부터 임기가 시작되어야 하는데, 10월 25일까지도 틀어쥐고 10월 27일에는 유인물을 내서 변호사들하고 짜고 했다는 식이었어요. 짜고 할 수가 없는 게 자기는 집행권자고 나는 전직 위원장이자 후보일 뿐이잖아요. 정재성 변호사는 당시에 손석형 위원장 선거법 위반 재판에 변호인이었는데, 내가 다른 변호사하고 짜고 했다는 게 말이 안 되는 거잖아요. 결과가 나왔는데도 발표도 안 하고 '변호사들 짜고 했다. 차라리 제3의 다시 재개표하자', '비조합원에게 하자.' 이런 식으로 막 억지를 부르는 거예요. 그래서 김기덕 변호사가 열받아 장문의 글을 당시 PC 통신에 써 올리기도 했어요. 하여튼 임기 만료 하루 전날에 당선 공고를 내면서 차기 임원 구성을 위해 위원장 결단으로 당선자를 만들어낸다는 거예요. 다음 1일 날 임기가 시작되는 날 이취임식을 하는데 이임사에서도 차기 임원 구성을 위해서 대승적 결단을 내려 당선자를 만들었다는 거고, 유인물에서도 '앞으로 한중 선관위는 필요 없다. 변호사들이 선관위를 해야 한다.'며 비꼬는 거예요. 말 그대로 '떠올리기 싫은 기억'인데 선거에서 무효표와 유효표를 따질 때는 조합원들의 의사가 훼손되지 않아야 한다는 게 내 주장이었어요. 조합원들이 누구를 찍고 싶었는데, 실수로 금에 물렸거나 잉크가 많이 묻은 게 무조건 무효표로 처리해서는 안 된다는 거지요. 조합원들의 의사를 존중하는 것이 투표의 정신이지 그걸 왜곡하면 안 된다는 겁니다.

노동조합 민주주의와 관련한 기억2 – 투쟁노선을 둘러싼 갈등

한편 민영화 반대 투쟁 경과를 보면, 10대 위원장 때 민영화 반대 투쟁하고 구속되었고 구속된 상태에서 강웅표 수석부위원장이 파업을 진행했고, 12대 위원장일 때 세 번째 구속이 되었고, 선거 시비가 붙은 게 14대 위원장 선거였지요. 10대 위원장 때 박운서 사장을 만나서 투쟁하면서도 2년 임기를 잘 채웠고, 1998년 12대 위원장 때 세 번째 구속되면서 중간에 그만두고 했네요.

1998년 내가 12대 위원장 하면서 민영화 반대 투쟁한다고 온 천지로 가두시위도 하고 상경 투쟁을 할 때 고소 · 고발이 됐는데, '민영화를 앞두고 발목을 잡혀서는 안 된다', '조사받고 끝내자.'라고 생각했었지요, 그때 판단을 잘못해서 창원경찰서에 조사받으러 갔는데 바로 구속이 돼 버렸어요. 그때 창원경찰서에 박유호가 같이 갔는데, "위원장님 조사받았으니까 갑시다." 하는데 경찰서에서는 "좀 기다려 봐라, 잠깐만 기다려 보라"는 거예요. 거기서는 적극적으로 싸우지는 않고 간단한 실랑이만 하고 있었는데, 조금 있다가 덜컥 구속이 돼 버린 거예요. 구속되자마자 또다시 조합원들이 파업해서 구속된 그다음 날부터 10일인가 전면파업을 했어요. 그래서 회사가 고소 고발을 취하하고 불과 한 달도 안 되어 풀려 나왔어요. 파업 종료 후 합의서 쓰고 1주일 있다가 나왔으니 구속 기간이 길지는 않았어요.

구속된 동안 대의원들이 발목을 잡고 이런 상태로는 투쟁 못 한다, 판단하고 사퇴해야 하는 거 아니냐고 압박한 거예요. 대의원들은 어쨌든 자기 발로 걸어가 구속된 거니 네 실수가 아니냐는 거였고, 대의원회의에서는 큰 싸움을 앞두고 작은 건 털고 가자, 조사받고 그냥 끝내자는 게 대다수 여론이었지만 어쨌든 내가 결심하고 책임져야 하는 건 맞지요. 나와서 회의록을 보는데 배신감이 들고 화가 나 죽겠더라고요. 그래서 그때 대의원들하고 세게 싸웠지요. 마냥 불안한 상태에서 미래가 불확실하니까 싸워야 한다는 거예요. 말은 맞는데 불안하다고 맨날 싸울 수는 없잖아요. 그래서 구속 갔다 나와서는 이런 식으로 해서는 안 되겠다 싶어서 투쟁 계획서를 작성했어요. '빅딜 발표가 나기 전에 싸워야 한다.'와 '빅딜 발표도 안 났는데 어떻게 파업을 하나? 싸움은 근거가 뚜렷하고 명분이 있어야 한다.'로 엇갈렸지요. 대의원들하고 감정싸움이 붙은 거예요. 구실은 김창근 위원장의 성향에서 투쟁에서 한발 물러섰다고 평가하는 거예요. 싸움이라는 게 무슨 근거와 명분이 뚜렷해야 싸우는 거지 막무가내 맨날 파업만 하냐는 게 쟁점이 되었지요. 그래서 투쟁 계획서가 마음에 안 들면 수정안을 내라, 얼마든지 수정하겠다고 했어요. 하지만, 대의원들은 수정안을 내지 않으면서 왜 우리가 내느냐, 우린 수정안 못 낸다, 집행부에서 해야지, 안 낸다는 태도였어요. 이틀 동안이나 회의하며 싸우다가 수정안을 안 내고 투쟁계획서를 총회에 올리는 것으로 정리했어요.

총회에서는 결과적으로 52~3%로 부결되었습니다. 투쟁계획이 총회에서 부결났으니까 책임지라는 겁니다. 그래서 12대 때도 1년도 안 되어서 집행부에서 내려왔지요. 일단 사퇴를 선언하고 비대위원들에게 '너희가 투쟁을 해봐라, 얼마나 잘하는지 보자'고 생각했습니다. 사실 비대위원들이 말발만 세고 투쟁 잘할 사람이 아무도 없는 거 뻔히 알거든요. 그래서 비대위 체제로 넘어갔는데, 비대위가 바로 다음 날 임원 선거 공고 내버린 거예요. 투쟁은 없어져 버리고.

산별노조 전환과 기업지부 인정 논란

14대 위원장이 되고 나서는 정말 일이 많았어요. 민영화 합의가 되고, 3월 주주총회에서 두산중공업으로 바뀌었고, 과장급 인원 정리가 계속 이어지고, 사택 매각이 논란이 되고 했습니다. 당시 금속산업연맹에서 이미 산별노조 건설이 결정되었는데, 그 역시 앞의 13대 손석형 집행부 때 결의해 놓은 상태에서 14대 위원장인 내가 집행하는 거니까 산별 추진에는 발목을 못 잡는 거예요. 그러니까 그때 금속 산별노조 추진에 대해서는 대의원들이 발목 잡는 일이 없었어요. 문제는 우리 노조가 앞장서면 안 된다는 거였어요. 지금 우리 안이 엉망진창인데 우리가 산별로 전환해서 어떻게 감당할 거냐, 대기업들이 다 참여하고 뒤따라가지 앞장서서 어떡하려고 그러냐는 걱정이 많았습니다. 솔직히 나 역시도 그런 생각을 좀 했고, 조합원 3분의 2 동의를 받아낸다는 게 쉬운 일이 아니잖아요. 그렇지만, 지금 사람들이 불안하고 큰 투쟁을 앞둔 이때 의지를 모은다는 의미에서 열심히 한번 해보자고 집행부 내부에서 의견을 모았습니다. 이게 뒤로 미룬다고 될 일도 아니고 그때 가도 어렵기는 마찬가지일 테니, 어차피 김창근 위원장 세울 때는 싸우라고 세워놓은 거고 피할 수 없는 싸움이라면 금속노조 가서 한번 해보자고 결정을 한 겁니다. 원래 1월 십 며칠 날 금속 산별노조 창립총회를 하게 되어 있었는데, 자꾸 미루고 망설이다가 2월 8일에 창립했잖아요. 그 과정은 2월 5일에 총회를 하고 3일간 투표해서 7일에 결과가 나와 아슬아슬하게 참여한 거였어요. 7일 날 산별 전환투표 결과가 나왔는데 72~73%였던 거 같아요. 어쨌든 3분의 2 찬성을 얻어 금속노조 창립에 참여하게 되었죠.

금속노조 창립은 자료들이 많이 있겠지만 뒷이야기도 재미있잖아요. 모든 조직이 마찬가지지만 노조도 대표자가 있어야 하고, 사람과 돈이 있어야 하는 건데, 당시 위원장 할 사람이 마땅치 않아서 당시 금속산업연맹 이승필 본부장을 위원장으로 추대하려는데, 지역에서 반대가 심했어요. 본인 스스로 안 한다고 좀 빼기는 했는데 지역에서 반대하니까 흔쾌하지 않았던 거지요. 본인은 창립대회장까지 버스를 같이 타고 올라갔는데, 지역에서 몇몇 사람이 반대했어요. 그래서 대회를 하는 데 규약 제정하고 임원 선출을 해야 하는데 못 뽑는 거예요. 나하고 신천섭 위원장하고 몇 사람이 전형 위원을 구성해서 연맹 임원들 다 모아놓고 "누가 할래? 연맹 임원들이 책임져야 하는 거 아니냐? 임원급과 본부장 포함해서 금속산업연맹 중집에서 전국 사업을 해본 사람들이 대표를 하지 않으면 전국 사업이 되겠나, 연맹 임원이나 지역 본부장 중에서 추대해야 한다"고 이야기했지요.

그래서 한 사람 한 사람 점검해 들어갔어요. 당시 오종세, 백순환 부위원장은 자기 사업장이 산별 전환을 안 했기 때문에 자격이 안 되고, 자격이 있는 사람은 임원 중에는 만도 김희준 부위원장, 이석행 부위원장, 문성현 위원장 세 사람밖에 없는 거예요. 김희준 부위원장은 본인 스스로 금속노조 출범을 반대했는데 위원장을 할 수 없다고 했고, 이석행 부위원장은 그때 상을 당해 참석을 못 했어요. 전화로 사정이 이러니 나에게 위원장을 맡으라고 했는데 나는 못 한다고 했습니다. 이제 안 되니까 문성현 위원장이 어쩔 수 없이 자기가 겸임하겠다고 했는데 그건 조합원을 기만하는 거다, 연맹 위원장이 금속노조 위원장을 할 것 같으면 금속노조를 뭐하러 만드냐, 차라리 연기하자고 했어요.

상황이 이상하게 흘러 버린 거예요. 심상정도 금속노조 출범만 시키고 자기는 빠지기로 했는데, 상황이 그리 되니까 자신은 뭐든지 맡을 테니까 위원장만 세워달라고 했고, 자기가 나서서 이승필 위원장을 설득했어요. 지역에서 반대하는데 내가 뭐하자꼬 그런 소리 들어가면서 내가 할끼고 했는데 그건 핑계였지요. 그래서 심상정이 지역에서 반대하는 대의원들을 다 만났어요. 지역에서 반대하는 대의원 중에서 김은형을 설득한 거예요. 그때 밤 12시 넘은 늦은 시간이었는데, 김은형이 이승필 만나 "미안하다. 위원장해라, 지지한다"는 입장을 전하며 사과하고 설득했지요. 그래서 이승필 위원장이 새벽에 직을 수락하면서, 인천 영창악기 윤창기 수석, 충청, 경북에서 부위원장을 내고 했지요. 위원장직을 수락할 때, 강웅표가 나와서 "죽자! 죽자!" 그랬고, 이승필 위원장도 "죽자! 죽자!" 하며 구호를 외쳤는데 죽을 각오로 하자는 뜻이었지요. 왜냐면 당시 금속연맹이 17만 명이 넘었는데 산별노조 전환한다며 3만 이거 가지고 되겠냐는 분위기가 많았어요.

초대 위원장은 이승필이고, 나는 경남 1 지부장을 하면서 금속노조 중집위원이었습니다. 당시 한국중공업이 4,100명으로 가장 컸고 오리온과 만도가 3,000명이 안 되었어요. 그런데 당시 만도는 규모가 3,000명이 안 되어서 지부 자격이 없는데 기업지부로 인정받아 논란이 있었습니다. 규약에는 사업장이 두 개 이상 지역에 걸쳐 있고 3,000명 이상이 되어야 기업지부를 한다고 명시되어 있었어요. 그렇지만 지역지부도 몇 명 이상이 되어야 한다는 규정이 있고 기존의 금속산업연맹 지역본부 시절에는 포항, 경주, 구미가 독자적인 지부 구성 요건이 안 되어 대구·경북 본부에 포함되어 있었어요. 그런데 이제 거리도 있고, 지역 특성을 고려해 예외로 지역지부를 인정한 거예요. 그러니까 만도 지부의 주장도 명분이 있는 거지요. 구성 요건이 안 되는 지역지부도 한시적으로 인정하는데, 만도 지부도 기업지부로 인정할 수 있지 않냐는 거예요. 만도 입장에서는 사업장이 여러 지역지부로 쪼개지는데 엄청난 두려움이 있었어요. 이미 만도기계가 분할 매각되면서 발레오만도, 만도공조가 평택, 문막 등 여기저기로 쪼개져 뿔뿔이 흩어져 버렸잖아요. 그 분할 매각할 때 김희준, 황성근이 열심히 싸워 구속되고 했던 아픈 추억이 있으니까 떨어지기 싫고 기업지부를 유지하겠다는 거였어요.

하지만 나는 중집 위원으로서 이제 금속 산별노조를 새롭게 만들어 탈바꿈하고 기존의 관행을 뛰어넘어야 한다고 생각했기 때문에, 그런 거 다 따지면 산별노조의 의미가 없어진다, 산별노조는 우리가 새롭게 좀 나서서 하자는 원칙론을 주장했습니다. 만도에서는 내부 정리가 안 되니까 금속노조 중집 위원과 만도 확대 간부들이 평택에서 간담회를 열었어요. 이게 끝이 없는 논쟁인 거예요. 나는 산별노조를 하자면 원칙적으로 이리이리 해야 하는 거 아니냐, 기존의 관행을 뛰어넘자고 했는데 어림도 없는 거예요. 그쪽에서는 발언할 때마다 그냥 기업지부를 유지해야 하고, 더 중요한 것은 조합비를 좀 여유 있게 자기들 주관대로 써야 하는데, 일단 조합비가 중앙으로 올라갔다가 배분되니까 이해관계가 걸리는 거지요.

조합비 배분 문제를 결정할 때도 사실은 한국중공업이 제일 큰 사업장이니까, 김종환 사무장을 보내 중소기업 대표, 대기업 대표 몇 사람으로 소위원회를 구성해 논의를 많이 했어요. 우리가 대승적으로 결정하지 않고 '우리 코가 석 자다.' 이러면 산별노조가 제대로 틀을 못 잡는 거예요. 나와 우리 집행부는 산별노조에 의지가 있고 산별노조를 주도해야 한다는 생각이 강하니까 대승적으로 정리를 했어요. 사업장, 지역, 본조에 대해 각각 5 : 3 : 2로 배분율을 정했는데, 만도에 가니까 이것도 어려운 거예요. 나는 경남 지부장으로 원칙적인 주장을 하니까 만도 사람들에게 완전히 찍혀 버렸어요.

만도와의 간담회 다음 날 금속노조 중앙위원회가 있었어요. 중집은 집행 단위지만 중앙위원회는 의결 단위인데, 이 친구들도 중앙위원회에서 어떻게 결정될지 관심이 높으니까 확대 간부들이 전부 참관하러 다 올라왔어요. 중앙위원회에서 논쟁이 되는데, 뒤에서 저한테 욕하는 게 바로 들리는 거예요. 자기들도 잘되자고 하는 거고 나도 잘되자 하는 건데, 나는 원칙적으로 기업지부 대신 지역지부로 가자는 취지였고 자기들은 기업지부를 끝까지 유지해야 하니 예외를 인정해 달라는 거였지요. 만도는 조합원 숫자가 3,000명이 안 되니 자격이 안 될 뿐 아니라, 설령 자격이 된다 해도 한 번 기업지부로 결정되면 다시 지역지부로 편제하는 게 어려울 거라고 봤지요. 기존에 기업별 노조로 있다가 산별노조의 기업지부가 됐는데 이걸 다시 쪼개서 지역지부로 갈 수 있겠냐는 거지요. 나는 지역지부가 중심이 돼야 한다는 관점에서 지역지부로 하자는 주장이었지만, 그쪽에서는 전혀 안 먹혔지요.

이후에 금속노조 2기 위원장으로 활동을 했고, 한참 후인 2010년에 사무처장도 한 번 했습니다. 노조 내 이야기는 워낙 광범위해서 어느 거를 딱 집어내 이야기하기가 어렵네요. 금속노조 1기 때는 산별노조를 만들어 가는 과정이니까 그때 대부분의 일이 규약과 체계를 만드는 일이었어요. 나는 지부장으로서 중집 위원으로 참여했기 때문에 만도 지부와 이렇게 싸웠던 게 기억이 납니다. 금속노조 2기 위원장의 경험담은 체계적으로 정리해서 기록할 계획이고, 배달호 열사 이야기는 다른 책이나 자료가 있으니 이를 참고하면 될 것 같습니다. (구술 일시: 1차-2024년 2월 21일/2차-2024년 4월 3일)

3

창원지역 최초의 '학출노동자'

주재석(전 금속노조 경남지부 부지부장)

경남 창원에서 금속 노동자로 살았다.

약 1/3의 기간을 현장 노동자로

약 1/3을 해고 노동자(1985, 1991 해고, 1994년 복직)

약 1/3을 노동조합에서 전임하는 간부로 지내왔다.

지금은 정년하고 사람과 사회, 나라와 민족, 세상을 자주화하고 민족통일을 앞당기는 "자주연합"(시민단체)을 만들기 위해 힘을 모으고 있다.

노동조합에서는 한국중공업노동조합 회계감사(1992), 수석부위원장(1996), 교육부장(1998), 전국금속노동조합 두산중공업지회 (수석)부지회장(2002, 2005, 2007), 전국금속노동조합 경남지부 부지부장(교육, 열사정신계승, 통일 위원장 2009~2013), 민주노총 경남본부 마산창원협의회 회계감사(1999), 민주노총 경남본부교육위원장(2006) 현장에서 주로 중간 간부로서 일하였다.

학생운동과 노동 현장 취업

저는 1956년 9월, 충남 천안에서 태어났고, 1981년에 한국중공업(현 두산중공업)에 들어갔다가 2017년에 정년퇴직했습니다. 한국중공업에 입사하기 전에는 대학교 다닐 때 가리봉 구로공단에 있던 한국광학에도 다녔고, 한국중공업에서 해고되었을 때는 민헌양행이라는 검사업체에도 다녔습니다. 또, 신마산과 수출 지역에 있는 마찌꼬바에도 다녔고, 금성출판사 외판원 노릇도 조금 했었습니다. 하지만, 학교를 졸업하고 바로 한국중공업에 입사해서 2017년 정년 때까지 다닐 수 있었으니 어떻게 보면 저는 운이 좋았던 사람입니다. 지금 애들 셋이 다 독립해 나갔고 집사람하고 둘이 밀양에서 살고 있습니다. 현재는 직업이 없고, 하는 일은 공식적인 결로는 진보당과 통일운동에 관한 일들이고 국선도 운동, 불교 공부가 주된 일과입니다.

학력은 서울대 철학과 75학번으로 1980년에 졸업했고, 그 이후 2000년대에 창원대학교 노동대학원 노사관계학과 대학원을 졸업했습니다. 또, 긴급조치 9호 위반으로 대학에서 제적되었을 때 한국기독교장로회 선교교육원의 목회자 양성과정을 1년 정도 다닌 적이 있었습니다. 이 과정은 1970년대 당시 학교에서 제적된 학생들과 해직된 교수들이 모여서 만든 기독교 장로회 목회자 양성 교육으로 사회 선교 개념으로 교육하던 곳이었습니다. 독일에서 지원을 받았습니다.

고등학교는 경기도 평택 한광고등학교를 나왔습니다. 제가 서울대에 가게 되어 선배도 없었기에 처음 대학교에 입학했을 때만 해도 데모가 뭔지 몰랐어요. 1975년에 5.22 사건이 날 때 특히 데모가 심했어요. 도서관에서 공부하고 내려가는데 막 웅성웅성하는 거예요. 당시 난 이게 뭐 하는 건지도 몰랐어요. 옆 사람한테 '이거 뭐 하는 거예요?' 물어봤더니, 그 친구가 빤히 쳐다보고 그냥 말도 안 하고 가버리는 거예요. 데모가 뭔지도 모르는 이상한 사람으로 생각했나 봐요.

하여간 이렇게 해서 친구들하고 학내 서클을 하다가 서울제일교회라고 박형규 목사님 나가는 기독교 장로회 교회를 나가게 됐어요. 3학년 때 우리 집에서 유인물 모의한 것 때문에 나도 같이 긴급조치 사건에 걸려들었어요. 소설가 김영현, 김사인 시인 등 인문대 학보사 선배들과 같은 학년 친구들이 같이 걸려 도망 다니다, 1977년에 학교에서 제적되었다가 부마항쟁이 벌어진 덕분에 1979년 말에 복학했고 1980년에 4학년 졸업하자마자 1981년 3월에 한국중공업 직업훈련소에 오게 됐죠. 당시 1981년 이전부터 선배들이 여성, 경공업, 서울 중심의 노동운동을 극복하고, 남성, 대기업, 큰 사업장으로 가야 한다는 논의를 해왔고, 저희도 어떡할까 고민하다가 창원으로 내려왔죠. 학교에서 제적되고 야학을 했는데, 서울제일교회 야학하면서 신림동 겨레터야학 등 다른 야학하는 이들과 야학연합회 활동도 하였어요. 그러면서 취업을 한번 해봐야겠다고 구로공단의 한국광학에 들어갔지요. 일은 렌즈를 깎는 순 막노동이죠.

1981년에 창원으로 오게 된 것은 남성 대기업, 중공업 사업장을 찾아가기 위해서였어요. 그때만 해도 보통 인천으로 가는 사람들이 많았었어요. 나는 '어디로 갈까?' 하고 있는데 배남효라고 같은 동기가 있었는데 이 친구가 경북고등학교를 나왔거든요. 그가 대구에서 서울로 올라오면서 기차간에서 신문에 직업훈련생 모집 공고가 있는 걸 보고 같이 가자는 거예요. '그래 좋다.' 하고 난생처음 창원에 내려왔습니다. 바닷가라 어찌나 춥던지, 또 먹는 게 안 좋더라고요. 같이 온 배남효라는 친구는 몸도 약한 데다가 긴급조치로 몇 년을 감방 살았어요. 그 바람에 잘못하면 둘 다 걸리겠다고 생각되니까 조금 있다가 자기는 올라가겠다는 거예요.

나는 기왕 왔는데 그래도 직업훈련소는 졸업해서 자격증을 따고 올라가겠다고 생각했습니다. 직업훈련소에서 선반을 배웠고, 졸업할 때 1등으로 사장상을 받았지요. 그 바람에 한국중공업에서는 처음 시작하는 사업인 원자력 사업에 투입되었습니다. 원자력 사업은 원래 울산에서 했는데, 전두환 정권이 기계산업 합리화를 한다고 현대양행과 현대중공업, 대우가 합쳐서 발전 설비를 전담하는 국영기업 한국중공업이 설립되었어요. 원자력 사업에서는 품질이 중요하다 보니까, 1등 했다고 저를 원자력 품질로 보낸 거지요. 처음에는 주로 비파괴 검사를 했어요. 이 일은 많이 돌아다니지는 않는 일이었어요. QC는 공장 내에서 마음대로 돌아다니지만, 비파괴는 자기 자리에서 초음파하고 엑스레이 찍는 게 주된 업무입니다. 처음엔 MT, RT, PT 같은 비파괴업무를 했는데, 그래서 다른 친구와 바꾸자고 해서 QC로 정착을 했죠.

이렇게 돌아다니고 몸이 별로 힘들지 않으니까 일하기도 편했어요. 진짜 운이 좋았지요. 안 그랬으면 제가 서울로 올라갔을 거예요. 처음에는 일을 열심히 했죠. 원자력 사업은 미국기계금속학회, 원자력학회의 규격을 사용해서 영어도 해야 하잖아요. 영어는 잘하니까 내가 현장 기사들하고 싸우면 이겼어요. 전부 코드 갖고 해야 하거든요. '봐라, code에 이렇게 되어 있지 않냐?' 하고 싸우기 시작하면 내가 이겼어요. 그러니까 검사원으로 유명했지요. 그렇게 열심히 일하는 데 진급하는 사람들을 보면, 대개가 아부 잘하는 사람들이었어요. 난 그런지도 모르고 열심히 일만 했지요. 그런데 열심히 하다 보니 결핵이 생겼어요. 그래서 회사 다니면서 1년 정도 치료를 했습니다. 그런 일을 겪고 나니 1983년도부터 노동조합을 만들어야겠다는 생각을 하였습니다.

회사 생활과 학습모임

제가 서울에서는 야학연합회나 서울제일교회를 다녔고 선배들도 많이 만나고 했는데, 그 시절에는 현장에 들어가면 어디 처박혀 있으라는 권고가 많았지요. 당시에 기독교사회문제연구원에서 여러 사업을 하는데, 그곳에 장명국 선생도 한 번씩 왔었어요. 그래서 장명국 선생하고 관계가 조금 있었죠. 학습모임은 대학교 때 서클에서 공부하고, 그다음에 서울제일교회 대학생부, 야학연합회에서 공부했습니다. 노동조합 만드는 데 장명국 선생의 도움을 받았지만, 무슨 특별한 학습모임을 한 것은 아니었어요. 장 선생은 사례를 중심으로 학습시켰어요. 그래서 저는 현장에 일하면서 인생사를 배운 게 제일 많은 것 같아요.

입사 후에는 조기 축구회나 독서회 같은 활동을 했었어요. 독서회는 책을 보고 노동조합은 이렇게 만든다는 모범이 있잖아요. 그때는 창원공단이 막 커나갈 때라 지금과는 분위기가 달랐죠. 크게 걸리는 것도 없고 취직도 얼마나 잘 됐는지 몰라요. 회사에 취업한 친구들이 조기축구회 말고 뭐 할 일이 없잖아요. 모임이 가장 잘 되는 게 동문회였어요. 난 동문회가 없잖아요? 그때만 해도 기숙사에 있었죠. 직업훈련소에 있을 때도 직업훈련소 바로 옆에 기숙사가 있었고요. 직훈 졸업하고는 마산에서 자취했습니다. 나는 축구를 잘 못해요. 그냥 같이 끼어서 노는 거지요. 아무것도 한 게 없어요. 그리고 독서 모임은 친구들을 모아서 '그래도 공부 좀 해야 하는 거 아니냐.' 해서 온갖 책들을 보고, 놀러도 다니고 등산도 다니고 했지요. 공부는 조금 했지만, 이 친구들에게 크게 도움은 안 됐어요. 왜냐? 실천적으로 노동조합을 만들 때는 생활이고 어려운 걸 부딪쳐 나가야 하는데, 이 친구들은 그런 경험들이 별로 없어 회사에서 압박해 오니까 그냥 수그러들고 뒤로 빠지고 자기 뜻과는 상관없이 그렇게 되더라고요.

그 당시에 대졸이면 경계하거나 표가 났을 텐데, 크게 표시가 안 났어요. 내 결혼식 때 친구들이 결혼식장에 왔는데 대학 출신인 게 눈에 보이잖아요? 그래도 다 감춰주고 크게 문제가 안 됐어요. 사건이 나기 전까지만 해도 잘나갔지요. 심지어 이런 일도 있었어요. 내가 QA라 사무실에 있었는데 하루는 경찰에서 전화가 왔어요. 주재석이 거기에 근무하느냐고 묻는 거예요. 왜 그러냐고 물었더니 이 사람이 긴급조치에 걸린 사람이라는 건데 그 전화를 우연히 내가 받았던 거예요. 그래서 내가 그랬지요. '아니 지금 근무 잘하는데 왜 자꾸 쫓아다니냐'고 했더니 그 이후로 전화가 안 오더라고요. 심지어는 제 고종사촌 남편이 같은 회사 관리직이었어요. 그 친구의 동기 한 명이 부서 직속상관이었는데 다 감춰줬어요. 크게 문제가 되는 건 아니라고 생각하니까 그런 거지요. 다들 그냥 나를 모른 척했어요. 그냥 그렇게 살았어요.

1981년에 입사하자마자 친구들하고 어울려서 활동했는데 꼭 노동조합을 만들려는 생각은 하지 않았습니다. 그런데, 1982년 말인가 최병석과 이배근이 다른 부서에 있다가 회사와 싸우고 우리 부서로 넘어온 거예요. 그러면서 그 사람들과 어울려서 1983년부터 노동조합 만드는 모임을 시작했죠. 그때 장명국 선생님이 많이 도와주셨어요. '똑똑하신 분'이라고 느꼈어요. 우리 때문에 서울에서 창원까지 내려오잖아요. 저녁 7시 반에 만나면 그다음 날 일요일 낮 12시까지 거의 잠도 안 자고 끝까지 떠들어요. 어찌나 잘 이야기하는지, 주로 다양한 사례들을 통해 많은 이야기를 하셨습니다. 그런데 최병석 씨가 똑똑한 친구가 하나 있다면서 그 모임에 김창근을 데려온 거예요. 1984년도부터 제대로 공부를 시작하면서 노동조합 만들려고 했죠. 최병석이나 이배근 같은 분들은 회사에 찍혀서 감시가 심했고, 나는 그 사람들과 친하다는 죄목으로 '왜 너는 일도 잘하는데 그놈들하고 친하냐?'는 소리를 들었지요.

1985년 노조 결성 실패

그러다가 처음으로 1985년에 김창근을 대장으로 한국중공업 노동조합을 만들다가 작살난 거지요. 저는 1985년 2월 25일에 결혼을 했어요. 결혼하고 나서도 노동조합을 만들려고 쫓아다녔어요. 전두환 정권 시대인데 1984년부터 분위기가 변하기 시작했고 85년쯤 되면 대우자동차 파업과 구로동맹 파업이 있었어요. 전두환 시절에 호헌 선언을 하니까 사무직 노동자들도 호헌 반대 선언하고 그랬어요. 어쨌거나 1985년 노조 결성은 실패했죠.

당시 공부를 하면서 1985년 5월에 노조를 만들려고 준비하는데 최병석, 이배근이 현장에서 직·반장에게 너무 찍혀서 "한 달쯤 시간을 줄 테니 나가라"는 소리를 들었어요. 그때만 해도 그러면 나가야 하는 시절이었어요. 직업훈련소에서 '빠따' 맞고 그랬거든요. 소장, 교사들한테 청소 제대로 안 해놨다고 빠따 맞고 하면서 살았지요. 그런데 이 친구들이 잘려 나가게 되는 판이라서 2~3월쯤에 이걸 어떻게 해결할까 싶기도 하고 노동조합 만들 준비도 할 겸해서, 한번 문제를 쟁점화하자고 논의했습니다. 해당 반장의 문제점과 비리를 지적하는 연판장을 만들어 연서명을 했어요. 문안은 제가 만들었지만, 실제 실무 책임자는 이배근 씨가 했습니다. 이배근 씨는 성격이 차분하고 최병석 씨는 돌격대 스타일이고요. 나는 회사 본관에 있었고 최병석은 현장에 있었어요.

연판장을 위에서부터 쭉 서명하면, 먼저 서명한 사람이 주동이란 걸 알 수 있잖아요. 최병석 씨가 꾀를 낸 게 동그라미 사발통문을 만든 거예요. 그래서 회사 관리 라인을 통해서 '반장을 바꿔달라, 직장을 딴 데로 옮겨달라'는 내용으로 건의서를 제출했는데, 한국중공업이 국가 기간산업체이고 방위산업체이다 보니 이게 안기부에 들어갔던 모양이에요. 안기부에서 동그란

사발통문은 이북 사람들이 하는 짓이라고 생각해 조사가 들어오기 시작한 거예요. 그런데 내가 위장취업자로 있는 게 걸리자 관련자를 무조건 쫓아냈어요.

참 약한 게 나입니다. 더 오래 버틴 게 최병석 씨예요. 나는 5월 1일, 최병석 씨는 5월 3일이었어요. 하도 압력을 받으니까 내가 나가면 좀 나아질까 하는 도피 생각도 있었고, 잘못하면 작살나니까 내가 먼저 사표를 썼는데, 이게 강요에 의한 사직이라 나중에 복직 판결을 받았어요. 사직서를 쓰긴 썼는데 사직 이유를 '강요에 의한 사직'이라고 썼는데, 이것 때문에 재판에서 이길 거라고는 생각도 못 했어요.

5월 3일 최병석, 이배근 씨 등은 잘렸지만, 나머지 팀원들은 5월 20일 김창근을 중심으로 노조를 만들자고 해서 모였지요. 하지만 같이 공부했던 모임에서 2명이 겁이 나서 덜컥 참석을 안 한 거예요. 그때만 해도 30명이 되어야 노조 설립이 가능했어요. 그런데 안 온 거예요. 그래서 30명이 안 되는데 어떻게 해요. 방법이 없으니 온 사람끼리 결의를 했죠. '아무한테도 얘기하지 않는다. 한 달 후에 다시 만난다'고요. 그게 지켜져서 노동조합을 결성한 게 5월 말쯤 될 거예요. 우리가 노동조합을 만든 게 대우어패럴이나 대우자동차 사건보다 조금 앞섰어요. 김창근을 위원장으로 앞세워 노동조합 설립 신고를 했죠.

아마 내가 거기 없었으면 김창근 씨도 성공했었을지도 몰라요. 왜냐면 노동조합 설립 신고를 할 때 박인상인가 금속노련에서 많이 도와줬고, 당시 금속노련 개혁파였던 대동조선 정학균 씨도 도와주었어요. 그래서 금속노련이 직접 여기서 데모도 하고 그랬어요. 그런데 해고되고 쫓겨날 때, 김창근 씨의 먼 친척 중에 안병규 민정당 국회의원이 있었는데, 김창근 씨가 거기도 쫓아갔었대요. 그랬더니 그 국회의원 하는 말이 "자기가 알아봤는데 거기에 위장 취업자가 하나 있다면서 그것 때문에 안 된다"는 거예요. 그러니까 나도 김창근 씨한테 미안하지요. 어쨌든 처음에 5명, 그 후에 김창근을 포함해 8명, 총 13명이 해고됐죠.

그때가 내 인생사의 제일 어려운 때였어요. 집사람은 야학을 같이 했던 4년 후배예요. 당시는 결혼한 지 3개월쯤 됐잖아요. 그 일을 겪으며 밤에 이불 속에서 집사람 붙들고 '저 사람들은 어떡하냐?' 하고 내가 눈물을 짰다는 거 아닙니까? 13명이나 해고됐으니까요. 그때만 해도 해고되면 다른 데 취직을 못 하는데, 다들 나보다 나이가 많았거든요. 다들 나보다 결혼이 빨라서 가족이 있는 사람들이었어요. '이제 저 사람들을 먹여 살려야 되는데 어떻게 살까?' 걱정했지요. 그런데 나중에 보니까 다 자기가 알아서 먹고 살더라고요. 걱정할 게 하나도 없었는데 내가 괜히 오지랖만 넓었던 거지요.

창원에 처음 왔을 때 직업훈련소만 나오면 회사를 그만두고 서울로 갈까 생각했었는데, QC 일하면서 눌러앉았고 그다음에 13명이 다 해고됐잖아요. 그다음에는 '저 양반들 다 복직시키고 떠나자.' 생각했습니다. 그래서 같이 해고된 '저 사람들만 복직시키면 올라가야겠다.' 생각했었어요. 사실은 나도 떠나고 싶었던 때가 많았어요. 처음 창원에 와서 진짜 정 둘 데도 없고, 직훈에서 애들하고 싸움을 많이 했어요. 경상도 사람들은 말이 그렇게 거칠어요. 자꾸 싸우려고 덤벼드는 거예요. 그래서 직훈 화장실 뒤에 가서 여러 번 싸웠어요. 그래도 나중에 싸운 친구들이 오히려 정이 들어 같이 노동조합도 만들고 하더라고요.

1987년 전후의 지역 노동운동

1985년 5월 1일에 해고됐다가 1990년에 김창근을 포함해 전부 복직했어요. 그런데 나는 1989년 당시에 '일꾼 노동문제연구원'이라고 노동자 교육단체를 했는데, 9월경에 사설강습소법 위반으로 구속시키더니 적부심에서 풀려나니까 다음에는 국가보안법으로 이적단체로 걸어서 수배되어 있었어요. 90년도에 해고자 복직을 노사가 합의할 때는 도망 다니고 있었으니까 저에 대해서는 '법적으로 정리되면 복직시킨다'고 했어요. 1990년 8월에 검거되어 1년 징역을 살고 나와 복직하려 했으나 복직은 시키지 않고, 1991년 10월에 다시 해고되었습니다.

결국, 해고자 생활을 9년 정도 한 셈이지요. 그래서 내 인생으로 보면 한 3분의 1은 월급을 제대로 못 받았고 집사람이 고생해서 미안하지요. 해고된 동안에는 민헌양행이란 회사도 다니고 금성출판사 외판원도 하고 했어요. 복직 이후에는 한국중공업 노동조합, 두산중공업 노동조합, 금속노조 경남지부, 민주노총 경남본부 교육위원장을 했습니다. 저는 중앙의 일은 별로 안 했고 현장에서 주로 활동한 '현장파'입니다.

나는 처음에는 장명국파로 찍혔어요. 또, 주사파로 찍히기도 했어요. 그때 문성현 선배가 내려와 통일중공업에서 노조 민주화 투쟁이 있었습니다. 1985년 4월에 내가 가장 먼저 해고가 되었고 그해 7월쯤에 문형이 해고되어 같이 돌아다녔죠. 박성철, 여영국과도 같이 돌아다녔어요. 1984년인가 택시 파업이 있었어요. 그때 경노협 초대 의장이었던 황창호 선배하고 모임을 같이 했었어요.

주대환 선배나 임수태 선배 같은 분들은 그 시절만 해도 다 같이 활동했어요. 특별한 차이도 없었고 1987년 6월부터 9월까지는 우리 지역이 가장 단결이 잘 됐던 때였어요. 예를 들면 당시 우리가 한 모임이 있었어요. 당시 가톨릭노동상담소에 정동화 소장이 있었는데 거기 왔다 갔다 했던 사람 중에 마창노련 초대 사무장이던 김동민(김창호)이라고 있었어요. 또, 박성호라고 동양물산 위장 취업자였다가 서울로 올라간 사람도 있었고, 문진헌이라고 지금 내일신문 발행인 하고 있는 사람, 박성철, 여영국 등이 해고자로 생활하고 있었을 때였어요. 그렇게 여섯 명이 모임을 하면서 87년 7~8월 투쟁을 같이 겪었어요. 사업장도 다 분담하고 했는데 사업장 돌아가는 일을 같이 의논하고 하면서 이에 연결되던 사람들이 모여 마창노련을 만들었는데 지금은 이들이 여러 정치적 입장으로 갈라져 있지요.

그때 주대환 선배와 노동 쪽으로 연결됐던 사람들이 신마산 자산동 산동네 사람들, 통일중공업 위원장 했던 진영규하고 이홍석이 방송통신대학교 같은 동기인데 친했어요. 그렇게 연결이 됐잖아요. 모두 1987년 7~8월 투쟁 시기 얘기입니다. 당시에는 그냥 만나서 서로 의논하고 했어요. 87년 만들어진 경노협이란 것도 사람들이 많이 모이니까 뭐 하나 만들자 해서 만든 거예요. 김동민이 원래 마산 토박이인 그 산동네 사람들하고 친했거든요. 대원강업의 신덕우, 삼미금속, 세신실업 친구들과 어울렸던 게 이 산동네였어요. 여영국, 박성철이 해고자로 같이 돌아다녔고, 박성호는 그때 동양물산에서 잘렸고, 문진헌은 진주에서 교사하다가 잘려서 여기 온 거고 이런 사람들이 모여서 의논하고 했어요.

내 기억으로는 경노협도 무슨 큰 의미를 부여하면서 만들었던 건 아닙니다. 황창호 씨가 그때 나이도 제일 많고 하니까 의장을 했고 문성현 선배는 그 당시 대우조선 때문에 구속돼 있다가 10월인가, 11월에 나왔어요. 그런데 그때 이 사람들이 창원지역의 수많은 사업장 문제에 의논하면서 관여했어요. 진짜 정신없이 바빴어요. 우리가 투쟁을 시작한 건 아니지만, 현장 노동자들이 일 벌여놓으면 가톨릭 노동상담소를 중심으로 뒷바라지해 주는 일이었어요. 그 시기에는 아주 자주 만났지요. 일주일에 한두 차례는 서로 만나고 사건 나면 분담했어요. 누구는 뭐 하자, 뭐 하자 해서 의논하고, 쫓아가고 해결하고 했어요.

핵심은 가톨릭 노동상담소를 거점으로 한 비공식 모임이었지요. 1987년 이전에 마산에 민통련 조직이 있었고, 민통련 노동 분과도 있긴 있었어요. 당시 문성현 선배가 구속되고 부인인 이혜자 씨가 내려왔어요. 그렇지만 이혜자 선배는 87년 6월인가 7월에 문성현 선배 구한다고 통영에 가서 항의하다가 구속됩니다. 그러니까 노동조합 설립 서류라도 만들어본 경험이 있는 사람은 나하고 동양물산 해고자 박성호 둘밖에 없었어요. 노조 설립 서류를 만들어준다고 돌아다니는데, 도망 다니면서 해야 했지요. 왜냐면 그때만 해도 제3자 개입 금지가 있었잖아요. 도망 다니면서 모임을 계속했지요. 문성현 선배가 감옥에서 나오기 전까지 그렇게 살았어요. 내가 보기에는 그때가 이 지역에서 제일 효율적으로 운동을 했던 것 같아요. 진짜 잘됐고, 전국에서 처음으로 지역 중심의 노조 연합인 마창노련이 만들어졌지 않아요?

경노협이 만들어진 게 7월인가 그랬고, 6월 항쟁 전부터 사태가 진행되었지요. 그때 경노협은 가톨릭 노동상담소의 전화번호를 빌려서 '경남 노동자신문'이라는 걸 인쇄하여 수출 지역에 돌렸어요. 그런데, 그 신문을 보고 한국노총은 어용이더라 하면서 노조 설립 서류를 만들어 달라고 전화가 오는 거예요. 그때만 해도 휴대폰이나 컴퓨터가 없잖아요. 복사기도 없었고 일반 타자기로 서류나 회의록을 만들어야 하는데, 그거 만드는 것만 해도 시간이 무척 걸려요. 경노협을 만들었을 때 저도 창립 멤버였고 관여해서 활동했지요. 김동민과 〈마산문화〉 만들었던 박영주가 연결되었습니다. 노동자들은 전화번호 보고 그냥 연락하고, 가톨릭 노동상담소에서 우리가 서류만 만들어주면 자기들이 가서 신고하는 식이었습니다. '데모하는 사람이 모여 있으니 노동조합 설립 서류 좀 만들어주세요.' 이렇게 나왔어요. 경노협은 7월에 의장을 뽑고 총회했던 조직이니까 아직 체계적으로 운영되고 있지는 않았어요.

일꾼 노동문제연구원 창립과 정파의 형성

제가 경노협과 거리를 두기 시작한 건 87년 12월 이후입니다. 그전에는 같이 교육도 하고 그랬지요. '일꾼 노동문제연구원'을 같이 했던 친구들도 다 경노협 출신이에요. 일반적으로 일꾼 노동문제연구원은 NL이라고 얘기하잖아요? 하지만 나는 사실 PD적인 경향이 좀 있었던 사람이에요. 제가 살아왔던 교회 운동이 약간 PD적 성격이 강하고 일반적으로 NL보다는 PD에 가까워요. 그 시절만 해도 노동 현장에 취업한다는 건 약간 PD적인 거였거든요. 그런데 1987년 6월 항쟁, 7~8월 투쟁을 겪으면서 내가 딴것보다도 '사람은 자주적'이구나 하는 걸 뼈저리게 내 몸으로 느끼게 되었어요.

그전까지만 해도 나는 노동조합을 만들려고 현장 노동자들을 만나기 위해 쫓아다녔어요. 그러면 회사에서 그걸 다 알아요. 왜 그랬는지는 나중에 알았는데 회사 직원이 안기부에서 교육받고 경주용 자전거를 타고 내 뒤를 쫓아다녔어요. 당시에는 주 이동 수단인 버스를 타면 뒤에 누가 미행하며 같이 타지 않나? 혹시 뒤에 누가 자동차로 따라오나? 하고 생각했지, 사이클 선수가 자전거 타고 쫓아다니리라고는 생각도 못 했습니다. 그런데도 사람들이 절 만나면 회사에서 그걸 알고 추궁당하니까 잘 안 만나려고 했어요. 내가 금성출판사를 왜 다녔냐면, 그때만 해도 가정 방문으로 도서 판매를 하니까 누가 쫓아오는지 한번 찾아본다는 의도도 있었어요. 가방을 가지고 가정집 돌아다니며 장사를 하며 마산 구암동 뒷길로 가는데, 뒤에 누가 쫄쫄 따라오더라고요. 그래서 내가 조그만 샛길에서 "당신 누구요?" 했더니, "주재석 씨죠?" 그러더라고요. 그리고 자기 얘기를 하더라고요. 자기는 원래 회사에 특채로 취직해 있던 전남의 사이클 선수인데 안기부에서 변장술 등을 교육받아서 몸빼 입거나 가발 쓰고, 사이클 타고 쫓아다녔다고 실토를 하는 거예요. 자전거 타고 쫓아다니면서 보니까 자기가 볼 때도 '그게 아니다.' 싶은 생각이 들었나 봐요. 나중에 이 친구가 나를 많이 도와줬어요. 그런 사람들이 나를 많이 도와줬고, 나는 그 덕에 살았어요.

내가 NL적 경향이 강해진 것은 1987년 7~8월 투쟁할 때 사람들이 스스로 와서 투쟁하는 모습을 보면서였어요. 1986년까지만 해도 내가 그렇게 쫓아다녀도 노동자들이 부담스러워서 도망 다녔었어요. 나를 만나면 무슨 귀신 뿔 딸린 사람처럼 취급했으니까요. 그런데 때가 되니까 그런 사람들이 스스로 투쟁에 나서는 거예요. 1987년 7~8월 투쟁을 겪으면서 '사람은 자주적이구나!' 하는 걸 알았어요. 그때, 인간의 자주성에 관한 공부를 해야겠다는 생각을 하게 되었지요. 장명국 선생은 NL이니, PD니 하고 이론 공부를 시킨 게 아니라 사례 공부를 시켰어요. 1987년에 문성현 선배가 감옥에서 나오고 나서 자신은 '대중노선을 따른다'고 했어요. 그런데 내가 보기에는 대중노선이란 무조건 대중을 따르는 것이 아니라 '대중이 모든 것의 주인이다. 대중이 모든 것을 결정한다'는 〈대중 주체〉의 생각을 분명히 하는 거예요. 그런데 제 느낌에 문형이 하는 건 그런 대중노선은 아닌 것 같았어요. 그 후로 1988년 초까지 같이 경노협 활동을 하면서 교육하고 그럴 때도 자꾸 배제하는 느낌을 받았어요. 이건 NL-PD의 갈등이 아닙니다. 문형이 '노동운동 하면서 줄 세우는 일을 한 것을 반성한다'고 했다는데, 나는 누구 밑에 줄 서는 걸 잘 안 하는 사람이어요. 그게 서로 좀 불편했던 것 같아요.

그래서 나는 '에이, 그럼 너희들이 알아서 해라.' 그러고 경노협 활동을 그만두고 현장에 취직했던 거예요. 1988년 말인가 신마산에서 마찌꼬바 같은 데 취업했다가, 1988년 말 해고된 노동자들과 함께 회사를 상대로 소송을 걸었지요. '가족 수당, 시간 외 근로 수당 등을 통상임금에 포함해야 한다'는 통상임금 소송을 했는데 이겼어요. 그때는 노동조합이 없을 때인데, 소송에서 이기니까 돈을 꽤 받았어요. 그 돈을 모아서 노동자 교육단체를 하나 만들자고 해서 '노동상담교육원'이라는 걸 만들었어요. 당시 노동상담소를 같이 했던 사람은 박성호, 장종진이라고 삼성중공업 2공장 해고자 셋이 했어요. 그러나 각자 돈벌이도 해야 하니까 아무래도 운영이 잘 안됐지요. 그런데 당시에 문진헌이나 김종욱 같은 사람들은 경노협에서 일하다가 아니다 싶으니까 나와서 문진헌, 이재구, 김종학 등과 '남도 민족교육원'이라는 걸 만들었어요. 또 김진호, 김정호, 황규탁 등이 만든 '노동자 문화교실'이 있었지요. 세 곳이 같이 일하는 것이 효율적이라는 생각에서 서로 합치기로 했어요. 그게 '일꾼 노동문제연구원'이에요. 김종욱은 인천에서 활동을 했었고 노동자 문화교실 출신도 연결되어 말 그대로 지역에서 NL 중심의 단체가 됐어요. '일꾼 노동문제연구원'이 만들어질 때만 해도 NL적 경향을 가진 사람이 많았을 뿐이지, 어떤 NL적 노선으로 합의가 된 건 없었어요. 그때 내가 '일꾼 노동문제연구원' 원장이었거든요. '일꾼 노동문제연구원'은 NL, '경노협'은 PD, 이렇게 노선이 명확하게 있던 것은 아니었지요. 문성현 선배도 대중노선에 따른다고 그랬다니까요. 주대환 선배는 이론 중심적이었고요. 마창노련 만들 때만 해도 다 같이 만든 거지요. 예를 들면, 마창노련 만들 때까지 김동민이 마창노련 사무처장으로 실무 일을 다 했고 우리는 6~7명이 뒤에서 뒷바라지하면서 같이 활동했어요.

그러다가 우리 지역에서 정파 갈등이 강하게 나타난 것은 '진정추'가 나오면서부터였어요. '진정추' 주대환 선배 쪽에서 진보정당을 만들자고 주장하면서, 문성현 선배 쪽에서 '무슨 정당이냐, 아직은 시기상조다'고 반대한 거예요. 물론 주류는 문성현 선배 흐름이었지만, 삼미금속에 있던 박희근이나 신덕우, 창원대에서 학생운동 했던 김경영을 포함해서 '진정추'에 찬성하는 이들도 꽤 있었어요.

'일꾼 노동문제연구원'에서는 교육이 잘 되었어요. '일꾼 노동문제연구원'은 마산어시장 근처 최익수 내과 건물 4층을 빌려서 했는데, 당시에는 교육받으러 진짜 많이 왔었어요. 주로 창원공단에 있는 노동소합 간부들이 우리한테 교육을 많이 받았습니다. 예를 들면 로템 같은 경우에도 우리한테 교육을 많이 받았는데, '일꾼 노동문제연구원' 사건이 나고 나서 그 친구들이 수사를 심하게 받았어요. 김상합이나 채재엽 같은 친구들은 조사받는다고 고생을 했지요. 결국, '일꾼 노동문제연구원'은 수사가 들어오면서 박살이 났습니다. 그 후로는 교육이 잘 안 됐죠. 처음에는 나하고 사무장이었던 문진헌을 사설강습소법 위반으로 집어넣었어요. 왜 사설강습소 신고 · 등록을 안 했냐는 거지요. 구속돼서 적부심 할 때 "나도 등록하려고 교육청에 가봤다. 그런데 음악, 미술, 체육 이런 건 다 있는데 노동은 없더라." 내가 이렇게 반론을 제기했어요. 그래서 풀려나왔지만, 오히려 이적단체로 다시 걸었어요. '남도 주체사상연구회'라고 플래카드가 수출 후문 한 건물에 걸렸다고 하는데, 그런 걸로 서울에서 수사팀이 내려왔어요. 당시 프락치 의심을 받던 사람이 있어서 '일꾼 노동문제연구원' 실무자 일부가 그를 닦달하는 과정에서 경찰이 폭력과 연결해 이적단체로 몰아붙였지요. 사건이 일어난 건 1990년 2월쯤이었고 나는 7월 말에 잡혔거든요.

그때부터는 '일꾼 노동문제연구원'은 사실상 교육을 할 수가 없었습니다. 다들 도망 다니고 하니까 어쩔 수가 없었지요. 그러다가 내가 1년 살고 나왔을 때 회사로부터 복직 합의 기간 임금을 받았고 돈이 꽤 되었어요. 그 돈으로 수출 후문 탁아소 옆에다가 '일꾼 노동상담소'를 열어 다시 시작했죠. 그 후 1993년, 장명국 선생이 〈내일신문〉 창간할 때 사무실을 창원으로 옮겼다가 저도 복직하면서 흐지부지되어 버렸지요.

'일꾼 노동문제연구원'을 같이 했던 이들 중에 일부는 '통일촌'으로 갔어요. 통일촌은 지역 통일운동 단체로 지금도 있습니다. 그래서 우리 지역에서 NL이니 이런 노선은 큰 의미가 없었고 마창노련 시절 이홍석 의장도 처음에는 문성현 선배와 같이 활동했는데 이게 현장에 잘 안 맞는다고 생각했는지, 김금수 선생 같은 분들의 교육을 받고, 대동기계의 이석행 씨와 어울려 다녔지요. 이홍석은 그래도 문형 노선에 반기를 들지는 않았는데 허연도 선배는 참지를 못하고 박성철과 진하게 한 번 싸웠죠. 내가 지역에서 NL 경향으로 치부되는 사람이긴 하지만, 그렇다고 이걸 이념적으로 이렇게 하자는 건 아니었어요. 이 지역에서는 처음에 문성현 선배를 중심으로 전투적 노동조합운동론이 중심이었지요. 그런데 '진정추'가 떨어져 나가고, 학출 중심으로 NL 경향을 가진 친구들이 생겨났지요. NL은 성향이 좀 대중적인 스타일이잖아요. 이홍석이나 허연도는 특별히 이념적 성향이 없는데 NL로 찍혔고요, 그러면서 파벌이 생겨난 거지요.

노동운동 전성기

내 인생에 가장 빛나고 행복했던 시절은 1987년 6월과 7~9월 투쟁 시절이었지요. 그 이후에 가장 신나고 열심히 싸웠던 때는 1997년 노동법 개정 투쟁 때였어요. 당시 한국중공업 노동자들의 작업복 색깔이 파란색이었습니다. 그때 손석형 위원장, 내가 수석부위원장, 강대균 부위원장이었고, 당시는 민주금속연맹 시절로 노동조합이 투쟁적 기풍이 좀 있었어요. 그 시절에는 한국중공업 노동조합이 창원에서 제일 큰 노동조합이잖아요. 전국적으로 볼 때도 민주금속연맹이 가장 앞장서 나갔고 그 중심에 한국중공업이 있었어요. 그런 데다가 눈에 잘 띄는 파란 작업복이잖아요. 컬러 TV가 막 도입되던 시절인데 작업복 색깔이 카메라를 잘 받았어요. 민주노총에서는 집회장에 가면 우리를 제일 앞장세웠어요. 노동법 개정 투쟁할 때가 추운 겨울이었는데, 사장이 산자부 차관 했던 박운서였어요. 부인이 데모를 막는 데 적극적이었는데, 우리가 데모하러 나온다고 정문 앞에 와서 집회에 나가지 말라고 무릎 꿇고 빌었지요.

IMF 때는 다 어려웠지만, 달러를 버는 곳은 괜찮았어요. 당시에 한국중공업은 외국 고객이 많았으니까 달러를 버는 사업장이잖아요. 그런데도 IMF 때는 복지 삭감하고 다 들어왔잖아요. 당시 우리 조합원들이 4천여 명쯤 됐었는데 주위 분위기가 정리해고가 확산하면서, 회사가 자기들도 식당을 하도급으로 하자는 거예요. 내가 협상 들어갔는데, 회사가 일방적으로 식당 하도급을 결정한 겁니다. 조합에서 '식당 하도급화를 일방적으로 하는데, 사람도 일방적으로 잘라낼 거 아니냐.' 홍보했더니, 기장과 직장들을 포함해 조합원들 대다수가 모였어요. 직장은 현장직이니 조합원이지만, 회사 관리직 라인이어서 안 모이던 사람들이 모인 거는 그때가 처음이에요. 관리직까지 다 모이니까 노동자 광장이 꽉 찼어요. 그렇게 모인 적은 처음이에요. '식당 하도급화 철회하라'고 그렇게 모인 거지요. 회사하고 싸우면서 매일 점심때 집회를 했어요. 조합에서 하도급화 한다는 본관 식당을 막아버렸어요. 그러고는 '식당의 일방적 하도급 철회하고 사과하라.' 요구했지요. 당시에 조합원 4명이 식당 입구를 막고 지키니 몇백 명이 점심을 못 먹고 회사에서 도시락을 배달시켜 먹었지요. 회사가 점심시간에 노동자 광장에 모이는 조합원이 두려웠던 거예요. 난 그걸 보면서 많이 배웠습니다. 중식 시간 집회에 사람들이 모여 있는 그 분위기를 보면서 회사 쪽에서 겁이 나 쳐들어오지 못한 거예요. 결국은 노사 공식적인 문서로 사과를 받아냈어요.

한국중공업(두산중공업) 노동조합 역사상 노사 간에 문서로 사과를 한 건 딱 두 번 있어요. 하나는 회사가 식당 하도급화에 대해 노조에 사과한 것이고, 다른 하나는 노조에서 회사 측에 사과문을 써준 것인데, 하여간 당시에 이렇게 싸우면서 1 대 100의 싸움도 이길 수 있다는 것을 뼈저리게 느꼈어요. 제대로 된 원칙을 지키면 백전백승이라고 생각했고 몸으로 겪으면서 지금도 그걸 믿습니다. 적어도 제대로만 하면 지지 않는다는 거지요.

통합진보당 이후 정당 운동 참여

나는 2000년 민주노동당에는 가입하지 않았고, 1989년경부터 약간 NL 성향을 갖게 되었지요. 이미 김대중 정부 시절 이전부터 나는 '노동조합만 갖고는 어렵다. 대선에서는 권영길을 밀기보다는 김대중을 밀어야 한다.' 이런 생각을 했어요. 노무현 대통령 때 '총선 물갈이연대'라고 있었어요. 서울에서 양길승, 최열 선배 같은 분들이 했던 것인데, 우리 지역에서는 '참여개혁 운동본부'라는 이름으로 활동했어요. 이거는 '민주대연합론'에 입각해서 정대화 교수 같은 분들과 같이 활동했지요.

통합진보당 해산 이후 그 후속 모임으로 사천에서 온 이정희 대표가 이끌었던 '경남시민연대'가 경창상가에 있었지요. 당시에 박근혜 정부의 통합진보당 해산은 민주주의의 씨알인 정당, 국민이 뽑은 국회의원을 부정하는 일로 심각한 민주주의에 대한 훼손이라고 생각하고 그 모임에 한 사람이라도 보태자는 생각으로 나도 들어갔었죠. 지역마다 조금씩 다르지만, 옛날 통합진보당 후속 모임이다 보니까 서로 연결되잖아요. 그런데 호남 쪽 사람들은 〈당 조기 건설론〉자들이었는데, 영남 쪽 사람들은 민주노총하고 같이 해야 한다는 입장이 강해 당 건설에는 〈시기상조론〉이었어요. 그런데 내가 보기에 민주노총 내부는 정파가 다양해서 정치 방침을 결정한다 해도 추진이 안 되는데, 민주노총하고 같이 한다는 건 현실적으로 가능하지도 않고 답도 없겠다 싶어서 이건 아니라고 생각했지요. 그래서 후배들에게 얘기해도 이들은 이석기 당으로 인식되는 정당 활동 자체를 굉장히 부담스럽게 생각했어요. 그래서 나라도 해야 한다고 생각해서 '민중연합당' 초기 준비 모임 할 때 내가 나섰지요.

경남에서는 나 혼자 갔고, 민중연합당은 처음에 호남과 경기 동부를 중심으로 만들어졌지요. 민중연합당에서 김선동이 대통령 후보로 나섰고, 그러다가 이쪽 지역 친구들도 안 되겠다고 해서 둘이 합친 형태의 새 진보정당으로 '민중당'을 만들었던 거예요. 그 후에 그것이 '진보당'이 되었지요. 그러니까 우리 지역에서는 내가 민중연합당, 지금의 진보당 깃발을 제일 먼저 들은 거죠. 사실 웃기잖아요. 나는 최초의 진보정당인 민주노동당 시절 아무것도 안 했던 사람인데. 최순실 사건 터졌을 때 내가 민중연합당 깃발을 들고 창원 로터리에서 시위한 것 때문에 졸지에 내가 민중연합당 도당 대표가 된 거지요.

원래 당과 당이 합칠 때는 일반적으로 공동대표 제도를 하잖아요. 그전까지 난 당 활동을 한 번도 안 했는데 당을 합칠 때 이 지역에선 원래 민주노동당을 해왔던 친구들이 내게는 지도위원을 해달라고 하더라고요. 그래서 서로 의논하여 회의에 꼬박꼬박 참여하는 상임 지도위원 직을 맡게 되었어요. 그때 합의가 어려웠던 게 소수파를 인정하라는 거예요. 진보당에도 내부적으로 경기 동부니 울산이니 파벌적인 문제가 없을 수 없잖아요. 서로 비슷한 부류가 끼리끼리 모이는 게 좀 있거든요. 그중에 개인 스타일에 따라 다수가 소수를 일방적으로 몰아붙이는 패권주의 문제가 발생하곤 했어요. 그래서 제가 패권주의 안 하겠다는 공동선언을 하자고 했는데 지역의 친구들은 그걸 그렇게 받아들이기 어려워하더라고요. 제가 거의 20 대 1로 싸웠어요. 결과적으로 선언은 그대로 하고 규약 강령도 내가 원하는 대로 해서 만들었습니다. 당시 우리 지역 새민중정당 대표였던 석영철과 합의해서 민중당 경남도당을 만들었고 그때부터 정당 활동을 시작했습니다. 상임 지도위원이라는 게 사실 하는 일도 별로 없고 권한도 별로 없거든요. 말 그대로 회의 참석만 하는 거니까 아무도 하려고 하지 않고 해서 7년인가 계속 그 역할을 했지요. 진보당이 자기 자리를 잡을 때까지만 하려고요.

진보당이 자리를 잡는다는 것은 반수구 대연합이지요. 나는 총선물갈이연대 때부터 지금까지 우리 사회 구조가 반수구 대연합을 할 수밖에 없다고 생각했어요. 반수구 대연합의 핵심은 뭔가 하면 계급연합입니다. 옛날에 레닌이 지금 시대는 '제국주의 시대'라고 했잖아요. 제국주의 시대가 바뀌어서 지금은 제국주의 시대가 아닌가요? 옛날 그 진리가 갑자기 없어질 수는 없다고 봐요. 지금 우리 시대의 과제 역시 계급 간의 갈등도 중요하지만, 계급 간의 갈등을 관철하기 위한 계급 연합적인 것도 중요하다고 생각해요.

지역노동운동의 정파 갈등에 관하여

지역노동운동에서 정치적 차이가 정파 갈등으로 나타나는 문제, 진보정당의 분열이 현장노동운동의 분열에 깊은 영향을 미치는 문제입니다. 나는 사람은 다 다르다고 봐요. 똑같은 사람은 하나도 없다. 사람만이 아니라 세상 만물이 다 그렇습니다. 똑같은 건 세상에 아무것도 없고, 유유상종으로 비슷한 것끼리 모이게 돼 있습니다. 이건 세상 만물의 법칙이지요. 근데 파벌화돼서 문제가 되는 경우, 같은 사업장은 같이 모여서 싸워야 이기는데 분열되잖아요. 이처럼 쪼개지는 거는 대개가 지도부들의 욕심 때문에 그렇다고 생각해요. 무엇보다 첫째는 '내가 대장이다.' 하는 '대장병'이고, 이 관계에서 뭔가 이득을 얻을 부분이 있다는 거예요. 예를 들면 내 밑에 쭉 줄을 세워야 내가 좀 크잖아요. 또, 밑에 있는 사람은 줄을 잘 잡아야 편하잖아요. 이런 의미에서 정파 갈등의 핵심은 '권력 투쟁'이라고 봐요. NL이니 PD니 하는 것은 의미가 없어요.

우리 지역에서도 오랫동안 서로에게 상처 준 게 있어요. 두산중공업만 봐도, 손석형과 김창근은 NL이냐 PD냐 하는 것도 있지만, 한 명은 좀 뾰족한 스타일이고 한 명은 좀 물렁한 스타일이란 것도 있잖아요. 한 명은 PD적 노동당이고, 한 명은 진보당에서 민주당까지 왔다 갔다 하니까요. 그런데 나는 처음에 김창근 씨하고 같이 했는데, 1987년 7~8월에 갑자기 손석형이 나타났어요. 처음에 난 저 사람이 누군가 했어요. 당시 〈마산문화〉라는 잡지에 삼성라디에터 사건이 실렸어요. 그래서 내가 박영주 같은 친구들에게 물어봤더니 좀 문제가 있다고 하더라고요. 그 기사를 복사하여 가지고 있으라고 몇 사람에게 주었는데 그 기사를 퍼뜨린 친구가 있었던 거예요. 앞에서 말한 대로 김창근한테도 내가 죄를 지은 게 있지만, 손석형한테도 내가 죄를 지은 거예요. 살다 보니까 그렇게 됐는데, 손석형은 1987년 7~8월 투쟁 때 한국중공업 문제 때문에 그해 9월에 제일 먼저 구속되었어요. 그때는 내가 김창근과 같이 활동했고 손석형과는 거리가 멀었어요. 그 후로 둘이 갈등하는데 어떻게 해보려고 해도 잘 안되더라고요. 그때부터 김창근이 손석형을 거부하는 것도 있고, 나는 서로 합치려고 양쪽에 노력했어요. 그런데 잘 안되었어요. 물어보지는 않았지만 다들 마음속에는 자기가 중심이 되어야 한다는 생각이 좀 있었던 거 아닌가 하는 생각을 가지지요.

김창근과 멀어지게 된 계기는 내가 복직할 때였는데, 김창근은 현장에 있고 손석형 집행부였어요. 당시 집행부가 손석형 집행부였고 난 해고자로서 회계감사에 출마해 계속 관계를 맺었으니 복직 과정에서 손석형 집행부와 계속 의논할 수밖에 없잖아요? 그래서 복직할 때 손석형과 같이 의논하는데 그때 내가 김창근과는 별로 의논을 안 했어요. 복직 합의 후에 김창근과 멀어졌지요. 첫째로 왜 같이 의논을 안 했느냐는 거고. 두 번째는 그때 내가 재입사 형태로 들어갔어요. 그전까지만 해도 우리는 해고자의 원직 복직을 주장했어요. 원직 복직이 아닌 재입사를 받아들였다는 거지요. 이런 것 때문에 멀어졌는데 무슨 의도가 있는 것은 아니었어요.

계파 갈등은 한쪽은 이론적으로 NL, 한쪽은 이론적으로 PD 이렇게 얘기했을 뿐이지. 현장에서 NL이 뭐니, PD가 뭐니 깊이 공부한 분들은 별로 없어요. 단지 생활에서 몸으로 체득한 것들이지요. 예를 들면 허연도 지도위원은 원래 문성현 선배하고 아주 친했는데, 많이 싸우고 나니 지금은 NL이라고 하잖아요. 원래 우리 지역은 PD가 중심이었고, 모두 경노협의 전투적 조합주의 아닙니까? 그런데 그거 하다 보니까 안 맞는 거 같다 이렇게 된 거지요. 손석형도 처음에는 거기하고 친해서 같이 하려고 했었습니다. 별 의미 없어요. 나는 지금 NL과 PD를 자꾸 나누는 것은 머릿속에서 생각하는 분들이 그런 거지 이게 그대로는 아니라고 봐요. 세상은 자기가 보는 대로 보이는 거지요. 내가 부처님한테 요즘 배우는 거예요. NL과 PD는 동전의 양면이라고 그러잖아요. 나는 그렇게 보는 사람이에요.

문제는 그렇게 나눠서 이득을 보는 집단이 있고 이득을 보려는 사람들이 있다는 거지요. 계파는 그렇게 만들어지는 것인데 이걸로 계속 소모적으로 싸우는 이유는 무엇이고 어떻게 해결할 수 있을까? 나는 '사실을 있는 그대로 여실하게 알고 인정하면 없어질 거'라고 생각합니다. 배운 사람들은 이념이 중요하니까 무슨 큰 걸 생각하는데, 우리 현장에 사는 사람들은 아니거든요. 사소한 이해관계나 친소 관계에 따라서 계파 활동을 하고 서로 적대시하기도 합니다. 이걸 극복하기 위해서는 사실을 있는 그대로 여실하게 보는 훈련이 필요하다. 사람은 다 자신의 이해관계를 찾아가게 돼 있어요. 그리고 노동자는 개인적으로는 안 되고 하나로 뭉쳐야 힘이 된다는 것을 알지요.

하여간 나는 계파를 좋아하지 않는 사람입니다. 내 밑에 줄 세우는 거 좋아하지 않습니다. 사람은 다 자주적이고 다 주인인데 왜 줄 세우려고 들어요? 요즘 부처님 공부하면서 명확히 깨우치고 있어요. 부처님은 세상을 있는 대로 여실하게 보려고 했습니다. 난 줄을 안 세우고 뒤에 아무도 없어요. 옆의 다른 사람들한테도 그냥 가이드지 리더는 아니었어요. 나도 제 역할을 못 한 게 사실이죠. 왜냐면 중요한 순간마다 '왜 내가 제 목소리를 못 냈을까.' 하는 아쉬움이 있습니다. 예컨대 문성현 선배가 그렇게 줄 세우려고 할 때 나라도 경노협에서 버티면서 사람들을 모아놨으면 더 잘 컸을 텐데 하는 생각이 있지요. 이 지역이 노동운동 초기에는 진짜 터가 좋았다고 나는 생각해요. 씨 뿌린 대로 그냥 척척 커 올라갔으니까요. 지금은 물론 다른 지역과 별 차이도 없고 거의 비슷해졌지만, 말 그대로 우리 지역만큼 기름진 토양이 없었다니까요. 척척 올라왔었어요. 그런데 이 터가 척박해졌지요. 지도자들이 거름 줄 생각은 않고 일방적으로 뽑아내기만 했으니까. 과실에만 관심을 가졌던 거지요.

그때 왜 그렇게 못했을까 회한이 있지요. 토양은 좋은데 좋은 씨를 더 많이 뿌려서 진짜 잘 거두어들일 수 있었는데 못 했다는 게 내 나름대로 첫 번째 반성입니다. 저는 자기주장이나 목소리를 크게 내는 스타일이 아니었어요. 내가 살아오면서 그게 꼭 옳은 거냐 이런 성찰을 많이 했습니다. 한 생을 더 산다면, 여실하게 보는 태도로 대심하게 살았으면 좋겠다는 생각을 합니다.

예컨대, 이쪽 지역에는 문성현 선배만 그런 게 아니라 그전에는 주대환 선배가 자기가 이 지역의 대표라고 그랬어요. 임수태 선배도 다르지 않아요. 임수태 선배는 대놓고는 안 했지만 제일 먼저 내려오신 분이었고, 주대환 선배는 여기가 고향이고 1987년 이전 민통련하고 그럴 때잖아요. 주대환 선배는 1985년 해고되고 나서 신마산에 살 때 만난 적이 있어요. 현장에 있을 때는 내가 피했죠. 해고되고 나서는 주대환 선배도 만났고 문성현 선배도 만났어요. 그때만 해도 NL, PD 이런 개념은 별로 없었어요. 나도 '내가 NL이다.'란 생각이 별로 없었습니다. 저는 1987년 투쟁을 통해 '사람은 자주적'이라는 것을 몸으로 체득했기 때문에 그 이후로 계파는 잘 안 한 사람입니다.

NL 진영에 대해서도 앞에서 민중당/진보당 만들 때 패권주의 안 하겠다는 선언을 했다고 얘기했잖아요. 최근에 진보당 내에서 분란이 있었다는 얘기는 하나도 못 듣잖아요. 정의당은 분란 소리 들리잖아요. 파벌이 강한 진보당도 현재 힘과 자원이 없으니까, 이해관계가 없으니까 파벌을 잘 안 하거든요. 그래도 현재의 구조 속에서 어떻게 해야 하느냐 생각해 보면 진보당 쪽 생각이 옳다고 보는 거지요. 우리 사회의 기본 구조는 제국주의라는 거예요. 우리 민족이야말로 제국주의로부터의 아픈 상처를 갖고 있고 언제 전쟁이 일어날지 모르는 상태에 있잖아요? 우리가 느끼지 못하고 있을 뿐이지 세계 최고의 화약고가 한반도 아닙니까? 이런 문제에 대해서 노동운동이 나서는 부분도 없지는 않지만, 진보당은 그래도 열심히 하잖아요.

정의당과 진보당의 차이에 대해서는 이렇게 생각해요. 민주노동당 분열한 이후 지금 진보당에 있는 친구들은 자기 헌신의 경향이 좀 더 강한 사람들이었어요. 정의당은 정치적 욕심들이 앞섰던 분들이 많았다고 생각해요. 예를 들면 지금 진보당에서는 국회의원 후보가 당선을 예상하는 사람이 하나도 없지만 80여 명 나오잖아요? 전체를 위해 나서는 거지요. 정의당은 당선 안 될 것 같은 사람들은 안 나서잖아요? 자기 헌신하는 정도에 차이가 있어요. 진보당 참여자들이 자기 헌신성이 높은 것과 왜 진보정당을 하는가와 관련하여, 내가 진보정당에서 뭐가 되고 싶다기보다 우리 시대의 과제를 내 나름대로 해결하기 위해서 이렇게 한다고 생각하는 분이 상대적으로 많아요. 그건 철학의 문제일 수도 있고, 살아온 삶의 문제일 수도 있습니다. 사람은 다 다른데 비슷비슷한 사람끼리 모인다. 세월이라는 체로 걸러진 측면일 수도 있어요. 시기 시기마다 체로 쳐지는데 굵은 알갱이는 이쪽에 떨어지고 가는 알갱이는 저쪽에 떨어졌다는 거지요. 저는 여기에 노선의 문제는 큰 의미가 없다고 봐요. 머리가 사람을 움직이는 게 아니고 사람을 움직이는 건 감정이잖아요. 내 감정이 동하면 휘둘러버리지 않아요. 역사적 계기마다 어떤 위치 속에 이렇게 갈라져 나가는 것은 과거부터 있었던 업보가 나를 이렇게 만들어 왔고, 내가 지금 하는 행동이 앞으로도 나를 계속 만들어갈 것이라는 거지요.

진보 대연합의 필요성이나 가능한 조건에 대하여, 정의당에서 제안했지만, 진보당에서 못 받아들였어요. 정의당의 제안을 왜 못 받아들였느냐면, 첫째는 그거 가지고는 우리 사회 문제에 해결이 안 된다고 본 거지요. 정의당에서 얘기한 건 지금 정당들이 정의당 이름으로 합쳐서 선거에 나오자는 건데 이건 선거만 생각하는 거예요. 저는 진보당의 방침이 옳다고 보고, 윤석열 정권 퇴진을 위한 반수구 대연합을 하자는 겁니다. 민주당을 인정하자는 겁니다. 현재 대중들의 처지와 생각이 그 정도밖에 안 되는데, 민주당을 부정하고 우리 주장만 해서는 해결이 안 된다고 보는 거예요. 내가 노동조합을 해봐도 다 그런데요. 노동조합 할 때도 예를 들면 손석형 조직을 중심으로 했어요. 두산중공업은 손석형, 김창근, 강대균 이렇게 세 조직이 있었어요. 세 파벌이 성향이 다른데 손석형 조직이 중간에 있어서 양쪽을 같이 해야 해결될 수 있다고 생각했던 거지요. 세 파벌 모두 저를 끌어들여야 선거에 승리한다고 생각했을 텐데요. 그러나 손석형 계열 정파에 사람을 끌어들인 적이 없어요. 내가 한 거는 통일위원회고, 통일위원회에는 세 조직의 구성원 모두를 다 끌어들였어요.

지역에서의 산별노조 운동

저는 솔직히 산별노조 운동 초기에는 너무 일찍 서둘렀다고 봐요. 그러다 보니 산별노조 추진 세력이 소수가 돼서 두산중공업 노동조합도 어려워지고 그 후의 노사 갈등과정에서 배달호 열사 사건도 발생했다고 봅니다. 왜냐면 대사업장들이 안 갔잖아요. 현대기아차가 산별 전환에 동참하지 않은 가운데, 김창근 위원장 때의 한국중공업은 가장 큰 사업장으로 그 짐을 다 받다 보니까 어려움에 직면했던 거지요. 두산중공업 노동조합이 박살 났고요. 사실 당시 산별노조를 거부하거나 부정하는 사람들은 별로 없었어요. 다만 내가 보기에는 당시의 전국적 구조 속에서 그렇게 빨리 가야 할 일이 아닌데 심상정, 단병호 이런 분들과 교수님들이 너무 빨리 진행했다고 보는 거예요. 난 지금도 그렇게 생각해요. 그 당시에 대산별-소산별 논쟁은 큰 의미가 없고 다 각자의 이해관계에서 나온 거라고 생각해요. 가능한 대로 힘이 되는 만큼 만들어가면 되고 대중의 처지를 감안해 만들어야 했는데, 머리만 앞서다 보니 다 정리가 안 된 채로 출범하지 않았는가 싶어요. 나는 지금 산별노조 운동이 크게 성공했다고 보진 않아요. 협상해 봐야 큰 의미가 없고 내용도 없이 그거 만든다고 괜히 고생만 하고 있다고 봐요.

내가 2009년에서 2013년까지 6기 오상룡, 7기 신천섭 집행부 때 4년간 금속노조 경남지부 부지부장을 했지요. 오상룡 지부장 때 내가 SNT중공업 협상위원으로 교섭에 들어갔었는데 당시 SNT중공업도 사정이 굉장히 어려웠지만, 내가 들어가 조금 조율한 것도 있었어요. 당시 박재석 사장이었는데, 그는 노동운동 할 때 알고 지내는 사이였어요. 당시 협상이 잘 안되어서 노동조합 지회장이 단식하고 있었어요. 그러다 보니 내가 협상 대표로 나가 우리 입장을 최대한 이야기하니까 박재석 사장도 자기 어려운 얘기를 나한테 하잖아요. 얘기를 할 수 있는 분위기가 돼 있으니까. 내가 우리 협상에 필요한 거에 대해 말하고 사장한테 가서 '이건 줘야 한다'고 해서 합의를 이끌어냈어요.

그러고 나서 내가 지회 집행부한테는 "조합원이 주인이고 간부는 일꾼일 뿐인데, 일꾼인 지회장이 굶어가면서 월급 올리는 거는 나쁜 주인이 아니냐? 이런 문화는 안 좋다고 생각한다. 안 좋은 전통이다. 한번 그러면 이후 자꾸 그러자고 요구하게 돼 있다. 요만큼만 하자."고 설득했어요. 집행부도 그걸 인정하고 정리했지요. 나는 돈이 중요한 게 아니라 노동조합이 제대로 된 조합원을 만드는 게 중요하다고 생각했어요. 조합 간부는 일꾼이고 조합원이 주인이라고 생각해요. 그런데 주인이 '돈 돈 돈' 하면 일꾼도 돈만 요구하는 사람들이 된다. 이후에 일꾼들을 굶겨서 '저게 되더라.' 하면, 주인이 또 굶으라고 할 거 아니에요. 그렇게 되니까 그 후에 분위기가 좋아지면서 회장인 최평규가 인정하여 조호영이라고 해고자가 하나 있었는데 복직이 이루어졌지요.

그러니까 그게 산별 구조가 아니었으면 어려웠을 거예요. SNT중공업 노사관계가 심각했습니다. 그러니까 산별노조의 장점도 있다고 봐요. 대신에 나는 산별노조 전환을 너무 서둘렀다고 봐요. 때가 되고 익어야 제대로 된 과일이 되고 제대로 된 상품이 되는데, 이게 덜 익은 게 되다 보니까 제대로 된 상품이 못 되고 지금처럼 좀 병든 사과가 됐다고 봅니다. 예를 들면, 과일도 충분히 숙성해서 온갖 군데가 다 똑같아야 먹음직한 과일이 되는데 한 군데가 먼저 익으면 다른 곳이 익을 때쯤엔 그곳은 썩어 제대로 된 상품이 안 되잖아요? 지금은 내가 지회를 떠난 지 벌써 6년이 넘었고 노동조합 사정에 대해서 세밀하게 알지는 못해요. 하지만, 학교비정규직노조나 마트, 전교조 등 다른 산별노조를 보면, 다 같이 투쟁하고 큰 문제 없이 잘 굴러가요. 그런데 금속은 지금 제대로 못 굴러간다고 보는 거지요.

만약 산별노조 전환을 늦추었다면 문제가 해결되었을까? 미뤄 짐작하는 건데 내 생각은 이런 거예요. 말하자면 여기 벽이 하나 있는데, 이 벽을 무너뜨리려면 물이 확 고여왔다가 한꺼번에 뻥 터져야 무너지는데, 조금 더 빨리 넘어가는 데는 넘어가고, 안 넘어가는 데는 안 넘어가는 상태가 현재 금속노조의 상태 아니냐고 생각해요. 그래서 난 처음 시작하면서 물이 뻥 터지려면 좀 더 기다려서 에너지가 더 고일 때를 기다렸으면 했었어요. 하지만 일단 한번 나가기 시작한 것을 되돌리는 건 어렵다고 봐요. 벌써 세상이 바뀐 거고, 그렇다면 현재에서 답을 찾을 수밖에 없는 거지요.

87년 투쟁이 끝나고 저는 이제 세상이 한 단계 발전될 줄 알았어요. 이제 현장에 각각 알알이 다 만들어졌고, 그 교두보를 발전시키면 될 것이라고 생각했는데, 그 이후로 그렇지 못했어요. 이건 사람의 잘못이 크다고 봐요. 세상이 이렇게 발전될 수도 있었다. 그렇다고 세상이 발전하지 않고 있냐면 세상은 끊임없이 발전되고 있어요. 금속노조는 나름대로 그 역할을 하고 있고 이걸 더 나은 방향으로 변화시켜 나가면 되는 거예요. 지금 학교 비정규직이나 공무직, 마트, 택배 등 다양한 비정규직 노동조합들이 생기잖아요. 지금 민주노총 내에서 비정규직 조합원이 거의 3분의 1 이상 되는 거로 알고 있어요. 꼭 금속이 중심에서 뭘 해야 하는 것은 아니지요.

경남 전체로 보면, 작은 사업장의 비정규직은 노조를 만드는 것 자체가 어려웠잖아요. 두산중공업에서도 협력업체 노동조합을 만들다가 무너지고 책임을 못 지니까 못 만들었어요. 하청업체는 물량을 안 주면 끝이잖아요. 답이 없는 건 아니에요. 지금은 조금씩 나아지고 있잖아요. 대기업을 중심으로 비정규직 노동조합이 생겨나고 있고 협력업체에서도 그렇게 되리라고 봐요. 그래서 그것만 잡고 있어야 한다는 것은 너무 고정된 생각이 아닌가 해요. 세상은 흘러가는데 고정된 실체는 없다. 부처님 말씀에 '제행무상(諸行無常)'이고 '제법무아(諸法無我)'다. 너는 흐름에 있어서 소용돌이 하나에 불과하다. 금속노조도 소용돌이라는 거지요.

노동운동을 위한 성찰과 당부

저도 노동운동이 때가 올 때까지 기다리기만 해야 한다는 건 아닙니다. 사람이 다 노력해서 때를 앞당기려고 해야죠. 예를 들면 내가 진보당 활동을 하는 건 때를 앞당기려고 활동하는 거예요. 이걸 해서 진보정치의 중심 알을 제대로 만들어 놓자는 거지요. 민주당도 있으니까 반수구 대연합을 하려면 양쪽이 다 알이 제대로 차야 가능하고, 그걸 타 넘으면서 우리나라가 직면한 제국주의적인 질곡을 극복해 나갈 수 있다는 거예요. 노력을 안 한다는 얘기가 아니라 노력의 방향성이 제대로 된 것인가 싶은 거예요.

내가 때가 덜 됐다고 얘기하는 거는 산별노조라는 장벽은 쉬운 장벽이 아니니까 제대로 된 방향성 속에서 때가 될 때까지 최대한 더 큰 에너지를 더 만들어서 쳐나갔어야 제대로 되는 거였다는 거지요. 산별노조를 추진하려는 사람들의 생각을 만드는 노력을 했어야 했는데 나도 그때 제대로 못 한 사람이잖아요. 그럼 지금은 무엇을 해야 하냐면, 파벌 갈등을 없애기 위해 사람들의 생각을 바꾸려고 노력해야 한다고 생각해요. 그 길은 부처님의 삶에서 찾을 수 있습니다. 부처님은 자기가 가진 걸 다 버리고 다른 사람들과 똑같이 산 사람이에요. 왕의 아들로 태어났지만, 룸비니동산이라는 길에서 태어났고, 길가에 있는 보리수 아래서 깨달았고, 길에서 걸식하며 살았고, 제자들도 길에서 가르치고. 돌아가실 때도 어려운 동네를 찾아서 길 가다가 사라수 나무숲에서 돌아가셨어요. 길에서 사신 분이에요. 난 이런 것들을 잘 배워야 한다고 생각해요. 있는 대로 세상이 그렇다. 내 인생도 그런 거다. 넌 그래야 행복하다. 정파 지도자들의 '대장병'도 그냥 신기루고 아무것도 아니라고 생각해요.

줄 서는 게 행복이 아니다. 이건 종이다. 내가 주인이 될 때 제일 행복하잖아요? 내가 자유를 얻을 때 가장 행복한데, 자유롭게 사는 건 부처님 길로 불법승 세 가지예요. 삼보에 귀의한다고 그러잖아요. 불 · 법 · 승. 불(佛)이라는 건 뭐냐 하면 부처님은 해탈한 사람이잖아요. 해탈=자유를 얻은 사람인데, 자유의 본모습은 내가 주인인 거예요. 자주(自主)예요. 그래야 자유롭지 내가 주인 아니면 자유로울 수가 없어요. 법(法)이라는 건 뭐냐면 우주 자연에 있는 연기법이에요. 세상은 누구나 평등하게 다 연기법이 적용되는데, 현대적 의미의 법이라는 건 가치로 볼 때 평등입니다. 승(僧)은 뭐냐면 중에게 귀의한다는 게 아니라 그 시대 승가, 즉 부처님 집단이에요. 부처님 집단은 그 내부에서 서로 싸우는 게 없었대요. 부처님은 '나는 싸우지 않고 사는 법', 평화를 가르치러 왔다고 합니다. 그러니까 불 · 법 · 승 삼보에 귀의한다는 말은 자주, 평등, 평화의 세상에서 산다는 의미지요.

운동이란 게 결국 사람이 스스로 삶의 주인이 되는 것이고, 세상이 있는 대로의 모습이라는 거예요. 내 몸도 고정된 게 아니잖아요. 세상을 고정적으로 똑같이 보는 게 아니라 세상 자체가 변증법이에요. 부처님 생각은 변증법보다 훨씬 전에 이걸 깨달은 거지요. 제가 보기에는 세상 자체가 그렇고, 세상의 방식대로 살면서 행복도 있고 효율도 있는 거지요. 지금 노동조합도 그렇게 하면 됩니다. 노동조합 내부에 자주, 평등, 평화만 이뤄주면 되지 자꾸 줄 세우려 하고 욕심을 내려고 하니까 안 되는 거예요. 자기만 내려놓으면 되니까 진짜 편하고 쉬운 길이지요.

앞으로의 계획과 관련해서 나는 반성을 많이 합니다. 활동과 관련해 여러 가지 반성할 게 많지만, 진보당이 아직 제자리를 못 찾았으니 그때까지 상임 지도위원 역할을 계속했으면 하고, 우리 사회의 구조 속에서 제국주의에 반대하는 통일운동이 중요하다고 보는 사람입니다. 북한의 태도 변화를 많이 이야기하는데, 내용은 똑같은 거예요. 북한에서 '남조선 것들'이라고 했는데, 흡수통일을 주장하는 사람들에게 말하는 거지요. 그건 이제까지 말로만 통일 얘기를 하고 자기들은 자기들의 제도와 구조 속에서 자기들끼리 살고 싶은데, '너네는 너네식대로 살아라. 우리는 우리 식대로 살겠다'는 거지요. 부처님 방식만 적용하면 돼요. 우리가 북한을 흡수해서 자본주의식으로 살라고 하니까 문제가 되는 거 아니에요? 그러니까 그런 '대한민국 것들'과 같이 못 산다고 말하는 겁니다. '민주정부'라는 문재인 정부 시절에도 통일 문제는 말로만 해놓고 뭐 하나 한 게 없잖아요. 그렇게 해서는 안 되고, 자기들은 북의 사회 시스템으로 살고 싶은데 그걸 인정하라고 하는 거지요.

그래서 진보당 제자리 찾기와 통일운동, 부처님 나라 운동을 하고 싶어요. 아침마다 꿈을 꿉니다. 큰 깃발 딱 하나 여기다 '부처님 나라' 적어서 '자주, 평등, 평화 세상.' 이렇게 써놓고 밖으로 길가로 돌아다니는 그런 꿈을 새벽마다 꿨네요. 그리고 다른 지역과 비교하면, 경상도 사람은 경상도 사람 기질이 있어요. 경상도 사람들은 먼저 팍 치고 나가지만 속이 없어, 호남 사람들은 끈질기고 도와주면 관철시켜 나가거든요. 그래서 이제 좀 깊게 잘 정리를 해가면서 관철해 나가는 방법을 고민했으면 좋겠어요.

저는 살아온 과거를 반성하면서 더 큰 꿈을 가졌었으면 했어요. '소욕(所慾)'이 아니라 '대욕(大慾)'이라고 그러잖아요. 큰 꿈을 꾼다는 것은 예를 들면 부처님 나라 이것도 큰 꿈이잖아요. 내가 꾸던 꿈도 개인적인 거지만 진짜 큰 꿈이잖아요. 그래서 후배들은 더 큰 꿈을 갖고 그걸 이루기 위해서 생활을 충실히 했으면 좋겠어요. 생활에 충실하지 않다 보니까 젊어서 문제 생기는 분들이 많았고 그걸 보면서 참 안타깝게 느꼈어요. 그래서 큰 꿈을 꾸지만, 생활에 충실하지 못해서 너무 늦게까지 일하고 자기 몸을 다 버리는 사람들을 너무 많이 봤어요. 얼마 전에도 또 돌아가시는 분들이 있었거든요. 그래서 그렇지 않게 멀리 보고 갔으면 좋겠다는 생각이고, 두 번째는 내가 잘못한 거라서 자꾸 반복하는데, 사실을 있는 대로 보는, 불교식으로 '여실하게' 보는 훈련을 했으면 좋겠어요. 내 관념이 아니라 사실을 사실대로 보는 게 자기 인생을 발전시키는 데 정말 중요하다는 것을 말씀드리고 싶습니다. (구술 일시: 2024년 1월 11일)

4

한국중공업 노조 투쟁 이후 노동자 정치운동

손석형(전 민주노총 경남본부장)

1964년 경남 사천시 출생

1958년 경남 창녕 출생

1985년 한국중공업 입사

1989~1995년 제4 · 8 · 9 · 11 · 13대 한국중공업(두산중공업) 노조위원장

1998~2005년 민주노총 경남본부 제1 · 2 · 3대 본부장

민주노동당 경남도당 창원시 위원장

권영길 국회의원 후보 공동선대본부장

노회찬 국회의원 후보 상임선대위원장

2008~2010년 제8대 경상남도의회 의원

2010~2012년 제9대 경상남도의회 의원

2012 국회의원 선거 창원시 성산구 야권단일후보

2013년 국립창원대학교 대학원 행정학 석사 졸업

2016 국회의원 선거 창원시 성산구 진보단일화 경선

창녕공고 전기과 졸업과 실습

고향은 창녕군 도천면 송진리로 어르신들 말로 '시나루'라고 합니다. 옛날에 낙동강 물이 거기까지 들어와서 나루터가 되었다고 합니다. 시나루터 사람들을 벌놈이라고 얘기하는데 벌판이 넓기 때문에 언뜻 보면 억수로 부자 동네죠. 하지만 해마다 물이 들어 난리를 겪지요. 그런 점에서는 4대강 개발에 제일 이득을 봤다면 봤고, 피해를 입었다면 입은 그런 마을에서 태어났습니다. 우리 할아버지 별명은 구두쇠인데 엄청나게 알뜰해서 솔직한 얘기로 촌에서 부자 라면 별거 아니지만, 그래도 군 내에서 부자라는 소리 들을 정도로 부자였습니다. 그런 집안에서 부친은 지역에도 유명한 이순복(경남신문사 사장) 씨, 박종규(경남대 총장) 씨와 학교를 다니셨습니다. 이순복 어르신은 너희 아버지 덕에 내가 대학 졸업을 했다고 하셨습니다. 우리 부친 별명은 만푸장입니다. 먼저 보면 임자라 할 정도로 막 퍼주는. 부친은 돈 안 되는 사업을 많이 하고 그랬는데 정비소도 했고요. 제재소 산판 이런 걸 많이 했어요. 그래서 좀 많이 주저앉았죠. 그래서 옛날에 3대 부자 3대 가난이 없다 하는 이야기가 있지요. 우리는 1대 부자입니다.

저는 머리도 안 좋은 편이고 공부도 하기 싫고 해서 공고로 갔습니다. 지금은 한국과학기술고등학교인데 그때는 창녕종합고등학교입니다. 그게 창녕공고로 바뀐 겁니다. 공고는 공부 많이 안 한다고 해서 갔죠. 제가 성남시로 실습을 갔어요. 성남시에서 판자촌이라 하는 걸 그때 봤죠. 창녕공고니까 3학년 되면 실습을 가는데 다들 머리가 나쁜지 제가 공부를 안 해도 상위 클래스였습니다. 2등을 했어요. 공부 좀 한다고 서울로 실습을 보낸 데가 성남시인데 가서 보니까 가내공업이에요. 전기과 출신이니 모터를 감는 데 갔어요. 지금은 모터가 많이 전문화

됐지만, 옛날에는 모터마끼라고 하는데 모터를 코일로 감았어요. 내가 좀 깨서 그랬는지 하여튼 도저히 못 견디겠더라고요. 도망을 가서 서울 범한전기라고 하는 데 또 갔어요. 그것도 학교에서 넣어주더라고요. 그런데 거기는 강전이에요. 전봇대 꽂고 전선 치고 하는 곳이거든요. 말 그대로 전기쟁이라고 합니다. 이분들이 욕으로 노래를 할 정도로 욕을 잘합니다. 그런데 거기에도 몇 개월 있다가 못 견뎌서 끝내고 이제 공부해야겠다는 생각이 들더라고요. 도저히 이렇게는 안 되겠다 싶어서 공부하러 내려왔는데 제가 부산 서면학원에 갔어요. 그런데 공부를 안 하다가 하니 잘 안되더라고요. 대학시험에 떨어졌길래 그만뒀겠죠. '공부는 내게 안 맞는갑다. 실력이 딸리는 갑다.' 싶어서 그럭저럭 나이가 스물일곱 여덟 이렇게 됐어요. 그때는 직장이 없었으니까 촌에 또 내려갔죠.

군에는 운이 좋아서 편한 의무병을 갔죠. 810 주특기로 갔죠. 제 전공은 공고 전기과인데 810을 갔어요. 통합병원에 근무하다가 제대를 하고 촌에 있으니까 결혼을 해야 하는데 촌에 있으면 시집올 사람이 없어요. 그래서 내가 안 되겠다. 사업을 해야겠다는 생각을 제가 가졌습니다. 제가 하고 싶은 사업은 흔히 이야기하면 식재료 사업이었어요. 그 당시 생각으로 아주 위생적인 식재료를 잘 공급하면 돈이 되겠다 싶었어요. 친구 하나가 동마산 시장에서 고추 방앗간 참기름 짜는 걸 하고 있었어요. 거기서 3개월 일을 배우면서 알게 된 사람이 지금 내 집사람인데 처가에서는 직장을 안 가지면 딸을 안 주겠다고 했죠. 그래서 내가 직장을 갖기로 하고 낸 데가 한국중공업. 거기 선박 엔진이 구조조정을 하면서 그게 생겨난 거예요. 그래서 한국중공업에 지원서를 넣었죠.

한국중공업 입사

1985년도 5월 13일 입사하거든요. 입사를 하고 7일 만에 결혼식을 한다고요. 그건 뭐냐면 전제조건이 여기에 들어가기로 됐다. 결혼을 해야겠다 해서 결혼식을 했어요. 그 당시에는 노조라는 걸 생각 안 했죠. 노조라는 건 아예 뭐 기회가 있어도 안 한다는 생각을 가지고 노조를 모를 때니까. 내가 그전에도 삼성라디에터에서 노조 결성과정에서 혼이 났기 때문에 나는 노동운동은 안 한다고 마음먹었습니다.

이렇게 있다가 한국중공업으로 들어가게 됐어요. 한국중공업에 들어갔는데 노동조합 결성한다고 리본을 달고 띠를 매고 식당에 서 있더라고요. 5월 13일 입사했으니까 한 1년쯤 되고 난 이후일 것 같아요. 86년도 말이나 87년도 초쯤인데 경비들이 조합원들을 쌔리 마 끌고 나오고 하더라고요. 그래도 뭐 아무도 누가 말리는 사람도 없고 보니까 끌려나가고 조용해요. 두 번째 시도를 몇 개월 지나서 또 하더라고요. 하는데 그때는 분위기가 좀 될 것처럼 하다가 또 끌려나가서 그 사람들 안 보이길래 어찌 됐는지 물어보니까 해고됐다는 설도 있고 그렇더라고요. 그러다가 1987년도 7월인가 갑자기 노조가 결성됐다는 거예요. 이때 '노조 인정 못 한다' 대 '노조를 인정하라.' 이 싸움이 붙었어요.

소방서 앞에 노조를 만든 팀하고 어용노조 간부들이 쭉 앞에 서 있고 조합원들이 앞에 앉았는데 내가 볼 때는 아마 딱 짜서 앉은 것 같아요. 내가 앉아 있으니까 앞에 선 노조를 만든 친구가 '너그들 앞으로 가만 안 두겠다.' 이러는 겁니다. 몇백 명의 조합원들을 보고 윽박지르고 다 이름을 적어 놓으라고 이러더라고요. 그래서 아니 민주노동조합이라 하면 우리가 주인인데 우리 보고 느그들 가만 안 두겠다 이렇게 하는 거는 안 맞지 않느냐 생각이 들었어요.

내가 딱 일어서려고 하니까 뒤에서 "앉아, 이 새끼야!" 하고 딱 당겨 버리더라니까요. 그래서 앉아 있으니까 또 들어보니 이건 아닌 것 같다 싶어서 제가 일어나려고 하니까 또 당겨 버려요. 내가 이제 일어나려고 하는데 잡으니까 엔진 공장에 있는 사람들이 "야, 놔둬라. 이야기나 한번 들어보자." 이렇게 된 거예요. 그렇게 네 번째 기회가 와서 그때 나도 모르게 "민주노조라 하는 것은…" 하면서 연설을 했어요. 조합원을 위한 조합원에 의한 노조가 민주노조이지, 당신들이 지금 윽박지르는 거 보니까 당신 어용인 것 같다 이 논리였습니다. 그걸 3분 동안 이야기를 했는데 그게 기폭제가 된 겁니다. 그런데 당시에 사람들은 내 이름은 모르고 '걸마 그기'라고 했어요. 내가 그때는 차가 없을 때거든요. 통근차를 탔는데 "걸마 그거 아니면 안 되겠더라." 그러는 거예요.

노동운동을 시작하게 된 계기

제가 운동적 가치관을 명확하게 교육받고 했던 사람은 아닙니다. 어찌 보면 고집스럽기도 하고 어찌 보면 덜 깬 사람인데, 저는 이념을 잘 모릅니다. 저를 비판적으로 보는 사람은 협상주의, 또 어떤 사람들은 좋은 말로 합리주의, 더 극한 말로는 실용주의라고 하는 말을 많이 합니다. 저는 노동운동이 노동자들의 계급적인 투쟁도 필요하지만 일에 대한 가치를 높이는 일, 그러니까 노동자의 삶을 더 낫게 하는 일, 이념적인 것보다는 실용적인 쪽으로 생각을 많이 했던 사람입니다.

저는 87 노동운동부터, 마창노련 전노협, 금속 3 조직 통합, 금속노조, 산별노조 이 과정을 거쳤던 운동가입니다. 한국중공업 노조위원장은 약간 공기업성이 있는 노동조합이기 때문에 투쟁적이고 이념적인 입장에서 봤을 때는 노동운동가로 부족한 점이 많을 것으로 보이지만 저는 실용적인 입장이나 현실적인 입장을 대변하는 노동운동가라고 생각합니다. 우리 지역에는 크게 이야기하면 '사주', '평등' 이렇게 크게 두 개가 있지만 저는 한 번도 어느 한쪽에 치우쳐 본 일은 없습니다. 어느 한쪽에 약간 좀 친하다는 이야기는 들을 수 있지만 한 번도 어떤 조직에 들어가 본 일은 없습니다. 그런 점에서 저는 양쪽 다 불만이 있을 정도로 객관적인 이야기를 할 수도 있다는 겁니다. 한국중공업에도 민주노조 추진위원장부터 6번의 노조위원장을 했습니다.

저는 위장하고 거래하고 싶은 마음은 전혀 없는 사람입니다. 이미 수없이 평가도 많이 받아 봤고 잘못된 부분도 있겠지만 잘된 부분을 좀 교훈 삼아서 후배들이 노동운동 하는 데 조금이라도 좀 도움이 됐으면 좋겠고 또 앞으로 노동운동 하는 데도 아마 그런 것을 생각해서 더 좋은 노동운동 방향으로 갔으면 좋겠다는 생각입니다.

주목받는 선동가

제가 유명세를 타면서 사람이 다 찾아오게 되는 거죠. 어용노조 쪽에서는 같이 하면 '부위원장 주꾸마' 이게 그쪽의 태세고, 회사는 '네가 가만히 있거나 아니면 다른 데 파견 가거나 그렇게 해라. 아니면 해고하겠다.' 이게 회사 이야기고요. 그때는 김창근 씨는 없었습니다. 나한테 찾아온 사람은 이시형과 이상진이었어요. 찾아온 거는 뭐냐 "함께하자. 도와달라. 도저히 당신하고 안 하면 우리가 못 하겠다."였습니다. 그래서 활동가가 몇 명이냐고, 70명 같으면 세상도 바꾸겠는데 사람이 하나도 안 보더라고 하니 나보고 딱 부탁한 게 뭐냐 하면 노동자 광장에 와서 연설만 한 번만 해주면 그 이후부터는 자기들이 하겠다고 했어요. 그때 내가 했던 연설 포인트가 '가자 본관으로' 이렇게 선언한 거죠. '본관에 가야 우리 삶이 열린다. 우리 노동이 열린다. 그리고 노동자들이 주장할 수 있는 이 삶이 열린다.' 이렇게 선언한 거죠.

노동조합이 있기 전만 해도 공기업이라도 PT 체조하고 아침에 구보하고 이랬어요. 원칙적으로 그렇게 하면 안 되잖아요. 지금 생각하면 안 되는 건데 그때 내가 따라 했거든요. 그런 군대적 분위기가 있었습니다. 그때는 무조건 회사에서 원래 임금 5원이라 하면 5원, 6원 그러면 6원이고. 임금인상에 대해서는 회사가 일방적으로 정했어요. 사람들이 서서히 불만이 터지고 있었지만, 노조를 만들었다는데 '이 사람을 따라야 할지, 저 사람을 따라야 할지' 모르는 상황이었어요. 노동조합이 우왕좌왕하고 있는 거예요. 그런 상황 중에 노동자 광장에서 "가자, 본관으로!" 내가 선언을 했는데, 이게 '걸마 거기' 왔다 해서 그런지 몰라도 폭발이 된 거예요. 사람들이 줄을 서서 가는데 선동을 한 내가 제일 앞에 섰거든요. 그래 앞에 섰는데 교육을 받은 애가 있었는지 몰라도 원래 계획대로 헬기장에 갔거든요. 스무 명 남짓 왔는데, 이시형, 이상정이 '못 하겠습니다.' 이렇게 되어 버린 거죠. 지금 일은 벌어졌는데 '이거는 실패하면 전부 다 해고고 구속이야. 너희가 그런 걸 알면서 준비가 이렇게 안 돼 있어서야 되겠나?' 하니까 도저히 못 하겠다고 해서 내가 임시 추진위원장을 하게 된 거죠. 구두로 '형님이 책임져야 합니다.' 이렇게 돼버렸습니다. 저도 겁은 나고 이러니까 사람들이 우왕좌왕하잖아요. 연설하는 사람도 없지, 리더도 없고 이러니까 엉망이라. 전부 오줌 누러 간다고 다 가버리고 하니까 "안 되겠다. 팔에 질서유지대 띠를 매고 공장을 한 바퀴 돌고 다시 앉자."고 했습니다.

우리가 얼마나 어리석었냐면 회사 보고 마이크 설치해달라고 기다리고 있었으니까요. 사실은 이건 아니잖아요. 투쟁하자는 사람들이 마이크고 뭐고 준비가 하나도 안 되어 있는 거예요.

몸만 가지고 나불거리고 있는 거예요. 한 바퀴 돌고 분위기를 갖춰 다시 헬기장에 앉겠다는 게 내 생각이었어요, 딱 가는데 앞에 교육받은 애들이 섰는가 봐요. "탁탁" 하더니만 정문을 봉쇄해 버린 거예요. 그게 또 어찌 보면 승부를 건 것은 맞는데, 앞에 선 친구들 중 구자근이라는 동지가 있었거든요. 그 친구가 행동대장이었다고 하더라고요. 그래서 이 친구가 딱 틀어 정문을 봉쇄해 버렸는데 일어나서 다시 저리로 가자, 이게 안 되거든요. 순간적으로 정문은 봉쇄했는데 그때 중장비를 가져오라고 해서 '니콜라스'라는 게 있어요. 그 큰 걸 정문에 딱 갖다 대 버리니까 단상도 되고 정문을 다 막아버린 거죠.

그걸 갖다 대고 정문을 막았는데 내가 원래부터 교육을 같이 받은 게 아니다 보니까 내 말을 안 듣고 자꾸 바깥에서 쪽지를 가져오는 거예요. "야, 지금은 살려면 우리가 뭉쳐야 한다. 다 내 말 들으라." 했는데, 멤버가 나누어지는 거죠. 그래서 야, 이거 참 성공하겠나. 이랬는데 하여튼 그 과정에서 문제가 또 생겨난 게 뭐냐면 바깥에서 누가 술을 넣어버렸어요. 막걸리를 몇 말 넣었어요. 그런데 이게 체계도 없고 취하니까 과격해지는 거예요. 사람들이 전부 다 여기 있어야 하는 게 아니라 본관을 불 질러 버려야 한다고 된 거죠. 통제가 안 되는 거예요. 그런 중에 정문 봉쇄 3일째가 되니까 공권력 들어온다는 설이 나오더라고요. 이거 안 되겠다 싶어 내가 머리를 짜낸 게 뭐냐 하면 행동대 발대식을 하면서 한 100명을 소집했어요. 나도 생전에 본관을 안 가봤으니까요. 밑에 현장직들이 본관을 가보는 건 불가능하거든요. 본관 12층에 중역들이 있다는 얘기가 들어온 거예요. 그래서 100명을 투입해 잡아 와라. 이렇게 된 거예요. 행동대들이 후다닥 얼마나 잘했는지 소화기를 누가 갖고 들어가 회의하고 있는데, "폭탄이다." 해서 터뜨려 버리니 전부 다 기어 나와 버렸다는 거예요.

행동대들이 서류를 탈취하고 간부들을 딱 줄로 세워 데리고 왔더라고요. 그거 누가 시킨 거 아니에요. 되려고 하면 그렇게 되는 거예요. 희한한 게 새끼줄 하나 쳐놓고 그 안에 부사장부터 해서 상무, 전무 이런 게 다 잡혀 왔는데 사장만 밖에 창원호텔에 와 있었다고 하더라고요. 거기서 진두지휘를 한다 하더라고요. 사장은 취임을 못 했습니다. 지금 이 투쟁이 대단히 중요한 투쟁이라는 이야기를 듣거든요. 그게 뭐냐 하면 민주화 선언하기 전 전제조건으로 합리적 노조를 결성해라. 그 당시에 학생운동은 피크에 달해 저쪽에서 더 이상 겁을 안 낸다는 거고요. 제일 겁나는 조직은 농민조직인데 농민조직은 조직화가 안 되어 있기 때문에 이건 한계가 있다 이렇게 본 거고. 봇물처럼 일어날 수 있는 조직이 노동조직이라고 평가를 했거든요. 누가 나한테 와서 이야기를 해주더라고요. 민주화 선언을 하기 전에 사회적 폭거가 일어날 것을 사전에 대비했다는 거예요. 그래서 너희 투쟁이 되게 중요하다. 그러면서 그 사람 하는 이야기로는 울산 현대 엔진, 현대중공업 이것이 바로 한국중공업으로 왔다고 이야기를 하더라고요.

그런데 우리 지역의 사람들은 우리 투쟁을 별로 높게 생각을 안 해줍니다. 내가 볼 때는 진짜 중요한 겁니다. 여기에서 거제로 넘어간 거거든요. 이 투쟁이 우발적이었지만 노동운동에 징검다리 역할을 한 거예요. 3일째쯤 되니 우리의 요구사항은 '어용노조 퇴진하고 민주노조 인정해라'가 1안입니다. 2안이 한전 노조위원장이었던 사람이 우리 관리 본부장인 전무로 온 겁니다. 김종호 전무. 이놈이 노동자 탄압을 진두지휘하고 있었고 어용노조를 만든 장본인입니다. 노조를 아는 놈이 노조를 더 이렇게 만든 거죠. '임마 날리라.' 이것이 두 번째 안입니다. 그리고 세 번째 안은 임금, 네 번째 안은 중장비수당, 다섯 번째 안은 뭐 이렇게 쭉쭉 나오는데, 노숙투쟁 정문봉쇄 6일째 되는 날 합의서 없이 말로써 합니다. 이게 선상 협상이거든요. 사장이 올라가 내가 옆에 서서 임금 몇 프로 올릴 거야 묻고, 얼마다 딱 하면 '작다.' 이렇게 했던 겁니다. 민주노조를 인정하느냐 안 하느냐 답하라고 하면 '예, 인정합니다.' 하면 박수 치게 해서 일곱 가지를 통과시켰죠.

투쟁과 구속

그때 우리 노동운동에 허점이 많았습니다. 사측이 볼 때는 인민재판이고 우리가 볼 때는 투명한 협상이잖아요. 선상 협상이란 말 그대로. 대중들 다 만 명이 있는 자리에서 협상하다 보니까 분위기를 딱 잡았는데 관리직들도 와서 다 볼 거 아닙니까? 사장이 나한테 잡혀 올라오니까. 기관들도 다 와 있고 경찰들도 다 와 있는데, 거기서 바로 협상을 했습니다. 그런데 3일째 되는 날 전선이 엄청나게 풀어졌거든요. 제가 단상에 서도 리드가 안 되고 그 당시에는 술 취하니까 통제가 안 될 정도거든요. 그때 내가 무슨 직책도 없는 데다가 '니가 임미 뭔데 씨부노!' 하면 방법이 없는 거예요. 그러다가 조합원들도 이러면 안 된다, 지도부의 말을 따라야 한다며 스스로 정리가 되었어요.

그러는 과정에 회사가 전기도 끊어버리고 물도 끊어버렸어요. 그러니까 밥도 못 먹고 아무것도 안 되잖아요. 그러면서 자연스럽게 집에 전화를 했는데 당시에 거의 다가 애를 데리고 가족이 찾아온 거죠. 투쟁 분위기가 확 죽었다가 다시 확 오르는 분위기가 된 거죠. 왜냐하면, 가족이 같이 와서 '당신 말이야 이번에 성공해야 한다'고 하니까. 가족들 보는 앞에서 전부 다 '당신 집에 가자' 그런 사람은 하나도 없고 전부 다 "당신 내 밥 싸 올게, 막 열심히 해라." 이러니까 가족이 오는 그때부터 분위기가 팍 떠버렸어요. 저쪽에서 공권력 투입도 못 하고 끝장나버리고 결론적으로 감금을 시켜 놓으니까 생명이 위독하다고 사장이 들어오게 된 거죠.

결론적으로 그 투쟁은 '조합원들의 힘과 가족의 힘'으로 딱 정리가 된 겁니다. 당시 협약서 이런 것도 없고 만세삼창으로 끝나고 나니 회사에서 '협약서를 써야 한다.' 이렇게 유도를 한 거죠. 그러면서 오늘 쓰자 내일 쓰자 미루는 게 지금 정부가 하는 거와 비슷합니다. 그쪽 전술이 시간 끌기인데 내가 민주노조 추진위원장이었거든요. 가칭 '민주노조 추진위원장 손석형' 이랬는데, 이게 시간이 가니까 어용노조도 넣어주라 해서 넣어주다 보니까 자리싸움이 붙게 되는 거예요. 제가 1985년 5월 13일 입사자라고 했잖아요. 87년이니까 3년이 안 되었잖아요. 이게 입사한 지 3년이 넘어야 노조위원장 출마 자격을 주자, 이렇게 나오는 거예요. 그러니 동고동락했던 동지도 일리가 있다고 돌아서 버리고, 딱 한 사람 이시형만 '끝까지 안 됩니다.' 이런 거예요. 그러니까 이시형에게 '민주노조 추진위원장'을 하라고 하고, 이시형과 몇 명은 손형이 해야 한다고 했습니다.

그러던 중 회사가 빈틈이 생기니까 저를 포함해서 새벽에 다 잡아넣어 버렸죠. 저는 교육받은 사람보다 내가 더 머리가 좋은 것 같아요. 우리 집사람이 만삭이었거든요. 제가 결혼을 1985년에 했으니까 임신 중에 결혼했거든요. 그런데 첫아이 낳고 둘째 딸 만삭일 때 소답동에 살았었거든요. 새벽에 자동차 소리가 끼익 나요. 그때 자동차가 귀했거든요. 나는 원래 잡으러 올 거라고 예상을 했기 때문에 우리 집사람 손을 잡고 나와서 '너 건드리면, 유산된다. 손대지 마라.' 하고 비상 연락으로 사람들에게 삐삐 쳐서 오라 했어요. 사람들이 왔길래 '막아라.' 하고 난 뛰어서 통근차를 탔어요. 지금 같으면 통근차를 금방 막을 건데, 통근차 사람들이 내려서 오히려 경찰에게 돌을 던지고 했거든요.

내가 회사 들어가 몇 시까지 안 풀어주면 정문을 봉쇄하겠다, 이렇게 한 거예요. 그러니까 몇 시까지 하면서 협상을 하고 있는데, 공권력이 투입되고 경찰 30명이 들어와 우리를 창가로 몰았습니다. 내가 창가로 뛰어내린다 해도 언제 기습적으로 와버렸는지 허리띠 딱 풀고 바로 당겨 버리더라고요. 그래서 구속이 됐지요. 내가 구속되어 있으니까 원래 우리가 구속될 때만 해도 직계가족 아니면 면회가 안 되거든요. 그때만 해도 우리가 '요주의' 이래서 빨간 명찰을 달고 독방에 있었어요. 하루는 집사람 인편으로 출마를 하면 좋겠다고 해서 옥중 출마를 하는 거로 정리했거든요. 그런데 우리 집사람을 누가 어떤 식으로 회사에서 꼬드겼는지 '출마 안 하면 바로 빼준다'고 했던가 봐요. 그래서 출마를 안 한다 했대요. 난 다른 사람이 위원장 됐다고 하길래 내가 잡혀 들어왔으니 내 인기가 떨어져서 그렇다고 생각했는데, 나중에 출소해서 들어보니까 출마 원서를 뺐다고 그래요.

제가 체계적인 교육도 안 받았고 노동조합 할 준비도 안 돼 있었고, 다만 노동조합이 필요하다는 것 때문에 우연히 개입되었다가 1987년 9월에 구속되었었죠. 투쟁을 할 때는 상대를 어느 정도 인정하면서 자기를 더 북돋아야 하는데, 상대를 죽이는 순간에 자기완성은 불가능합니다. 우리 민주주의가 그런 거잖아요. 좌우가 있으면 좌도 한번 하고 우도 한번 할 수 있어야 민주주의지. 좌만 자꾸 할 수 있다면 민주주의가 아니잖아요. 그래서 나는 '아, 상대는 인정해야 한다.' 그렇게 생각했죠. 지금은 생각이 약간 달라졌지만. 또 당시에 나는 노동조합 조합원들 중심으로 하면 뭐든지 된다고 조합을 중심에 놓은 거죠. 거기 여론도 요구사항도 조합주의로, 조합원 중심으로 간 거죠. 저는 조합원과 눈높이를 맞추고 조합원 생각만 하면 그게 민주노조의 중심이고 제 가치관으로 삼았지요.

저는 한 번도 사람을 내쳐 본 적이 없거든요. 노동자 정치세력화까지 해봤던 나의 이력에는 '초기', '첫' 이런 게 잘 붙습니다. 당을 그만둘 때도 개척자로서는 내가 할 일 다 했다고 생각했는데, 한국중공업도 제가 첫 민주노조 추진위원장이잖아요. 인정해 주든 안 해주든 내가 첫

위원장입니다. 그리고 민주노총 본부장도 첫 본부장이거든요. 초대, 2대, 3대 본부장이거든요. 당을 결성할 때도 마찬가지로 제가 초대입니다. 과학기술고등학교도 창녕공고도 1회 졸업생이거든요. 제가 첫 동창회 회장이고. 우연인지 몰라도 다 내 나름대로 개척하지 않으면 안 되는 어려운 여건에서 제가 했던 겁니다. 모든 게 처음이거든요. 민주노총도 여기에 가건물 그것도 누가 지어줄 수 있는 게 아니라 내가 사정해서 지어달라고 한 거지 누가 지어준 사람 없습니다. 이게 중요한 거는 내 생각과 의지가 없으면 이거는 진짜 배가 산으로 갈 수도 있다. 또 내 가치관이 흔들릴 수 있다 생각해서 가치관을 가진 사람이 볼 때는 '고집스럽게 자기만 간다. 독단적이다.' 이렇게 볼 수도 있지만 나는 여기에 흔들리면 나 자신 모든 것이 흔들린다는 위기의식을 많이 가졌던 사람이죠.

그렇게 생각지도 않게 완전히 인생이 바뀌어버린 거죠. 요즘 와서 노동운동을 안 했으면 내가 뭘 했을까, 또 정치를 안 했으면 내가 지금 어떤 상황이 되어 있을까 하는 생각을 하거든요. 왜 내가 후회를 안 하겠습니까? 국회의원도 네 번 출마하고 창원시장도 한 번 출마하고 도의원도 두 번 출마했는데 가랑비 옷 젖는다고 가만히 있었으면 지금 배부르게 잘 살 건데, 나이 먹으니까 돈이 최고더라고요. 자본주의에서 그렇게 하면 잘못된 사람이지만 아무리 좋은 말을 해도 '듣기 싫다 입 닫아라, 지갑이나 열어라.' 이렇게 하지. '야, 네 말 근사한데.' 그런 사람은 지금은 별로 없더라고요. 그런데 왜 후회가 없겠어요. 내가 걸어온 인생을 후회하지만 지금 걸어온 게 잘못됐다고 보진 않습니다. 아니 대한민국에 나만큼 선거 많이 한 사람은 없거든요. 내가 오늘 이야기하고 싶은 그겁니다. 경험, 육감, 체험 이거는 나는 누구보다도 많다고 보거든요. 살기 위해서 나 혼자 노력했다, 이렇게 봐야 되는 거죠. 그 당시에는 다 위기잖아요. 1987 투쟁 그것도 선불리 들어갔지만 실패하면 구속이고 해고라. 모든 게 내가 첫 주자였고, 모든 게 다 외줄타기였어요.

제가 이념적인 건 없었지만 '옳은 길과 옳지 않은 길'을 많이 생각했죠. 지금까지 살아온 게 그거거든요. 잘나고 똑똑한 척하는 사람보다 뭔가 좀 부족한 사람의 편을 많이 들려고 하는 습성이 좀 있는 겁니다. 그 당시 기존 노동조합이 노동조합입니까? 노동조합 위원장 하면 그때 제법 힘 좀 쓰지 않았습니까? 수석부위원장 제안을 하면 솔깃 안 할 사람 없잖아요. 그 사람들이 나한테 실패한 것은 그걸 제안했기 때문에 내가 성이 난 게 뭐냐면 네가 이걸로 나를 유혹하려고 한다는 데 반감이 좀 있었던 거죠. 내가 의지와 가치관을 갖고 했으니 이까지도 왔단 거지요. 어떤 쪽에도 가치관을 안 두고 내가 가지고 있는 주관을 고집스럽게 옳다고 봤기 때문에 그 주관이 무너지면 안 된다, 나는 죽는다는 생각에 여기까지 왔다, 이렇게 판단하거든요.

양쪽에서 볼 때는 혼자 잘난 것처럼 보이겠지만 저는 그거 하나로 여기까지 왔다고 봅니다. 저는 한 번도 준비되어 있었던 적은 없었지만, 모든 투쟁의 순간순간을 재치로 했거든요. 그 당시에 내가 얼마나 준비가 안 되었냐면, '민노래'도 몰랐습니다. 유일하게 한국중공업 투쟁 발생하는 데서 농민가를 불렀거든요. 내가 농민가는 잘 알아요. 내가 농촌에 태어났고 4H를 해본 일이 있거든요. 훌라송은 그때 금방 배웠는데 나머지 노래를 모르니까 교육을 받았던 애들도 민노래를 모르더라고요. 그 정도로 준비가 안 되어 있었습니다. 정신 무장도 안 되어 있었고요. 저 자신도 순간순간을 넘기기 위해서 재치가 나왔을 뿐이지 큰 그림은 못 그린 거지요.

투쟁이 끝나고 구속되어 있으니까 또 많은 유혹이 오더라고요. 회사에서 제안한 게 구속된 놈들 중심으로 별도로 회사를 하나 지어줄 테니까 나가라고도 하고 또 부장 진급시켜 주겠다고도 하고. 그런데 운동가는 그래서 운동가가 되는 것 같더라고요. 내가 들어갈 때의 생각은 내가 잘못한 건 없는데 왜 잡혀 들어와야 하느냐 울분이 커서 적응을 못 해 속병도 나고 이랬거든요. 직계가족밖에 면회가 안 되는데 노조에 욕심이 많은 놈이 회사 쪽하고 같이 한번 면회를 와서 꼬드기길래 '내가 나가면 너를 칼로 찔러 버린다.' 이렇게 했거든요. 그게 손석형이 '나오면 보복한다고 하더라.' 이렇게 되었어요. 그때 나름대로 배움을 많이 했죠. 안에서는 파닥거리면 나만 억울하다 싶어서 책을 보게 되었는데 『태백산맥』, 『장길산』 이런 것밖에 더 봅니까. 당시에 학생 운동하는 사람들이 많이 들어와 있었어요. 민민투 애들하고 옆방을 쓰면서 대화도 해보면서 '사람이라 하는 게 정의로운 일을 할라카면 마음이 단단해야 한다.' 뭐 '이런 데 한번 들어오는 것도 겁먹으면 안 된다'는 생각을 그때 갖게 된 거죠.

노조위원장이 되어 복직

구속은 처음이었죠. 제가 거기 있을 때 문성현 씨도 들어왔는데 2사에 있었고, 저는 4사에 있었어요. 저는 집행유예로 풀려났는데 구속당한 기간이 백칠십 며칠인가 있었습니다. 그 안에 동지들이 우리 보고 대우가 그렇게 나쁘지는 않은 것 같아요. 왜냐하면, 식탁 던지면 반찬이라도 좀 좋게 나오고 했어요. 거기에서 내가 『근로기준법』이라는 책을 한번 읽어봤습니다. 나는 근로기준법 교육도 받아본 일 없는데 어떤 상황에서도 근로조건을 개선하지 못하는 한이 있더라도 근로조건을 저해해서는 안 된다는 걸 깨닫게 된 거죠. 『근로기준법』을 두 번 정도 읽으면서 느낀 게 미니멈 이상은 무조건 받아 내야 한다. 그래서 근로기준법에서 정해진 기준 이하로 저하해서는 안 된다고 생각했습니다. 내가 협상할 때마다 그 이야기를 많이 했습니다.

출소해서 나오니까 복직이 안 돼요. 민주노조가 생겼는데 이놈의 민주노조가 동지가 아니라. 그래서 노동운동의 발전이 없는 것은 선후배라든지 서로를 위하는 징검다리 같은 끈끈한 징이 있어야 하는데 이게 없더라고요. 결론적으로는 네가 들어오면 내가 노조위원장 못 해 먹는다. 들어오지 말라는 거지요. 복직이 안 되니까 위원장을 하든지 할 건데 복직이 안 되니까 참 미치겠더라고요. 협상해 온 이들이 요래조래 갖다 붙이는 거라. 결론적으로 '본사는 안 되고 건설 현장에 각각 떼어 놓겠다'는 논리지요. 우리가 노동조합을 만든 당사자인데 민주노조가 들어서서 오히려 찬성을 하니 이거 환장할 거 아닙니까? 민주노조라고 다 민주노조가 아닌 것 같다. 내가 그때 배웠던 거예요. 그래서 저는 구미로 쫓겨가고 또 이시형이는 광양으로 가고 또 이상정이는 울진으로 보낸 거죠. 마지막까지 구속되어 있던 세 사람을 떼어 놔버렸죠.

그러다 보니 노동조합의 정통성이 없잖아요. 그러니 불신임당하고 난리가 나는 거예요. 제가 구미에서 출마했는데 지금 잘 생각이 안 나는데 아마 떨어졌지 싶어요. 결론적으로 모든 선거는 붙으면 1차에서 통과가 안 되면 나머지는 다 뭉치는 거예요. 그러니까 5명이 나오면 1 대 4가 되고 6명이 나오면 1 대 5가 되는 거예요. 저하고 뭉치자 하면 아무도 뭉칠 사람이 없는 거죠. 내가 47%를 1차에 얻었는데 2차 선거에서 왕○○에게 23표 차이로 졌습니다. 23표 차로 떨어져서 다시 또 구미로 제가 쫓겨갔죠. 그래서 4차 때 제가 구미에서 나와 당선되어 복직하게 되는 겁니다. 노동조합이 저를 넣어준 게 아니고 출마해서 당선되어 들어온 겁니다.

민주노조의 기본정신이 정파적으로 자기 좋아하는 사람이라고 무조건 잘해 주고 이래서는 안 된다. 적어도 민주노조라 하면 동지를 챙길 줄 알아야지. 당선돼서 들어온다는 건 진짜 서글프더라고요. '민주노조의 개념은 다른 가치관보다는 동지적인 가치관은 있어야 하는 거 아니냐'고 생각했던 거죠. 그래서 제가 4대 때 제일 먼저 시작한 게 해고자 복직이었습니다. 해고자 복직을 내가 다 시켰거든요. 주재석 동지가 지금도 저를 좋아합니다. 둘이 안 맞는데도 좋아하거든요. 주재석 동지가 국가보안법이었거든요. 공기업에서 국가보안법으로 복직된 첫 사례였거든요. 제가 임금 2% 적게 받는 거로 하고 교환을 하거든요. 그때 김창근 씨하고 전부 다 복직이 다 되거든요. 다른 거는 몰라도 노동운동 하다가 핍박받는 사람은 구제해 줘야 한다고 생각하게 된 거죠. 누가 가르쳐 준 건 아닙니다.

IMF 시절의 노조 임금협상

그러다 IMF 때의 노동운동은 엄청난 변화가 있었죠. 코로나 때는 우리들의 생활 패턴이 개인주의, 가족주의로 흘렀고 IMF 오기 전까지만 해도 집단성 · 연대성이 억수로 좋았어요. 전면파업을 했을 때 확대 간부만 나가면 미안한 척은 했거든요. 이해해 줘라, 이 정도 했는데 요즘은 오히려 거꾸로 되어 있거든요. 사회적 변화에 노동운동이 적응을 빨리 못 했다. 또 대응을 잘못했다고 보거든요. IMF 때 전부 다 임금 동결, 임금 저하, 구조조정 이런 게 막 나올 때잖아요. 그리고 집단적으로 이 문제를 풀려고 안 한 거죠. 노동조합운동에서도. 각자도생을 한 거예요. 회사마다 협상이 제일 굴곡이 심했을 때가 이때거든요. 제가 한국중공업의 노조위원장을 할 때입니다. 그때 우리도 마찬가지로 임금 동결 이렇게 나왔었거든요.

우리 회사는 보편적으로 사장들이 산자부 차관 출신, 기재부 기획실장 출신 이런 분들이 오거든요. 그때가 박운서입니다. 안천학 사장이 그전에 왔고, 그다음에 이수광, 그다음에 박운서 이렇게 왔거든요. 한국중공업이 정상화되거나 잘 되려고 했으면 거꾸로 됐어야 되거든요. 경영자 중에도 공세적 경영자가 있고 아주 수세적 경영하시는 분이 있거든요. 이게 거꾸로 되었으면 한국중공업이 엄청난 기업이 되었을 거로 봅니다. 노동조합이 경영 참여를 제일 잘한 데가 한국중공업입니다. 한국중공업 노동조합은 경영설명회를 분기별로 하는 건 당연하지만 이거 못 믿겠다 해서 뭐라고 하면 중역회의에 직접 참석을 하거든요. 중역 회의에 사장 옆에 딱 자리를 놔놓고 있었고, 그걸 적고 다 발언도 할 수 있고 다 했거든요. 맨날 경영설명회 도저히 못 믿겠다, 참석해야겠다 해서 참석할 정도로 내부적으로 힘이 있었어요. 그리고 사장 조회하면 사장에게 '몇 분 할래?' 이렇게 물어보면 5분 하면 나도 5분 달라 해서 똑같이 하는 패턴으로 했습니다. 내부적으로는 공기업이라서인지 몰라도 사실 지역적으로는 지역투쟁이 그래서인지 몰라도 우리가 센 거죠. 그래서 주도력을 장악하고. 저거는 사장도 위원장처럼 임기 끝나면 가야 하잖아요. 그러니까 저것도 있는 동안에 잘한다고 해 대폭 양보들을 많이 한 거죠. 경영 참여도 직접 했거든요.

그런데 안천학이는 어찌 보면 말과 행동이 다른 사람이거든요. 쌍용중공업 있다가 온 사람인데 물어보니까 노동조합이 판판이 깨진다고 하더라고요. 안천학 사장님한테 깨진 사람이 우리 김 위원장이에요. 서울까지 찾아가서 성과금 내놓으라 했는데 분명히 준다고 했다는 거예요. 그런데 사장이 와서는 '그런 말 안 했다.' 해서 난리가 난 거 아닙니까? 협상할 때 자본은 항상 스타일을 잘 봐야 한다. '살아온 길을 보면 살아갈 길을 안다.' 이게 내 철학이거든요. 내가 철학을 배운 건 아니지만, 보편적으로 살아온 길을 보면 살아갈 길이 늘 보인다, 이렇게 봐야 하잖아요. 그래서, 나는 사장이 오면 항상 그 사장이 어떻게 했는지 존재 파악을 많이 했던 사람 중 하나입니다. 안천학 사장은 앉아서 말로 협상하면 다 되거든요. 합의서 쓰자고 하면 '말로 하면 되지, 쓸 거 뭐 있노?' 결론적으로 합의서를 안 쓴다는 것은 칼자루를 계속 쥐고 있겠다는 거잖아요. 그런데 이걸 아는 노조위원장 출신들이 몇 없습니다. 노사 간에는 약속이 중요한데 '합의서가 중요하다.' 나는 이걸 이야기하고 싶은 거예요. 안천학이가 그렇게 하더라고요. 비전 제시도 잘하고 다 좋은데, 합의서 한 장만 써서 캐비닛 속에 넣어 놓자고 하더라고요. 내가 당신보다 더 보관 잘한다. 이렇게 두 개를 쓰게 만들어서 그 사람을 KO 시켰는데 그 스타일은 절대 못 버리거든요.

그런데 IMF 왔을 때 또 박운서가 왔어요. 박운서 이 사람이 기재부의 기획실장을 했다고 그래요. 기획실장 때 돈 계산하는 데는 전문가라고 해요. 자기 말을 빌리자면 서울 시내 토큰 많은 돈도 자기가 다 계산돼서 딱 맞춰낼 정도인데 '계산은 자기에게 묻지 마라.' 이랬거든요. 그런데 IMF가 왔어요. 아니나 다를까 우리는 공기업인데 싸우지 말자. 임금 동결하고 효과 내기 위해서 상여금 100%를 기본급화 하자 이렇게 하자는 거예요. 다른 노동조합 위원장이 단독 회담하려면 못 하게 하는데 손석형이는 단독회담 안 하려고 해도 시킵니다. 왜냐면, 전들 무슨 배포가 크겠어요. 그런데 단 한 가지 저는 어딜 가든 내 주관을 딱 가지고 가기 때문에 흔들림이 없습니다. 사장실에 딱 둘이 앉으면 호흡 소리도 잘 안 나고 졸게 됩니다. 그러니까 안 풀리면 단독협상 들어가라 하는 거예요.

내가 왜 상대 스타일을 잘 알아야 협상을 잘할 수 있다고 하냐면, 내가 아무리 투쟁력이 좋고 논리가 좋다 해서 성공하는 건 아니거든요. 오히려 사측이 단독 협상하자 이렇게 얘기하는 거야. "뭐 오래 할 거 뭐 있노? 단독 협상하자." 하더라고. 그래서 내가 "당신이야 사장님이니 그렇게 하지만 우리는 절차가 있다. 물어보고 내가 이야기해야지." 하니까 노조에서 단독 협상을 하자고 했어요. 사장이 계산을 잘하니 과장은 앉혀 놓고 자기가 계산을 하는 거라. 내가 IMF도 왔고 우리 회사도 좀 어렵고 내가 사장 정책대로 따라 하겠다. 대신 나는 내려가면 멱살 잡고 할 건데 내려갑니다. 당신이 회사 잘 좀 운영해 주소. 믿습니다. 그러니까, "사인하소." 사인하더라고요. 나도 사인해서 딱 들고 내려왔죠. 그런데 사장이 실수한 거예요. 19로 나눠야 하는데 12로 나눴어요. 12개월 봉급에다가 700% 보너스가 있었으니까 보너스 100%를 하더라도 18, 19로 나눠야 하는데 12로 나누려니까 임금인상 효과가 10%가 넘어요. 그래서 내가 내려와서 우리 대의원들 보고 '임금 내가 타결했다.' 하고 때려버렸지요. 좀 있으니까 회사가 발칵 난리 났죠. 결론적으로 짤짤 빌면서 나보고 협상 다시 하자고 하더라고요. 저는 일사부재리 원칙에 의해서 사인해서 안 되다고 하니까. 다시 안 해 줘야 하는데 다시 협상해 줬다 아닙니까. 그래서 IMF 때 기본급 7.1%를 올린 것은 한국중공업이 처음이에요.

한국중공업이 그 당시만 해도 기본급이 그렇게 상위 클래스가 아니었거든요. 그래서 대외적으로는 동결 선언하는 걸로 하고 7.1% 올려서 이 지역에서 기본급이 제일 높아지는 계기가 된 게 IMF입니다. 어려운 여건이 되더라도 우리 노동계에서 그에 대한 대책을 잘 세우면 돌파구가 있다, 이 이야기하고 싶은 거고요. 또 두 번째는 IMF가 왔을 때 적어도 지침이라도 이 현실에 맞게끔 일률적으로 내려줬으면 연대성이 많이 줄지는 않았을 것이다. 그때 각개를 하다 보니까, 어떤 데는 많이 올라가고 어떤 데는 깎이고 어떤 데는 구조조정도 하고 이러니까, 각자도생이 되어 버린 거예요. 그때부터 연대투쟁이 많이 약해졌는데 오히려 한국중공업은 성과를 냈기 때문에 내부는 좀 단단해졌습니다.

한국중공업 민영화 반대 투쟁

정부에서 민영화 방침이 떨어졌는데 민영화를 막아내야 하는데 막아내기가 사실 힘들더라고요. 그래서 고민, 고민하다가 여러 교수님하고 의논했어요. 경남대 이은진 교수하고, 또 서익진 교수인데. 반대가 원칙이지만 도저히 반대는 어렵겠더라고요. 그 당시에는 김대중 정권 때거든요. 우리 단협에 사전에 2개월 전에 통지해 주기로 되어 있었어요. 민영화를 하게 되면 2개월 전에 하는데, 우리는 그걸 믿고 사인했기 때문에 최소한 2개월 전에는 이야기하겠지. 최소한 안 해도 1개월 전에는 하겠지 했는데, 이거 딱 하고 얼마 안 있어서 바로 민영화 밀고 들어온 거예요. 들어왔는데 임단협 끝나고 난 뒤에 우리가 기세가 좋으니까 더 나아가면 안 되겠다 싶었는지 바로 민영화로 들어와 버린 거예요. 약속 위반이라 해서 터진 투쟁이 하루 이틀도 아니고 장기투쟁이 되는 거예요.

사람들의 입장도 나뉘었습니다. 우리같이 좀 의식이 된 사람들은 '민영화 막아야 한다. 회사가 망해도 막아야 한다. 그게 노조가 할 일이다.' 이렇게 보는 사람도 있었지만, '아무리 해도 정부 방침은 못 막는다. 좀 적당한 선에서 하고 지금 한 달 가까이 투쟁했는데 임금이나 받아주라.' 이런 분위기로 흘러가는 거예요. 장기적으로 갔을 때. 민영화 반대 투쟁을 했는데. 여러 가지 의논을 하다가 나온 게 이거는 노동운동에서 앞으로 어떻게 투쟁할 거냐는 겁니다. 나도 생전에 모르는 경영과 자본의 분리라고 하는 부분을 주재석 부위원장을 중심으로 전문경영인이 공기업을 운영해야 한다는 기본 방침에서 자본과 경영을 분리하면 된다, 이렇게 나온 거예요. 물론 민영화 반대하면 제일 좋은데, 그것보다 차선책은 이걸로 해야 한다고 나온 거예요. 자본을 분리하면 어떻게 하는데? 물어보니까 최소한도로 자본을 3개 기업 이상으로 참여하도록 하고 경영은 자본과 별도로 전문경영인을 채용해서 경영하는 거로 제안하자는 거예요. 내가 봐도 설명도 어렵고 되겠나 했는데 그래도 그게 최선이라 해서 내가 중앙에 단병호 위원장과 심상정 사무총장에게 올렸는데 아니나 다를까 의식적 운동하시는 분은 절대 대답을 안 해주더라고요. 뭐 조합원들 판단에 맡기고 한번 해봐라는 식이지요. '그거 갖고 하면 됩니다', 이 말은 절대 안 해주더라고요.

결국, 조합원의 판단에 맡겨야 하는 거 아니냐, 그렇게 얘기를 하셔서 결단을 내릴 수밖에 없다 싶었습니다. 그때 산자부 차관이 협상팀으로 내려왔고 우리는 다시 정부에서 직접 나오라고 했습니다. 결국 고민을 하다가 '우리사주'를 제안했는데, 해법에서 운동가나 학자들하고는 생각이 좀 차이가 있는 것 같아요. 사주가 20%인가 10%인가 되면 서류 공개 요청을 할 수 있다 해서 자금의 흐름을 다 알 수 있고 그것만 해도 견제할 수 있다고 얘기하더라고요. 그래서 우리 사주의 20%인가 하고 경영과 자본을 분리하는 안을 던졌어요. 그런데 그거는 20%가 아니고 10%인가 깎기로 했는데 10%만 해도 된다 해서 사주조합을 낮추었는데, 제일 걸림돌이 되는 게 무노동 무임금이에요. 정부에서 무노동 무임금을 협상해 줄 수 있느냐, 절대 안 된다는 거예요. 결론적으로 조합원들 분위기는 '민영화가 되고 안 되고는 두 번째 문제지만, 임금 안 받아 내면 너 작살난다.' 이 판이었어요. 그것 때문에 협상을 꽤 오래 끌었지만, 결국, 무노동 무임금을 타파했죠. 물론 무노동 무임금 한다 해도 편법으로 이렇게 하고, 임금은 100% 정리하기로 했어요. 그러고 나서 협상대로 민영화가 안 된 거죠.

그리고 저는 밖으로 나와 버렸고, 그때 김창근 위원장 때인데, 이게 서로의 매칭이 잘 맞고 좀 연결고리 됐으면 투쟁이 될 텐데, 저는 민영화가 되느냐 안 되느냐도 중요하지만, 민영화해서 들어올 때 사측을 1년 내 '길을 잘못 들이면 어렵다'고 봤거든요. 지금 내가 그 상황과 관련해서 하고 싶은 말은 민영화를 반대하고 민영화에 대한 대안을 내는 것도 중요하지만, 새로운 주인이 올 때 1년 동안 기를 빼든지 길을 잘 들여놔야지, 이 사람들이 정신 딱 차려버리면 바로 밀고 들어오는 것입니다. 내가 이번에 한화오션 조선소에 잠깐 따라가 봤는데, 민영화 과정에서 잘못한 것 같다는 생각이 들더라고요. 너무 쉽게 들어와 버렸고 노동조합을 가볍게 보는 경향이 있더라고요.

길을 들이고 해야 했는데 너무 쉽게 들어오게 놔둔 거예요. 들어와 보니까 김 위원장을 친 거잖아요. 나는 두산 때는 노조위원장을 한 번도 안 해봐서 잘 몰라요. 한국중공업 위원장만 했거든요. '네가 민영화 인정해 준 거 아니가.' 이렇게 되어 버린 거고, 그러다 보니 민영화 반대 투쟁이나 합의사항 이행 투쟁을 안 해버린 거죠. 이 사람들이 정신을 딱 차리니까 투쟁을 해도 '왜 우리말 안 듣노?' 하고 바로 밀어붙여 버린 거잖아요. '밀어붙이니까 되더라.' 하니까 계속 밀어붙이는 거거든요. 노동조합의 문제는 똑같은 겁니다. 자본이 한번 밀어붙여 재미를 보면 계속 밀어붙입니다. 절대 적당 선에서 끝이 안 납니다. 나는 민영화를 잘했다, 이런 뜻이 아니고, 민영화든 구조조정이든 새로운 주인이 바뀔 때 노동조합이 역할을 잘해야 한다. 이 역할을 강하게 해야 할지 온건하게 해야 할지는 정서에 맞게끔 하더라도, 사용자가 노동조합을 함부로 우습게 안 볼 정도까지는 만들어야 합니다.

한화오션에 가보니까 하청 노동자는 단식한다고 죽기 살기로 투쟁하고 있는데, 최소한 지부가 나서서 조정을 해줘야 힘이 실리는데, 협상이 끝났더라고요. 나는 적어도 새로운 주인이 올 때 노동조합이 뭔가는 가르치고 넣어줘야 한다. 그러니까 '노동조합하고 이 부분도 협상해야 하는구나.' 이 정도는 알아야 하는 거 아니냐. 정신 차리고 난 뒤에 밀어붙이니까 판도가 이렇게 된 거예요. 그래도 사장 취임식에 노조위원장이 참석을 합니다. 거기 와서 '환영한다. 아니면 잘 가라.' 이거 다 합니다. 그 정도는 됐는데 지금은 '경영에 참여하지 마라.' 해서 아예 곁에도 못 가거든요. 그래서 나는 노동조합이 세고 안 세고가 아니라, 요소요소 때 역할을 해야 한다는 거지요.

제가 구속되었을 때 노동운동이 어느 정도 살아 있었냐면, 내가 중부서에 감금되어 있었는데, 8천 명이 여기에 왔어요. 교도관이 저보고 그러더라고요. "오늘 잘하면 나가겠습니다." 하더라고요. 조금 있다가 오더니 "아이가, 안 되겠습디다." 하더라고요. 왜 그러냐니까 "대장이 없습디다." 하더라고요. 연설을 한 번 하고는 도망가버리고 연설 한 번 하고는 도망가버리고 한다는 거예요. 그렇게 사람이 많이 오고 이러니까 여기서 도저히 안 되니까 나보고 바로 교도소로 가라 했는데, 인수를 잘못 받아 마산으로 간 거예요. 마산으로 갔는데 그때 한국중공업 집회하는 동지들이 다 마산에 있다가 손석형이 이리로 온다 해서 역주행을 한 거죠. 가구거리 밑에 일방통행로를 역주행하고 오는데 내가 탄 호송차를 잡았습니다. 그때 내가 밖에 나와서 "여러분 이러면 안 됩니다." 이랬거든요. 그때 완전히 차가 감금되어 사람들이 차를 밀어 버렸어요. 그게 휘발유차였어요. 내가 연설하는 동안에 최루탄을 쏴버렸는데 최루탄을 얼마나 쏘았는지 저는 기절해 버렸거든요. 일어나니까 교도소더라고요. 그때 세상을 더 떠들썩하게 하려고 했으면 풀라고 해야 했는데 일반 죄수도 3명이 있었습니다. 그 후 그 안에 있을 때 한일합섬도 들어왔는데 한일합섬은 빨리 나가고 우리는 두산중공업에서 어찌 꼬았는지 못 나왔어요.

내 이야기는 노동운동이 잣대대로 자를 대면서 가는 건 아니라는 거지요. 임기응변도 필요합니다. 옛날에는 회식이 1차, 2차, 3차까지, 많이 가는 사람 4차, 5차까지 갔는데, 요즘은 1차에서 끝나거나 2차를 가더라도 술집이 아니라 커피숍이라고 얘기하더라고요. 이렇게 생활이 바뀌는데 노동운동 패턴도 바뀌어야 하는 거 아니냐, 빨리 대안을 못 낸 게 문제가 된 거 아니냐는 겁니다. 저도 조직 운동을 하면서 보면 개인은 대화가 되는데 사람 몇이 모이면 대화가 안 돼요. 예를 들어서 정치문제는 이야기하지 말자, 딱 이런 사람 한둘 나오거든요. 정확하게 어느 시점인가부터인지는 모르겠는데 노동자 계급성이 확 떨어져 버렸더라고요.

민주노총 경남본부장 활동

민주노총 건설 문제는 우리가 마창노련, 전노협, 금속, 현총련 등 조직들이 다변화된 상황 속에서 단병호 위원장이나 심상정 사무처장, 문성현 위원장이 논의를 했겠죠. 금속은 통합해야 한다. 노동운동이나 대중조직은 '통합'이라는 말이 제일 좋다고 저는 보거든요. 단결, 총단결, 총투쟁, 이렇듯이 나는 통합이 살길이라고 보고 있습니다. 현총련, 자총련, 민주금속이 통합을 시작했습니다. 제가 서울 집회 가면 저는 뭐 대단한 사람은 아니고 분위기가 좀 가라앉아 있으면 선동 연설하라고 해서 마이크 잡고 많이 하는데, 금속노조 대기업 중에는 한국중공업이 좀 컸습니다. 잘해서가 아니라 덩치도 크고 이러니까 같이 논의를 하려고 한 거죠.

저도 많이 참석했습니다. 밤새도록 토론해도 자고 일어나면 결정 났다 하면 따라 하면 되는 거고, 이제 금속 3 조직이 통합한다고 하더라고요. 나는 통합하는 게 맞다는 논리였고, 현총련이 마지막에 통합한다는 것으로 정리된 것 같습니다. 그랬는데 임원 회의를 하다 보니까 나중에 자리가 부족할 거 아닙니까? 그러다 보니까 문동지가 아침에 울고불고 난리였어요. 들리는 이야기가 단병호와 심상정이 문성현보고 쉬라 했다 이거예요. 그래서 부위원장이 누군가 물어보니까 저라는 거예요. "왜 내가 부위원장이야." 내가 이렇게 하니 그전에도 단위원장하고 심상정이 부르더니만 역할을 좀 맡아 줘야겠다고 하더라고요.

나는 당연히 한다고 생각했는데 조금 있으니 이승필이 곤란하다며 정리를 해서 나에게 말하라는 겁니다. 그래서 나는 안 해도 되니 정리를 하라고 하니 대우의 전재환에게 줘버린 거예요. 내가 양보하는 거로 줬는데 왜 그렇게 하냐고 해서 전재환도 문성현이 잘하니까 양보하겠다고 하더라고요. 그렇게 밀어 올려 통합이 되었어요. 그러니 단병호 위원장이 나보고 부르더니 통합과정에서 지역의 민주노총 정리를 당신이 좀 해달라고 그러더라고요. 그 동네가 둘이 쪼개져 있는데 다 정리해 줄 테니까 "니가 해라." 이러더라고요. 내가 그때는 이승필과 친했거든요. 그래 내가 나더러 하란다며 이승필한테 이야기하니까 그러면 알았다고 주위 정리를 하자고 했어요.

그 당시 이 지역에서는 지금 고인이 되신 홍여표 동지가 의장이었어요. 그래서 내가 창원에 내려와서 홍여표와도 이야기를 하니까, 그래 해보자, 손석형으로 하자, 이렇게 정리되었습니다. 이 지역에서 양조직의 동의를 받은 사람이 저였어요. 그런데 어디서 문제가 터졌냐면 사무처장을 누굴 쓸 거냐 하는 문제였습니다. 그 당시에 나는 석영철이나 최재기 모두 잘 모르는 사람이었어요. 최재기는 건강보험 소속으로 홍영표, 이승필이 이야기했고, 석영철은 이홍석, 이재구가 이야기했어요. 당연히 고민이 안 되겠습니까? 이쪽 이야기는 이 친구가 학생운동도 했고 보따리 싸서 인천으로 가야 한다는 거예요. 그러면 안 되겠다 싶어 첫 사무처장을 임명했습니다.

결론적으로 지역본부를 만드는 과정에서 전체가 다 공유해서 지역본부를 만들어보자고 합의했고. 지역본부 실무자를 정하면서 홍여표가 책상을 뒤엎어 버리고 가버렸어요. 그래서 민주노총 지역본부를 결성해야 하는데 장소도 없고 챙겨줄 사람 없고 책상도 없고 이런 거예요. 임대를 얻으려 해도 민주노총에서 내려오는 것도 없다는 겁니다. 그래서 공민배가 창원시장 할 때 빈자리라고는 여성회관 지하가 있다는 거예요. 가서 보니까 비가 오면 물이 줄줄 새 물바다가 되는 거예요. 그래서 도저히 못 있겠다 해서 온 데가 상남동 가건물 이 자리입니다. 시에서 예산을 받아 이 자리에 가건물 지어 왔습니다. 지을 때도 시비를 받았다고 욕도 얻어먹고 그렇게 들어와 있다 보니까 그나마 좀 괜찮으니까 "있을 바에 이리 있을 게 뭐 있노? 번듯하게 짓자." 이렇게 해서 시작된 거죠. 안 그랬으면 우리 노동운동 분위기에서는 시 부지에 건물을 짓는 거 수긍하기 힘든 분위기였지요.

그때 여성회관 지하. 알뜰생활관 지하에 있을 때는 나하고 석영철만 앉아 있고 다른 사람 아무도 없었어요. 왜 없냐면 그렇게 인선 과정에서 난리가 난 후 지역에서 금속연맹 주류가 반대편이다 보니 아무도 안 오는 거예요. 그래서 안 되겠다 해서 상남동 가건물로 왔고, 이후에 이승필과 화해를 해서 여기에 들어오게 된 거지요. 이때 내가 판단을 잘했는지 못했는지 결과적으로 그렇게 되었어요. 그전에 또 하나 전노협 선거가 있었어요. 전노협 위원장 선거인데 우리 지역에서 이홍석이 출마했어요. 이승필 동지는 양규헌을 지지했는데, 쉽게 얘기하면 단병호 위원장이 양규헌 지지를 했고 나에게도 그렇게 지침이 떨어졌어요. 그런데 그때 이홍석이 와서 사정해서 이홍석이 선대본부장을 맡게 됐어요. 그러다 보니 그때 색깔이 약간 강해진 것 같아요. 왜냐하면, 그 당시에는 이홍석이 자기가 그래도 이 지역에서 뼈가 굵었는데 이 지역에서 선대본부장을 할 사람이 없다고 해달라고 해서, 그러면 뭐 나라도 해줘야지 하고 약속을 했어요. 그러면서 또 나하고 이승필하고 논쟁이 좀 있었거든요. 그전에는 나하고 억수로 친한 사이였는데 말이에요. 우리 가족끼리도 친하고 그랬는데 말이에요.

그뿐 아니라 그 후 경남 도의원 선거에서 나는 민주노동당으로 나왔고 이승필이 진보신당으로 나왔어요. 그래서 이승필이 출마했으니 나는 안 나간다고 했죠. 안 나온다고 했는데 등록하는 날, 권영길 의원 측에서 찾아와 손석형이 나와야 한다는 거예요. 내가 안 나간다고 한 이유 중 하나는 사실 그 당시 내가 창원시장에 출마했었는데, 또 그쪽 활동가들이 찾아와서 네가 뭔데 나오려고 하냐고 눈치를 주어서 내가 더러워서 안 한다고 했거든요. 그러니까 내가 주류가 아니고 비주류입니다. 안 나간다고 했는데 각계에서 나오라는 이유는 저쪽에서 노동계 실세가 나왔기 때문에 이쪽에서도 노동계 실세가 나가야 이긴다, 안 그러면 필패다, 권영길 의원의 지시라는 겁니다.

이승필 위원장이 출마 준비를 많이 했습니다. 여론조사도 좀 잘 나왔어요. 나는 우리 집사람하고 정치 안 한다고 했거든요. 그런데 그때 다시 이승필하고 부딪쳐버린 거예요. 그때 내가 겪고도 나는 마음이 연약해서 "승필아, 네가 이 당에 들어 온나. 네가 나와삐라. 그러면 내가 안 나와도 된다. 내가 네 선대본부장 해줄게." 이렇게 하니까 이승필은 당시에 가치관이나 이념이 있으니까 "나는 거기 못 간다." 이렇게 되어 버린 거예요. 그러니까 이제 내가 출마를 하게 됐죠. 그 이후로 나하고는 진짜 돌이킬 수 없는 관계가 돼버렸어요. 내가 제일 친한 친구였고, 진짜 같이 놀러도 많이 가고, 인생 토론도 많이 했는데, 이거는 나중에 내가 인생 살아가면서 풀어야 할 것 같아요. 진짜 그 친구들 나를 위해서 신경도 많이 써주고 좋았거든요. 그런데 본의 아니게 이렇게 되어 버린 거예요. 나는 당선되어서 좋았지만, 본인은 엄청난 상처를 받았넌가 봐요. 그렇게 됐습니다. 민주노총은 그렇게 만들어졌고요.

민주노총 지역본부는 모든 예산이나 자원이 부족해서 사실 제가 한국중공업 위원장을 겸하고 있기에 다 거기서 다 가져와 썼어요. 지역본부는 예산도 없고 조직도 없고 아무것도 없는 조직이었죠. 말만 민주노총 지역본부지 그 당시에는 금속연맹이 지원해 주지 않으면 아무것도 나올 게 없었어요. 그때는 금속이 주류를 장악하고 있었기 때문에. 어느 시점에 제가 이승필과 화해하고 들어와서 같이 하면서 조금씩 정리를 하게 되었어요. 그런데 하나의 기폭제가 되는지 몰라도 민주노총은 이쪽 정파에서 잡고 금속연맹은 저쪽 정파에서 잡고 이렇게 되었어요. 제가 1~3대 민주노총 지역 본부장을 했거든요. 그걸 누가 가르마 타 준 것도 아닌데 왜 이렇게 됐지 하는 생각이 들긴 들더라고요.

그래서 언젠가는 통합해야 한다. 나는 정치를 조금 해봐서 알지만, 통합 없이 성공한 정당이 없거든요. 또 출마한 당사자도 사람을 내치는 사람이 성공한 적이 없습니다. 안아야 합니다. 그렇지 않으면 안 된다. 특히 노동운동은 단결해야 한다. 단결하려면 누군가가 가슴을 열든지,

누군가가 안는 정책으로 가야지 배척하는 정책으로 가서는 안 된다. 너무 이념의 잣대를 갖다 대 다른 이념은 운동 방향이 안 맞기 때문에 배척해서는 안 되고, 안 맞아도 함께 가면서 하나하나 맞추어 가야 합니다. 세상에 같은 게 있습니까? 철학적으로도 다 다른데 각각 서로 노력하는 거 아닙니까? 그래서 세상은 같은 게 없다. 우리 노동운동의 기본은 통합이고 단결이다. 제가 의식은 없지만, 그것만은 철학으로 가야 하고 그렇지 않으면 운동의 기조가 성공할 수 없다. 저는 진보정당도 마찬가지라고 봅니다. 그래서 상대를 적으로 삼으면 안 되고 상대를 동반자나 경쟁자로 봐야지 주적으로 삼아서는 안 된다는 겁니다.

회사마다 각자도생은 IMF 때 한 거고, 지금 우리가 코로나 시점에는 가족주의, 개인주의로 가게 된 패턴이 많습니다. 그 패턴이 단결하는 운동과는 엄청난 괴리가 있는데도 이걸 담을 수 있는 길이 없었던 거 아니냐? 그게 뭔지는 모르겠지만. 중앙의 방침이나 투쟁 기조, 정책 기조나 제도나 이런 걸 새로운 변화에 맞게 순발력이라고 해야 합니까? 선제적이라고 해야 합니까? 이걸 좀 내놨으면 좋았지 않았나 싶습니다.

민주노총 경남본부 할 때 성과 중 하나는 저희가 여러 산업별 노조의 기초를 하나하나 만들어줬다는 겁니다. 그때는 금속 외에는 산별노조로 하나도 정리된 게 없었어요. 화물연대부터 만들어주면서 그걸 기폭으로 해서 화물연대, 택시노조가 만들어졌는데 그렇게 기반을 만들어 주고 조직해 준 건 잘했고요. 하지만 그걸 관리할 수 있는 시스템을 못 만든 게 아쉬운 점입니다. 중앙에 있으면서 뿌리처럼 만들어 놓으니까 통제가 안 되고, 또 사람이 몇 명 안 되니까 시스템으로서 조직 운영 관리가 부족했던 거지요. 지금은 어느 정도 조직이 되어 있어서 지금 사람들이 시대에 맞는 조직관리의 시스템을 만들어야 한다고 생각됩니다.

노동자 정치세력화와 정치활동 참여

정치세력화 문제는 정말 저보다 잘 아는 사람은 없을 겁니다. 물론 권영길 의원은 더 잘 알겠지만, 지역에서는 제가 거의 산증인이라고 볼 수 있을 것 같습니다. 원래 우리 지역에 민중당이라는 게 있었습니다. 민중당의 중심 세력은 김영만, 주대환입니다. 제가 민중당에 불려 갔는데 덩치 큰 노동조합을 해서 그런지 지지하는 사람이 많았습니다. 당시 경선이 있었는데 김영만과 주대환 중 누가 지역의 책임을 맡을 것인지였는데 주대환이 이겼습니다. 주대환은 이 지역에서 정치하려고 노력을 많이 했던 사람이었습니다. 그런 중에 '국민승리21'이 뜬다고 할 때 우리 지역의 정서는 이승필 본부장이나 석영철 모두 부정적이었습니다. 정치는 절대 하면 안 된다, 정치와 노동운동은 절대 같이 할 수 있는 상황이 아니다, 너 정치운동 하려면 옷 벗고 가라고 생각이 다른 조직에서 내 멱살을 잡는 상황까지 벌어졌습니다.

그 당시에 나는 권영길 의원의 말씀을 믿고 따랐습니다. '저 사람이 민주노총 위원장도 했고 정치적으로 내공도 있어서 옳은 사회를 옳게 보고 있을 거야.' 나는 이렇게 생각했던 거죠. 그런데 어느 날 갑자기 노동자 정치세력화가 필요하다는 거예요. 그래서 정치세력화 할 사람이 필요하다고 연락이 오고 교육을 해라 해서 나도 노동자 정치세력화가 필요하다고 했습니다. 사람들이 전부 다 '절마 저거, 꿈이 있는 갑다.' 하고, 한국중공업 사장들이 심심하면 그런 이야기를 했거든요. '너 그러지 말고 정치로 나가라 그럼 돈도 대주겠다.' 붕 띄워주는 거 안 있습니까? 협상할 때마다 우리 협상님도 손석형은 정치로 가셔야 한다고 그런 말이 나왔어요. 나는 정치에 생각이 전혀 없다고 해도 네가 해야 한다는 사람들이 많았습니다. 그때 준비하고 있던 사람이 주대환이었습니다. 주대환이 출마한다고 조직도 만들고 돈도 거두러 다니고 했어요. 그 후에 지침이 떨어진 게 나보고 사정하면서 '네가 출마해야 한다.' 이렇게 된 거예요.

그래서 제가 한국중공업 대의원들을 10일 가까이 설득했습니다. 그러니까 나중에는 '네가 정 그렇다면 해봐라.' 이런 식으로 결의가 된 거예요. 노동자 광장에서 전 조합원을 모아놓고 이야기를 했죠. 그때만 해도 내가 민주노총 본부장이고 한국중공업 노조위원장이라 그런지 어차피 대의원대회에서 결의가 됐다고 하니까 아무도 반기를 안 들었어요. 그래서 그 당시에 내가 정치관계법도 잘 모르니까 "여러분들 이미 결의해 줬으니까 지갑 내십시오." 해서 파란 거 흔드시오. 흔들어 나오면 다 주워서 나온 거죠. 선거법에 걸리는 거잖아요. 내가 출마한다고 하니까 석영철이나 이승필 모두가 다 반대하는 거예요. 나는 "우리나라에서 최고 잘나가는 권영길이 나보고 하라고 했는데 왜 말이 많노?" 했습니다.

주대환과 내가 경선을 했어요. 두산중공업 노조 대의원들을 전부 당원으로 가입시키니까 원래 몇십 명밖에 당원이 안 됐는데 내가 당원을 150명을 받아 나왔으니까, 게임이 안 되는 거지요. 권영길 의원이 서울 어느 지역구에 출마하려고 했다가 지지율이 낮게 나오니까 울산에 갔는데 울산에서도 안 된다고 하니까 창원으로 온 겁니다. 그러자 한중의 일부 사람들이 나와서 투표함 뽀개고 난리가 났던 사건이 있었어요. '당신이 왜 오는데' 하며 난리가 나서 내가 말렸고 결국 권 의원이 출마했죠. 그 당시에 나는 출마할 욕심이 없었기 때문에 권의원이 나왔을 때, 정치 헌금하고 밥하고 다 실어 나른 게 다 한국중공업 노조였어요.

그리고 장미꽃 편지, 그것도 한국중공업에서 만 개를 가져가 정문 앞에서 받으면 보내주고 안 받으면 안 보내주고 이래서 내가 선거법에 걸린 것 아닙니까? 그래서 그때 내가 피선거권을 상실해 버린 거지요. 그래서 창원을은 권 의원이 출마하고 나는 창원갑에 출마했는데 당시 노무현 대통령이 전국적으로 사면 복권을 4명 안 해준 사람 중 한 명이 저였습니다. 그때, 우리 민주노동당의 강병기, 여성당 대표, 박용진 대변인, 손석형이었습니다. 다 해준다 했는데 안 해준 거잖아요. 그래서 2004년 그때 나 대신 최재기가 나온 거죠. 그때 정치는 하지 말아야겠다 싶었지요.

내가 도의원 나오기 전에 시장 선거에 나왔죠. 내가 제일 먼저 출마한 게 창원시장 선거입니다. 시장 선거를 나왔는데 의외로 성과가 좋았죠. 그 당시에 나하고 박완수하고 둘이 붙었는데, 박완수가 55%고 내가 42% 나온 거예요. 박완수는 자꾸 내려오고 나는 올라가고. 이거 될 판 싶었는데, 그때 김두관 지사가 도지사에 출마해서 떨어질 때입니다. 그때 창원시장도 민주당 후보를 내버리니까 내가 28%밖에 못 받았지요. 민주당 후보가 11%인가 가져가 버렸는데, 그 당시에는 누구를 꽂아도 11% 득표를 한다고 하더라고요. 그 당시에 창원이 전국적으로 관심 지역이었어요. 제가 전국 관심 지역의 후보였는데, 떨어지고 나니 이제 정치는 안 되겠다 싶어 나는 본연의 노동운동 쪽으로 갔는데, 권 의원이 한 번만 더 하겠다 해서 또 제가 선대본부장을 해서 당선시켰어요. 그런데 권 의원이 두 번째 나와 재선할 때는 사정이 어려웠습니다. 특이한 게 재선에 나오면 내부적으로 말이 많았어요. '당신이 뭔데 여기서 자꾸 출마하냐.'며 달려들고 그럴 때거든요.

권 의원은 정치 내공이 있는 사람입니다. 새벽 4시쯤 되는데 권 의원이 출마 안 한다고 선언하더라고요. 내가 볼 때는 출마 안 할 사람이 새벽 4시까지 술 먹고 할 일 뭐 있노, 나는 출마한다고 생각했던 사람이에요. 이홍석이 나오면서 "우리 준비합시다." 하더라고요. 내가 보니 짠 것 같다는 생각이 들죠. 그리고 일주일쯤 되었는데, 제주도 여행 간 사이 제주도에서 출마 선언을 해버리더라고요. 사람들이 주위를 돌아보니까 고만고만하잖아요. 사람들이 저 사람 해도 어려울 것 같다, 그래도 권영길이 나은 것 같다, 할 때 출마 선언을 하더라고요. 그렇게 교통 정리가 딱 돼버렸어요. 그래서 '아 조직관리는 저렇게 하는 거구나, 저게 노이즈 마케팅이라 그런 거구나.' 내가 그걸 배웠습니다.

그런데 이 이야기를 하는 이유가 뭐냐면 노이즈 마케팅을 또 하는 거예요. 세 번째 출마할 때 권 원장 출마한다 했거든요. 저희한테 똑같은 방법으로 출마한다고 했습니다. 저보고 선대본부장을 맡으라 하고 우리 마누라보고도 사모님 수행하라고 했습니다. 그런데 한 일주일 후에 서울에서 백의종군을 선언해 버리거든요. 그러니까 나는 황당하죠. 그렇게 되고 나니까 사람들이 찾아오는 거예요. 내가 도의원 재선 때고 제일 잘나갈 때입니다. 그때만 해도 김두관 지사였기 때문에 숫자는 우리가 적지만 제 말이 제일 먹힐 때였어요. 그런데 사람들이 하나하나 찾아오더니 전부 다 내가 나가야 한다는 거예요. 누가 나오냐고 물어보니까 이종엽, 이재구, 이병하, 석영철 이야기를 하더라고요. 그때 찾아온 사람이 나보고 하는 소리가 '당신은 나이도 많은 게 평생 도의원만 해먹을 기가. 네가 나와야지. 밑의 애들한테 밀리면 끝이다.' 그러는 거예요.

누구하고 경선하냐고 물어보니까, 최종적으로 접수했던 사람이 이병하, 이종엽, 이재구, 손석형 이렇게 된 거예요. 그럼 '넷이 붙으면 내가 이길 것 같다. 그럼 붙어보자.' 이렇게 하니까 한 사람이 누구한테 양보한다고 사퇴하고, 또 누구한테 양보한다고 하고. 결론적으로 이병하와 손석형이 붙더라고요. 그런데 이거는 단결과 통합이 중요하다는 관점에서 보면 문제가 생기는 거예요. 결론적으로 손석형은 자주파가 아니니 자주파 사람을 출마시켜야 한다는 거예요. 나는 마지막까지 사표를 못 썼거든요. 왜냐하면, 경선은 사표 전에 했기 때문에 쥐고 있는 거고, 나는 떨어지면 도의원 하면 된다고 생각해서 별 부담 없었어요. 그런데 제가 박유호와 이야기를 해보니까 나를 왜 끌어들였냐고 하니, 박유호가 하는 소리가 나를 밟아야 자기 후보가 당선 가능하다는 거야. 그것도 전술적으로 일리가 있었습니다.

그쪽에 당원들이 많으니까 나는 붙어도 안 된다는 논리더라고요. 너희가 그렇게 한다면 '한번 해보자.' 이렇게 된 거예요. 그래서 K 여론조사팀이라고 거제에서 말이 많았던 것을 그대로 한다고 하더라고요. 그 업체를 빼고 다른 데 하라고 하니까 방침을 따르라는 거예요. 전자투표 하면 문제가 많다는 데도 했는데, 개표하는 날 개표를 안 해요. 그러면서 졌다고 '승복하겠습니다.' 이러는 거예요. 제가 생각보다 크게 이겨 버렸더라고요. 그렇게 제가 후보가 되었어요. 후보가 되면 사표를 써야 한다는 거예요. 그러니까 피선거권이 60일 전에 사표를 써야 하는 거예요. 나는 겁이 나니까 사표를 딱 쥐고, 오늘 6시에 사표를 써야 하면 오늘 3시까지 쥐고 있었죠. 이거는 나 혼자 판단할 문제도 아니고 하니까 20명 가까이 내 방에 모였어요. 거기서 김대하가 '신중해야 되겠습니다'는 의견을 제시했고, 박유호를 비롯해 나머지는 전부 다 사표 써야 한다 이거예요. 내가 도저히 안 돼서 중앙당에 노크했습니다.

그때 중앙당이 통합진보당이니까 상임 대표가 이정희, 유시민, 심상정이 공동대표였어요. 그래서 다른 데는 연락 못 하고 사무총장에게 전화했어요. '하라.' 이렇게 된 거예요. 중앙당 말을 따라야지 이렇게 된 거예요. 그래서 5시 45분에 사표를 냈거든요. 또 한나라당 의장은 내가 사표 쓰러 온다니 좋다고 앉아 있고. 사표를 썼는데 왜 걱정이 안 되겠어요. 그런데 문제가 된 게 '통합'의 개념이 안 되기 때문에 공천장을 안 주는 거예요. 세상에 공천장 받으러 갔는데 심상정이 죽어도 못 준다고 선언하고 유시민은 '고민됩니다. 기다려 보이소.' 하고, 이정희 당 대표는 운영위에서 객관적으로 회의로 진행하겠다고 했습니다. 다른 당은 어떻게 하는지 모르겠는데, 운영위원 80명 모여 있는 데서 공천장 못 준다고 이야기해 버리는 거예요. 공천장 받으러 서울에 세 번 갔거든요. 중도 사퇴 냈으니 약속 위반이라는 거예요. 처음부터 경선을 하고 있는 거 뻔히 알면서 '너는 경선 자격이 없다고 하지 마라.' 이렇게 해야 하는데, 경선할 때는 아무도 말 안 하고 있다가 상황이 그리된 거예요. 이정희 대표는 자기가 사회를 보기 때문에 주관적인 얘기를 못 하니 기다려보라는 거예요. 가니까 전부 다 안건 자체를 안 올려버린 거예요. '무슨 당이 이런 당이 있나.' 하는 생각이 드는 거예요.

그래서 내가 세 번째 가니까 통과되었어요. 통과된 걸 보니까 울산에도 중도 사퇴하고, 광주에도 중도 사퇴하고 출마한 사람이 있는 거예요. 거기에 끼어서 한꺼번에 공천을 주는 거예요. 여기서 진을 다 빼버리니까 선거운동 할 의지가 안 생기더라니까요. 거기다가 권영길 의원은 이 지역에 자리를 양보해 주고 했으면 김창근이든 손석형이든 자기 후임자를 정해 줘야 할 거 아니에요. 만들어 놓고 가야 할 거 아니에요. 그런데도 손석형이 중도 사퇴해서 나왔다고 욕은 내가 다 처먹었어요. 이게 운동이냐는 생각이 들더라고요. 나는 이념이 없어서 몰라도 이건 아니다. 도대체 동지라는 게 무슨 이런 게 있나 이거지. 잘하고 있는 도의원을 사퇴하고 출마하라 해서 만들어 놓고 나중에는 그도 아닌 김창근 씨가 나올 줄 꿈에도 몰랐죠. 왜냐하면, 김창근 씨는 노동운동과 정치는 절대 결부해서는 안 된다는 주장을 해왔던 사람이었어요. 그런데 나와서 그냥 뭐 경쟁해 보자는 것도 아니고 내가 같은 회사 다니는데 내만큼 아는 놈 어디 있어요. 글마 그는 형편없는 놈, 의리도 없는 놈이라고 말하지요. 약속 위반하는 놈이라 하지요. 이러니까 이게 선거가 안 되는 거예요.

심시어 우리 마누라는 노동운동도 모르고 정치도 모르는 평범한 여자입니다. 그냥 안 했으면 좋겠다는 거거든요. 지금 내가 정치 안 하니까 제일 좋아하는 사람은 우리 집사람이거든요. 우리 집사람이 딱 그러더라고요. “당신 진짜 노동운동 한 게 맞나?” 하더라고요. 거리에서 유권자들을 만나면 손석형 선거운동 백 번 해봐라. 김창근과 단일화하면 당선되고, 단일화 못 하면 낙선이라고 했답니다. “당신 지금 딱 선거운동 때려치우고 김창근 사무실 앞에 가서 머리 깎고 앉아라. 안 되면 나도 같이 갈게.” 이러더라고요. 우리 마누라가 다니면서 얼마나 그 소리를 들었으면 이런 말을 하냐 해서, 우리 선거 참모한테 가서 이야기하니까 “절대 그래 못 합니다.” 딱 이러는 거예요. 내가 김창근에게 만나겠다 하니까 김창근이 공식적으로 토론회 하면서 만나자고 했거든요. 하도 안 만나줘서 공식적으로 제안을 했는데, 만나러 간다니까 못 만나게 하는 거예요.

그래서 무슨 이런 조직들이 있노. 적과도 동침한다는 말이 있는데, 이게 뭐 하는 짓이냐 하니까, 결론적으로 내가 혼자 김창근 만나러 갔어요. 앉자마자 30분밖에 시간 못 준다고 하더라고요. 그래서 내가 거두절미하고 꿇어앉아서 손을 잡고 빌었죠. “김형, 이러지 말자. 우리가 다 사는 길로 가자. 나 욕심 없다. 내가 뭐든지 다 들어줄게. 정말 그래 보자." 그러니까 "내가 될 건데 니가 왜 그래 샀노?" 이렇게 하더라고요. 그래서 "여론조사 안 봤냐?" 그러니까 "여론조사 그거는 추세고, 여론조사 믿나? 내가 될 거다. 걱정하지 마라." 하더라니까요. 30분 되니까 뿌리치고 가버리더라니까요. 그래서 나는 솔직히 그 순간부터 포기한 거예요. 졌다고 생각했거든요.

선거 날이 됐는데 캠프가 얼마나 개판이냐 하면 나보고 집에 가만히 있으라고 하더라고요. 상대 후보는 나와서 난리인데 집에 가만히 있으면 되냐고 하니까 '선거합시다. 캠페인'을 할 수 있더라고요. 캠페인을 하러 나왔는데 나는 내가 되는 줄 알았어요. 사람들이 몰려오는데 나를 찍어줄 사람은 가족끼리 다 와서 인증 샷을 하고 가더라니까요. "이 사람이 손석형이다. 나도 잘 모르지만 여기 찍어야 한다." 하면서. 100명이 내려오면 70%는 나한테 오는 것 같더라고요. 그래서 나는 역전도 될 수 있다 싶었는데, 나중에 5시에서 6시 사이에 사람이 몰려 나오는데 그게 국민의 힘 조직표더라고요. 나오면서 "이 빨갱이 새끼, 왜 서 있노?" 하고 욕을 안 하는 사람이 없더라니까요. 선거는 이렇게 조직이 있구나, 하는 걸 느꼈어요. 결론적으로 단일화 안 돼서 떨어지더라고요. 그때 김창근 동지가 6.8%를 얻었거든요.

그러니까 둘을 합쳤으면 52%가 되는 거죠. 그러니까 이게 참 웃지 못할 게 저나 김창근 동지나 역사적으로 좋은 이야기는 못 들을 거라고 생각했어요. 제일 무서웠던 것은 그 뒤 정치를 안 하려고 했는데, 때만 되면 출마하라고 합니다. 그리고 사람이라는 게 자기 주관과 판단이 문제지만 다 출마하려고 합니다. 사람이라는 게 출마하라고 하면 조금씩 그 방향으로 가더라고요. 나는 할 때마다 이번에 하고 끝낸다. 안 한다 했는데, 또 대안이 없다. 당신이 나서 주셔야겠다, 이러면 또 마음이 언제 그랬냐는 듯이 흔들리더라고요.

주관이 없는 거라고 인정합니다만 그런 과정에 제가 통합진보당에서 분리될 때잖아요. 정의당으로 분리될 때 제가 역할을 크게 했거든요. 내가 한 역할은 잘 안 나와요. 내가 그 당시에 총회를 열 때 마이크를 잡은 거잖아요. 절대로 분열하지 않겠다는 약속 없이 개회하면 안 된다, 내가 서울에 올라가니까 벌써 전날 벌써 쪼개진다고 돼 있더라고요. 나는 정치를 잘 모르지만 분열되면 다 죽는다, 절대 쪼개선 안 된다고 했지요. 개회 전에 내가 긴급 현안 질의를 위해서 마이크를 잡았습니다. 내가 개회를 못 하게 30분간 이야기를 했습니다. '쪼개지면 진보정치는 끝이다. 분열되면 진보정치는 망한다.' 이 연설을 내가 30분간 했습니다. 내가 심상정 의원이나 권영길 의원을 모르는 것도 아니잖아요. 다 내가 활용할 가치가 있었는지 몰라도 조금씩 생각을 해줬던 사람들이거든요. 그래서 그때 마이크를 잡을 사람은 손석형밖에 없다고 해서 이렇게 된 거예요.

결론적으로 상식적인 단결보다는 이념적인 게 더 강했습니다. 그래서 시작하자마자 바로 망치 때리고 쪼개 버리더라고요. 그래서 '야, 이거 끝났다'는 생각이 들더라고요. 그런데 사실은 그것이 큰 기폭제가 되었다고 보거든요. 통합진보당이 분열되면서 이 골이 깊어졌고, 지금도 나는 늦지 않았다고 봅니다. 정의당이 지금 원외정당으로 어려워졌지만 그 덕에 진보당이 조금 낫잖아요. 그렇다고 진보당이 좋아해서는 안 된다고 봅니다. 저는 김창근이 있었기 때문에 손석형도 있었다고 얘기했습니다만, 저는 김 위원장보다는 포용력이 좀 있는 놈입니다. 왜냐하면, 원래 위원장이 되면 또 저쪽 대의원도 많이 돼요. 똑같습니다. 정치하고 노동운동하고는 거의 같다고 보면 됩니다. 위원장 저거 못 믿겠다. 견제가 필요하다고 해서 저쪽이 되면 또 우리가 많이 되거든요.

저는 개인적으로 노동조합 의결에서 잘 안 풀리면 김창근 씨에게 부탁을 좀 합니다. "점심 한 그릇 합시다. 뭐가 있는데, 좀 이해를 하소." 이리하면 대화가 되거든요. 그러면 대의원대회에 가서 이야기가 다 됐으니 정리해 달라 이렇게 합니다. 그러면 쉽게 올라오거든요. 경쟁자가 있으면 정치적으로도 마찬가지고 노동조합도 마찬가지입니다. 경쟁자는 때로는 동반자 때로는 경쟁자로 인정해야지 이를 주적으로 보고 '너 죽고 내 살자.' 하는 치킨 게임은 안 된다는 거죠. 정치나 노동운동에서는 선의적 경쟁은 오히려 낫다. 김창근이 있고 손석형이 있기 때문에, 한국중공업은 그나마 민주성을 많이 갖고 간 겁니다. 그래서 김 위원장에 대해서는 그 때문에 국회의원이 떨어진 거는 기분이 좀 나쁘지만 크게 감정 없습니다.

당위성이 어느 쪽이 '맞다, 안 맞다'가 중요한 게 아니라, 조직은 분산되면 다시 모으기가 더 힘듭니다. 모아놨을 때 조금 양보해서 그걸 이끌어 갔으면 지금쯤 그래도 성과가 있었을 텐데 지금은 아무리 발버둥 쳐도 보수 양당이 주류 아닙니까? 저도 이번에 개인적으로 허성무를 도운 것은 두 가지 이유입니다. 하나는 제가 개척할 수 있는 나이도 넘었습니다. 전 당원들을 모아놓고 말했습니다. 제가 '개척자로서 할 일은 끝났고 나도 한계를 느낀다. 이제 젊은 사람들이 하라.' 이렇게 내가 정리한 거지요. 그리고 또 하나 허성무를 지지했던 이유는 우리가 최선책이 아니면 적어도 차선책도 택해야 하는데 실천력이 부족했잖아요. 그럴 능력이 없잖아요. 없는 건 없다고 해야죠. 적어도 우리 노동운동에는 조직력, 이념, 방향도 중요하지만 제일 중요한 것은 법과 제도, 규정 이런 게 안 따라주면 한계가 있는 거 아닙니까? 그러니까 우리가 노동자 정치세력화를 하려던 동기와 투쟁만 가지고는 안 되고, 법과 제도도 최대한으로 그에 따라줘야 한다는 거지요. 산별을 만들 때 우리가 실패했던 이유 중 하나도 그런 거 아닙니까?

산별노조에 관해서도 제가 토론을 많이 해봤는데, 처음에 산별을 할 때 대기업노조들은 그렇게 좋아하지 않았거든요. 왜냐하면, 자생력이 있고 우리는 우리끼리도 된다. 괜히 그거 해갖고 투쟁의 공평성을 가면 오히려 우리 손해다, 이렇게 반대를 했어요. 그래서 산별노조의 부족 원인은 두 가지라고 봅니다. 하나는 너무 단계별로 조직 결합을 했다. 너무 상층부 결의만 했지 조합원 전체의 공감을 못 얻어냈다는 게 두 번째 문제라고 보거든요. 셋째는 법률적 · 제도적 문제도 뒷받침되지 못했습니다. 결론적으로 금속노조가 자그마한 데부터 먼저 시작하고 대기업이 나중에 결합하고, 필요성보다는 손해 안 볼 제도를 만들어 결합하다 보니까 이게 안 된 거예요. 우리 같은 경우는 그나마 말을 잘 듣는 편이었죠. 대기업이라도 제일 먼저 들어갔거든요. 우리 같은 경우는 그래도 결합해야 한다는 의무감을 가지니까 우리는 두말없이 들어갔고 손해든 이익이든 들어간 건데, 현총련 대기업들이 빨리 들어왔으면 성공할 수도 있었죠. 정치는 정치인이 하는 게 아니고 유권자가 하는 거라고 말하지만, 실천력이 있느냐, 또 약속을 실천할 수 있느냐가 중요한데, 노동자 정치세력화의 큰 오점은 분열이었다고 생각합니다. 통합진보당을 분열시킨 건 잘못했다는 거지요. 지금도 늦지 않았다. 하나로 가야 한다. 개인적으로 이야기하면 "민주노총당 만들면 되지, 뭣이 진보당이 있노. 그래서 노동자 중심체로 가는 게 맞다. 그것이 지역구를 장악하지 못하면 비례라도 많이 들어가서 노동자 색깔이나 노동자 정책을 만들어야 하는 거 아니냐." 이렇게 봅니다.

그래서 난 노동자 정치세력화는 민주노총이 한 사업부로 하든지, 정치세력부로 하든지 해서 민주노총에서 후보도 내고 하면 된다고 봅니다. 당을 만들면 또 기획 좋고 조건 좋은 사람이 출마하게 되고, 노동자 중에 출마할 수 있는 사람이 많이 없습니다. 그런 여건과 조건 가진 사람은 많이 없습니다. 내가 2018년 지방선거 국회의원 출마를 한 거죠. 노회찬 의원 돌아가시고 보궐선거 치른 거잖아요. 민중당 후보로 나온 거잖아요. 민중당이 유일하게 살아갈 수 있는 교두보 역할을 하자 해서 중앙당까지 다 온 거죠. 그때 정치자금을 일부 내가 대고 일부 중앙에서 댄 거죠. 나 같은 경우는 항상 경쟁자가 많았어요. 자체적으로 없으면 또 권영길이 오고. 김윤규도 그때 했어요. 이종엽, 이흥석, 여영국이 경쟁했지요. 민주노총 후보를 놓고 여영국과 경쟁할 때 유일하게 노동자 직접 투표를 했지 않습니까? 그래서 경남본부 차원에서 했는데 제가 120표 차이로 졌습니다. 2만 몇천 표에서 했는데, 제가 깨끗하게 승복을 안 했으면 시끄러울 뻔했죠. 그때 재검표까지 하자 말이 나왔는데, 다 이기고 있다가 로템에서 졌거든요. 로템에서 무더기 표가 나왔어요. 재검표 하자는데 내가 승복한다고 선언했죠.

지역에서 노동자 정치세력화의 문제점

정치를 안 한다고 하니까 홀가분하기는 한데. 저는 개인적으로 이 지역에서 운동하는 사람들에게 하고 싶은 이야기는 단계별 연속성이 좀 있으면 좋겠다는 거예요. 사람들이 일반적으로 자기 지역에서 운동하는 사람을 너무 낮춰 보는 습성이 있거든요. 우리 지역에는 지역 일꾼을 키워야겠다는 생각이 좀 부족한 것 같아요. 내가 당사자라 그런지 몰라도 양보하고 이해해 주는 게 없거든요. 심지어 나하고 같이 했던 사람도 조금 될 판이면 '나도 한번 해보겠다.' 며 경선하자고 하거든요. 그래서 선배, 후배, 동지 간에 자연스러운 동지애 이런 게 좀 부족한 것 같다는 거지요. 울산은 안 그렇거든요. 울산은 지역 일꾼 아니면 절대로 안 키우겠다는 생각을 가졌잖아요.

정파 갈등이나 계파문제를 해결하기 위해서 노력하지 못했다는 점은 인정하고요. 굳이 노력했다면 양쪽 어디에도 내 몸을 담그지 않았다는 겁니다. 물론 그건 오히려 바람직하지 않다고 볼 수도 있습니다. 이쪽에도 비주류고 저쪽에는 저거는 저쪽으로 간 놈으로 이렇게 보는 거지요. 개인적으로 나는 그나마 양쪽 조직을 통합하기 위해서 어느 한쪽에 완전 몸은 담그지 않았습니다. 그게 나 혼자의 위로가 될지는 몰라도 그게 통합에 큰 힘은 되지 못했다 이렇게 봐야죠. 저는 상층부에 있을 때는 단병호 동지를 누구보다도 잘 지원했고, 밑에 있을 때는 이런 역할들을 했죠. 어찌 보면 제가 이념이 있는 것도 같고 없는 것도 같기도 하고 이런 사람으로 계속하다 보니까 많은 이들에게 의심도 받았지만 사랑도 받았던 것 같습니다.

제가 처음 노동자 정치세력화를 할 때 대다수 지도자가 했던 말이 단계별로 봤을 때 '20년 후면 집권한다. 집권하면 노동자들의 참 세상, 노동자들이 사회적으로 주체가 될 수 있다.' 이런 강의를 많이 들었습니다. 일반적으로 사람들은 다 그렇게 얘기했지만, 돌이켜 보면 제자리 걸음이거든요. 지금은 사람 모아내기가 힘들지 않습니까? 그래서 저는 인정할 거는 인정해야 한다. 정치는 실천력입니다. 그게 가능하냐면 가능하지 않잖아요? 예를 들어 사람에게 신뢰를 준다는 것은 저 사람이 되면 내 삶이 좀 더 나아진다, 사회적 지위가 좀 나아진다, 또 사회적으로 내가 중심에 설 수 있다, 이렇게 해야 그 사람을 지지하지, 아무리 노선이 좋다고 그 사람을 좋아하는 건 한계가 있는 거지요. 우리가 지금까지 잘못된 주장은 없잖아요. 진보당이나 정의당이나 민중당이나 노동당이나 다 마찬가지로 좋은 말만 하잖아요.

제가 도의원 됐을 때도 국민의 힘에서 말도 안 되는 소리를 하지요. 의정활동도 열심히 하니까 "의정활동 열심히 하면 내년에 보기 힘든데" 이렇게 얘기하잖아요. 그럼 "우째 해야 되노?" 물어보니까 "지역구 가서 술이나 한잔하고 말이나 좀 듣고 이래야지, 의정활동 열심히 한다고 해서 되는 거 아닙니다." 이렇게 말하거든요. 틀린 말 아니잖아요. 적어도 그 지역 유권자의 눈높이에는 맞출 수 있는 역량이 있어야 하는데 우리의 노동자 정치세력화는 그 사람 말을 듣고 그 사람 말을 실천해서 내가 가지고 있는 생각을 바꾸려고 하는 생각은 드물지요. 그래서 나는 정치세력화가 노동운동과 직접 접목하는 데 한계가 있다고 인정합니다. 그래서 노동운동을 할 사람은 노동운동을 하고, 정치할 사람은 정치를 하게, 전문성을 가지고 부서를 하나 만들어서 해가면 서로 상생할 수 있는 논의를 할 수 있지 않겠나 생각합니다.

저와 같이 도의원 했던 사람들, 그 당시에 손석형 김해연, 이길종, 명해진, 석영철, 여영국이 아마 도의원으로서 노동의 색깔을 제일 많이 냈을 때라고 보거든요. 제가 도의원을 할 때 그때만 해도 비판을 많이 받았거든요. 어떻게 해야 정치적으로 덜 비판받을까 고민을 많이 했는데, 사람이고 뭐고 다 변했거든요. 우리가 수없이 같이 앉아서 민주노동당이 노동자 중심의 당인 걸 잊지 말자고 무상급식 예산을 삭제할 때도 단식투쟁을 했고요. 본 회관 문 걸어 잠그고 투쟁도 하고. 그때 5명밖에 안 됐지만 무소속까지 해서 제일 대단한 성과가 6명만 되면 원내교섭단체가 되도록 조례를 만들었어요. 저쪽 애들이 3분의 2가 넘는데, 조례를 만든다는 것이 불가능하잖아요. 그래도 그때는 활동력이 좋았고 정치력이 좋았습니다. 밤낮을 바꿔가면서 설득도 하고 사람 6명만 되면 원내교섭단체를 만들어서 지금도 시행되고 있는 걸로 알고 있습니다. 그때 우리가 했던 게 각각 역할 분담을 하자, 중복되는 것은 하지 말자는 게 그때의 약속이었지요. 왜냐하면, 우리끼리 티격태격한 모습은 대단히 문제가 있다고 해서, 제가 그 당시에 역할을 맡았던 게 남강댐, 4대강 개발 문제, 장애인 문제였습니다.

그 당시에 우리가 봤을 때 좀 안이했습니다. 우리가 도의원 될 때는 출마한 사람이 다 됐거든요. 이 성지 바람이라는 거를 보면 그래서 정치하려고 하는 사람이 많은 것 같아요. 처음에 내가 보궐선거로 첫 스타트로 도의원을 했잖아요. 진보 진영에서 첫 도의원이 됐거든요. 그런데 그다음에는 출마한 사람이 다 돼버렸어요. 마산까지요. 마산에는 도의원은 아무도 출마 안 하고 또 시의원만 출마해라 해서 다 되고. 내서, 특히 여기 강성훈이라고 우리 의창구에 출마한 사람은 나하고 비슷한데 저 사람은 원래 시의원 하려고 했는데 강영희한테 밀려서 도의원 나왔는데 뒤집어진 거예요. 정치 바람이라는 것이 그래서 무서운 겁니다. 그래서 나는 진보정당이 안 된다는 것이 아니고 이렇게 사회적으로 신의를 받고 바람이 불 수 있도록 만들 수 있는 길을 연구해야 한다. 그 당시에는 우리가 질의할 때는 언론이 다 내줬거든요. 우리가 언제 한다 하면 언론이 직접 와서 다 내줬어요. 그러다 보니까 이 바람이 그때 되고 권영길이 재선되면서 바람이 불어버린 거예요.

그래서 또 한 가지 말씀드리고 싶은 것은 정치를 하려면 뭐부터 출마해야 하나 이런 말을 많이 하잖아요. 시의원 할 것 같으면 도의원부터 출마해야 하고 도의원 할 것 같으면 국회의원 출마해야 한다는 생각이 공식이라는 이야기를 하더라고요. 그게 나는 맞다고 보거든요. 제가 도의원 될 때도 시장을 출마했기 때문에 됐다는 이야기거든요. 우리가 대중성이 없잖아요. '시장 나왔던 놈 아니냐.' 이렇게 하면 이제 감이 되는 거예요. 그냥 도의원감은 되는 거예요. 그런데 한국중공업 노조위원장이다 이래 되면 데모나 하고 이렇게 되는 거예요. 나는 정치에는 이미지가 중요하다. 우리가 노동운동을 하다가 정치세력화 하자 이게 이미지 아니라고 보거든요. 이렇게 하면 안 된다고 보거든요. 정치에서 노동자 철학을 가지고 있더라도 대중성이 있는 이미지를 만들어가고 대중성 있는 이미지를 만들어야지, 노동자가 미는 정당이다. 노동자가 만든 정당이다. 이것만 갖고는 한계가 있다고 보는 거지요.

정계 은퇴와 밑거름 정치

정치 은퇴를 왜 했는가 하는 얘기를 안 했네요. 제가 민중당으로 출마해서 민중당을 한번 건설하겠다고 했어요. 이름만 바꿨지 한 번도 선거에 참여해 보지 못한 정당입니다. 민중당이라는 이름으로 처음 선거를 치른 게 손석형입니다. 당 대표고 뭐고 다 내려왔고 중앙당 운영위원회에서 결의해 저도 가서 연설도 했는데 결의를 해서 당락을 떠나서 민중당이라는 이름을 여기서부터 시작하자, 이렇게 되었던 거예요. 난 그건 나쁘지 않다고 생각합니다. 우리 진보정치에 도움이 된다면 내가 출마하겠다고 했어요.

그런데 그 과정에 문제가 좀 생겼죠. 바로 노동의 생존권과 우리 정치 이념과의 괴리가 생긴 겁니다. 무슨 일이 생겼냐면 제가 아직 두산중공업에 소속되어 있을 때입니다. 정년을 아직 안 했을 때거든요. 정년을 1년 남겨놓은 시점에서 여기에 생존권 문제가 걸렸어요. 그게 원자력 문제입니다. 탈원전이 선언된 상태인데 내가 여기에서 후원금을 거두어 나온 사람이에요. 내가 무슨 갑부의 아들도 아니고 국회의원 4번, 창원시장 1번, 도의원 2번을 출마했으니 선거라 하면 무지하게 많이 나온 사람이잖아요. 민주노총 본부장 세 번 선거, 한국중공업 위원장 선거 8번 떨어지기도 하고 당선되기도 했지만, 나만큼 선거를 많이 치른 사람은 대한민국에서 몇이 없습니다. 그래서 육감은 내가 빠르거든요. 이때 충돌이 일어난 게 무엇이었냐면, 내가 화가 나서 막판에 선거운동을 안 했습니다. 당장 내가 소속되어 있는 회사의 생존권 문제인데 당은 이념적으로 탈원전을 찬성한다고 해서 싸웠는데, 나는 적어도 '지금 이 원전에 대한 대안을 내야 된다.' 이게 내 논리고, 저거는 대안을 내면 안 된다는 논리였습니다. 이게 부딪혔어요. 이때 내가 강력하게 주장하고 밀어붙이려고 하니까 보따리 싸서 가버린 거예요. 우리가 운동적 측면이나 환경적 측면에서 보면 그 말이 맞죠. 그런데 당장 내가 출마할 때 '내가 소속되어 있는 사람들 생존권도 못 지키는 게 무슨 정치를 하겠노?' 하고 물으면 뭐라고 하겠어요. 이 논리에서 우리 진보정치에 한계가 있을 수도 있구나. 그러면 내가 왜 정치하나 싶었습니다.

저는 실용주의자라고 했습니다. 그러나 결과가 그리 좋지 않았습니다. 그래서 내가 한계라고 본 거고, 내가 할 일은 여기까지다. 그래서 젊은 사람들이 개척해라. 나는 사실 당선된다고 나와 본 일은 없거든요. 다 개척한 거잖아요. 내가 도의원을 던지고 나올 때 가능하다는 생각을 갖고 나온 건 딱 한 번입니다. 그런데 뭐가 미련이 있어서 동지들까지 '저거는 정치 좀 하더니만 우리는 완전 뒷전이고 식구야 죽든가 말든가 자기만 살려 한다.' 이런 소리 듣기 싫다는 게 내 논리였습니다. 저거는 끝까지 '그래도 정치는 이념이다. 우리의 이념은 지켜야 한다.' 이게 충돌이 일어난 거죠. 그래서 제가 내 가치관 갖고는 진보당 할 자격이 없다. 그리고 내가 바라는 정치는 대중 눈높이인데 차이가 있다고 생각하고 전체 당원들 모아놨고 "저 갑니다. 개척자 역할은 끝납니다. 한계라는 걸 느꼈습니다." 선언했지요. 사람 나름대로 인력도 대주고 후원도 했는데 좌절감이라 하면 말이 되겠습니까? 내가 보니까 내 정치적 한계를 느꼈던 겁니다.

내가 있으면 젊은 사람이 크기 힘드니까 내가 탈당계를 쓰겠으니 동의해 달라고 했죠. 모두 다 침묵을 지켰죠. 침묵이 동의라 보고 내가 정리를 했죠. 내가 이 지역의 선거 마디마디마다 직접이든 간접이든 개입 안 하는 건 없었습니다. 그래서 난 누구보다도 이 지역 정서는 잘 안다. 그렇게 정리가 되었습니다. 앞으로 저는 개인적으로 정치를 안 한다는 말은 거짓말이고요. '정치는 하되 출마는 안 한다.' 이렇게 보시면 좋고요. 다만 일 잘할 수 있는 사람을 선택할 수 있도록 조건을 만들겠다는 게 내 생각입니다. 21세기 지금 시대에 걸맞은 실천력, 정치력이 있는 사람 같으면 누구든지 나는 지지하겠다는 생각을 갖고 있습니다.

돌아보며

금속 3조직 통합이나 산별 문제, 그리고 민주노총 지역본부 등 기초부터 내가 같이 논의도 하고 했기 때문에 아쉬운 거는 좀 많습니다. 정치세력화도 지금처럼 대중을 알고 좀 깊이가 있고 폭이 넓었으면 우리 지역에서는 성공할 수 있는 조건과 여건은 되는 거 아니냐 이렇게 보고, 잘 안된 것도 우리 같은 활동가나 중심적인 역할을 했던 사람들의 책임이라고 봅니다. 우리 조직도 마찬가지로 산별로 가는 체계에서 말은 산별이지 지금 미완이기도 하고, 오히려 기업별 노조 때보다 투쟁력도 약해졌다고 보입니다. 오히려 꼭 산별노조 같은 제도적인 것보다 우리나라의 환경에 맞는 조직체계를 만들었으면 더 좋았지 않았을까? 그게 뭔가는 몰라요. 너무 선진적인 논리만을 앞세우다 보니까 사실 우리 몸에 안 맞았던 거 아닌가 하는 생각이 좀 듭니다. 또 제가 9대 노조위원장을 하면서 완전월급제 쟁취를 위해 싸울 때 한국노동연구원장이었던 이선 박사에게 자문을 구해 일자리를 나눠 가질 수 있는 방안을 찾다가 8시간 노동 OT 53시간제를 주장했는데 조합원 투표에서 1% 차이로 부결되고 말았습니다. 이렇게 되었다면 직급이나 직책 상관없이 자동 진급을 하여 기술부장으로 퇴직을 하는 제도가 되었을 텐데 아쉽습니다. 앞으로 당부하고 싶은 것도 노동조합 조직은 그 명칭이 산별이든 통합이든 지금 자본이나 우리 조직환경에 맞는 것으로 재정립했으면 좋겠다는 생각입니다. (구술 일시: 2025년 1월 14일)

경남 노동운동가들의
삶과 투쟁

5

대우조선 노조의 투쟁과 거제지역 노동운동

백순환(전 금속산업연맹 위원장)

1959년 경북 영덕 출생

1984년 대우조선 입사

1990년 대우조선 노동조합 3대 위원장

1994년 대우조선 노동조합 6대 위원장

1996년 민주노총 금속연맹 부위원장

2002년 금속산업연맹 위원장

2021년 더불어민주당 거제지역위원장

노동자가 되기까지: 부산 국제시장 생활과 군대 경험

저는 주민등록상으로 1959년생입니다. 고향은 경북 영덕으로 영덕 영해고등학교 졸업했고, 금속산업연맹 부위원장으로 서울에 있을 때 한국방송통신대학교 경제학과를 졸업했습니다. 고등학교 졸업 후 직장을 구하려고 부산으로 왔는데 마땅한 직장을 구할 데가 없었습니다. 당시 저희 누나가 부산 국제시장 안에 있는 포목점에 취직해 있었는데, 1978년에 부산으로 오자마자 누나를 찾아갔고, 누나가 처음 취업시켜 준 데가 국제시장 안에 있는 협립양산이라고 양산, 우산을 만드는 공장이었습니다. 협립양산에서 3~4달 일했습니다. 그때 월급으로 한 달에 일만 이천 원을 받았는데 하숙비보다 적어 도저히 안 돼서 거기 그만두고, 양복지와 양장지 같은 옷감 파는 가게에 취업했습니다. 사회 경험을 쌓는다는 생각으로 한번 해보라고 누나가 권해서 1년인가 1년 반 정도 다녔습니다.

그런데 장사는 정말 성격에 안 맞더라고요. 학교 다닐 때는 대단한 모범생은 아니어도 '정의를 위해서 살아라, 사람 속이지 마라.' 이런 말을 듣고 자랐는데, 거짓말도 해야 하고 사람들을 소위 '희팔이' 한다 그러잖아요. 장사꾼들이다 보니까 사람들이 길을 지나가면 잡아당겨 물건 사게 만들고 물건 사게 하려고 조롱도 하고 거짓말도 하고 해야 했습니다. 예컨대, 옷감이 한 20~30년 되면 그 무늬가 거의 없어져요. 그 정도로 옷감이 너무 오래되어서 안 팔리면, 200~300원만 받아도 충분한데 그걸 한 마에 만 원씩 이렇게 받고 이러더라고요. 300원짜리를 만 원을 받으면 도대체 몇 배입니까? 그런데 손님들이 그걸 사서 옷을 해 입고는 고맙다고 또 인사하러 와요. 좋다고. 왜냐하면, 그 무늬가 아무 데도 없거든. 20~30년이 지나버렸으니까. 그런 참 희한한 광경도 있고 그래서 나는 이건 너무한 것 같다, 그러면 안 되는 것 아니냐니까, 사장이 "너는 장사해서는 안 되겠다."면서 면박을 주곤 했지요. 이렇게 손님에게 거짓말하는 것 때문에 몇 번 부딪침이 있었습니다. 그래서 다른 가게로 옮겨서 군대에 가기 전까지 있었습니다. 그 집은 주인이 매일 술 먹고 고스톱 치고 이렇게 하러 다니니까 장사보다는 주인아주머니 뒷수발이나 들면서 지냈습니다.

그러면서 1979년도에 국제시장에서 부마항쟁을 경험했습니다. 그때 당시 상가에 있으면서도 매일 국제신문을 많이 봤습니다. 국제신문이나 부산일보는 그땐 다 야당인 김영삼 편이었다고 볼 수 있지요. 그런데 어느 날 갑자기 대학생들이 데모하다가 국제시장 안으로 밀려 들어왔습니다. 당시는 시장상인 대부분이 학생들을 숨겨두고 김밥도 주고, 경찰이 쫓아오면 문 닫고 숨겨주고 그랬습니다. 우리도 저녁에는 데모대를 따라다니고 밤새도록 토성동 일대를 돌아다녔습니다. 의식을 배우거나 한 것은 아닌데, 신문을 보면 김영삼 총재가 탄압받는 게 나오잖아요. '말도 안 된다. 박정희가'라고 생각했습니다. 이게 독재라는 것을 그때도 알고 있었죠. 저는 다행히 안 잡혀갔지만, 그때 많은 사람이 잡혀갔거든요. 좀 눈치 봐가면서 도망도 잘 다니고 그랬지만, 데모를 열심히 많이 따라다녔습니다.

그 당시에 부산시청이 영도다리 근처에 거기 있었거든요. 시청 앞에 장갑차가 들어오고, 우리는 부영극장 마당에 타이어 같은 거를 태우고 하면서 저항했습니다. 그런데 곧 얼마 안 되어서 박정희가 죽고 뭐가 좀 잘 되나 싶었는데, 그 이듬해에 또 5.18이 일어났잖아요. 저를 포함해서 국제시장 사람들은 5.18 때 얼마나 사람 많이 죽었는지를 잘 알고 있었어요. 왜냐하면, 그때 당시 국제시장은 골목마다 옷감 골목, 보세 골목, 가방 골목, 전자 골목 등 골목마다 상권이 달랐습니다. 골목마다 외국에서 제품을 사 와서 외국 사람들 입던 옷을 파는 보세 골목도 있었고, 전자 골목에서는 일본 방송도 나오고 외국 방송도 몇 개 나오고 그랬거든요. 외국 방송에서 사람 죽는 모습이 나왔던 거죠. 우리나라 방송에서는 전혀 안 내보냈지만, 국제시장 전자 골목에서는 외국 방송을 통해 볼 수 있었지요. 그래서 광주항쟁이 정말 심각한 상황인 것을 알 수 있었습니다. 그때 군대 영장이 나와서 시장 생활을 그만두고 친구들하고 여행 겸해서 서울에도 한번 갔었습니다. 완행열차인 비둘기호를 타고 서울에 갔을 때가 봄이었는데 4~5월쯤 됐을 거예요. 당시 서울에서도 학생들이 온 길거리에서 데모하는 것을 직접 보고 그랬습니다.

1980년 6월 10일에 군에 입대했죠. 군에 가서도 훈련 조교들이 "너 데모하다 왔지." 하면서 엄청나게 갈구더라고요. 지금은 많이 누그러졌는데 그때 당시만 하더라도 훈련소에서도 저는 불의에 대한 것은 못 참았거든요. 뭐 죽기 아니면 살기로 훈련받을 때는 말을 잘 듣고 해야 하는데, 저는 이거는 진짜 아니라고 생각되거나 어거지다 싶으면, 끝까지 버텼습니다. 예를 들어서 말도 안 되는 걸 가지고 얼차려를 주거나 하면, '이게 왜 얼차려 사유가 되느냐, 아무리 군이지만 얼차려 받는 이유도 논리적으로 말이 될 수 있도록 해라'고 요구했지요. 밥 먹을 때 얼차려를 주고 하면, '밥은 먹고 할 수 있도록 해야 하지 않냐.'며 일일이 따지곤 했지요. 지금 보면 웃기는 거지만, 그때는 왜 그랬는지 모르겠어요. 참 맞기도 많이 맞았는데 그 사람들도 때리는 것에도 한계가 있더라고요. 뭐 한참 때리다 보면 자기들 훈련병이니까 문제가 생길 수도 있는가 싶어 어느 순간 좀 덜하더라고요.

그런데, 자대 배치를 받고 보니까 8사단 10연대였는데, 10연대 4대대는 그 당시 삼청교육대를 운영했어요. 경기도 포천 안쪽에 1동 2동 그 사이로 우리 담 너머로 보기도 했습니다. 이 사람들이 진짜 이게 발목인지 허벅지인지 분간 못 할 정도로 엄청나게 고된 훈련을 받았습니다. 그래서 그 사람들이 줄 서서 밥 먹으러 가는 우리를 보고 쪽지를 써서 누구에게 연락을 좀 해달라고 부탁하기도 했습니다. 나는 그때 자대 배치받아서 10연대 4대대에서 보름인가 대기할 때 그 사람들 만나고 뭐 쪽지도 전달해 주고 했지요. 뭐 전화번호 주면 우리가 바깥에 나가 전화해 주고 살아 있다는 걸 좀 알려주라고 부탁하기도 했지요. 사람 인연이라는 게 참 묘하지요. 한번은 내가 자대 배치돼서 일병 때 휴가를 나와 열차를 탔는데 내가 앉을 자리에 그때 봤던 삼청교육대 교육받던 사람이 앉아 있더라고요. 그래서 반갑다고 인사하니 자기 나왔다고 하면서 서울에 좀 있다가 지금 고향으로 가고 있다고 고향이 어디냐니까 마산이라면서 이렇게 내려오더라고요.

어쨌든 군에 있을 때도 군 생활이 훈련은 힘들었지만, 고참들과 별로 부딪치지는 않았고 원만하게 지냈습니다. 저는 내가 맡은 일은 열심히 하는 편이었으니까요. 저는 제 위 고참하고

13개월 차이가 났지만, 저는 탄약병으로 자대에 일찍 배치를 받아 위로 고참이 별로 없었습니다. 탄약고를 지키면서 총알 내주고 포탄 내주고 하는 일인데, 사람들이 사격 훈련하고 나면 탄피 반납받고 관리하는 것을 주로 했습니다. 저는 10연대 1대대 근무를 했는데 대대별로 탄약고가 하나씩 있고 본부 중대에 탄약병이 있는 거예요. 사수하고 나하고 둘이 있으면 그 두 사람이 훈련 때 실탄 내주고 포 쏘면 포 보내주고, 들어오면 회수하고 뭐 손실이 없는지 관리하는 거지요. 그러니까 탄약 내주고 나면 다시 들어올 때까지는 별로 할 일이 없는 거예요. 그러다 보니까 일이 조금 느슨했습니다. 그 와중에 학생운동을 하던 친구가 입대해 와서 여러 가지 물어보고 했습니다. "너 대학교 3학년 다니다 왔다며." "학생운동 좀 했겠네." 그렇다고 그러면 "뭔 공부를 했는데 그럼 책 한번 가져와 보라." 이렇게 하면 휴가 갔다 올 때 그런 책들을 가져오더라고요. 학교 다닐 때 주로 무슨 책으로 공부하냐고 물으니까 그때는 조세희의 『난장이가 쏘아올린 작은 공』이나 『전봉준』 등등 그런 책이었어요. 군에 있으면서 그런 것도 한번 읽어보고 했지요. 탄약고에 있으니까, 거기는 탄약 터지면 큰일 나니까 사람들도 별로 안 오고 외진데, 매일 혼자서 사회과학책 읽고 했습니다. 지금 생각해 보면 그게 의식화는 아닌데 재미는 좀 있었죠. 주로 소설이나 수필 같은 것이어서 대우조선 노조 생활을 할 때 본 이념 서적에 비하면 게임이 안 되는 거지요. 근데 『난장이가 쏘아올린 작은 공』 같은 소설도 빈민촌의 삶을 그린 거 아닙니까? 책을 가져와 보라니까 그런 책을 가져오더라고요. 학생운동 때 초짜배기는 이런 거 읽고 이렇게 한다고 하더라고요. 읽어봤는데 군에 있으면서 내가 사회에 나가 취직을 하면 노동조합을 만들어야겠다는 생각은 확고하게 갖게 되었습니다.

대우조선 취업과 거제도에서의 삶

1983년 2월에 제대했는데 취직하기가 참 쉽지 않더라고요. 원래는 인문계 고등학교를 졸업해 기술이 없었습니다. 그래서 사촌 형이 저금통 같은 조그마한 상품을 만들어 팔고 했는데, 그 일을 한 2~3개월 했습니다. 계몽사 책 판매도 한번 해보고 여러 가지 해봤는데 그런 것들은 진짜 제 적성에 안 맞더라고요. 그러다 이거는 내가 할 일이 아니다 싶었고, 회사에 취직해야겠다 싶었습니다. 제대로 취직을 하려면 기술을 배워야지 않을까 하는데, 한번은 신문을 보니까 대우조선에서 기술훈련생을 모집한다는 광고가 있더라고요. '아, 여기 가서 노동조합 만들면 되겠네.' 이런 생각도 좀 했죠. 그래서 1983년 8월 23일인가 거제도에 와서 대우조선 훈련소에 원서를 냈더니 합격했다고 오라 하더라고요.

훈련생은 6개월 교육받아야 하는데, 3개월은 이론교육을 받고 3개월은 현장에서 일하면서 훈련 기간으로 계산해 주더라고요. 훈련소에 들어와 보니까 이거는 거의 군 생활이나 다름없었습니다. 군 생활 두 번 하는 것 같더라고요. 지금 하면 진짜 엄청 욕 얻어먹겠지만, 새벽에 팬티만 입고 아주동 동네를 돌며 구보하고 이랬거든요. 당시 대우조선 주변을 보면, 지금처럼 크게 확장되지는 않았지만, 공장의 기본 틀은 만들어져 있었습니다. 저희 기수가 149명인가 같이 입소했는데, 훈련소 마치고 1년 후에는 다 가버리고 남은 사람이 30명 정도밖에 안 되었습니다. 왜냐면 일이 몹시 힘들었을 뿐 아니라, 현장에 일하는 사람들은 공돌이라는 낙인 때문에 장가가기도 힘들었습니다. 그때 당시는 보통 25~26살 때 장가를 가고 28살이 넘으면 노총각이라 했거든요. 그때 당시도 중매결혼이 많았는데, 선을 보거나 소개를 받아 여자를 만났을 때 대우조선 현장에 있다 하면 그것으로 끝이었습니다. 그래서 사무실이나 설계실에서 근무한다고 속이고 결혼한 사람이 엄청 많았습니다. 심지어 같은 반에 조장이었던 사람 하나는 거짓말을 하고 결혼했는데 산재 사고가 났어요. 파이프가 머리에 받쳐서 머리에 피도 나고 병원에 입원했는데 마누라가 그걸 알고 자기를 속였다고 도망가 버린 사례도 있었어요. 허허벌판인 현장에서 일하다 보면, 작업복에 때가 많이 묻고 먼지도 많이 묻고 하잖아요. 그러니까 들키지 않으려고 기숙사에 가 빨래를 쫙 해서 깨끗한 옷으로 갈아입고 퇴근하기도 하고 잔업도 별로 못 하는 거예요. 지금은 사무직이나 현장 노동자들 모두 6시 퇴근이지만, 그때 일반사원은 6시 퇴근, 기능사원은 7시 퇴근으로 2시간 잔업이 의무여서 하루에 10시간씩 일했어요. 그런데 일반사원이 퇴근하는 시간에 맞추려면 잔업 없이 5시 퇴근하거나 1시간 잔업만 해야 하니까 생활비를 맞추기도 어려웠지요. 이 때문에 임금이 적어 생활비를 못 대주고 빚내 쓰다 보니까 나중에 문제가 생기는 일들이 많았지요.

어쨌든 훈련소 있을 때는 3만 원, 나중에 현장에 갔을 때는 5만 원을 244시간으로 나누면 1시간 시급이 150원에서 170원 정도였어요. 지금은 주 5일 근무로 소정 근무시간이 209시간이지만 당시는 토요일에도 근무했으니까 244시간이었는데, 고정 시급에 잔업 150%를 쳐서

15~20만 원 정도 됐어요. 한 달에 시급 170~200원도 안 되는 임금으로 400시간 500시간씩 장시간 노동을 했지요. 정말 미쳤지. 그러니까, 아침 8시에 출근해 철야하고, 그 이튿날 그대로 밥 먹고 와 출근한 후 저녁 9시에 퇴근하면, 하루 철야, 하루 4시간 잔업을 하게 되고 그러면 약 470시간, 많이 할 때는 500시간이 나옵니다. 그렇게 시키면서도 안전관리라고, 졸면 징계한다고 자는 사람 적발하러 다니는 사람도 있었어요. 그때는 정말 사람이라고 할 수 없고, 진짜 기계나 짐승이었습니다. 짐승도 그렇게 일 시키면 안 될 거예요. 그리고 그때 당시에 조선소에 석면이 엄청 많았는데, 석면이 하얘가지고 정말 폭신폭신하게 보기 좋거든요. 그거 덮고 자고 했습니다. 그게 인체에 얼마나 안 좋은지 알려지면서 요즘은 완전히 없어졌죠. 건물 천장에도 옛날에는 석면을 많이 썼는데 지금 못 쓰게 하잖아요.

현장의 불만과 학습 소모임

노조 결성에 결정적이었던 것으로 1984년 하반기부터 1985년 사이에 조선업 불황이 오기 시작해 대규모 정리해고가 있었습니다. 당시는 정리해고라는 말도 없었지만, 지금 생각하면 정리해고죠. 정리해고를 시키는데 뭔가 꼬투리를 잡아야 하니까 말도 안 되는 꼬투리를 잡는 거였어요. 참 웃기는 사례도 많았습니다. 회사에서 일하다 보면 줄자를 허리끈에 차고 일하다가 필요하면 꺼내 쓰고 다시 꽂아놓고 하는데, 일 끝나고 나가다 보면 기술자, 조장급 되는 사람들은 정리 정돈을 안 하고 옷도 안 갈아입고 바로 나가는 경우가 있어요. 그럼 자기도 모르고 줄자를 차고 나가다가 걸려서 해고된 사람도 있었습니다.

또, 이런 일도 있었습니다. 회사에서 장갑을 주는데 지금은 먼지가 안 들어오게 코팅 장갑을 주지만, 옛날에는 그냥 목장갑을 줬어요. 목장갑은 반나절이 지나면 안에 때가 다 묻어 먼지가 코안에 묻거든요. 때가 너무 많이 묻거나 구리스 같은 것을 만지고 하다 보면, 모자라서 빨아 쓰기도 했습니다. 한 달에 네 켤레인가 일주일에 한 켤레밖에 안 주니까, 그거 빨아 쓴다고 가지고 나가다가 해고되는 사람도 있었어요. 쓰지도 못하는 거 때 묻은 거 빨아 쓴다고 가져 나간다고 해고하고 온갖 꼬투리를 잡아서 사람들을 해고했죠. 그래서 같이 일하던 동료들도 줄자 차고 나갔다고 해고한 것은 너무하다고 말이 많았죠. 그리고 그때 당시에는 일하다가 다치잖아요. 지금은 당연히 산재지만, 그때 당시에는 일하다 다치면 자기 돈으로 치료하고 징계받고, 회사로도 불이익받고 감봉을 당하는 등 정말 있을 수 없는 일들이 부기지수였죠.

그리고 당시에는 해고되면 퇴직금을 빨리 줘야 다른 데로 일거리를 찾으러 가고 할 텐데, 그 대기업에서 법적으로 한 달 안에 주게 되어 있는 퇴직금도 안 주는 거예요. 퇴직금도 3달 이상 6개월이나 끌기도 했습니다. 그래서 그 당시에 거제에서는 범죄가 많이 발생했고 살인사건도 벌어지곤 했어요. 해고되고 돈도 다 떨어지면 어디 다른 데 취직을 해야 하는데 방 얻을 돈도 없고 하니까 범죄가 발생하는 일이 잦았지요.

그래서 '야, 이건 진짜 노동조합을 만들어야겠다'고 생각했습니다. 그런데 막상 노조를 만들려고 보니까 '노동조합을 어떻게 만들지?' 너무 막연해서 사람들을 어떻게 모아야 할지 감당이 안 되더라고요. 그래서 거의 술을 많이 마셨습니다. 그때 당시에. 장승포에서 술이 엄청 떡이 됐는데 같은 회사 다니던 사람이 취미가 뭐냐고 묻길래, "나는 시도 쓰고 싶고 글도 쓰고 싶고." 그렇다고 하니까, 다음 날 오후에 한번 보자고 하더라고요. 다음 날 '고향 다방'에서 그 사람을 만났는데, 김시희 씨라는 분이 대우조선 탑재2부에서 근무하는데, 그 사람이 의식이 좀 있는 것 같더라고요. 앞으로 정기적으로 만나서 현장에 일어나는 일들을 좀 써서 서로 교환도 해보고, 시도 각자 적어서 서로 교환도 한번 해보자고 의기투합을 했습니다. 그래서 가끔 만나다가 그분이 『전태일 평전』과 『소외된 삶의 뿌리를 찾아서』라는 책을 몇 권 주면서 읽어 보라 하더라고요.

그분이 노동운동을 한 건 아닌데 그분의 친구가 대학을 나와서 그 영향을 좀 받았던 것 같아요. 그 양반으로부터 책을 빌려 보고 또 다 보고 나면 갖다주고 또 다른 책도 빌려 보고 이렇게 하면서, "형님, 그 부서에 좀 이렇게 관심 가진 사람이 좀 있느냐?" 하고 물으니까, "있다." 하더라고요. 그 사람들하고 만나게 되었지요. 당시 저는 플랜트 철구부 소속으로 바다에서 플랫폼을 만들었습니다. 물에 해양 구조물 파일을 박고 그 위에 공장을 짓는 겁니다. 그 양반으로부터 현장에 있는 세 명의 노동자를 소개받았고, 그 외에 서울에서 학교 다니다가 거제에서 방위 받고 있던 2명을 소개받았습니다. 그래서 총 6명이 한 번씩 모여서 근로기준법 책을 보면서 그것이 현장에서 지켜지고 있는지를 서로 확인하는 공부를 했습니다.

나중에 보니까 그런 소모임이 몇 군데 진행되고 있더라고요. 성당에서는 가톨릭 노동청년회(JOC)에서 활동하는 팀이 있었습니다. 그때 문성현 위원장이 오셔서 은밀하게 교육하는 팀이 하나 있었고 거기에서 분화된 몇몇 모임도 있었습니다. 나중에 저는 근로기준법 공부 모임 외에 한 단계 나아가 이념을 확립하기 위한 철학, 역사를 공부하는 모임에도 참여했고, 그와 별도로 8명 정도 되는 또 하나의 독서 모임을 만들기도 했습니다. 이것은 단순히 공부를 위한 것이라기보다, 노동운동이나 노동조합 결성과정에서 자기 철학이나 중심성이 없으면 사측의 회유에 넘어가기 쉽잖아요. 일단은 먼저 달라져야 하고, 내가 왜 이 일을 해야 하는가에 대한 확신과 신념을 갖는 게 중요할 것 같았습니다. 저는 어릴 때부터 '세상을 올바로 만들어야 한다'는 생각을 했지만, 올바른 세상을 어떻게 만들지는 잘 몰랐던 거죠. 지금 생각해 보면 그런 공부들이 정치경제학이라는 거죠. 마르크스의 정치경제학 중심으로 공부가 되는 것이었습니다.

처음에 저를 소개해 줬던 그 형님은 리비아에 대수로 공사한다고 취직해 가버리고, 남은 이는 나보다 어린 세 사람하고 이렇게 4명만 남은 거예요, 결국 나이고 뭐고 내가 리더가 될 수밖에 없었지요. 이렇게 소모임을 하다 보니까 다른 데도 소모임이 있다는 걸 알게 되었던 거지요. 그 모임도 한번 찾아가 보고, 다른 공부 모임이 있다고 하면 또 가보기도 하고, 또 별도의 독서 모임도 제가 한번 만들어 보기도 하고 했지요. 뭐 잘 알지도 못하는데 자연스레 모임의 중심이 되어 버렸어요.

왜냐하면, 그때 문성현 위원장이 주도하는 모임에서는 저를 끼워주지도 않았어요. 못 믿겠다고 해서 저는 그 모임에는 가보지도 못했어요. 제가 회사에서 탄압받기 시작할 때부터 문성현 위원장의 얼굴을 봤지요. 그전에는 최은석 전 위원장이나 장대희 씨 등 몇 사람이 문 위원장과 팀을 같이 했고, 하여튼 1985년도부터 노동조합을 만들기 위한 서클 모임, 독서 모임이 은밀하게 활동했는데, 나중에 보니까 그게 발각되었지요. 나중에 같이 있던 한 친구가 '형님, 저는 군에 가야 하는데 여기서 그냥 가기는 좀 그렇고 유인물이라도 하나 내고 갔으면 좋겠습니다.' 그렇게 이야기를 하더라고요. 또 한 친구는 '저는 애인이 노동운동을 하면 자기와 결혼 안 하겠다 해서 유인물 한 번만 내고 노동운동을 안 할 겁니다. 그래서 유인물을 한번 냈으면 좋겠습니다'고 했어요. 하지만, 지금 유인물을 내면 다른 팀도 많아서 회사나 경찰이나 보안대에서 조사 나오면 우리가 타격이 클 것 같다고 생각했지요. 나중에 이야기를 들어보면, 거제 군 보안대에서 저를 추적하고 다니고 그랬더라고요. 보안대 근무했던 지인으로부터 자신을 추적했다는 이야기를 듣기도 하고, 같이 공부했던 친구 중 한 명은 군대 가서 보안대에서 학생운동 출신자들을 추적하는 민간인사찰을 했다고 하더라고요. 하여튼 나는 1986년도에 고대 학생운동에서 활동했던 이민구 씨를 만났는데, 이분이 원래 거제 출신으로 거제에 오셔서 노동조합이 만들어지고 나서 이분과 소위 '노동자의 길'이나 볼셰비키 운동을 비롯해 본격적으로 심도 깊은 공부를 많이 했습니다. 1987년 이후에는 학습모임을 한 번 안 하면 노동조합 활동을 할 수 없을 정도로 아주 광범위하게 다양한 이념의 활동가들이 와서 교육 소모임들을 만들었죠.

1987년 6월 항쟁 이전의 노조 결성 시도와 해고자들의 투쟁

1985년부터 소모임을 계속하다가 1987년 1월에 처음으로 유인물을 한번 뿌렸습니다. 처음으로 '상고문 1'이라는 제목으로 유인물을 뿌렸는데, 주로 산재 문제나 정리해고 시 퇴직금 문제 등을 다루었습니다. 아주 간단한 건데 A4 용지 앞뒤로 부산의 자형이 하는 인쇄소에서 인쇄해 배로 가져와 배포했습니다. 새벽에 군에 갈 친구, 애인 때문에 노동운동을 안 하겠다는 친구를 포함해 4명이 각 구역을 맡아 기숙사, 야대, 주로 야외와 실내 화장실에 쫙 갖다 놨죠. 그런데 이게 완전히 히트 쳤습니다. 사람들이 관리자한테는 말 안 하고 자기들끼리 돌려보고 이러면서 엄청 센세이션이 일어났습니다. 우리가 처음으로 유인물을 내고 1개월 후인 2월에 '상고문 2'라는 제목으로 다른 팀에서 또 하나 나왔죠. 그거는 최은석 위원장 팀에서 냈다고 하더라고요.

그리고 우리는 부서 이동을 당했는데, 요주의 인물 10명과 이들을 감시할 10명 등 총 20명을 외주검사부로 보냈습니다. 외주검사부는 부산에서 호텔을 잡아 2주 동안 검사와 관련된 교육을 하고, 대우조선에 납품하는 하청 업체로 보냈어요. 저는 처음에 호텔에서 교육을 받다가 이 교육에 응할 수도 없고 외주검사부 가기 싫고 현장으로 돌아가자고 했지요. 결국, 최은석 씨하고 나하고 둘만 이탈해 창원으로 갔지요. 우리는 지금 조직도 보호해야 하고 노동조합도 만들어야 하는데 창원에서 문성현 위원장 만나 여러 이야기를 하면서 어쨌든 끝까지 현장을 떠나지 말고 버텨보자, 이런 이야기를 좀 했던 것 같아요. 그 이튿날 거제에 와서 인사부에 가서 따졌지요. "우리는 적성도 안 맞는데 우리를 외주검사부에 왜 보냈느냐, 다시 원위치시켜 달라."고 요구했습니다. 사측은 '절대 안 된다.'며, 다시 포항에 있는 '부산파이프'로 발령을 내더라고요. 거기 있으니까 일도 없고, 저녁마다 술 사주고 했지요. 일거리를 주지도 않으면서 저녁마다 술을 먹이더라고요. 이때가 1987년 3~4월쯤이었어요. 탄압보다는 회유였지만, 항상 둘을 보내는데 한 사람은 나를 감시하는 사람이에요. 오늘 백순환이가 뭘 했다는 보고서 올리거나 전화를 하거나 이렇게 했겠지요. 그렇게 있다가 "이거는 아니다. 내가 '부산파이프'에서 내가 할 수 있는 게 없다. 내가 회사 월급 받으면 일을 해야지. 이거는 아니고 다시 원직 복직시켜 주라."며 계속 항의를 하니까, 그러면 다른 데를 한번 가보라면서 더 멀리 있는 부천의 원신기계라는 회사로 보내 버리더라고요. 이미 그곳으로 와 있는 사람들이 몇 명 있었어요. 그래서 20명에게 이야기를 했지요. 서울 쪽에 있는 사람끼리 한번 모여 술도 한잔하고 이야기하다 보니까 그때 당시 거제에 회사 안에 있던 활동가들이 계속 해고당하거나 쫓겨나고 있다는 거예요. 그렇게 씨가 다 말라버리면 노동조합을 만들 수 없고 나중에 도저히 안 되는 거잖아요. 그래서 일단 더 사람을 추려내지 못하도록 우리가 가서 막자. 노동조합을 만들자고 했지요. 그러나 가자고 하니까 아무도 안 따라 나오고, 또 최은석 씨하고 나하고 두 사람밖에 없었어요.

그래서 둘이서 내려왔죠. 무단이탈이지요. 한국노총과 논의를 해서 고현성당에서 노동조합을 결성하기로 했습니다. 그때는 노조를 결성하려면, 30명 이상을 모으고 회의록을 제출해야 노동조합 설립 신고필증을 받을 수 있었어요. 사람 모으는 작업에서부터 고현 성당에서 결성식 하기로 한 것까지 정보가 회사에 들어갔어요. 우리가 성당에 가보니까 이미 회사 측에서 비디오 찍고 있고, 감시하면서 못 들어가게 막고 있는 거예요. 그래서 노조 결성에 실패했습니다. 실패하고 다시 사람들을 규합하려고 잠적했죠. 여기서 잡혀버리면 끝이니까. 안 잡히려고 도망쳐서 장승포에 안가를 만들어 놓고 사람들을 설득하러 다녔죠. 그때 이미 우리가 길거리에 가면 직장 동료나 아는 사람들도 우리에게 인사를 못 했어요. 인사하면 해고니까요. 그래서 해고된 사람이 두 사람이 있었어요. 지금도 엄청 미안하죠. 한 명은 저한테 밥 줘서 해고되었고, 한 명은 저를 아는 척해서 해고되었지요.

그래서 밤에 리어카 끄는 사람에게 부탁해서 사람들을 만나고 했는데, 30명이 그렇게 안 채워지더라고요. 그 당시 무단결근 5일이면 해고거든요. 4일 동안 아무리 발악해도 안 되는 거예요. 그때 성당의 도움을 많이 받았어요. 우리 수녀님 방에서도 잤어요. 수녀님 방에 남자들이 절대 들어오면 안 되는데, 회사 관리자나 경찰에게 안 잡히려면 어쩔 수 없었어요. 거기도 관리자들이 사다리 놓고 올라오고 해서 난리가 났고 신부님들이 항의하고 그랬지요. 그런데 5일 동안 무단결근이면 해고니까 5일째 되는 날 최은석 위원장과 함께 정문으로 출근했죠. 출근하니까 회사 앞에 사진을 붙여놓고 "당신이 백순환이지." "백순환 맞다 맞다." 하더니만 서너 명이 두 사람을 딱 낚아채 가지고 승용차 안에 태워 납치했어요. 최은석 위원장에게 세 사람, 저한테 세 사람이 붙어서 자동차 뒷자리 가운데 태우고 양옆으로 도망 못 가도록 해 출발했지요. 진주 남강휴게소에서 쉰다고 잠시 내리더라고. 도망가면 무조건 잡히고 그래서 막 그냥 떼를 썼지요. "나를 여기서 죽여서 태우든가, 전화 한 통 안 하면 절대 당신들하고 같이 못 간다"고 완강히 악을 쓰고 버텼죠. 그래서 가톨릭 노동회관 정동화 소장에게 전화해서 "소장님, 제가 대우조선 인사부 누구누구한테 지금 잡혀가고 있습니다. 만약에 안 오면 이 사람들이 죽인 걸로 생각하세요." 이렇게 말했지요. 우리는 그때 끌려가 동해로 돌아서 설악산 백담사 쪽으로 여기저기 끌려다녔습니다. "대형 슈퍼마켓 5천만 원 정도면 당신이 먹고사는 데 큰 지장 없게 해주겠다"고 회유도 하고 협박도 하고 이렇게 하더라고요.

그때가 1987년 4월 말이나 5월쯤 되었을 때로 아직 6월 항쟁 이전이었죠. 한 일주일 동안 납치당해 있다가 우리를 풀어준 데는 신부님들의 항의가 큰 영향을 미친 것 같아요. 두 사람이 납치됐는데 왜 안 보내주냐고 신부님들이 압력을 많이 가했다고 들었어요. 그래서 가족이 어디에 있냐고 해서 부산에 형님들이 있다 하니까 "부산에 데려줄 테니까 거제에 가지 마라." 면서 형님 집에 데려다주고 이쪽저쪽 문을 지키고 있더라고요. 그날 밤 자고 이튿날 새벽에 형님 집을 빠져나와 다시 거제로 내려왔죠. 거제 와서 동료들하고 이튿날 출근 투쟁을 했지요. 그때부터는 종이 박스 껍데기에 매직으로 '우리는 빨갱이가 아니다.'라고 쓴 피켓을 들고 회사 문 앞에서 시위를 했습니다. 그러면 회사 측에서는 버스 한 대를 동원해 확 태워서는 거제 끝자락에 갖다 버리고 했습니다. 지금은 길이 잘 나 있지만, 그때는 길이 아주 안 좋거든요. 버스도 잘 안 다니는 곳에 버려 놓고는 와버리는 거예요. 거기서 여기까지 걸어 나오려면 거의 반나절이 걸리거든요. 그러면 그 시간 동안 시간을 버는 거지요. 거의 매일 그러다시피 했는데, 우리도 생활을 해야 했고 가족이 있는 사람들도 있었으니까. 생계를 위해 볼펜을 만들어서 팔기 시작했죠. 해고된 상태에서 볼펜을 만들어 부산과 창원에서도 팔고 그렇게 지냈지요.

경찰도 개입하긴 했는데, 직접 개입하기보다는 회사 관리자들이 주로 매일 따라다니고 눈만 뜨면 집 앞에 딱 있다가 뒤에 졸졸 따라다니거나 심심하면 두들겨 패고 했지요. 그러면 우리가 또 경찰을 부르잖아요. 경찰이 때리지 말라고 말리면 같은 편인데 왜 말리냐고 항의하는 등 정말 유치했죠. 당시에 우리는 시내버스 기사들의 도움을 많이 받았어요. '세일교통'이라고 시내버스에서도 노동조합을 결성하려고 했는데, 기사들이 우리만 딱 태우고, 우리를 감시하고 미행하던 사람들은 딱 놔두고 막 달려버렸어요. 지금은 그렇게 할 수 없지만, 그때는 감시하는 사람들이 타려고 하면 그냥 출발해 따돌려 버렸지요. 거기도 해고 무효 확인 소송도 해야 해서 노무현 변호사에게 도움을 많이 받았고, 대통령 출마했을 때, 그 사람들하고 우리가 같이 선거운동 해주러 많이 갔죠.

당시에 우리보다 나이가 좀 많은 안병진 씨라고 있었는데, 지금은 돌아가셨지만, 그분 집에 주로 거의 합숙하다시피 했죠. 거기서 6~7명이 거의 먹고 자고 이렇게 했죠. 거기서 합숙하면서 어디 행사 있으면 가고, 출근 때 정문 앞에서 홍보할 거 있으면 홍보하고, 물건 팔러 가고 이렇게 했죠. 나중에 퇴직금도 못 받고 먹고살기가 힘들어 와현 해수욕장에서 여름 장사를 했는데, 그때는 학생들이 많이 도와줬죠. 거기서 장사해 가정이 있는 분들 생활비도 보태고 했습니다. 현장에 있는 분들은 당시에는 우리를 못 도와줬지요, 우리를 만나는 것조차 꺼려 했고, 일부 활동가들이 조금 관심을 가졌지만 적극적으로는 못 했어요. 해수욕장에 와 국밥 한 그릇도 못 사 먹었죠. 국밥 한 그릇이라도 사 먹었으면 먼 데서 망원경으로 보고해서 "니 어제 그

가게 갔지. 뭣 때문에 갔어."라고 따지고 했거든요.

당시 우리는 아침마다 출근 투쟁을 하면서 '노동조합을 만들어야 한다'고 선전하고, 또 회사 안에 〈일꾼의 소리〉라는 유인물을 만들어 배포했습니다. 그때 당시에는 만들기가 참 쉽지 않았어요. 한 글자 한 글자를 일일이 칼로 오려서 큰 글자를 위에 배치하고 한 번 복사해서 만들었고 편집하는 것도 그때는 굉장히 어려웠죠. 등사기로 밀면 별로 성의가 없어 보여서 그렇게 했는데, 만드는 데 일주일 보름 꼬박 걸렸어요. 한 달에 두 번 정도 유인물을 배포하려면, 현장에 있는 사람들에게 가슴에 테이프를 붙여 몸 안에 숨겨 가서 저녁이나 새벽, 아침에 출근할 때 기숙사에 확 뿌리곤 했습니다. 사람들이 하나씩 주워 보고, 안 그러면 현장에 가서 하나씩 나눠주라 하고는 했죠.

어쨌든 1987년 5월부터 8월까지 석 달 동안 그렇게 현장에 유인물을 배포하면서, 한편으로는 먹고살기 위해 볼펜도 팔고 했는데, 어느 날 여름에 태풍 셀마 때문에 가게와 물건이 쓸려가 버리고, 문성현 위원장이 구속되었을 때, 석방을 위해 갔다가 검찰청 점거 농성 사건으로 엮여 한 달 구류를 살기도 했습니다. 우리는 고성경찰서에서 29일 구류를 살았고, 최은석, 안병진 씨 두 분은 집행유예를 받고 한 3개월씩 살다가 나왔지요. 해수욕장 장사도 완전히 망했고, 구속도 되었으니까, 도저히 안 되니까 퇴직금을 받기로 했어요. 퇴직금을 받는다고 해서 우리가 해고를 인정하는 게 아니라는 내용 증명을 회사에 보내고, 퇴직금으로 가족이 있는 사람들 중심으로 생계비로 썼지요. 그런데 8월쯤 되었을 때, 우리와 상관없이 대우조선 내부에서 먼저 파업이 일어났어요. 우리는 원래 내부 사람과 논의해서 8월 9일이나 12일쯤 노조 설립을 위한 파업을 하기로 준비하고 있었는데, 어느 날 갑자기 먼저 파업이 일어난 거였어요. 우리가 나가 보니까 사람들이 '노조 결성, 노조 결성' 하면서 온 거제 길거리에 지게차와 중장비를 타고 쏟아져 나오더라고요.

1987년 투쟁의 불꽃이 타오르다

물론 대우조선의 투쟁에서 또 다른 주도 세력이 있었습니다. 이상용이라고 크레인 중장비

운전수였는데, 조선소 크레인은 엄청 크거든요. 게다가 크레인이라 하면 지상에 있는 물건을 불도저 같은 바퀴로 450톤 중량을 두 대가 같이 끌어올리는데 물건을 들어 올리는 붐대가 엄청 높아요. 거기에 "노조 결성"이라고 써 붙였다고 하더라고요. 주변에 있는 사람들이 막 모이기 시작하니까 완전히 폭발한 거죠. 이상용 씨와 또 다른 한 명이 노조를 만들자고 했는데 잘 모르니까 노조 관련 서류나 모든 것을 회사에 제출한 거예요. 우리는 노조 결성을 위해 30명 이상만 모이면 서류만 작성하면 될 수 있도록 항상 서류를 준비해 놨거든요. 그런데 이 사람들은 어떻게 뭘 만들었는지 모르겠지만, 그 서류를 회사에 줬다는 거예요. 사람들이 노조 결성한다면서 왜 노조 결성 안 하나 하니까, 이분들은 "우리가 서류를 회사에 줬으니까 좀 기다려 보자." 이렇게 된 거예요. 그러자 몇 사람이 치고 올라가 "그건 아니다." "너는 어용이다."라며 끌어내리고 다시 노조를 설립하려고 했는데, 노민추 초대 회장이었던 신유식 등 몇몇 강성 친구들이 나선 거였어요.

그러니까 회사 측에서 보니까 저거 큰일 나겠다고 생각했겠지요. 그러니까 양동생을 중심으로 사람들을 소식해 막 올라가 끌어내렸지요. 그리고 "지금 거제에 빨갱이들이 내려와 큰일 났다고, 임산부를 잡아 죽이고 난리 났다고, 사람들을 뚜드려 패고 있다"고 헛소문을 퍼뜨렸습니다. 양동생 위원장이 집행부를 구성했는데, 자기들도 노동조합을 어떻게 만들어야 하는지 모르잖아요. 그러니까 우리를 찾아왔어요. 해고자들에게 이렇게 요청하면 될 거라고 생각해서 노조 만드는 서류가 있으면 어떻게 만드는지 좀 알려주라 요청했지요. 그래서 최은석 위원장이 노조 만드는 서류 등을 가지고 와서 거제시청에 설립 신고를 하러 가려면 같이 가야 한다고 해서 호위대하고 같이 가서 신고필증을 받은 게 8월 11일이었어요. 그렇게 1987년 8월 11일 양동생 위원장을 임시 지도부로 해서 노동조합 설립 신고필증을 받았죠. 그렇게 노동조합을 만들기는 했는데 협상을 하자고 해도 회사가 협상을 안 하니까 가두 투쟁을 하게 됐습니다. 가두 투쟁 과정에서 경찰이 최루탄을 쏴 가지고 이석규가 최루탄을 맞아 사망했습니다. 그때 당시에 '민주화 운동 국민운동본부'가 만들어져 있었는데, 이석규 열사 사망으로 이소선 어머니와 이상수 변호사를 비롯한 그분들이 모두 거제의 대우조선으로 몰려온 거예요.

당시 이석규 열사 사건은 전국적인 이슈였죠. 그래도 해고자들은 그 안에 못 들어오게 했어요. 국민운동본부에 온 사람들은 자기를 도와주러 온 사람이고 대우조선 해고자들은 불순분자라고 못 들어오게 했습니다. 회사 다닐 때 평소에 알던 김종철이라는 친구가 노조가 교섭하러 간 사이에 '형님, 지금 양동생 위원장을 비롯해 전부 다 교섭하러 갔으니까 지금 빨리 와서 조합원들인데 왜 해고됐는지 설명을 좀 해주라.' 하더라고요. 그래서 집회하는 데 가서 우리가 사실 대우조선 노동조합을 만들려다가 해고됐고 이런 일들이 있었다는 것을 제가 이야기했죠. 그때부터 '해고자 못 들어오게 하는 놈은 전부 어용이다.'라고 조합원들 분위기가 달라지면서 우리가 자연스럽게 현장에 들어가게 됐고, 이석규 열사 장례식 때도 차에 타고 노동가도 가르치면서 자연스럽게 결합할 수 있었습니다. 조합원들 사이에 '대우조선에 노동조합을 만들다가 해고된 사람이 있었구나. 이 사람들을 꼭 복직시켜야 한다'는 분위기가 확산되고 해고자복직대책위원회가 만들어졌어요. 조직이 300~400명 정도 됐을 거예요. 우리가 아침에 출근 투쟁하면 이 조합원들이 옆에 와 지켜주기도 하고 아침마다 복직 투쟁을 이렇게 했죠. 생활은 한겨레 신문지국을 운영하거나 물장사도 하고 성당 쪽에 도움을 받았습니다. 1987년 4월 7일에 해고가 되었으니까, 노동조합이 만들어지고 나서는 우리가 계속 유인물을 만들어 배포했어요. 당시 부산에서 김진숙 씨가 만들었던 '일꾼의 소리'가 한진중공업에서 히트를 쳤기에 그것을 모델로 유인물을 만들어 현장에 어려웠던 일, 억울한 일 당한 거, 노동자는 어떻게 살아야 하는지에 관한 내용을 실었지요.

1988년 이후 노민추 활동과 1990년 3대 위원장 당선

그러다가 1988년 임금인상 투쟁 거치면서 양동생 위원장 불신임투표를 하게 되었습니다. 그때 양동생 위원장을 몰아내기 위해서는 현장 조직이 있어야 한다는 의견이 모아져 1988년 4월에 '노동조합민주화추진위원회(노민추)'를 만들었어요. 하지만, 양동생 위원장 불신임투표에서 조합원 2/3선인 67%의 찬성을 얻지 못하고 64%에 머물러 불신임에 실패했지요. 그런데 1년 후 양동생 위원장이 2년만 하고 자진 사임을 했습니다. 양동생 위원장은 회사로부터 개별적으로 혜택을 많이 받은 모양이더라고요.

저는 1990년 1월에 복직했습니다. 1월 1일 저는 신아조선에서 몇 개월 근무하다가 그만두고 대우조선으로 복직했는데, 이미 김우중 회장과 합의가 된 게 있었어요. 1989년도에 다른 사람들은 대우건설로 간 사람, 대우중공업으로 간 사람, 대우증권으로 간 사람이 있었고, 최은석 위원장은 회장 비서로 1년 6개월 근무하고 현장에 오는 걸로 합의했는데, 저만 원직 복직하기로 합의를 했던 겁니다. 하지만, 합의서에도 불구하고 신아조선에 가서 근무하지 않으면 원직 복직을 안 해주겠다고 해서 신아조선에서 3개월 정도 근무를 했죠.

아무튼, 노민추가 만들어졌을 때, 회원이 한 2천 명 정도 됐을 겁니다. 하지만, 탄압을 많이 받고 하다 보니까 이후 수가 확 줄어서 400명 정도만 남았습니다. 그래도 노민추가 활동을 열심히 하다 보니까 조합원으로부터 인정을 받았고, 2대 위원장은 노민추 후보였던 최태환 위원장이 당선되었습니다. 제가 그해 1월 7일에 결혼했는데 최태환 위원장 취임식이 1월 11일이어서 취임식 참석하려고 신혼여행도 갔다가 빨리 돌아왔어요. 얼마나 염원하던 민주노조였는지 모릅니다. 지금도 마누라가 그 얘기 하면 신혼여행 갔다가 위원장 취임식 한다고 3일 만에 돌아오는 게 어디 있냐고 투덜댑니다. 최태환 위원장이 1990년 1월에 취임했는데 그해 8월까지만 하고 조기 위원장 선거를 하기로 했습니다. 왜냐면 최 위원장이 일할 때는 참 열심히 잘하는데 술을 좀 좋아했습니다. 덩치도 큰데 맨날 술을 얻어먹고 다니다 보니까 거기에 회유가 됐는가 전노협 가입도 해야 한다고 했던 것을 내팽개치고 서서히 어용의 길을 걷기 시작했어요. 그래서 1990년 8월에 조기 선거를 하기로 했는데, 선거하려고 보니까 내부적으로 도저히 믿을 만한 사람이 없었습니다.

8월에 노조 선거를 해야 하는데 현장에서 위원장으로 세울 만한 사람이 없어서 저보고 출마하라고 하더라고요. 당시 복직한 지 1년도 안 됐고 막 결혼도 했고 마누라 뱃속에 애도 있고 그랬거든요. 또 그 당시 분위기로는 위원장 되면 무조건 징역 가거나, 안 그러면 어용이 되거나 두 가지 상황밖에 없었어요. 선택의 여지가 없었어요. 그래서 창원에서도 서로 위원장 안 하려고 했지요. 그때 제가 어머님하고 같이 살았는데 어머님은 진짜 결사반대고 "절대 안 된다. 하면 안 된다.' 하고 "인심 안 잃으려면 징역을 가야 하는데 어떻게 하냐?" 그런데 현장 사람들은 '형님 아니면 믿을 사람이 없습니다. 무조건 해야 합니다.'라는 거예요. 그래서 마누라한테 한번 물어봤지요. "어떻게 해야 하냐? 위원장을 하면 길게는 징역 3년, 짧게는 2년 정도 살 것 같은데, 어떻게 해야 할지 몰라 갑갑하다"고 하니까, 아 그래도 대담하게 "해야 한다면 방법이 있습니까? 해야 할 역할이 꼭 해야 한다면 뭐 해야죠."라고 하더라고요. 뭐 감당하겠다는 뜻이었죠. 그래서 했죠. 만약에 절대 안 된다고 울고불고 매달렸으면 못 하는 거지요.

1990년 8월에 3대 위원장 당선되고 아주 짧은 기간이었어요. 그때까지도 임단협이 거의 없어서 몇 개 조항 되지도 않고 아직 제대로 된 단협을 못 만들었습니다. 당시 새로운 단체협약을 준비해야 했고, 전노협을 강화하기 위해서 '대기업연대회의'를 만들어 대기업들이 한꺼번에 전노협에 들어가기로 했는데, 현대차와 현대중공업에 정부 차원의 엄청난 방해 공작이 들어왔어요. 그래서 현대자동차 이상범 위원장도 한 발 빼고 현대중공업 위원장도 한 발 빼면서 조직이 안 되었는데, 주도할 사람이 없으니까 제가 할 수밖에 없었지요. 그때 모인 게 대우자동차, 기아자동차, 포항제철, 한진중공업, 기아기공, 태평양화학, 서울지하철 등 천 명 넘는 16개 사업장으로, 대기업연대회의를 만들어 제가 상임대표를 맡았죠. 또한 '대우그룹 노동조합협의회'도 활성화해야 해서 할 일이 엄청 많았고, 민주노총을 건설하는 논의도 진행되어 아주 복잡한 상황이었습니다.

골리앗 투쟁과 두 번째 구속, 복직

당시 대기업 연대회의는 분명히 전노협에 가입하기 위한 조직으로 만들어졌습니다. 그래서 한진중공업이나 기아기공, 서울지하철이 결합한 것은 전노협의 영향력이었고, 여기에 대기업들이 결합해 서로 문화가 섞일 수 있도록 만들려고 노력했죠. 합동 수련회도 몇 번에 걸쳐 같이 하고 했는데 안기부에서 포항제철에 대한 집중 공작이 들어와 포철 노조를 와해시켜 버렸습니다. 그것 때문에 제가 엄청 미안해요. 그때 우리는 골리앗 투쟁을 할 수밖에 없는 상황으로 밀려갔습니다. 1990년 초에 현대중공업 골리앗 투쟁이 있었고, 대우조선도 1991년도 2월에 골리앗 투쟁을 했는데 당시는 그게 아니면 다른 대안이 없었습니다. 회사가 온갖 명목으로 활동가들을 계속 해고했고, 노동조합의 조직력은 크게 약화되어 있었습니다. 그래서 해고 저지를 위해 최후의 투쟁이라도 안 할 수가 없는 아주 절박한 상황이었습니다. 그때 우리 활동가들이 아주 많이 해고됐어요. 김영재 노민추 사무국장도 온갖 구실을 삼아 해고했는데, 노사

합의 없이 인사경영권을 일방적으로 남용하는 것은 절대 용납할 수 없어서, 어쩔 수 없이 골리앗에 올라갔습니다. 투쟁 결과, 나중에 노조의 이의제기가 있을 시에는 인사권 행사를 보류하는 것으로 되기는 했는데, 완벽하지는 못했습니다. 그럼에도 실질적인 것을 많이 얻어내서 당시 단체협약은 그때까지 체결된 대우조선 단체협약의 역사상 가장 잘된 단협이었습니다. 골리앗 투쟁을 통해 얻어낸 단체협약이 산업안전이나 여러 영역에서 가장 모범적인 단체협약이었는데, 이는 김우중 회장이 직접 내려와 결단을 내려줬기 때문에 가능했습니다.

3월 노사 합의서에서는 노동쟁의로 인한 어떠한 민형사상 처벌도 하지 않는다고 명시했지만, 막상 복직을 안 시켜줘서 저는 복직하지 못했고, 3월 말쯤 투쟁이 종결된 지 한 달 후에 결국 구속되었습니다. 우리 집이 산 쪽으로 거의 붙어 있는데, 새벽 2시에 경찰들이 산에서 우리 집 베란다로 사다리를 놓고 쳐들어와 잡혀갔습니다. 그때 우리 애가 태어난 지 얼마 되지도 않았는데 밤에 난리를 치면서 새벽 2시에 경찰들이 쳐들어와서 구속되었습니다. 그게 두 번째 구속이었습니다. 첫 번째는 해고되고 복직하기 전에 1987년 투쟁 직후 3자 개입 혐의로 구속되어 징역 1년을 받고 3개월 실형을 살았지요. 그때 골리앗 투쟁 끝나고 나서는 제가 구속되고 난 후 한 일주일 정도 싸웠을 거예요. 위원장 석방하라고 조합원들이 가두 투쟁을 일주일 정도 했어요. 산에서 경찰들하고 대치하면서 새총도 쏘고 엄청 치열하게 싸웠어요. 그때 잡혀간 사람도 한 스물댓 명 되는데, 구속된 사람만 한 10여 명 될 거예요. 물론 그 사람들은 나중에 복직되긴 했습니다.

그리고 1년 있다가 더 이상 위원장 궐위 상태로 계속 가서는 안 된다고 생각해, 제가 옥중에서 사퇴하고 다음 위원장을 1년짜리로 새로 선출했습니다. 그때 수석부위원장이었던 정석윤 씨를 위원장으로 선출했습니다. 당시 저는 1심에서는 징역 1년을 받았는데, 2심에서 1년 6개월로 늘어났습니다. 석 달 구금 일수를 그냥 못 받고 3개월 미통까지 올려 1년 6개월을 훨씬 넘긴 21개월을 살았습니다. 1992년 12월에 강릉교도소에서 출소했는데, 나와 보니까 노동조합은 엉망이 돼 있더라고요. 노동조합 집회를 열어도 조합원들이 거의 참석하지도 않고 전에는 집회 때마다 7~8천 명 모였다면 나와 보니까 많이 모여야 800명을 넘지 못했습니다. 1993년 투쟁할 때부터는 조합원들이 잘 안 모였어요. 그 이후로 1995년도에야 5천 명 정도가 모여서 파업을 했죠. 그때 조직력이 확 살아났습니다. 1995년경에야 사측의 신경영전략을 극복하고 다시 노동조합의 힘이 강해졌습니다. 저는 복직 투쟁을 하면서 1년 6개월 자회사 근무를 다녀오는 것을 복직조건으로 합의를 한 후에 1994년 8월에 다시 원직 복직을 했습니다.

6대 위원장 당선과 노동조합 지도자의 무게

1994년 9월에 6대 위원장 선거를 했는데, 그때 또다시 제가 나갈 수밖에 없는 조건이 되었고, 당선되었습니다. 1993~94년을 최은석 위원장이 했어요. 1995년 임단협 때 박상문 열사가 돌아가시면서 조합원들이 정신을 차리기 시작했죠. 조합원들이 다시 노동조합에 적극적으로 참여하기 시작했고, 1995년 11월에는 민주노총이 만들어졌죠.

당시는 민주노총을 만드는 주체는 업종회의, 전노협, 현총련 대노협 등 대기업연대회의였죠. 대우조선은 업종을 중심으로 조직되어 전국조선업종 노동조합협의회를 만들고 지역조직을 건설하기도 했습니다. 당시 금속산업 노조들도 산별노조를 만들기로 했는데 그 당시에 '영남노동운동연구소'가 큰 역할을 했죠. 그때 김석준, 임영일 선생님 등 몇 분이 집중적으로 연구와 토론을 조직했고, 토론할 때 문재인 변호사도 한 번씩 참석하곤 했습니다. 영남노동운동연구소 주최로 지리산에서 수련회도 하고 했는데, 그 덕분에 조선업종노동조합협의회(조선노협)가 금속노조 가입을 결정했어요. 하지만 다른 대기업들이 거의 다 참여하지 못했습니다. 자동차 쪽은 다 빠지고 현총련도 가입을 안 했지만, 민주금속연맹은 현대중공업과 대우조선이 딱 받쳐주니까 엄청 힘이 있었죠. 그때 민주금속연맹이 4만 3천 명 정도 됐어요. 조합원들이 다 합하면 현대중공업 2만 명, 대우조선 8~9천 명으로 조선 쪽 3만여 명에 중소사업장들이 5~7천 명 같이 결합했지요.

그때 당시에 단병호 위원장이나 문성현 위원장도 구속되고, 이승필 위원장은 수배된 상태여서 민주금속연맹에 지도부가 없었습니다. 그래서 당시 제가 대우조선 노조위원장을 하면서 민주금속연맹 부위원장을 하고 있었는데, 부위원장 하면서도 연맹 일을 중심적으로 할 수밖에 없었어요. 조선업 산안 상경 투쟁을 조직해 공동 투쟁을 하면서 동질성을 만들어가는 과정을 통해 산별노조로 가는 토대를 놓고자 했습니다.

1996년 당시 할 사람이 없어서 제가 위원장 직무대리를 했는데, 제가 9월에 위원장직을 그만두고 현장으로 내려온 상황이었습니다. 새로 나양주 집행부가 올라왔을 때 IMF가 터졌고, 그해 12월에 안기부법하고 정리해고법 날치기 통과에 항의하는 총파업이 시작되었지요. 어쨌든 정리해고법이 날치기 통과되면서 투쟁을 할 수밖에 없는 상황이었어요. 그런데 금속연맹의 지도부가 없었어요. 그래서 긴급하게 연맹에서 대우조선 노조에 연맹 부위원장 백순환을 상급단체로 파견시켜 달라고 요청한 거죠. 이 안건을 대우조선 노조 대의원대회에 부쳤는데 대의원들이 만장일치로 파견을 결정한 거지요.

그런데, 제 입장에서는 나가면 또 구속이잖아요. 진짜 참 난감했습니다. 그런데 대의원대회 결정 사항을 '나는 겁이 나서 못 나간다.' 이게 안 되잖아요. 할 수 없이 파견 나갔죠. 나가자마자 바로 서울 명동성당 농성장으로 갔는데, 이미 민주노총 지도부와 산별 대표자들이 함께 지도부를 구성해 농성하고 있었을 때였으니까요. 그때 연맹 사무실이 부산에 있었는데, 명동성당 들어가서 농성하고 투쟁했을 때부터 9년 넘게 서울 생활을 하게 됐습니다. 민주금속연맹 부위원장 2번, 금속산업노동조합협의회, 금속산업연맹을 만들면서 또 부위원장으로 역할을 하게 됐습니다. 연맹 부위원장 두 번, 연맹 위원장 한 번, 이렇게 총 9년을 상급단체 활동을 하게 됐습니다.

전에는 정말 이 세상에서 대우조선 대기업노조위원장이 제일 힘든 줄 알았어요. 지금과 달리 당시 대우조선 위원장들은 연임이라는 건 상상도 못 하고 무조건 징역 한 번 갔다 와야 했고, 실제로 6대 위원장 할 때도 너무너무 힘들었죠. 신경영전략과 싸우고, 파업을 조직하는 게 너무 힘들어서 정말 연임을 못 하겠더라고요. 너무 힘들어서 병이 날 것 같았고, 그래서 현장으로 내려왔는데 어쩔 수 없이 또 상급단체에 불려가니 참 운명이라는 게 그런가 봐요. 자기가 하고 싶다고 하고 하기 싫다고 안 하고 할 문제가 아닌 것 같아요. 끌려다닐 수밖에 없어요.

상급단체에서 부위원장 할 때는 그래도 내가 최고 책임자가 아니니까 괜찮았어요. 다른 부위원장도 서너 명 되니까 같이 논의도 하고 최종적으로는 위원장이 결정하고 하는 거니까요. 하지만 연맹 위원장은 게임이 안 돼요. 항상 해결되지 않은 투쟁사업장이 20~30개가 있는 거예요. 맨날 와서 조르고, 또 대기업노조 대의원들이 오죽 별나나. 현대자동차, 기아자동차 노조 대의원들은 다들 한가락 하는 똑똑한 사람들이고 맨날 물고 늘어지면서 비판하지요. "뭐 어용이니 아니니" 하면서 맨날 "위원장님 그렇게 맛이 가도 됩니까?" 하니 정신적으로 힘들었습니다. 또 투쟁 한 번 하면 백여 명씩 구속되잖아요. 차라리 내가 구속되면 되는데 그 사람들한테 미안하고, 또 막바지에는 김주익 열사에서부터 배달호 열사 등 열사들이 1년에 몇 명씩 생겨나니 정신적으로 돌아 버리겠더라고요.

배달호 열사 돌아가셨을 때 현장에 내려왔는데 두산중공업 조직력은 취약하고 조직이 완전히 무너졌지. 문제를 해결해야 하는데 앞이 안 보였어요. 그때 88담배를 하루에 2갑씩이나 피웠어요. 담배만 그냥 뻐끔뻐끔 피우고 있는 거예요. 이걸 어떻게 풀어야 할지, 무엇으로 해결해 나갈지 갑갑한 거예요. 꿈을 꿨어요. 꿈속에서 엄청 진눈깨비가 오더라고. 먼지 묻은 눈이 막 내려오더라고. 참 춥고 황량한 산 위를 지나가는데, 얼마 가다 보니 하얀 눈으로 바뀌면서 옛날에 구 금속연맹 정책실장이었던 양반이 나타나더라고요. 그분을 옆에 모시고 산 비탈길을 내려가서 쭉 지나가니까 강변에 원두막이 있는데, 눈도 안 오고 막 평온하더라고요. 그래서 거기 앉아서 사람들과 이야기 나누는 꿈을 꾸고 나서 확신을 가졌어요. '아, 이 문제는 지금은 답이 안 보이지만 풀릴 수 있다. 나중에는 평온함을 만들 수 있다.'라는 확신이 생기더라고요. 그때부터 자신감을 딱 가졌지요. 그래서 두산중공업 집행부보고 "당신들 이거 무조건 풀리니까 걱정하지 마라. 당신들이 우리가 하는 대로 따라오면 당신들 영웅 된다." 이렇게 고무해서 그때 강성 좌파들이 제안하는 투쟁을 무조건 다 받았어요. "결사대 만들자. 일천 명 결사대 만들어 무조건 쳐들어오자. 부수고 들어오자. 우리는 아무것도 없는데, 기껏해야 조직 파괴되는 것밖에 더 있겠나. 징역 받아봐야 징역 살면 되는 거고." 그래서 두세 번 치고 들어와서 엄청나게 싸우니까 사측도 감당이 안 되는 거예요. 두산중공업도 보니까 연맹에서 결사대 조직해 몇백 명이 몽둥이 들고 와 문 입구를 뚫어 패고 하니까 저거도 깨졌잖아요. '뭐 알았다. 가 뿔 때까지 가자.' 막 나가니까 걔들도 한풀 죽고 교섭하자 하더라고요. 그때부터 교섭이 되는데, 마침 노무현 대통령이 취임한 후에 권기홍 노동부 장관이 내려와 끝까지 중재하면서 마무리

지었어요. 지금 생각해 보면 뭐 기적이었어요. 앞에 안 보이던 게 그래도 그 정도로 타협이 되었다는 진짜로 참 다행스러운 일이죠.

2000년대 초반 정파 갈등과 민주노총, 금속산업연맹에서의 활동

연맹 위원장으로 있던 2000년대 초반 민주노총에서도 정파 갈등이 매우 심했습니다. 민주노총은 정파 갈등이 특히 심했는데, 전기 공공 투쟁할 때 입장이 다 달랐기 때문입니다. 단병호 위원장이 구속되었지만, 당시 국민파는 투쟁을 이렇게 하면 안 된다는 생각을 했고, 좌파는 계속 밀어붙여야 한다고 주장해 갈등이 엄청났죠. 국민파도 중앙파를 욕하고 심각하게 대립해 있었어요. 그때 당시에 허영구 부위원장과 이홍우 사무총장 등 지도부가 전부 사퇴해 민주노총 지도부가 공백 상태가 되었는데, 국민파 쪽에서 민주노총 직무대행은 조직력이 제일 강한 금속연맹에서 맡아야 한다고 주장했어요. 앞이 캄캄한데 이걸 어떻게 극복하나 생각했지요. 진짜로 하기 싫더라고요. 그런데, 무조건 금속연맹에서 해야 한다는 거예요. 모든 산별 연맹 위원장들이 다 그렇게 이야기해서 할 수 없이 대의원대회에 안건을 부쳤는데 만장일치로 통과되어 버렸어요. 그래서 할 수 없이 금속연맹 위원장은 수석부위원장이 직무대행을 하고, 나는 민주노총으로 파견을 나갔죠.

2002년 5월경 지방선거 전에 민주노총 위원장 직무대행으로 파견을 나갔지요. 얼떨결에 밀려서 하기 싫은 거를 억지로 하긴 했지만, 울산시장 선거 결과에서 희망을 얻었습니다. 민주노동당이 울산시장 선거에 패배했지만, 사람들은 득표율에 크게 고무되었던 거지요. 나는 지방선거 졌다고 실망하고 있었는데, 이튿날 사람들이 와서 당시 13%의 지지를 받은 것을 축하한다는 거예요. 민주노동당의 승리는 곧 민주노총의 승리이고, 이제 민주노동당이 완전히 자리 잡았으니, "위원장님 큰일 하셨습니다. 축하합니다."라고 하더라고요. 그때는 그 의미도 몰랐지만, 나중에 보니까 민주노동당이 국회의원 선거와 대통령 선거 토론에 참여할 수 있는 자격을 얻게 된 거고 국가보조금도 받을 수 있게 된 거예요. 그래서, 권영길 위원장이 대선 토론에 참여했고, 대통령 선거에서도 5% 이상 받았잖아요. 이게 이듬해 국회의원 선거에서 10석이 당선되는 데 결정적인 역할을 한 거지요.

민주노총 위원장 직무대행을 하면서 중요한 의사결정이나 갈등 조정 역할도 해야 하는데, 제가 직대 할 때는 의외로 안티 그룹이 많이 줄었어요. 의도적인 건지는 몰라도 딴지를 별로 안 걸었어요. 국민파들은 저한테 굉장히 호의적이었고 한 번씩 만나자고 전화하신 분들도 있었어요. 당시에 저는 통합을 위한 작업으로 정파나 사람을 가리지 않고 모아가지고 산별 위원장들과 술도 자주 먹고 융합하는 데 노력했습니다. 그분들 이야기도 많이 들어주고, 특정 편을 안 들려고 굉장히 노력했고, 모나지 않게 애를 썼습니다. 그래서 산별 위원장들이 나를 그렇게 싫어하는 편이 아니었어요. 언젠가 산별 위원장 몇 분이 우리 집을 찾아왔는데 집사람이 나가 보니까 집을 잘못 찾아온 줄 알았다는 거예요. 당시 제 나이가 40대 후반이었는데. 거의 50대 후반이나 60대로 본 사람들이 많았어요. 집사람이 나와 인사를 하니까 나중에 새장가 갔냐고 물을 정도로 나이 먹어 보였던 거지요. 그때는 항상 담배 피우고 술 먹고 골치 아프고 하니까 매일 속이 얹혀 있고 얼굴이 상해 있었죠.

제가 금속연맹 위원장이 끝나고 12월에 조기 선거를 했는데 이듬해 5월까지 새 위원장을 선출하지 못했어요. 금속연맹위원장이 대의원대회를 세 번 했는데, 제가 부위원장 할 때부터 금속 산별노조대책위원장을 했거든요. 금속 산별노조를 처음 만들 때부터 제가 교육하러 다니고 부위원장 때부터. 산별 전환대책위원장을 맡았습니다. 2001년에 금속노조는 이미 출범했고, 금속산업연맹은 연맹대로 있었어요. 처음에는 2만여 명으로 시작했는데, 이승필 위원장, 김창근 위원장이 맡으면서 4만 명 정도로 늘었지요. 어쨌든 대기업노조도 다 산별로 전환시켜야 하는데, 저는 그때 거기 더 있으면 진짜 빨리 죽을 것 같더라고요. 속도 안 좋을 뿐만 아니라 너무 힘들고 스트레스를 많이 받아, 나는 어떤 일이 있어도 현장으로 돌아가야 한다고 단호히 거부했지요. 당시에 현장으로 돌아오지 않았다면 빨리 죽었을 거예요. 당시 한진중공업 김주익 위원장이 죽었을 때 제가 독일 금속노조 출장 일정을 이틀 당겨 들어왔는데, 아 그때 진짜 많이 울었습니다. 크고 착하기도 하고 참 열심히 최선을 다해서 살았는데, 저렇게 될 수밖에 없도록 지켜주지 못한 것에 죄책감도 많이 들고, 참 안됐더라고요. 그때 많이 울었어요.

그래서 중앙에서의 상급단체 활동이나 산별노조 활동에 대해서는 더 이상 미련이 없었어요. 그걸 계속하겠다는 사람도 있지만, 권력이고 뭐고 사람이 살아야 하니까. 계속하는 사람들을 보면 적당히 이렇게 하니까 그렇지 온 힘을 다하니 너무 힘들더라고요. 그래서 2005년에 현장으로 내려왔습니다. 2002년 5월에 민주노총 위원장 직대를 맡아 9월까지 4~5개월 했을 거예요. 저는 2002년에 금속산업연맹 위원장을 하면서 9월에 유덕상 KT 전 노조위원장을 민노총 수석부위원장으로 당선시키고 저는 민주노총에서는 한 발 뺐죠. 2003년에 노무현 대통령 취임 후에 배달호 열사 문제가 해결되었고, 또 2004년에 김주익 열사를 비롯한 열사 투쟁이 벌어졌지요.

또 주 5일 근무제가 쟁점화되었을 때는 연맹 위원장으로 대기업들을 설득해 파업에 참여시키는 게 진짜 힘들었습니다. 우여곡절 끝에 현대자동차와 기아자동차도 같이 파업에 동참해 주어서 천만다행이었습니다. 주 5일 근무제가 합법화되는 데는 당시 금속산업연맹의 역할이 컸죠. 물론, 주 5일 근무제는 노동시간 단축 투쟁의 한 과정이었고 우리도 큰 역할을 했다고 볼 수 있지만, 금속 산별노조의 전환은 또 다른 문제였지요. 최종적으로 현대자동차는 산별로 전환했지만, 대우조선하고 조선업 노조들은 산별 전환에 성공하지 못하고 나는 내려왔죠. 산별노조 추진위원장 사업장이 산별노조로 가는 데 실패했던 거죠.

대우조선 노조의 산별 전환 실패는 정말 창피한 일이지만, 당시 집행부가 집중 전환 시기에 산별 전환에 소극적이었어요. 두 번의 집중 전환 시기에 제가 속한 조직이 대우조선 노조 집행부를 장악하지 못할 때였어요. 결국, 세 번째 산별 전환 투표 때는 저도 현장에 있었고, 노민추가 집행부를 맡고 있어서 산별 전환을 성사시켰지요. 산별노조로의 조직전환 같은 투표는 집행부의 역할이 아주 중요합니다. 집행부가 어떻게 하느냐에 따라 결과가 완전히 달라지니까요. 얼마나 열정적으로 추진하느냐에 따라 달라집니다. 일부 이야기를 들어보면 집행부가 의도적으로 그랬다는 이야기도 들리기도 하고. 시간이 가면 갈수록 더 힘들어지는데 노민추 집행부에서 산별 전환을 추진해 70% 찬성으로 산별노조 가입을 성사시켰던 거지요.

노동자 정치세력화와 또 다른 정치적 선택

또한, 노동자 정치세력화를 위해 꾸준히 활동했고, 거제로 내려오자마자 민주노동당 지역

위원장도 하면서 여러 번 출마하기도 했습니다. 민주노동당이 분열된 이후에는 진보신당 후보로 국회의원 출마를 한 번 했습니다. 이 전까지 민주노동당 후보로 활동하다가 2008년 총선 한 달 전부터 진보신당으로 이름을 바꿔 달고 총선에 출마해 15%의 지지를 받았어요. 하지만 분당한 뒤에 민주노동당 후보가 따라 출마해 5~7%의 지지표를 가져간 바람에 득표에 어려움을 겪었지요. 물론 15% 정도의 득표를 예상하거나 한 건 아니고, 어쨌든 최선을 다해서 진보정당의 정치세력화를 성공시켜야 할 뿐만 아니라, 총선을 잘해야 다음 지방선거를 위한 물질적 · 정치적 기반을 확보할 수 있다는 생각이었습니다. 그때는 정치후원금을 받아서 선거를 치르니까 홍보나 이런 부분을 신고해서 선거 후에 국고 보전받은 것으로 사무실 비용 등 다음 선거까지의 4년 활동비로 쓰고 했습니다. 15% 이상 득표하면, 비용을 100% 보전받았으니까 꽤 컸지요.

이후에는 새로 만든 진보신당이 또다시 노동당으로 바뀌었잖아요. 노동당으로 활동하면서도 지방선거에서 표 많이 받으면 국고보조금을 받을 수 있다고 해서 도의원 후보로 출마했습니다. 2014년도 지방선거에서 낙선하기는 했지만 2~3천 표 차이밖에 안 났으니까, 아쉽더라고요. 나한테 승리한 후보는 내가 노조위원장 할 때 어용 대의원 했던 친구인데, 이런 사람에게 지고 나니까 '아, 내가 이것밖에 안 되나' 싶은 게, 대중에 대한, 조합원들에 대한 배신감이 들기도 했지요. 당시 나하고 같이 출마했던 옥포 지역 노동당 기초의원은 당선되었거든요. 옥포 지역에서는 이겼지만, 촌 지역, 면 지역에서 큰 표 차이로 패배했지요.

이후에 제가 민주당으로 오게 된 것은 노무현 대통령과의 관계 때문이었습니다. 제가 서울 상급단체에 있을 때는 정말 노무현 대통령한테 맨날 욕하고 싸웠잖아요. 잘못하면 맨날 파업하고 했지요. 파업하고 잘못했다고 욕하고 했습니다. 하지만, 사실 우리가 진짜 어려웠을 때는 도움을 많이 받았잖아요. 변론비도 안 받고 변론해 주고 여기 찾아와 힘도 주고 했는데, 실제 도움은 도움대로 받고 그동안에 좀 미안했거든요. 산별 위원장 간담회 하러 오면 그래도 눈치 한번 주고 고생한다고 손 한번 잡아주고 했고, 당선자 시절에 민주노총 방문하면 그래도 그렇게 하셨는데, 한번 찾아뵙고 '하여튼 그때는 좀 미안했다'고 위로하기도 하고 막걸리도 한잔 하고 싶었거든요. 그런데 갑자기 비보를 듣게 됐죠. 당시 소속은 노동당이었죠. 그때 당시까지만 하더라도 진보정당 쪽에서 민주당을 보수당이라고 이렇게 욕할 땐데, 저는 바로 이튿날인가 문상 가봐야겠다고 작업복 입고 문상 갔죠. 참말로 마음이 아프고 미안하기도 하고 막 죄책감도 들고 하더라고요. 돌아가시고 얼마 후에 문재인 변호사가 북 콘서트 하러 거제에 오기로 했어요. 하여튼 식당에 있는데 한번 와보라 하더라고요. 그래서 진짜 오랜만에 만나 뵈었죠. 문재인 변호사한테도 역시 도움을 받았잖아요. 그래서 '문재인 변호사가 민주당이든 뭐든 내가 최선을 다해서 도와줘야겠다. 은혜를 입은 사람들한테 당이고 뭐고 뭔 중요한 게 있노. 그 사람이 나쁜 짓을 하는 것도 아닌데.' 그런 생각을 하고 문재인 대통령을 꼭 도와줘야 한다고 생각했죠. 그래서 2012년 대선 때 제가 거제지역 시민선대위 사무국장을 맡으면서 문재인 후보를 당선시키기 위해서 열심히 뛰었죠. 노동당을 탈당한 것도 아니고 그때 권영길 후보가 나왔는데 저는 문재인 선거운동을 했지요.

그런데 노동당 쪽에서도 저보고 뭐라 한 사람이 없더라고요. 다시 4년 후 대선을 할 때도 당적은 노동당이었어요. 그사이에 문성현 위원장님하고 같이 서울에 가서 1년에 1~2번씩 문재인 대표와 소주도 한잔하고 관계를 계속 유지해 왔어요. 그런데 본격적인 선거전이 시작되자 문성현 위원장이 '같이 좀 하자'고 하더라고요. 문성현 위원장에 비하면, 저는 회사에 다니고 조금 여유가 있으니까 문 위원장을 모시면서 같이 다녔죠. 그러다 보니까 2016년에 대우조선 매각 때문에 후배들이 저더러 대외협력실장으로 상집 간부 역할을 해달라고 부탁했어요. 회사매각 건 때문에 정치권이나 산업은행과 계속 접촉을 해야 하고. 정치권의 도움을 얻어 압력도 넣어줘야 한다고 도와달라는 거예요. 뭐 어쩔 수 없이 역할을 맡았고 '대우조선 매각을 하지 않겠다'는 정부 발표 후인 12월에 대외협력실장을 사퇴했죠.

하지만 그 후에도 대통령 선거 끝날 때까지 문재인 후보를 도와주자고 해서, 서울에서 김광식 위원장, 문성현 위원장과 함께 숙식하면서, 연월차 다 쓰고 전국을 돌면서 쫓아다녔죠. 대통령 선거가 끝난 후 다시 현장으로 복귀했습니다. 그래도 노동당에서는 저를 제명하지 않더라고요. 다른 지역에서 대선에서 민주당 문재인 후보를 지원한 사람들을 다 제명했는데, 그나마 제가 영향력이 있어서인지 거제에서는 저를 제명하지 않았습니다. 하지만, 그동안 민주당 선거운동을 열심히 하고 있었는데 거제로 돌아와 다시 노동당 분들과 함께 활동한다는 게 너무 어색한 거예요. 당시 대선 선거운동 할 때 제가 노동부문 공동선대위원장으로 민주노총 출신 민주당 지지자들과 매주 같이 회의도 하고 하면서 지냈는데, 거제에 돌아와 노동당의 미래에 관해 이야기하는 게 너무 불편한 거예요. '나 좀 탈당시켜 달라고 부탁을 했고, 결국, 탈당시켜 주더라고요.'

결국, 노동운동의 정치세력화를 위해 주도적인 역할을 했던 정치적인 입장과 노무현, 문재인 대통령과의 인간적인 유대 사이의 갈등인데, 만약 민주노동당이 갈라지지 않고 그대로 승승장구했으면 나올 수가 없었겠죠. 하지만 민주노동당이 분열되고 갈라지면서 완전히 멸망의 길로 가는 상황에서 진보 양심 세력이 서로 주도권을 잡으려고 이전투구 하는 모습을 보니, '그래도 할 수 있다.'라고 생각할 수가 없게 되었어요. 민주노동당이 더 선한 역할, 더 정의로운 역할을 할 수 있었으면, 진보정당을 더 키우고 성장시켜서 민주당과 민주노동당을 보수와 진보로 양립할 수 있도록 하는 게 내 정치적 꿈이었지요. 근데 민주노동당이 그렇게 서로 쪼개지고 활동방식에서 용납하기 어려운 행동을 하는 것을 보면서 '이거는 아니다. 이거는 앞으로도 싹수가 없다. 희망이 없다'고 생각했던 거지요. 그래서 거기서 나왔고, 노동당도 좀 해보니까 이렇게 해서는 정치적 전망이라는 게 전혀 보이질 않더라고요.

정의당의 역할 역시 도저히 이해가 안 되었습니다. 전체 판을 보면 진보의 영역이 넓어졌을 때 정의당도 성장하고 지지세력도 증가했어요. 진보 영역에 민주당을 포함하고 민주당이 대선에서 승리했을 때는 정의당도 성장했고, 민주당이 패배했을 때는 정의당도 확 위축되었어요, 그러면 당연히 민주당이 대통령이 되도록 돕는 게 좋은데 민주당이 패배하도록 공격하는 것은 '나 빨리 죽을게.' 하는 것과 마찬가지예요. 각자 자기 나름대로 철학이 있겠지만, 나는 그런 입장을 가진 정의당과 진보정당은 정말 멸망할 수밖에 없다. 진보의 전체 파이를 키우고 그 속에서 우리 몫을 키우기 위해 노력해야 하는데, 큰 영역을 발목 잡고 계속 물고 늘어져 옥죄어 놓고 잘 되기는 어렵다고 생각합니다.

그렇다면 민주당이라는 큰 틀 속에서 어떻게 진보적인 정치를 만들어갈 수 있을까를 생각한다면, 이제 우리 세대는 사실상 좀 힘들다고 봅니다. 저는 일단 민주당이 독일의 보수정당만큼이라도 될 수 있도록 하는 게 중요하다고 생각합니다. 연맹에 있을 때 독일 기민당 간부들하고도 대화를 해보면, 노동자들에 대한 태도가 우리와 엄청나게 달라요. 독일의 보수정당이나 단체들도 노동자들에 대한 애정이 강하고, 노조의 성장과 조직력 강화를 위해 도우려고 하는 모습을 보여주더라고요. 그런 것을 보면, 사회의 모든 영역에서 유럽의 보수정당은 우리의 민주당보다 훨씬 더 진보적이라고 봐야 하는 거죠. 그러면 우리나라 민주당도 그런 정도의 역할을 할 수 있도록 판을 만들어가는 게 중요한 문제라고 생각해요. 특히 지금 시기에 그나마 민주당이라도 집권해야지, 국민의 힘이 계속 국민을 기만하도록 해서는 안 된다는 거죠. 조금이라도 나은 방향으로 정치의 판을 채워나가는 노력을 해야 하는 게 맞다고 생각합니다. 일단 민주당이 집권해 자리를 잡고 대한민국이 자리를 잡게 되면, 10년에서 20년 정도 자리를 잡도록 하고 정말로 제대로 된 진보 세력이 하나의 한 축으로 빨리 자라날 수 있도록 판을 만들어 가야겠지요.

거제지역 노동운동의 미래와 전망

지금 거제지역에는 의외로 한국노총이 없습니다. 한국노총 사무실이 통영에 있고, 기초자치단체 수준에서 거제에는 한국노총 사무실이 없습니다. KT 지부 같은 경우는 활동을 거의 안 하고 있고, 전체적으로 거제지역에서 노동운동의 주도권은 민주노총이 가지고 있습니다. 일단 양대 조선소가 있지만, 삼성중공업에는 노동조합이 없는 상태고 노동자협의회가 거의 노조 역할을 하고 있습니다. 그다음에 조그마한 중소 사업장들이 있지요.

그러나 민주노조운동의 전망을 보면, 이대로 가다가는 오래는 못 갈 것 같아요. 이거는 거의 망할 수밖에 없다 보는데, 왜냐면 정규직이 줄어들고 있을 뿐 아니라, 앞으로 조선산업에서도 AI와 로봇이 결합하면 조선소에 투입되는 생산인력이 갈수록 줄어들 수밖에 없습니다. 로봇이나 기계가 대신하는 거죠. 지금까지 도장이나 샌딩 같은 작업은 사람들이 일당벌이로 저녁에 가서 녹을 벗겨내고 했는데, 이것도 곧 자동화 시스템으로 기계가 할 가능성이 큽니다. 이렇게 되면 조선소의 인력이 확 줄어들게 됩니다.

그러면 무엇으로 노동운동의 전망을 만들어야 할 것인가? 협력업체도 마찬가지입니다. 앞으로 5년 정도까지는 협력업체 노동조합이 조직화되고 활성화되면 실질적인 힘을 발휘할 수 있다고 보지만, 협력업체 노동자 대부분이 당장 생계를 위해서 오는 거지, 여기에서 평생직장을 얻겠다는 사람이 별로 없습니다. 그러다 보니까 조직화가 잘 안돼요. 자기는 뭐 일당 좀 벌어가 장사를 하거나, 돈 갖고는 지역을 떠나버리고, 최근에는 이주노동자 쿼터가 40%까지 늘면서 거의 외국인 노동자들로 채우고 있어요. 그렇다면, 이주노동자들이 거제에 와 가족과 같이 살 수 있도록 하고, 이들을 조직화 대상으로 삼는 게 굉장히 중요하다고 봐요. 그렇지 않으면 사용자들은 외국인 노동자들만 손쉽게 사용하려고 하거든요. 어떻든 한국 사람들이 일을 더 잘하면 한국 사람을 사용하겠지만, 이주노동자들이 생산성도 잘 내고 쓰기 수월하고 관리하기도 수월하다면, 무슨 욕을 먹더라도 외국인 노동자를 쓰는 거죠. 그게 자본시장이잖아요.

그래서 현실적으로 쉽지 않지만 그래도 앞으로 조직화하려면 외국인 노동자들도 가족과 같이 여기 와 살도록 하고 이주노동자들을 노동조합으로 묶어낼 방안을 만들어내지 않으면 로봇과의 싸움, 외국인 노동자와의 싸움이 복합적으로 맞물려 조선소 노조는 어렵게 될 수밖에 없습니다. 또한, 거제지역의 조선소 인력이 줄어들어도 인구를 늘려야 유지가 될 거 아닙니까? 그러기 위해서는 관광산업이라든지 새로운 산업을 유치해야 하지만, 신소재나 로봇 산업 같은 성장산업을 누가 대도시도 아닌 거제에 공장을 짓고 노동자들이 오겠습니까?

한편으로 가덕신공항이 만들어지고 KTX 노선이 연결되면 관광산업이 일어날 건데, 관광산업을 통한 서비스 노동자들을 중심으로 서비스노조가 영향력을 발휘할 가능성이 높습니다. 호텔 쪽에 일하는 사람들 노동조합이 가장 셉니다. 제주에서는 서비스 노동조합이 가장 강하거든요. 여기서도 서비스 노동조합과 제조업 노동조합이 양대 축을 이루어야 노동운동의 영향력과 비전을 유지할 수 있지 않을까 생각합니다.

이런 상황에서 노동운동이나 사회운동 활동가들의 역할이 중요한데, 거제에는 지금 활동가들이 그렇게 많지 않습니다. 외부에서 온 활동가들은 소수인데 지역에서 성장한 노조 간부들이 정치적 흐름에 휘둘리거나 노조 내부활동에만 매몰되지 않고 바깥과 같이 고민하면서 노조 활동을 해나가는 게 바람직하지요. 하지만, 현재 시점에서는 조선소 협력업체 노동자들이 정말 힘들거든요. 대부분 최저임금을 받으면서 여러 가지로 불합리한 요소들이 많습니다. 그래서 당장은 조선소 협력업체 노동자들의 처우를 개선하고 삶의 질을 높이는 게 제일 중요하고, 다음으로 외국인 노동자들에 대한 조직적 대책을 시급히 마련해 나가는 게 중요하다고 생각합니다.

지역 전체로 보면, 시민들이 40년 넘게 조선산업만 쳐다보고 있는 거잖아요. 지금 경제도 엉망이 돼 있고, 조선소가 지금 호황인데도 오히려 지역경제는 불황입니다. 1만 5천 명에 달하는 이주노동자가 양대 조선소에 와 있는데, 이 사람들이 지역에 쓸 돈이 없으니 지역은 마비가 되는 거잖아요. 이들이 가족들하고 같이 살면서 지역주민으로 정착해 거제 사람이 되도록 해야 합니다. 이게 중요하기 때문에 노동조합이 이들을 조합원으로 조직하고, 동시에 대부분 대학을 나온 젊은이들이 지역에서 정착할 수 있도록 서비스 산업을 육성해야 지역경제도 살아난다고 생각합니다. (구술 일시: 2025년 3월 6일)

6

통일중공업 노조의 투쟁과 산별노조운동

신천섭(전 금속노조 경남지부장)

1963년 경북 울진 출생

1985년 4월 26일 (주)통일중공업 입사

1987년 8월 노조 민주화 파업 투쟁을 계기로 노조 활동가로 구속 · 수배 반복

1998년 11월 통일중공업 노조위원장에 당선. 회사 부도로 체불임금청산. 정리해고 반대투쟁.

2001년 3월 경남2지부 초대지부장

2001년 10월~2003년 10월 금속노조 2기 수석부위원장 역임

2011년 11월~2015년 10월 경남지부 7.8기 지부장 역임

2023년 12월 snt중공업 지회 대의원으로 정년퇴직. 현재 대구 거주.

통일산업 입사 이후 공장 생활

저는 울진에서 고등학교를 졸업하고 서울 구로공단에서 1년 정도 공장 생활을 했습니다. 공장 생활을 하고 있는데 영장이 나왔습니다. 경북 울진이 동해안을 끼고 있잖아요. 그래서 특별한 경우가 아니면 대부분 방위나 보충역으로 영장이 나오거든요. 그래서 육군 병장으로 군대 다녀온 사람들이 별로 없었어요. 그 당시에 울진에서는 대부분 방위 근무를 했는데, 보통 공장 생활 1년 하고 서울 훈련소에서 훈련받고 경북 울진으로 배치받아 1년 6개월 동안 군 생활을 했습니다. 사실 저는 농고를 나왔고, 농사를 지어야겠다는 마음이 있어서 별로 사회에 나와 취업해야겠다는 생각을 갖지 않았습니다.

그런데 농사를 지으려고 보니까 울진이 워낙 깡촌이고, 농사를 지어도 별다른 전망을 갖기는 어려운 상황이었어요. 부모님들은 농사짓는 것보다는 객지라도 사회생활을 해야 하는 거 아니냐는 생각이어서 외삼촌이 다니는 현대중공업에 원서를 넣고, 고향 선배님이 통일중공업 품질보증부에 좀 영향력이 있는 사람이라서 그분을 통해서 이력서를 넣었는데 통일중공업에서 연락이 온 거지요.

1985년 4월 26일 입사했는데, 정확하지는 않지만, 입사 일주일 전에 면접을 보러 갔습니다. 면접을 보는 과정에서 문성현 위원장 얘기를 하더라고요. 문성현 위원장이라고는 얘기하지 않고 '이 공장 안에 이상한 사람들이 있으니까 거기에 어울리면 안 된다. 큰일 난다.' 뭐 이런 얘기였지요. 면접 과정에서 했던 그 얘기가 아주 인상 깊었기 때문에 아직도 머리에 뚜렷이 남아 있습니다.

그때 동양기계와 합병한 통일산업 시절에 입사한 거지요. 당시 1980년대 중반 정도 되면 우리나라가 경제적으로 정말 잘나갔잖아요. 공장에도 일감이 정말 많았습니다. 당시 나는 별 기술도 없는데도 기계를 가공하는 연삭 부서에 배치를 받았는데 그게 가장 마지막 공정이었습니다. 예를 들어서, 선반, 열처리 갔다가 그 후에 보통 1,000분의 9, 100분의 5 공차의 초정밀 가공을 하는데, 저는 기술이 없는데도 불구하고 거기에 배치되어서 일을 배우면서 하는 거죠. 주야 맞교대를 했습니다. 1주일은 주간, 1주일은 야간으로 일했고, 무조건 올 잔업이고 올 특근이었습니다. 그만큼 일이 많았던 시절이었고 그러다 보니까, 당시 공장 내부는 대단히 어수선했죠. 점심 먹으러 가는데 사람들이 머리띠를 매고 집회하고 있고, 많이 잡혀가기도 했습니다. 내가 기억하기로는 김정수 씨처럼 끝까지 남아서 정직당하는 사람도 많았어요. 점심때 사람들이 모여드니까 밥 먹고 오다가 같이 앉아 구경하고 그랬지요.

1986년에도 상황은 비슷했어요. 공장 생활은 사실 억수로 힘들었어요. 민주노조를 탄압하던 시기였기 때문에 야간 근무하는데 부서장들이 계속 순회하면서 감시하고, 심지어 쪼끔 졸면 와서 소인트도 까고 했어요. 또 그렇게 몇 번 걸리면 시말서 쓰게 하고 이런 일이 비일비재했던 시기였지요. 우리는 뭐 잘 모르니까 공장 생활이 그런가 보다 했지요. 당시 1986년에 여영국이 같은 변속기부서에 있었거든요. 자기는 다른 데서 한 번 쫓겨왔다 하고, 또 그때 대의원 선거 때문에 막 시끄럽더라고요. 우리 부서에서는 대의원으로 반장이 출마하고 옆 부서에서는 여영국이 출마했는데, 대충 보니까, 대의원 선거 때문에도 현장이 어수선한 상황이었어요. 더욱이 당시 육군 대위 출신이라는 윤재모 부서장이 아주 폭력적인 걸로 유명했어요. 그 부서장이 누구를 옥상으로 불러서 두드려 팼다든가 하는 이런 온갖 확인되지 않은 얘기가 난무할 정도로 공장이 대단히 어수선했어요.

1986년도에 '식당 사건'이라고 있었어요. 박성철을 저는 그때 야간이어서 몰랐어요. 야간이라 그걸 못 봤죠. 1986년에는 시기적으로 호헌 철폐를 요구하는 학생들 데모가 많았고 1986년 말인가 1987년 초부터 당시 조선, 동아일보에 그런 기사도 많이 뜨고 했지요. 그러면서 늦게 알게 되었지만, 시국 문제에 관심 있는 사람들이 주변에 몇 명씩 있더라고요. 당시 시국과 관련해 이런저런 이야기도 하고, 워낙 공장 생활이 시말서 쓰고 뺨도 맞고 징계당하는 사람이 많아 불만이 많았습니다. 나는 징계를 받지는 않았지만, 같이 일하던 주변 사람 중에는 야간 근무하다가 잠시 자리를 이탈해 자다가 걸려 시말서 쓰고 1주일 징계받은 일도 있었고, 같이 일하던 동료들이 이래저래 핍박받는 것을 보고 회사가 너무 지나치다는 심정적인 마음이 있었던 거죠.

그러면서 시대 상황이 그렇다 보니, 야간에 일하면서 신문을 보고 시국에도 관심을 가졌습니다. 1987년 6월 항쟁 때, 야간 근무하니까 한 번씩 회사 사람들하고 시위하러 가는 거죠. 황선엽이나 이런 친구들은 시위에 가서 도망 다니다 버스 타고 출근해서는 무용담을 얘기하고 했거든요. 그 당시에 이미 우리 내부에서도 노조 민주화 추진을 위한 학습모임이 있었던 것 같아요. 저는 학습모임 구성원은 아니었지만, 참여하는 이들이 좀 있었지요.

1987년 6월 항쟁이 지나고 7~8월 투쟁 무렵에 선전물이 한두 장씩 현장에 뿌려졌어요. 보통 보면 당시에는 탈의장이 따로 있었거든요. 굴뚝 농성했던 거기 가보면 지금은 샤워장이지만, 다 탈의장으로 돼 있었어요. 활동가들이 선전물을 거기에 넣어놓거든요. 그렇게 선전물을 뿌려 놓으면, 노동자들이 들고 와 보곤 했는데, 그걸 보면 반장이나 부서장들이 다 뺏어갔습니다.

1987년 투쟁에서 노동운동에 나서다

야간 들어갔을 때였어요, 1987년 8월 7일, 잊어버리지도 않아요. 야간 들어가 있는데, 딱 밤 12시 밥 먹고 나니까 두세 시쯤 되었는데 선전물이 쫙 뿌려지더라고. 그러면서 "B동 축구장에 몇 시까지 모여라." 해서 모였죠. 모여 스크럼을 짜고 운동장을 몇 바퀴 돌고 하니까 사람들이 250~300여 명 이렇게 모여드는 거예요. 저도 거기에 참여했는데 그게 제가 노동운동의 길을 걷게 만드는 계기였지요. 당시 제가 신마산에서 자취했는데, 야간하고 그 투쟁에 참여하면서 21일간 파업 투쟁할 때 집에 한 번도 안 갔습니다. 회사에서 속옷을 빨아 입고 계속 그렇게 농성을 한 거죠.

당시 공장 생활 2년 6개월 동안 현장에서 느꼈던 게 회사가 너무 억압적이라는 것이었어요. 저는 안 갔지만, 일부 사람들은 1주일씩 통일교 원리 교육도 강제로 가야 했어요. 회사가 흔히 말하는 여러 가지 자유를 억압하고 종교의 자유마저도 억압하고 이런 상황이었습니다. 그런 상황에서 농성에 적극적으로 참여했고 농성 기간에 편지도 쓰고 그랬지요. 회사는 농성을 와해시키려고 온갖 짓을 했고, 막판에는 구사대까지 동원했습니다. 요즘은 투쟁을 오래 하지만 그전에는 그리 오래 하지 않았어요. 우리 농성 투쟁이 20여 일 계속되었는데, 당시는 이십 며칠도 대단히 길었던 상황이었지요. 그러다 보니 회사에서는 이걸 평화적으로 해결하기보다는 폭력적으로 해결하려고 했던 거죠. 왜냐하면, 이미 1985년도에 노조가 민주화된 이후 다시 어용노조로 만들었는데, 또 노조가 만들어지면 안 되겠다는 생각이 있었던 거죠. 농성이 19~20일쯤 되니까 소문들이 돌고, 농성 대오의 규모도 줄어들었어요.

당시 창원대로에서 보면, 3층 건물이 옛날 본관이었거든요. 거기에 거점을 두고 우리가 3층 전체를 점거해 농성하고 있었고, 회사는 관리직을 동원해 농성장을 몇 차례 침탈했습니다. 통일교인늘 앞세워 낮에 몇백 명씩 시위를 했고, 우리는 화단에 바리케이드 철조망을 치고 대치했습니다. 사실 그거는 자르고 들어오면 되니까. 바리케이드라고 할 수도 없어요. 사측은 몇 차례나 구사대를 동원해 '불법 행위를 중단하고 빨리 농성을 해제하고 집으로 돌아가라.' 선동했습니다. 정확히는 모르겠는데 파업 투쟁 20~21일 만인가 아침 8시 정도 되었을 거예요. 우리는 농성 대오가 150명도 채 안 됐을 때 구사대는 1,000명이 넘었어요. 밤새도록 구사대한테 통닭과 술을 먹였다 하더라고. 이렇게 통일교인들 중심으로 구사대가 술 냄새를 풍기며 들어오는데, 정말 그렇게 밀고 들어왔어요.

이미 회사와 다 짜고 소방차도 와 있었고, 경찰도 일부 와 있었습니다. 이런 상황에서 구사대가 밀고 들어왔는데 우리가 저항할 수 없잖아요. 하지만, 우리가 본관을 점거하고 있으니까, 농성장에서 회사가 노조를 파괴하기 위해 만든 자료를 포함해 여러 가지 자료도 많이 찾아냈지요. 회사의 주요 자료를 우리가 다 들고 있는 상태에서, 그래 오면 다 불을 지른다며 7인 지도부가 본관 앞에 자료들을 쌓아놓고 있었습니다. 마지막에 협상이 결렬되면서 구사대가 몰려오니 불을 지르고, 일부는 2층에서 뛰어내리려다 잡히고, 저 같은 경우는 3층 옥상까지 밀려 올라갔습니다. 문 하나를 놓고 대치하는데, 우리는 "물러가라." 하고 저쪽은 인원이 워낙 많은 데다가 소방차 호스까지 있으니까 진압당할 분위기였어요. 그런데 막판에 소방 호스를 들고 오는 사람들이 소방관이 아니라 일본인을 포함한 통일교도인 거예요. 문 사이로 소방 호스를 든 손을 내밀자 누가 파이프로 때렸는데, 손가락이 너덜너덜한 상태에서도 소방 호스를 끝까지 쥐고 있는 거예요. 나중에 보니까 일본인이었어요.

당시 우리 공장이 네 개였거든요. 옛날에 4공장이 있어. 4공장 조합원을 상대로 선전하러 나갔던 사람들이 있었어요, 또 공장에 불이 나니까 주변에 사람들 많았잖아요. 옛날 상남동이 지금처럼 개발되기 전에 총각들이 많이 살았어요. 가까이 있는 사람들이 불이 난 거를 보고 몰려들었지요. 지금 로데오존이 그 당시 큰 운동장 잔디밭이었습니다. 거기에 사람들이 확 몰려든 거죠. 당시 정문, 지금은 후문이 당시 정문이었습니다. 사람들이 정문으로 밀고 들어오려니까 소방관들과 경찰도 있고 하니까 못 밀고 들어왔습니다. 그래서 지금 재료연구소 옆에 있는 서문으로 밀고 들어와 밑에서 공격을 했고, 분위기가 완전히 역전되어 버렸습니다. 그래서 옥상에 있던 사람들까지 다 내려와 구사대를 몰아붙였지요. 노조 앞에 조그만 분수대가 있는데, 악질적으로 행동했던 사람들을 그 분수대 물에 빠트리고 했습니다. 그래서 결국 교섭이 된 거죠. 문성균 사장이 창원으로 직접 내려와 교섭을 시작하고 거의 1박 2일 정도 교섭을 해서 저희가 주요하게 요구했던 것을 다 성취했습니다. '민주노조 인정', '임금 1,000원 인상', '통일교 강제원리 교육 철폐' 등 일곱 가지 요구를 거의 다 쟁취했습니다.

투쟁이 끝나고 당시 첫 출근 날이 야간이었어요. 항상 야간 들어가면 죽으러 들어가는 기분이었는데, 그때는 완전히 분위기가 달라져서, 특히 끝까지 남았던 150~200여 명은 완전히 영웅이 되어 있는 상황이었어요. 그렇게 불과 한 달 정도 지난 9월 20일경에 저는 또 야간 근무를 할 때였어요. 새벽에 7인 지도부를 모두 체포하려고 했는데, 그 당시는 체포영장이 아니고 구속영장이었어요. 당시에는 노동자들이 총각들이었으니까 친구 집에서 자고 여 가서 자고 저 가서 자고 이런 상황이니까. 집에서 잔 사람들을 제외하고는 다행히도 아무도 안 잡혔지요. 내가 알기로 처음에 네다섯 명이 잡히고 나머지는 수배 생활을 하게 되었지요. 저는 그때는 몰랐어요. 야간 근무를 위해 출근하려고 저녁 먹고 뉴스를 보니까 다시 파업한다고 우리 회사 문제가 뉴스에 나오는 거예요. 당시는 휴대폰도 없을 때잖아요. 회사 출근하니까 파업하고 있더라고요. 나도 파업에 참여했는데 그때는 공장을 점거하는 파업이 아니었고 주로 구속자 석방 투쟁이니까 정치 투쟁 성격으로 가두 투쟁이었어요. 주로 창원대로로 나와 돌멩이 던지고 경찰하고 싸우는 과정을 오랫동안 했어요.

1987년 9~10월 서울 상경 투쟁과 첫 구속

거의 한 2주 가까이 그런 투쟁을 전개했는데, 1987년 7~8월 노동자 대투쟁 이후에 노조가 많이 만들어졌지만 9~10월에는 탄압 국면으로 바뀌어 전국적으로 주요 사업장에 대해서 자본과 정권의 탄압이 집중되었던 시기였어요. 통일중공업은 구속자 문제가 있어서 계속 투쟁하는데, 이제는 지역에서만 투쟁해서는 안 된다고 해서 서울 상경 투쟁을 하게 됩니다. 당시 서울 기독교회관까지 갔는데, 마산에서 기차를 타고 영등포역에 내려서 영등포 성문 밖 교회에서 잤던 거 같고, 또 기독교회관으로 옮겨 가다 일부는 잡혀서 내려왔고, 제 경우에는 계속 안 잡혔던 거죠.

결국, 기독교회관에서 농성하게 되었습니다. 기독교회관 농성에는 국제상사, 인천 경동산업, 서울 구로공단 활동가들과 같이 농성을 하게 된 거죠. 그중에서 지금도 활동하고 있는 사람은 김호철뿐이네요. 그런 사람들과 같이 농성을 하게 된 거죠. 농성장에는 김대중 전 대통령이나 김영삼 전 대통령 같은 사람들이 지지 방문을 와서 격려도 해주고 가고 이소선 어머님은 늘 자주 오셨고 그런 거는 기억나죠. 원래 그 투쟁은 일부가 기독교회관에서 농성하고, 일부는 원래 민주당에 들어가려고 했는데 들어가다 다 잡혔어요. 결국, 못 가고 기독교회관으로 와서 농성을 했는데 기독교회관 앞으로 나와 연좌 시위하는 동안, 갑자기 백골단이 기습적으로 쳐들어와서 일부 잡혀 내려오고 서울에 남은 사람은 20여 명 내외로 그렇게 많지는 않았어요.

농성을 하는데 어느 날 갑자기 황선엽이라는 친구가 좀 보자고 하더라고요. 그 친구는 나하고 같이 일했던 사람으로 나보다 후배인데, 이미 1987년도에 주요 지도부는 아니지만 지도부와 연결 고리를 갖고 있었고, 2차 구속자 석방 투쟁할 때는 사실 지도부의 한 명이었어요. 왜 그러냐고 물으니까, 정확하게 얘기는 안 하고 몇몇 사람들이 어디 갈 데 있다고, 어디 가야 한다고 했어요. 그래서 따라간 거예요. 보니까 통일중공업에서는 세 명이었지요. 황선엽, 김철수가 같은 반으로 연마반 출신들이고, 세 명이 갔는데. 거기에 가니까, 김호철, 조상훈 등등 서울대 출신이라고 하더라고요. 그날 관악구 어디 골방에 모여 서로 인사를 하는데, 보니까 구로공단에서 활동했던 활동가들, 국제상사 여성 노동자들 이런 식으로 해 민정당 관악지구당에 들어간다는 거예요. 사실 우리는 민정당 관악지구당이 얼마나 무서운 곳인지 잘 모르잖아요. 그냥 들어가겠다고 생각을 한 거죠. 그냥 투쟁하러 들어가겠다 이렇게 생각하고 간 거예요.

우리가 11명인가 12명인가 모여 들어갔는데 1987년 당시 시대가 얼마나 그렇습니까? 민정당 관악지구당에 들어가기는 들어갔는데, 얼마 안 있다가 바로 진압당했죠. 건물이 2층인데 민정당 서울 관악지구당 사무실이라 하더라고요. 사당동에 있었던 것 같습니다. 거기 가서 연행될 때 곤봉으로 정말 많이 두들겨 맞았어요. 우리도 파이프를 들고 저항했지만, 저항이 됩니까? 바로 잡혀 내려갔지요. 특히 우리 김호철 작가는 자기가 옛날 한국 체대 다녔는데 태권도 4단이라며, 제일 앞장서 가지고 싸웠지만, 안 되잖아요. 자기 혼자 잘한다고 되나요? 그래 바로 잡혀갔지요. 연행되어 경찰서에 갔는데, 경찰도 경험이 있으니까 처음에 연행될 때는 차 안에서 많이 두들겨 패더라고. 근데 딱 가니까 이 사람들이 다 경험 있는 사람들이었어요. 한두 번씩 갔다 온 사람도 있어서 정보과 형사들하고 얘기하거나 조사받을 때 아주 조사를 잘 받았어요. 그러면서 "통일중공업 황선엽 정도 빼고는 다 석방될 거다. 걱정하지 마라." 하더군요. 내가 주요 지도부도 아니니까 나도 당연히 그렇게 생각하고 있었죠.

그런데, 막상 구속이 돼 버린 거예요. 이제 구속이 돼 버렸는데 우리 시골에도 연락이 갔을 거 아닙니까. 우리 시골은 경상북도 울진군 원남면 기양리 거기, 완전히 촌 골짜기인데, 구속됐다 하니까, 부모님들이 얼마나 놀랐겠어요? 바로 모친이 고모님하고 같이 올라오셨어요. 그런데, 그 당시에 고종사촌 형이 사법고시에 합격해서 사법연수원에서 연수를 받고 있었어요. 고모가 얘기하니까 그 형님이 어떻게 나왔더라고요. 당시에 김진태라고 검찰 총장 했던 분이 담당 검사였어요. 검사실에서 우리 모친과 고모님, 고종사촌 형, 나 이렇게 앉았는데, 형님 덕분에 그래도 그렇게 자리를 마련해 주더라고요. 그런데 내가 들어왔을 때 포승줄에 묶여 있으니까 두 분이 깜짝 놀란 거예요. 포승줄은 면담할 때 풀어주더라고. 그런데 나갈 때 또 포승줄에 묶이니까 두 할머니가 난리가 난 거죠. 그래서 저도 울고 우리 모친도 울고 우리 고모도 울고 우리 고종사촌 형은 뭐 괜찮다 하고. 이런 일이 있었어요. 모친은 멀리 울진에 계시니까, 면회를 자주는 못 왔죠. 창원에 사촌 누나들과 고향 누님들, 고향 사람들이 있었거든요. 그러니까 면회를 오면 울진에서 마산으로 와서 하룻밤 자고 갔지요.

당시 해고되어 있던 사람도 있었어요. 구속된 사람들 외에 13명이 해고됐으니까요. 구속자 몇 명을 빼고 나머지 해고자 6~7명이 서울로 면회를 오곤 했지요. 저희가 구속되고부터 노조가 장외 투쟁을 했는데, 결국 13명인가 지도부는 다 해고되고 나머지는 현장에 들어갔죠. 100일 동안 구속됐다가 풀려난 게 1988년 1월이었습니다. 10월에 구속되었다가 1월에 1심 집행유예로 석방되어 내려왔지요. 그게 첫 구속이고 첫 징역살이였는데, 저는 사실 〈말〉지에 나왔던 블랙리스트 기사를 보고, 징역 살고 나오면, 아이고, 나는 이제 앞으로 공장 생활 안 되고 배를 타든지, 시골에 농사를 짓든지 그래 안 되겠나, 뭐 그래 살아지겠지.' 이렇게 생각했습니다. 3개월가량 100일 넘게 구속되어 있다 나오는데, 우리 모친하고 해고자들 10여 명이 또 올라온 거예요. 사실 나는 나가면 나 혼자뿐이거나, 아니면 구속됐던 황선엽, 김철수 정도 있고. 나머지는 각자 다 뿔뿔이 흩어졌겠지 생각했는데, 그 사람들이 똘똘 뭉쳐서 모친하고 같이 왔더라고요. 그 사람들이 모친하고 같이 오면서 위로도 많이 해주고 하다 보니, 모친도 안심했지요. 사실 우리 모친은 나를 울진으로 데려가려고 했거든요. 그런데 놔두고 가도 괜찮다고 하니까 안심하고 이제 놔두고 간 거죠. 그때부터 해고자 생활을 시작했는데 그게 출근 투쟁이었습니다.

해고자 투쟁과 1988년 투쟁

당시 저는 전세방이 따로 있었어요. 제가 장남이고 아버님이 옛날 벌목공 하면서 번 돈까지 해서 300만 원 정도 전세방을 얻어 있었기 때문에, 생활비는 많이 안 들어갔습니다. 제 경우에는 월세가 없으니까 그렇게 생활했고, 다른 해고자들은 일부는 2~3명씩 방을 따로 얻어 지냈지요. 서로 얘기하면서, "그래도 우리가 노조를 새로 세워야 하는 거 아니냐." 이런 결의도 하고, 출근 투쟁을 했지요. 하지만, 결과는 뻔하잖아요. 그 당시 출근 투쟁을 하면 매일 치고받고 싸우고 두들겨 맞았고, 그러면 또 경찰에 연행되고 했지요. 심지어 차량공장 저쪽, 지금 정문 앞에 남천이 있잖아요. 우리가 출근 투쟁하다 잡히면 관리직 6~7명이 저희를 들고 남천 물에 다 던져버리고 그랬거든요. 일부 사람들은 또 담을 넘어 회사 안에 들어가면 공장 안에서 잡혀 나오면서 또 경찰에 또 연행되고 했습니다. 매일 그런 식으로 싸웠지요.

구속되기 전까지는 특별하게 학습 소모임을 하거나 그런 것도 없었고, 그냥 투쟁에 우연히 참여했다가 그렇게 된 겁니다. 사실 저 같은 경우는 드문 경우지요. 사실은 그렇게 강한 신념이 있었던 것도 아닌데, 하다 보니까, 그렇게 발전한 거죠. 의지도 강해지고, 의식적으로도 세상 보는 눈이 조금씩 좋아지고 이랬던 것 같아요. 내가 가장 친했던 사람이 황선엽이죠. 황선엽, 김철수가 같은 반이었고. 투쟁하면서 친해졌던 사람이 임수관 씨, 이런 사람들이죠.

그렇게 투쟁을 하고 또 투쟁이 계속되니까 출근하는 조합원들도 우리의 싸우는 모습을 보지 않겠습니까? 그러면서 또 분위기가 바뀌더라고요. 그런 게 활동하는 데서 억수로 중요하다고 느꼈어요. 처음에는 출근 투쟁을 하면 출근하던 조합원들이 그냥 외면하고 가더니만, 투쟁이 계속 반복되니까 관리직을 말리는 사람도 생기고, 한마디 하고 들어가는 사람도 생겨나고, 분위기가 좋아지는 게 눈으로 보이는 거예요. 그래서 우리가 작전을 세워 통근버스를 활용하기로 했습니다. 당시에도 근무 인원이 워낙 많으니까 창원 마산 거의 모든 지역에 통근버스가 다 있었어요. 각자 분담을 해서 나눠 통근버스를 타는 거예요. 아침부터 통근버스에서 선동하고 그 통근버스를 타고 공장 안으로 밀고 들어와 버린 거지요. 이런 투쟁을 계속하니까 결국 회사가 합의해 준 게 노동조합 사무실 출입을 허용한 것이었어요. 이제 해고자들이 노동조합 사무실로 출근하면서 대자보도 쓰고 식당 출입을 하기 시작했습니다. 식당 가는 거를 막으면 '밥은 먹어야 할 거 아이가.' 하면서, 식당에 대자보 붙이고 이러니까 분위기가 급속도로 바뀌는 겁니다. 그렇게 분위기가 바뀌면서 우리가 또 현장까지 들어갈 수 있게 됩니다.

해고자들이 자연스럽게 현장까지 다니게 되는 상황에서 당시 구속됐던 지도부들이 나옵니다. 진영규를 비롯한 지도부들이 나와서 노조도 어느 정도 혼란을 수습하는 상황이 되었고, 해고자들이 많다 보니 생계 문제가 걸리지 않습니까? 일부는 한겨레신문 창간할 때 한겨레신문 지국을 운영했습니다. 지국 사무실은 대방동에 농원 옆에 있었는데, 그곳에 촌 동네가 있었습니다. 시내에 얻으면 세가 비싸니까 촌 동네에 조그만 사무실을 하나 내서 한겨레신문 지국을 하고 박충열 동지를 비롯한 일부는 노조 직원 비슷하게 그 당시 활동비 40만 원을 받고 선전 활동을 했지요. 활동 경험을 보면 황선엽 같은 친구들이 해야 하는데 그 친구들은 한겨레신문 일을 하게 하고, 노조 일 관련해 플래카드를 써 붙이고 대자보 붙이는 선전 작업은 현장 잘 뛰어다니고 성실하다는 평가를 받았던 나하고 박충열 동지가 주로 하게 되었지요. 조합 사무실에 잡일 비슷한 역할을 하면서 그런 상황에서 1988년 파업 투쟁을 또 하게 되었습니다.

당시 원래 지도부는 1987년 투쟁이 끝나고 나오고, 1988년 투쟁은 안동락 직무대행체제로 투쟁을 했는데, 당시 주요 요구가 해고자 복직이었습니다. 해고자 복직을 전면에 내걸고 그다음에 임금인상을 요구했지요, 그때 파업 투쟁을 사십 며칠 동안 했어요. 하지만, 막판에 해고자 문제가 쉽게 풀리지 않는 문제니까 해고자 문제를 교섭 의제에서 제외하는 문제와 관련해서 내부 갈등이 좀 있었습니다. 결국, 해고자들이 더 모여서 해고자 문제를 이후 과제로 넘기는 것으로 정리를 했습니다.

1988년도 투쟁 당시 저는 공장 문을 지키는 일을 했습니다. 우리가 파업하면 무조건 옥쇄파업, 공장을 전체 점거하는 파업이니까, 각 문을 지켜야 했습니다. 문을 지키는 거는 회사의 출입 문제도 있지만, 당시 보면 일부 몇몇 조합원이 회사 물품을 들고 나가는 거도 막아야 했어요. 중요하고 돈 많이 나가는 회사 물건을 들고 나가는 사람들이 있었는데, 그런 거를 통제하는 역할도 했거든요. 일부 반장이나 이런 사람들이 회사 바깥에서 알바 같은 거 할 때 써먹으려고 공장에 들어와 각종 버니어 캘퍼스나 측정기 이런 거 들고 나가는 일도 있었지요. 제가 해고자 담당으로 이런 것을 단속하는 일을 했고, 당시 사수대, 정문 경비대가 중요한 역할을 했어요. 1988년에는 보통 그 정도 파업을 하면 또 공권력이 개입하든지 진압부대가 들어올 건데, 당시 88올림픽도 있고 해서 평화적으로 합의하게 됩니다. 노사합의를 통해 해고자 문제는 1988년 말이나 1989년 초에 중요한 의제로 해서 교섭으로 푸는 것으로 정리했습니다.

그때 1988년도 투쟁할 때 정문 경비를 담당했던 사람들과 학습모임을 시작했습니다. 이름을 '민주경비대'라고 붙이고 아주 기초적인 『들어라, 역사의 외침을』 같이 당시 많이 읽던 책을 읽고 독후감도 내고, 글로 쓴 거를 소식지도 만들어 배포하기도 했어요. 또 수련회도 가고 했는데, 주로 수련회 하면 극기훈련이었습니다. 예를 들어, 마산역에서 창녕까지 밤새도록 걸어가는 거. 그런 모임을 하면서 학습 소모임을 쭉 했어요.

이후 1988년 말부터 또 해고자 문제를 가지고 해고자들과 회사 측의 만남이 몇 차례 이루어졌습니다. 만남은 이루어지는데 문제가 잘 해결되지 않았고, 그 과정에서 해고자들과 노무팀과의 폭행 사건이 일어나 일부가 구속되고 이런 과정이 있었어요. 그래 막판에 이렇게 해고자 문제를 어떻게 하려고 하다가 잘 안되어 1989년으로 넘어갔습니다. 더욱이 1988년 당시에는 구속자 문제도 일부 있었어요. 왜냐면 정문 경비를 섰던 사람 중에 조호영 등은 회사에서 절도하는 사람들을 잡아가지고 반장들을 폭행해서 2~3명이 구속되었거든요. 다행히 지도부나 해고자는 구속되지 않았지만, 당시 경비대 활동하던 친구들이 구속되어 버렸어요. 1988년 말에 지도부들이 석방되어 노조를 정비하면서 다시 1989년도에 해고자 문제를 가지고 싸움을 시작했는데 해고자 문제가 잘 안 풀렸잖아요. 해고자 문제는 원래 1988년 말부터 89년 초까지 임금 교섭과 분리해 따로 풀려고 했는데, 그게 잘 안됐습니다.

1989년 4~5월 창원대로 투쟁과 금성사 2공장 연대투쟁

그 후 1989년에 창원대로 투쟁이 일어났습니다. 당시 정당방위대가 약 250여 명이 있었는데, 그 핵심은 민주경비대 사람들이었어요. 1989년 임금인상 투쟁할 당시는 마창노련이 한참 잘나갔던 시기잖아요? 그때 마창노련 방산특위 발대식이 있었습니다. 그때 우리는 해고자였으니까 경찰이 막는다는 거예요. 그래서 해고자들이 계속 옥상에서 화염병을 만들었어요. 그 당시 이미 회사 분위기가 노조가 압도적 우위에 있었던 상황이었습니다. 1988년 투쟁을 거치면서 노조가 압도적 우위에 서게 되고, 옥상에서 마음대로 화염병을 만들고 투척 연습도 하는 등 지금 생각하면 거의 상상이 안 되는 거죠. 예를 들어서, 휘발유와 신나(시너)를 어떤 비율로 섞어야 폭발력이 좋은지, 이런 것까지 실험하며 화염병을 만들었습니다.

1989년 4월 23일인가 24일에 방산특위 발대식을 막는다고 해서 화염병을 들고 나섰습니다. 음료수 박스에 화염병을 넣으면 딱 3~4개 들어가거든요. 앞에는 100여 명 대오가 파이프를 들고, 뒤 대오는 화염병 들고 하면서, 당시 전체 조합원 3,000여 명이 행진하면서 1공장 정문을 통해 창원대로로 내려왔습니다. 경찰이 어디서 막았느냐면 재료연구원에서 1차 저지선을 막았거든요. 거기에서 화염병 던지고 한판 붙은 거예요. 그렇게 투쟁을 했는데, 그때는 정말 우리뿐 아니라 효성중공업과 함께 창원대로가 거의 다 마비될 정도로 위력적 투쟁을 벌였습니다.

가장 전투적으로 싸웠던 게 우리였는데, 화염병도 많이 던지고 불을 들고 나중에 콜타르까지 불 질렀습니다. 그 투쟁은 해고자들이나 민주경비대의 핵심들이 주도했는데, 연행된 사람들은 이들이 아니었던 거죠. 연행자 중에 임종호 열사 같은 분들은 그 당시 간부였지만, 간부 아닌 평조합원들이 많이 잡혀버린 거죠. 그래 잡힌 사람들은 전기 고문당하고 이런 게 있었잖아요. 그게 마음에 많이 걸리더라고요. 저희 같은 경우는 구속도 한 번 되었었고, 학습하면서 의식도 높아져 덜한데, 그 사람들은 처음 잡혀서 고문당하고 얼마나 고통스러웠겠어요? 그런 게 참 많이 걸렸는데 투쟁이 계속되었잖아요?

창원대로 투쟁이 계속되자 당시 지도부는 임금교섭에 빠르게 합의를 했습니다. 성과는 좋았지만 창원대로 투쟁이나 마창지역에서 한참 투쟁 중인 사업장 입장에서는 통일중공업이 중심이 되어 투쟁해야 하는데, 가장 먼저 합의를 해버려 당시 지도부가 비판을 많이 받았습니다. 그러면서 일부 지도부가 사퇴합니다. 위원장을 제외한 부위원장들이 다 사퇴를 하고 지도부를 새로 뽑았습니다. 새로 뽑힌 지도부의 과제가 다시 해고자 복직이었어요. 4월부터 1989년은 내내 투쟁이었습니다. 정당방위대가 250여 명 되고, 현장을 우리가 완전히 통제하고 있었습니다. 예를 들어서, 반장들이 현장에서 누구 조합원을 탄압했다, 조합원들에게 안 좋은 거를 했다 하면, 조합원들이 가서 반장 책상을 다 들어내 사과하게 만들고 하는 게 당시 현장 분위기였어요. 새로운 지도부가 올라와서 해고자 복직 문제를 풀려면 통일교를 압박하지 않으면 안 되었습니다. 그게 중요한 기조였어요. 그래서 통일교 재단, 통일교 교리를 비판하는 선전물을 대외 선전물을 내게 되었습니다. 그런 선전물을 뿌리니까 회사에서도 그냥 있지 않잖아요.

이제 통일교인들을 동원해 맞대응하는 거죠. 회사 관리직들이 '정당방위대 해체하라'며 파업을 하는 거예요. 요구 사항이 '정방대 해체, 통일교에 대한 사과' 이런 거였어요. 그런 상황에서 투쟁을 계속한 거죠. 회사 업무가 거의 80%는 제대로 안 되었어요.

임단협 교섭이 끝났으니 노사가 평화적으로 가야 하는데, 새로운 집행부가 올라오고 조직이 정비되면서 더 강성 집행부가 올라온 거지요. 그래서 해고자 문제를 가장 주요한 의제로 내 걸고 투쟁했고, 그 투쟁 과정에서 금성사 2공장 연대투쟁도 했습니다. 창원 금성사 2공장이 통일중공업과 거의 대각선으로 마주 보고 있었습니다. 창원 2공장 금성사 연대투쟁은 사실 1989년도 5.3 동의대 사태 직후였어요. 거기서 사람들이 많이 죽었잖아요. 그러면서 비폭력 선언하고 화염병 사용하지 않겠다고 선언했는데, 우리가 6~7월에 바로 또 화염병 들고 나와 던졌던 거예요. 그게 그 선언 이후 전국 최초라고 합니다. 제가 그 투쟁을 하다 눈이 찢어졌는데 앞에 서서 싸우다가 백골단에게 돌 맞아 찢어진 거예요.

당시 정방대는 전체 통일중공업 노조 내에서 가장 강력한 집단이었다고 볼 수 있지요. 『내 사랑 마창노련』을 읽어 보면, 세신실업 구사대 타격 투쟁을 주도했던 게 마창노련 정방대였는데, 그 핵심은 사실 통일중공업 정방대원이었죠. 정방대원들은 250여 명 정도 되는데, 약 50~60명은 1987~88년 투쟁을 경험하면서 성장했던 사람들이었고, 그중 핵심에는 일부 학습그룹도 있었습니다. 금성사 연대투쟁 이런 거 하잖아요. 그런 상황이 되면 우리 정방대원들이 일과시간에도 무조건 나가는 겁니다. 회사 통제력이 없으니까 일과시간에도 다 화염병 들고 나갔어요, 나가면 백골단 놈들이 맞은편에 포위하고 있었거든요.

금성사 투쟁 그러면, 우리는 새 총을 쏴서 경찰차를 다 부셔버리고, 우리가 들고 나가면 경찰들이 맞은편으로 진압하러 들어오거든요. 진압하러 들어오면 거기서 싸우다가 모두 회사로 쫓겨오기도 하고, 일부 조합원들은 맞기도 하고 우리같이 싸우던 사람들은 현장으로 다 도망가버리고. 이런 일이 자주 반복되었습니다. 금성사 투쟁도 그런 식으로 연대했지만, 결국은 공권력 투입돼서 진압당하는 그런 상황이었고, 저희도 회사와 계속 그런 공방전을 벌였습니다. 특히 통일교와 통일교 교리를 비판하는 내용은 지금 보면 좀 심하기도 했지요. 통일교를 비판

하는 온갖 내용을 써서 마산, 창원 시내에 다 뿌리니까 통일 교회에서 가만히 있지 않았죠. 매일 시내 나가면 통일교인들하고 우리 조합원들이 치고받고 싸우고 이런 과정이 있었습니다.

1989년 통일교와의 투쟁, 두 번째 구속

이제 1989년에 노조 선거를 했습니다. 집행부 임기가 다 됐으니까요. 그때 회사와 통일교 측에서도 후보를 냈습니다. 워낙 투쟁이 장기화하고 회사도 혼란스럽고 해서 선거가 만만치 않았습니다. 투쟁이 장기화하고 일을 못 하니까 생계가 어려운 조합원들은 돈 벌러 나간 사람도 있었습니다. 1989년 9월 선거를 했는데, 선거가 쉽지 않을 거라는 예상이었는데, 다행히 우리 민주파가 다시 당선되었습니다.

이때 선거를 전후해서 테러 사건도 하나 있었습니다. 그게 윤재모가 저지른 일이고 조호영 당시 교선부장에 대한 테러 사건이었습니다. 저는 마창노련에 나가 있었을 때인데, 당시 해고자 신분이었으니까 고소 · 고발을 당했지만, 체포영장이 떨어져 있는 상황은 아니었습니다. 마창노련에서 주로 대외적으로 활동을 하던 상황에서, 그 사건이 일어났습니다. 그래서 그 사건 경위는 정확하게 잘 몰랐고, 사건이 또 하나 있었습니다. 1989년 선거로 집행부가 새로 당선되었으니 노사 간 인사를 해야 할 거 아닙니까? 그래서 본관 3층에 인사하러 올라갔는데 그 당시 이미 집행부가 다 고소 · 고발이 되어 있었고, 경찰이 이때를 틈타 연행해 버린 거지요. 집행부가 연행되는 그곳에 저하고 김종만 등 해고자들이 좀 있었어요. 해고자들이 그 당시 7~8명, 거의 십여 명 정도 있었거든요.

해고자 13명 중 일부와 두 번째 구속됐던 친구도 있었고 해서 해고자들이 주도해 본관 항의투쟁을 올라가게 됩니다. 조합원들과 일부 간부들도 따라 올라오면서 사건이 엄청나게 커진 거죠. 당시 관리직들이 소속된 노사협력과가 1층에 있었거든요. 또 당시만 해도 노무팀이나 총무, 자재팀 등은 모두 통일교인들이 팀장이나 부서장을 하던 때였어요. 당시 통일교가 그런 역할을 하던 상황에서 노조 집행부가 회사 측의 술책으로 연행되었다고 하니까, 조합원들이 크게 분노해서, 완전히, 말 그대로 눈이 돌아버렸던 거예요. 저도 그랬던 것 같아요. 그래서 조합원들이 파이프 들고 올라가 사무실 문을 다 부수고, 관리직들도 다 두드려 패가지고 본관 앞에 다 꿇어앉혀 놓은 상황이었지요. 그런데 그때 통일교 비판 선전전을 나갔던 조합원들이 떼거리로 돌아왔고, 꿇어앉아 있는 사람들을 더 두드려 패버린 거죠.

그래서 사건이 워낙 커져 버렸잖아요. 경찰도 이거는 안 되겠다 싶어서 공권력 투입을 결심한 거죠. 공권력을 투입하더라도 조합원이 가장 적을 때 투입해야 할 거 아닙니까? 그래서 1989년 추석 무렵에 공권력이 투입되었어요. 조합원들의 저항이 어려울 것 같아서 할 수 있는 것으로 대외 투쟁을 전개했지요. 주로 해고자들을 중심으로 지도부가 서울로 가 농성을 하고 농성은 야당 당사를 점거한다고 계획을 했습니다. 다 조를 짜 가지고 역할을 분담했는데, 저 같은 경우는 김종만하고 마창노련에 가서 역할을 하는 것으로 되어 있었어요. 그런데 정보가 샜는지 경찰이 잡으러 온 거예요. 거기에 여영국도 있었는데, 임수관하고 일부는 도망가고 우리는 마창노련에서 바로 잡혀버렸지요. 1989년 5월 LG 금성사 2공장 연대투쟁부터 해고자 복직 투쟁, 9월까지 통일교와의 투쟁에 이르기까지 고소 · 고발당한 사람들이 엄청 많았어요. 내가 알기론 구속영장 떨어진 게 거의 50여 명 되었을 거예요.

이제 두 번째 구속이었죠. 우리 모친이 또 면회 왔는데 뭐 두 번째 구속되니까 첫 번째보다 확실히 덤덤하더라고요. 당시 워낙 많은 사람에게 구속영장이 발부됐는데 잡힌 시점이 다 달랐어요. 길게는 1~2년 이렇게 수배 생활한 사람도 있었습니다. 저희 같은 경우는 당시 잡힌 시점은 다 달랐지만, 13명이 재판을 같이 받았습니다. 위원장하고 다 같이 받았는데, 13명이 먼저 재판받고, 또 뒤에 다른 팀이 또 받고 이랬는데, 첫 번째 13명은 해고자들과 주요 지도부들로 1심에서 모두 실형을 받습니다. 옛날에는 재판에 대해서 저항투쟁을 많이 하지 않았습니까? 이름이 이 무슨 판사인데 악질 판사라 해서 재판 투쟁을 6개월 동안 했어요. 6개월 동안 1심을 다 채운 거죠. 재판 투쟁하면 부모들이나 조합원들 방청하고 또 재판 출정하거나 재판 마치고 교도소로 갈 때도 막 몸싸움하고 그런 게 참 많았어요. 그러면서 제가 아주 많이 강해졌던 거 같아요.

그러면서 교도소 생활하면 아무래도 안 봤던 책도 좀 보고 했지요. 1심 받고 부산에서 징역을 살았습니다. 항소심에서도 부산에 있으면서 법정 투쟁을 많이 했습니다. 교도관들이 수갑 채우고 풀어주는 문제 가지고도 서로 싸우고 문제 제기하고 그랬습니다. 부산에서도 그런 게 참 많더라고요. 부산에서 법정 재판 투쟁하고 있는데, 서로 고함지르고 싸우면서 보니까, 김진숙 지도위원도 잡혀 와 있더라고. 그때 김진숙 지도위원을 처음 봤습니다. 결국, 1년 6개월 나왔는데 2심도 거의 다 채웠어요. 집행유예로 거의 10개월 채웠지요, 내가 알기로는 1년 6개월에 집행유예 3년인가였어요. 왜냐면, 그 폭행 사건 주범으로 내 공소장에 진단이 48주로 기재되어 있었어요. 우리는 사실 실형을 살 거라 생각했는데, 의외로 집행유예를 받고 나왔습니다. 지도부들도 의외로 형을 많이 받지 않아서 보통 10개월에서 1년 정도 형을 받아 다 석방되었습니다. 내가 나왔을 때가 1990년 여름이었으니까, 그게 1990년도 후반이었어요, 우리가 그때 이영일 열사 투쟁을 교도소에서 했거든요.

저는 1990년 여름휴가쯤에 나왔지요. 부산구치소에 있는데, 이영일 열사 소식을 듣고 안에서 너무 답답한 거예요. 저는 개인적으로 이영일 열사를 잘 몰라요. 그렇지만 그 당시 조합에서 면회를 거의 매일 오니까 바깥 상황이나 노조 상황에 대해서 대충은 알지 않겠습니까? 안에서 우리가 할 수 있는 게 없잖아요. 그때 부산에 13명이 넘어와 있었고, 현대엔진 권용목을 비롯해 노동자들이 많았어요. 부산대학교 학생회장 출신 최인호 이런 사람들이 안에서 시국사건 관련 대표자회의 같은 모임도 만들어 주례구치소 재소자 처우개선 투쟁한다고 광장을 점거하고 집회도 하고 이랬거든요. 당시 우리 인원이 워낙 많다 보니까, 교도소 내에서 실랑이를 많이 벌였지만, 그래도 이영일 열사 문제는 어떻게 해야 할 거 아니냐고 해서 우리 13명이 5일인가 6일인가 단식을 했었지요. 우리가 이영일 열사를 잘 모르지만, 저희 같은 사람이 더 강고한 의지를 갖고 활동해야겠다는 마음을 다시 다잡게 하는 그런 게 아니었나 하는 생각이 들더라고요. 자기가 목숨을 버리면서까지 이 노조를 지켜야겠다는 것, 이런 거는 아무나 할 수 있는 게 아니지 않습니까? 그런 게 계속 활동을 하게 했던 동력의 하나였던 것 같습니다.

석방된 후의 생활이라는 게 뻔하지 않습니까? 구속되었다가 나오면 부모들은 그만하라고 채근하지만, 주변 환경이 그렇지 않다 보니 또 활동을 계속하는 거죠. 그 당시에 한 게 해고자들이 한겨레신문을 팔고, 저녁에는 조직력을 강화하기 위해 사람들 만나는 게 일상이었어요.

그러다가 1989~90년 말경에 활동가들이 많이 떠나게 됩니다. 당시에 소련 사회주의가 무너진 것도 있었지만, 또 통일중공업 활동가들은 한 2년간 정말 치열하게 싸워서 저를 포함해 많은 사람이 다 두 번씩 구속되는 이런 상황이었지요. 심리적으로도 힘들고 그래서 일부 사람들이 많이 떠났어요.

떠나는 과정에서 회사가 회유와 협박을 엄청 많이 했죠. 제 경우에도 심지어 울진까지 찾아왔어요. 모친이 모내기하는데 관리자들이 찾아와 "당신 아들 그래 놔두면 또 구속될 수도 있다." 이렇게 협박하고 했습니다. 주변 고향 사람 중에는 "너 아들 나쁜 짓 해서 그런 건 아니야." 이렇게 우리 모친을 응원해 주는 사람도 있었지만, "너 아들은 빨갱이다. 정말 문제 있는 사람이다." 이런 식으로 비아냥거리는 게 우리 모친도 너무 힘들었다고 하더라고요. 그래도 한겨레신문을 팔면서 활동을 계속 이어갔습니다.

1년 6개월의 수배 생활과 총액임금제 분쇄 투쟁

그러다가 또 대량 구속 사태가 발생하면서 노조가 정상적으로 지도부를 세우지 못하고 직무대행체제로 1990~91년이 지나갔습니다. 1991년 초에 제가 또 사건에 휘말리게 됩니다. 당시 노조 탄압과 관련한 징계 문제로 노사 관계가 아주 안 좋을 때였습니다. 노무팀에서 3~4명이 노조에 공문을 전달하러 왔는데, 자기들은 안에 들어가서 사무장을 만나야겠다고 하고, 해고자들은 사무실에 들어오지 말고 사무장 불러서 만나라면서, 또 붙은 거죠.

저하고 김종만, 김삼룡 등 해고자들이 치고받고 몸싸움을 했는데, 노무팀 사람들이 병원에 입원하면서 저희를 폭력으로 고소 · 고발하게 되었어요. 우리는 그거는 별로 사건이 안 된다고 생각하고 계속 노조에 출퇴근하면서 신문을 팔았습니다. 조합원 중에는 한겨레신문을 정기 구독하는 사람도 있었지만 매일 출근하면서 사는 사람도 있었거든요. 그래서 노조 앞 정문에서 신문을 팔고 있는데, 왼쪽 주차장 8인승 봉고차에서 형사들이 뛰어내리는 거예요. 보니까 100% 저를 잡으러 왔다고 생각하고 공장 안으로 도망쳤지요.

공장 안에 도망갔는데 당시는 주야간 근무를 하고 있었고 2층 조립에 숨으니까 형사들도 공장 안에 들어와도 못 찾잖아요. 노조 사무실까지 확인하고 갔다고 하더라고요. 유장욱 씨라고 당시 사무장 오토바이를 타고 도망쳤는데, 수배 생활이 1년 7~8개월 정도 되었네요. 도바리 생활을 하면서 내가 중요한 지도부에 속한 사람도 아니고 보니까, 시간이 흐를수록 느슨해지지 않습니까? 그러면서 경노협에도 출입하고. 그때 지도선이었던 김정호 소장님도 처음 알았어요.

당시 수배 생활 하면서 학습도 하고 그랬지요. 그런데 수배 생활 기간에 사실은 1987년도 해고 때 회사가 해고 절차를 지키지 않았던 거예요. 본인에게 소명의 기회를 준다든가 징계위원회 절차를 거쳐 징계한 게 아니고 일방적으로 징계를 해버린 거지요. 우리는 구속되어 해고를 당했으니까 소명의 기회가 없지 않았습니까? 그래서 재판에서 이겼습니다. 해고되어 있던 사람들은 본인에게 징계에 참석하라 했는데 참석을 안 한 것이므로 소명의 기회를 줬다고 해서 1심에서 졌어요. 구속되어 있던 사람들은 1심 2심을 다 이겼고. 대법까지 가서 이겼습니다. 나머지 13명 중에 구속되지 않은 사람들도 대법원에서 이회창 대법관의 소신 판결로 뒤집어졌어요. 결국, 13명 해고자 모두가 다 복직하게 되었고, 저희 앞에 선배들인 박성철, 여영국, 허재우 같은 사람들만 진 거죠.

그래서 저는 그 당시 저보다 먼저 활동했던 사람들, 저보다 더 주요한 지도부에 있던 사람들이 운동을 그만두고 떠나는 것에 대해서 많이 힘들었어요. 사실 저도 많이 힘들었고 우리 해고자들끼리 이 문제를 어떻게 할 거냐 하루 종일 토론도 하고, 술도 먹고 싸우고 뭐 니가 옳니, 내가 옳니, 이런 논쟁도 하고 그랬는데, 결과적으로 다 떠나더라고요. 다 떠나고 아무것도 모르고 활동하게 된 저만 끝까지 남은 거 같아요. 정말 1987년에서 1990년까지 주요 투쟁을 지도했던 사람들 대부분이 1991년 말까지 많이 떠났습니다. 남았던 사람이 별로 없었어요.

그런 상황에서 저는 수배 생활을 하면서 학습도 하고, 경노협도 왔다 갔다 하면서 시간을 보냈습니다. 1991년 말까지 많은 동지들을 떠나보냈고, 1992년 총액임금제 분쇄 투쟁이 있었습니다. 그때 저는 회사 바깥에서 수배 생활을 하고 있었고, 노조 내부에서는 지도부를 누구로 세워야 하느냐는 문제로 논쟁이 벌어졌고, 결과적으로 안준환 씨가 위원장에 출마하게 됩니다. 제가 수배 생활 하면서 만났던 사람들이 대의원에 당선되었고, 안준환 씨가 황선엽 등과 함께 위원장에 당선되었습니다.

총액임금제 분쇄 투쟁에 또 공권력이 투입되었는데, 저는 바깥에 수배 생활을 하고 있었고 집행부를 만나러 안에 들어갔습니다. 어떻게 할지 논의를 해서 굴뚝을 거점으로 삼아 굴뚝 작전을 전개하고, 막판에 공권력이 투입될 때 일부는 퇴각 전술을 쓰는 것으로 정리했어요. 소수가 끝까지 저항하고, 일부는 후일을 도모하기 위해서 퇴각하여, 가톨릭 여성회관에서 투쟁했습니다. 저도 가톨릭 여성회관에 들어가 선전물을 쓰고 김남수 동지의 도움을 받아 선전문을 내고 했습니다. 하지만, 이 투쟁도 결과적으로 임종호 열사를 잃는 투쟁이 되었습니다. 평가는 다 달랐지만, 우리가 선택할 수 있는 게 별로 없었어요. 일부 사람들이 그런 말을 합니다. '통일중공업은 왜 저렇게 저렇게 싸울까, 적당히 타협하면 되지 않을까?' 뭐 이런 건데. 사실 당시까지만 해도 적당히 타협하고 하는 상황이 안 되었던 거지요. 그러다 보니까, 끝까지 뻔한 투쟁, 끝까지 하다 보면 또 구속자 발생하고, 해고자 발생하고, 많은 징계자 발생하고, 이런 게 예견되었지만, 결국은 그렇게 선택할 수밖에 없었던 것 같아요.

그런 상황에서도 또 사태를 수습하고 직무대행을 세웠는데, 당시에 사무장이 회사와 결탁해 합의하고 이게 오랫동안 논란이 되었습니다. 저는 바깥에 계속 있었기에 별로 할 수 있는 게 없고 일부 핵심 활동가들을 만나고 했지만, 내가 만났던 사람 중에 김덕민이나 안준환 이런 사람들은 투쟁 끝나고 다 회사를 그만두고 떠났습니다.

총액임금분쇄 투쟁 후 회사 측은 1992년 말에 사업 합리화 명분으로 대대적인 구조조정에 들어갔습니다. 그때 1,000여 명이 희망퇴직이라는 이름으로 회사를 떠났습니다. 왜 그렇게 많이 떠났느냐면, 1987년부터 3~4년 동안 거의 하루도 빠짐없이 투쟁만 하다 보니까 조합원들이 보기에 회사의 전망이 없는 거죠. 자기 삶의 전망도 안 보이다 보니까 희망퇴직 조건이 안 좋았음에도 다 많이 쓰고 나갔던 거죠.

수배 생활 하다가 1992년 11월인가 자진 출두를 했습니다. 공범이 양현철 동지라고 있었는데, 그분이 서울에 갔다가 잡혔어요. 얘기를 듣고 당시 경노협 조직원이었지만 경노협과 상의도 안 하고 자진 출두를 했는데 덜컥 구속된 거죠. 경노협은 자진 출두를 상의도 안 하고 했다고 면회도 안 오는 조직이었어요. 그때 세 번째 구속될 때도 수배 생활 하는데 막냇동생이 고등학교를 졸업하고 창원에 와 있었어요. 그때는 이미 좀 지난 사건이었고, 2~3달 만에 바로 집행유예 받고 나왔어요.

그 후에 1993년 초에 결혼했고, 해고무효 소송 관련 민사재판을 하고 있었는데, 1994년 초에 승소 판결을 받았습니다. 1차 해고무효 승소 판결을 받을 때는 수배 생활 하다가 1992년 잠시 복직되었다가 회사가 또 해고했던 거죠. 두 번째 해고는 1991년 초 노무과 폭행 사건과 관련해서 회사가 해고 절차를 늦게 밟아서 진행했는데 1991년 말에서 1992년 초 수배 생활 할 때, 회사와 교섭을 했었어요. 당시 김상철 직무대행 시절일 거예요. 그때 이 문제를 현안으로 올려 징계하지 않는다는 합의서가 있습니다. 그 합의서가 근거가 되어 무효 판결을 받게 된 거지요. 그래서 저는 운 좋게도 두 번 해고됐지만 두 번 다 법을 통해서 복직할 수 있었습니다. 이런 경우가 별로 없거든요.

1994년에 복직을 했고 1995년도에 가족의 아픔이 있었습니다. 제가 삼 형제인데 막냇동생이 오토바이 사고로 세상을 떠났어요. 그게 저한테는 정말 억수로 충격이 컸어요. 막냇동생은 저하고 나이 차이도 많이 났고, 그리고 가장 마음에 걸리는 게 내가 두 번째 구속되었을 때 막냇동생의 편지가 한 번씩 왔는데 주로 부모님이 저를 걱정하는 내용이었어요. 고향 사람들은 모심기 끝나면 여행도 가고, 추수하고 나면 계모임으로 제주도 여행도 가고 하거든요. 우리 부모님은 저 때문에 그런 여행도 못 갔던 이야기를 막냇동생과 편지를 주고받았었기에, 동생 사고 이후에 사실 너무 힘들었어요. 그래서 활동을 중단하려고까지 했어요.

1995년 이후 노조 선거와 간부 활동

그래도 활동을 계속해야 한다는 주변 사람들의 권유도 있고 해서 활동을 계속했는데, 1995

년도 9월에 노조위원장에 출마했습니다. 노조위원장 출마의 배경으로 1993년에 김영삼 정권이 들어서면서 이인제 노동부 장관이 정부가 나서서 해고자 복직을 시켜주겠다는 게 있었습니다. 당시 통일중공업 노조위원장이 노동부 장관상을 받게 됩니다. 노조위원장이 노동부 장관상 받는 거에 대해서 노동조합의 자율성에 문제가 될 수 있다고 해서 같이 활동했던 사람들 일부가 노조를 어용으로 규정하고 집행부를 바꿔야 한다고 생각하게 되었지요. 저를 비롯해 노조를 민주화해야 한다고 생각했던 사람들이 '노민추(노조민주화추진위원회)'를 만들게 돼요. 그 팀들이 계속 활동하면서 1993년도 조철우 집행부에서 노조 간부로 내부 논쟁도 많이 하고 이런 과정이 있었습니다. 당시 노민추는 단순히 어용 vs. 민주의 구도는 아니지만, 저희가 문제 제기했던 거는 노동부 장관상 받으니까 그게 자주성으로 문제가 있는 거다. 그러면 자진 사퇴하고 책임을 지는 모습을 보여야 하는데 그렇지 않은 것에 대해서 문제 제기를 한 거죠. 당시 통일중공업의 노민추는 다른 기업의 노민추보다 훨씬 선명한 입장을 가진 것으로 보면 되겠지요. 실제로 김상철 집행부는 나중에 저희 노민추와 조직이 합쳐집니다.

결과적으로 1995년에 제가 위원장으로 출마했는데 당선이 안 되었어요. 당시 조합원이 거의 1,800~1,900명 될 때였거든요. 그런데 두 팀이 나왔어요. 한 팀은 조철우 위원장 시절 수석부위원장이었던 김상철 동지가 나오고, 우리 노민추에선 제가 나왔는데 과반수에 몇 표가 부족해서 제가 떨어졌습니다. 일반적으로 과반에 못 미치면 1등에 대한 찬반을 물어야 하지만, 당시 노동조합 선거 규정이 대단히 엄격하게 되어 있었어요. 선거 관리규정상 두 팀 모두 과반을 못 넘으면, 두 팀 다 떨어지는 것으로 선거 관리규정이 돼 있다 보니까 1등 하고도 떨어진 거죠. 그것도 사십몇 표 차이였고, 무효표가 2백몇 표였으니 일부 조직표가 있었다는 거죠. 당시에는 지역감정이 강해 호남 쪽 사람들이 '반대'에 투표한 거죠. 결과적으로 두 번째 투표에서는 반금규 씨라고 우리 노민추 후보가 당선되었어요. 1차 선거 때는 두 팀밖에 안 나왔는데, 2차 투표 때는 세 팀인가, 네 팀이 나왔어요. 1차 때는 불출마했던 조철우 위원장도 다시 나오고 했는데, 우리가 압도적으로 이겼죠.

그런 과정을 거쳐 우리 노민추가 집행부로 올라갔는데, 당시 시대적 상황이 주 40시간 노동시간 단축 문제가 있었고, 또 회사의 신경영전략 교육 문제가 있었습니다. 당시 유행이던 신경영 전략의 일환으로 다물단 교육이 주요 대기업을 중심으로 확산했던 시기였습니다. 저희도 종업원 교육이 현안으로 불거지면서 이 교육 문제를 가지고 회사하고 치고받고 싸웠습니다. 예를 들어서, 부곡온천의 옛날 일성콘도는 당시 통일교인이 경영했어요. 일성콘도에서 강제로 교육을 하면 노조가 반대해도 조합원들이 참여하거든요. 그러면, 부곡까지 가서 이념적으로 이상한 교육하는 사람들을 강사로 세우면 손 들고 질문하고 교육 못 하게 하고, 또 관리자들이 끌어내면, 몸싸움하고 그런 식이었어요. 이후 1995년도 반금규 노민추 집행부가 임기를 1년 채우고 자진 사퇴를 합니다. 그 후에 김상철 집행부가 올라왔는데, 이제 노동법 개정 투쟁이 벌어졌던 거지요. 노개투 투쟁에서도 그 당시 한국중공업, 통일중공업이 조합원 1,000명이 넘었던 대오니까 그게 마창 지역 노개투 투쟁의 핵심이었습니다. 통일중공업이 가장 주도적으로 싸웠고 저는 당시 대의원으로 활동하고 있을 때였어요.

매출액 연동제와 체불임금 투쟁

그런 시기를 지나서 1997년도 매출액 연동제. 이미 IMF 시기가 오는 상황에서 통일교는 워낙 문어발식 확장 경영을 하다 보니까, 경영 상황이 억수로 안 좋았어요. 그러니까 부채가 몇천억 원씩 되는 시기였어요. 부채 비용이 엄청나게 많았고, 경영이 억수로 안 좋아지면서, 1997년도에는 매출액 연동제에 반대하는 투쟁을 벌였고, 그때도 추석 명절 때 공권력이 투입됩니다. 1997년도 매출액 연동제 투쟁도 사실 매우 어려운 상황에서 이루어진 것이었는데, 공권력 투입이 되었지요. 당시에도 파업 투쟁을 하면서 공장을 점거했는데 저는 공장 점거 전체를 총괄하는 선봉대장 역할을 했습니다. 저는 옥상에 있었는데, 고소 고발이 되어 있었는데, 연행되었지만 다행히 구속이 안 되었습니다. 김상철, 윤정민 등이 구속되고 난 후 김만홍 직무대행체제에서 제가 구속이 안 된 덕분에 조직부장을 맡아 노조를 수습하게 되었던 겁니다.

그때 투쟁이 끝나지 않아서 단병호 위원장도 자주 내려오셨어요. 왜냐하면, 회사가 직장폐쇄를 안 풀었거든요. 우리는 파업 중단을 선언했는데, 회사가 직장폐쇄를 안 풀고 조합원들을 계속 교육 보내 노조의 항복을 받으려고 했지요. 노조의 항복을 받기 위해서 직장폐쇄를 안 풀고 선별 출근을 시키는 거예요. 우리는 계속 대외 투쟁을 하고, 가족들과 함께 끝까지 저항하던 조합원들은 바깥 사택에서 아침밥 먹고 출근투쟁을 했습니다. 결과적으로 당시 민주금속 연맹 시절 단병호 위원장이 내려오셔서 지노위 화해 조정 형태로 임금 동결하고 투쟁을 마무리하게 됩니다.

투쟁이 마무리된 후 김상철 집행부는 구속됐다가 출마를 하지 않았어요. 1997년 투쟁을 계기로 노민추와 김상철 조직이 합쳐져 '새날'이라는 조직이 만들어졌지요. 그 과정을 거쳐서 1998년에 다시 조철우 집행부가 두 번째로 들어서게 되었습니다. 두 번째 위원장을 하게 되는데, 그때가 IMF 때여서 1997년 말부터 계속 임금이 체불되기 시작합니다. 임금 체불이 계속된 상황에서 1998년 초엔가 선거를 했습니다. 원래 1997년 말에 해야 하는데 조철우 위원장이 다시 단독 출마했는데, 임금 체불과 어떻게 싸울 것인가와 관련하여 우리와 입장 차이가 있었습니다. 우리는 통일교를 주요 목표로 타격해야 한다고 주장했고, 조철우 위원장은 그렇게 되면 과거 해고자 복직 투쟁 과정이 그랬던 것처럼 문제를 해결하지 못하고 장기화할 확률이 높다는 것이었어요. 체불임금 청산 때 옛날 마포에 있던 통일중공업 본사에서 주로 간부들 중심으로 투쟁했지요. 거기서 맨날 투쟁하고, 합의하면 합의가 안 지켜지는 상황이 반복되었어요. 몇 차례 합의가 안 지켜지고 하니까 간부들이 사퇴하고 조철우 위원장도 결국 1998년 10월경에 사퇴합니다. 다시 선거가 시작되었습니다. 조철우 집행부 쪽에서도 사퇴했으면서 또 후보를 만들어냈습니다. 이쪽에서는 제가 후보로 나가 경선을 다시 했어요.

그때 제가 위원장에 당선됐는데, 당선된 지 1주일 만에 회사가 부도났어요. 회사가 부도났으니까, 노조가 할 수 있는 조치가 없잖아요. 그러니까 조합원들의 동요가 엄청 심했는데, 그때 조합원 총회에서 조합원 1인당 20만 원씩 투쟁기금 납부를 결의하고, 각 공장 문을 노조가 접수한 상태에서 제가 노조위원장 겸 사장 역할을 하게 됩니다. 예를 들어서, 당시는 삼성중공업이고 지금은 한화인데, K9 자주포에 들어가는 변속기 한 대가 10억씩 하는 부품인데, 저들도 우리 물건을 납품받아야 조립을 할 거 아닙니까? 삼성중공업에서 부품을 가지러 왔을 때, 우리한테 어음을 주면 부품을 내보내 주고, 안 주면 안 내보내 주는 거죠. 당시 신촌 공장에 어음이 10억 원 있다고 하더라고요. 그래서 간부들과 조합원들이 떼거리로 몰려가 오후 내내 농성하고 10억 원을 딱 내 손에 쥐었던 거지요. 그때부터 노조가 주도권을 완전히 잡게 된 거지요. 조합원들도 노조 투쟁에 참여해야 월급을 받을 수 있으니까요. 그런 채권을 확보해서 한 번씩 노동조합에서 월급을 주는 거예요. 그리고 부도났으니까 채권 가압류같이 노동조합이 할 수 있는 조치를 하면서 공장을 돌렸습니다.

그 당시에는 우리가 범퍼카도 일부 만들었거든요. 그런 거 한 대면 돈이 많이 됩니다. 범퍼카를 인수하러 오면, 우리가 어음을 받고 그걸로 6개월 정도 임금 일부를 지급했습니다. 노조가 체불임금을 해소하면서 마지막에 회사와의 합의를 통해 임금 채권 문제를 최종적으로 다 정리했습니다. 이 과정에서 법정 관리 절차와 관련해서 회사는 '인원이 많으니까 정리해고에 동의해라, 노사화합 선언해라.' 이런 요구들을 했지요. 우리는 계속 원칙적으로 대응을 했고, 회사는 이미 몇 차례 일방적인 희망퇴직을 했는데 많은 사람이 나갔지요. 희망퇴직이라도 퇴직금 지급이니 희망퇴직 조건이 별로 좋지 않았습니다. 희망퇴직 조건으로 3~4개월 치 임금을 지급하기로 했는데 그 조건조차 지키지 않았던 거지요.

1998년 11월부터 1999년 넘어와 중반 무렵에는 임금 체불 문제가 해결되었는데, 그전까지 회사는 노조 측에 가압류를 하거나 공장 문을 봉쇄하고, 단협을 해지하는 공세를 펼쳤지요, 단협도 해지되었고, 손배 청구 들어와 저도 개나리 4차 아파트가 가압류되었습니다. 이게 1998년 2월 다 정리합니다. 단협 문제나 임금 체불 문제를 어떻게 해결할 것인가에 대한 큰 가닥을 정리하게 되고, 임금 가압류나 손배 청구도 다 해소하게 됩니다.

정리해고와 양보교섭

그런 상황에서 1999년 6월 무렵에 다시 정리해고 문제가 부각됩니다. 정리해고 문제로 다시 투쟁을 하게 되지요. 1998년 철탑 농성 때는 20m 높이의 망루 만들어 망루 농성을 했는데, 망루 농성이란 게 뭐 뻔하잖아요. 해고자 투쟁은 살아남은 사람들의 투쟁이 아니라서, 대상이 아닌 사람들은 투쟁이 길어지면 참여를 안 하거든요. 대상자들만 투쟁하는 거죠. 130여 명의 간부와 핵심 조합원 중 소수가 공장 전체를 점거해 투쟁하게 되지요. 당시 김대중 정권 시절에 신자유주의가 확산하고 노조가 어려울 때였잖아요. 민주노총도 이갑용 위원장 체제로 정세가 아주 좋지 않은 상황이었는데, 저희도 공권력이 투입될 거로 생각하고 최대한 저항을 하자고 망루를 지어 저항했는데 다행히 정세 반전이 일어났습니다.

진영구 공안검사 폭탄주 발언, 조폐공사 파업 유도 폭탄주 발언이 나왔어요. 그게 정세를 바꾸는 데 영향이 컸습니다. 그 사건이 있고 난 다음부터 당시 신삼랑 노동부 소장이 우리 투쟁을 중재하기 위해서 노력을 꽤 했어요. 노동부 소장이 철탑에 직접 올라오고 했는데, 보통 노동부 소장이 그렇게 잘 안 하거든요. 관계기관 대책회의에서 최대한 자기가 교섭을 통해서 공권력 투입도 풀어보겠다고 했지요. 당시 저는 고소 고발이 되어 있었던 상태인데 서울에서 교섭했는데 합의 내용은 좋지 않습니다. 이미 부도가 나 있는 상황에서 보통 합의가 양보 교섭이잖아요. 저희도 상여금 200%, 각종 복지부문 2년간 축소, 2년간 임금 동결에 합의했고, 핵심은 끊임없이 법정 관리와 관련해서는 노사화합 선언, 흔히 말하면 무쟁의 선언을 계속 요구해서 저는 그거 못 한다고 버텼지요. 우리 담당이 그때 서울 민사 파산3부였는데, 막판에 얘기한 거는 법원 제출용으로 해서 노사화합 선언 내용이 들어갔습니다. 일부 반대편에서 그것을 문제 제기했고, 당시는 금속산업연맹 조직이니까 개인에 대한 징계는 못 하는 대신에 공식적으로 조직에 대해서 징계를 받았죠.

그 투쟁을 하고 난 후, 반대쪽에서는 저를 엄청나게 공격했는데 참 그렇더라고요. 노사 간에 중요한 문제가 부딪치면 합의와 관련하여 결정이 어렵습니다. 이런저런 경험을 몇 차례 해보니까 합의 시점이나 합의 내용을 어느 수준에서 조율해야 하는지가 지금도 가장 어려웠던 거 같습니다. 그때 자괴감도 많이 들고 했어요. 그렇지만, 금속산업연맹 중앙위원회에 가져간 의견서도 직접 제가 글을 잘 쓰지 못하지만 내가 최선을 다했다는 심정으로 몇 날 며칠 써서 제출했던 기억이 있습니다.

투쟁 끝나고 내가 보궐로 올라가니까 1999년에 선거를 하게 돼요. 그때도 반대편에서 후보를 내 경선을 했어요. 그때는 투쟁이 억수로 어려웠지만, 조합원들 평가는 흔쾌히 '잘했다'는 것은 아니었어요. 체불임금 투쟁까지만 해도 잘했는데, 정리해고 투쟁은 조합원들이 흔쾌히 동의하는 내용은 아니었습니다. 그렇지만, 그때도 70% 이상의 찬성으로 통과는 됐어요. 그리고, 조합선거에서는 50% 약간 넘는 수준에서 당선됐어요. 그게 연임이었는데 법정 관리상태에서 할 수 있는 투쟁은 한계가 있잖아요. 법정 관리상태에서는 노사 교섭에서 합의해도 법원의 승인을 받아야 했어요. 파산3부의 승인을 받아야 하니까 교섭이 무척 어려웠어요. 회사는 끊임없이 법정 관리인을 핑계 삼아 처우개선을 안 해주려는 상황이었습니다.

산별노조 전환과 계속된 투쟁 정국

그래서 2000년에 산별노조 전환이 이루어졌지요. 1999년 금속산업연맹 대의원대회에서 산별노조 전환을 결정했을 때 저는 손송주 동지와 함께 지역본부 부본부장을 하고 있었고, 당시 본부장이었던 이승필 위원장은 당시 구속됐다 석방되어 본부장을 하다가 다시 활동을 그만두려는 시점이었어요. 2000년도부터 산별노조로의 전환이 한참 진행되었던 시기였지요. 그 당시 '(사)미래를준비하는노동사회교육원'의 1년 전문 과정으로 독일 IG메탈 금속노조 연수까지 해주는 프로그램이 있었잖아요. 제가 1기 수강생이었는데, 그 당시 저는 통일 중공업 위원장이고 김창근 위원장은 한국중공업 위원장인데 김창근 위원장은 1기 수료해 독일에 갔다오고 나는 부본부장 맡는 바람에 산별 간담회에 맨날 참석하느라 교육도 제대로 못 받고 졸업도 못 했지요.

당시까지만 해도 통일중공업 노조가 규모도 많이 줄어들었지만, 그래도 1,000명 대오는 넘었던 시절이니까, 산별 전환도 몇몇 사업장이 같이 했어요. 지금은 모비스지만 기아정기나 효성중공업 등과 준비를 쭉 해서, 효성과 처음에 같이 하려다가 못 하고 대신에 몇 개 사업장을 묶어서 산별 전환에 성공하면서 마창지역에 산별 전환의 물꼬를 트게 됩니다. 금속노조 창립한 후에는 경남 2지부장을 맡았고, 또 당시에 대우자동차 정리해고 투쟁이 있었어요. 당시는 금속노조와 금속산업연맹이 공존할 때였으니까. 이승필 위원장이 금속노조 위원장으로 올라와 있던 2001년도 말에 대우자동차 정리해고 투쟁은 2000년도부터 해를 넘겨 2001년도까지 넘어옵니다.

당시 산별노조 전환을 할 때 소산별 대산별 논쟁이 있어서, 우리 지역은 전체를 하나로 묶어서 해야 한다는 주장을 저는 강하게 했고, 일부에서는 규모가 너무 크니까 반으로 나눠야 한다고 주장했지요. 주로 논쟁은 통일중공업과 한국중공업 사이의 논쟁이었습니다. 한국중공업의 주재석 부지부장은 쪼개야 한다는 입장이었고, 결국 경남지부는 둘로 나누었지요. 당시에 왜 경남지부를 나누어야 하는가와 관련해, 심지어 4개까지 쪼개야 한다는 이야기도 있었어요. 산별노조의 개념에 비춰보면 사업장 벽을 넘어 지부 단위의 일상활동이 가능해야 하는데, 마산, 창원 전체가 같이 모여서 총회하고 이래서는 곤란하다는 것이었습니다. 그래서 같이 있는 사업장들끼리 쭉 모아 옛날 사업장 단위에서 했던 일상활동까지 할 수 있도록 그렇게 묶자고 논쟁하다가, 결국 마산하고 창원 두 개로 나누어 1지부, 2지부가 된 거죠. 마산은 나중에 함안권, 진주권까지 포함했는데, 잘 안되잖아요. 그러니까 자연스럽게 경남지부 준비위원회로 해서 2003년 되면 경남지부로 합쳐졌지요.

산별노조 만들고 난 후, 대우자동차 정리해고 투쟁은 금속산업연맹과 금속노조가 공존할 때 연대투쟁을 했는데 사실은 금속산업연맹보다 금속노조가 투쟁을 주도했어요. 금속노조의 연대투쟁은 어떤 회의 단위에서 결의하고 이런 게 아니고, 전화로 다 결정해서 한 거니까 그 당시 3~4만 명 정도였던 시절이었지만 전노협 때부터 해서 금속산업연맹 내 지역의 중심 사업장들이 다 금속노조로 들어와 있었기에 가능했지요. 2001년도에 금속노조 창립할 때 분위기는 '한다면 한다', '죽기로 각오하고 싸우자.' 이런 게 있었어요. 제가 당시 경남 2지부장 겸 연맹 본부 부본부장 하고 있을 때니까, 산별노조에 들어와 있는 사업장도 있고 그렇지 못한 사업장 대표자들과의 간담회도 조직하기 위한 노력을 했지만, 주로 금속노조에 들어왔던 사업장이 파업을 했지요. 통일중공업의 파업은 무조건 불법이었지요. 당시 방산업체가 상존하고 있었기 때문에 회사는 당연히 고소 · 고발하는 거였어요. 이 투쟁은 1989년 이후 두 번째 창원대로 전체를 다 막고 행진을 했어요.

그 건으로 또 수배 생활 하고, 또 구속되었다가 나오는 과정이 있었고, 저는 금속노조는 사실 안 가려고 했어요. 그러니까 1998년부터 2001년까지 3년 동안 너무 어려운 시기에 활동을 책임을 지고 있었기 때문에, 정말 쉬고 싶었어요. 그런 게 절박했던 거 같고 또 이후에 활동을 정리할 시간도 필요해서 정말 안 가려고 했어요. 그런데 경남이 산별노조의 주력인 상황에서 이승필 위원장이 죽어도 못 한다고 하는 바람에, 김창근 위원장한테 갔다가 저한테 왔다가 하다가 당시 허재우 선배가 사무국장 할 때 아주 담판을 진 거죠. 결국, 김창근 위원장 하면 내가 수석부위원장 올라가겠다고 해서 금속노조 일을 맡게 되었지요.

금속노조 초창기는 규모는 작지만, 조직 내부에 갈등 같은 게 없었잖아요. 금속노조 초창기에는 재미있었던 기억밖에 없어요. 교섭 구조와 관련해서 여러 가지 논쟁도 있고 했지만, 1단계에는 집단 교섭을 통해서 교섭 구조를 한 단계 진전시키는 성과도 냈고 다음 단계에는 중앙교섭까지 하게 되었지요. 중앙교섭을 통해서 주 5일제를 합의하기도 하고, 그래서 당시만 해도 산별교섭에 대한 어떤 희망도 보였고 전망도 되겠다는 생각이 있었습니다. 그런 것이 가장 기억에 남죠. 고향에 주변 사람들, 친구나 가족들이 제가 평생 그렇게 해고되고 구속되고 도망 다니고 하더니, 어느 날 갑자기 주 40시간 주 5일제 합의했다고 MBC 중앙 뉴스 인터뷰에 나온 거 보고 촌사람들이 "와, 저 집 아들 출세했다"고 부러워하기도 했습니다.

그때 제가 중앙교섭 대표였거든요. 김창근 위원장은 배달호 열사 투쟁으로 수배 생활 중이었어요. 그게 개인적으로는 운동적 측면에서 가장 기억에 많이 남고, 성과적 측면에서도 얘기할 수 있는 것 중의 하나였어요. 그 이후에 여러 가지 아픔이 많았습니다. 금속노조 3기 선거와 관련해 저보고 위원장을 하라고 해서, 저는 심적으로 너무 부담스러워서 임기 마치고 도망을 왔어요. 대구까지 도망가 있는데, 당시 김정호 교선실장이 찾아와서 막걸리 먹고 넘어가 출마하기로 했지요. 출마를 준비하는데 4만 조합원 시절에 흔히 말해 전국회의와 중앙파의 내부 경선이 맞는가 하는 문제 제기가 일부 있었던 거죠. 그래서 출마자로 중앙파의 저하고, 금속연맹 부위원장이었던 전국회의의 이석행 씨였는데, 두 사람이 출마하지 않고 통합 집행부를 구성하는 걸 합의하고 저는 내려왔어요.

배달호 열사 투쟁은 제가 금속노조 수석부위원장일 때 진행됐지만, 제가 창원에 내려오고 난 다음에 열사 정국이 본격화되었습니다. 김주익, 이해남 등등. 충격이 너무 커서 당시에 저는 회사로부터 한 달 유급휴가를 받아 투쟁에 다 왔다 갔다 하면서 수습에 전력했지요. 왜냐하면, 금속노조 3기 집행부가 들어선 지 얼마 안 된 상황에서 그런 문제가 벌어졌으니까 집행부가 정신이 없었던 상황이었고, 제가 앞에 수석부위원장까지 했으니까, 그 투쟁 초창기에 분위기를 잡는 데 역할을 했지요.

또 다른 아픈 기억은 김주익 열사 투쟁인데요. 한진중공업 회사가 당시 대단히 어려웠어요. 제가 금속노조 수석부위원장 할 때, 한진중공업 노사 간 문제가 첨예하게 쟁점화되어 있는데 한진중공업의 내부 동력은 억수로 약화되어 있는 상황에서, 이 문제를 어떻게 할 거냐와 관련하여 제가 부산에서 김주익 당시 지회장을 만났거든요. 출장 가서 만나고 했는데, 저한테 그런 얘기는 전혀 언급하지 않았어요. 그래서 최대한 간부들을 중심으로 선도 투쟁을 해서 조합 분위기를 만들고, 최대한 투쟁을 이어가 노조를 지키는 투쟁으로 가자, 이런 식으로 기조를 잡았지요. 그리고 얼마 안 있다가 제가 다른 데 출장을 갔는데 밤에 올라갔다는 거예요. 밤에 올라간 게 마지막 시신으로 내려온 거잖아요. 그게 가슴에 오래 잊지 않는 멍울이 되었고, 그런 게 제가 계속 힘들지만 노조활동을 계속하는 계기나 힘이 된 게 아닌가 싶습니다.

노동자 정치세력화

노동자 정치세력화 관련해서는 민주노동당이 만들어질 때도 많은 사업장이 열심히 했지만, 통일중공업 지회가 규모도 있고 가장 열심히 했던 것은 노동조합 투쟁만으로는 조합 활동의 전망이 잘 보이지 않아 정치적 힘이 필요하다는 생각을 했기 때문입니다. 이런 생각 때문에 국민승리 21 때부터 민주노동당 창당 창립까지 그 논의에 참여했지요. 1997년에 권영길 대표가 대선후보로 처음 나왔을 당시에 우리는 매출액 연동제 투쟁이 있었는데, 공권력 투입되고 제가 조직부장 할 때거든요. 그때 대선 선거운동도 열심히 했고, 민주노동당이 창당된 후인 2000년에 창원을 국회의원 선거에 출마했잖아요. 당시 통일중공업 노조위원장 하면서 산별 전환할 시점에 저희 간부만 50명 대오가 되니까. 당시 민주노동당 당원 가입도 제가 60~70명씩 한 거 같아요.

당시 선거 투쟁을 나름대로 열심히 했지만, 특히 삼미특수강 고용특위 동지들이 가장 열심히 했지요. 그다음에 우리 통일중공업이나 이런 사업장들이 열심히 했지요. 그래서 결국 그 선거 투쟁에서 손석형 위원장이나 저나 주요 사업장 위원장들이 다 선거법 위반으로 걸려서 처벌받았습니다. 왜냐하면, 장미꽃 나눠주기, 플래카드 붙이는 게 일부 선거법에 걸렸던 거지요. 그게 막연한 정치세력화이지만, 통일중공업 같은 경우는 공권력 투입이라는 노조 탄압의 경험이 있어서 노동조합의 연대만으로 이것을 바꿔내기가 쉽지 않다는 생각이 있었기 때문에 그런 정치활동을 초반부터 열심히 했던 거지요. 민주노동당이 잘되어야 하는데 현재 진보정당 운동이 어려운 상황에 처해 있는 게 마음에 많이 걸렸어요.

금속노조 경남지부 활동

그리고 제가 한동안 쉬었다가 금속노조 경남지부 7, 8기 지부장을 했잖아요. 당시 노선상으로 보면 전국회의와 중앙파 연합인데요. 일부 평가가 다른 지점이 있어요. 일부에서는 저에 대해서 전국회의에 너무 경도되어 전국회의가 주도하는 방향으로 사업을 한 거 아니냐며 문제제기하는 사람이 있는데, 저는 그런 평가에 동의하지 않습니다.

제가 가정적으로 어려운 일도 있었고 그래서 활동을 안 하려다가 현장 일선에 복귀했던 것은 당시 금속노조 경남지부의 지도 집행력이 많이 떨어져 있었고 정규직 노동자들의 여러 가지 권리는 이미 많이 개선된 상황에서 미조직 비정규직 문제를 어떻게 해야 할 것인가에 관심이 있었기 때문입니다. 또 한 가지 금속노조가 제대로 서려면 지도 집행력을 제대로 회복하지 않으면 안 되는 문제가 있었습니다. 그런데, 제가 나와서 할 수 있었던 것은 그래도 산별 금속노조 초창기에 지역 일도 했고 지부도 했는데 처음 경남 2지부장은 수배 생활을 하면서 했기 때문에 제대로 집행하지 못했어요. 그렇지만 금속노조 했던 경험이 있었고, 7~8기 지부장을 하면서 보니까 기본적으로 모든 것은 대중조직은 회의단위가 얼마나 중요한지, 회의가 체계적으로 잘 이루어지는지, 회의에서 결정한 게 제대로 집행되는지의 문제와 관련되어 있습니다. 그게 가장 기본인데 기본이 많이 무너져 있었습니다.

7기 경남지부에 나와 보니까. 경남지부 지회장들의 운영위원회 참여율이 70% 정도 수준밖에 안 되는 상황이었어요. 예산과 관련해서 금속노조는 교섭 구조 때문에 초창기 금속노조를 했던 집단 교섭 참가사업장, 늦게 전환했던 사업장들이 포함되어 있고, 특히 완성 산별 대의원 대회 이후에 현대계열사들이 참여했잖아요. 현대계열사들은 집단 교섭에 참여하지 않잖아요. 그래서 제도적으로 집단 교섭 참가사업장은 집단 교섭을 통해서 사용자들로부터 기금을 조성받아 지부 상근자 3명을 채용합니다. 그리고 집단 교섭 불참사업장은 1인당 450원인가 집행을 내게 돼 있는데, 제대로 집행이 안 되더라고요.

그래서 제가 왜 집행이 안 되었는지 사업장별로 보니까, 통일중공업 지회는 돈을 몇 년 동안 계속 냈고, 초창기에는 또 사람도 전임도 다 낸 거예요. 이것은 문제가 있으니 이거 예산을 뽑아보라니까 이게 한 사람 더 채용할 수 있는 예산이 되는 거예요. 그래서 이제 비정규직 미조직 사업을 해야 하는데, 그 당시 조선 산업이 매우 어렵고 조선 산업 비정규직이 워낙 많이 있었던 시기였어요. 또, '노동사회교육원'이 비정규센터를 하려고 도에 신청했는데 탈락했다는 이야기를 들었어요. 그래서 거·통·고를 중심으로 미조직 · 비조직 사업을 할 수 있는 활동가를 한 사람 채용하는 게 좋겠다는 판단에서 이승호 동지를 채용하게 되었습니다. 사실 채용할 사람을 누구로 할 거냐는 것은 아주 복잡한 문제입니다. 사실 통합 집행부잖아요. 그런데 주재석 선배나 허태혁 동지 등이 흔쾌히 동의를 해줬습니다. 그래서 이승호 동지를 채용하게 되었고, 제가 제기했던 게 주효하게 성과를 냈던 거지요. 그래서 성동조선도 조직화하고 일정 정도 성과를 바탕으로 결국 거·통·고 투쟁까지 만들었던 초석이 됐다고 생각합니다.

또 하나는 민주노총이나 금속노조 강령에 통일사업이 다 들어 있고 하게 돼 있어요. 대중조직은 특정 사업을 얼마나 하느냐의 문제이지 안 하는 게 잘하는 게 아니라는 거죠. 그래서 저도 통일사업은 사실은 민주노총이나 금속노조의 강령에 나와 있는 수준에서 우리가 할 수 있는 역할을 같이 하게 됐던 거죠. 주재석 수석부지부장이나 허태혁 부지부장 책상 자체가 지부장 책상 양옆으로 포위되어 항상 시간만 있으면 온갖 얘기를 하며, 서로 논쟁할 때는 하지만, 서로 잘 지냈어요. 그 사람들도 신념이 억수로 강한 사람들이에요. 자기주장이 세요.

당시 우리 지역이 정세 자체가 첨예하잖아요. 홍준표 도지사 시절에 무상급식 없애고 진주의료원 폐쇄하고 박근혜 정권이 노조 탄압하고 이런 식이잖아요. 그런 시기에 투쟁 동력도 뒷받침되어야 하고, 저는 투쟁 동력의 핵심은 지회장들이라고 생각합니다. 지회장들이 어떤 생각을 하느냐가 가장 중요하다고 생각했기 때문에 저는 지회장들과 내부 쟁투를 많이 벌였어요. 지부 내에는 흔히 말하는 전국회의와 중앙파의 내부 갈등 이런 것도 있지만, 저는 금속노조의 지도집행력을 바로 세우는 데는 지회장들의 역할이 가장 중요하다고 본 거죠. 그래서 회의나 사업과 관련해서 지회장들하고 논쟁도 많이 하고, 지역의 중요한 투쟁 과제가 있으면 회의에서 결정하는 것도 중요하지만, 많은 문제는 주로 현장 순회하면서 지회장들을 찾아 만나는 과정이 지역의 연대투쟁 동력을 만드는 데 중요했다는 생각입니다.

7기 때는 쭉 그런 식으로 활동했고, 8기 때는 여러 가지 활동 방향으로 봤을 때 사회연대와 관련한 노조의 책임 문제가 중요하고 생각했어요. 이것이 이런 차원에서 여러 고민을 하고 방안을 마련하고 또 소장님한테도 얘기하고, 이렇게 고민을 하다가 사회 연대기금을 만들었던 계기였지요. 그때가 대우조선지회가 가입하기 전이니까 12,000~13,000명 될 때였는데, 결의가 쉽지 않았습니다. 돈 1,000원, 2,000원이 별거 아니라 하지만, 내부 결의를 해서 집행이 되겠냐 하는 우려가 많았어요. 시도는 좋은데 이게 결정하고 집행이 되겠냐 하는 문제가 있었던 게 사실은 규모 있는 지회에는 부담이 컸기 때문이죠. 일부 저항이 좀 있었어요. 그래서 지회장들부터 먼저 설득하고, 그다음에 첫 시도가 대의원수련회라 규모를 최소한으로 줄여 하루 종일 토론하고 교육하는 과정을 거쳐서 지부 대의원대회에서 만장일치로 결의를 했습니다. 그 만장일치 결의가 일부는 조합비에서 납부하는 방식을 취했던 사업장도 있었지만, 그것도 대부분 집행이 됐어요. 제가 내려오고 난 다음에 사회연대기금의 운용 방향과 관련해 내부에서 논쟁이 좀 있었던 것 같습니다. 저는 일단 첫 시도를 했고 방향을 잘 잡으면 의미 있게 발전할 수 있는데, 노조의 사회적 역할로 보면 그렇게 잘 안되는 측면이 있지만, 대우조선처럼 예산 규모가 크면, 그에 걸맞게 여러 가지 주요한 사업을 할 수 있는 것이 아니냐 하는 생각이 있습니다.

산별노조의 지도 집행력과 정파 문제

산별노조의 전망과 관련해서 핵심은 교섭 문제라고 생각되는데, 사실 교섭 문제는 별로 전망이 보이지 않는 상황이고, 조직화와 관련해서는 불용예산을 더 투입하는 것이 필요하다고 생각합니다. 보통 예산이 남으면 다음 해로 넘겨 예산을 운용하는데, 일정 정도를 넘어 남는 금액을 미조직 사업에 쓰게 하는 것인데, 이렇게 금속노조 7기 때 방향이 많이 잡혔습니다. 그런 결정을 할 때는 중집에서 일차로 논의하잖아요. 저도 목소리를 많이 내었고 예를 들어서, 한진중공업 열사 투쟁이 있었잖아요. 최강서 열사 투쟁에서 사실 투쟁기금을 결의하면 현대차 기아차 조합원들은 연봉이 SNT중공업보다 두 배 이상 많잖아요. 그래도 제대로 집행을 안 하거든요. 집행 안 하면 지부장들한테 문제 제기도 많이 했고 집행력을 높이는 게 집행부의 역할이라고 생각합니다. 그런 거 하나하나는 작은 거지만, 금속노조는 작은 거지만 결정하면 집행률을 최대한 높이는 방향으로 끊임없이 점검하고 노력하지 않으면 형식적인 산별노조로 되고 내용은 전혀 갖춰지지 않는 방향으로 되기 쉽다는 거죠. 다들 지금 편의적으로 가는 경향이 있습니다. 그냥 지회장들하고 적당히 싸우기 싫어하고 적당히 해서 하는 게 만연한 풍토가 되면, 산별노조 운동은 더 어려워지는 것이 아니냐. 작은 것부터 더 철저하게 집행될 수 있도록 노력하는 게 중요하다고 생각되더라고요.

지도 집행력이 약화하고 회의 참여율이 떨어지는 것은 큰 문제입니다. 규약에 다 나와 있어요. 금속노조 규약에 지회장의 역할이 있는데, 지회장이 못하면 규약상으로 수석부지회장이 하고 수석부지회장이 못하면 부지회장이 하게 되어 있잖아요. 예를 들어서, 현안이 발생했는데 지회장이 회의에 참석하지 못하면 수석부지회장이 나오면 돼요. 그런데 회의에 아예 안 오는 거예요. 이런 거를 얘기하는 거죠. 회의 참석률을 높이는 거죠. 금속노조 체계로 보면 지부가 일상활동의 구심이 되어야 하는데 그러니까 어떤 현장의 현안 관련 회의를 하루 종일 하는 거는 아니잖아요. 우리가 회의 규정에 보면, 매주 월요일 날 주 1회 하게 돼 있잖아요. 생각의 문제고 의지의 문제라고 생각하는 거죠. 그런 문제에 대해서 지회장들하고 얘기도 하고, 그래서 회의를 오느냐 안 오냐? 이런 거 체크하는 문제도 있지만, 어떤 기금이나 투쟁기금 내기로 결정했다면, 이런 거는 다 공개해서 회의 점검란에 다 만들어요. 만들어서 제가 일일이 회의 때 다 확인합니다. 처음에는 이런 문제에 대해서 지회장들이 스트레스 많이 받고 싫어하더라고요. 그래도 해야 하는 거죠.

그 과정에서 많이 싸우고 했지만 그런 방식에 대해서 나중에는 다 동의하더라고요. 지부에 조직강화 위원회를 만들어서 사업장 단위로 점검도 하고, 단협상 교육 시간이 어떻게 확보돼 있는지, 내부의 회의 체계는 어떻게 가동되고 있는지도 점검하고 개선하려는 노력이 일상적으로 되지 않으면 안 된다는 생각이 드는 겁니다. 예를 들어, 금속노조나 민주노총의 상경 투쟁 과제가 너무 많기는 많아요. 그렇지만, 주로 확대간부 참여가 중집에서 떨어져요. 금속노조 확대 간부들은 상경 투쟁에 정말 다 와야 하거든요. 그런데 그냥 다 안 와도 된다는 생각이 만연해 있는 거예요. 그러면 확대 간부라고 해놓고, 결정은 집행위원과 단위 지회장 몇 명, 단위 간부 몇 명이 올라오는 것으로 결정하면 안 된다고 생각합니다. 차라리 상근 간부로 하든지 이렇게 해야 하는 거죠. 결정되는 자체가 그냥 편의적으로 하는 거 아니냐는 문제가 있습니다. 노조 내 민주주의나 규율 문제인데, 회의에 참석하고, 회의에서 토론하고, 토론을 통해 결정된 사항을 집행하고. 집행한 것을 평가 점검하는 네 개의 과정이 중요하다는 것이죠.

지부 활동에서 사업장별 원심력이 발생하는데 이것을 점검하는 것만으로는 지도 집행력을 세우는 데 한계가 있습니다. 예를 들어서, 지금도 그런 거 하는지 모르겠는데, 저희가 통합집행부할 때 어떤 지역의 중요 사안이 벌어지면 일상적인 경남지부 산하의 회의 체계를 통해서만 결정하는 건 아니고, 중요할 때는 합동 상집회의, 단위 지회의 상집까지 다 모아 교육도 배치하고 투쟁과 관련한 토론이나 결의를 모으는 방식을 도입했었지요.

한 가지는 아주 작은 문제도 최대한 평가를 통해서 어떤 문제가 지적되면, 그걸 개선하기 위해 노력하는 게 중요하다는 생각이 들고, 무엇보다 의식이 가장 중요한 거죠. 예를 들어서, 거통고하청노동자 투쟁할 때 밥 한 끼 연대 이런 거 있잖아요. 이런 거는 의지만 있으면 사실 많이 조직할 수 있거든요. 그게 별거 아니지만, 사람들한테 큰 힘이 되지 않습니까? 그냥 뭐 해도 되고 안 해도 되고 이런 활동 중에 단위 지회 지회장이나 활동가들의 의지만 있으면 충분히 많은 사람의 공감을 이끌어낼 수 있습니다. 경남지부 대의원들만 해도 사업장별로 보면 밴드나 단톡, 텔레그램 방이 다 있거든요. 간부 활동을 서로 소통하는 이런 방에서 '내가 생각하는 거·통·고 밥 한 끼 투쟁의 의미' 같은 것을 간단하게 써 올리는 것도 중요하지요. '나는 금일봉 했습니다.' 이렇게 올리잖아요. 사람들이 다 올리는 거죠. 이런 거를 다른 사업장의 고민과 의식이 있는 사람들 한두 명만 하면 충분히 간부들 모두가 다 할 수 있습니다. 우리 SNT중공업은 그 당시 간부가 20여 명밖에 안 되지만, 전직 간부들까지 포함해 제법 돈을 많이 냈습니다. 요즘 후배들 보니까, 그냥 정파적으로만 갈라져 있고 실천적으로 보면 차이점이 안 보이는 게 가장 걱정입니다.

사실 다른 정파와 같이 모여서 집행을 한다는 게 쉽지도 않고 정파 갈등이 공조직 내에서 어떤 방식으로 관리되고 조정되는 게 필요한가와 관련하여, 그런 거죠. 통일사업과 관련해서 예산을 어떻게 배정하느냐는 문제는 집행위 내에서 논쟁이 되기도 합니다. 그런 문제와 관련해서 사실은 당시 금속노조나 민주노총, 경남지부 내에도 각종 위원회 다 있잖아요. 그 위원회에서 올리는 안에 대해 예산을 배정하고 참여해야 하는데 경남 지부장이 자기는 중앙파니까 통일사업에 대해서 그냥 위원회에서 하는 대로 내버려 두고 나는 참여도 안 하고 이런 게 아닙니다. 저는 다 참여를 했습니다. 제가 참여해 보고 주변 사람들도 참여하게 하고 그다음에 예를 들어서, 민주노총 지역본부와 경남지부가 중심이 돼서 통일위원회 사업이나 교육을 하면 주로 자주파 쪽 사람들만 많이 와 있잖아요. 그럼 내가 인사하러 올라가서, "아니 여러분들만 열심히 통일사업 한다고 통일사업이 잘되는 것이 아니라, 통일사업에 관심 없는 사람들이 왜 통일사업에 참여하지 않는지 되돌아 생각해 봐야 하고 여러분들이 지나친 게 있는지, 아니면 저쪽이 통일사업에 관심이 없어서 그런 건지 되짚어 봐야 한다." 이런 얘기라든가 그다음에 우리가 뭐 기행 행사할 때 예를 들어서, 우리가 역사적으로 지리산 투쟁이라든가 역사적 투쟁, 4.3 항쟁이나 5.18 기념식에 중앙파 사람들이 사실 잘 안 가거든요. 저는 그런 투쟁에도 가야 한다고 생각합니다.

정파에 따라 의제를 너무 선별하는 게 너무 지나친 것 아니냐는 거죠. 그래서 공조직이라는 것은 공조직에서 결정된 사업에 대해서는 최대한 함께하는 노력이 필요하고, 그것을 통해서 상호 생각이 다른 지점을 최대한 모아가는 노력이 필요하다는 거지요. 통일사업은 당연히 자주파가 하는 거고. 이쪽 사업은 평등파 쪽에서 하는 거고. 이렇게 구분 지어서 판단하면 안 된다는 거지요.

후배들에게 하고 싶은 말과 향후의 계획

저는 사실 상급 조직에서 나와 지부장을 하고 난 후 현장에 복귀해서는 현장 간부 활동을 잘 하지 않잖아요. SNT중공업은 내부의 처한 상황도 있지만 저는 개인적으로 해고도 되고 구속돼 가는 과정이 있었지만, 다행히 정년퇴직할 수 있었습니다. 얼마나 다행스럽습니까? 김창근 선배는 해고된 후 복직도 못 하고 정년퇴직을 했는데, 그런 면에서 다행스럽습니다. 이제 활동을 어떻게 마무리 짓는 게 좋겠나 하는 판단이 있었던 거지요. 그래서 그냥 간부 역할도 하지 않고 그냥 전직 지부장이나 전직 활동가라는 이름으로 활동을 하는 거는 어떻게 보면 꼰대, 선배. 저 선배는 말만 하고 실천은 안 하고 뭐 말로만 한다. 이런 얘기가 될 수 있는 측면도 있고, 내부 조건이 워낙 어렵기도 해서 저는 정년퇴직까지 현장 간부 활동으로 마무리 지어야겠다는 생각이 있었습니다.

그렇지만, 지역적으로 운동의 규모는 점점 커졌지만, 내용적으로 조합 활동이 너무 적당한 수준의 활동으로, 그냥 너 좋고 나 좋은 수준으로 치우쳐가는 게 아니냐는 우려가 있습니다. 저는 대중조직 운영은 사업이 결정되면 그 사업을 얼마나 힘 있게 집행하고 조합원과 함께 하느냐가 관건이라고 생각합니다. 그게 일상적으로 되어야 그걸 통해서 투쟁도 조직할 수 있는 건데 후배들에게 하고 싶은 말은 작은 문제라도 어떤 결정을 내리면 자기가 처한 조건에서 그것을 실행하기 위한 노력을 끊임없이 해야 한다는 것입니다.

마창지역 노동조합운동은 사실 많이 늙었잖아요. 마창지역에서 이미 87년 세대들이 많이 떠나고 있고 새로운 세대들도 많이 들어와 있는데, 선배 세대와 새로운 세대가 얼마나 간격을 좁혀내느냐가 문제인 거 같습니다. 저희 사업장은 새로운 세대가 없어 잘 모르지만, 주변 사업장 이야기를 들어보면 생각의 차이가 많이 난다고 합니다. 그런 간격을 잘 좁혀내는 것이 대단히 중요한데, 그 방안을 구체적으로 제시하기는 어렵지만, 그것을 극복해야만 우리 금속노조가 초창기 가졌던 운동의 전망을 만들어갈 수 있지 않을까 싶습니다. 그렇지 못하면 사업장별로 계속 원심력이 작동하고, 그렇다면 말 그대로 형식만 무늬만 산별노조가 되는 거죠. 무늬만 산별노조 경남지부가 될 가능성이 크지 않나 하는 걱정이 있습니다.

또 한 가지 안타까운 거는 노동자 정치세력화입니다. 노동자 정치세력화는 이게 분화되는 과정에서 여러 가지 어려움에 처해 있고 지금은 더 어려움에 빠져 있어서 가장 마음에 많이 걸립니다. 민주노총이 중심이 돼서 할 수 있는 게 얼마나 있겠느냐는 그런 회의도 있고, 제가 대안을 제시하기는 쉽지 않습니다. 하지만, 운동은 본인의 신념도 중요하지만, 주변의 환경이나 같이 했던 동지에 대한 애정, 이런 게 있어야만 할 수 있는 것이 아니냐는 생각이 듭니다.

지역에서 1987년 민주노조 운동 세대들이 우리 지역에서 앞으로 10~20년 동안 어떤 역할들을 더 해야 하는지와 관련하여, 금속노조는 이미 퇴직자들이 많이 빠져나가는 거에 대해서 공조직 차원에서의 대책을 수립해야 한다는 문제인식이 있었는데, 그게 잘 안되더라고요. 사실 절박함이 부족해서 그런지 모르겠지만. 초고령 사회로 가는 와중에 퇴직 후에도 세상을 바꾸는 데 평생 노동운동을 해왔던 사람으로서 사회적 역할이 있을 텐데, 어떤 공간에서 어떻게 조직해야 하는가에 관해서는 좀 막연한 지점이 있고, 개인에 따라 다 처지가 틀린 것 같습니다. 저 같은 경우는 지역에서 활동을 계속 이어가면 좋겠는데, 여러 가지 처지로 보면 먹고사는 문제, 가족 문제가 있어 삶의 공간을 대구로 옮겨야 하는 상황이에요. 그래서 저는 어떤 관계를 계속 유지하는 게 중요하다고 생각합니다. 관계라고 하면, '노동사회교육원'이나 '평등의 길'과의 관계 등 회원이나 후원회원으로 관계를 유지하면서 정보도 얻고 대구에서 생계 벌이도 하면서 대구 지역에서 할 수 있는 어떤 역할이 있으면 작은 거라도 해야 하지 않겠나 하는 생각 정도입니다. (구술 일시: 2024년 1월 12일)

경남 노동운동가들의
삶과 투쟁

7

마창노련 투쟁에서 금속 산별노조로

홍지욱(민주노총 부위원장)

1964년 전북 고창 출생

1984년 대림자동차 부평 공장 입사

1986년 창원 2공장으로 합병, 2월 창원으로 출근

1987년 노동자 대투쟁(7,8,9)파업 참가

1990년 전노협 창립대의원(전노협파업으로 구속, 해고)

2003년 배달호 열사 투쟁으로 구속

2015년 금속노조 부위원장, 조선업종노조연대 창립 의장

2017년 금속노조 경남지부장

2023년 금속노조 정치위원장, 사회연대위원장

2024년 민주노총 부위원장(기후위기대응특위장)

인천 대림자동차 입사와 부평 생활

저는 1964년 전라북도 고창, 선운사 근처에서 태어났는데, 정말 살기 좋은 곳이었습니다. 어릴 적 고향인 고창에서 중학교까지 다니고 인천으로 취업을 나왔습니다. 그러니까 중학교 졸업하고 인천으로 사회생활을 하러 올라왔으니까 1984년 이전이죠. 대림자동차 입사 이전에는 자동차 가내공업 비슷한 정비소 차량정비소하고, 봉제 회사에도 좀 있었습니다. 처음에는 자동차 정비. 인천 부평의 작은 마을에서 막 사회생활을 시작하면서 가족, 지인의 소개로 자동차 정비도 하고 빵구도 때우고 하면서 사회생활을 시작했습니다. 그렇지만 나이가 어리기도 했지만, 정비사가 너무 힘이 들어서 더 못 하겠더라고요. 그래서 봉제 회사로 전직을 했지요. 거기는 부평에서 꽤 큰 회사였는데 많은 사람과 같이 일하면서 1년 좀 넘게 있었지요. 주로 야구 글로브라든가 수출용 가죽 잠바를 생산하는 곳이었는데, 그때 미싱도 배워봤고, 미싱은 지금도 잘할 것 같아요. 그때는 아가씨들만 미싱을 한 게 아니고 남자들도 재단사, 미싱사가 있었는데, 미싱사는 일반 시다보다 일당이 셌거든요.

그러다가 대림자동차에 입사했습니다. 당시에는 대림자동차 인천 부평공장이 본사였고 창원의 대림자동차는 그 당시 2공장으로 운영되고 있었고 지금 DR모터스로 바뀌었습니다. 제가 입사한 곳은 인천 부평공장인데, 여기에서 대림자동차 오토바이를 생산했습니다. 1984년 4월 대림자동차 부평공장에 입사해서 대림자동차가 운영하는 직업훈련학교에 입소했습니다. 직업훈련소는 기숙사 형태였고 오토바이도 기본적으로 자동차이기 때문에 오토바이 생산에 필요한 기계 조립과 가공 기술을 6개월 동안 집중적으로 배웠습니다. 이후 현장 정규직으로 배치되어 일했습니다.

대림자동차 부평공장 본사는 굉장히 컸습니다. 그때 이미 노조가 있었는데, 한국노총 금속노련 소속이었습니다. 물론 노조가 있는지는 나중에야 알았고, 전체 조합원 수가 2,000명이 넘는, 당시에 인천 부평에서는 아주 큰 회사였고, 바로 옆에 대우자동차가 있었어요. 지금은 한국지엠 부평공장인데 당시는 대우차보다도 처우가 더 좋았어요. 그래서 당시 인천에서는 제조업체 중에서 가장 처우가 좋아서 부평 백마장 수십만 평에 자리한 오토바이공장인 대림자동차는 모두가 선망하는 기업이었습니다. 당시 1986년에 대림자동차 부지는 백마장 수십만 평으로 땅이 어마어마했었어요. 지금도 가면 대림 푸르지오라고 그때 지은 대단지 아파트가 있지요. 지금으로 치면 현대기아차 이상이었지요. 그때는 일자리도 많이 있었지만, 대림자동차에 입사한 종업원들의 처우가 가장 높은 수준이었습니다. 그렇게 1984년에 입사해서 2년 정도 일했는데 1985년 연말에 1986년 1월 1일부로 창원 2공장으로 합병한다는 발표가 있었습니다.

저도 그때 당시 어릴 때부터 가난하고 힘들게 살다가 모처럼 좋은 회사에 들어가서 막 뿌듯하고 고향에서 부모님도 기대가 컸지요. "이거 대단하다"고 하셨지요. 그때는 대림자동차가 대기업 수준이었어요. 모두가 오토바이 하면 '대림혼다' 이렇게 알고 있었는데, 이런 회사에 들어갔으니까요. '이제 돈도 많이 벌겠구나, 이제 내 인생에 힘든 건 없겠다.' 이렇게 생각했지요. 그때 부평공장 생활이 2년 정도 계속되었지요. 친구들은 주로 고등학교, 대학 갈 시기였을 때, 저는 직업훈련소에서 배우고 바로 현장에 들어갔지만, 우리 나이 때 고등학교 가고 대학 가서 연애도 하고 낭만과 재미를 느끼고 할 건데, 저는 그게 아니고 공장에서 일했지만, 그래도 시간은 다 같은 거잖아요. 세대가 같은 세대이기 때문에. 인천 부평공단에도 당시에 여공 아가씨들이 많았어요. 그래서 20살 적에 부평 음악다방에서 미팅도 많이 하고 연애도 굉장히 많이 했어요. 그 나이 때는 뭐 누가 가르쳐 주는 게 아니라 당연히 다 그랬으니까요. 부평공장에서 일하는 2년 동안 주로 서울 여의도로 많이 놀러 갔어요. 주말에 아가씨들과 데이트하러 가고 인천에도 인천공원이나 수변공원, 자유공원도 있긴 하지만 그래도 서울 여의도 KBS 앞 광장이 옛날에는 굉장히 넓었거든요. 거기서 자전거도 타고 아가씨하고 데이트도 하고 했던, 굉장히 즐거운 20살 시절이었지요.

대림자동차 창원 이전과 반대 투쟁

1986년 1월 1일부로 합병을 한다는 발표가 나면서 자연스럽게 이전 반대 투쟁이 벌어졌는데 당시 저는 몰랐어요. 기존에 한국노총 금속노련 대림자동차노조는 1976년도에 창립된 아주 오래된 노조였고, 저는 내 의사와 관계없이 이미 노조에 가입돼 있었어요. 당시까지만 해도 저는 노동조합이나 노동운동은 전혀 몰랐고 오토바이 타고 연애나 하러 다니는 삶을 살았죠. 그때 우리는 노동조합이라는 말도 몰랐어요. 노동조합 위원장이 있었지만, 넥타이 매고 노조차인 포니2를 타고 출퇴근하니까 관리자로만 알았지요. 저 사람이 무슨 위원장인지 노동조합인지 이름도 몰랐고, 월급날에 보면 조합비가 빠져나가더라고요. 당시는 그게 뭔지도 몰랐는데 별로 관심도 안 가졌거든요.

그런데 이전한다고 발표가 났는데, 저는 잘 모르긴 했지만, 노조는 어떠한 협상이나 그런 것도 없이 그냥 문 닫고 다 어디 가버렸고 이전 반대 투쟁한다고 본관을 점거해 싸우는 사람들은 불순분자들이고, 위장취업자들이 주도해서 데모를 벌이고 있다는 거예요. 내걸린 요구나 일방적인 이전 반대 요구는 내가 하고 싶은 말과 같은 것들인데, 회사에서 바로 정문에 경찰 병력을 배치하고 차단하는 거예요. 초반 1주일 정도는 밀고 들어가서 막 스크럼 짜고 공장을 돌았어요. 공장 안에서 이전 반대 데모를 했던 거죠. 대림자동차가 오토바이공장치고는 공장 내 상주 인원이 5,000여 명 가까이 되는 어마어마하게 큰 공장이잖아요. 식당까지 다 합하면 아주 컸는데, 그렇게 점거가 시작되고 공권력이 배치되어 외부와 차단된 상태에서 농성이 길어졌습니다. 아무튼, 그때 제가 갓 스물두세 살 정도였던 것 같은데, 저는 공장 바깥에서 매일 출근을 하면서, 안에 고립되어 있던 사람들에게 라면하고 식량을 넣어 줘야 한다고 해서, 당시 공장 옆에 부평여고가 붙어 있었는데 부평여고로 들어가서 식량도 배달해 주고 하면서 격렬하게 싸웠던 기억이 있습니다.

나중에 알았는데 본관 점거농성장에는 뭐 '민정당 해체' 이런 구호도 붙었더라고요. 처음엔 "아, 저거 뭐고?" 하며 놀랐는데. 당시 집권당이 민정당인가 그랬을 거예요. 전두환 시절이었는데, 회사가 뿌린 걸 보니까 '서울대 출신 위장취업자들, 간첩 비슷한 사람들이 지금 농성을 주도하고 있다. 절대 동의하면 안 된다.' 이런 선전 내용이었습니다. 그런데 농성자 명단을 보니까, 우리 훈련소 입사 동기가 포함되어 있었는데, 나중에 알았지만, 흔히 말하는 위장취업자들인 서울대, 고려대, 연세대 출신 네 명인가가 나하고 같은 훈련소 입사 동기였던 거예요. 원래 제 대림자동차 직업훈련원 동기생이 60명이었어요. 한 해에 60명씩 채용해서 6개월간 훈련시킨 후 현장으로 보내는 거였는데 6개월 동안 학교에서처럼 같이 공부하면서, 출근해 시험도 같이 본 동기들은 서로 다 알지요. 근데 나하고 같이 입사했던 네 명인가 동기생이 있고 이 친구들이 농성을 주도하고 있다는 거예요. 그 전해인 1985년에 구로동맹 파업이 있었어요. 저는 당시에는 '구로에서 뭘 파업을 한다고 하더라.' 이것만 얼핏 듣고 자세히는 몰랐거든요. 대림자동차 이전 반대 투쟁은 한 달 넘게 장기간 진행된 격렬한 싸움이었어요. 당시에 인천인지 외지에서 학생들도 많이 오고 노학연대가 이루어졌지요. 나중에 투쟁을 주도했던 우리 동기들은 다 구속되고 그냥 따라 들어갔던 사람들은 훈방조치로 나오고 그랬던 기억이 납니다.

창원에서의 새로운 생활

결국, 합의를 하면서 기혼자들은 일정액의 위로금을 받았고 그 많던 사람이 다 사표를 씁니다. 우리 입사 동기생을 중심으로 갓 20살 중반의 젊은 미혼자 245명인지, 260명인가가 창원 공장으로 내려오게 되지요. 나머지는 전부 인천에서 가정을 이루고 살던 기혼자들인데, 갑자기 어디 있는지도 모르는 창원으로 옮길 수도 없었지요. 저도 창원에 대해서는 학교 다닐 때 사회책이나 경상도 지도에서 보고 아는 정도였지 도대체 창원이 어떤 곳인지 인식이 전혀 없었습니다. 대부분은 '한번 가서 보자, 구경이나 해보자.'라고 해서 그렇게 내려와 1986년 2월 1일 자로 현재의 대림자동차로 출근하게 되었습니다. 지금의 신촌 양곡동에 대림자동차 기숙사가 있었어요.

동기들하고 양곡동 기숙사에서 생활했는데, 기존 창원공장에는 노동조합이 없었어요. 전체 인원은 한 1,000명 정도 있더라고요. 현장 종업원을 보니까 막 구질구질하고, 저는 그래도 부평과 서울 여의도에서 놀다 온 사람인데, 여기 와서 보니까 현장 사람들이 막 새까맣고 같은 또래인데 말도 이상하게 하고 완전히 촌에 왔구나 싶었지요. 동기들과 강남터미널에서 창원터미널까지 버스로 같이 왔는데, 2월 1일부터 출근해야 하니까 1월 말일 날 내려왔지요. 내려와서 보니 지금 창원터미널 주변이 다 논밭이었어요. 재밌는 거는 내려온 동기 중에 2~3명은 창원터미널에 도착하자마자 여기는 사람 있을 데가 아니라고 그 자리에서 바로 서울 가는 버스를 타고 돌아가 버렸어요. 눈으로 직접 보니까 이거 황량하고 황당한 느낌이 들어서 도로 올라가 버린 거죠.

남은 동기들이 출근해서 일하는데, 이전 반대 투쟁하고 창원에 내려왔을 때는 노동조합에 대해서 어렴풋이 알게 되어서, 우리가 내려오면서 노동조합 설립 필증과 포니2 차량을 가지고 내려왔어요. 어차피 내려가서도 노조가 있어야 하니까요. 260명 정도가 내려왔는데, 내려오면서 노조 설립 필증과 노조 차량을 같이 가지고 와서 바로 회사에 노조 사무실을 달라고 했고, 그렇게 해서 창원에 있는 1,000명을 전부 노조에 가입시켰죠. 부평공장에는 이미 1976년도부터 노조가 있었기 때문에, 회사도 뭐 크게 방해하거나 그렇지는 않았어요. 그렇게 전체가 다 가입을 하고 노조는 그대로 한국노총 금속노련 소속이었지요. 노조위원장은 눈치 빠르고 나이 좀 드신 최암석 씨가 "내가 연장이니 내가 할게." 해서 그냥 선거고 뭐고 없이 그냥 위원장 명패 달고 시작했습니다. 이분은 창원공장에 있던 나이 드신, 잘 모르는 양반인데, 내가 하겠다고 해서 위원장을 했지요. 역시 마찬가지 넥타이 매고 포니2 타고 다녔지요. 당시 포니2 승용차는 굉장히 고급 차였고 일반 노동자들은 못 타는 차였는데 그렇게 다 가입하고 천여 명의 조합원으로 노조가 시작된 거지요.

기숙사 아파트는 지금도 양곡아파트 그대로 있습니다. 현재는 일반인에게 일반분양을 했는데. 그때는 두 개 동이었고, 한 집에 6~7명이 살고, 방 한 개에 2~3명씩 이렇게 생활하는데, 한 300명 이상 인원이 거주했습니다. 저는 양곡에 사는 게 갑갑하기도 하고 기숙사에 있는 것도 답답했어요. 매일 적응이 안 되고, 음식도 안 맞고, 성격도 안 맞고, 또 촌놈들이 텃세를 막 부리고 했습니다. 부평, 큰 도시에서 260명이나 되는 인원이 들어오니까 막 갈구는 거예요, 서로 안 지려고 주도권 잡으려고 하고, 퇴근하면 매일 술 먹고 기숙사에서 싸워 파출소에 끌려가고. 또 싸우고, 양곡파출소에서 하루도 출동하지 않은 적이 없어요. 기존에 있던 사람들은 자기 영역을 지키려고 그런 거고, 우리는 일정하게 안착을 해야 하고, 촌놈들에게 어느 정도 주도권도 필요했던 거지요. 그러다가 거의 1년 내내 아무런 낙도 없고 뭐 죽겠더라고요. 진해 군항제가 좋다고 해서 가봤는데, 가보니 뭐 별거 없고, 마산수출자유지역에 아가씨들이 바글바글하긴 하던데 보니까, 전부 다 마음에 안 들고. 그래서 정을 못 붙였지요.

거의 1년 넘어 이듬해 1987년까지 거의 정을 못 붙이고 있었는데, 그것도 이제 지겨우니까 휴일만 되면 산으로 갔어요. 그때가 20살 중반인 것 같은데, 거의 매주 설악산, 지리산을 다녔지요. 여기 있으면 일하는 것도 재미없고 일상이 지겨우니까 거의 산으로만 돌아다니고, 그때 등산을 많이 했었어요. 그냥 쭉 대책 없이 생활하다가, 1987년 7~8월 대투쟁을 만난 거죠. 그때까지 대림자동차 노동조합은 노동조합 기능을 전혀 못 했는데 1987년이 되면서 6월에 마산에서 데모가 일어나고, 당시 야구 경기할 때 시내 오동동이나 부림시장으로 술 먹으러 갔는데, 시위에 참여하지 않았지만, 퇴근해서 가면 시위가 있어서 최루가스나 시위가 술 먹는 데 방해가 되더라고요.

1987년 노동자 대투쟁 경험

1987년 7월에 출근하면 출근하는 공장마다 아침부터 막 데모가 일어나고 해서, 일도 하기 싫고, 누가 그때도 "뭐 나가자, 나갑시다." 막 그렇게 선동을 하더라고요. 노동조합 위원장은 넥타이 매고 대림자동차 정문에서 "이러시면 안 된다."며 못 나가게 막았습니다. 조합원들은 "비켜라." 밀어내버리고 매일 그랬습니다.

맨 처음에 회사 밖으로 나갔을 때, 창원대로로 나왔죠. 나와서 누가 뭐 가르쳐준 것도 아니고 누가 구호 외치는 거 가르쳐준 것도 아니고, 그냥 따라 나간 거죠. 나올 때도 그냥 정문에서 밀고 나와 걸어서 삼미금속, 통일중공업을 거쳐서 금성사(지금은 LG), 기아정기(현 카스코)를 지나 자연스럽게 창원대로로 나왔습니다. 창원병원 앞 사거리에서부터 경찰이 막기 시작했는데 처음에는 좀 무섭긴 했습니다. 군인 비슷한 전투경찰들이 나와서 진압하니까, 짱돌도 던져보고 좀 있으니까 화염병도 나오고 그랬습니다. 이제 20살 중반 때니까 처음에는 겁도 나고 잡히면 어떻게 하나 염려도 했는데, 그때는 누구나 대규모로 다 나왔어요. 우리 회사만 나온 게 아니라 다 나와 버리니까 창원대로가 금방 찼지요. 물론 아침 출근 시간에 타각 찍고 출근카드는 꼭 찍었어요. 출근카드를 찍고 창원대로에 나오면 금방 수백~수천 명이 대로에 운집해 있는 거예요. 그러니까 곧 "아이 뭐 괜찮네, 재밌네." 하게 되고, 이제 짱돌도 들게 되었던 거지요.

그때, 마산수출자유지역 아가씨들도 많이 합류했어요. 공순이들이죠. 우리는 공돌이였습니다. 공순이 아가씨들도 옆에 있는데, 쪽팔리면 안 되니까 짱돌 들고 앞에 나가서 던져보기도 했지요. 화염병도 처음에는 잘 못 던져서 안 터지고 했지만, 자연스럽게 누가 가르쳐주지도 않았는데 짱돌과 화염병 던지는 거를 금방 배웠고, 며칠 지나니까 이게 자연스럽게 그냥 생활이 되어 버렸습니다. 제 기억으로는 거의 7~9월 3개월 동안은 일을 안 해서 오토바이 생산을 못 했어요. 3개월 동안은 거의 매일 창원대로로 출근했습니다. 일단 출근해서 타임카드를 찍고 걸어서 창원대로로 가고, 창원대로에서 첫 번째 대치가 로템 앞에 벌어졌지요. 로템 앞은 허허벌판이라 창원대로에서는 창원병원 앞이 그나마 시민들이 있어서 1차 집결지로 더 좋았어요. 동명중공업이나 루카스가 다 그 주변에 있었기 때문에 효성중공업에서 모여 길 막고 투석전 하고, 그다음에 밀리면 지금 LG 사거리, 또 밀리면 기아정기 사거리(현 현대위아)로 가고, 더 뒤로 밀리면 그때는 야산이었어요. 야산으로 가서 투석전 하고 나면 대충 오전 일정이 끝납니다. 그러면 야산에서 대충 점심 먹고 이제 오후 전투하러 마산으로 넘어갑니다. 마산 어린교 오거리 수출 후문이죠. 수출 후문에서 수출 공순이들 퇴근 시간에 맞춰서 딱 시위를 하는 겁니다. 그전에 투석전부터 하고, 퇴근 시간이 되면 엄청난 수의 여성 노동자들이 나와요. 그때 당시 수출자유지역에 3만 명 정도가 상주했으니까 여기에 합류하면서 해가 어두워질 때까지 오거리에서 싸우는 거지요.

당시는 특별한 의식이 있었던 것도 아닌데, 일단은 지겹지가 않았어요. 지겹지가 않고, 1년 반 동안 내려와서 창원 생활에 적응도 안 되고 심리적으로도 안 맞아 안착하지 못하고 있었습니다. 그렇게 낙이 없이 완전히 멘붕 상태에서 1년 반을 보내다가 1987년을 만났는데, 그냥 재미있고 막 새롭고, 이게 창원만이 아니라 전국적으로 터진다는 뉴스도 들리고 하니까 신났지요. 그때 대림자동차 임금이 상대적으로는 높았지만, 그래도 전체적으로 적었어요. 임금인상을 100원 인상으로 일방적으로 해버렸고 기본적인 요구사항도 있었죠. 제 개인적으로는 임금을 더 올려야 한다고 생각했고, 무엇보다 현장의 변화가 있어야 한다고 생각했어요. 현장 생활에서 일정한 강압, 작업 중에 중간관리자의 강압이 있어서 때리고 막 대했거든요. 그때는 현장에서 반장이나 직장에게 얻어맞기도 했어요. 무엇보다 월급이 100원 인상, 200원 인상으로 회사와 어용 조합장이 일방적으로 합의해 발표하면 그걸로 끝이었거든요. 속으로 막 올라와도 그냥 어떻게 할 수도 없었어요. 기본적인 불만도 있었고, 저 같은 경우는 적응도 안 됐고, 그런 것들이 자연스럽게 폭발한 것 같아요. 그러면서 제 기억으로는 3개월 동안 주말에는 좀 쉬었던 것 같아요. 데모가. 평일에는 비가 오나 한 번도 투쟁을 쉬지 않았던 것 같아요.

대림자동차는 어용노조 체제에서 그만큼 자발적으로 투쟁이 벌어졌습니다. 3개월 동안 무슨 조직이 되거나 이런 것도 없었고 딴 데도 노조가 없었어요. 회사 내에 투쟁을 주동하는 세력이나 모임이 전혀 없었고, 제가 나중에 들은 거는 통일중공업의 민주노조 세력이 1985년인가 이미 해고된 상태에서 6월 항쟁 시위에 참여했던 거고, 저희 대림자동차 같은 경우는 아무리 놀아봐도 뭐 준비됐거나 그런 거는 전혀 없었습니다. 그렇지만 기본적인 불만, 욕구가 쌓여 있다가 폭발했던 거고, 주변의 다른 공장들도 대부분 다 비슷한 것 같아요. 기본적으로 '임금이 너무 적어 이대로는 못 살겠다.' 그때 그러면서 '배고파서 못 살겠다. 임금 인상해라.' 이런 구호가 자연스럽게 나왔었던 것 같아요. 물론 대림자동차는 부평 본사에서 아무래도 임금 수준이 더 높았던 것 같고, 다른 회사나 다른 공장에 비해서는 창원에서도 대림자동차가 높았어요. 1990년도 후반까지는 대림자동차의 임금 수준이 창원 공단에서는 상위 클래스였어요. 그러다가 지금은 완전히 하위수준이지요.

대림자동차에는 조직이나 팀이 전혀 없었고, 나중에 '아하, 그랬을 수 있겠다.'라고 생각한 거는 통일중공업에서 1985년에 노조 만들면서 해고된 세력이 있었고, 마산에서는 경남대, 창원대 학생운동이 좀 있었고, 나중에 알았는데 마산 같은 데는 시위가 시작되면 일정하게 전체 시위를 이끌어 갔던, 우리가 못 봤던 활동가들이 있었던 것 같아요. 하지만, 창원에서 노동자들은 누가 나와라, 이러는 거는 없었어요. 그냥 끝나고 나왔는데, 마산 어린교에 모이고, 오후에 붙고, 또 창동에 가서 붙고 이게 거의 3개월 동안 일정하게 계속되었지요. 물론 전체 시위

판을 세밀하게는 아니라도 주도했던 세력이 있지 않을까 하는 생각은 했어요.

노동조합운동 참여와 학습활동

1987년 투쟁을 마치고 임금이 대폭 올랐어요. 7~9월 투쟁이 끝나고 회사가 3개월 파업 동안의 임금을 한 푼도 안 깎고 전부 줬어요. 다 지급했고 또 임금인상을 대폭 해줬습니다. 우리만 그런 게 아니라 공단의 대부분 공장은 다 그렇게 임금인상의 단맛을 봤던 거죠. 그 단맛을 보고 나서 모두 노조를 만들었죠. 대림차도 그해 12월 노조위원장 선거가 있었습니다. 12월에 선거가 있었는데 그에 맞춰서 준비 모임이 생긴 거죠. 그래서 이승필 위원장을 후보로 해서 기존의 어용 위원장하고 붙어서 이겼습니다. 그때 노조가 바뀝니다. 이승필 위원장이 당선되면서 그때 처음으로 노조민주화를 한 거죠. 1976년도부터 가입했던 한국노총 시대를 마무리하고 탈퇴했어요.

그렇게 1988년을 맞이했고, 그때 저는 현장에서 일하고 있었는데, 문화체육부 차장으로 활동해 줬으면 좋겠다는 제안이 들어왔습니다. 그때는 공장마다 조기 축구회가 굉장히 활성화되어 있었고, 제가 '야생마'라는 조기회의 회장을 하고 있었습니다. 조기회에는 한 회에 많으면 50명까지 회원이 있었는데, 다 젊은 사람들이고, 축구하고 운동 좋아하는 사람들은 현장에서 인맥도 넓기 때문이지요. 조직적 관계는 전혀 없었고 저도 별 관심이 없었습니다. "저는 돈을 벌어야 한다. 돈 벌어서 우리 제 밑에 여동생이 세 명이나 있는데, 학비도 보태고 저는 장남이라 돈도 벌어야 하는데 난 안 한다.", "데모해 보니까, 재미는 있는데, 보니까 이게 신세 망치는 것 같더라." 그래 안 한다고 했는데, 당선된 이승필 집행부가 좀 맡아달라고 현장으로 계속 찾아오는 거예요. "난 안 한다"고 해도 하도 찾아와서, 결국은 뭐 하자 해서 문화체육부 차장으로, 차장은 상근도 아니니까 현장에서 일하면서 명찰만 달고 있었지만, 그렇게 해서 1988년에 문화체육부 차장으로 노동조합 활동을 시작한 거죠.

당시 이승필 위원장의 신임 민주노조 집행부는 열화와 같은 지지를 받았고 어용노조는 게임이 안 됐어요. 그때 경선에서 거의 한 9 대 1로 이겼어요. 하지만, 집행부가 의지도 높고 조합원들의 열망도 높은데, 뭐 아는 게 있어야지요, 이승필 위원장을 포함해 누구든 간에 아는 게 없잖아요. 짱돌 들고 시위하는 거는 해봤지만, 회의도 해야 하는데 회의하는 법도 잘 몰랐습니다. 그래서 많이 바빴지만, 공부를 하자 해서 '노동조합이란 무엇인가'부터 해서 노동조합의 운영과 활동에 대해 정기적으로 공부를 굉장히 많이 했어요. 그 당시 공부는 주로 경노협을 통해서 했고, 그때는 경노협밖에 없었어요. 경노협을 통해서 노조의 운영과 간부 활동 등 기본적인 교육을 처음부터 체계적으로 했습니다. 그때는 교육을 일방적인 방식이 아니라 읽어야 할 책이 있으면 1주일간 읽고 발제하고 토론하는 방식이었어요. 그때는 안 해본 분야가 없을 만큼 다양한 공부를 했지요. 지금 돌아보면 굉장히 수준이 높고 당시 20살 중반 때니까 정신적 · 육체적으로 잘 돌아갈 때잖아요. 이혜자 형수가 주로 공부 리더를 맡았고 그냥 스펀지처럼 받아들이고 기억했습니다. 그 공부를 한두 해만 한 게 아니고. 노동조합 시작한 1988년도부터 상당하게 길게 했어요.

공부는 대림차 간부들이 제일 먼저 하고, 다음에는 위원장, 임원을 포함해 전체 간부를 대상으로 기본적인 노동조합 교육부터 학습하고 토론하고. 또, 노동자의 철학, 경제학 등 무슨 대학교도 아닌데, 범위가 넓어지더라고요. 공부 팀도 통일중공업, 삼미금속, 효성 사람들하고 같이 섞어서 확장해서 했습니다. 당시 노동조합 운영과 활동에 굉장히 바쁘고 조직 활동의 일환으로 술도 먹어야 하고 데이트도 해야 하는데, 공부도 굉장히 열심히 해서, 제 기억으로는 내가 이때만큼 공부를 많이 해본 적이 없었어요. 대림차노조가 1988년에 민주화된 이후 1990년 초까지 4~5년 정도 왕성하게 공부와 조합 활동을 병행했던 것 같아요. 적어도 3~4년 이상은 학습과 조합 활동, 투쟁, 파업까지 함께 했어요. 그렇게 하면서 '이런 거구나! 세상이 이런 거였구나.' 알게 되었지요.

당시 학습할 때는 대림자동차 간부들은 기본이고 전체 조합원까지 선거구별로 나눠서 교육을 확대했어요. 교육은 우리만 해서 될 문제는 아니라고, 간부들만 해서 될 문제가 아니기 때문에, 노동조합이 뭔지, 어떤 노동조합이 민주적이고 자주적인 노동조합인지, 투쟁하고 연대해야 하는 노동조합인지 우리만 알아서는 안 된다고 생각했지요. 우리가 먼저 교육을 시작했지만, 조합 2년 차 때부터는 현장 조합원 전체로 교육사업을 전면적으로 확대했어요. 그리고 다른 한편으로는 지역의 다른 사업장 동지들과 함께 지역 차원에서 확장된 학습을 했던 거예요. 한꺼번에 여러 개의 학습팀에 참여했고, 저녁에는 술도 먹어야 하고 연애도 해야 하니까 많이 힘들었죠.

1988~90년 대림자동차의 파업 투쟁

제가 1990년 8월 30일에 해고가 되었어요. 1987년 12월에 노조를 민주화하고 1988년 첫 임단투를 하는데 요구안의 120%를 쟁취했어요. 파업을 상당히 장기간 했습니다. 요구안이 1,000원 인상해 달라는 거라면 실제로는 1,200원을 따내는 식이었습니다. 그때 조합원이 천여 명 됐는데, 1988년 임단투, 1989~90년 2년은 그냥 회사가 노사관계는 아예 무조건 항복, 요구안도 항복. 무조건 다 항복, 이랬습니다. 그래서 공단에서는 거의 대림자동차가 '노동해방공장'이라는 말이 나올 정도로 현장을 완벽하게 장악했어요. 노동조합이 부당하거나 불법적인 방식으로 투쟁한 게 아니고. 거의 3년 동안 한 번도 파업을 안 해본 해가 없이 거의 전면파업이었어요. 파업하고 정문 봉쇄하고, 수출지역에 있는 아가씨들 지원도 많이 오고 또 우리도 지원을 많이 갔습니다.

그래서 거의 3년 동안 대림자동차 현장은 노동조합의 파업 학교였습니다. 1988~90년 3년 동안 대림자동차 현장은 지역에서 거의 파업의 학교라고 할 정도로 왕성하게 투쟁했고. 그래서 통일중공업에서 이영일, 임종호 열사가 분신했을 때도 그냥 상황 터지면 바로 언제든지 라인 세우고 전체 조합원이 줄 서서 그냥 바로 달려갔습니다. 이영일 열사 투쟁 때 창원병원에서 열사 시신을 탈취당할 때도 마찬가지였고, 세신실업에 구사대가 투입되었을 때도 전 조합원이 출근길에 위원장 지시에 따라 세신실업으로 달려갔어요. "지금 공권력 투입됐으니 다 달려와라. 통근버스 돌려라." 하니까 통근버스가 다 세신실업으로 간 거예요. 이럴 정도였지요.

그렇게 하다가 1990년 2월 25일이죠. 1990년 2월 25일 퇴근 시간에 갑자기 공권력이 투입됩니다. 임단투 시간이 아니고 조합원들이 저녁에 다 퇴근하고 잔업하는 조합원만 있는데 공권력이 투입되었어요. 600여 명의 창원경찰서 전투경찰이 투입되었습니다. 갑자기 놀라서 양곡에 퇴근했던 집행부가 달려왔는데, 이미 노동조합을 전부 털어갔더라고요. 압수수색 영장을 들고 와 다 들고 가서, 알아보니까 현장에 '김정일 수령 49회 생신 축하합니다.' 이런 낙서가 있다는 첩보를 받고 압수수색 영장을 들고 왔다면서, 정작 그 현장에는 안 간 거예요. 공권력 진입 과정에서 잔업 하던 조합원들이 볼트를 이용해 투석전을 벌였어요. 하지만 공장에 들어오니까 집행부는 이미 다 퇴근하고 없는 상태였는데 노동조합의 쓰레기통까지 다 뒤져 들고 갔습니다.

그때 1990년 2월에 전노협이 만들어지고, 전노협 탄압의 일환으로 창원에서는 대림자동차, 통일중공업 등 주요 사업장을 타격해야 한다고 생각했던 것 같고, 위원장부터 부서장까지 전부 다 국가보안법 7조 5항 이적표현물 소지죄 혐의를 걸어서 전부 사전 구속영장을 발부했어요. 위원장부터 임원, 부장 모든 간부에 대해 바로 영장이 발부됩니다. 저는 문화체육부 차장을 하다가 당시에는 조직부 차장을 하고 있었어요. 그래서 저는 '아, 다행이네. 큰일 날 뻔했네.' 생각했지요. 조직부장도 수배되어 버리고, '어찌 이런 일이 있노. 망했다.' 하고 있는데, 회사 고위 관리직이 출근 때 부르더니 이거는 이미 안기부에서 작전을 지휘하고 있는 사안이니 묻지 말고 그냥 현장으로 복귀하라는 거예요. 당시 조직부장이 수배되면서 조직부장 직무대행을 하고 있는데, 회사 고위직이 "내려가라, 현장으로 복귀해라." 하는 거예요. 하지만, 차장들만 남았는데 현장으로 복귀하면 노조가 문 닫아야 하는 상황이 되니까 굉장히 고민스러웠어요. 고위 관리자가 한 얘기는 "안 내려가면 다친다. 너도 다치기 때문에. 네 인생 망칠래." 이러면서 고민해 보라는 것이었고, 그래서 며칠 동안 굉장히 고민했죠.

이미 지도부 전체와 부서장까지 다 구속영장이 발부된 상태에서 일부는 구속됐었어요. 그때가 5월이었으니까 4월에 이영일 열사가 창원병원에서 침탈당하고 지도부가 다 날아갔지만, 저는 차장이지만 현장을 세웠어요. 그때도 불법 파업이지만 세게 막 했는데, 전노협이 출범하자마자 통일중공업 이영일 열사 투쟁 벌어지고 전노협 박창수 열사 투쟁 벌어지고 하면서, 전노협, 울산 현대중공업 골리앗 농성, KBS 공권력 투입 등의 상황이 막 터졌어요. 전노협에서 단병호 위원장이 파업을 때렸지요. 그래서 조직부장 직무대행으로 파업을 수행했고, 이미 그때 다 날아갔거든요. 매일 파업하면서 걸어서 이영일 열사 시신이 안치된 창원병원으로 가서 싸웠던 거지요.

구속의 갈림길에서 실존적 고민들

회사에서 내려가라, 다친다 해서 며칠 동안 고민을 상당히 했고, '이대로 가면 해고될 수 있겠다. 구속될 수 있겠다.'라는 생각이 들었어요. 다른 사람들은 구속영장이 발부돼 있었으니까 제 인생에서 굉장히 중요한 고민을 했어요. '그만두고 내려갈까?', '나는 지금 돈을 벌어야 하는데…' 지금 생각해 보면 그때 내려갔어야 했어요. 그때 회사가 말하는 470억 파업 손실을 책임져야 하는 거 아니냐. 그렇게 해서 고민을 좀 했는데, 그렇지만 며칠 후에 연락이 왔길래 못 내려간다, 우리가 잘못한 게 없고 못 내려간다고 거부했죠. 거부하자마자 그다음 날 바로 사전 구속영장이 발부됐어요. 바로 수배 생활에 들어갔습니다. 그렇게 조직부 차장 하다가 수배 생활 3개월 만에 잡혀 구속되었습니다. 마산교도소 수감 중에 회사가 징계위원회를 열어 소명할 기회도 안 주고 일방적으로 '징계해고'를 했습니다. 해고 통지문만 교도소로 우편으로 보내왔어요. 그게 1990년 9월로 9월에 정식으로 해고 통지를 받았죠.

그때 현장으로 복귀했으면 제 인생이 이렇게 힘든 인생은 아니었을 겁니다. 그때 첫 징역 갔을 때가 26~27세 정도였던 것 같아요. 교도소에서 해고 통지를 받고 고민이 많았죠. 스물일곱에 듣도 보도 못한 교도소에 징역 들어갔고, 해고 통지서까지 받았으니까요. 해고 통지를 받고 심란했죠. 심란한데 마산 검찰청 공안검사가 거의 매일 불러 조사했어요. 보니까 말이 조사지 이 검사 놈이 앉혀놓고 회유하는 게 일이에요. 그때 저한테 적용된 혐의가 불법 파업에 의한 노동쟁의조정법 위반이었습니다. 군대도 안 갔는데 예비군 훈련 안 받았다고 해서 향군법 위반, 국가보안법 7조 5항 이적표현물 소지 탐독 배포도 있었습니다. 수배 생활 3개월 동안에도 학습모임에서 공부를 했거든요.

수배 중에도 통일중공업 해고자와 수배자, 대림자동차 수배자, 효성기계 수배자들끼리 모여 학습을 했어요. 그때는 상당히 높은 수준의 학습이었죠. 공부내용은 경제학인데, 자본론 초입까지 갔었어요. 그런데 저는 공부에 별로 관심이 없는데 읽고 와서 발제하라고 하니까 재미도 없고 막 미치겠더라고요. 그때 수배 생활 하면서 토론 방식으로 학습을 했고 집회 시위를 기획했어요. 당시 경남대에서 했던 5.1 대회 같은 경우도 그때는 이미 굉장히 체계적이었죠. 대림자동차 해고자, 수배자 등등이 있었으니까. 지역에 이미 수배자들이 많았으니까 투쟁의 주도 세력이 막 형성된 거죠.

도망을 다니면서도 경남대, 창원대에서 집회를 기획하고, 교도소 생활하면서도 굉장히 고민스러웠지만 결국은 그냥 고민을 접었죠. 이게 자존심도 상하고 그냥 끝까지 가보자 했지요. 당시에 뭐 거창한 인식이 있었다기보다는 지도부가 다 구속되고 수배 상태에 있는데, 이승필 위원장의 영향을 받기도 했고 저는 이제 겨우 나이가 20살 중반대니까 완전 젊을 때잖아요. 당시에 집행부 중에서 제가 가장 막내 후배 연배였어요. 선배들이 그렇게 다 구속되고 해고됐는데, 현장으로 돌아가고 싶기는 하지만 혼자 살아가면 이게 참 쪽팔리기도 하고 자존심도 상하고 그랬어요. 이리로 가면 인생이 분명히 험난할 것 같고 저쪽으로 가야 내가 살 길인데, 자존심은 허락하지 않지 굉장히 혼란스럽더라고요. 젊은 나이에 혼란스러운 시간을 가졌어요. 당시에 자존심과 같이 했던 동료, 선배들과의 의리가 중요했죠. 그렇게 1년이 지나고 광주교도소에서 만기 출소했지요.

집에서도 많이 놀라셨습니다. 고향인 전라북도 고창 촌에서 부모님과 형제들이 난리가 났죠. 그러니까 납득이 안 됐죠. 저나 형제들이 공부를 많이 했거나 학교를 많이 다닌 것도 아니면서 대기업에 취업해 초반 2~3년 동안은 용돈을 제외하고 거의 전액을 매월 어머니한테 보냈어요. 잔업도 많이 했어요. 창원공장 내려오자마자 한때는 잔업을 한 달에 200시간 하고 했으니까요. 한 달에 잔업을 200시간 하려면, 거의 밤낮으로 회사에서 살아야 합니다. 당시 기본급으로 한 달에 17만 원 정도 받았던 것 같아요. 기본급만 해도 창원 공단에서도 적은 액수는 아니었습니다. 1985년 기본급이 17만 원 정도인데 우리는 잔업으로 그 두 배 이상을 받았습니다. 200시간 잔업을 해서 한 달에 40~50만 원의 월급을 받았고 1984~85년에 월급이 40~50만 원이면 아주 큰 돈이었어요. 잔업을 많이 해서 최소한 생활비만 남겨놓고 이것을 매달 고향으로 보내줬어요. 그렇게 착실했던 아들이 갑자기 마산교도소에 수감되었다고 하니까, 아버지 어머니께서 달려오셨지요. 당시 고창에서 마산까지 산골로 버스 타고 힘들게 와서 딱 5분 면회하고 가시면서 울고 그랬죠. 광주교도소 나오자마자 고향에 가서 동네 어르신들을 만났는데 전부 다 피하시더라고요. 그때 당시에는 "누구네 아들 징역 갔다 하더라." 이것밖에 없어요. 노조가 뭔지도 모르고 노조 하면 다 빨갱이로 생각하던 시절이라서 "누구네 아들 빨갱이질 하다가 광주 가막소 갔다고 하더라." 이렇게 소문이 나고, 노동조합 이거는 뭐. 아예 다 피하더라고요.

그렇게 나오자마자 바로 복직 투쟁을 했죠. 대림자동차에는 저뿐만 아니라 해고 기수가 있어요. 기수가 10기까지 있는데, 이경수 경남지부 부지부장이 아마 10기인가 그럴 거예요. 이승필 위원장을 포함해 우리가 해고 1기이고 매년 해고가 발생해서 기수를 정했어요. 해고 1기, 해고 2기 해서 10년까지 해고가 발생하는 거예요. 해고되어 새로 집행부가 올라오면, 해고자들과 같이 결합해서 또 싸우고, 또 해고되면 또 싸우고 해서 해고가 10기까지 발생한 거죠. 저는 1992년에 복직 투쟁을 위해 매일 정문에 갔죠. 매일 출근 투쟁하면서 치고받고 하다가, 일부는 정문에서 몸싸움하다가 또 구속되고, 대림차 경우에는 해고자가 그때 당시 열몇 명이 복직 투쟁을 하고 있었어요.

마창노련 활동과 노동운동가의 삶

어차피 복직 싸움이 장기전으로 갈 것 같고 마창노련에도 상근 역량이 필요하니, 당시 마창노련 허연도 의장이 대림차 노조에 해고자 한 명을 파견해 달라는 요청을 했어요. 이승필 집행부가 다 구속 해고된 상태에서, 2기 집행부가 대의원대회에서 홍지욱 해고자를 마창노련에 파견하기로 결정했습니다. 그래서 1992년 2월 정식으로 마창노련 조직국 간사로 파견됩니다. 그때는 채용이 아니라 파견이었어요. '대림자동차 노동조합 조합원이자 해고자인 홍지욱 동지는 마창노련에서 활동하라'는 대의원대회 결정에 따라, 그때부터 허재우 간사와 함께 조직국 간사로 일하며 지역 활동을 시작했습니다.

그렇게 마창노련 일을 하는데 1992~94년은 굉장히 분주하고 마창노련의 연대투쟁이 아주 활발했습니다. 1992년에 수미다 노조의 일본 철수반대 투쟁이 있었거든요. 투쟁이 장기화하고 현안이 많았는데, 당시, 마창노련 가입사업장 외에 청송회로 포괄된 미가입 사업장도 있었고, 파업 투쟁도 일상적으로 많이 했고, 교육, 선전사업도 아주 활발했습니다. 또, 1993년경부터 민중당이 만들어지고 노동자 정치세력화가 시동을 걸게 됩니다. 마창노련 내에서 처음으로 정치세력화를 해야 한다는 논의가 제기되면서 진정추가 만들어졌습니다. 당시, 김경영 웨스트전기 노조위원장이 마창노련 운영위원으로 상대 정파의 대표 선수였는데, 대림자동차, 통일중공업, 효성중공업 노조를 중심으로 한 우리는 전투적 조합주의자로 당시 주류였고, 무슨 소리냐 말도 안 된다는 입장이었어요. "노동조합으로 투쟁해 얼마든지 이길 수 있고 그렇게 가야지 무슨 정치냐, 말도 안 되는 소리 하지 마라." 이렇게 대립했습니다. 그래서 마창노련 대의원대회에서 격론이 벌어졌고 토론이 벌어지면서 막 울기도 하고 그랬어요. 그때 민중당이 전국적으로 만들어졌고, 지역에서도 진정추가 만들어지면서 마창노련 내에서 처음으로 정치노선, 정치세력화에 관한 노선 차이가 드러나고 치열하게 논쟁과 논란이 촉발되었습니다. 굉장히 혼란스럽더라고요.

그러다가 1995년에 전노협이 해산되고 마창노련도 해산했습니다. 그 후 마창노련 후신으로 전국민주금속연맹 경남지부가 만들어졌죠. 전노협이 해산하고 완벽한 산별노조는 아니지만, 전국민주금속노동조합연맹 경남지부가 설치되면서, 마창노련에서 같이 일했던 문용포, 김병만 등 일부 동지들이 안타깝게 떠났고 저는 남게 되었습니다. 이들이 떠난 이유는 민주금속이 만들어지면서 처음으로 사무국 임금체계를 만들었기 때문입니다. 그동안 마창노련 상근자는 월급이 없었고 한 달에 버스 토큰 30개만 딱 집어주고 말았거든요. 월급은 아예 없었어요. 이제 월급을 주어야 한다는 것이었습니다. 그래서 1995년에 매월 15만 원의 월급을 줬어요. 매월 활동비 수준도 안 되는 금액이었지만, 재정부담 때문에 동지들 일부가 그만두어야 하는 상황이 발생한 거죠.

그러다가 1998년에 전국금속산업연맹으로 재편됩니다. 민주금속연맹에서 금속산업연맹으로 확대 재편된 거죠. 민주금속연맹과 자동차연맹이 분리해 있다가 통합하면서 만들어진 게 금속산업연맹입니다. 그동안 저는 민주금속 서부경남지부에서 쟁의부장, 금속산업연맹 경남본부에서 조직부장으로 계속 일을 하다가 2001년에 산별노조인 전국금속노조가 창립되면서 금속노조 경남 1지부 조직부장으로 활동하게 되었습니다. 결국, 1992년 마창노련 활동을 시작으로 계속 금속의 지역조직에서 주로 쟁의부장, 조직부장 역할을 맡았습니다.

저는 해고 상태에서도 계속 대림차 노조 조합원 자격을 유지하고 있었어요. 대림차는 해고 10기까지 10년을 지나고 이후 해고 11기는 없었습니다. 왜냐면 초기 집행부를 같이 했던 김윤수 총무부장이 해고된 지 10년 만에 안민동 장복산에서 목을 매고 자살을 했기 때문입니다. 해고 1기였는데 너무 힘들었던 거죠. 해고 생활이 너무 힘들고 생계비도 없어서, 딸 둘이 있었는데 이혼했지요. 김윤수 형이 아무도 모르게 자살해 버린 거예요. 우리도 충격이었고 힘든 생활을 했지만, 회사도 적지 않게 타격을 받았어요. 회사도 첫 해고가 발생한 지 10년 만에 당시 집행부하고 노사 간의 대타협을 하게 되고 우리도 같이 상의를 했습니다. 대타협을 해서 해고자 전원을 복직시키고 노사관계를 좀 바꿔보자고 회사가 한발 양보한 거죠. 우리도 해고 1기인 윤수 형이 목을 매 죽어버린 상황에서 해고 2기, 3기, 4기가 줄줄이 있는데, 모두 다 손배가압류로 가정이 파탄 나고, 힘들어서 떠나는 사람도 있고 하니 이제 정리를 좀 하자 해서 서로 타협을 했습니다.

2000년도인가 1999년인가 대타협을 해서 해고자들의 전원복직에 합의합니다. 그러나 회사 측이 마지막에 '이승필 위원장하고 홍지욱은 제외'하는 것을 합의의 전제 조건으로 제시했어요. 회사에 도대체 왜 그러느냐고 물어보니까 "아무리 대타협이라고 하더라도 이승필 위원장은 그때 금속노조 위원장으로 있었고, 홍지욱은 마창노련과 지역조직에서 이미 일하고 있으니 굳이 안 들어와도 되지 않느냐, 우리한테도 명분을 좀 달라"는 것이었습니다. 그룹 차원에서도 대타협 취지에는 동의하지만, 명분도 필요하다는 거예요. 당사자들이 꼭 들어와서 오토바이 용접 다시 하겠냐는 거예요. 저는 할 생각이 있었으니까 이게 뭔 소리냐고 그랬죠. "나는 당장 복직하고 싶고, 일하고 싶다"는 의사를 밝혔습니다. 하지만, 회사에서는 이승필, 홍지욱 두 사람의 복직을 고집하면 이 합의는 못한다는 거예요.

아마 두 사람이 직업적 노동운동가라고 판단했겠지요. 부담스럽기도 했고. 대림 자본 차원에서 자기들로서는 대타협의 명분도 좀 찾았던 것 같아요. 결국, 이승필 위원장과 저는 빠지기로 하고 나머지 해고자는 모두 복직하게 되었습니다. 이미 해고된 지 10년이 넘었으니까 복직을 안 하겠다는 사람도 있었어요. 그런 사람들은 해당 기간의 임금 보상금으로 그때 당시 3억 원 정도 받았죠. 그렇게 본인 희망에 따라 포기한 사람을 제외하면, 대부분 다 복직을 했어요. 이렇게 대림자동차와의 관계는 일단락이 되었습니다. 저로서는 좀 섭섭했고, 또 당시 저도 30대 후반~40대 초반으로 결혼해서 큰놈이 있었는데 한참 돈 들어갈 때고 복직하고 싶었지만, 결국은 손들었죠.

그때부터는 더 이상 갈 데도 없었어요. 마창노련에서 일하면서 1992년부터 1995년까지 4년간 조직국 간사로 일했는데 그때 조직국 간사는 주로 데모 준비하고 이런 거였는데 전투를 굉장히 많이 했고 많이 배웠죠. 징역도 한 번 갔다 오고 '어차피 내 인생은 이리로 가야 하는가벼.'라고 생각했기 때문에 복직하면 좋겠다는 생각이 있었지만 그렇게 큰 고민은 아니었습니다. 다 안 된다고 하니 할 수 없지 뭐, 이런 정도였지요. 처음 마창노련에 있을 때는 그야말로 버스 토큰만 주더라고요. 이제는 마누라가 가정을 책임졌습니다. 마창노련에 있으면서 1994년에 결혼을 했는데, 집사람은 당시 마산수출자유지역에서 한국일신이라고 전기밥솥 만드는 공장에서 일했어요.

결혼하기 전에는 거의 월급이 없이 살았어요. 마창노련 식구들은 월급이 없어도 월급날이 되면 사업장 간부나 조합원들이 찾아와 5만 원씩 막 찔러주고 했어요. 그때는 5만 원도 큰돈이었거든요. 월급날 되면 마창노련에 찾아와 일상적으로 밥도 사고 술도 사주고 했어요. 우리는 돈이 없다는 걸 알기 때문에 그냥 말 안 해도 자연스럽게 용돈도 주고 활동비도 주고 도와줬지요. 그때만 해도 대림차는 대기업이었으니까 그게 됐죠. 하지만 사업장 출신이 아닌 사람들은 굉장히 어려웠습니다. 그러니까 알바를 해야 했습니다. 저 같은 경우는 대림이라는 현장이 있어서 큰 도움이 되었지요. 결혼한 후로는 이제 마누라 월급날만 기다렸죠. 따박따박 용돈을 받는 날이니까. 마누라가 고생을 많이 했습니다. 결혼도 그때는 저나 돌아가신 홍여표나 여영국 모두 돈이 없어서 마산역 앞에 있는 가톨릭 여성회관에서 결혼식을 했어요.

저는 전라도 사람이라서 전라도 여자와 결혼하려고 생각하고 있었는데, 아무튼 뭐 희한하게 사람이 자기 살아온 곳에서 경상도 가시나와 결혼하게 되었습니다. 아무튼, 마누라가 고생을 많이 했죠. 저는 수입이 없고, 반지동 사글세 살면서 제 활동비까지 챙겨주고 애까지 키워가면서 굉장히 고생을 많이 했습니다. 결혼할 당시 부인도 한국일신에서 노조 활동을 했었어요. 마창노련 사업장은 아니지만, 청송회 사업장노조 교육부장이었고 그 시절에 저를 만났습니다.

금속노조 창립과 정파의 기능

2001년 2월 금속노조를 창립하면서 함께 참여한 조합원들이나 활동가들은 모두 기대가 컸습니다. 조합원은 처음에 3만 명으로 수는 적었지만, 단일 산별노조에 대한 기대는 아주 높았죠. 모두가 한 번도 안 가봤던 '새로운 노동조합의 길을 찾기 위해 출발한다'는 생각으로 역사적으로, 조직적으로 아주 중요한 사건으로 받아들였습니다. 이미 기업별 노조나 전노협을 만들어 싸워봤고 금속산업연맹도 만들어 싸워봤지만, 그 규모나 교섭, 파업의 효과, 외연 확장에서 한계가 많았습니다. 그래서 금속 산별노조로 전환하는 게 맞다고 했고, 전체 제조업 노동자를 조직한다는 목표로 하나의 큰 노조를 만들어야 한다는 생각이었습니다. 하나의 대규모 노조를 만들면 당연히 협상력이 커지고 파업의 효과도 클 거다. 사회적 · 정치적 영향력뿐 아니라 다수 노동자가 함께하며 연대의 폭을 크게 할 수 있기에, 금속노조로의 전환에 큰 기대를 가졌습니다.

금속노조 창립 이전인 마창노련 후반부에 민중당이 만들어지면서 이미 정치적인 노선이 생성되기 시작했고, 아직 정파까지는 아니더라도 몇몇 그룹이 나누어지기 시작했습니다. 그게 현재의 정파가 만들어지는 과정이라고 이해하고 있는데, 금속노조 창립 이전까지 정파가 좋은 의미에서 활성화되었고 정파 활동의 영향력도 커지기 시작했습니다. 한국중공업 노조위원장 선거를 비롯해 대공장 선거 때는 정파들이 상당한 존재감을 가지며 영향력을 행사했습니다. 집행부를 확보하기 위해서 격렬한 경쟁이 벌어졌고, 그러면서 자연스럽게 정파가 필요하다는 생각이 강해졌습니다. 노동조합운동 내에서도 "정파는 필요하다"는 주장이 강해졌습니다. 정파들의 상호 비판과 경쟁, 건강한 대안 제시를 통해서 대중운동과 노조 활동이 풍부해질 수 있고, 그러한 순기능이 크기 때문에 정파가 있어야 한다는 인식이 자리 잡게 됩니다.

초반에는 정파의 출현에 깜짝 놀랐다가, 정파가 활성화되면서 정파는 필요한 것으로 인식되기 시작했고, 금속노조가 창립되는 시기를 전후해서는 정파의 과잉이랄까, 정파의 기능과 역할이 집행부를 장악하기 위한 선거경쟁에 집중되면서 변화가 생겼습니다. 정파들이 노동조합운동과 금속노조의 비전과 전망, 대안을 내놓기보다는 집행부 장악에 몰두하는 모습이 노조 운동의 모든 차원에서 확산되었습니다. 단위사업장이든, 지역조직이든, 금속노조 중앙집행부든 정파적 기능이 왜곡되게 작용하면서, 노동운동, 특히 민주노총 내의 정파는 예전에 우리가 필요하고 반드시 존재해야 한다고 말했던 그런 정파와는 많이 달라졌습니다.

1993년경 정파들이 분화하는 단계에서부터 우리 지역에서는 '전투적 조합주의'라는 말이 공개적으로 사용되기 시작했습니다. 저는 학습모임을 하면서 처음에는 노운협, 이후 중앙파라 불리던 정파를 함께 했습니다. 당시 전국 노운협과 경노협을 중심으로 전투적 조합주의 노선이 확산하였는데, 개인적으로 보면 이 정파를 통해서 학습하고 공부를 깊이 하는 계기가 되었습니다. 이 정파 모임이 저를 학습시키고, '노동운동을 계속해야 하고, 하는 게 맞다. 이게 노동자로 살아가는 데 꼭 필요하다'는 생각을 갖게 했고 끊임없이 공부하게 하는 계기였어요. 이후에 다른 정파들도 생겼죠. 우파도 생기고 좌파도 생기고 중앙파도 생겼는데, 모든 정파가 활성화될 때는 그런 순기능이 있었어요. 대중조직인 노동조합이 해야 할 사업과 일이 있고 공조직으로서 담당하는 일이 있는 것처럼, 우리가 젊을 때 정파는 사람을 제대로 학습하게 하고, 조직하고 활동가를 끊임없이 발굴하고 훈련하고 재생산해 내는 조직이었습니다. 정파 조직이나 정파 활동이란 온전한 활동가, 제대로 된 활동가를 만들어 가거나 촉매제 기능을 했던 거죠. 또 정파들은 다른 정파와 어떤 사안이나 현재 정세에 대한 공개토론을 통해서 내부의 문제의식을 표현하고 여론과 비판을 들으면서 인식을 깊게 하는 역할도 했습니다. 이처럼 정파는 사람을 만들고 키우는 기본적 역할부터 노동조합 간, 활동가 간, 정파 간 관계에서 서로를 변화시키고 발전시킬 수 있는 역할을 했다고 봅니다.

금속 산별노조에 대한 기대와 실망

금속노조가 만들어지면서 사회적으로도 이목이 집중되었는데, 대림자동차노조가 초기 3~4년 동안 완벽한 승리를 했듯이 금속노조도 초반 4만 시절까지는 거의 뭐 "한다면 한다." 완벽한 승리였죠. 사회적으로도 승리했고 우리 4만 가까운 조합원들도 만족도나 성취감이 높아서 "야, 이거 뭐 되네 이거." 이런 반응이었습니다. 4만 명이었지만 사실상 40만 명의 힘을 가진 것처럼 자신감이 생겼던 거죠. 당시 4만의 금속노조는 주 5일제 논의의 물꼬를 트고 중앙교섭에서 합의하면서 이 의제를 사회적으로 주도한 거잖아요. 주 5일제 근무는 금속노조 중앙교섭에서 확보한 요구사항이었고 노동시장 단축이 주 5일 근무제로 되면서 당시 4만 조합원들은 얼마나 당당했겠어요. 그러니까 "서울로 모이자. 또 어디에서 쟁의가 터졌다 하면 연대 가자." 이러면서 아주 일사불란한 모습을 보여주었습니다. 대단히 순발력 있고 연대적 지향성을 보였습니다. 전노협 때와는 정세나 정권이 달랐지만, 전노협에 버금가는 수준의 동원력, 전투력, 내부의 민주적 조직 운영에서 상당히 모범적이었습니다. 제가 보기엔 전노협과 버금가는 그런 느낌이었어요.

이후 금속노조는 4만에서 15만 명으로 확대, 통합됩니다. 현총론과 자동차연맹, 기존의 4만 금속노조가 통합되면서 15만 금속노조로 확대되는데 당시에는 기대 반 우려 반이었습니다. 기대는 이제 15만에 걸맞은 중앙교섭이 될까, 과연 현대차를 비롯한 완성차 대기업이 중앙교섭에 들어올까 하는 것이었어요. 4만 시절에는 한국중공업 등 일부를 제외하고 소속 대기업들이 다 중앙교섭에 들어왔었어요. 그래서 15만으로 통합되면서 기대 반 우려 반으로 완성차 대기업들이 중앙교섭에 들어올까 주목하고 있었지요. 15만 산별에서도 중앙교섭이 가장 중요한데. 결국은 우려대로 완성차 대기업들이 지금까지도 중앙교섭에 들어오지 않았습니다. 지금은 사실상 포기 상태에 와버렸고. 외형은 15만 명으로 확장되었지만, 교섭력이 확보되지 않으면서 지금은 그냥 말만 산별노조고, 교섭력이나 파업의 위력에서 보면 산별노조라고 할 수가 없는 기업별 노조 수준이지요.

4만 시대를 넘어서 통합 금속노조 시대가 15년 정도 지났지만, 그사이에 여러 번 위기가 있었습니다. 제 기억으로는 7기 때인데 현장 조합원들의 여론이 완전히 이완됐어요. 현장에서 금속노조 무용론이 거침없이 나왔습니다. "에이 인제 안 되는 갑다." "더 이상 현대차도 중앙교섭에 안 들어올 거 같고, 앞으로 가능성이 없어 보인다." 이러면서 현장 분위기가 금속노조 무용론이 일어나고 자본의 공격도 있었고, 이런 과정에서 금속노조가 많이 약해졌습니다. 어려운 때일수록 정파가 순기능적으로 작동해야 하는데, 그러지 못하고 그냥 유야무야되었습니다. 정파의 역할과 개념은 완전히 무너지고 노동조합 집행부 장악을 위한 선거 조직 수준으로 전락해 버린 거죠. 그러면서 통합 금속노조의 15년 시간 동안 때로는 고군분투한다고 했지만 다 실패했어요.

저는 금속노조 7기 때부터 부위원장으로 참여했는데, 중앙교섭의 출구 전략이라든가 15만 명에서 외연 확대라든가, 조직 운영의 혁신이라든가 세 가지 측면에서 다 제대로 하지 못한 채 세월이 흘러가 버렸습니다. 하여튼 내년쯤 되면 17만 명으로 조합원 수가 줄어들 거예요. 앞으로 줄어드는 추세예요. 정년퇴직이 늘어나기 때문에. 새로 가입되는 조합원이 거의 드물어요. 신규조합원은 가뭄에 콩 나듯이 있긴 있는데, 이번에 보니까 광주에서 광주형 일자리 자동차공장이 가입한 정도입니다. 우리가 정말로 기대했던 대로 금속산업의 전체 노동자를 포괄하는 조직 확대는 불가능한 상태가 되어 버렸습니다. 중앙교섭은 지금도 하고 있지만, 참가 사업장 조합원 수로 보면, 2,000~3,000명 수준으로 형식만 남아 있는 거죠. 이런 상태에서 조직 운영 역시 제대로 힘을 발휘하지 못하는 거죠.

7기 때는 15년 동안 하다 하다 안 되니까 조합원들이 막 탈퇴하려는 움직임이 있었고, 그래서 통합집행부라도 해보자고 했어요. 조합원들이 "아니 안 되는가베." 하면서 산별노조 무용론이 일면서 현장에서 탈퇴 분위기가 일어났어요. 그래서 7기 집행부 때는 제 정파가 다 함께 통합집행부를 구성하자, 안 그러면 위험하다, 침몰한다고 해서 통합집행부를 구성했었어요. 저는 7기 통합집행부 때, 금속노조의 위기를 돌파하기 위해 부위원장으로 참여했는데, 2년 정도 침몰하는 금속노조가 침몰하지 않게 받침대 하나 받치는 수준, 침몰을 잠깐 멈추는 정도였습니다. 이후에는 다시 노조 집행부를 놓고 정파 간 경쟁이 벌어졌습니다. 집행부를 누가 할거냐를 놓고 경쟁하면서 15년을 보냈는데, 제가 보기에는 '전국회의'나 '평등의 길' 등 현존하는 정파들이 모두 두세 번씩 돌아가면서 15년 동안 집행을 했어요. 정파들이 다 해봤는데, 다 똑같이 합니다.

물론 저도 '평등의 길'에 복무했던 한 사람으로서 책임감이 큰데, 제가 보기에는 다 똑같았어요. 차이가 없습니다. 그래서 '그동안 15~16년 동안 뭐 했냐. 이런 지경까지 뭐 했냐.' 저도 나름대로 고민도 많았고 심지어 '희망이 없다. 그만둘까' 이런 고민도 했고, 다른 정파, 다른 활동가들도 당연히 같은 고민을 했겠죠. 나름대로 고군분투했지만 안 됐어요. 실패했습니다. 지금도 '평등의 길' 집행부가 조직을 책임지고 있지만, 반 발자국도 못 나가고 있습니다. 안 도와줍니다. 일단 조직 운영에서 다른 정파가 경선해서 이기면, 그럼 '너 한번 해봐라, 잘 하나 보자.' 이런 식입니다. 장창열 집행부는 4 대 1로 해서 이겼는데. 우리끼리 한번 나왔는데 할 게 없습니다.

중앙교섭의 새로운 돌파구

결정적으로 금속노조가 안고 있는 당면의 과제가 있습니다. '중앙교섭을 어떻게 할 거냐. 교섭체계를 어떻게 할 거냐' 하는 문제입니다. 이대로는 안 된다는 게 명확해진 게 이미 10년 정도 됐어요. 그럼 어떻게 할 거냐? 현재는 중앙파, '평등의 길'이 장악한 집행부인데, 아직 답이 없습니다. 고민도 없어요. 신천섭 지부장이나 저는 이렇게 할 바엔 아예 중단하자고 제안했다니까요. 아니면 고육지책이지만 한시적으로 업종교섭을 열든가. 아무튼, 이대로는 안 된다는 거예요. 중앙교섭은 10년 가까이 좌초 형태이고 조직 확대는 불가능합니다. 다 아시다시피 노동조합은 좀 잘되는 집안일 때 식구도 많이 늘어나잖아요. 그런 것이거든요. 잘된다고 할 때 협상력도 있어 보이고 힘이 있어야 바깥에서 막 들어오려고 하는데, 그렇지 않기 때문에 외연, 조직 확대도 이미 정체 상태이고, 중앙교섭도 정체를 넘어서 아예 무용지물이 된 상태입니다. 조직 운영의 혁신 문제도 여전히 똑같아요. 제가 보기에는 집행부를 하는 이유가 오로지 신규 사무처 TO, 채용하는 데 있는 것 같아요. 가보니까 다 바뀌었더라고요. 정년퇴직하기도 하고 집행부가 바뀌면 에이 씨, 하며 나가는 사람이 많아요. 집행부가 바뀌고 내 정파가 아니면 퇴직하고 나간다니까요. 그러면 그 자리에 또 내 정파 사람을 채우고. 다음 2년 후에 전국회의가 돌아오면 또 바뀌고 하는 거지요. 저는 지도부에 오랫동안 있었고, 정파에도 오랫동안 있어서 몹시 안타깝습니다. 저도 책임이 커서 부끄러운 얘기인데 이런 얘기를 좀 거침없이 하는 이유는 나라도 이런 얘기를 해야지, 그렇지 않으면 이런 얘기 자체도 아예 할 사람이 없을 것 같아서예요.

이처럼 집행부가 아무리 바뀌어도 변화가 없는 이유는 단순히 협력이 부족하기 때문만은 아닙니다. 지금 금속노조 집행부는 중앙파 집행부예요. 저는 얼마든지 현재 지도부가 결단만 하면 변화가 가능하다고 봐요. 예를 들어서 "중앙교섭 이대로 안 되니 손질하자."라고 하면, 반대파인 '전국회의'가 대놓고 "안 돼. 하지 마. 이대로 냅둬." 이렇게는 안 한단 말이에요. 전부 상황 인식은 똑같아요. '바꿔야 한다. 중앙교섭 계속 안 된다'는 데 동의하기 때문에 현재의 '평등의 길' 집행부가 의지만 있으면 중앙교섭 출구 문제는 충분히 해결할 수 있는데, 왜 안 하는지는 할 의지가 없다고 보는 거예요.

중앙교섭을 중단한 이후 대안이 뭐냐고 묻는다면, 지금은 매년 그냥 시간 돌아오니까 하는 방식인데, 정말 답이 없으면 지금은 중단하자, 아니면 이 년에 한 번씩 하는 방식으로 하자는 겁니다. 목소리는 작지만, 차라리 업종교섭을 한시적으로 열어야 하는 거 아니냐, 이렇게 무모하고 무의미한 중앙교섭으로 계속 갈 게 아니라 업종교섭을 열어서 자동차업종 교섭, 조선업종 교섭, 철광업종 교섭이라도 한번 해보자는 거지요. 우리가 금속노조 출발할 때 업종교섭이나 재벌그룹사 교섭을 제외했던 것은 그게 산별노조의 중심성과 지도력, 중앙관장력을 약화시킬 수 있기 때문이라는 것이어요. 지역지부를 포함해서 일사불란한 중앙관장력과 지도력으로 교섭을 진행하는 것이 목적이었는데. 지금은 그게 다 실패했어요. 이런 상황에서는 교섭 전략을 전술적으로 바꿔야 한다는 거예요. 구체적으로 따져보거나 입안해 본 것은 아니지만, 저는 현재 중앙교섭을 존치하더라도 실질적인 업종교섭을 병행해 보자는 거지요. 자동차, 철강, 조선, 기계금속 등 업종별 교섭이라도 한번 시도해 봐야 하고 이런 방식으로 출구 전략이 필요하다고 생각합니다.

저는 이 정도는 어떤 정파든 간에 집행부가 의지만 있으면 한번 해보자고 제안할 수 있고 정파 간에 합의도 가능하다고 봐요. 그런데 안 하는 거죠. 모든 정파가 그거 하면 시간이 많이 걸리고 논란도 될 것 같고, 이 년 집행하고 나면 어찌 될지도 모르는데, 그렇게 복잡하고 별 생색도 안 나면서 욕먹을 일을 왜 하냐면서 포기해 버리는 거죠. 그러면서 지금까지 이렇게 온 거예요. 금속노조의 현장은 보건이나 화섬 같은 경우와 다릅니다. 업종도 다르고 역사도 다르지만, 보건노조는 내부 응집력이나 협상력, 특히 대정부 교섭력이 굉장히 확장되고 있죠. 공공의료의 중요성이 커지면서 대정부 교섭력이 확장되고 조합원 수도 4만에서 8만으로 확대되었어요. 조합원들이 느끼는 노동조합에 대한 신뢰도와 만족도가 아주 높더라고요. 작년 파업 때 서울 광화문에서 2~3일 동안 폭우가 내리는데 금속노조 조합원들은 한 시간도 안 되어 해산했는데, 보건의료노조의 여성조합원들은 이탈 없이 그 비를 다 맞으면서 파업 투쟁을 하더란 말이죠. 그래서 보니까 보건노조는 내부 혁신과 조직 확대, 세대교체에 따른 대응, 교섭 전략에 대한 대응, 대정부 교섭에 대한 대응 등에 체계적이고 상당히 긴 시간 동안 노력을 많이 하고 있었어요. 작년에는 대전지역에서 보건의료노조 간부 400여 명이 2박 3일 동안 섹션, 의제별로 나눠서 토론하고 정책대의원대회를 치렀어요. 아주 모범적인 모습이었지요. 제가 알기로는 보건의료노조에도 정파가 있어요. 하지만, 정파가 그렇게 과잉 경쟁을 벌이거나 불필요하게 집행력을 낭비하고 있지는 않습니다. 정파 후보들 간에 경선할 상황은 아니어서 전체 힘을 모아야 한다고 내부에서 합의해 통합형 지도부를 구성한 것으로 알고 있습니다.

민주노조운동 내부의 문제들

저는 대림자동차 사업장에서부터 마창노련, 금속노조 지역조직, 금속노조 중앙, 민주노총 중앙에 이르기까지 조직 내 여러 자리에서 활동해 왔는데, 그만큼 노동운동 내부의 변화와 문제점을 예민하게 느낄 수 있었습니다. 무엇보다도 저는 마창노련의 성과가 당연히 금속노조로 이어졌다고 보고 있어요. 또한, 전노협 정신과 그 성과도 민주노총이 아니라 금속노조가 이어받았다고 생각합니다. 마창노련이나 금속노조 초반 4만 시절에는 작지만 사회적으로 큰 역할을 했기 때문에 아주 자랑스러운 역사라고 생각합니다. 하지만, 금속노조 역사에서 중반부를 넘어서면서 새로운 변화에 걸맞게 우리 스스로 혁신하고 달라져야 하고 전략적으로도 준비해야 했는데 그렇지 못했습니다.

금속노조 있을 때는 정파적 활동의 영향을 받아서인지 금속노조 운동이나 민주노총 운동이 별로 다르게 보이지 않았어요. 민주노총에 와서 보니까 금속노조 운동하고는 영역이 완전히 달라요. 민주노총에서는 이미 오래전부터 금속노조가 중심이 아니에요. 민주노총 운동에서는 집행부 선거든 뭐든 간에 민주노총의 조직 운영과 운동에서 금속노조는 별로 비중이 없습니다. 민주노총 초기에서 중반까지는 집회나, 사업, 회의 모두에서 항상 금속노조가 중심에 있었던 것에 비하면, 지금은 다른 연맹이나 조합원들이 금속노조는 별로 쳐주지도 않는 거예요. 금속노조는 그냥 덩치에 걸맞지 않게 아무것도 못 하는 존재로 취급받고 오히려 '금속노조가 뭔데' 이렇게 돼 버렸죠.

보건의료노조처럼 민주노총 조합원들로부터 "야 대단하네, 야 멋지네." 이런 반응을 받지 못한 채, 금속노조 운동이 협소해지면서 전체 노동운동의 중심을 잡지 못하는 것은 큰 문제입니다. 다른 나라도 금속노조가 내셔널센터에서 중심을 잡고 있는 경우와 달리, 금속노조 운동이 좀 어리바리하거나 무너진 데는 노동운동 전체가 별 힘을 못 쓰더라고요. 그래서 지금이라도 민주노총 내에서 금속노조가 자리를 잡아야 하고, 모든 사업 영역과 내용에서 힘을 발휘해야 민주노총 운동도 견인할 수 있다고 확신합니다. 민주노총 운동이란 게 몇몇 노조가 잘한다고 되는 게 아니지요. 공공운수노조가 조합원 수가 가장 많지만, 파업 동원력이나 협상력, 민주노총 내 역할과 운동으로서 가장 약한 노조이기도 합니다. 금속노조는 그나마 단일한 18만, 19만 명이 힘을 발휘할 수 있으니까 다른 산별이나 다른 대중조직에 비해 아직 기대가 남아 있죠. 앞으로도 민주노총 운동을 정상화하고 활성화하려면 금속노조가 정상화되어야 합니다. 금속노조가 제 역할을 하지 못하면, 민주노총 운동이 그냥 일반 노조 수준으로 갈 공산이 크지 않을까 걱정입니다.

현재도 저는 민주노총 집행부의 부위원장이지만, 민주노총의 지도집행력이 다 무너졌어요. 이전에도 그랬지만 이번에도 총선 방침 때문에. 민주노총의 지도집행력은 어느 것 하나 힘이 없었습니다. 총선 방침에 관한 갈등으로 어제도 '윤석렬 퇴진하라' 해놓고, 구호 끝나면 '양경수 퇴진하라' 구호를 외치기도 하는데, 이미 민주노총은 120만 조합원에 걸맞은 사회적인 교섭력, 정치적 영향력이 전혀 없습니다. 국회의원도 민주노총 위원장을 그냥 쉽게 본다니까요.

120만 총연맹 위원장이 그렇게 대접받아서는 안 되거든요. 그만큼 사회적 영향력이나 정치력이 없다는 거지요. 그러다 보니까 자연스레 내부의 동력이 모이지 않는 거죠. 국민적 지지를 떠나서 조합원 내부의 지지와 신뢰가 모이지도 않습니다.

자기 정파 사람들만 동원해서 대응하는 거고, 정말 크게 한번 붙자면 모여야 하는데 이게 안 되는 거예요. 그러다 보니 사회적으로도 욕먹고. 내부 조직 운영도 엉망이어서 내부 살림살이 보니까 재정이 심각하게 고갈되어 있거나 편중돼 있습니다. 집행부의 정파적 성향에 따라 차이가 큽니다. 예를 들면 제가 기후특위 위원장인데 민주노총 기후특위에는 올 일 년 예산이 600만 원이에요. 반면에 통일위원회 예산은 6,000만 원입니다. 또한, 저는 민주노총운동 전략 중에 사회운동 전략이 굉장히 중요하고 이를 확장해야 한다고 생각합니다.

현재 민주노총 내 특위로 사회연대위원회가 있어요. 있기는 있는데, 그냥 이름만 있는 거죠. 그래서 제가 사회연대 위원장을 하겠다고 했어요. 현재는 민중연대, 전국회의와 NL 계열 중심으로 동의 되는 진보연합 쪽하고만 회의를 해요. 정의당이나 다른 정치세력은 아예 오지도 않고 오라고 하지도 않고, 시민 사회에서는 전혀 참여가 없습니다. 참여연대나 이런 데도 잘 오지 않고 자기들끼리 정파적인 사회운동 단체와 함께 '민중연대'라는 이름으로 연대하는 상황입니다. 제가 보기에 이건 사회연대 전략일 수가 없어서 임기 시작하면서 내가 한번 해보겠다고 위원장한테 얘기했죠. 하지만 "그건 안 된다. 불가능하다. 집행부가 해야 한다"며 거부당했어요. 현재 민주노총 상태는 '전국회의'가 4년 연임 집행부잖아요. 그동안 내부에 있던 얼마 안 되던 일할 만한 일꾼들이 다 그만두고 나가요. 핫바지 방구 새듯이 다 나가요. 이 사람들이 나가면 새로 신규 채용하는데, 어디서 뭐 하다 온 사람인지도 모르겠어요. 그거는 금속노조도 똑같습니다. 금속노조 집행부도 똑같아요. 금속노조 집행부에는 사회진보연대 아주 젊은 친구들이 들어왔더라고요. 젊으니까 보기에는 좋지만, 근데 무너지는 거죠. 운동성이 완전 이미 무너져 있거든요.

민주노총의 총선 방침 논란

(김: 민주노총의 주요 임무 중 하나가 노동자 정치세력화, 진보정치인데, 총선 방침과 관련하여 민주노총의 역할에 대해 평가해 주시죠? 진보당과의 관계에서, 보수정당과 연합한 진보당에 대한 지지 여부를 둘러싸고 논란이 있었습니다. 민주노총의 입장이 어정쩡한 상태로 총선을 치렀고 그러다 보니까 '민주노총 위원장 사퇴하라'는 소리까지 나오고 있는데, 진보정치 문제가 총연맹 문제로 확대되고 이게 대중조직의 민주적 운영의 원칙과 관련해서도 위험한 상황이 아닌가요?)

현재 민주노총 양경수 집행부가 작년(2023년) 9월 14일 민주노총 임시대의원회에서 결정했던 총선 방침을 이행하지 않은 게 명확합니다. 그것을 알면서도 집행부는 좀 엉뚱한 논리로 정의당도 끌어들이고 지역에서 연대할 수 있다는 논리를 만들어내고 시간을 그냥 보내면서 명확한 총선 방침을 지키지 않았습니다. 그에 대해서 사과하거나 책임을 져야 하지만, 그러지 않고 버티고 있는 것은 정파적 자신감 때문인데, 지금 그것 때문에 중집 회의가 정상적으로 안 되고 있습니다. 이미 집행부의 지도집행력이 상당히 상실돼 있었는데, 이제 더 무너진 거죠.

일상적인 의사결정과 집행기구인 중집은 16개 산별 연맹 대표자, 16개 지역 본부장, 11명 임원이 결합한 회의인데, 현안이나 중요한 일들이 많지 않습니까? 지금 정세와 국면에서는 아무것도 제대로 할 수 없고, 토론하고 결정할 수 없거나, 결정은 하는데 상당히 기계적이거나 무성의한 결정이 많죠. 저는 집행부 책임이라고 보고 있습니다. 저는 이전에 작년 9월 민주노총 대의원대회 이전인 4월부터 금속노조 정치위원장이었어요. 그래서 민주노총이 작년 9월 14일 총선 정치 방침을 수립할 때 저도 토론자로 입안자로 참여했었어요. 그때 7개 산별노조 정치위원장들이 총선 방침을 만들었는데 사실상 그거를 안 지키고 여기까지 와버린 거죠.

민주노총 집행부나 전국회의, 진보당은 이렇게 얘기하고 있어요. 작년 총선 방침 중에 4개 진보정당들이 연합해서 총선에 대응하기로 합의했는데, '총선에서의 연합 문제를 어떻게 할 거냐. 비례 위성정당을 할 거냐, 아니면 어쩔 거냐' 하는 문제를 놓고 정의당과 연석회의를 가동했어요. 당시 정의당은 이정미 대표 때였는데, 녹색당과의 연합에 치중했다가 안 되면서 이정미 대표가 사퇴해 버렸죠. 이때 진보당은 한편으로는 총선 방침에 따라 정의당과 연합해서 총선에 대응한다고 하면서, 다른 한편으로는 내심 민주당과의 연합에 문을 열어놓고 있었던 거죠. 민주노총에서는 빨리 입장을 얘기하라고 했는데, 진보당은 마지막까지 입장을 내지 않고 있다가, 정의당과 녹색당의 연합이 깨지면서 진보당과 정의당이 만나서 협상을 합니다. 이번 총선에서 양당이 먼저 중심을 잡고 녹색당과 노동당까지 포함해 한번 해보자고 협상을 진행했습니다.

저는 진보당 책임이 크지만, 이 과정에서 정의당의 책임도 있다고 생각합니다. 이미 갈지자 행보를 하고 있었거든요. 민주노총은 작년 하반기부터 치열하게 토론하면서 정치 방침을 만들려고 애쓰고 있는데, 정의당 이정미 대표는 그냥 강 건너 불 보듯 했어요. 전혀 입장도 없었어요. 정의당 내부적으로는. '전환'이라는 좌파 그룹만 민주노총의 총선 방침에 함께 해야 한다고 주장했을 뿐, 정의당 내 주류 사이에는 '진보당과는 같이 할 수 없다'는 흐름이 있었습니다. 녹색당도 진보당하고 같이 하기는 쉽지 않다고 생각했고, 노동당은 애초에 연합정당 비례연합에 대해 거부했습니다. 결국, 진보당과 정의당의 양자 협상이 결렬되었지요. 정의당은 녹색당과 총선 연합정당으로 가버리고, 바로 진보당은 정의당이 의지가 없다고 비판하면서 진보 4당 연합 대신 민주당과의 민주 비례연합으로 가버린 거죠.

정의당과 진보당의 진보 연합 협상이 결렬된 이유를 보면, 진보당은 진보 4당과 민주노총을 중심으로 비례연합이든 선거 연합을 해야 한다는 것이었고, 정의당은 정의당을 플랫폼으로 3개 진보정당이 들어와 정의당 비례대표로 출마하고, 당선되면 되돌아가도록 하자는 거였어요. 진보당은 이미 전국 170~180개 지역구에 후보를 낸 상태였고 정의당을 플랫폼으로 한 총선 대응은 받기 어렵다고 이를 거부했습니다. 합의에 실패하면서, 진보당이 민주당과의 비례연합으로 가버렸어요. 그때부터 민주노총 중집에서 총선 방침 위반이라고 논란이 되었지요. 다음 중집이 2024년 5월에 잡혀 있는데 여전히 대책이 없습니다.

민주노총의 2023년 9.14 총선 방침으로 보면 집행부가 총선 방침을 이행하지 않았던 거지요. 저는 개별적으로 위원장과 정치위원장을 만났어요. 진보당 지지는 철회하자, 그렇다고 진보당이 진보정당이 아닌 것은 아니다. 4년 전 총선에서 민주당 비례연합에 참여했다고 녹색당 지지를 철회했을 때도 총선 끝나고 1년 후 다시 4개 진보정당 지지로 복귀했어요. 위원장에게 이번 총선에서 진보당 지지를 철회해야 하고, 그렇지 않으면 민주노총이 정상화되지 않는다고 말했어요. 진보당에 대한 지지는 철회하고, 총선 해봐야 결과는 뻔할 것 같으니, 그렇게 하자고 제안했는데 거절당했지요.

민주당 비례연합 후보로 나섰던 전종덕 전 사무총장과 김영훈 철도노조 위원장, 두 분이 징계위원회에 회부되어 있어요. 총선 방침에 따르면, "민주노총의 전 현직 중집 위원은 보수 양당이나 그 위성정당에 참여해서는 안 된다"고 규정되어 있어요. 그에 따라 공공운수노조가 이 두 사람을 징계해야 한다는 안건을 올렸어요. 하지만 지금도 계속 결정하지 못하고 있습니다. 이 여파로 2월 정기대의원대회가 유예됩니다. 민주노총 대의원대회가 다른 건으로 유예된 사례는 많지만, 이런 내용, 이런 방식으로 유예된 적은 거의 없죠. 대의원대회가 두 번씩이나 유예되면서 세 번째 유예될 위기에 갔다가 '평등의 길'이 대의원대회 퇴장 전술을 적극적으로 진행하지 못하면서, 성원에서 6명이 넘으면서 유예가 안 되었어요. 그래서 간신히 사업계획과 예산안을 통과시켰는데, 저는 "집행부가 이 지경으로 어떻게 이럴 수 있는 거냐", "전체 조합원에게 사과하고 수습해야 한다"고 주장했지만, 상황을 바꾸지는 못했습니다.

경남지역 노동운동에 대한 제언

정파의 활동과 기능에 대해 말씀드렸는데, 저부터가 정파 활동을 통해 만들어졌고 그렇게 학습하면서 지금까지 살아왔는데, 지금은 좀 후회스러워요. 특히 중앙파는 지역에서는 '경노협'이고, 금속노조 시절에는 '현장노동자회'라는 이름으로 활동했고 현재는 '평등의 길'이죠. 금속노조 현 집행부도 '평등의 길' 소속이고, 우리 지역을 보면 '평등의 길' 경남지부인데, 저는 뭐 개인적 사정으로 2년 전에 탈퇴한 상태지요.

노동조합은 이전에도 그렇고 앞으로도 그렇고 더 개량화될 것으로 보입니다. 자본주의가 더 극대화되고 사회는 더 복잡해지고 더 개별화될 텐데, 노동조합으로 현재 봉착하고 있는 어려움을 하나라도 극복할 수 있을까? 저는 어렵다고 보거든요. 한때는 우리가 대공장 탓을 했어요. 금속노조 운동할 때는 현대기아차의 대기업 이기주의, 대기업 노조들이 돈만 밝히고 파업도 안 나오고, 교섭도 안 나온다고 손가락질하고 대기업 탓만 했습니다. 하지만 어느 때부터인가 노동조합의 운영과 활동, 사업방식이 대기업, 중소기업 할 것 없이 이미 다 하향 평준화되어 버렸어요. 지금 '대기업이 잘 못하는 데 비해, 중소기업은 잘한다.' 이것도 아닙니다. 우리 지역만 해도 극명하게 보여요. 이런 문제에 어떻게 개입하고 개선할 것인지, 대안 중심으로 할 수 있는 게 뭐냐고 할 때, 저는 여전히 정파가 필요하다고 보죠. 물론 이 정파가 현노회나 '평등의 길' 혹은 '전국회의'나 '결집 좌파'라고 할 수 있을지에는 동의할 수 없습니다. 중앙파로서, '현노회'나 '평등의 길'과 평생 같이 해왔던 저 같은 경우는 이미 제 역할과 할 수 있는 시간이 다 되었기 때문에 굉장히 후회스럽습니다. 노동조합운동이 처한 어려움에는 여러 가지 한계와 책임이 있겠지만, 저는 정파의 책임과 역할도 상당히 크다고 생각하기 때문입니다.

지금도 '평등의 길' 경남지부가 사업장 집행부 하나를 획득하기 위해 노력하는 방식이 천편일률적이거나 뻔한 계모임 수준으로 접근하고 있습니다. 노동사회교육원의 교육 기능이 그나마 남아서 기초교육, 기본교육이라도 하고 있지만, '평등의 길' 같은 경우 노동운동의 새로운 대안을 확보하기 위해서는 비판적 토론이 필요합니다만, 잘 안됩니다. 어느 정도 심하냐면 싫은 말은 절대 안 해요. 같은 정파 구성원이라도 싫은 얘기는 하기 싫어하고 그러한 분위기 때문에 서로 소원해지고 하니까 아예 비판 기능이나 문제 제기 자체가 완전히 사라진 거예요. 노동조합 정파 내에서 이러한 현상은 '평등의 길'만이 아니라 전국회의도 마찬가집니다. 물론 '결집'은 좀 다르긴 합니다. 결집은 공개적인 평가회라든가 대회 이런 걸 많이 하더라고요. 들어보면, 비판 기능도 좀 살아 있더라고요. 전국회의나 중앙파의 '평등의 길'은 내부적으로 비판은커녕 싫은 얘기 하는 것조차 사라져서, 완전히 계 모임이고 선거 조직으로 전환했어요.

이런 현실이 바뀌어야만 공조직인 노동조합도 대안을 만들어낼 수 있다고 보는데 지역에서 지금부터라도 새로운 젊은 활동가를 키워야 합니다. 어제 5.1절 서울대회에서 보니까 15,000명 정도 모였는데 젊은 조합원들이 상당히 많았어요. 금속노조는 좀 적게 왔지만, 세대가 많이 바뀌었다는 걸 느낄 수 있었습니다. 세대가 바뀌고 있고 사회와 세상이 바뀌고 있는 상황에서 지역의 활동가 동지들이 새로 집행부 확보하는 게 아니라 노동운동을 제대로 이어갈 만한 역량을 만드는 데 역할과 에너지를 집중적으로 배치해야 한다고 생각합니다. 이를 위해서는 자기들 스스로 비판 기능, 성찰과 자각을 회복해야 할 필요가 있습니다. 하지만, 그것을 지금 제가 할 수는 없을 것 같습니다. 저야 이제 민주노총 3년 임기가 끝나면 은퇴할 시기이고, 현재 민주노총의 행태로 볼 때 모르겠어요. 제가 볼 때 앞이 안 보여요. 앞이 안 보이고 임기를 다 채우고 싶은 생각도 별로 없을 것 같고. 어쨌든 임기가 종료되면 자연인으로 돌아와서 조용히 은퇴하는 게 차라리 도움 되는 거 아닐까 생각합니다. (구술 일시: 2024년 5월 2일)

8

지역 노동운동의 경험과 실천 과제

김성대(전 민주노총 경남본부 정책국장)

1964년 마산 출생

1987년 6월 항쟁 참가 및 구속

1088년 창원공단 풍성전기 입사

1990년 창원공단 풍성전기 해고 및 구속

1998년 화학섬유연맹 조직국장

2006년 민주노총 경남본부 사무처장

2013년 민주노총 경남본부 정책국장

현재 (사)경남고용포럼 부회장

부마민주항쟁기념재단 이사

(사)경남고용복지센터 이사

1987년 6월 항쟁과 7~8월 투쟁의 경험

저는 1964년 마산에서 태어났고, 창원대학교 총학생회에서 주로 활동했습니다. 학생운동을 시작한 계기는 선배 권유로 'PTP(PEOPLE TO PEOPLE)'라는 일반 동아리에 들어갔는데, 동료 선후배들과 사회과학 서적을 읽게 된 것입니다. 운동 참여의 직접적인 계기로는 당시 광주항쟁 비디오를 봤습니다. 그리고 그와 관련된 『시대의 어둠을 넘어』라는 책을 읽었는데 굉장히 겁이 나서 이불을 덮어쓰고 읽은 기억이 있습니다. 또 『어느 청년 노동자의 삶과 죽음』이란 전태일 평전을 봤습니다. 그 책을 읽고 많이 울기도 했고 그게 중요한 계기가 되었습니다. 그러면서 동아리 모임이 점점 사회과학 서적들을 읽는 모임으로 조금씩 변하기 시작했어요. 동아리 이름도 'PEACE TO PEACE'로 바꿨습니다.

그런 모임이나 동아리 사람들과의 관계들을 통해서 학생운동을 하게 됐고, 본격적으로 써클 연합회 임원, 4학년 때는 총학생회 기획부장을 했습니다. 3학년 때 총학생회장에 출마했는데 시너 통을 들고 학교에 갔다고 무기정학을 받았고, 당시 총학생회 대의원대회가 어용이었는데 저의 출마 자격을 박탈했습니다. 이 건으로 싸워야 하나 고민하다가, 그냥 우리 후보들은 물러나고 새로운 후보를 내서 선거 운동을 했고 기획부장을 맡았습니다. 6월 항쟁 때 기억이 생생합니다. 6월 8일 투쟁을 조직한다고 삭발을 했고, 6월 10일 대회에 참가하려고 학교를 나오다가 버스에서 학생회 간부들이 다 잡히고 말았습니다. 학교에서 나올 때 가발을 쓰고 나왔는데 전경들이 버스에 올라타더니 머리를 잡고 연행을 한 겁니다. 그때 여학생들도 머리를 잡혀 뜯기고 그랬어요. 그때 이동섭이라고 체육부장인 친구가 유일하게 산을 타고 넘어 달아났지요. 옛날에는 집회를 알리는 걸 '동 뜬다'고 했는데 사람들이 집결지 근처에 몰려 있으면 누구 한 사람이 딱 나와서 마이크 잡고 '모여라' 하는 거지요. 그 친구가 유일하게 동을 떴고, 당시 경남대 학생들도 동을 떠서 6월 항쟁 당시에 집회가 이루어졌던 겁니다.

1987년 당시에 통일중공업 노동자들이 입고 있었던 작업복이 언뜻언뜻 기억납니다. 6월 항쟁 초창기에는 노동자들이 많이 안 나왔고 후반으로 갈수록 참여가 늘었는데, 그때 저는 세 번째 연행되어 바로 교도소로 끌려갔다가 6.29 선언 후에 나왔습니다. 그래서 6월 항쟁의 전체적인 상황은 사실 잘 모르고 당시 교도소 안에서 최루탄 연기를 많이 마셨던 기억이 납니다. 교도소가 마산 회성동이니까 최루탄 연기가 많이 들어왔는데, 최루탄 연기가 들어오면 안에서는 재소자들이 밥그릇으로 철문을 두드리는 투쟁을 많이 했었습니다. 그냥 최루가스가 들어와서 힘들고 괴롭다. 못 살겠다. 이런 거였는데 내심으로는 처우에 불만이 많았고 밖의 투쟁에 동조하는 항의 표시였습니다. 전두환 물러가라는 소리도 간혹 들렸지만, 밥그릇 소리, 교도소 안의 대합창이 사실상 독재타도라는 구호를 대신한 것이지요.

저도 1987년 789 노동자 대투쟁을 경험했고요. 특히 노동자 대투쟁 때는 기아기공 구사대에 잡혀서 많이 맞았습니다. 당시 금성사에서 총학생회로 지원 요청이 들어왔습니다. 학생회에서 노동자들에게 집회 전술이나 집회 방법을 좀 알려주고, 집회 용품을 갖다 달라 해서 북하고 장구하고 이런 것을 가지고 갔습니다. 그래서 금성사에 갔다가 나오는데 기아기공 있는 쪽에서 연기가 막 솟아오르는 거예요. 저희는 무슨 일인가 싶어서 기아기공 주변을 얼쩡거리는데, 그때 기아기공 축구부와 구사대에 잡혔습니다. 그때 세 명이 갔었는데 다 붙잡혀 지하실로 끌려갔습니다. 정말 죽을 뻔했지요. 살의가 가득 찼고 축구화를 신은 발이 얼굴을 가격했어요. 그 당시 학생들은 좀 순진했는데, 이 사람들은 "빨갱이 새끼들은 죽여도 된다", "죽여서 묻어라. 묻자." 하는 이야기들을 서슴지 않고 내뱉었어요. 학생회 간부들은 집회 용품 전달하러 간 사람들이 안 오니까 이리저리 탐문을 했고, 결국 경찰이 와서 구해 주었습니다. 경찰이 그때만큼 고마운 적은 처음이었습니다. 누가 신고했는지는 잘 모르겠는데, 하여튼 경찰차가 두 대 들어왔어요. 이런 기억들이 공장에 취업하는 데 알게 모르게 영향을 주었던 것 같습니다. 6월 항쟁도 있었지만, 1987년 789 노동자 대투쟁이 저에게 소중한 경험이었습니다.

졸업 후 첫 취업과 학습모임

1988년 2월에 창원대학교 법학과를 졸업했습니다. 바로 홀어머니한테 인사드리고 이불 보따리 한 개만 싸 들고 나왔어요. 그리고 3년 정도 흘러 교도소에서 어머니를 만났습니다. 그동안 집에 한 번도 안 가봤으니까 불효자였습니다. 졸업 후 창곡동에서 자취생활을 시작했습니다. 창곡동에 미원중기라는 회사가 있었는데 지금은 세원셀렌텍이고, 삼거리 세신실업 바로 뒤쪽에 있었습니다. 당시 월세가 3만 원 정도 했는데, 취업하려고 한 달 동안 공단을 누비고 다녔습니다. 두 군데 지원했는데 두 군데 모두 떨어졌습니다. 한 곳은 한국카브레타였고, 한 곳은 진짜 열악한 데였는데 다들 손을 많이 보더라고요. 손을 보고 '일을 하겠나' 이런 반응이었고, 제가 생각해도 제 모습이 너무 앳된 거 같았어요. 그렇게 떨어지고 낙심해서 걸어오는데 지금 성산패총 있는 쪽에 풍성전기 모집공고가 있는 거예요. '어이구 이게 웬 떡이냐' 했는데 공장도 컸어요. 다른 공장에 비해서 건물도 깨끗했고 가서 면접을 봤는데 별로 까다롭지 않았어요. 공장은 큰데, 손도 안 보고 당시에 사람이 많이 필요했던가 봐요. 그래서 풍성전기에 취직했습니다.

그 당시에 저도 선배들 도움을 받아 다른 후배 이름으로 주민등록증을 바꿔서 취업했습니다. 지금 와서 생각하면 그냥 내 이름으로 들어갈걸 후회했던 기억도 있습니다. 하지만 당시에는 먼저 나간 선배들 권유를 따라 했고, 선배들도 조직적으로 배치되었다기보다는 큰 공장에는 취업하기가 어려우니까 전부 형편이 되는 대로 작은 공장에 많이 들어갔습니다. 결국, 풍성전기 경비실 쪽에 붙은 모집공고를 보고 3월에 취업했습니다. 구속되었을 때 죄명이 사문서위조와 절도였습니다. 후배한테 피해를 주기 싫어서 제가 주민등록증을 훔쳤다고 했거든요. 사실은 이런 일을 할 거니 주민등록증을 빌려 후배한테 받았지요. 그때 석진국 변호사가 이건 파렴치범이니까 나중에 안 좋으니 빼고 사실대로 이야기하라고 그러더라고요. 그래서 절도는 빠지고 사문서위조만 걸렸지요. 그래서 1988년부터 풍성전기에서 2년 6개월 조금 넘게 일을 했습니다.

풍성전기에서 노조 민주화 투쟁이 있었어요. 노동조합이 좀 어용이었습니다. 물론 지금 생각하면 노조를 단순하게 어용, 민주 이렇게 구분하는 게 적절한지는 잘 모르겠지만, 당시에는 공단에 노동조합이 만들어지는 시기였는데, 지금 생각해 보면 그 노동조합들이 잘 성장할 수 있도록 끌어내는 방식들이 있었으면 좋았겠다는 아쉬움과 후회가 남아요. 단순히 노조를 어용으로 규정을 짓고 좀 극단적이거나 급진적인 투쟁을 하지 않았나 하는 생각은 있습니다.

공장 다닐 때부터 구속될 때까지 학습모임을 두 개 했었습니다. 활동가 모임은 태광특수기계에 있던 김영희 씨와 같이 했습니다. 그분 출신학교는 모르겠지만, 자기 이름으로 태광특수기계에 취직했지요. 그런 분들하고 3~4명이 같이 학습모임을 했습니다. 학습모임에서는 몇 가지 문건이나 책을 보기도 했고 주로 생활을 공유하는 것이었습니다. '총화'라고 자기 활동과 경험을 공유하고 어떻게 활동을 하는 게 좋을지 서로 이야기 나누는 것들이 많았습니다. 또 봉암공단이나 차룡단지의 작은 공장에 다니던 후배들하고도 모임을 했고, 그러면서 큰 공장으로 가려고 준비하는 사람들과도 모임을 했습니다. 역시 활동을 공유하는 것이 모임의 주 내용이었습니다.

당시 서울에서 내려온 활동가들과 같이 한 모임이 한두 개 정도 있었는데, 이 사람들은 1991년쯤 사회주의 붕괴 영향 때문인지 낙심을 하고 서울로 돌아갔어요. 중간에 말을 하고 간 분들도 있고, 모임 하다가 안 오면 이거는 서로 연락할 길도 별로 없고 그랬지요. 저는 마산교도소에서 부산교도소로 갔으니까 부산교도소에서 만난 사람도 있어요. 하여튼 그때 그렇게 떠났던 사람들이 마음에 많이 남더라고요. 지역의 현장 출신들은 지역이 삶의 터전이니까 계속 남아 있는데 그분들은 정치적 · 이념적 이유인지, 생활의 어려움 때문인지 잘 모르겠지만 그렇게 떠나니까 참 아쉬웠습니다.

공장에서는 어용노조 '민주화 추진위원회'를 만들어 20여 명이 같이 모임을 했습니다. 그분들 중에 나중에 노조위원장 하신 분도 몇 분 계셨지만, 노조가 크게 변화되거나 전노협으로 상급단체를 바꾸거나 할 정도는 아니었습니다. 당시에 회사는 계속 보고 있었던 거 같아요. 처음에는 조립반에 있을 때 집회가 있으면 집회 보러 가자고 사람들을 데리고 가기도 했습니다. 그 당시에 잔업이 참 많았습니다. 잔업은 지시하면 무조건 해야 했어요. 잔업을 해야 하는데 자꾸 잔업을 빠졌던 거예요. 그것도 작당해서 몇 명씩 빠져서 같이 놀러 다니거나 집회에 가고 하니까 회사가 눈치를 챈 거 같았어요. 알면서도 지켜만 보고 있었는데, 오히려 제가 더 조급했던 거지요. 주변 사람들이 떠나는 것을 보고 있었으니까요. 회사도 알고 있다는 것을 느낌으로 감지하고 이건 정리해야겠다는 생각을 가졌던 거 같아요. 당시에 더 오래 할 수가 없겠다고 생각하고 동료들끼리 의논을 했죠. "저는 이제 정리하고 가야겠습니다." 말했지요. 안에 계신 분들은 이미 알고 계셨어요. 현장 출신 활동가 5~6명은 제가 위장 취업자라는 걸 알고 계셨고 전체적으로 노민추 위원 10명 정도는 알았던 것 같아요.

해고 이후 지역단체 활동

1990년 6월에 사내 집회를 하고 나왔는데, 바로 정보관들에 의해 현장에서 연행되어 조사받고 바로 마산교도소로 이송되었습니다. 풍성전기는 1990년 6월까지 마창노련과는 아무 관계도 없었고 한국노총 사업장이었어요. 당시에 세방전지, 풍성전기, 풍성정밀, 코렉스 스포츠, 금성산전, 금성사, 효성기계 등에서 해고자들이 많이 발생했습니다. 마창노련에 가입하기 어려웠던 사업장 중에서 같이 교류하는 사업장들이 '청송회'라는 모임으로 묶여 있었어요. 저희도 청송회 사업장들과 교류했고, 해고자들이 중심이 되어 지금 가음정동에 낡은 판자촌이 많았는데, 거기에 한국중공업 주재석 씨 등과 함께 '일터 되찾기 해고자 모임'을 만들었습니다.

'일터 되찾기 해고자 모임'을 통해 해고자들이 서로 교류하고 지원하면서, 생계를 위해 한겨레 신문 지국을 같이 했습니다. 해고자 대부분이 한겨레 신문을 팔면서 조합원들을 만나는 거였지요. 현장조합원 중 저하고 민진회를 했던 사람도 있고 한울타리 산악회를 했던 사람들도 있었습니다. 또 입사 동기 모임도 있었는데, 아이러니하게도 이념적으로 의지가 비슷한 사람들이 모인 민진회보다 입사 동기 모임이나 계 모임처럼 친밀감이 강했던 친구들이 신문을 더 많이 사줬습니다. 사실 저에게 신문을 산다는 것은 회사에 찍힐 것을 각오해야 하는 일이었습니다. 해고자가 와서 100원, 200원씩 신문을 파는데, 아침에 그 신문을 사줘요. 신문을 사주는 것은 현장 사람들로서는 용기가 필요한 일이었어요. 당시에는 그랬습니다. 신문을 사는 것조차도 힘들고 신문을 사면서도 오래 이야기를 못 해요. 그냥 와서 '잘 있나, 간다.' 하면서 공장 입구에서 만나고 전부 다 들어가 버려요. 계 모임 했던 친구들은 따뜻하게 대해 주었어요. 지금 와서 보니 신영복 선생님이 『담론』에서 "입장의 동일함이 관계의 최고 형태지만, 그것을 뛰어넘는 것이 따뜻한 마음"이라고 말씀하셨는데, 그런 부분들이 가슴에 남습니다.

당시에 해고되고 구속되고 나와서 바로 방위를 받았습니다. 징역 8개월 살고 나왔는데 당시에는 형이 3년 이상으로 높아져서 3년을 넘어야 병역 면제가 됐고 8개월 징역은 군대에 가야 했습니다. 18개월 방위를 하면서도 계속 요주의로 감시를 받았어요. 방위는 출퇴근하잖아요. 출퇴근하면 집에 계속 확인 전화가 오고, 어디 갈 때는 이야기하고 가라는 말을 들었지요. 그러면서 저는 나름 소명 의식이나 사명감 같은 것 때문에 퇴근 후에는 계속 현장 사람들을 만났어요. 그 때문에 당국에서는 자꾸 그런 짓 하지 말라고 경고를 했고, 나이가 같은 중대장이 세 번쯤 바뀌었는데, 중대장님이 저한테 계속 그런 이야기들을 하더라고요. 저한테 솔직히 털어놓으면서 계속 위에서 보고 있으니 내가 곤란해지니까 자제해 달라는 말도 했지요. 사실 조금 위험한 행동일 수도 있어서 굉장히 조심스럽게 만났습니다.

방위 생활을 마치고 1992년쯤 '마창 한길 노동자회'를 만들어 활동했습니다. 물론 그전에 준비 작업을 좀 하긴 했지요. 지역의 노동단체로 경남노동자협의회가 있었는데, '마창 한길 노동자회'는 '한국노동자협의회(한노협)' 산하로 현장에서 자주, 민주, 통일을 위한 노동자 통일운동을 이끌고 있었습니다. 거기에서 상근 활동을 하면서 현장 방문을 주로 했었습니다. 전체 상근자는 3명이었는데 저하고 지금 비정규직지원센터에 있는 분과 당시에 삼미특수강 해고자였습니다. 당시에 회원은 80여 명이었지만 개인별 가입이라 현장에서 활동가들이 많이 들어왔었습니다. 창원기화기나 오성사 등 마창노련에 가입되지 않은 노조의 활동가들이 많았어요. 그리고 주로 작은 공장에서 일하는 활동가들이 많았기 때문이지요. 개인 자격으로 지역에서 노동운동 하는 활동가들이 모여서 단체를 만든 거지요. 상근자 3명은 활동비를 받기는 했지만 얼마 안 되었어요. 그래서 현장에 가서 〈말〉지를 구독해 달라고 판매 사업도 하고 재정 사업도 많이 했죠.

'한길 노동자회'에서는 주로 현장 방문을 통해 '신경영전략'에 대한 교육을 많이 했습니다.

당시에 신자유주의가 본격화하면서 신경영전략이 현장의 다양한 영역에 침투해 있었습니다. 홍보뿐 아니라 조직에서도 반장 한 사람이 여러 명의 조합원을 챙기는데, 부인의 생일 같은 것을 챙깁니다. 회사가 조직 활동을 하는 거지요. 홍보 같은 경우에도 노동조합에서 한 달에 한 번 소식지를 낸다면, 회사에서는 회사 소식지, 그룹 소식지, 공장별로 해서 엄청난 홍보를 때리는 겁니다. 조합원들의 의식을 자본의 논리로 교육하는 것이지요. 물량 공세를 엄청나게 펴니까 당할 수가 없는 거예요. 그에 대한 대응 논리를 주로 교육했습니다.

그 당시에 저는 두산기계에 들어갔는데 조태일 지부장이었어요. 노조의 요청이 와서 들어갔고, 저는 현장과의 관계를 만들기 위해서는 무기가 될 만한 매개체가 있어야 한다고 생각했어요. 신경영전략에 관한 교육도 했지만, 경영 분석 교육을 많이 했습니다. 노동자의 관점에서 보는 경영 분석이라고 해도 한계가 많죠. 경영 분석 자체가 한계가 많은데 노동자 입장에서 경영 분석을 하면서 현장으로부터 많은 요구를 받았어요. 회사의 경영 상황이 어찌 되는 건지 파악하여 현장과의 고리를 찾기 위한 노력을 했습니다.

당시에 노동자 정치 조직이랄까 선진노동자조직이랄까 그런 성격의 조직으로 한길 노동자회, 경노협, 민주노동자협의회(민노협) 세 군데가 '민주주의 민족통일 마창연합'에 가입되어 있었어요. 마창노련을 비롯해 전교조 마산지회와 창원지회, 전대협 마창총련 등 학생 조직과 청년 조직이 참여해 '민주주의 민족통일 마창연합'이 꾸려졌습니다. 그때 저는 민주주의 민족통일 마창연합에서 사무국장으로 근무했지요. 한길 노동자회가 재정적으로 조직을 유지하기가 어려워 발전적으로 해산하고, 마창연합에서 전교조 지원 활동을 많이 했습니다. 마창연합에 참여하게 된 동기는 마창연합이 노동자, 농민, 청년 학생의 대중조직들이 중심이 되는 전선 조직으로 사회를 바꿀 힘 있는 조직이라고 생각했어요.

진보정당 운동 참여

진보정당 활동의 출발점은 마창연합이었습니다. 1997년 10월경인 걸로 기억하는데, 당시에 주대환, 김현주 씨가 중심이 되어 '진보정당 추진위원회(진정추)'를 만들었어요. 그 당시 홍여표 의장 시절의 '민주노총 마창지역협의회'와 '민주주의 민족통일 마창연합'이 주축이 되어 '국민승리21 마창지부'를 만들었습니다. 국민승리21 마창지부에 속한 각 단체가 역할을 나눴는데 저는 정책국장을 맡았습니다. 이것이 저의 정당 활동의 시발점이었습니다. 1997년 9월 민주노총 임시대의원대회에서 15대 대선 후보로 권영길 후보를 선출했습니다. 그리고 11월 창원 실내체육관에 2,000명이 모였어요. 정당연설회 형태로 진행해서 굉장히 감동적이었습니다. 이때부터 '노동자 정치실천단'이라는 이름의 조직 활동이 시작되었습니다. 이후 선거시기가 되면 '정치실천단'의 이름을 썼는데, '노동자 정치실천단'이 창원지역 진보정치 활동의 시초를 열었다고 볼 수 있습니다. 그게 현장 노동자들의 일상적인 정치활동의 효시였습니다. 그 과정에서 노동자들이 정당연설회에 참여하고 아침에 피켓을 드는 활동이 시작되었지요.

참 어렵게 대통령 선거를 치렀고 이후에는 민주노동당으로 함께 했습니다. 저는 2000년, 2004년 선거 때마다 권영길 국회의원 선대본의 상황실장을 맡았어요. 2000년에는 권 의원이 낙선했고, 2004년에 당선되었지요. 그 당시에 말 그대로 '노동자, 민중이 중심이 되는 진보정당'의 필요성을 강하게 느꼈고 '노동자가 정치세력화해야 한다'고 생각했어요. 당시 노동자들이 정치세력화하여 노동자, 민중이 중심이 되는 정당을 만들어야 한다는 논의가 많았는데, 이런 주장에 공감했던 거지요.

당시 기억에 남는 것은 삼미특수강이 포철로 넘어가면서 치열하게 고용 승계 투쟁을 한 겁니다. 집단 해고된 삼미특수강 해고자들이 권영길 선본에 몇백 명씩 집단적 · 조직적으로 결합해서 자기들 현장에서 집회도 하고, 상경 투쟁도 하면서 일상적으로 함께했어요. 그분들이 포항제철을 상대로 투쟁하면서도 권 후보를 당선시키기 위해서 아침마다 마을과 아파트를 돌면서 차를 닦으셨어요. 그런 활동이 주민들한테 호응을 많이 받았습니다. 걸레나 마대자루를 가지고 차를 깨끗하게 닦아주면 주민들이 굉장히 좋아했죠. 마을마다 돌면서 출퇴근하는 노동자나 주민들을 만나 선거 운동하고 차를 닦는 눈물겨운 활동을 했었습니다. 2004년 4월 17대 국회의원 선거에서 민주노동당이 정당 명부에서 13.1%를 득표했는데, 이것은 이전 2000년부터 꾸준하게 해왔던 노동자 정치세력화 활동을 토대로 이루어졌던 겁니다. 2004년의 승리가 그냥 만들어진 게 아니고 그런 과정을 거쳐서 민주노동당 13.1%, 277만 표가 가능했던 거지요.

선거 때 선대본 상황실장을 많이 맡았지만, 평상시에는 화학섬유연맹의 조직부장을 주로 했고 선거 때마다 파견을 받아 나왔습니다. 권영길 후보는 국회의원에 당선됐고 당시 제3당으로 노동자 중심의 진보정당 가능성을 열었지요. 정말 그 당시에는 세상을 다 얻은 것 같은 그런 기분이 들었죠. '맞다. 이렇게 세상은 바뀌는구나!' 생각했습니다.

지역 노동운동의 경험

저는 학생운동, 해고자 생활, 전선 조직 상근자, 노조 연맹과 선거 정치활동을 다양하게 경험해 왔기에 계속 노조 활동만 해온 사람과는 사정이 다릅니다. 일단 돈을 제대로 못 버니 집안에 죄를 짓고 사는 겁니다. 생계는 집사람에게 맡겨놓았던 거지요. 1998년 화학섬유연맹 조직부장 할 때 첫 월급이 20만 원이었고 6개월 후에는 40만 원으로 올랐으나 월급을 제대로 못 받았죠. 1998년도 5월에 마창, 거제, 양산, 진주 등 4개 지역협의회를 주축으로 민주노총 경남본부가 출범했습니다. 당시에 논쟁도 좀 있습니다. 지역본부의 필요성에 대한 논쟁도 있었고, 4개 시지부를 중심으로 민주노총 경남본부가 출범했는데, 아직 산별 조직들이 토대를 갖추고 있지 못했습니다. 화학섬유연맹은 당시 본부가 있는 게 아니고 몽고식품, 동서식품, 신호제지, 진주의 화학업체 등 8개 노조조직이 흩어져 있었어요. 이 8개 노조를 산별 조직으로 만들어야겠다고 해서 제가 들어가 '화학섬유연맹 부산경남본부 준비위원회' 활동을 했습니다.

민주노총 경남본부로서는 총연맹의 산별 토대를 만든다는 차원에서 산별 조직들을 꾸리기 시작한 거죠. 저는 그런 걸 잘 모르고 들어갔는데, 채용직 조직부장으로 일을 했습니다. 그때 기억나는 것은 동서식품이나 몽고식품은 공장이 아주 깨끗했어요. 노동자 작업복도 동서식품은 하얀색에 노란색이 약간 가미된 아주 밝은 색이었어요. 몽고식품도 진한 노란색이었어요. 그런데 진주 신흥고무를 갔는데 주로 오토바이 타이어를 만드는 공장이었어요. 그곳은 노동자들의 얼굴이 시커먼 거예요. 탄광에서 채굴할 때의 시커먼 얼굴이고 작업복도 시커먼 탄이 가득 묻은 상태였어요. 옛날 영화 같은 데 보면, 탄광에서 일하다 나오면 이빨만 하얗고 나머지 부분은 시커멓잖아요. 조합원들이 모두 그런 옷을 입고 있는 거예요. 큰 충격을 받았어요. '여기에서 내가 할 일이 많겠구나, 이런 걸 바꿔야겠구나.' 이런 생각을 참 많이 했습니다. 그때 제가 학생 시절에 봤던 전태일이 생각나더라고요. 점심밥을 먹는데, 그냥 표현하기가 뭐한데 이거는 밥이 아니었어요.

신흥고무는 사업장이 많았는데 제일 큰 공장은 300여 명 가까이 있는 큰 사업장이었습니다. 화학섬유연맹의 주축은 진주였고, 주로 진주의 동서산업, 신흥타이어, 신호제지가 주축이었습니다. 동시에 이 세 공장이 진주시 협의회의 주축이었습니다. 진주는 화섬이 주축이었고 그 외에는 택시, 버스 사업장이 많았지요. 화학섬유연맹 부산경남본부에는 부산에 있던 한두 사업장을 제외하면 나머지는 진주가 많고, 창원에는 동서식품과 몽고식품밖에 없었어요. 이렇게 민주노총이 지역 산별 조직의 토대를 만들기 위해서 노력했지요. 이때 '내가 노동운동을 관념적으로 해온 것이 아닌가, 머릿속으로만 한 게 아닌가, 또 어떤 성과를 내기 위해서 멋을 부린 것 아닌가.'라고 엄청나게 반성을 많이 했어요. 그런 생각을 하며 자신을 많이 돌아보게 되었습니다.

처음 취업한 공장에서도 해고와 동시에 구속이 됐는데, 당시 활동가들의 성급하고 초조한 자세를 많이 돌아보게 되었습니다. 기술적인 문제도 있었습니다만 '평생 노동자로 살겠다'며 들어갔는데 성급한 모습, 성과주의적 활동의 모습을 보고 내가 평생 노동자 생활을 해야겠다고 한 것이 머릿속에만 있었던 거 아닌가 하는 생각을 했습니다. 마음가짐이 부족하고 청년 지식인의 성급한 자세 같은 게 노동운동에 그대로 녹아 들어간 거 아닌가, 힘든 상황을 제대로 견디지 못하고 다른 사람들도 떠나가고 하니까 나 스스로 제대로 뿌리내리지 못하고 성급한 운동을 했던 게 아닌가 하는 반성들을 많이 했습니다. 당시에 경남대 출신 여성 활동가 한 명, 저하고 같이 들어온 부산기공 출신 한 명과 마산상고 출신 활동가 2명을 포함해 총 네 명이 해고됐는데, 해고 후에도 그 사람들과의 관계는 계속 유지하고 있습니다. 해고된 후에 현장 출신 활동가 두 분은 모두 사장님이 됐습니다. 둘 다 역량이 있다 보니 한 분은 자영업을 하고 다른 한 분은 중소기업 중견 간부가 되었지요.

무엇보다 중요했던 노조 활동 경험은 '배달호 열사 투쟁'과 '한미 FTA 투쟁'이었습니다. 2003년 1월 9일 두산중공업 배달호 열사가 노조 통제, 손해배상, 가압류와 관련 분신이 있었고, 지역 단체들이 분신 상황대책위를 구성해서 투쟁했습니다. 당시 민주노총 경남본부는 석영철 사무처장이었고 저는 화학섬유연맹 소속으로 연대투쟁에 참여했습니다. 1월 16일 서울 종묘에서 만 명이 넘게 모여 두산 재벌 규탄대회를 열었고, 1월 18일에는 마산 삼각공원에서 4,500명이 모였습니다. 결국, 3월 12일에 손해배상, 가압류를 해제하고 해고자 18명 중에서 5명을 우선 복직하는 것으로 합의했습니다. 해고자 완전 복직이나 강압적인 노무 관리와 관련한 것은 해결하지 못했고, 여영국, 석영철 등 구속자를 많이 냈어요. 당시 후반에는 힘이 많이 모자랐습니다. 두산중공업 지회의 내부 동력 자체가 약하고 탄압이 너무 셌기 때문이지요. 탄압의 강도가 너무 세다 보니까 돌파할 힘을 찾지 못했지요. 밖에서 연대는 잘 됐는데 안에서 그걸 못 받아냈죠. 안에 동력이 없으니까 외부 중재단의 역할이 중요했습니다.

그 당시에 분신 현장을 목격했을 때 정말 충격이 엄청났습니다. 분신 현장의 자국이 그대로 남아 있었어요. 그거 생각하면 지금도 눈물이 나려 하는데 사람들이 충격을 크게 받고 눈물도 많이 흘리고 분노했습니다. 그런데 내부 동력은 안 살아나니까 활동가들이 굉장히 답답해했던 상황이었습니다. 당시 또 무척 추웠습니다. 항상 1월 9일 이때만 되면 추운데 그때 정말 추웠습니다. 그런데 분신 현장은 충격적이고, 너무 무섭고, 억울하고, 많이 울었던 그런 기억이 납니다. 한편으로 '우리 힘이 너무 부족하구나, 노동운동의 현실이 이렇구나.' 하는 것을 많이 느끼면서 칼을 갈았던 기억도 있습니다. 마음가짐을 가다듬었던 기억이 많이 나고 눈물도 많이 흘렸습니다.

2006년에는 한미 FTA 저지 투쟁이 굉장히 격렬했는데, 민주노총과 농민회가 주축이 되어 '한미 FTA 저지 경남운동본부'를 꾸렸습니다. 2006년 11월 22일 창원시청 광장에 13,000명이 모였습니다. 마창노련 투쟁 이후 가장 많은 사람이 모였지요. 그 당시 집회 이름이 '노동기본권 쟁취, 사회 양극화 해소, 한미 FTA 저지 경남 도민결의대회'였습니다. 이때 민주노총이 민주노총의 이름값을 했던 것으로 기억합니다. 농민들과 함께 노동기본권뿐만 아니라 사회 양극화 해소라는 기치를 내걸고 격렬하게 싸웠습니다. 그리고 시청 광장에서 경남도청까지

거리 행진을 했고 도지사한테 대정부 건의문을 전달하려 했는데 도청을 봉쇄했습니다.

그때 제가 민주노총 경남본부 사무처장이어서 도청 진입 봉쇄에 맞설 지침을 내야 할 거 아닙니까. 그런데 지침을 내기 전에 벌써 노동자들이 자발적으로 도청 담을 넘기 시작했어요. 우리는 할 수 없이 도청으로 진입하라고 했지요. 그러니까 사방팔방 네 군데에서 도청담장을 넘어 진입했습니다. 지금은 담장이 없는데 당시에는 담장이 있었습니다. 이때 어떻게 되었는지 잘 모르겠는데 메타세쿼이아 나무가 일부 불에 탔습니다. 일촉즉발의 위기였지요. 그 때문에 임원 3명이 재판을 받았고 저는 2년에 집행유예 2년 6개월을 받았습니다.

2005년부터 민주노총 경남본부 사무처장에 당선되어 3년, 3년, 1년씩 7년간 세 번 연임을 했어요. 마지막 1년은 김천욱 본부장 시절 때 중앙과 임기를 맞춘다고 1년을 더 했지요. 그 뒤로는 민주노총 경남본부의 정책기획국장을 맡았습니다. 저는 다시 경남진보연합 같은 전선조직으로 갈 생각을 했는데, 김재명 본부장 시절에 같이 일하자는 제안이 있었습니다. 저도 생활 문제가 있고 해서 임원을 거쳤는데도 다시 사무처 정책국장으로 취업을 한 거지요. 하여튼 한미 FTA 투쟁할 때가 화물연대 투쟁을 비롯해 민주노총이 국민적 지지를 받았던 시기였습니다. 또 그 시기에는 노동자, 농민들이 서로 연대하는 연대투쟁도 모범적이었습니다.

주요한 지역연대 투쟁들

마창지역 연대 활동은 사실 잘 모릅니다. 1987년 12월에 마창노련이 결성될 전후 연대투쟁은 역사에 남을 만한 중요한 투쟁들이었습니다. 하지만, 1988년에는 제가 공장에 있을 때니까 지역투쟁에 대해서는 잘 모릅니다. 기억나는 거로는 한국 TC 전자에서 있었던 구사대에 맞선 수출자유지역 연대투쟁 이야기를 많이 들었습니다. 아침에 공장에 출근하면 이야기가 들려오곤 했는데, 1988년 한국 TC 전자 구사대에 맞선 연대투쟁, 1989년 세신실업 구사대 격퇴 투쟁 같은 것들이지요. 이런 빛나는 연대투쟁의 사례들이 있었습니다.

한편, 2006년은 제가 사무처장으로 활동을 시작한 때인데, 사무처장이 되자마자 큰 어려움에 부딪혔습니다. 2006년 3월 한국GM 비정규직 투쟁이 시작되었는데 제가 화섬연맹에만 있다가 전체 조직을 아우르는 큰 투쟁을 하기에는 부족하지 않았겠습니까? 처음 민주노총 경남본부 사무처장으로 당선되었는데 바로 큰 투쟁과 직면한 거죠. 3월에 GM대우 창원 비정규지회 권순만 지회장과 오성범 조합원이 '해고자 복직, 가압류 철회'를 요구하면서 50M 철탑에 올라갔습니다. 50M 굴뚝 농성을 하는데 제가 정신이 하나도 없는 거예요. 용역들이 날뛰고 연대투쟁도 활발했습니다. 그런데 비정규직 투쟁이 정규직 조합원들의 생존권을 위협하니 정규직에서 '교섭권을 전면 위임하라'고 요구하면서, 비정규 노동자들과의 연대투쟁을 중단한다는 선언을 했습니다. 간부회의를 열어 '무슨 이런 게 다 있나' 싶었죠. 화섬연맹에서 이런 투쟁이 있을 때는 어렵고 영세한 사업장들이 서로 돕는 게 일상이었는데, 민주노총에서 큰 공장 노조들이 연대투쟁을 안 하겠다고 하니까 엄청 충격을 받았습니다. 도리가 없는 거죠. '아 노동자가 한 몸이 아니구나.' 그때 회의도 좀 들었어요.

민주노총이나 금속산업연맹이 붙었으나 많이 힘들었고, 당시 한국GM 투쟁에서 처음으로 물대포가 등장합니다. 앞에 들어간 사람들은 또 물러나고, 진환 씨가 단식에 들어갔는데 호흡곤란으로 병원에 후송되면서 끝이 납니다. 그리고 권순만 지회장이 내려와서 단식을 이어갔는데 벌써 동력이 떨어진 거죠. 철탑 농성장에 사람이 없는 상황이 되고 이후에 합의가 됩니다. '비정규직 해고노동자 35명 복직, 고소 고발 취하하고 손배 철회, 징계 최소화'로 합의를 봤습니다. 당시에 금속노조 경남지부가 금속노동자 투쟁본부를 꾸려 투쟁을 만들어 냈습니다. 금속노동자 투쟁본부가 총파업으로 배수진을 쳤습니다. 만약에 정리가 안 되면 금속노조 전체가 총파업에 들어가겠다고 선언했지요. 금속노조 경남지부가 총파업 배수진을 칠 수 있었던 것은 그나마 현장 밖에서 총파업을 만들어낼 수 있는 외부 동력이 있었기 때문에 부분적인 합의가 가능했습니다. 현장 내 철탑 농성장에는 아무도 없고 정규직 노조는 연대투쟁에서 철수한 상황에서, 그나마 그런 합의를 끌어낼 수 있었던 데는 금속노조 경남지부의 역할이 컸습니다.

그리고 기억에 남는 투쟁은 2007년 대통령 선거 때 전국적으로 거세게 일어났던 비정규 노동자들의 연대투쟁입니다. 2007년 7월 20일 비정규 노동자 대량 해고 사태로 20일을 끌어왔던 이랜드 노동자들의 점거 농성이 경찰에 의해서 강제 해산됩니다. 이 지역에는 이랜드 관련 조합원이 없었는데, 전국적인 투쟁으로 발전했습니다. 당시에 이랜드 제품 불매 운동에 들어갔고 2차 총력 투쟁을 벌였는데, 점차 투쟁의 강도가 강해졌습니다. 60개 매장에 진입하는 투쟁이 벌어졌거든요, 그때 금속노조 경남지부도 파업에 들어갔는데, 아주 모범적이었습니다. 민주노총의 전국적인 비정규직 투쟁에 연대해 금속노조 경남지부가 총파업 결의를 했어요. 그때 2007년 임단투 승리 총파업 투쟁 결의대회를 뉴코아 아울렛 앞에서 했습니다. 민주노총 경남본부는 인간 띠 잇기를 해서 뉴코아 건물을 빙 둘러쌌고, 연말까지 이랜드 지원 투쟁이 계속됐습니다. 당시에는 할 수 있는 게 별로 없고, 갈수록 투쟁이 장기화하니까 참 힘들었습니다.

결국 매장 안으로 들어가는 전술을 사용했습니다. 일종의 불매 운동 투쟁이었는데. 그러다 보니 매장 안에 있는 입주업체 상인들과 부딪히는 거죠. 영세 상인들은 당장 생계가 급하니 80여 명이 몰려와 민주노총 경남본부 앞에서 항의 집회를 했습니다. 그분들을 민주노총 강당에 모두 정중히 모셨어요. 제가 사무처장 할 때니까 다 모셔서 우리 투쟁의 불가피함과 나아가야 할 지점을 말씀드렸지만 "왜 자기들이 피해를 봐야 하냐"는 불만과 항의를 했습니다. 그분들의 의견을 듣고 앞으로 투쟁 때 고민해 보겠다면서 서로 소통하는 시간을 가졌습니다. 민주노총이 주도한 불매 운동은 성공한 사례가 없습니다. 조합원들도 자기 사업장에 대한 애착과 애사심이 강해요. 하여튼 불매 운동의 한계가 있었고, 노동자들의 연대 의식에 대해 많은 생각을 했던 그런 기억이 납니다.

노동운동의 방향과 노선에 대하여

민주노총이 1995년 11월 11일 창립하면서 노동기본권 쟁취를 포함하는 강령과 선언, 규약을 만들었는데, 강령을 보면, "사회의 민주적 개혁을 통해 전체 국민의 삶의 질을 개선한다", "조국의 자주 민주 통일을 앞당기기 위해 투쟁 전개할 것을 선언한다", 또 "이런 과제를 실현하기 위해서 전체 노동조합운동의 통일단결과 여러 민주세력과 또 연대하고 정치세력화를 추진한다"는 내용과 20가지의 기본 과제를 설정해 놓고 있습니다. 이는 한국노총도 비슷해서,

선언이나 강령, 규약에서 비슷한 노조 운동 방향을 내걸고 있는데, 다만 실천 과정에서 어떻게 하느냐의 차이인 것 같습니다.

민주노총은 "자주적이고 민주적인 노동조합운동의 역사와 전통을 계승 발전"한다든지, "인간의 존엄성, 평등 사회 보장, 정치세력화, 분단된 조국의 평화적 통일, 동일노동, 동일임금 쟁취, 주택 교육 의료 제도 개혁과 전 국민의 인간적인 인간다운 삶의 쟁취" 등을 기본 과제로 설정해 놓고 있습니다. 저는 이런 강령과 과제야말로 노동운동의 기본적인 방향이고, 이에 대한 인식을 통일시켜 나가는 노력이 필요하다고 생각합니다. 마찬가지로, 산별 조직들도 자신의 선언과 강령, 임무가 있습니다. 대부분 민주노총의 강령과 비슷하고 맥락을 같이하는 부분들이 많습니다. 그런데 연맹이나 총연맹이 노동자들을 조직할 때 이러한 운동 방향이 제대로 실천되지 않는 경우가 많습니다. 교육 시스템이 안 갖춰져 있습니다. 산별 조직들은 각 조합원 교육을 하는데, 민주노총 소속이지만 민주노총의 기본 과제나 강령, 방향에 대한 교육을 잘 하지 않습니다. 민주노총의 운동 방향에 관해 최소한의 공통적인 부분을 통일하는 노력을 해야 한다는 생각입니다.

이를 위해서는 노동조합의 교육 시스템을 바꿔야 하는데, 아무래도 조합원들은 자신의 '노동조건 개선'이라는 당면 과제나 현안에 집중하고 싶어 합니다. 노동조건을 개선해서 궁극적으로 찾고자 하는 인간다운 삶이 '노동 해방'이라고 할 수 있지 않습니까? 그런데 '노동 해방'은 인간다운 삶, 노동자가 나아갈 길, 궁극적으로 지향하는 바를 추구하는 과정에 있습니다. 우리가 궁극적으로 지향하는 방향이 노동 해방이라면, 그에 맞춰 입장을 통일해 가려는 노력을 부단하게 진행해야 했는데, 그게 좀 부족했다고 생각합니다. 간부 교육도 일신해 입장을 통일시켜야 하는데, 정파들이 자기들이 하고 싶은 교육만 하는 거죠.

조합원들이 더 넓고 다양한 시각을 가질 수 있도록 만들어주고 세상을 보는 안목을 키워주는 교육을 해야 하는데 활동가들만의 생각으로 교육하면 시야가 협소해질 수 있습니다. 또 교육 시스템도 바꾸어 가야 합니다. 마음 가는데 몸이 따라간다고 이런 모습이 관성화되면서 일반 노조원들에게도 노선의 차이가 나타납니다. 동지들 간의 관계, 노동운동을 같이 하는 사람들 사이의 관계에서도 최고 형태를 만들기 위한 노력이 필요합니다. 노선의 차이를 극복하려고 하는 노력도 없었지만, 무엇보다 차이를 극복하려는 노력의 본질은 '따뜻한 인간관계'가 아닌가 싶습니다. 관계의 인간성을 회복하는 것이야말로 가장 중요한 부분인데 많이 부족했습니다. 같은 공간에서 같이 일을 하고 세상을 바꾸려고 하면서 생각이 비슷한 사람의 마음도 얻지 못하는 것은 따뜻한 마음이 부족하기 때문입니다. 조직 내에서 일상이 없는 거죠. 일상이란 같이 밥을 먹기도 하고, 같이 모여 토론하기도 하고, 같이 자기도 하는 건데, 조직 테두리 안에 몸담고 있지만, 그냥 형식적인 관계만 유지하고 있는 겁니다. 이런 인간적인 관계조차 제대로 만들어내지 못하면서 세상을 바꾸려고 한다면 형식적인 노선의 차이가 더욱 공고화할 수밖에 없지요.

활동가들이 민주노총의 설정된 강령이나 과제에 충실하지 않고 그중에서 취사선택하거나 입맛에 맞는 부분만 실행하려는 경향이 강하고, 입장의 차이를 통일하려는 노력도 부족했다는 겁니다. 현재 산별 연맹조직 중심이다 보니 민주노총 수준의 교육이나 일반적인 시스템을 만들려는 노력도 부족했습니다. 입장의 동일함을 뛰어넘어 인간적인 관계를 만들려는 노력도 부족합니다. 정규직 조합원들이 '비정규직 철폐'를 등에 붙여놓고 있으면서도 실제 '비정규직 철폐'에 힘과 애정을 쏟지 못하는 것처럼, 동지라고 하면서 동지적 애정 관계를 만들지 못하는 거죠. '끼리끼리'의 폐해가 크지 않나 하는 생각이 들고 이를 극복하려면 일상에서 일상적인 관계들을 회복해야 한다고 생각합니다. 나이가 들어가면서 이 부분이 제일 후회되어 후배들한테 그런 부분들을 더 강화해야 한다는 말을 누누이 말하고 있습니다.

제가 어떤 조직에 몸담고 있다고 해도 어찌 보면 그 조직에서 저는 외곽일 수 있어요. 예컨대, 우리가 조국의 통일을 부르짖는다면 운동 내부에서 통일을 만들어내는 것, 통일에 관한 생각을 일치시켜 나갈 수 있도록 하는 게 중요합니다. 바깥에서 통일운동을 하려고 하지 말고 운동의 반쪽부터 통일하고 통일운동을 해야 합니다. 반쪽도 통일을 만들어내지 못하는데 도대체 어디에서 뜬구름 잡는 통일 세력들을 만들어낼 거냐는 이야기를 많이 합니다. 하지만 정서적 차이가 자꾸 공고화되다 보니까 내부에 귀를 기울이지 않고 오히려 바깥만 쳐다보고 있는 거예요. 이것은 다른 입장을 가진 분들도 마찬가지입니다. 결국, 일상적 관계 회복이라고 하는 건 개인적 노력이나 자세, 태도가 중요하고, 노선과 방향의 통일성과 관련해서는 산별 중심으로 파편화된 교육과 시스템을 통일해 가는 게 중요하다는 겁니다.

민주노총과 산별 연맹의 관계

민주노총이 중심이 되어 운동의 방향을 통일하는 시스템을 갖추는 것과 산별 차원에서 진행하는 현재의 활동 체계를 조율하는 것은 민주노총과 산별 조직의 관계, 민주노총의 지도력 문제이기도 합니다. 현재 민주노총의 인력이나 재정은 산별 조직과 비교해 부족한 게 많습니다. 그러다 보니까 힘의 집중력이나 영향력이 상당히 취약하죠. 민주노총의 주된 역할은 연대투쟁이고 지자체와의 관계나 사회 전체의 문제와 관련된 부분인데, 조직이나 교육, 선전은 대부분 산별 조직에 속해 있습니다. 그래서 산별 조직 중심으로 돌아가는데, 좀 더 발전적으로 되려면 민주노총의 재정과 인력을 더 강화해야 합니다. 사실 노조들이 급하고 힘들 때는 상급 조직의 필요성을 많이 느낍니다. 그렇지만 일상에서는 그런 부분을 느끼지 못하죠. 고용불안이나 정리해고와 같은 위급한 경우나 어려운 시기가 닥치면 민주노총의 필요성이나 주변 연대조직의 소중함을 깨우치게 됩니다.

일상에서는 상급 조직의 필요성을 크게 느끼지 않아요. 이를 극복하려면 민주노총으로 집중성을 높여야 한다고 봅니다. 예를 들자면, 민주노총은 의무금이나 상근자 숫자도 적습니다. 예전에는 그런 부분들에 관해 논쟁들을 많이 했었는데 지금까지 이렇게 흘러온 거지요. 그뿐만 아니라 산별 조직들이 민주노총의 노선과 방침을 구현하려고 실천하는 노력도 많이 부족했습니다. 이러한 노력이 부족했다는 것을 인정하고 통일시켜 나가는 것이 중요한데, 이거는 진짜 예민한 문제입니다. 왜냐하면 정파와 연관되어 모두 자기중심적으로 바라보고 있고, 노조는 선거를 통해 만들어지는 조직이기 때문에 선거의 영향을 크게 받습니다.

물론, 총연맹-산별 조직의 관계에서 지역은 중앙하고 좀 다르다지요. 지역은 아무래도 긴밀하게 관계들을 잘 만들어내고 있습니다. 또 지금은 신자유주의 시대이고, 다변화되고 있는 노동 탄압이나 신자유주의 공세를 극복하기가 쉽지 않습니다. 하나하나 치열하게 싸우지 않으면 안 되는 부분들입니다. 그러니까 지역은 '지역성'이라는 특성 때문에 서로 긴밀한 부분도 있고 쉽게 모이고 그럴 필요도 많습니다. 결합도 잘 되고 있어요. 그러나 시스템으로 보면 민주노총 지역본부는 돈과 인력이 중앙에서 내려옵니다. 그래서 민주노총 지역본부가 지역에서 할 수 있는 일이 굉장히 협소합니다. 지역에서 인적 역량이나 재정을 확충하기가 굉장히 어렵습니다. 예전에 저도 회의가 들었던 일이 있는데, 비정규노동자지원센터를 하나 만들기 위해 조합비 500원 인상을 대의원대회에 올렸어요. 그런데, 대공장 노조 대의원들이 반대하더라고요. 500원이라고 해봤자 당시 6만 명이니까 3,000만 원 아닙니까? 1년에 한 번 내는 500원인데. 노조 활동이 산별 중심으로 공고화되다 보니 전체 운동을 바라보는 시각이 약해지고 결국 자기 발등 찍는 우를 스스로 범한 거지요.

제가 비정규 노동자 장학회를 만들 때도 정파적 요소가 영향을 미쳤어요. 어떤 분들은 민주노총이 차별철폐 운동을 해야 하는데 장학회를 만드는 개량적인 운동을 해야 하는지 질문하더라고요. 그래서 저는 당시에는 개량 운동과 본질적인 어떤 것들은 같이 가야 한다. 개량적 활동이 본질적인 것으로 가는 과정에 있는 것이기 때문에, 개량적인 투쟁들을 결합해 가야 한다고 말했습니다. 물론 개량적 투쟁이 본질적인 투쟁을 희석할 수 있다는 논리가 완전히 틀린 건 아니지만, 저는 그 입장에 정파적 요소들이 섞여 들어갔다고 생각했습니다. 여하튼 설득하고 다니면서 만들긴 만들었는데 힘이 안 붙는 거예요.

현장 조직 운동과 정파 갈등

창원지역 노동자들은 일찍부터 단결과 연대투쟁의 중요성을 알았기에 지역연대 투쟁체인 마창노련을 만들었고, 민주노총은 그 정신을 계속 발전시켜서 해마다 '들불 대동제'를 통해 단결과 연대의 정신을 발전시켜 오고 있습니다. 하지만 정파 갈등은 여전히 남아 있고 고착화되어 있습니다. 정파 갈등은 악순환되는 부분이 있는데, 현장 조직들이 민주노총의 기본 과제에 충실했다면 이렇게 되었겠습니까? 민주노총의 과제에 충실한 조직은 다음 선거에서 떨어지는 경우가 많습니다. 민주노총의 기본 과제에 대해서는 적당히 하고 조합원들의 실리에 앞장서는 후보가 당선되는 경우가 더 많았습니다. 하여튼 민주노총의 과제에 충실하다 보면 조합원들의 시선이 차가운데, 현장 문제는 등한시하고 밖으로만 돌아다닌다는 거지요. 그러면 다음 선거에서 지지를 받기가 어렵습니다.

사실 이러한 상황을 극복하려면 어떻게 해야 할지 토론을 해 봐야겠다는 생각을 많이 했습니다. 선거 때마다 집행부가 다른 현장 조직으로 바뀌는데 사실은 별반 차이가 없습니다. 집행 과정이 거의 비슷합니다. 대우조선만 봐도 분명하지요. 어느 조직이 집권하든 나타나는 집행 과정은 별 차이가 없어요. 비정규직 차별 해소나 현장 노동자 조직화에 대한 애정이나 실천적으로 보여주는 모습을 보면 별 차이가 없습니다. 그런데 선거 때만 되면 서로 경쟁하고 자기 조직별로 따로 모이곤 합니다. 정당 문제에서 지지하는 정당이 조금 다를 수는 있지만 그렇다고 진보정당 활동에 크게 결합하는 것도 아닙니다. 그냥 집행부가 이 정당을 좀 지지한다는 정도이지 그런 것 말고는 행동에서 별 차이가 없다고 봐요.

진보정당마다 각각 추구하는 방향과 노선은 크게 보면 다르지 않습니다. 'ㄱ' 진보정당이 추구하는 정신을 보면 그렇게 따로따로 해서는 안 되는 거예요. 진보정당이 추구하는 방향이나 노선을 생각하면, 노동자가 궁극적으로 지향하는 가치를 힘 있게 실현하기 위해서는 단결해야 한다는 게 명약관화합니다. 일단은 정치 간부나 현장 활동가 간부들이 먼저 단결하지 않기 때문이라는 생각이 들고, 현장 조직들도 단결하지 않습니다. 현장 조직들이 단결하지 않는 것은 정치 간부들이나 활동가들이 안 하기 때문입니다. 활동가들이 정서적으로 따로따로 만나고 입장의 차이를 좁히려는 노력을 안 하는데, 밑에 있는 대공장 노조 현장 조직들이 어떻게 움직이겠습니까?

지금 현장을 떠나 반성해 보면 일상적으로 따뜻하게 만나고 좋게 변화시키려는 노력이 부족했습니다. 특히 소통하고 공감하는 능력이 부족했습니다. 내가 먼저 좋은 사람이 되면 상대도 더 좋은 사람이 되고, 내가 더 좋은 목적 의식적으로 하면 상대도 더 목적 의식적으로 될 건데, 그렇지 못했다는 생각이 듭니다. 말로는 항상 단결과 투쟁을 부르짖으면서, 우리가 단결하지 않고 서로 안 보고 서로 녹아 들어가지 않는 부분들을 지금이라도 극복해야 한다고 생각합니다. 이런 가치를 실현하기 위해서 마음을 모아 가야 하는데, 한배를 탔는지조차 생각을 안 하는 경우가 많습니다.

예전에 모 국회의원이 지역에 와서 노동자 강연을 했는데, 마치고 나서 특정 사람들만 뒤풀이에 참석하는 거예요. 나는 그건 아니라고 생각했습니다. 같이 만나서 이야기를 듣고, 나하고 같은 동지들인데 다른 사람들은 쭈뼛쭈뼛해서 가버리고 친한 사람들만 모여 뒤풀이 가고 하는 그런 것들, 조그마한 일상이 모여 큰 것이 만들어지는 거지요. 노선의 차이도 별로 없으면서도 노선이 만들어지는 거죠. 관행화된 노선의 차이가 그런 형태로 나타나는 겁니다. 그러면 일반 조합원들이 볼 때 이 사람들하고 저 사람들은 노선이 틀린가 보다 생각하게 됩니다. 일상적으로 그런 조그마한 것들이 빗나가면서 계속 축적이 되는 거지요. 일상에서 단결이 나타나는 거고, 큰 싸움 할 때는 결국 다 모이죠.

공조직 중심의 토론이나 활동이 같이 이루어져야 하는데, 일상적인 유대와 정서적 관계는 정파 단위로 움직이고 공조직에서 세 대결하는 양상이 많이 나타나고 있습니다. 이를 해결하려면, 먼저 생각하는 사람들이 자기 곁을 내줘야 합니다. 운동을 통해서 자신의 가치를 실현하고 좋은 세상을 만들기 위해 자기 곁을 내주지 않으면 그런 부분에 대해서는 변화를 이끌기가 힘들다고 봅니다. 이런 문제에 대해 정말 절실하게 느끼고 단결의 필요성을 절감하는 사람들이 먼저 움직여야 합니다. 우리 삶의 문제에서 밥그릇이 있을 때 상대에게 양보해야 합니다. 곁을 내주는 그런 노력을 해야 '저 사람들이 우리를 생각하는구나, 우리와 같은 이들이구나.' 하고 생각하게 됩니다. 그런 모범들이 계속 축적되지 않으면 지금 상태에서는 단결과 통일을 만들어내기 어렵습니다. 자기 헌신이나 희생이 필요한데, 자기 거는 자기가 다 챙기고 가져갈 거 다 가져가고 하면, 자기 입맛에 맞는 간부들만 남지요.

실제 일자리 하나라도 생기면, 자기하고 생각이 비슷한 사람들만 충원하잖아요, 그런 것부터 하지 않아야 합니다. 지금 이렇게 끼리끼리 모이는 것이 고착되어 있습니다. 변화를 만들어내기 위해 한 지역에 같이 살면서 옆의 조직에 몸담고 있는 사람한테는 연대하자는 이야기도 안 하고, 밖으로만 연대를 조직하러 다닙니다. 그런 사례들이 많고 저도 그런 오류에서 벗어나지 못했는데, 생각해 보면, 희생과 헌신을 통해 각자 노력이 쌓여나갈 때 변화가 가능하다는 거예요. 옛날에 같이 밥을 먹었던 사람들인데, 지금은 같이 밥을 안 먹어요. 노래도 '한솥밥 동지'라는 게 있는데, 옛날에는 한솥밥이었는데 지금은 입맛이 다 달라져 한솥밥을 안 먹습니다. 그런 것들은 이론적이거나 본질적인 문제를 갖고 이야기해도 안 되고, 어찌 보면 인문학적인 거지요.

이런 인문학적 성찰이 필요하고 후배들에게도 이야기합니다. "우리가 노동운동을 하면서도 기능적인 사람, 자기 이익만 생각하는 사람을 만들지 말자. 사회를 생각하고 전체를 생각할 수 있는 사람으로 만들어라. 본질이 인간 해방인데, 너희가 인간의 존엄과 인간의 본성을 교육하고 그렇게 될 수 있는 사람으로 만들어야 하는데, 노동운동을 하고 나면 그와 거리가 먼 사람으로 바뀌어 나가면, 우리가 노동운동 하는 내내 뭘 추구한 것이냐?" 사람을 변화시키려고 했는데, 궁극적으로. 사람의 변화는 등한시하고 기술적으로 임금 교섭 잘하는 방법만 알려주고 사회적 관계를 잘 만들고 제대로 단결하는 것을 안 했다는 거지요. 요즘 계속 그런 말을 하고 다닙니다. 노조 교육에서도 자본주의 모순을 말하는 것도 좋지만 자본주의 모순을 극복하고 이루고자 하는 것이 무엇이었는가에 대해 생각하자는 거지요.

(김: 정파 이야기 나왔으니까 나도 두 가지만 말하겠습니다. 옛날 군사독재 시절만 하더라도 군사독재하고 싸우는 게 먼저니까 NL-PD의 갈등은 그렇게 크지 않았어요. 또 내용을 보더라도 NL-PD라 했을 때 민족 해방이 더 우선이냐, 계급 문제에 더 중점을 둬야 하느냐 정도의 차이였지. 같이 일을 할 수 없을 정도로 큰 차이는 아니었다고 생각하거든요. 그런데 상황과 시대가 많이 변했어요. 절차적인 민주주의는 상당히 정착됐고 미약하나마 진보정치 활동도 이루어지고 남북관계나 국제관계도 많이 변했잖아요. 이런 조건 속에서 사실은 우리가 정파의 이념이나 노선에 관해서는 말하지 않잖아요? 정파 간의 경쟁이 이전에는 생산적인 측면도 있었단 말이에요. 자기 정파의 영향력을 확대하기 위한 과정이 간부나 활동가를 조직하는 것과 거의 일치했어요. 그런데 지금은 그게 아니라, 정파가 내세우는 이념, 노선은 겉으로 내세우는 명분에 불과하고 지금 정파들의 가장 큰 이해관계는 대중조직과 정당에서 주도권을 잡는 것이거든요. 이전에는 대중조직에서 어떤 사업을 더 우위에 넣기 위해 토론도 하고, 타협도 하고, 절충점도 찾았는데, 이제는 그게 아니라는 거예요. 토론하면서 같이 할 수 있는 걸 모

색하기보다는 우리 마음대로, 우리 정파 맘대로 할 수 있으니까 그냥 손들어서 이기는 게 중요한 거죠. 이런 풍토가 굉장히 강해졌습니다. 그러다 보니까, 일상의 인간관계에서부터 가까워져야 하는데 지금은 더 멀어져 버렸다는 이야기예요. 이념이나 노선과 관련해서 토론할 수 있는 분위기나 공론장도 없고, 그걸 마련하려고도 하지 않게 되어 버렸어요.)

제가 보기에도, 정치권력이나 자본이라고 했을 때는 상대가 분명히 있는데, 지금은 상대가 권력과 자본이 아니라 우리 내부에 있는 것 같아요. 그러면 정권과 자본을 극복하는 게 아니라 우리 내부를 극복하려고 하는 게 주도권 다툼으로 나타나는 부분은 경계하지 않으면 안 되는 거지요. 통일운동 세력은 통일의 필요성을 느끼는 한 사람이라도 더 같이 가야 하고 같이 마음을 모아나가야 하는데 왜 그 노력을 안 하느냐는 거지요. 다 자기가 조직한 곳에서만 애를 써요. 그러면 그곳은 또 고착되어 가요. 통일운동 세력 안에서도 또 여러 층이 있을 거 아니에요. 넓게 보면 다 통일운동 세력이지만 그 안에서도 통일 단결하지 못한다면 통일은 헛구호다. 이런 주도권 다툼은 어느 조직이라도 비슷하게 나타나는 거죠. 그래서 상대와 우리의 관계를 정확하고 냉철하게 바라봐야 하는 부분이 있고, 지금 조금 무뎌진 것들에 대해 다시 한번 깨우쳐 나가야 한다고 봅니다.

노동조합 교육의 혁신 필요성

계급적이든 무엇이든 간에 지금은 안 한다는 거죠. 특히 산별 조직의 중간 간부들이 노선이나 이런 부분에서 현장에 있는 조합원들한테 많이 휘둘려요. 예를 들어 지역에 촛불집회를 조직하는데, 이런 것은 조합원들이 먹고사는 문제와는 조금 떨어진 거잖아요. 하지만 개별 노조의 현안이나 당면 과제에 대해서는 굉장히 첨예합니다. 그런 요구에만 계속 부응하다 보면 옆을 돌아보고 뒤를 돌아보고 뒤에 자기들보다 더 늦게 오는 사람들을 돌아볼 여유를 못 가지는 거예요.

제가 현장에 교육하러 갔다가, "당신들보다 처우가 더 열악한 5인 미만 사업장 노동자가 355만 명이다. 350만 명의 비정규직 노동자나, 5인 미만 사업장 노동자에 대해서 혹시 생각해 보신 적이 있는가?" 시 한 수를 적어서 제시하면 욕 들어 먹습니다. 이제 노동운동이 뒤도 돌아봐야 하고 그런 걸 통해서 힘을 얻으면 궁극적으로 자기들이 원하는 가치를 실현할 수 있고 노동권도 확대할 수 있는데 그게 안 되는 거죠. 예를 들자면, 지금 이주노동자 지원센터가 없어졌어요. 가장 약한 노동자를 위한 공간이 문을 닫으면 그다음 문 닫는 거는 우리가 될 수도 있는데, 그에 대해 누구 하나 목소리를 안 낸다는 거죠. 사회적 약자에 대해 애정을 갖고 이야기를 하는데, 현장에서 "뭐라 하노? 왜 쓸데없는 짓을 하고 있나?" 이렇게 돼 버리면, 이거는 노동운동의 미래가 굉장히 암울한 거죠. 우리 운동과 교육이 영화 〈기생충〉처럼 전부 이기심과 욕망이라는 자기 안의 기생충을 기르고 타자를 배려하지 않는 형태가 될 수 있지 않은가 싶은 거죠. 우리가 이기적 욕망만 키워주는 이런 사람들을 만들면 안 되는 거잖아요.

이게 노동 해방의 지향과 가치가 아닌 줄 알면서도 전태일 노동자대회는 매번 크게 조직해요. 전태일 노동자대회를 조직하지만, 관성적인 거죠. 몇 명 지침이 내려왔으니까 몇 명 가야 한다는 거지요. 물론 하기는 해요. 하지만, 전태일 정신이 뭔가를 이야기하지는 않습니다. 전태일 정신의 계승을 위해서 노동자대회를 하는데, 자기는 전태일 정신이 없는 거죠. 우리가 자꾸 기능적 · 기술적으로 바뀌는 겁니다. 실제로 노동자대회를 가면 또 현안을 중심으로 갑니다. 지금 노동 탄압이 심하다면 '노동 탄압 철폐 전국노동자대회'가 되는데, 제일 본질적인 거는 전태일 열사의 정신을 계승하는 겁니다. 본질적인 것은 없어지고 가려지는 거지요. 인간의 존엄성을 살리기 위한 투쟁을 해야 하는데 그건 놓치고 있는 게 많습니다. 끽해야 '전태일 열사 책 읽기 한번 하고 갑시다.' 하는데, 그것도 요즘은 잘 안 하더라고요. 그런 것보다는 현안 교육을 더 많이 하죠. 이름은 '전태일 열사 정신 계승'인데, 전태일 열사 정신은 10분 교육하고 나머지 50분은 현안 교육이에요. 나는 이런 교육이 바뀌어야 한다고 생각합니다. 우리가 바뀌어야 합니다. 노동사회교육원에서도 통일 교육을 하고 산추련에서도 비정규 노동자를 위한 활동을 잘 하는데, 가서 배우고 익히면 좋은데 안 가요. 민중을 위해서도 복무할 마음가짐만 있으면 어디 가서 교육을 받더라도 마음을 열어야 하는데 굉장히 폐쇄적입니다. 물론 입장이 조금 차이가 있는데 그 차이를 활동가들은 "그건 틀렸어" 이렇게 보는 거예요. 이런 것들을 우리가 다 녹여내야 하는 거지요.

진보정치 단결의 필요성과 노동운동의 과제

진보정당 운동과 관련해서는 제가 권영길 선거 운동을 쭉 했었고, 2016년 노회찬 선거 운동 때도 여영국 의원과 함께 공동 선대본부장을 맡았습니다. 제가 공동선대본부장을 맡았던 거는 노동자 정치세력화를 위해 진보정치가 단결해야 한다는 필요성을 강하게 느꼈기 때문이었는데, 민주노총 경남본부 사무처장이 아니라 전국회의 의장 자격으로 본부장을 맡았습니다. 당시에 '전국회의' 전임 의장이 그만두는 바람에 제가 잔여 임기를 8개월간 대신했거든요. 사실 그 당시 전국회의 경남지부에서는 반대했습니다. 그래서 공동선대본부장을 맡을 때 조건이 있었어요. 노회찬 후보한테 조건을 걸었지요. "의원님께서 우리 진보정치의 통합과 단결에 앞장서 주셔야 합니다. 이제는 말씀만 갖고는 못 믿겠습니다. 서약해 주십시오. 대신에 마지막 한 사람이라도 모두 이쪽 피켓을 들도록 하겠습니다." 그랬어요. 그래서 노회찬 의원이 제 앞에서 서약서를 쓰고, 저는 공동선대본부장 역할을 했습니다.

물론 정서적 일체감이나 유대 관계가 없었고 노선과 방향도 매우 달랐지요. 하지만, 선대본 활동은 노선이나 방향이 '옳고 그르다'가 아니고 민주노총의 후보이기 때문에 당연히 다 도와야 했던 겁니다. 저는 한 사람 한 사람 만나서 조직적으로 선거 운동을 하도록 다 설득했습니다. 다 설득해서 선거 운동을 했는데, 그 뒤로 좀 섭섭했던 거는 노회찬 의원이 앞장서서 통합하는 노력을 좀 등한시했던 부분이었어요. 다른 현안들도 많았고 조직적으로 한계를 느꼈겠지만, 진보정치 통합을 위해 크게 노력하지는 않았습니다. 그런 것들이 아쉬웠고, 그 때문에 전국회의 내부에서 욕도 많이 먹었어요.

저는 진보정치의 통합 문제는 모두가 책임져야 할 문제라고 보고요. 우리가 가는 방향이 옳다면 좋은 세상을 빨리 열 수가 있는데, 우리의 생각 차이 때문에 그런 세상을 여는데 더디게 간다면 역사의 심판을 받을 문제예요. 그런데 그런 생각까지 하지 않는 거죠. 우리 스스로 새로운 세상을 열고 싶다면 단결해야 하는데, 이제는 분열이 고착되어 단결을 시도하려고도 안 합니다. 물론 자신이 추구하는 가치를 가지고 행동하는 것은 인정해 주어야 한다고 생각합니다. 자신의 가치대로 자신들의 정당을 추구하겠다면 그런 부분은 존중해 줘야 하는데, 다만 좋은 세상을 빨리 열고 싶다면 저는 단결해야 한다고 봅니다. 연합이든 정책연합이든 단일 정당을 만들든 단결하는 모습으로 가야 한다는 생각이고, 그렇지 못하면 지금처럼 계속 국민의 외면을 받을 거라는 생각입니다. 노동운동 하는 사람이 역사의 당위성이나 역사 요구를 받아들이지 않는다면, 떳떳하고 훌륭한 일을 하는 것 같지만 반대로 갈 수도 있고 진보정치가 계속 국민의 외면을 받을 겁니다.

단결하라는 역사의 요구를 외면하고 1% 정당으로 자족적으로 살아가겠다면 그만이지만, 사회개혁을 말할 수는 없을 겁니다. 통일을 성취하고 사회개혁을 하려면 힘을 모아야 합니다. 분열되어 힘이 없는데 어떻게 개혁을 하겠습니까? 진보정치 하는 사람부터 먼저 통일되어야 하고 그러려면 자기 성찰하고 반성할 기회를 만들어야 한다고 봅니다. 오래전부터 운동했던 선배들이 모여서 성찰하고 반성하고, 학습하고 토론하는 분위기들을 다시 만들어야 합니다. 최소한의 학습과 토론조차 안 하는 분위기에서 기능적인 교육에 집중하는 것을 보세요. 옛날 1987년 전후에는 학습 소모임들이 아주 많았습니다. 소모임 조직들이 일상화돼 있었는데, 지금은 오히려 지역의 마을 도서관이나 일반 시민들의 학습 소모임은 많은데 노동자들의 학습 소모임은 없습니다. 치열한 자기반성과 성찰의 자리, 통일 단결할 수 있는 그런 자리들을 많이 만들어야 한다는 생각입니다.

사실 다들 잘 살기 위해서 노동운동 하잖아요. 나는 그렇다고 봅니다. 요즘은 백세시대를 사니까 정년퇴직 후에도 시민으로서, 또는 비정규 노동자로서 살아가야 합니다. 그래서 운동도 평생을 해야 하는데 공장 다닐 때는 노동조합운동을 하거나 조합원이었는데, 퇴직하고 나서 그 정신과 활동을 잃어버린다면 그것은 우리 민주노총이 잘못했기 때문이라고 생각합니다. 결국, 잘 산다는 것은 인간다운 삶을 방해하는 구조와 싸워나갈 용기를 계속 가져야 한다는 거죠. 과거에 노동조합 조직 울타리 안에 있을 때는 용기 있는 모습을 보이기도 하고 그렇게 행동합니다. 그런데 퇴직해서 노조의 울타리 밖에 나오면 인간다운 삶을 방해하는 구조나 모순을 직시하려는 모습이 없습니다. 성찰하는 모습이 없고 그런 것들과 싸우면서 자기의 본질을 찾아가려는 용기를 갖지도 못합니다.

우리 운동은 지금 물질적 풍요를 끊임없이 추구합니다. '노동조건 개선하라' 계속 주장하는데, 특히 대공장 노조들이 그렇지 않습니까? 제가 보기에, 잘 사는 것은 궁극적으로 인간의 존엄을 지켜나가는 것이고, 인간 존엄을 지키는 것은 사람이 교육하고 토론하고 학습하며 발전해 가는 것이지요. 예전에 한국GM에서 비정규직 투쟁을 지원한다고 김학철 집행부가 정규직 조합원들로부터 불신임당했어요. 신임 투표를 했는데 조합원들이 "하지 마라. 비정규직노조 도와주지 마라" 해서 김학철 집행부가 사퇴했습니다. 금속노조도 여전히 기업별 지부를 인정해 줍니다. 결과적으로 기업별 노동조합이라는 조직 형태가 조직화에 큰 방해가 됩니다. 산별노조 간부들은 등에 '비정규직 철폐' 구호를 달고 다닙니다. 하지만 자기 사업장 안에 있는 비정규직 철폐에는 관심이 없습니다. 그럼 이 문제를 어떻게 봐야 합니까? 내 가까운 데서부터 비정규직을 조직하고 철폐하려고 노력해야 말과 행동이 맞는 거죠.

이게 우리 노동운동의 현실입니다. 이 부분을 극복하지 않으면 한국 사회가 지금처럼 더디게 발전할 거고, 그렇게 되면 국민의 삶도 질적으로 개선되지 못하고 같이 연동해 갈 겁니다. 삶의 질을 변화시키는 게 굉장히 더디게 갈 수밖에 없을 거예요. 이런 문제를 일신하기 위해서는 우리가 치열하게 토론하고 방법을 찾지 않으면 안 됩니다. 항상 조직한다면서 맨땅에 헤딩하는 식으로 딴 데 가서 조직하려고 하고 있습니다. 물론 실제로는 쉽지 않습니다. 그렇지만, 정말 치열하게 고민해서 실천방안을 찾지 않으면, 산별노조운동도 이 한계를 극복하지 못할 거고, 노동자 조직화 역시 성공을 거두기 어렵습니다. 100만 조합원을 조직했다고 좋아할 때가 아니라 우리 내부의 체계를 일신할 방법을 찾아야 합니다. (구술 일시: 2024년 1월 14일)

9

진주지역의 노동운동과 일반노동조합 운동

김재명(전 민주노총 경남본부장)

1961년 경남 진주 출생

1985년 진주 신흥 타이어(일본 외자기업) 입사

1987년 노동조합 설립 후 대의원 의장, 조사통계부장

1990년 6.10 항쟁 정신 계승 유인물 배포로 노동조합 정치활동 위반으로 해고

1995년 신흥택시 입사

1996~1997년 노동법 개악투쟁, 노조위원장 당선

1998년 민주노총 진주지역협의회(현: 진주지역지부) 의장

1999년 택시 완전월급제 투쟁, 구속

2000년 진주지역 일반노동조합 설립

2004년 마창 일반노동조합과 진주지역 일반노동조합 통합으로 창원 진출

2005년 창원 인터내셔널 호텔 파업 투쟁으로 구속

2009~2012년 민주노총 경남본부 제6~7기 수석부본부장

2013~2017년 민주노총 경남본부 제8~9기 본부장

1985년 신흥고무에 입사, 노조 내 정치활동으로 1990년 해고

저는 1961년생입니다. 고향은 진주입니다. 1985년도 군대를 제대하고, 신흥고무라는 곳에 입사했습니다. 신흥고무가 어떤 곳이냐면 일본 외자기업입니다. 외자기업인데 여기에는 자동차를 제외한 산업용 타이어를 만드는 곳입니다. 오토바이부터 시작해서 리어카 그리고 골프카까지 해서 이렇게 쭉 타이어 그리고 튜브를 만들던 그러한, 대단히 열악했어요. 그 당시에는 다른 곳도 다 열악했겠지만, 거의 12시간 맞교대를 하는 사업장이었습니다.

고무공장은 고무를 녹여야 하는 게 한 가지가 있고, 그리고 또 고무를 녹여서 제품을 만들어야 하는데 여기에는 화학제품이 무조건 들어가야 됩니다. 화학제품이 들어가야 고무를 녹이고 고무를 붙일 수 있거든요. 고무를 녹여야 고무를 붙여 동그랗게 이렇게 만들어질 거잖아요. 잘린 부분 요기에 솔벤트나 이런 것들이 굉장히 많이 들어갑니다. 두 번째로는 요 고무가 안 붙게 하기 위해서는 밀가루 같은 타르를 쓸 수밖에 없습니다. 이게 엄청납니다. 사람이 뿌옇게 되어 나와요. 왜냐하면, 고무는 말 그대로 붙어버리면 안 되기 때문에. 굽기 전까지는 굉장히 끈적끈적하거든요. 그래서 요 작업 환경을 볼 것 같으면 엄청납니다. 그래서 노동조합이 만들어지고 나서 저희들이 그 중간에 한 친구가 집에서 돌아가시게 돼요.

집에서 돌아가시게 되는데 우리는 이건 어쨌든 간에 철저하게 산업재해로 규명해야 된다는 거였고 한쪽 회사에서는 이건 뭐 집에서 죽은 건데 이렇게 해가지고 하여튼 그 당시 고싸움을 치열하게 한 번 했던 적이 있습니다. 돌아가신 분이 박장출이라는 친구인데 하여튼 그것도 우리 해고 사유 중의 하나였어요. 왜냐하면, 그 당시에 그것 때문에 기계를 다 세웠던 거거든요.

하여튼 일하는 자체가 굉장히 열악했고, 이게 회전기구 앞에 사람이 있어 가지고 직접 손으로 하는 거다 보니까 굉장히 여러 가지로 힘들었습니다.

진주는 마창지역과 비교해서 굉장히 왜소한 지역입니다. 그런 부분도 있고 진주는 또 금속 사업장이 거의 없습니다. 이전에 볼 것 같으면 대동공업사가 있을 때 마찌꼬바를 비롯해 금속 사업장이 쭉 있다가 이게 굉장히 빠르게 현풍으로 넘어갑니다. 대동공업사가 현풍으로 넘어가면서 진주지역에 있는 금속사업장들은 거의 다 없어집니다. 그런데 거기에 하나가 남는 게 볼 것 같으면 대동중공업인데, 지금은 이름이 바뀌어서 두원중공업입니다. 이석행 씨가 대동중공업에서 해고가 되어서 지역에 나오면서 지역 내의 노동운동이 조금씩 만들어집니다.

87년도는 말 그대로 전국적으로 노동조합이 만들어졌고 그러한 과정에서 우리 신흥고무도 노동조합이 만들어집니다. 당시 진주에 노동조합은 삼미단조가 있었는데 지금 창원의 삼미금속의 전신입니다. 그리고 대동기어, 대동중공업이 있었는데 진주는 그 하청 사업장들이 모여 마치코바 공장들이 있었고 거기에 노동조합이 만들어집니다. 대동중공업은 이후 사천지역으로 옮겨가고, 마찌코바 공장들은 열악합니다. 진주는 다른 지역과 달리 택시 사업장 노동조합이 빠르게 만들어졌는데 대구 택시 총파업이 1984, 85년에 시작되었는데 진주도 1985년에 만들어져 싸움을 크게 했습니다.

저는 1987년도에 신흥고무에서 노동조합 활동을 하다가 1990년에 해고되었습니다. 당시 3명이 해고되었는데 민주노조를 만들기란 굉장히 어려웠습니다. 우리 사업장도 한국노총 사업장이었는데, 노동조합의 민주화를 위해 내부에서 싸움을 하다가 해고가 되었습니다. 당시 창원에서 최승윤이란 친구가 경남대를 졸업하고 창원공단에 취직해 있다가 진주로 넘어왔는데 자전거 관련 사업장에 왔습니다. 자전거 관련 사업장이다 보니 참관을 하다가 이 친구를 발견하게 된 겁니다. 3년 뒤인 1990년에 해고가 된 건 노조 선거가 있었기 때문입니다.

저는 신흥고무 노조 대의원 의장을 하다가 조사통계부장으로 집행부에 있었습니다. 당시 조합원은 한 600, 700명 정도 되었습니다. 지금은 자동화가 되었지만 당시는 거의 수공업이거든요. 그러니 여성 노동자들도 많고, 산업체 특별학급을 다니는 분들도 많았습니다. 1987년 당시 지역에서 노동자들이 노동조합에 자연스럽게 들어갔습니다. 일이 대단히 힘들었으니까요. 당시 타이어를 만들려면 회전기구가 있습니다. 고무를 회전기구에 부착시켜서 손으로 당겨서 다시 틀에 넣어 굽습니다. 그런데도 일당이 4천 원 조금 넘었습니다. 그러다 보니 노동조합에 가입하는 것이 자연스러웠고, 노동조합이 만들어지고 비조합원이 없었습니다. 당시는 한국노총사업장이었습니다.

한국노총에서 한 번씩 교육을 받았는데, 진주 경상대학교의 장상환 교수님이 교육을 해주셨습니다. 그러다 보니 자연스럽게 노동조합 활동을 시작하게 되었고, 임금교섭이나 단체협약을 하는데 조합원들이 배제된다는 생각을 하게 되었습니다. 그래서 노동조합이 바뀌지 않으면 안 되겠다는 생각을 하게 되었고 뜻이 맞는 사람들끼리 모여 학습을 하다 보니 회사 눈에 띌 수밖에 없었습니다. 결국 회사에서 얘들을 그냥 두면 집행부를 맡을 것 같으니 골치 아프게 되는 것보다 자르자고 했던 것 같습니다.

1990년 해고가 되니 지역에 저와 같은 해고자가 몇몇 발생한 겁니다. 동서제지(이후 신호제지)에 지금은 진주 시의원을 하였던 류재수 동지가 해고되었고, 대동중공업에 이석행이 해고되었고, 신흥고무에서 셋이 해고되었습니다. 이전부터 택시 사업장에서 활동했던 분들이 있어 '진민노련'을 만들었습니다. 이후 전교조 교사 해고 사태가 생기고 지역 노동조합운동이 활발해집니다. 해고 후 2년 동안 출근 투쟁을 했습니다. 당시 저희들 소송을 맡았던 분이 문재인 대통령입니다. 저희들은 노무현 변호사를 찾아갔는데 문재인을 소개시켜 준 겁니다. 문재인이 저희들 소송을 맡아서 진행했는데 결국 졌습니다. 당시 해고 사유가 6.10 항쟁 정신 계승 유인물 배포였습니다. 회사 내에서 정치활동을 했다는 것이지요. 이후에 민주화 운동으로 인정받긴 했지만. 출근 투쟁을 마무리하고 조립식 주택을 지으러 다니다가 신흥택시로 들어갔습니다.

신흥택시 노조위원장, 완전 월급제 쟁취

신흥택시 사장이 유명한 사람인데 문상률이라고 예전에 빨치산 토벌 때 경찰이었습니다. 문상률 씨의 집이 경찰서하고 담을 딱 맞대고 있었습니다. 얼마나 불안하면 경찰서 옆에 살았겠습니까. 제가 택시 회사를 들어간 건 1995년이었습니다. 택시에 들어가 1996, 97년 노동법 개악 반대 투쟁 때 일을 하고, 1997년 신흥택시 노동조합위원장이 되었습니다. 당시 택시에서 완전 월급제 투쟁을 하면서 민주택시연맹을 만들었습니다. 월급제 투쟁을 참 재미있게 했습니다.

제가 퇴직을 하고 나서 전과 조회를 해보니깐 25범이더라고 예. 벌금부터 시작해서 징역 산 것까지 해서 25범이던데, 거기에 볼 것 같으면 공금횡령이라는 게 있습니다. 별거 다 있습니다. 절도, 공금횡령. 주거침입, 요것만 보면 파렴치범 중 이런 파렴치범이 없습니다. 주거 침입은 해고되고 나서 회사 들어갔다고 해서 주거침입. 절도는 인터내셔널 호텔에서 천막 투쟁하면서 전기 빼 썼다고 절도. 그리고 제가 얘기하려고 하는 공금횡령은 월급제 투쟁을 하면서 월급제라는 게 그 당시 어떤 거냐 할 것 같으면 택시 노동자들이 하루 일을 해서 자기가 벌어온 전체 금액을 회사에 납부하게 되면, 그 납부한 금액을 일정 부분 회사와 나누게 되는 겁니다. 저희들이 주장했던 것은 반반씩 나누자는 것이지요. 그러니 회사에서 어떻게 우리를 믿느냐는 겁니다. 우리는 얼마든지 그걸 관리 감독할 수 있는 기술도 체계도 기구도 있다고 했지요. 회사는 죽어도 못 한다고 하고.

제가 위원장을 하면서 너희들이 못 할 것 같으면 노동조합에서 우리가 할 테니 너희들은 신경 끄라고 하고 조합원들에게 "오늘부터 일한 돈은 전체 다 노동조합으로 납부해라. 그러면 노동조합에서 당신들에게 월급을 준다"고 했습니다. 당시 신흥택시가 73대였는데 차 1대당 2.5인에서 3인 정도니 조합원이 73 곱하기 3을 하면 이백 명이 넘었습니다. 택시는 매일 일을 하기 어렵거든요, 그러니 교대도 하고 빠지는 사람은 바꿔줘야 되고 하니. 조합원들 돈을 받았는데 한 일주일쯤 되니까 돈이 기하급수적으로 늘어났습니다. 월급을 준다고 하니 사람들이 더 열심히 일해서 돈을 가지고 오는 겁니다. 몇천만 원씩 쌓이니까 감당하기 어렵더라고요. 그래서 절반은 회사로 올려주고 절반은 조합원들한테 일일이 계산해서 월급을 줬지요. 그러니 조합원들이 진짜 좋아했습니다.

이렇게 한 2주 정도 지나니 회사에서 도저히 안 되겠다 싶은지 공금횡령으로 고발을 했습니다. 그래서 첫 징역을 살았습니다. 그때가 1998년, 99년입니다. 신흥택시에서 완전 월급제가 발전하여 버스 회사에서도 변화가 일어납니다. 진주에는 삼성교통하고 시민버스가 자주관리를 하는데 기사들이 많이 흡수됩니다. 당시 택시를 했던 조합원들이 그쪽으로 많이 가 있었지요.

택시 노조는 파업이 참 힘든데 이때 재미난 일이 있었습니다. 회사에서는 우리가 파업할 기미가 보이면 회사에 차를 들어오지 못하게 하고 두 사람한테 차 한 대를 주고, 알아서 교대를 하라고 합니다. 돈만 보내라는 거지요. 차가 안 들어오니 파업이 안 되는 겁니다. 차가 밖에서 도니까. 그래서 파업을 하려고 당시 경상대학교 학생들과 노학연대를 많이 했는데, 지금 금속에 있는 안인호나 이런 친구들이 있을 때입니다. 학생들 30명에서 50명 정도를 모아 전부 다 돈을 만 원씩 주고 딱 시내 한가운데 서 있다가 신흥 택시가 보이면 무조건 타고 어디로 오라는 겁니다. 그러면 저희들이 키를 빼서 차 운행을 못 하게 했지요. 그러니 어디로 가자면 택시가 안 움직이는 겁니다. 그러면 장소를 바꿔서 파업을 한 적이 있습니다. 택시는 파업이 정말 어려운데 딱 한 번 파업을 했습니다.

경상대학교 학생들과 노학연대가 잘 되었습니다. 경상대학교에서 배출되는 학생들 가운데 노동 현장으로 들어온 친구들도 상당히 있었습니다. 상시적으로 연대할 수 있었습니다. 진민노련은 모두 작은 사업장밖에 없어 규모가 작았습니다. 그나마 큰 삼미단조가 창원으로 넘어가 버립니다. 대동중공업은 더 일찍 사천으로 옮겨 갔습니다. 이석행이 해고될 때는 진주에 있었는데 87년 이후에 옮겨 갔습니다. 대동중공업은 한국노총사업장으로 진민노련이나 민주노총으로 들어오지 않았습니다. 다만 이석행 씨와 몇몇 분들이 들어왔습니다. 진주에는 실을 뽑는 제사공장이 있었는데 노동조합은 결국 못 만들었습니다.

민주노총 경남본부에서 일반노동조합 조직화 사업

출소한 후 회사로 들어갈 수도 없고 2000년에 일반노동조합이 만들어집니다. 마산, 창원은 진주보다 늦게 2001년에 만들어졌습니다. 일반노동조합은 1996, 97년 이후에 FTA 투쟁과정에서 국가지원을 받아 초단기간제로 노동하는 노동자가 많이 늘어나게 됩니다. 정부의 지원으로 지방자치단체에서 도로변에 나무나 꽃 관리, 그리고 산에 나무 관리하고, 이런 분들을 모아서 일반노동조합을 만들게 된 것입니다. 진주지역에 일반노동조합이 만들어지고 난 후 지방자치단체에 고용되어 있는 무기계약 노동자, 기간제 노동자들이 들어왔습니다. 마창지역, 진주지역 일반노동조합이 2개 만들어진 겁니다. 그러니 두 개를 통합하자는 의견이 나옵니다. 경상남도에 같은 성격의 노동조합 두 개가 있을 이유가 없다고 하여 2004년에 합의 후 통합을 합니다.

2005년 1월부터 제가 일반노동조합 부위원장으로 창원에 상근하게 됩니다. 오자마자 인터내셔널 호텔 투쟁이 있었습니다. 이 투쟁이 몇 개월 동안 진행되었는데 마지막에 저는 업무방해로 구속됩니다. 업무방해도 재미난 사건인데, 당시 창원에 세계사격대회가 있었습니다. 창원은 보기보다 호텔이 별로 없는데, 인터내셔널 호텔을 사용할 수밖에 없죠. 저희들이 파업이라고 손님을 못 받게 하니 이런 과정에서 구속이 된 겁니다. 인터내셔널 호텔 투쟁은 복합적인 요구였는데 처우 개선과 임금 등 요구를 회사 측에서 절대 들어줄 수 없다고 해서 교섭을 했습니다. 단체협약 과정에서 파업을 하게 된 것인데 극단적으로 부딪치게 됩니다. 파업을 하니 호텔을 전부 잠그고 손님을 빼내고, 저녁에 촛불을 들고 빙빙 돌았습니다. 그때 우리가 쫓아낸 손님 중에 아랍 쪽 왕실에서 온 손님이 있었나 봅니다. 저는 일반노조 부위원장으로 교섭 대표를 맡아 파업을 하다가 구속된 것입니다. 저랑 인터내셔널 호텔 지회장과 조직부장 셋이 구속되었는데 두 사람은 1심에서 나가고, 저는 2심까지 갔습니다.

그 후 일반노동조합이 지방자치단체에 고용되어 있는 노동자들에게 관심을 가지면서 조합원 수가 불어납니다. 제가 징역 살고 나와 일반노동조합 위원장을 맡게 됩니다. 당시 대의원대회에서 노동조합 돈 1억을 빌려 경상남도 18개 시 · 군 무기계약직 노동조합을 조직화하는 사업을 했습니다. 진주, 창원, 마산 합해서 한 천 명이었는데 1억으로 사업을 한 후 2천 명이 되었습니다. 대다수가 지방자치단체 무기계약직 노동자들입니다.

민주노총에 16개 업종의 노동조합이 있습니다. 그런데 어느 쪽에도 가기 애매한 업종들이 있습니다. 지방자치단체 무기계약직 노동자들이 그렇지요. 또 금속사업장에 들어갈 수 없는 소규모 사업장도 대단히 많습니다. 10명 이하 단위도 있지요. 고속도로 휴게소에 일하는 노동자들도 있습니다. 이렇게 소외되어 있는 노동자들이 모여 노동조합 활동을 하다 보니 결국 다수를 차지하는 노동자들이 기득권이 생기게 되는 겁니다. 이분들은 임금도 상당히 높습니다. 특히 환경미화원 같은 경우 제조업과 비교해도 그렇게 낮지 않습니다. 도로보수원이라고 도로를 관리하는 분들이 있습니다. 창원에 아스팔트나 도로 관리를 하는 도로보수원이 있고, 시골로 가면 국토부나 지방도 옆에 배수로 수풀을 정리하는 분들을 수로원이라고 하는데 이분들은 상당히 힘든 일을 하는데 임금 차이가 많이 납니다. 그다음 사회복지사를 조직화해서 노조에서 지원하여 호봉제를 만들었습니다. 이전에는 호봉제가 아니라 최저임금을 받는 노동자들이었는데 호봉제로 바꿔서 근로조건을 향상시킵니다. 이때 많은 분들이 동참하였습니다.

이렇게 전략조직화 사업으로 1억 원을 배정해 달라고 하여 사업을 하고 노동조합에 상환을 했습니다. 이 돈은 순전히 조직사업에만 쓸 수 있는 돈입니다. 1년에 1천 명의 조합비를 계산하면 1억이 넘지요. 그 이후로 꾸준히 늘어나서 지금은 4천여 명 정도입니다. (조: 일반노조에서 아주 성공적인 사례로 볼 수 있는데 노조 조직의 성격 혹은 구성에 상당히 큰 변화로 보입니다. 이것은 내부적인 어떤 결정, 판단이 있었던 것입니까?) 일반노동조합이 처음에 만들어질 때 소외되어 있는 노동자들, 휴게소 노동자, 작은 사업장이 있었습니다. 창원의 컨트리클럽, 진주의 CC골프장 등은 서비스산업 노동조합으로 가야 하는데 관리가 안 되는 겁니다. 그러다 보니 일반노동조합에 들어와서 노동조합이 튼튼해지면 다시 서비스 산업으로 보냅니다. 금속사업장도 이런 경우가 제법 있습니다. 산별연맹으로 가도 사실 관리가 소홀할 수 있느니 노동조합을 관리해 줄 수 있는 일반노동조합에 남아 있는 겁니다. 우리 노조 본부 건물을 보면 산별연맹 사무실이 쫙 있습니다. 금속노조를 빼면 상근하시는 분들이 한두 명 정도입니다. 많아야 3명인데 저희 일반노동조합은 금속노조랑 비슷하게 10여 명이 상근을 하고 있습니다.

그러니 관리가 되는 것이지요. 노동자들이 어려워하는 점을 들어줄 수 있는 노동조합이죠. 노동조합에 사람이 있으니까 작게 쪼개서 들어가서 관리를 하면 수월해지는 겁니다.

조합비는 당시에는 2%를 받았는데 공무직 노동자들 경우 상여금을 다 포함하면 월 삼백만 원이라면 1인당 6만 원 정도입니다. 기본급의 2%가 아니라 임금 총액의 2%니 상여금이나 시간외수당은 빼고 2%입니다. 이러니 조합비가 많다는 이야기들이 나와서 얼마 전에 수정을 했습니다. 시간 외는 조합비에 포함하지 않는다고 해서 거의 기본급에서 2% 정도로 합니다. 임금교섭을 끝내고 나면 소급적용된 부분까지 나오면 그때 조합비가 많이 걷히는 때입니다. (조: 상근자들이 취약한 노조를 관리해 주는 시스템이군요.) 그래서 일반노동조합에 지부를 두고 있습니다. 현재 6개의 지부가 있습니다. 동서남북, 중앙, 그 외 이렇게 동부지부, 서부지부, 남부지부, 북부지부, 창원지부로 나눠서 관리를 합니다. 서부는 진주를 중심으로, 동부는 양산을 중심으로, 남부지부는 거제, 통영, 북부지부는 함양, 산청, 거창이 중심입니다. 이렇게 나뉘어 있으니 관리가 잘 됩니다. 창원은 워낙 규모가 크니까 별도로 한 사람이 하고 있습니다. (한: 노조의 요구들이 다양한데 어떻게 관리를 하십니까?) 중앙집중식이 아닙니다. 중앙집중식은 전체 요구를 다 올려서 중앙에서 정리하고 처리하잖아요. 그런데 지부로 분산이 되어 있으니 위원장이 지부장에게 모든 권한을 위임합니다. 그러면 지부 단위로 결정을 합니다. 그러면 지역의 요구는 다양한 것 같아도 그렇게 다양하지는 않습니다. 북부지부 같은 경우에 지방자치단체에 고용되어 있는 노동자 외에는 없습니다. 거기엔 공장이 없거든요.

(조: 부산 경남이 일반노조가 활발하다고 들었습니다. 지역별로 편차가 있거나 지역적 특수성을 가지고 있는지요?) 지금 현재는 전국화가 많이 되었다고 볼 수 있는데 우리나라에서 일반노동조합이 제일 처음 만들어진 곳이 부산입니다. 부산이 진주보다 한 6개월 정도 빠릅니다. 그런데 부산은 전체 조합원 수가 천 명도 안 됩니다. 이렇게 줄어든 것은 연맹이 만들어지면서 연맹으로 넘어간 조직이 많다는 것이지요. 일종의 디딤돌과 같습니다. 경남지역도 휴게소 노동자들도 서비스산업 노동조합으로 넘어가고, 골프장 노동자들도 그렇습니다. 작은 사업장도 산별연맹으로 옮겨갈 수 있도록 했습니다. 인터내셔널 호텔은 노동조합이 깨졌지만 동방 호텔 같은 경우 연맹으로 넘어갔습니다. 특히 경남의 경우 다른 산별연맹 업종에서 일반

노동조합에 있는 노동자들과 차이가 있지요. 충남의 경우 택시 노동자들이 일반노동조합에 있기도 합니다. 이는 어쩌면 믿음의 문제로 보입니다. 여기 노동조합이 우리를 더 보호해 줄 수 있다는.

(심: 영국의 경우 일반노조가 제일 큰 노조입니다. 운수 및 일반노조라고 합니다.) 일반노동조합에 지자체에 있는 분들이 70% 이상은 됩니다. 진주는 한성기계라고 자동차공장에 부품을 납품하는 곳인데 전체 종업원이 20~30명 정도입니다. 그러니 일반노동조합에 들어와 관리를 받고 있습니다. 마산 창원은 대부분 금속으로 갑니다만. 또 지자체에 고용되어 있는 노동자가 아닌 위탁사업장이 있습니다. 이런 경우 근로조건이 한 단계 밑이라고 할 수 있습니다. 그렇다 보니 이런 분들이 많습니다. 거창 희봉위생공사, 또 소각장 같은 경우 지자체에서 위탁받아 운영되고 있습니다. 창원의 경우 생활단지 내에 재활용 분리를 현대산업에서 위탁하고 있는데 그런 사업장들이 제법 있습니다. 이분들까지 포함하다 보니 조합원이 늘어나고 있습니다. 지방자치단체가 위탁하고 있는 사업장까지 포함하고 있습니다.

민주노총 경남본부장으로 5년, 진주의료원 투쟁

2013년 일반노동조합을 하다가 본부 일을 하게 됩니다. 김천욱 본부장이 있을 때 제가 수석을 했습니다. 이후 김천욱 본부장 다음으로 제가 본부장을 하게 되었습니다. 그런데 참말 일복이 많습니다. 그때 경남도지사는 홍준표, 대통령은 박근혜였으니까요. 그러니 일복이 많게 안 생겼습니까? 홍준표 들어오자마자 진주의료원 폐쇄로 밀고 들어오는데 진짜 정신이 없었습니다. 사실 본부장하고 첫 임기는 홍준표와 싸우다가 거의 3년을 보냈습니다. 홍준표는 민주노총에 있는 모든 걸 빼앗아 갔습니다. 우리 비정규직센터도 뺏어서 한국노총에 주었습니다. 한국노총에서 이걸 해보니 도저히 감당이 안 되니 다시 우리한테 넘어왔습니다. 이게 비정규직센터입니다. 홍준표 들어오고 나서 한국노총은 민주노총 보란 듯이 리모델링을 합니다.

진주의료원 싸움에서 우리도, 결국 피해밖에 안 남았지만 지금 와서 서부지역 공공병원 설립 말이 나오고 있지만 당시 진주의료원에 있던 노동자들이 다 없어졌죠. 본부의 첫 임기는 그렇게 보냈고, 두 번째 임기는 2년밖에 못 했습니다. 당시 총연맹이 직선제를 하면서 각 지역 본부하고 임기를 맞춰야 해서 2년으로 줄었습니다. 그 후 일을 그만두었습니다. 본부장을 5년을 했습니다. 5년을 하면서 정신없이 뛰어다니기는 했는데 기억에 남는 것은 그렇게 많지 않습니다. 제 나름대로는 기록을 해놓긴 했는데 제가 찾아보니 2012년부터 2015년 초까지만 있고 다 날아가 버렸습니다. 일기 형태로 적어 놨던 거라 제가 지역의 동지에게 책을 만들어달라고 자료를 주었습니다. 매일매일 적지는 못했지만 700~800페이지는 되더라고요. 자료집처럼 제본만 할 겁니다.

(조: 진주의료원 투쟁에 대한 대응과 평가를 하시면 어떻습니까?) 사실, 진주의료원 싸움은 지역의 싸움이기도 하지만 보건의료라는 산별 연맹이 가진 특성의 싸움이기도 합니다. 이러다 보니 보건의료와 지역이 단결해서 대처하느냐가 큰 문제였습니다. 그래서 보건의료노동조합과 민주노총 경남본부가 이 싸움 과정에서 서로 회합도 하고, 많은 노력을 했습니다. 하지만 이 싸움을 만들어가는 과정에서 미흡한 부분도 상당히 많았습니다. 진주의료원 내에 있는 조합원들의 요구와 자신의 싸움에 대한 부분을 만들어내는 데 상당히 부족했고, 지역 내 보건의료가 가지고 있는 힘도 하나로 모아내지 못했습니다. 예를 들면 진주의료원은 진주 경상대병원과 같은 데서 힘을 실어줬으면 상황이 달라질 수도 있었다고 생각합니다. 게다가 자체의 힘도 미약했고, 산별연맹과 지역 노동조합도 부족했습니다. 도의회 앞에서 싸울 수 있는 노동자들은 금속노동자들밖에 없었습니다. 내부적으로 단결해야 하는 노동자들을 한데 결속시키지 못한 것이 큰 아쉬움입니다. 진주의료원 싸움을 통해 사실은 공공병원의 중요성을 많이 알려냈다고는 생각합니다. 그런데 이 싸움이 조금 늦게 코로나 시기에 일어났으면 공공병원의 중요성이 더 부각되었을 것입니다. 진주의료원이 없어지고 난 후 타격받는 사람들은 사실 취약계층입니다. 그분들이 진주의료원의 주 대상이니 사실 투쟁에 참여하는 사람들은 아쉬움이 덜했습니다. 진주의료원을 주로 이용하는 분들이 자기 목소리를 내기에는 부족함이 많았습니다.

노동자의 정치세력화

제가 본부장을 할 때 박종훈 교육감이 첫 교육감을 시작해서 지금까지 하고 있습니다. 그

외 아쉬운 건 노회찬 의원이 내려와서 손석형 동지하고 조합원 총투표를 했습니다. 조합원 총투표를 통해서 노회찬 의원을 선정하게 되거든요. 그때 내부적인 갈등이 상당히 좀 컸습니다. 어쨌든 노회찬 의원 당선이 됐고, 이후 노회찬 의원을 끝까지 지키지 못했던 것도 굉장히 아쉽습니다. 조합원 총투표도 사실 창원만 했습니다. 외곽지역까지 포함할 여력도 없었을 뿐만 아니라 재정적인 문제도 있었습니다. (조: 조합원 총투표에 의한 후보 결정 방식을 처음 시도했고, 평가는 어떻습니까?) 저는 그렇게 돼야 한다고 봅니다. 그렇게 돼야 한다는 것은 첫 번째로, 노동자이기 때문에 그 요구를 하게 되는 것은 노동자가 정치적인 부분에 대해서 관심을 가지는 부분에서 가장 클 뿐만 아니라 그리고 만약에 그렇게 해서 당선이 되면 노동자에 대한 여러 가지 부분을 이해할 수밖에 없는 그러한 과정을 겪게 되는 것이기 때문에 전 노동조합이라고 할 거 같으면 후보를 그렇게 뽑아야 한다는 생각을 합니다.

성산구에서 뽑는데 창원 전체를 대상으로 하게 되면 다른 지역에 있는 분들도 포함이 되는 것이었습니다. (김: 성산구에서 거주하면서 투표권이 있는 사람 요렇게 제한하든지 해야 하는데 실제로 사업장은 성산구 요 안에 있는데, 밖에서 출퇴근하는 사람도 있고 나누기가 참 쉽지 않아요.) 그래서 창원지역 내의 사업장에 근무하는 전체 조합원을 대상으로 했습니다. (김: 노동자의 정치세력화에 대해 어떻게 진단하십니까?) 저는 이전에 노무현 또는 문재인 쪽에서 권력을 가졌던 분들 같은 경우에는 권력과 노동이 상용될 수 있는 것이 아니라고 보았습니다. 그래서 제도가 바뀌지 않는 권력이라는 것은 권력일 뿐이라고 생각했습니다. 어느 좋은 사람이 정치를 한다고 하더라도 그 제도 속에서 할 수밖에 없는 것이기 때문에 제도가 바뀌지 않는 정치라고 하는 것은 그건 적고 많고, 크고 작고에 대한 문제라고 보았습니다. 즉 '주의'가 바뀌어야 한다고 저는 봅니다.

우리가 노동자 정치세력화를 볼 것 같으면 1기는 민주노동당으로 보는 거잖아요. 뭐 그전에도 있었지만 1기는 민주노동당으로 보는 것이고. 그 이후에 쭉 분당의 과정이 있게 되는 것인데, 민주노동당 시절에는 그래도 단결할 수 있는 하나의 구심이 있었던 거죠. 그 단결이라고 하는 것에 대해서는 이런 생각과 저런 사상을 가지고 있는 사람이라 하더라도 함께 할 수 있는 그러한 조건이 되었던 것이죠.

지금 주장과 사상이 그렇게 다르진 않지만 다르게 배치되어 있는 진보정당일 경우에 정치가 쪼개져 있는 것만큼 민주노총도 딱 그만큼 쪼개져 있습니다. 딱 그만큼 쪼개져 있다는 얘기는 무슨 얘기냐 할 것 같으면 하나의 요구를 할 수 없다는 얘기인 것이죠. 하나의 요구를 할 수 없다는 것은 결국은 아무리 좋은 제도나 좋은 의견을 준다 하더라도 하나로 요구할 수 없는 그런 것이기 때문에 제 생각은 그렇습니다. 이전에 민주노동당과 같이 하나의 요구로 하나의 생각으로 하나의 정치로 모아지지 않는 이상 진보정치는 크게 의미 없다고 봅니다.

우리 노동조합이 싸움을 할 때도 그런 게 굉장히 어렵고 힘듭니다. 그럴 때는 모든 걸 다 놔버리거나 아니면 극단적으로 한번 가보는 것도 좋다고 봅니다. 우리 노동자들이 사실은 정치라고 하는 부분에 대해서 어느 한쪽으로 볼 것 같으면 '정치하고 나하고는 무관해.'라고 하는 한 측면이 있고, 어느 한쪽으로 볼 것 같으면 '정치가 꼭 필요해.'라고 하는 한 부분이 있습니다. 그런데 사실은 무관해라고 하는 쪽도 자신이 일정 부분 당하다 볼 것 같으면 이게 필요해요. 당하다 보면 이게 필요해지는 거거든요. 그래서 정치라는 부분과 우리가 노동자든 누구든 사회를 살아가는 데 제도라고 하는 것은 대단히 크게 영향을 미칠 수밖에 없는 거잖아요. 그러면 그 제도를 만들고 시행하는 사람들이 결국은 또 정치인들이고 정치이다 보니 결국은 그것에 대해서 함께 할 수밖에 없는 고런 것들을 만들어야 하는데 예를 들 것 같으면 그런 겁니다. 이전에 성산 같은 경우에 볼 것 같으면 우리 김창근 위원장님하고 손석형하고 하여튼 이런 과정도 있었고, 어쨌든 이 두 분이 하나로 되었을 것 같으면 무조건 됐던 거거든요. 저는 그렇게 생각합니다. 무조건 당선되었을 것이라고 봅니다.

그런데 이걸 하나로 만들어내지 못했던 부분은 과연 어디에서 기인하는가에 대한 문제인 것이죠. 그래서 이건 크고 적고에 대한 문제가 아니라 정말 내가 노동자라고 또는 내가 이 사회를 살아가는 사람이라고 할 것 같으면 나 하나의 문제가 아니라 전체에 대한 문제로 받아들일 수는 없는가를 생각해야 합니다. 그럴 것 같으면 난 손석형이 손을 놓을 수도 있고, 김창근 위원장님이 손을 놓을 수도 있었다고 생각합니다. 그런데 이걸 결국은 하나로 만들어내지 못함으로 인해서 성산구 내의 진보정치가 사실은 깨진 거죠.

이것은 자신의 이익과 불리한 부분, 특히 기득권이나 권익에 대한 부분들을 생각하다 보니 결국은 거기에 동의하지 못했던 부분이 있었을 거라고 봅니다. 그래서 아까 제가 처음에 말씀 드렸듯이 욕심을 버리는 문제와 관련이, 그걸 욕심이라고 해야 될지 아닐 것 같으면 '나 아닌 어려움을 겪고 있는 또는 탄압받고 있는 노동자와 또는 많은 분들을 위해서 놓을 수 있는가.' 라는 거죠. 김창근 위원장이 나왔어도 당선됐을 거고, 손석형 동지가 나왔어도 당선이 됐을 거고, 난 그렇게 봅니다.

진주와 창원의 노동조합 활동

처음에 노동조합 할 때는 누구라도 그랬을 겁니다. 노동조합을 하면 생활이나 근로조건이 나아지지 않을까 하는 바람이 있습니다. 노동조합을 하면 사업주나 국가가 행하는 정책이나 여러 가지를 보면서 이게 바뀌지 않으면 안 되겠다는 생각을 합니다. 처음에는 사장만 바꾸면 되겠는데, 그렇게 노동조합을 하다가 아무리 사장을 두드려 잡아도 결국 사회제도가 바뀌지 않으면 더 나아지지 않는다는 걸 알게 됩니다. 약간은 나아지지만 근본적으로 바뀌지 않는 거지요. 그러다 보니 결국 이 사회를 바꾸고, 정치를 바꾸고. 여기서 나가도 똑같은 삶을 그대로 살 수밖에 없으니 계속 이런 운동을 쭈욱 이어왔다고 생각합니다. 그렇게 지내다가 2024년, 작년에 공식적으로 퇴직했습니다.

직책을 내려놓자마자 몸이 아프기 시작했습니다. 오늘도 병원에 정기 진료를 다녀왔습니다. 뇌혈관 때문에 한 번 쓰러지고, 그러다가 또 건강검진을 하니 전립선암이라고 하여 수술했습니다. 이게 사람이 가지는 체력적 한계라는 겁니다. 전체적으로 자신이 가진 수치가 있는 것 같습니다. 여기까지만 쓰라는. 내가 건강하게 살아갈 수 있는 사회라고 하는 것, 이것은 어느 누가, 권력을 가지고 있는 사람이 만들어주진 않습니다. 재물을 가지고 있다고 만들 수 있는 것도 아니고, 만들어주지도 않을 겁니다. 우리가 항상 하는 얘기가 '네 운명 네가 개척하는 것이다.'라고 했듯이 이건 뭐 전체 대중을 위한 것이라기보다는 내가 살기 위해서라도 사실은 바뀌야 한다는 생각으로 지금껏 붙어 있었다고 생각합니다.

노동조합운동을 하면서 월 백만 원 받아보는 게 소원이었습니다. 택시에 있을 때도 받아가는 돈은 26만 원, 30만 원 정도였습니다. 국민연금 가입 기간이 길지만 들어 있는 돈이 없습니다. 일반노동조합에서 조합원을 늘리고 상근자 대우를 넓혀나가면서 조금 나아졌지만, 그전까지는 백만 원 받는 게 소원이었습니다. 집사람이 고생을 많이 했지요. 뭐 어쨌든 어머니 아버지 재산도 좀 까먹고요. 그나마 다행인 게 제가 장손이자 외아들이거든요. 군대 갔다 와서 결혼을 빨리했습니다. 군대 갔다 와서 조금 있다가 결혼했으니까. 결혼과 동시에 "아, 이건 내가 벌어먹여야 하는 식구가 생기는구나." 해서 회사를 갔는데 결국은 거꾸로 제가 도움을 받았죠.

진주에서 제가 활동했던 때는 민주노조 첫 초창기죠. 전노협에서 민주노총으로 넘어오는 초창기를 진주에서 했던 거고. 그러고 난 이후 민주노총이 안정화되고 난 이후에 창원으로 넘어온 거지요. 진주와 창원을 단순하게 비교하기는 어렵지만, 진주가 가지고 있는 특성이라고 하는 것은 아까 말씀드렸듯이 금속 사업장이 거의 없습니다. 큰 사업장이라고 하는 게 화학사업장 그러니까 제지산업이죠. 제지산업 그리고 신흥고무, 타일 만드는 동서산업 요 정도이다 보니까 사실은 창원하고는 성격 자체가 다릅니다.

택시 운수사업장하고 화학사업장 그리고 그 뒤에 만들어지는 게 자주관리 기업인 시내버스 두 군데. 뭐 요렇게 해서 큰 사업장으로 운영이 되니 단순하게 비교하기는 어렵지만 규모 면으로 볼 것 같으면 창원은 자신이 노력한 만큼 조합원들과 여러 가지 관계를 만들어내고 조직할 수 있는 열려 있는 곳입니다. 진주는 조직 활동에서는 굉장히 한계적입니다. 진주에 전교조, 공무원 노조가 보태지면서 힘이 되었지요. 또, 진주는 노동, 농민, 그리고 대학이 굉장히 잘 어우러져요. 잘 어우러져서 싸움이나 투쟁도 농민하고 노동, 학생이 함께 굉장히 잘합니다. 농민운동은 진주가 상당하지요. 전농 정해찬 의장이 진주 출신 의장입니다. 그뿐만 아니라 강병기 동지가 그때 사무총장을 했고, 그 뒤에 보면 경남도농 의장을 거의 진주 분들이 많이 했어요. 진주 농민회는 자기 관리 사업체들이 굉장히 많이 있습니다. 예를 들 것 같으면 비료 판매소, 주유소. 주유소가 왜 있느냐 할 것 같으면 하우스가 많기 때문에 주유소도 엄청 잘됩니다. 주유소 그다음에 또 농약방도 있습니다.

그럼에도 불구하고, 한 가지 예를 들 것 같으면 이건 뭐 그냥 웃으라 하는 얘긴데요. 강기갑 씨가 농축협에 관계를 많이 하고 있었습니다. 노동 같은 경우에는 농협에 있는 우리 조합원들이 있잖아요. 한번은 저를 불러가지고 하는 얘기가 "아니, 우리 농협의 회원들은 1년에 연봉이 천만 원도 안 되는데, 너거가 몇천만 원, 몇억씩 갖고 가면, 너희가 사람들이가." 이런 얘기를 한 적이 있어요. 특히 학교 같은 경우는 87년부터 90년까지 해서 경상대에 싸움이 굉장히 많았거든요. 그때는 뭐 공장에서 또는 농민회에서 다 학교 안에 다 들어가서 싸웠습니다.

진주는 정파적인 부분으로 싸워본 적은 없습니다. 왜냐하면 저희들을 데리고 학습했던 분들 경우 다른 데서 온 사람이 별로 없었어요. 사실 진주에 공단이 없으니까. 처음에 온 사람이 우창기계에 김임섭, 인천에 있다가 진주로 내려오면서 학교 활동을 했던 자기 집사람과 같이 왔어요. 또 대학에서 학생운동 했던 친구가 하나 있었고, 장상환 선생님부터 경상대학교 교수님들이 계셨지요. 교수님들께 영향을 받은 사람들이 또 한쪽 있었는데, 진민노련 간사와 우리 밀 운동하던 박종석이 중심이 되어 있었습니다. 하지만 그렇게 결이 다르지 않았어요.

노동조합이 만들어지고 난 후 노동자들의 변화는 많습니다. 자신을 둘러싸고 있는 조건이 많이 변화하지요. 하지만 자본이 노동자를 대하고 있는 태도는 바뀌지 않았다고 생각합니다. 일하는 노동자들의 여러 가지 열악한 부분, 나아진 사업장도 있을 것이고. 그렇지만 사회 제도적으로 바뀌는 것은 최저임금을 보면 알 수 있습니다. 최저임금이 우리가 먹고살 수 있는 정도가 되었는가를 보면, 나는 아직 우리 사회제도가 바뀌지 않았다고 봅니다. 최저임금만으로는 살 수 없는 사회라는 것이지요. 최저임금으로 살 수 있는 사회가 되어야 제도가 바뀌어졌다고 할 수 있습니다. 그러니 이런 사회를 위한 노력은 계속해야 하는 것이지요.

우리 사회 자체를 확 뒤집어 바꾸는 것은 많은 시간과 노력이 필요합니다. 하지만 우리들의 자그마한 노력들이 이어지는 것, 노동자가 살 수 있는 사회로 바꾸어 나가는 것이 하나의 길이라고 봅니다. 지금 당장 바뀌지 않는다고 하더라도. 그렇기 때문에 운동을 그만두지 못하는 것이고. 또는 운동을 이어나가야 하는 것이지요.

40년 운동, 보람과 회한

지금까지 운동이라고 하기에는 부끄럽지만 어쨌든 운동을 쭉 해오면서 가장 보람 있었던 것은 나와 함께 할 수 있는 조합원들이 많아졌을 때입니다. 돈 1억을 빌려서 조합원을 조직해 보니 1년 만에 배가 되었습니다. 물론 함께 한 사람들의 노고가 있었습니다. 당시 석영철 도의원 할 때, 이병하가 통합진보당 위원장을 할 때 공무원이 많았습니다. 공무원들은 공무원 자기들 사회에 대해서 이 사람들과의 소통이 굉장히 잘 되더라고요. 이병하가 도청 공무원으로 쭉 있어 놔 놓으니까 각 시군에 있는 공무원들 그러니까 무기계약직 우리 조합원들을 관리 감독하는 이분들을 잘 아는 거야. 이러니까 이 사람들을 통하고, 또 호봉제와 같은 근로조건을 바꾸는 문제와 관련해 도의원의 역할이 있으니까. 이 사람들과 다니면서 노동조합 얘기를 하다 보니 조직이 만들어진 겁니다. '하면 되는구나.' 하는 보람이 느껴졌던 때입니다.

회한이라면 아직도 다 하지 못한 일이지요. 제가 다 하지 못한 일이 여러 개 있는데 택시에서 월급제 싸움을 하면서 우리 노동자들이 같이 일하고, 같이 나누는 걸 처음 해보고 정말 좋았습니다. 그런데 사장이라는 사람은 눈에 불을 켜고 하여튼 죽이려고 달려드는 거예요. "아 저 사람들이 가장 싫어하는 게 우리가 가장 좋은 거구나."라는 것 하나는 깨우쳤지만, 제가 더 하고 싶은 건 '같이 노동하고 같이 나누는 것'입니다. 이건 숙제가 아닐까 합니다. 잠깐 동안 해본 것이지만, 지금 진주는 삼성과 시민교통, 자주관리 기업이 있습니다. 그런데 같이 나누는 게 아니더라고요. 지방자치 단체에서 내려주는 금액에 한계가 있어요. 그럼 이걸 노동하고 같이 나누는 게 아니라 관리감독을 하는 사람이 별도로 있는 거지요. 그래서 이런 방법도 아니라고 봅니다. 그래서 정말 '같이 일하고 같이 나눌 수 있는 사회'는 저의 숙제입니다.

또 제가 일반노동조합을 하면서 그런 생각을 합니다. 마을노동조합! 예를 들어 여기 상남동이라면 상남동 마을노동조합을 만들어 상남동 내에 노동을 하고 있는 사람이면서 여러 가지로 소외되어 있는 사람들이 정말 많을 것입니다. 예를 들면 아르바이트하고 있는 친구들, 식당에서 그릇 씻는 아주머니들, 또 식당에서 조리하는 분들 뭐 이런 사람들이 두세 명씩 일하고 있는 곳이 많습니다. 이런 데는 조직도 어려울 뿐만 아니라 처우도 열악합니다. 이런 사람들을 조직할 방법이 없을까 생각했습니다. '마을노동조합', 상남동노동조합을 만들어보면 이게 가능해질 수도 있겠다는 생각을 한 겁니다. 한때 상남동 여기에 노래방이 엄청 유행했어요. 노래방에 나가는 이 아줌마들을 조직해서 마을노동조합을 만들면 어떨까 생각합니다. 이분들이 지금 민주노총을 가장 필요로 하고 노동자의 근로기준법에서 제외된 분들이거든요.

(조: 본부장님은 약자에 대한 관심이나 애정, 이런 데 강한 지향을 갖고 있는 것 같습니다.) 제가 운동을 하면서 사람들 곁에 있었기 때문이라고 생각합니다. 큰 노동조합에는 없었고 해보지도 않았고 이러다 보니 사실 우리 잘 아시다시피 택시 노동자들 같은 경우도 똑같거든요. 그 당시만 해도 하다가 가장 마지막에 온 게 택시 운전하러 오시는 분들이에요. 어려운 분들이 굉장히 많습니다. 그리고 일반노동조합 같은 경우에도 아까 말씀드렸듯이 지금은 많은 근로조건 변화가 있긴 했습니다만, 처음에는 공무원이 하는 말이 하느님 말씀처럼 들려요. 공무원들 말 한마디가 하느님의 말씀처럼 들리는 이런 분들 곁에 있다 보니까 이런 분들과 함께 활동하다 보니까 그 사람들과 이게 달라지지 않죠.

옛날 진민노련을 했던 사람들과도 내왕하고 있습니다. 진주지역 동지회라고 해서 노동조합에서 당시 대표를 하셨던 분, 그리고 그 뒤에 또 민주노총 만들어지고 난 이후 대표를 하고 지금 대표를 안 하시는 분들 이런 분들 좀 모아서 두 달에 한 번씩 모임을 합니다. 이석행은 지금 인천인가 서울에 있다 보니까, 1년에 한두 번 정도 봅니다. 또 민주노총 경남본부는 지도위원 모임이라는 게 있습니다. 허연도, 김천욱, 류조한, 조형래, 저 이렇게 만납니다. 오늘도 모임이 있습니다. (구술 일시: 2024년 11월 19일)

경남 노동운동가들의
삶과 투쟁

10

산별노조 전환과 모트롤의 복수노조 투쟁

손송주(전 금속노조 수석부위원장)

1965년 경남 합천 출생

1988년 동명중공업 입사

1996～2000년 동명중공업 노조동조합 8대, 9대, 11대 위원장

2001～2003년 전국금속노동조합 1기 동명중공업지회장,

2기 경남2지부장, 3기 수석부위원장

2007～2017년 전국금속노동조합 5～10기 두산모트롤지회장

2020～2024년 전국금속노동조합 11～12기 두산모트롤지회 대외협력위원장

합천에서 창원으로, 동명중공업 입사

저는 1965년 경남 합천에서 태어났습니다. 2남 3녀의 막내예요. 중학교까지 합천에서 다니다가 고등학교를 창원기계공고로 유학 왔습니다. 1981년 고등학교에 들어갔으니까 그때는 특차로 해서 고등학교에 왔는데, 개인적으로는 인문계 고등학교에 가고 싶었어요. 거창고등학교나 아니면 연합고사를 봐서 마산으로 오고 싶었지요. 하지만, 촌에 살다 보니까 가정도 어렵고, 아버지께서 선생님과 면담을 하셨나 봐요. 그래서 특차로 창원기계공고가 있다 해서 오게 되었습니다. 누나와 형님들이 모두 여기 마산 창원에 다 있었어요. 그래서 저도 좀 버티다가 어쩔 수 없는 상황이기도 하고, 또 특별전형이고 하니까 뭐 한번 해보자, 이렇게 된 거지요. 그때는 창원기계공고나 부산기계공고, 철도공고나 금호공고 이런 데는 중학교에서도 좀 성적이 좋은 학생들이 학교장 추천을 받아 시험 치는 형태였지요.

창원기계공고에 들어가 다니다 보니까 기계가공(선반/밀링/연삭)이나 다듬질 등 기계를 다루는 것이 저에게는 적성이 잘 안 맞더라고요. 그래서 고등학교 2학년이 되면 전공과를 선택하게 되어 있는데 저는 기계설계과를 선택하여 2학년 초반까지는 그래도 열심히 했지만, 고등학교 2학년 2학기 이후부터는 공부에 손을 놓고 같은 과 친구들과 어울려 그룹사운드를 만드는 데 합류했습니다. 그때부터 하교 후에는 음악학원에 기타를 배우러 다니면서 생활했지요. 기계공고에는 자격증 따는 게 있잖아요. 자격증을 적게는 두세 개씩은 기본적으로 따거든요. 저는 기계설계 제도과에 다녔는데, 3학년이 되면 의무 시험이 있었어요. 그 시험 쳐서 겨우 기계 제도 자격증 하나 따고, 1984년 고등학교 졸업한 후부터는 음악에 몰두해 밤무대 활동을 시작하게 되었어요. 그때 마산이 한창 번화가였으니까 오동동 주변으로 밤무대 이런 데 조금 나가고 기타를 쳤습니다. 제가 기타 배우러 다니는 학원 원장도 밤무대를 하고 있었으니까 그 형님들이 밤무대 가고 나면 제가 학원에서 강습을 맡아 하는 생활도 병행했습니다.

그러다가 1985년에 군대를 가게 되었습니다. 사실 군대 가기 전에 매형이 동명중공업에서 특례를 받을 수 있다고 권유했습니다. 그래서 이력서를 써 들고 동명중공업으로 왔는데, 점심시간이었어요. 당시에는 점심시간이면 전부 족구를 한다고 면회가 안 되더라고요. 그래서 '회사를 꼭 다녀야 하나.' 하는 생각도 있고 면회도 안 되고 하니 그냥 이력서 찢어버리고 '에이, 군대 간다'고 하면서 나와버렸어요. 1985년에 군대에 갔는데, 강원도 양구 21사단에서 30개월 근무하고 제대했습니다. 육군 일반병으로 있다가 하사관 교육을 받고 하사로 진급하여 분대장까지 하고 제대했죠. 제대한 게 1988년도 2월 5일입니다.

그해 연초 마지막 휴가 나오면서 매형이 '그래도 회사는 가야 한다'며, 이력서를 써놓고 가라 해서 동명중공업에 이력서를 넣은 거예요. 제대 이후 곧바로 회사에서 면접을 보러 오라 해서, 바로 면접을 보러 왔죠. 그래서 1988년 3월 2일부터 출근하게 되었습니다. 그때 당시에 동명중공업 노동조합도 1987년 7월 21일에 설립되어 있었습니다. 제가 입사한 게 1988년 3월 초였으니까 이제 막 88년 임단협을 하고 있던 시기로 기억됩니다. 그때 잔업 · 특근 거부 투쟁을 하고 있었어요. 그래서 4월 5일 식목일인데, 그때는 쉬는 날이었습니다. 다른 사람들은 다 출근 안 하고 쉬고 3월 2일 입사자들은 아직 연월차 휴가가 없으니 출근했습니다. 몇 차례의 잔업 특근 거부 투쟁하더니 곧바로 큰 무리 없이 임단협을 마무리하더라고요. 이후 1988년부터 선거구별로 대의원을 뽑는데 "대의원 할 사람이 없으니까 네가 한번 해봐라." 또 형님들, 선배들이 "막내들이니 야, 네가 해라." 하면서 신입사원들에게 시키는 거예요. 그래서 마지못해 대의원을 하게 되었습니다.

대의원을 할 때까지는 노동조합에 대해서 아무것도 몰랐고, 특히 군대 생활하면서 예전에는 정훈 교육을 많이 했잖아요. 제가 군대 생활할 때만 하더라도 87년 노동자 대투쟁이 벌어졌을 때, 가끔 한 번씩 비상도 걸리고 했습니다. 군에 있을 때는. 철책 생활할 때도 비상이 걸려서 근무 형태가 바뀌는 일도 있었고, 정훈 교육으로 '사회 나가서 맨날 데모하고 이러면 나라가 망한다.' 이런 교육을 많이 받았죠. 그래서 노동조합에 대해서는 약간 빨간색이라는 생각을 가지고 회사에 들어왔는데, 막상 보니까 사람들이 다 그런 사람들은 아니라는 것을 알게 되었죠.

노조 대의원 활동과 사내 음악서클 활동

이렇게 노동조합 활동을 시작했는데, 당시 동명중공업 노동조합은 한국노총을 상급단체로 두고 있었어요. 대의원 활동도 하고, 또 제가 군 입대 전에 음악을 했는데, 회사에 들어와 보니까 음악서클이 하나 없더라고요. 그래서 제가 새로 음악서클을 만들었어요. 통기타 서클과 그룹사운드를 만들었죠. 통기타 서클은 여사무원을 포함한 일반 사원까지 가입 범위를 확대해 당시 전체 사원이 한 700명 정도였는데 서클 회원이 50여 명 정도였습니다. 그때는 통기타 치고 이런 게 굉장히 인기가 많았잖아요.

처음에는 순수하게 통기타를 가르쳐주겠다고 하니까 회원들이 대거 가입했고, 저도 그룹사운드를 좀 하고 싶었거든요. 그룹사운드를 만들려고 주변 사람들을 알아보니까 노래나 기타를 좀 치는 사람은 많지 않고 음악을 더 깊이 하려는 사람들은 별로 없었어요. 그래서 제가 직접 10여 명 정도 그룹사운드 할 사람들과 통기타 서클에 참여할 사람을 따로 구분해서 모임을 했습니다. 통기타는 점심시간 때 노동조합 사무실이나 휴게실에서 강습하고, 그룹사운드 할 사람들은 따로 드럼, 기타, 베이스, 키보드, 싱어까지 종류별로 해서 5인조, 6인조 두 팀을 만들었어요. A팀, B팀으로 했는데, 연습 공간도 없고 해서 기숙사에서 음악 연습을 했습니다. 옛날 통일중공업 앞에 있던 외동아파트가 우리 회사 기숙사였거든요. 기숙사에 베개를 가져다 놓고 스틱을 두드리고, 나무판으로 드럼 만들어 연습시키고 했습니다.

음악은 제가 거의 유일하게 처음으로 제안한 것으로 호응이 굉장히 좋았어요. 'DMZ(비무장지대)'라는 그룹사운드하고 '소리 모음'이라는 통기타 서클도 하면서 자연스럽게 노동조합하고도 연결이 됐습니다. 음악서클을 하다 보니까 노동조합 활동에서도 문체부장이 필요하고 또 노동조합 정기총회나 단합대회 같은 행사에서 통기타 쳐주고 하면 분위기가 확 살잖아요.

그런 제안을 많이 받았죠. 그때 한국노총 시절 3대 위원장이었던 조현일 씨가 자기도 음악에 관심이 있었던 거예요. 노래도 좀 하는 분이었는데, '음악서클을 활성화시켜 주겠다'는 공약을 냈지요. 회사 내에 음악 연습실을 만들어 주겠다는 공약까지 낸 거죠. 그래서 열심히 밀어줬고 그분이 당선됐는데 회사와 협의를 해보니 공간 부족 등의 이유로 연습장 문제가 해결 안 되었어요. 당시 집행부가 공약을 내걸었는데, 우리도 왜 안 되냐 따지고 하니까, 그러면 노동조합 사무실에 연습할 수 있는 공간을 내주겠다는 거예요. 노동조합 사무실이 2층 올라가면 공간이 꽤 넓어요. "회의실 절반을 잘라서 연습할 수 있는 공간을 주겠다." 이렇게 된 거예요. 그래서 서울 낙원상가에 올라가 그룹사운드에 필요한 악기 풀세트를 구입해서 트럭에 한가득 싣고 회사로 오게 됩니다. 그때가 1989~90년 초였습니다. 그룹사운드 한다는 친구들이 십시일반 돈을 모아 악기 세트를 실어와 노동조합 사무실 절반을 차지했습니다. 낮에는 노동조합 사무실과 회의실로 쓰고, 저녁이 되면 파티션을 쫙 열어서 연습 공간으로 사용했지요.

그러면서 자연스럽게 제가 문체부장을 많이 했습니다. 그게 한국노총 시절이었어요. 문체부장을 하면서 이미 있는 그룹사운드와 통기타 서클이 중심이 되어 반주패, 노래패, 율동패 등 젊은 조합원 중심으로 문화선동대를 만들었어요. 당시에는 지역에서 문선대 활동이 아주 활발해서 지역에서 집회하면, 노풍연을 중심으로 해서 풍물패도 발전해 있었습니다. 그래서 우리도 독자적인 문선대를 조직하여 임단협 출정식 할 때 진짜 멋지게 했죠. 출정식은 멋지게 했지만, 당시는 한국노총 시절이었으니까 교섭도 회사하고 대충 타협해 끝내버리고 그렇게 진행되었습니다.

한국노총 시절의 학습모임

그래서 같이 음악서클 하는 친구들 사이에서도 뒤풀이 가면, "노동조합이 너무하는 거 아니냐." 하는 말이 항상 안줏거리였어요. 같이 이런 이야기들을 계속해 왔는데, 그때 당시에 우리보다도 먼저 노동조합 교육을 따로 받던 사람들이 있었어요. 당시에 YMCA나 가톨릭회관, 경노협, 민노회 등 이들 네 개 단체에서 교육받은 사람들이 좀 있었는데, 그분들과 연결이 된 거지요. 저도 나름대로 문체부장, 대의원도 하고 이후에는 쟁의부장, 조직부장도 하면서, 이렇게 해가서는 안 된다는 생각을 하고 있었습니다. 그래서 1990년 초에 우리도 학습모임을 하자고 의기투합한 거지요.

학습모임은 음악서클을 같이 하던 사람들도 있고, 그렇지 않은 조합원들도 있었죠. 김명우, 박명우, 박상진, 강병욱, 임수일 등 10여 명의 비슷한 또래의 사람들과 같이 학습모임을 하기로 했습니다. 지금은 지회를 탈퇴하고, 중간관리자(직장)가 되어 기업노조로 넘어갔지만, 그때는 박명우 등이 모임의 구심이 되었어요. 그 친구가 중심이 되어서 경노협의 교육을 좀 받기로 했고, 경노협에서 동명중공업 사람들로만 학습하는 팀을 구성해 따로 관리했었죠. 그때 교육했던 강사진에는 이혜자 선생님이나 박성철 선배님, 여영국 동지, 기아기공 다니던 김윤규 부의장님도 있었습니다. 이분들이 우리를 담당해서 교육했습니다.

1993년 당시 학습모임을 할 때만 해도 저는 입사도 늦었고 해서 앞장서서 했던 것은 아니었습니다. 마창노련 참관 사업장으로 간부교류회 등에서 김명우, 이영호, 박명우, 강병욱, 임수일 등이 먼저 간부 활동하고 있어서 이분들이 앞장섰고, 저는 같이 하면서 배우는 입장이었습니다. 한국노총 시절엔 그 학습모임에 참여했던 사람들이 없으면, 노조 간부진을 꾸릴 수도 없었습니다. 그 당시는 조합원 수가 훨씬 많았으니까 다른 사람들도 있기야 했지만, 그나마 제대로 간부 활동을 할 만한 사람들이 없었기 때문에 노조 임원들이 우리에게 간부 활동 좀 해달라고 계속 러브콜을 보냈지요.

그러다가 학습모임을 하던 친구들이 덜 보수적이고 약간 민주적인 성향의 위원장 후보팀과 연합하여 임원 선거에 나가서 당선되어 활동하기도 하였습니다. 그때가 3대 집행부부터 5대 집행부 때였습니다. 그때 당시에 우리 동명중공업 노동조합은 마창노련에 가입할 것인가가 가장 큰 쟁점이었어요. 그때 당시에는 '한국노총으로는 안 된다. 마창노련으로 가자'는 의제를 조합원 총회에 부쳤습니다. 부쳤는데 부결이 됐어요. 이렇게 마창노련 가입이 한 번 부결되고 나니까, '이제 안 되겠다. 우리가 직접 노동조합 임원에 출마를 하자'고 해서 1995년 10월 동명중공업 노동조합 7대 임원 선거에 출마했습니다.

1995년 노동조합 7대 임원 선거전

1995년에 '연합으로는 도저히 안 되겠다. 우리가 직접 선거에 출마하자'고 결정을 했고, '그럼 누가 출마할 거냐'를 놓고 학습모임 내부에서 논의가 있었습니다. 그 논의 과정에서 위원장에는 손송주가 출마하는 것으로 결정되었습니다. 다른 친구들이 봤을 때, 조합원 득표력이 더 높다고 생각했는지, 다양한 문화 활동을 했던 것을 높게 평가했는지 모르겠는데, 하여튼 '손송주를 중심으로 하자.' 이렇게 된 거예요. 그런데 그때 선거에도 이전에 위원장을 했던 두세 팀이 출마한다는 소문이 나던 때입니다.

그래서 우리 쪽에서 추대한 위원장 후보인 제가 5대 위원장을 지낸 임홍섭 씨를 직접 만나서 담판하자고 된 거예요. 그런데 묘하게 임홍섭 전 위원장이 창원기계공고 1회 출신 선배이고, 저는 5회였습니다. 당시에는 1회, 5회 차이면 하늘 같은 선배였지요. 모든 짐이 나한테 넘어왔는데, 저녁에 내동 상가 다방에서 둘이 만났어요. 제가 이야기를 했죠. "선배님, 이번 선거는 우리 학습모임 하는 친구들이 다 출마하기로 했고 제가 위원장으로 출마할 겁니다. 선배님들은 지금까지 열심히 하셨으니까, 이후부터는 젊은 우리한테 넘겨달라."고 단도직입적으로 얘기를 했죠. 그때 노동조합이 지금처럼 이렇게 가서는 안 된다. 노동조합이 좀 더 민주적이고 전투적인 노동조합으로 변해야 할 거 아니냐는 말을 했습니다.

제가 입사하기 전인 1987년 7월 21일 노동조합을 설립하고 1주일간 파업을 해서 처음 단체협약, 임금협약을 체결하고 난 이후, 1995년 그때까지 노동쟁의 발생 신고조차도 한 번 안 했습니다. 그냥 '사장님 한 푼 더 주시면 어떻겠어요.' 이런 식으로 구걸하다시피 저자세로 교섭하면서 조합원들이 불만이 상당히 많았어요. 또 당시만 해도 동명중공업의 임금이나 노동조건이 지역에서 중하위 수준이었습니다. 그런 얘기를 허심탄회하게 다 했죠. 선배들은 다 몸 사린다고 임단협 해도 노동쟁의 신청 한번 못 하고 파업 찬반 투표 한번 못 하고 이게 노동조합이냐, 우리가 하겠다고 물러나 줄 것을 요청했죠.

그러니까, 임홍섭 동지가 자기도 고민을 해보더니 진짜 결심이 선 듯이 말하기를 "좋다. 그럼 너희가 원하는 전투적인 노동조합, 내가 하겠다"고 했습니다. 전투적 노조를 할 테니 이번만 내가 위원장 후보로 출마하고 다음부터는 너희들이 하라면서, 임원 구성하는 데 너희 모임에서 2명이 부위원장, 사무국장을 하라는 거예요. 결정은 못 하고 그 결과를 가지고 학습모임 동료들과 논의를 했지요. 자기도 지금까지는 애도 둘 있고 해서 몸 사린다고 노동쟁의 조정신청도 못 하고 파업도 못 했는데, 이제 그것을 뛰어넘겠다고 한다니 어떻게 할 것인지 논의를 했는데, '그러면 좋다. 이번에는 같이 한번 하자.' 이렇게 된 거지요.

그래서 임홍섭 위원장, 손송주 부위원장, 이영호 사무국장 이렇게 후보팀을 꾸려 출마를 했는데, 두 팀이 더 나와 3파전이 되었어요. 그때 당시에 우리의 슬로건이 '힘찬 단결'이었는데, '힘찬 단결'이라고 쓴 티셔츠까지 맞춰 입고 학습모임 회원들이 아침에 출근할 때 같이 나와 출근 인사도 같이 하고 선거다운 선거를 했죠. 하지만, 세 팀이 나오다 보니까, 조합원 내부에도 다양한 지역 세력(경남, TK, 호남, 충청, 강원 등)과 출신학교로도 창원기계공고, 부산기계공공, 마산공고, 창신공고 등 다양한 학연 등이 얽혀 있었습니다. 이 세 팀의 주요 임원 후보들은 동명중공업 노동조합 초대부터 5대까지 전임위원장을 중심으로 세력이 있는 거지요. 거기에 향우회, 동문회도 연결되어 선거 조직이 만들어졌던 거예요. 전부 선거 조직이었고 유일하게 우리만 학습 조직, 민주노조를 위한 조직이었지요. 1차 선거 결과 아무도 과반을 못 넘었습니다. 그래서 1, 2등이 결선투표를 했는데 우리 후보 진영은 2등으로 올라갔습니다. 결선투표에서 우리가 졌는데, 1위 팀도 과반을 못 넘겼어요. 그래서 다시 1위 팀을 대상으로 찬반 투표를 했는데, 역시 과반을 못 넘긴 거예요. 당시 조합원들의 정서로는 '이전에 했던 사람들은 더 이상 안 돼.' 하는 분위기가 있었던 거지요.

결국, 선거가 전체 무효가 되고 재선거를 하게 되었습니다. 이제는 한 번 출마했던 사람들은 자격이 없으니까. 팀을 다시 짜야 했습니다. 예전 위원장과 같이 팀을 짤 필요 없이 깔끔하게 싹 정리돼 버린 거잖아요. 그래서 우리는 출마하지 않았던 학습모임의 강병욱 동지를 중심으로 후보팀을 내세웠고, 1차 선거에서 1위로 올라왔다가 과반 미달했던 팀에서도 새로운 사람을 출마시킨 거예요. 강병욱 동지는 한국산연 백명화 동지의 남편인데 우리가 내세운 후보팀이 당선되었고, 1995년 선거에서 처음으로 동명중공업 역사에 민주노조의 깃발을 꽂은 거죠.

강병욱 집행부는 당시에 3실 8부 체계로 운영했는데, 거의 학습모임 구성원을 중심으로 구성됐죠. 사실 동명중공업은 조합원이 가장 많을 때가 370여 명, 적을 때는 250여 명 정도인데 조직강화실, 정책기획실, 복리후생실 등 3실에, 조직실 산하에 조직부, 쟁의부, 문체부가 있고, 정책실 산하에는 교선부, 조통부가 있고, 복리후생실 산하에는 산안, 복지, 총무 등 8부 체제로 운영을 했습니다. 저는 조직강화 실장을 맡았습니다.

1995년 임단협교섭과 1996~97년 총파업 투쟁

1995년 당시 가장 큰 쟁점은 월급제였어요. 월급제를 만들어 사무직과 생산직의 임금 격차를 해소해야 한다는 것이 가장 큰 화두였습니다. 그때 당시에는 사무직이 생산직보다 임금을 월등히 많이 받았거든요. 그래서 저희는 대졸 초임하고 고졸 생산직 5년 차 임금, 대졸 사무직 5년 차와 고졸 생산직 9년 차 임금 등 4년 단위 직급별로 비교해 보니, 임금 격차가 꽤 났습니다. 제가 기억하기로는 그 당시 기준으로 15만 원 정도 임금 격차가 있었습니다. 그래서 이 임금 격차를 해소하고, 고정OT를 한 시간씩 해서 9시간 월급제를 하자고 주장했습니다. 그렇게 하면 임금 격차가 해소된다고 보았지요. 이 요구를 내걸고 교섭과 투쟁을 했습니다. 1995년 임단협에서 처음으로 노동쟁의 발생 신고와 파업 찬반 투표를 했습니다. 최초로 쟁의 발생 신고 후 찬반 투표를 거쳐 파업 투쟁까지 들어갔습니다.

파업 투쟁을 1시간, 2시간, 4시간, 6시간, 전면파업 등 이렇게 계획을 쫙 잡아놔 놓고 파업 프로그램을 진행했습니다. 그 당시에는 파업해도 집에 가는 일은 없었잖아요. 파업하면서 북 치면서 현장 순회하고 집회하고 중간에 교육도 하면서 파업프로그램을 진행했습니다. 이처럼 투쟁과 교섭을 병행하면서 월급제와 관련한 사측 안도 나오기 시작했습니다. 그래서 분위기가 엄청 좋았어요. 6시간 부분 파업까지 파업 시간을 확대하면서 투쟁을 진행했습니다. 당시에는 동명중공업이 방산과 민수로 구분되어 있었습니다. 방산 부문이 있으니까 경찰, 노동부, 안기부가 우리 파업하는 데 직접 찾아왔어요. 안기부 애들은 그냥 사복 입고 들어왔는데 누구냐고 물어보니 안기부 사람들이라 하더라고요.

제가 마이크를 잡고 선거구별로 파업프로그램을 진행하고 있는데, 달려와 "파업하면 안 된다"고 해 몸싸움도 하고 "시발 뭔데, 나가라." 이렇게 간부들과 조합원들이 쫓아내고 파업 투쟁을 계속 진행했죠. 그런데 이러한 과정에서 여러 가지 압박이 노동조합 임원들에게 많이 들어간 것 같았어요. 6시간 파업하고 내일부터 전면파업을 예고하고 있었지요. 그때 각 실장과 대의원 대표들이 모여 중앙쟁의대책위원회를 한다고 오라는 거예요. 올라가니까 위원장이 '내일 전면파업은 안 되겠다'고 하더라고요. 그래서 이유가 뭐냐고 물으니까, 특별한 이유를 말하지 않았지만, 그런 얘기를 전달하더라고요. 안기부, 노동부, 경찰들이 직접 파업하는 현장까지 치고 들어왔고, 조합원들이 이들을 밀어내고 싸움까지 있었으니까요.

예정했던 전면파업 철회 과정에서 위원장을 포함한 임원들하고 상집 간부들 사이에 의견 조율이 잘 안됐고, 임원들이 압박받은 것으로 보이는데 사실은 얘기를 다 못한 거죠. 그래서 전면파업 직전에 6시간 파업만 하고 상황이 종료된 거죠. 임단협은 임금인상과 별도로 월급제 시행 시 임금 격차 분의 절반 정도를 수당으로 지급하고 내년 임단협 때 다시 재논의해서 월급제 합의를 하는 것으로 마무리되었지요. 그렇게 1995년 임단협이 타결됐죠.

우여곡절 끝에 임단협은 마무리되었지만, 그 후유증이 조직에 많이 남았습니다. 그래서 집행부가 중도 사퇴를 하겠다고 나선 게 1996년 초였습니다. 집행부가 중도 사퇴하고 보궐선거를 했는데, 그 보궐선거에 제가 위원장으로 단독 출마를 했습니다. 보궐선거 1년짜리니까 단독 선거를 했던 거지요. 1996년 임단협에서 비로소 전면파업까지 해서 월급제를 쟁취한 거지요. 그러면서 임금인상 외에 임금 차액분으로 13만 원 정도 더 인상하는 효과를 거두고 고정 OT 22시간을 보장해 주는 월급제를 쟁취하고 96년 임단협을 마무리하게 됐습니다. '임금인상, 임금 차액 13만 원, 고정OT 22시간 획득'이라는 성과가 있었고, 이를 계기로 지역 내에서 중하위권 수준의 노동조건이 많이 개선되는 계기가 되었습니다.

또, 1996년 말에서 1997년 초에는 노동법을 둘러싼 여러 가지 문제들이 많았잖아요. 1996년 12월 26일 총파업 들어갔을 때, 제가 강병욱 집행부의 조직 실장 할 때의 일로 12월 26일 검찰 조사가 예정되어 있었어요. 파업 지침이 새벽에 떨어졌는데 제가 출근해 조합원들을 다 모았죠. 아침 8시 반에 조합원들을 전부 다 모아서, “민주노총 권영길 위원장님의 파업 지침이 떨어졌다. 그래서 지금부터 전 조직이 파업에 들어간다”고 말하고, 제가 조사를 받으러 가야 하니까 전부 현장에서 비상대기 하라고 지시를 했지요. 10시경에 검찰 조사를 받으러 갔는데, 그때 검사가 어떤 생각이었는지 그냥 대충 조사하고 보더니 “오늘 뭐 바쁘시죠! 빨리 가시죠!” 이러는 거예요. 그래서 조사를 한 시간도 안 받고 바로 나왔어요. 다시 사업장으로 들어가 지역 집회가 잡힌 시간에 전 조합원 총파업 투쟁을 전개하여 지역 투쟁에 결합하게 됩니다. 그때부터 ‘노동법 날치기 무효화 투쟁’이 진행되어 1997년 3월까지 쭉 이어졌습니다. 그러면서 1997년에 원대로 전면파업을 진행하고 월급제로 마무리하게 됐죠.

산별노조 전환과 경남지부의 조직 운영 활성화

1998년에 금속산업연맹 경남본부가 출범했고 제가 경남본부 부본부장을 맡게 되었습니다. 당시 1996년 보궐선거로 당선 이후 6개월 정도를 제외하고 동명중공업노동조합 위원장을 제가 쭉 이어 하면서 거의 독주 체제로 넘어오게 되었지요. 아마 이전까지의 노동조합 활동과는 달리, 조합원들을 위해서 모든 투쟁을 적극적으로 추진했던 게 조합원들의 지지를 받은 거 같습니다. 당시에는 전투적인 투쟁 기풍이 지역의 전반적인 분위기였거든요. 주변을 돌아보면, 거의 맨날 파업이고 지역 집회가 있었던 시절이었으니까, 지역의 이런 분위기에 영향을 받아 조합원들의 의식 수준도 상당히 높아졌다고 볼 수 있을 겁니다.

그러다가 1997년 IMF를 넘기면서 2000년 초에 회사가 부도났습니다. 2000년 이전까지는 법정관리 상태였거든요. 그 예전에 이미 부도가 한 번 났었고 입사했을 때 법정관리 상태였습니다. 동명중공업이 사실 대우그룹의 위장계열사였거든요. 대우가 숨기고 있는 계열사였는데 실질적으로는 김우중 회장 수하들이 경영하는 계열사였지요. 전체적으로 대우그룹의 분식회계 문제와 연동되어 있었고, 그 때문에 1999년에 대우그룹이 부도나면서 2000년에 우리도 부도가 난 거죠. 그때 대우 지분이 100% 다 소각되었고, 남은 지분을 한창이 가져간 거죠. 한창그룹 사위인 권원영 대표이사에게 경영권이 넘어가고 회사 이름도 동명중공업에서 동명모트롤로 바뀐 상황이었습니다.

1990년대 말 우리 경남지역은 금속산업연맹 시절이었습니다. 당시에 이승필 위원장이 구속되고 부본부장으로 신천섭 부본부장과 같이 책임을 맡고 있었습니다. 그다음에 중요했던 것이 2001년 금속 산별노조 전환이었습니다. 2001년 금속노조가 출범할 때 동명모트롤은 경남2지부에 속했고, 2001년 9월 말까지는 금속노조 제1기로 신천섭 경남 2지부장 체제였고, 2001년 10월부터 제2기 때 제가 2지부장을 맡았습니다. 그러다가 금속노조 제3기 때 1지부와 2지부가 경남지부로 통합되었지요. 사실 저는 1987년 주도 세력은 아닌데, 그다음 세대로서 2000년에 금속노조 전환 시기에 동명모트롤 위원장을 하면서 지역지도부로 부상한 셈이지요.

당시 금속산업연맹 시절에 우리의 주요한 투쟁 전술이 임단협의 시기 집중 투쟁이었습니다. 사업장별로 임단협의 시기를 집중하는 투쟁이었고, 당시 명실상부한 산별노조로 가는 과도적인 사항으로 2~3개 사업장을 공동교섭단으로 묶어 투쟁도 하고 전국 일정과 맞추어서 임단협 시기 집중 투쟁을 했습니다. 당시 지역에서는 한국중공업이 4,500~5,000명 규모로 가장 규모가 컸고 로템이나 SNT중공업이 있었지만, 대공장들이 지역 투쟁을 제대로 주도하지는 못하는 상황이었고, 노조(지회) 지도부가 누구인가에 따라 차이도 많이 있었습니다. 효성중공업도 민주화되어 나름대로 역할을 했고 마창노련에 합류하지는 못했지만, 민주금속 이후에 상당한 역할을 했지요. 주로 중견 규모였던 동명이나 두산기계, 한양공영 등도 상당한 역할을 했지요.

사업장별로 보면, SNT중공업, STX엔진, 쌍용자동차, 센트랄. 대림자동차는 옛날 마창노련에서 이어져 오는 세대였고, 시기 집중 투쟁으로 지역에서 파업에 들어가면, 20~30개 산하 사업장 중에 10여 개 사업장이 파업에 들어가고, 그중 산연이나 동명모트롤을 비롯해 중간 규모의 사업장들이 지역 투쟁에 많이 참여했습니다. 지역 전체로 보면, 마창노련 시절에 잘나가던 사업장들과 함께 동명모트롤이나 한국산연, 쌍용중공업, 태광특수기계 등 새로 민주노총으로 들어온 사업장들의 역할이 커졌지요. 이 사업장들은 간부들도 상대적으로 젊고 연대 활동에도 더 적극적이었지요.

2001년 상황에서, 금속산업연맹 시절에 '산별노조로 다 전환하자.' 이런 결의를 이미 해놨는데, 2월 8일 금속노조 출범 때 실제 뚜껑을 열어보니까 가입 결의가 된 데는 한 3만 명 정도밖에 안 된 상태였고, 완성차업체를 비롯해 대공장 대부분은 금속산별 전환 결의를 못 한 상태였고 금속노조에 가입 결의가 된 데는 만도와 한국중공업 외에는 별로 없었어요. 그래서, 그때 당시 2월 8~9일 창립 출범식 준비하면서 '산별노조를 그대로 갈 거냐 말 거냐'를 둘러싸고 전날까지 속리산에서 내부 토론이 치열하게 벌어졌죠. 출범 여부와 함께 초대 위원장을 이승필 위원장이 맡을 거냐는 문제까지 치열하게 토론했지만 더 이상 시간을 늦춘다고 해서 대공장들이 움직이지는 않을 것이고, 그럴 바에야 이미 결의가 돼 있는 단위라도 먼저 출발하자고 결론을 내리고 2월 9일 출범을 하게 된 거죠.

금속연맹 시절 산별 전환과 관련한 사전 논의 단계에서, 경남지역만 보더라도 산별노조를 크게 하나로 갈 거냐, 소산별 형태로 갈 거냐를 둘러싸고 논의가 많았고, 경남본부 운영위 회의에서도 지부의 규모를 둘러싸고 의견 대립이 좀 많았고, 공단을 지역별로 4~5개 지부로 나누자는 의견까지 있었어요. 산별노조의 조직체계를 놓고 이야기하면서 기업별 노조와는 다르게 산별노조는 일상 활동이 사업장의 벽을 넘어야 하고, 총회를 하더라도 사업장 총회가 아니라 지부 총회가 중요하다고 생각을 했던 거지요. 일상적으로 모일 수 있는 단위가 마산 · 창원 전체 단위가 되기는 어렵다고 해서 3~4개까지 나왔던 거죠. (김: 제가 보기에는 크게 격론을 벌였다기보다는 대기업들이 빠져나가 산별 전환이 잘 안되고 하면서. 조직 단위의 규모 차원에서 논의된 것으로 기억합니다. 나도 그때 사실은 두 개보다는 세 개 정도로 쪼개 가지고 진짜 일상 활동을 해야 한다고 생각했어요. 그때 산별노조의 상을 몰랐으니까요. 그래서 본부 운영위원회에서 아주 격론을 벌인 건 아니었고, 문제는 당시에 큰 사업장들이 결합을 안 하는 거였고, 그다음에 왜 일반금속이냐 조선이냐 자동차냐 하다가 겨우 해소되고 금속산업연맹을 꾸렸는데 결의가 두 번인가 무산되면서 결국은 미뤄졌던 거였어요. 경남지부의 단위 문제는 제가 보기에는 큰 쟁점은 아니었고, 무슨 정파 간의 갈등을 일으킬 만한 건 아니었던 것 같아요.)

하지만 제 기억으로는 그 문제는 소산별을 주장하는 쪽과 대산별로 가야 한다는 쪽 사이 갈등의 연장선에 있었어요. 그 당시에 손석형 위원장 같은 경우에는 소산별 얘기하면서 4~5개로 나누어야 한다고 말했고, 저를 포함한 우리 그룹들은 크게 하나로 가야 한다는 의견을 내서 여러 번 토론했죠. 그래서 서로 절충한 게 두 개로 해서 경남 1, 2지부로 하기로 합의한 거죠. 2001년 10월부터 제가 경남 2지부장을 하고. 경남 1지부장을 두산중공업 김춘백 동지가 맡아서 했습니다. 산별 초기다 보니까 2지부만 해도 상근할 사람이 없어 지회장이 지부 상근 부서장을 겸임하면서 금속산업연맹 본부에 상근하는 분들을 파견받고 해서 지부 운영 체계를 만들었습니다.

(김: 소산별 대산별 논쟁은 그게 아니고 1990년대 후반 한국노동사회연구소에서 주장했던 자동차, 조선 등 업종별 연맹체가 만들어지고, 중앙파 쪽에서 전기 전자 일반금속을 중심으로 민주금속을 만들었던 거였어요. 그때 쟁점이 되었던 것이 소산별 vs. 대산별 논쟁이었어요. 1995년 말 전노협 위원장 선거할 때 이홍석, 양규헌 후보가 경쟁했는데, 이홍석은 소산별을 대표했던 한국노동사회연구소에 연결되어 있었고, 우리 지역은 영남노동운동연구소를 중심으로 대산별을 주장했지요. 하지만 자동차연맹이 만들어지고 나서 이에 대응해 일반금속이 만들어져 먼저 조선하고 합쳐 민주금속을 만들고 1998년에 현대차가 들어오면서 대산별로 하기로 했던 거지요. 소산별, 대산별은 산별노조를 이해하는 관점의 차이지만, 이것은 정파적 차이와도 연결되어 있지요. 사실 한국노동사회연구소가 그렇게 정파적인 관계에서 소산별을 주장했던 것은 아니지만, 자동차연맹이 출범하면서부터 소산별 주장이 정파적 관점과 많이 섞여버렸지요. 내 기억으로 우리 지역은 민주 일반금속을 꾸리면서 상근자 두 명을 썼는데 허연도 선배하고 조혜리, 두 사람이고 조철우가 일반금속의 지역 대표로 있으면서, 마창노련을 중심으로 했던 중앙파 계열과 잘 안 맞았던 거죠. 그때 자동차 연맹이 출범하고 나서 예를 들면 자동차 부품사들은 어디로 갈 거냐를 둘러싸고 우리 지역에서도 쟁탈전을 벌이고 했지요. 모비스 같은 경우에 민주금속연맹 들어왔다가 나중에 다시 친소 관계로 자동차연맹으로 가고 했던 거지요. 내 기억으로 소산별-대산별 논쟁은 업종을 산별노조의 범위를 어떻게 할 것인가의 문제인 거고, 우리 지역 차원에서는 그와는 무관하게 지부 구획을 어떻게 정리할 것인가를 둘러싸고 이루어진 것으로 그렇게 갈등적인 그런 건 아니었다는 이야기예요.)

그때 당시 위원장 하던 사람들이 느끼기에는 NL 계열에 있는 사람들은 소산별을 주로 얘기를 했고 우리 쪽(PD 계열)에 있는 사람들은 모두 대산별을 주로 주장했던 것으로 저는 기억하고 있습니다. 그렇죠. 의견 차이는 분명히 있었는데, 그게 큰 갈등의 문제는 아니었죠. 서로 합의할 정도였으니까. 운영위원회에서 몇 차례 서로 공방을 하다가 합의가 안 되어 토론하고 하다가 겨우 합의한 게 두 개로 나누기로 한 것으로 기억합니다. 둘로 나누었다가 한번 해보고 안 되니까 자연스럽게 다시 합치기로 했던 거예요.

제가 1, 2지부로 나누어서 1년을 해보니까 이게 현실과 안 맞더라고요. 지금까지 연맹 시절에 경남본부를 중심으로 해오던 것이 있는데, 경남 1지부는 한국중공업이 4,500여 명 되고, 한국산연과, 웨스트, 함안의 한국제강을 다 합쳐도 몇백 명밖에 안 되니까. 조직적으로도 균형이 맞지 않는 상태였습니다. 2지부 경우에는 나머지 전체 사업장들이니까 예전부터 조직을 같이 해왔던 단위들이라 조직 운영에 큰 무리가 없는 상황이었지요. 이렇게 1년 정도 하다 보니까 안 되겠다는 생각이 있었고, 2기 2년 차에는 경남지부 통합 준비위원회 체계로 전환하기로 하고, 지부 임원들은 그대로 같이 활동하면서 내용적으로 같이 할 수 있는 거는 같이 하는 형태로 진행이 되었습니다. 금속노조 차원에서도 중앙 지침이 내려오고 지역 집회를 할 때, 창원을 하나의 단위로 묶어서 집행할 수밖에 없는 상황이었으니까 자연스럽게 '하나로 가자'는 것으로 정리되었던 거지요.

경남 2지부장을 할 때 동명중공업(모트롤) 지회장은 다른 동지들에게 넘겨주고 지부장 역할만 했습니다. 노개투 총파업 때부터 지역 활동을 많이 했고, 1998년 금속산업연맹 경남본부 부본부장을 하면서부터 지역에 적극적으로 결합했지요. 당시는 혈기 왕성할 때였고 한편으로 산별노조 초기 3만 조합원 시절 위기의식도 있었습니다. 금속노조로 전환한 사업장들은 여기서 깨지면 안 된다. 금속노조 중심으로 똘똘 뭉쳐야 한다는 위기의식이 강했습니다. 금속노조 출발할 때 이승필 위원장님이 했던 말이 '한다면 한다!'였는데, 이게 군대 구호이기도 하지만 그때는 그런 정도의 결의를 모아야 한다는 뜻이었습니다. 금속산업연맹 산하 15~16만 명 산별노조 조직을 출범해야 했는데, 3만 규모의 산별노조를 띄우면서 이게 제대로 될 거냐는 위기의식이 있었고, 그래서 '같이 뭉치지 않으면 안 된다.' 이런 생각이 강했습니다. 경남 1지부, 2지부만 보더라도 중소사업장 지회장들이 지부의 조통부장, 선전부장, 총무부장 역할을 같이 겸임해 달라고 하면 그걸 다 그냥 했어요. 왜냐면, 금속노조를 살려야 되니까. 그렇게 상근자와 지회장들 일부가 같이 경남지부 집행 단위로 묶이고 이를 확대해서 사업장 대표자들이 운영위원회로 구성되면서, 경남지부를 중심으로 금속노조 중앙으로의 집중력이 엄청나게 강했습니다. 물론 개인적으로 힘들고 어려운 점이 있을 수는 있지요. 웨스트 경우에는 지회장과 사무장이 모두 현장 파견으로 1지부의 상집 역할을 맡아 활동을 했지요.

2지부 경우에도 중소사업장에서는 지회장이 직접 지부 상집을 겸임한 곳도 있고, 파견이 용이하거나 상근자가 좀 많은 사업장의 경우, 예컨대, SNT중공업과 동명중공업에서는 한 명씩 상근자를 파견했고, 연맹 본부의 상근자 중 절반 이상이 금속노조로 넘어온 거죠. 그렇게 지부 집행력이 만들어질 수 있었습니다. 그랬기 때문에 금속노조의 중앙 지침에 따라 시기 집중 투쟁을 결정하면, 지역 집회에는 기본적으로 3,000명 대오를 만드는 것이 기본이었습니다. 당일 SNT중공업 안에서 집회를 하면 3,000여 명씩 모였고, 주로 중앙체육공원에서 지역 집회를 많이 열었는데, 총회도 같이 모여서 하자고 해서, 대원동 대상 체육공원에서 여러 번 공동총회를 했습니다. 그 외에 합동 상집회의, 합동 대의원 수련회는 기본적으로 했고, 그러면서 기업별 노동조합 체계를 뛰어넘어 보자는 열정, 의지가 강했습니다. 그때는 참 피곤한 일도 많았지만, 그래도 하는 만큼 또 성과도 있으니까 그때는 정말 활동할 만했죠.

금속노조 수석부위원장 때 열사 정국

2003년 10월 3기 금속노조 선거할 때는 제가 금속노조 수석부위원장에 입후보하면서 금속노조 차원의 최초로 NL, PD의 연합집행부가 처음 만들어졌어요. 연합집행부 만들어 놓으니까 사실 성공적이지는 못했습니다. 물론 김창한 집행부 시절까지만 해도 만도 지부가 제 역할을 했기에 그럭저럭 잘 운영이 되기는 했습니다. 2003년 1월 배달호 열사 투쟁에서 시작해, 2003년 10월, 11월에 한진중공업 김주익, 곽재규, 충남 세원테크 이해남 열사 등 2003년 하반기 내내 열사 투쟁이 전개되었습니다.

2003년 1월 9일 포항에서 금속노조 중집 수련회를 하고 있었는데, 갑자기 연락이 온 거예요. 김창근 위원장에 연락이 와서 배달호 열사가 그렇게 됐다. 그래서 바로 김창근 위원장, 신천섭 수석부위원장, 김춘백 지부장, 저 다 이쪽으로 바로 넘어왔죠. 열사를 중심으로 지켜야 한다는 의지로 달려왔지요. 김창근 위원장이 그때 수배 상태여서 신천섭 수석부위원장하고 우리가 먼저 현장으로 들어가 준비하고 위원장님 따로 결합해서 열사 투쟁 정국이 시작되었습니다.

배달호 열사 투쟁과 관련해 지역에서는 다 잘 아실 테니까, 64일가량 투쟁하면서 중간에 폭력용역이 조문 참여하는 간부들을 폭행하면서 폭력 사태가 벌어졌잖아요? 그리고 그 이전에 홍지욱 동지를 납치해 가려고 하다가 다투어 폭력 사태가 일어나고 했지요. 이렇게 한두 차례 심각한 사건이 일어나면서 상황이 심각해졌고, 그렇게 한 두 달 넘게 지나면서 저희가 중간중간에 지역 차원의 파업 투쟁이라든지 지역 집회를 진행했고, 저하고 신천섭 수석부위원장이 '결사대를 준비하자'고 해서 중집에서도 결의를 했습니다. 그때 제가 제안한 내용은 2002년도이니 '2002명 결사대'를 만들자는 것이었고, 실제 한 2,000명까지 조직을 했어요. 그때 당시가 노무현 정권 초기였습니다. 그런 노력들 때문인지 다른 어떤 이유에서인지, 노동부 장관이 직접 내려와서 노사가 만나서 합의할 수 있는 국면이 만들어졌습니다.

2003년 10월에 금속노조 3기 선거 당선되고 나서도 10월 17일에 한진중공업 김주익 열사 투쟁이 시작됐고 그때 금속노조에서 전체 천막농성을 하고 있었고, 저는 한진중공업에 들어가 있었어요. 그 며칠 전부터 들어가서 지회장하고 얘기도 좀 하고 사태를 파악하는 중이었어요. 그날 17일 아침인데, 원래 아침 집회를 하면 지회장이 크레인에서 내려다보고 손도 흔들고 조합원들과 함께 고함도 지르고 인사도 하고 하는데 보이지 않는 거예요. 그래서 이게 뭔 일이 났다고 생각하고 몇 명이 크레인에 올라갔는데 그런 상황이 벌어졌죠. 한진중공업 열사 투쟁이 진행되고 있는 와중에 또 10월 23일 충남지부 세원테크지회 이해남 지회장이 대구 성서공단에서 분신해 긴급 이송되었는데 11월 중순에 결국 돌아가셨죠. 또, 10월 30일에는 곽재규 열사가 85호 크레인 옆에 있는 도크에 투신하면서 열사 정국이 만들어졌어요. 열사 정국 때는 민주노총뿐 아니라 금속노조 차원에서도 문제를 해결하기 위해서 집중적으로 같이 했던 그런 기억들이 많이 남아 있습니다.

두산 인수 이후 단협 해지와 노조 활동

제가 수석부위원장 할 때 큰 사건들은 그런 정도였고, 2005년 동명모트롤로 복귀하고 1~2년 지났을 때인 2007년에 회사를 매각한다는 발표가 났습니다. 당시 회사가 동명모트롤을 보쉬 넥스로스사에 매각하겠다고 발표했는데, 그 때문에 2007년도 7월에 조기 지회 선거를 했습니다. 그때까지 박명우가 지회장이었는데 임단협 정리하고 나서 바로 조기 선거를 했고, 제가 지회장을 다시 맡으면서 매각 저지 투쟁 국면으로 전환된 거죠. 2007년 7월부터 2008년 2월까지 회사 매각 저지를 위한 전면적인 투쟁을 전개했습니다. 지회는 마지막 성능 검사를 하는 출하 검사장을 점거하고, 장비를 빼돌리지 못하게 막는 투쟁을 하면서, 결국 회사가 보쉬로 해외 매각하겠다는 방침을 철회하게 됩니다. 대신에 곧바로 2008년 3월에 두산으로 매각이 진행되었습니다. 그래서 두산과의 악연이 시작된 겁니다. 두산이 들어오면서 그때부터 저는 2019년까지 12년간 6번이나 지회장을 연임하게 되었습니다.

두산이 모트롤을 인수할 당시 가장 걸림돌이 됐던 것이 동명모트롤의 임금과 단체협약이 너무 높다는 것이었어요. 최초에 입사할 때는 모트롤의 임금수준이 우리 지역에서 중하위권이었는데 당시에는 이미 지역에서 최상급 수준이었거든요. 임금과 단체협약 수준이 너무 높아서 경영권을 침해하고 있고, 노동조합이 너무 강성이라는 거예요. 그래서 '노동조합을 때려잡지 않고는 안 된다.' 하는 것이 두산의 생각이었어요. 두산이 한국중공업을 인수한 후인 2005년 대우종합기계를 인수해 두산인프로코어로 바뀌었을 때 동명도 인수를 검토했다는 겁니다. 그런데 뒤에 들은 얘기로는, 동명은 임금과 단체협약 수준이 너무 높고 노동조합이 강성이라서 인수할 수 없다고 했다는 거예요. 그래서 이에 대한 해결책부터 먼저 마련하라고 박용성 회장이 지시한 거 같아요. 그래서 인수를 유보했다가, 2008년에 계획이 준비되면서 동명모트롤을 인수한 거죠.

두산이 회사를 인수하고 나서 2008년 단체교섭은 9월부터 시작했습니다. 그전부터 형식적인 교섭이 있었고 그때는 예전부터 동명에 있는 경영진이 교섭에 나왔는데, 9월부터는 두산 측 사람들이 직접 교섭에 들어왔어요. 그리고 9월 한 달간 교섭을 해보더니 안 되니까 10월부로 단체협약 일방 해지를 통보한 겁니다. 이후 6개월 동안 단체교섭은 거의 파행 상태였고, 회사는 노동조합의 항복을 강요했습니다. 그렇게 6개월이 그냥 지나간 뒤인 2009년 4월부터 단협을 해지하고 전임자들의 현장 복귀 명령을 내리면서 노동조합을 탄압했습니다. 단협 해지는 2008년 이명박 정부 들어서 두산모트롤에서 처음 발생했습니다. 그전에 두산중공업을 인수하고 나서 두산이 두 번이나 단협을 해지했었는데, 이제 모트롤에서도 같은 행태를 보였던 거죠. 두산중공업에서의 단협 해지로 일정한 성과를 얻었다고 생각하니까 우리한테 다시 써먹은 거죠.

하지만, 우리는 사측의 요구에 합의하기보다는 무단협 상태가 되더라도 끝까지 가겠다는 방침이었어요. 2009년 4월 이후에는 아예 무단협 상태가 되었고 2012년 초에 새로운 단체협약이 체결될 때까지 여러 해 동안 무단협 상태에서 조합 활동을 할 수밖에 없었습니다. 사실 무단협 상태에서 노동조합 활동하는 거는 정말 어렵습니다. 전임자의 조합 활동 시간을 확보하지 못하니까 노조 간부 회의도 점심시간이나 퇴근 시간 이후에 해야 했고, 단협 해지 상태에서 조합원 출근 투쟁을 했는데, 출근 투쟁을 준비하려면, 간부들이 철야농성을 하거나 조기 출근을 해서 준비를 해야 했습니다. 노조 임원들도 조합 활동 시간이 없으니 모두 연월차를 쓰고 활동하거나 연월차가 없으면 외출이나 조퇴를 하고 외부 활동을 해야 했습니다. 사업장 내부활동은 연차를 써도 부족하니까 다 개인적인 시간을 내서 활동할 수밖에 없는 상황이었습니다. 노동조합 활동에서 최고로 힘든 시기였습니다.

여기에 두산 자본에 날개를 달아준 것이 2011년 7월부터 시행된 복수노조 허용이었습니다. 2011년 7월 이전에 이미 회사는 노동조합 투쟁에 참여하지 않는 사람들을 중심으로 복수노조를 대비하고 있었던 겁니다. 아직 복수노조가 허용되지 않은 시기였지만, 회사는 노조를 탈퇴한 사람들에 대해서는 단체협의비라는 명목으로 임금을 인상해 주고 성과급도 다 지급해 줬어요. 이들이 구성한 임의단체와는 협의라는 명목으로 교섭을 하고 임금인상과 성과금을 지급하니까, 지회에 남은 조합원들은 임금인상도 없고 성과금도 못 받는데, 지회를 탈퇴한 사람들은 매년 모두 다 받는 거죠.

회사의 중간 관리자들은 승진에서 지회 조합원을 철저하게 배제하고 지회를 탈퇴한 사람들만 승진시키는 방식으로 노조를 탄압했습니다. 이렇게 4년을 버텼는데, 그래도 끝까지 조합원으로 남은 사람이 98명이었어요. 당시에는 사무직 차장급까지 노조 조합원이었으니까 두산이 인수하기 전에는 전체 조합원이 370명이었는데, 이후 사무직들이 일차로 탈퇴하고 현장직 240명 중 대부분이 탈퇴하고 98명만 남았어요. 그러니까 2011년 6월 28일에 기업노조가 만들어졌을 때 조합원 수가 156명이었고 우리는 가장 적을 때가 98명이었어요. 임금과 성과금 때문에 대부분이 다 넘어갔습니다. 끝까지 조합원으로 남은 사람들은 '내가 아무리 노동력을 팔아서 임금을 받는 사람이지만, 영혼을 팔아서까지 살 수는 없지 않냐'고 생각하는 사람들이었고, 간부 활동 경험이 있어 친집행부 성향이거나 강성 성향의 사람들이었지요.

우리 집행부에 반대했던 반집행부 조직은 처음에 학습모임을 같이 했던 박명우가 주도했는데, 이 사람들에 대해서는 4년간 투쟁에 전혀 참여하지 않았기에 노조가 징계를 내린 적이 있지요. 이 사람들은 삼십여 회 파업 투쟁에 불참했으니까 조합원들의 투쟁을 이어가려면 징계를 안 할 수가 없잖아요. 그래서 불가피하게 징계를 했는데, 징계자의 다수가 이전 집행부 성원이었던 거죠. 이 사람들이 사전에 회사와 이야기가 되었던 것 같아요. 아직 복수노조가 허용되지 않았을 때는 협의회를 만들었어요. 조합원들이 협의회에 가입하면, 회사와 단체협의를 해서 임금과 성과급을 지급해 주겠다고 하고 회사도 그렇게 그렇게 응해준 거죠.

그렇게 남은 98명이 4년 동안 노조를 지켜왔는데, 2011년 7월에 복수노조가 허용되었을 때는 우리가 단체교섭을 이미 하고 있었습니다. 그런데 그해 말에 반집행부 쪽에서 교섭창구 단일화 요구를 했어요. 원래는 기존 노조에 교섭권이 있으면 2012년도 교섭권은 다른 노조에 안 줘야 하거든요. 그러니까 2012년 교섭창구 단일화 요구를 하면서 노동부가 교섭창구 단일화를 인정해 준 거죠. 해석을 어떻게 했는지 저쪽에도 교섭권을 줄 수 있다고 유권 해석을 한 거예요. 그러자 저쪽 노조가 5회 교섭을 통해 임금과 성과금만 받기로 하고 회사가 요구했던 단체협약 28개 개악 조항을 문자 하나 안 바꾸고 그대로 다 수용해 버린 거예요. 그러니까 조합원이 98명만 남은 상황에서 우리가 단체협약을 더 끌고 갈 수가 없는 상황이 되었잖아요. 기업노조는 새로운 단체협약을 이미 체결해 버렸고, 우리는 단체협약이 없는 무단협 상태였던 거죠. 그래서 '눈물을 머금고 지금이라도 정리하자. 어차피 저쪽이 합의했기 때문에 우리가 더 끌고 간다고 변화될 수 없는 상황이니 새롭게 뭔가를 모색해 보자.' 이렇게 판단하고 눈물을 흘리면서 정리를 한 거죠. 임금과 성과금 3년 치를 몰아서 받았으니까, 돈은 많이 받았어요.

사실 두산모트롤의 기업노조는 전직 노조 간부들이 반집행부 조직으로 있으면서 노조의 징계로 악감정을 갖고 있다가 회사와 타협하면서 반노동의 길로 나선 것입니다. 우리가 5기 때부터 12년간 집행부를 장악했는데, 이들은 이전 4기 집행부가 중심이 된 세력이었어요. 조합원 입장에서 보면, 금속노조 지회와 기업노조가 강성과 온건으로 분류될 수도 있고, 노동자 편과 회사 편으로 분류될 수도 있지요. 민주노조를 추구하느냐 아니냐, 어용이냐 아니냐, 명분이냐 실리냐 이런 다툼도 있고, 조합원들도 잘 알죠. 잘 알지만, 단체협약 일방해지 이후 4년간 단체협약이 체결되지 않으니까 돈이 필요한 사람도 있잖아요. 주로 이런 사람들을 유혹하는 거지요. 주로 나이 많은 사람이나 두산 인수 직후인 2010~11년에 입사한 60명의 신입사원을 집중 교육해 지회에는 절대 가입하지 못하게 하고 저쪽 노조로 다 밀어 넣는 거예요.

98명의 조합원이 끝까지 버틸 수 있었던 것은 그전 4년간의 투쟁이 있었기 때문이기도 하고 두산이 들어오기 전부터 두산중공업부터 대우종합기계(두산인프라코어)까지 두산 자본의 행태를 익히 알고 있어서 두산에 대한 반감이 강했기 때문이기도 합니다. 또, 두산 자본을 직접 경험하면서 느낀 것도 있고 예전에 노동조합 활동을 했던 경험도 있었으니 가능했던 거지요.

조합원들이 같이 참여하고 소통하는 생활공동체 문화를 만들어내려고 노력했는데, 이러한 노력이 노조 내 인간관계를 끈끈하게 하는 데 중요했습니다. 탄탄한 인간적 신뢰와 유대가 노조 활동의 토대가 되었다고 보이는데, 그랬던 사람 중에도 일부 또 떨어져 나가는 사람도 있었지요. 정말 끝까지 남은 조합원들의 경우에는 제가 보기에 노동자로서의 어떤 자긍심, 이것만큼은 지켜야 한다는 '인격적 자존감'을 포기할 수 없었던 거지요. '영혼까지 팔 수 없다'는 것은 돈 문제 때문에 굴복하지 않겠다는 거지요. 사실 1년 치 임금 소급분과 성과금을 합하면 당시에 천 몇백만 원씩은 됐거든요. 그때는 회사가 많이 벌었으니까 돈만 생각한다면 지회를 탈퇴하고 안면 싹 바꾸는 게 당연하지요. 그런데 그게 다는 아니라는 거죠. 그런 의미에서 지회 조합원으로 남는 선택은 아주 실존적인 결단으로 대단하다고 볼 수 있는 겁니다.

복수노조하의 성공적인 조직 확대

그렇게 일단락되고 나서 그 이후부터는 복수노조 체제하에서 조합원 수 98 대 156의 관계를 어떻게 역전시킬 거냐를 고민했습니다. 그때부터 조직 확대 강화를 위한 다양한 사업들을 기획해 집행했고, 조합원 조직화, 점조직화를 위한 구체적인 실행 방식을 찾아서 집행했습니다. 점조직화란 것은 이런 겁니다. 한 부서에 지회 소속과 기업노조 소속 조합원이 섞여 있다면, 기업노조 조합원들을 우리 지회로 재가입시켜야 하잖아요. 그러기 위해서는 누군가 나서서 조직 작업을 해야 하지 않습니까? 조직화를 위해 지회 임원이나 간부들이 현장에 가서 기업노조 조합원을 만나면, 만나는 순간 거기에 있는 직장이나 기장, 중간 관리자들이 다 보고를 해요. 보고를 하면, 회사의 관리가 바로 들어가는 거죠. 그래서 기업노조 조합원이 지회 임원을 만나는 게 아주 부담스러운 겁니다. 그래서 지회 간부들이 현장에서 사람을 만나는 게 조직화에 전혀 도움이 안 되는 겁니다.

그래서 조합원 중에는 기업노조 조합원들과는 전혀 말도 안 섞는 사람도 있지만, 그나마 기업노조 조합원이지만 말이 되는 사람들과 점심도 같이 먹고 가끔 술도 한잔하는 조합원들을 중심으로 조직 활동을 요청하는 거지요. 이런 조합원들을 모아서 개별적으로 설득 작업을 하도록 요청하고 조직에 필요한 거 있으면 지회에서 지원해 주는 거지요. 그래서 개별 조합원이 세포 활동하듯이 지하조직처럼 저쪽 노조 사람을 만나는 거예요. 그중에서 조직이 가능한 사람들을 분류해서 집중적으로 만나는 겁니다. 완전히 지하조직이지요. 그렇게 지회에 들어올 가능성이 있다는 것이 확인되면, 지회 임원들이 따로 만나는 거죠. 밖에서 만나 가입 원서를 들고 가서 꼭지를 따가지고 오는 거죠. 가입 원서를 써서 보관하는 거예요. 그리고 다음 해 교섭창구 단일화가 진행될 때까지 비밀에 부치고 모아놓고 있는 거죠.

만약 이들 지회 가입이 공개되면 회사가 또 한다는 거죠. 그래서 매년 연말 정도 되면 교섭창구 단일화 요구를 하니까 연말이 되는 시점 조합원 수 기준일에 교섭에 참여하는 노동조합이 2~3개 있다면 교섭에 참여하는 노조 공고를 붙이고 나서 5일간 이의제기 기간 있잖아요. 이의제기 마지막 날이 조합원 수 기준일이에요. 이 시점에 조합원 명단이 공개되어야 하는 거지요. 그래야 회사가 손을 쓸 수가 없는 상황이 되니까요. 2012년부터 몇 년간 그 작업을 계속 했습니다. 결과적으로 2017년인가 2018년부터는 우리가 다수 노조 지위를 되찾고 역전이 됐습니다. 다수 노조가 되면 단체교섭권을 줘야 하잖아요. 그런데 우리가 소수 노조일 때는 기업노조에만 교섭권을 주더니, 우리가 다수 노조로 되니까 모든 노조의 개별교섭을 다 인정해 주는 거죠.

이렇게 98명이 노력해서 현재 조합원 수로 하면 142 대 51명인가 그래요. 우리가 4분의 3을 점유하고 있고 기업노조가 4분의 1밖에 점유를 못 하니까 기업노조는 계속 내리막길 걷고 우리 지회는 계속 늘어나고 있습니다. 기업노조에 가입했던 분들도 현재는 기업노조에 있어 본들 큰 의미가 없지요. 두산도 이미 모트롤을 팔고 떠났거든요. 그래서 조합원들 내부에서 소원한 감정이 있죠. 그래도 우리가 2011년 당시 복수노조로 찢어졌던 상황만 생각해서는 안 되고 우리 주장만 해서도 안 된다고 조합원들을 계속 설득하고 있습니다. 우리가 다수 노조가 되려면 어차피 어디 다른 데서 조합원을 사 올 수도 없고 현재 있는 사람 중에 조합원을 확보하는 수밖에 없으니까, 마음엔 안 들어도 조합원으로 다시 조직해야 하는데 같은 조합원으로 진짜 양해를 해줘야 한다고 이야기합니다.

힘든 시기를 견디면서 사실 노조 내에 감정적 균열이 있을 수 있지만, 그래도 계속 만나서 교육하거나 집회, 현장 순회를 통해서 계속 얘기를 하면서 설득하는 방법밖에 없죠. 그리고 무엇보다 현재의 복수노조 상황에서 다수 노조 지위를 얻지 못하면 단체교섭권을 상실하기 때문에 고용과 임금, 노동조건을 지키기 위해서는 교섭권을 확보하는 게 무엇보다 중요합니다. 그러니까 조합원들도 감정적으로 섭섭한 게 있더라도 이해를 해달라고 계속 얘기를 하는 거고, 강성조합원들도 불만은 있지만 참는 거지요. 자기도 그거는 아니니까. 또 나가버리면 우리가 소수가 된다는 것을 자기도 알기 때문에 일정 정도 지켜야 할 선까지만 딱 지키는 거고, 새로 가입한 조합원들과는 같이 얘기하면서 서로 관계를 만들어 가고 있는 상황입니다. 다시 가입한 조합원들에게는 상대적으로 집행 간부를 잘 안 시키기는 합니다. 간부 활동을 할 조합원들이 이미 꽤 있고 진짜 참고 있는 강성조합원들이 반발할 수 있기 때문이지요.

현재 압도적인 다수 노조이지만, 올해도 교섭창구 단일화 진행 중인데, 기업노조도 개별교섭을 하고 있습니다. 2020년에 모트롤이 소시어스 앤 웰투시 인베스트먼트라는 사모펀드에 인수됐는데, 사측이 작년 연말에 방산과 민수로 각각 법인을 분할했어요. 자기들 팔아먹고 먹튀 하기 좋게끔 분할한 거지요. 하지만, 법인을 분할하면서 몇 가지 합의 사항이 있었습니다. '2사 1노조를 인정하고, 임금인상에는 성과금과 노동조건을 동일하게 적용하며, 민수 법인을 중국 자본에는 매각하지 않는다'는 내용에 합의해 놓은 상태였습니다. 이게 12기 김성완 집행부에서 이루어진 합의였습니다.

2023년 말에 새로 노조 지회 선거를 해서 전에 부지회장 하던 분을 지회장으로 새 집행부가 구성되었습니다. 지회는 여전히 모트롤 지회이지만, 법인은 민수 부분이 (주)모트롤이고, 방산 부분은 MNC 솔루션으로 나누어져 있고 사장은 동일인입니다. 지금은 조합원이 방산 부분에 월등히 많습니다. 방산 부분은 기업노조 소속 13명을 제외하면 모두 지회 조합원이고, 민수 부분은 전체 80여 명 중 40 대 30여 명 수준으로 지회 조합원이 10여 명 적습니다. 하지만 민수 부분에서도 기업노조에서 지회로 옮기려는 흐름이 있는 상태지요.

지역에서의 노동자 정치활동

정치, 정당정치 활동과 관련해서는 민주노동당 창립 때 제가 창립대의원을 했었습니다. 민주노동당 출신이고 그 시절에 전진이라는 당내 의견 그룹의 회원으로도 활동했고, 민주노동당이 분화되면서 진보신당 당원이 되었고 다시 노동당으로 바뀌었습니다. 노동당 내에서는 '노동정치연대'라는 당내 의견 그룹에 직접 참여해 계속 활동을 해왔습니다. 이후 정의당과 4자 통합하는 과정에서 사실상 흡수 통합되면서 정의당으로 입당했지요.

여영국 의원이 정의당으로 들어갈 때 지역에서 저하고 신천섭 동지가 같이 참여했고, 그러면서 욕도 많이 먹었습니다. 왜 들어갔냐 하면 할 말이 많지만, 생략하겠습니다. 정의당에 들어가서 여영국 도당위원장 시절부터 당직 활동도 쭉 했었고요. 제가 2022년까지 6년간 노동위원장을 하면서 대선, 총선, 지방선거 등 각종 선거 있을 때마다 노동 선대본을 직접 구성해서 활동했습니다. 현재는 신천섭 동지와 이경수 동지가 공동으로 정의당 경남도당 노동위원장을 하고 있지요. 지금은 정의당 내 '전환'이라는 의견그룹의 지역 대표로 있고, 전환은 지역에 30여 명의 회원이 있습니다. 사회단체 활동은 노동사회교육원부터 산추련, 여성노동자회, 전태일 열사, 배달호 열사, 노회찬 후원회 재단, 여영국 후원회 등의 조직의 회원 자격만 유지하고 있습니다.

정의당 얘기를 하면 긴데, 간단하게 말씀드리면, '노동정치연대'를 하면서 정의당을 노동 중심, 진보정치의 구심점으로 삼아서 정당다운 정당을 만들자는 차원에서 들어갔는데, 지금까지 활동 결과를 보면, 그것은 우리의 바람이었을 뿐이고 실제 큰 성과가 없었다는 겁니다. 그렇지만, 제가 노동위원장을 하면서 각종 선거 과정에서는 노동자들의 참여를 적극적으로 이끌어냈고, 실제 노회찬 의원 선거에서부터 여영국 보궐선거에도 참여했습니다. 대선에서 우리가 직접 한 건 없었지만, 여영국 선거할 때는 우리 선대본에 노동자들이 사업장 대표들을 30~40명 정도까지 많이 모았어요. 노동자 지지 선언도 1,000~2,000명씩 모았습니다. 하지만, 정의당에서 노동 중심성이 사실상 없어지고 지난 국회의원 선거 때는 청년 우선 배려라고 1, 2번을 그렇게 배치하고 여성을 앞으로 배치하면서, 노동이 쭉 뒤로 밀려 사실상 노동은 없어졌습니다. 류호정 의원 탈당하면서 3개월 남은 국회의원 임기를 양경규 동지가 메꾼 게 전부인 듯합니다. 정의당의 진보정치에는 제대로 된 정체성도 없고 계속 대중 정당, 시민 정당으로 우향우 하고 있는 상태고, 노동자들은 노동 중심성을 세우지 못하니 뿔뿔이 하나둘 떨어져 나가다 보니까 저도 많은 한계를 느꼈습니다. 그래서 지금은 지역에서 노동자 정치활동도 그만해야겠다고 생각했고, 당직을 안 하고 현장에서만 있는 상태입니다.

노동위원장 6년을 하면서 진보정당이 노동자를 위해서, 노동자 정당으로서 어떤 모습이어야 하는지 노동자 진보정치의 상에 대해서는 우리 '전환'이라는 의견 그룹 내에서 토론을 많이 했습니다. 저희가 토론한 내용은 진보정치를 통해서 어떤 세상을 갈 거냐 하는 근본적인 목표를 정확하게 설정해야 하고, 이와 관련해서 '전환' 쪽에서는 민주적 사회주의로의 방향성을 분명히 해야 한다는 것과 노동 중심성에 대해서 당원 가입과 선거운동으로 끝나는 정치활동이 아니라 실질적으로 당원들이 참여하고 의견을 만들어 그것이 중앙정치나 국회에서 입법화되거나 정치 의제가 되는 체계로 가야 하는데, 현재 정의당 상황으로는 그렇게 할 생각이 있는지 의문이 들 정도입니다.

지역에서 노동자 정치, 노동자들의 지역 정치가 어떤 모습이어야 하는가에 관해서 보면, 무엇보다 상시적인 참여 체계를 만들어야 하는데 이게 만만치 않은 상황입니다. 많은 활동가가 이미 노조 내에서 적극적으로 활동하는 활동가들로서 기존 노조 운동의 중심 역할을 하는 것에 더해, 진보정당 활동에 참여해야 할 뿐만 아니라, 이미 지역 내에 노동조합 현장 조직이 또 있습니다. 그러면 활동의 영역이 이중 삼중으로 중첩되는 문제가 있습니다. 또 하나는 노동운동과 정치운동을 분리해서 생각해야 한다는 의견도 있습니다. 노조 운동과 정당 운동을 하나로 모아내기 어려운 사항도 있고, 현재 정의당의 태생적 한계로 인해서 지역에서 노동운동가들을 정의당 중심으로 하나로 모아내지 못하는 문제점도 있죠.

그래서 현재는 여전히 노동당에 잔류하고 있는 동지들도 있고, 정의당에 가입해 적극적으로 활동하는 동지들도 있고, 가입은 했지만 거의 회비만 내고 활동하지 않는 당원으로만 남아 있는 사람도 있고, 또 노동당은 탈당했는데 정의당에는 가입하지 않는 무소속이 대부분이에요. 주류가 무소속이에요. 마창지역의 정의당 노동자 당원이 한 500여 명 정도 되거든요. 그것도 금속을 포함해서 민주노총 내 전체 산별을 포괄해서 그렇습니다. 실질적인 당권이 있는지는 확인이 안 되고 실제 당권자는 더 줄어들겠죠. 지역에서 정의당 당원이라도 모임도 주기적으로 해야 하지만 아직 제대로 되지 않고 있는 반성해야 할 부분도 있습니다.

또 하나는 지역 전체를 놓고 보면, '평등의 길' 회원을 중심으로 해서 진보적인 정당 운동 내에서도 노동당과 정의당의 정치적인 입장 차이, 현재 당적이 있는지 무소속인지 등 여러 층이 존재하기 때문에 제대로 노동정치, 현장정치를 실현하기가 어려운 구조가 있습니다. 누구 탓을 하기 전에 현재 상황이 그렇습니다. 구조적이고 조직적인 한계도 있습니다만 비전이 명확하지 않은 것도 큰 한계이지요. 정의당에서 특히 그런 문제가 있고, 평등의 길에서는 전망은 분명히 있어서 '사회운동과 함께하는 노동운동', '사회운동과 함께하는 정치운동'이라는 비전은 평등의 길 내에서 토론을 통해서 만들어져 있습니다. 하지만, 세부적으로 지역으로 내려오면, 노동당이냐 정의당이냐 무소속이냐, 아니면 진보당이냐 이런 분열이 크게 작용하고 있습니다.

현장 조직 활동과 정파 갈등에 관하여

현장 조직 활동과 관련해서 민주노총 출범 이후 금속산업연맹 시절에는 저도 모르게 소위 중앙파 계열. 소위 단문심 계열에 포함되어 활동했던 것 같고요. 금속산업연맹 이후에 현노회가 있는데, 현노회 전에 전국금속모임이라는 임의 조직이 하나 있었어요. 그때 연맹 시절에 본부장 그룹이나, 그 뒤 금속노조로 넘어오면서 지부장 및 연맹 임원들과 함께 금속 모임 활동도 했고, 제가 금속노조 수석부위원장 할 때 임시 소집권자로 활동을 했습니다.

금속노조 때인 2005년도인가 '전국현장노동자회'의 창립 멤버였는데, 현노회 활동을 하면서 금속 중심의 현노회 활동을 민주노총까지 확대하기로 논의하면서 제가 현노회 5기 의장을 마지막으로 하면서 '평등의 길'을 준비했습니다. 지역 차원에서는 지역 내 좌파그룹, 현노회 경남, 사이버 노동대학, 산추련 등이 모여 '경남 노동자 민중 행동'이라는 좌파 의견그룹으로 활동가 조직을 만들어 제대로 활동해 보자 했는데 별다른 성과를 거두지 못하고 지지부진해 해산했지요. 조직은 만들었는데 조직 운영이 잘 안되었습니다. 그래서 지금 마지막으로, '평등의 길'을 만들고 지금 현재 회원으로서 열심히 활동하고 있습니다.

제가 진보정당 활동을 하면서 가장 아쉬웠을 때는 민주노동당, 진보신당, 노동당에서 정의당으로 넘어올 때의 과정이었습니다. 지역 내 사실 의견들이 분분했었잖아요. 자기 살길 찾으러 가냐 이런 얘기도 있었는데, 사실 저는 또 다른 것이 있었어요. 그 당시 노동당에서 합당 문제를 논의할 때 대의원대회에서만 결정해 버리고 현장 당원 투표를 진행하지 않았습니다. 그렇게 하는 것이 맞느냐 하는 비판이 있었고, 그 당시 '노동정치연대' 같은 정치 의견 그룹으로 활동했음에도 불구하고, 이런 조직을 통해 정의당을 노동 중심으로 변화시키기 위해 지역을 제대로 견인해서 좀 늦더라도 같이 와야 해야 했는데, 너무 성급하게 넘어온 게 아닌가 하는 아쉬움이 좀 있죠. 있고 그 문제가 지금까지도 해소되지 못하니까 더 큰 아쉬움이 있는 거죠. 그 당시 지역 내에서 토론했을 때 대우조선 노민추 같은 데는 진짜 손톱도 안 들어가는 얘기였을 수도 있지만, 우리 현노회 내부에서라도 좀 더 치열하게 붙어서 서로 간에 진짜 노동 정치를 어떻게 올바르게 세워낼 것인지 토론하는 장을 좀 만들고 했으면 지금은 좀 더 나아지지 않았을까 하는 아쉬움이 좀 많죠.

지역노동운동의 과제와 관련하여 후배들에게 하고 싶은 말은 정파 갈등과 관련한 부분입니다. 지역 내에서 정파 갈등은 크게 보면 중앙파라고 불리는 '평등의 길'과 주사파라고 얘기하는 '전국회의'의 갈등인데, 이와 관련해서는 좀 더 핵심적인 문제를 논의하는 과정이 필요할 것 같습니다. 지역이 계속 분열된 모습을 보이는 것은 각 정파에서 주장하는 이념과 노선이 분명히 있음에도 불구하고, 이념 노선과 무관하게 선거 조직을 중심으로 무작위로 자기편을 만들기 위해 '줄 세우기' 하기 때문이라는 생각에 안타까운 심정입니다. 이것은 네 편 내 편 할 거 없이 모두 똑같은 것 같습니다.

그래서 어떻게 할 거냐와 관련해서는 사실 근본적인 문제에 대해서 좀 얘기를 해봐야 하는 거 아닌가 하고 생각합니다. 이제 집에 갈 때도 됐고 정년퇴직도 얼마 안 남은 상황이니까요. 사실 금기어처럼 생각해 오던 NL과 PD 사이의 얘기, 북한 문제, 통일 문제에 대해서도 제대로 된 얘기를 좀 해봐야 하고, 그런 얘기를 하면서 자기가 지금 지향하고 있고 자기가 속해 있는 이 운동이 맞는지 안 맞는지를 판단할 수 있는 계기가 필요한 게 아닌가 하는 생각을 했어요. 그것은 잘못 접근하면, 운동적 관점에서 이게 맞냐 안 맞냐 이런 문제일 수도 있는데, 우리끼리 내부적으로만 그냥 '쟤들은 저런 걸 해서 안 돼.' 또 저쪽에서는 우리를 보고 '쟤들은 이런 걸 해서 안 돼.' 이렇게 해서는 골만 더 깊어질 수밖에 없는 구조 아니냐는 거죠.

그래서 보수층에서 말한 거와 같다고 얘기할 수도 있지만, 사실 북한의 권력 세습 문제를 어떻게 볼 거냐는 문제도 그렇고, 그다음에 통일을 지향한다면 민주당하고 김정은 정권이 통일을 합의했다고 하더라도 그 뒤에 북한과 남한 각각의 민중이 처한 문제는 그대로 남아 있는 거잖아요. 통일 이후 어떤 사회를 만들어야 할 것인지, 합의가 가능할지 모르겠지만, 현재 추세로 자본주의 중심으로 계속 간다면, 기층 민중들의 삶은 더 나빠지거나 별 변화가 있을 수 없잖습니까? 통일을 위해서는 남한의 민중과 북한의 민중 사이에 어떤 연결고리가 있어야 하고, 현재 NL 쪽에서 하는 운동들을 보면, 북핵 문제라든지 북한 정권의 주장에 일부 동조하는 시각들이 그런 거잖아요. 미국을 상대하기 위해서는 북한도 핵을 가져야 한다든가 하는 논의 말이지요. 미국 때문에 북한이 핵을 가져야 한다면, 평화 문제는 어떻게 되는지 이런 문제에 대해서도 답을 찾아야 한다는 거죠, 그런 문제도 '네 편, 내 편'을 만드는 문제가 아니라 사실 지역 차원에서 솔직하게 좀 얘기해 봐야 하는 거 아니냐는 겁니다.

물론, 지역 차원에서 근본적인 쟁점보다 정파 간의 협력적 실천의 차원에서 같이 할 수 있는 게 뭔지를 이야기하고 밑에서부터 협력하는 문화를 만들어 갈 수도 있지만, 이념과 사상, 노선과 같은 근본적인 문제에 관한 토론을 회피하다 보면, 현재 수준에서 할 수 있는 것이 자기 정파의 입장에서 상대를 규정하는 경향을 벗어나기 힘들어 보입니다. 그런 상황에서 지역 노동운동이나 지역 정치운동에서 같이 협동할 수 있는 게 뭐가 있을까 생각해 보면, 회의적입니다. 이번 총선에서도 정의당 비대위에서 협동의 정치를 말하면서 네 개의 진보정당을 가설정당 형태로 묶어 선거에 대비하고자 했지만 실패했습니다.

(조: 사실 선거연합 정당은 선거에서의 유불리가 일차적인 관심일 수밖에 없어서 지역 수준에서 정파적 차이와 갈등이 선거연합을 통해서 해결하기는 쉽지 않다면, 오히려 노동조합 내부에서 정파 간 연합집행부의 성과와 한계, 금속노조 중앙이나 지부 차원에서 NL과 PD가 연합집행부를 구성했을 때 그것이 지역에서 어떤 성과와 한계를 가졌는지 평가해 보는 것은 어떤가요? 서로 다른 정파 구성원들이 같이 사업을 하는 과정에서 입장의 차이에도 불구하고, 뭔가 협력적 실천을 해왔고 그런 경험들을 누적시켜 가는 것이 더 의미 있는 거 아닐까요?)

(김: 연합집행부가 나름대로 운동에 기여한 점도 있고, 또 반대였던 점도 있을 텐데요. 예컨대, 어정쩡하게 절충해서 사업을 하다가 이도 저도 아니게 되는 경우도 있었습니다. 또 연합집행부에서도 여전히 뒤에 있는 현장 조직의 물밑 활동이나 갈등은 해소되지 않기도 했습니다.

노조나 정당에서 선거라는 국면은 사실 정파 간 협력이나 대화의 계기가 되기는 어렵고, 오히려 대중조직 안의 정파 조직들 같은 경우에는 금속노조의 어떤 사업 방향이나 목표에 대한 합의가 중요합니다. 그 순서를 정하고 무엇을 우선할 거냐, 중점적인 목표를 무엇으로 할 것이냐, 합의할 수 있는 수준이 뭐냐 등등은 얼마든지 이야기할 수 있다고 봅니다. 연합집행부는 어떻게 보면 정파 간 협력의 산물인 거예요. 대중조직 속에서 적어도 이거는 같이 하자는 일종의 '공존의 룰' 같은 게 있었던 거고, 금기 같은 게 있었던 거죠. 초기에는 금속노조 내부에서 그런 합의가 가능했고, 그래서 연합집행부도 탄생할 수 있었던 거죠.)

(김: 하지만, 지금은 금속노조 선거에서도 예컨대, 중앙파라 할 수 있는 '평등의 길'을 제외하고 가장 좌파와 가장 우파 쪽이 연합해서 후보를 내기도 합니다. 이런 선거연합은 기준도 없고 일관된 그런 원칙도 없습니다. 지금은 그렇게 돼 버린 거예요, 서로 정치적 · 조직적 입장이나 내용 가지고는 이야기를 안 해요. 이런 의미에서 손송주 지회장이 말씀하신 대중적인 차원의 어떤 토론 같은 거는 필요합니다. 지금의 정파 문제가 심각한 것은 그것이 대중을 대상화하기 때문입니다. 대중운동에서 대중을 대상화해 버리면 이건 오래 못 갑니다. 대중들은 NL이 뭔지도 모르는데, 선거 때마다 지회장이 1번 찍으라고 하면 1번 찍고, 2번 찍으라고 하면 2번 찍고… 이런 흐름이 계속 강화되고 있는 겁니다. 그래서 단순히 단편적으로 몇 가지만 평가해서 될 문제는 아니고 어디서부터 발생했는지, 이것이 지역만이 아니라 사실은 전국하고 다 연결돼 있기 때문이지요.)

지역 내에 사업과 관련한 논의를 할 수 있는 공간은 항상 열려 있잖아요. 금속노조 경남지부면 지부 운영위원회가 있고, 민주노총 경남본부면 경남본부 운영위원회가 있고, 대의원대회까지 다 열려 있는 상태니까, 지역에서 투쟁 의제가 있다면, 투쟁을 제대로 할 수 있는 방향으로 서로 의견을 모으면 되잖아요. 그런데 우리 지역만 봐도 사실 예전에 비해서 투쟁이 많이 쇠퇴하고 있는 상태입니다. 정파적인 측면에서 보면, 어느 정파 그룹에 속해 있는 단위라도 만약 이번 투쟁이 중요한 투쟁이라면 이 투쟁에 같이 결합할 수 있도록 조직을 해야 하잖아요. 그런데, 특정 정파가 집행부를 맡고 있으면 다른 특정 정파 조직에서는 이 투쟁에 느슨하게만 결합하거나 또 아예 방관하는 경우가 많습니다. 연합집행부라고 해도 투쟁이 제대로 된다고 보장할 수 없는 게 현실이라는 거지요. 지역에서 금속노조나 민주노총 단위마다 사업을 위한 논의와 토론의 공식적인 장이 있는데, 투쟁이면 투쟁, 지역 운동의 방향이라면 의제를 중심으로, 실질적인 토론이 될 수 있도록 해야 하는데, 그것을 집행하는 단위나 참여하는 단위 서로 간에 어떤 선이 그어져 있어서 투쟁 동력을 하나로 모아내기에는 어려움이 있고, 그것이 극복해야 하는 문제지요.

특히 현장에서 참여하는 구조가 되어야 할 거 아닙니까? 그런데 현재의 운동 풍토를 보면 그게 어려운 것이 또 문제입니다. 총체적인 문제이지요. 오히려 과거 기업별 노조의 연합체였던 금속산업연맹 시절에는 투쟁해야 할 때 기본적인 투쟁 체계로서 지역 연대가 중요하기에 결합하고 그래서 지역에서 하나의 노동조합으로 움직였습니다. 산별노조인 금속노조에서 이게 더 잘되어야 하는데 오히려 잘 안되고 있습니다. 투쟁을 제대로 하는 사업장을 모범으로 삼아서 이것을 따라가겠다는 게 아니고, 투쟁을 안 하는 사업장에 핑계를 대는 구조로 가버리고 있는 게 문제라는 거죠. 금속노조 전체도 마찬가지입니다. 금속노조 전체 투쟁 일정에서 현대자동차 지부가 투쟁을 다 비켜나고 자기들만 타결해 버리면 전체 금속노조 투쟁의 판이 깨지잖아요. 그러면 우리 지역의 현대기아차 계열사들도 현대차가 투쟁을 안 하는데, 지역 총파업이 가능하겠습니까? 이게 서로 투쟁에 앞장서려고 하는 경쟁적인 관계가 되어야 하는데, 뒷걸음질하는 경쟁으로 가버리면 지역투쟁도 제대로 안 되는 거죠.

산별노조의 문제를 다시 얘기하면, 금속노조는 현재 20만 조직으로 성장했는데, 지금 산별노조는 기업별 노조 때보다 못한 노동조합 체계로 가고 있는 상태니까 이것을 어떻게 할 것인지에 대한 근본적인 처방이 필요한 거죠. 청춘을 바쳐서 산별노조를 만들었는데 퇴직할 때쯤 보니까 기업별 노조보다 못한 조직으로 전락해 버린 겁니다. 산별노조를 제대로 하려면, 사회적 교섭의 틀을 강제할 수 있는 법적 구조가 만들어져야 하고, 법제화가 되어야 합니다. 그러기 위해서는 노동조합운동이 정치운동과 같이 입법화 투쟁까지 가야 하는데, 노동운동 쪽에서는 노동운동과 정치운동을 왜 같이 해야 하는지에 대한 시각 차이가 있고, 진보정당 쪽에서는 사회적 교섭의 법제화에 대한 의지나 그럴 준비가 안 되어 있는 상태인 거지요. 결국, 어느 단위가 문제냐라고 보기도 좀 어려운 상태입니다. (구술 일시: 2024년 1월 23일)

11

한국산연 투쟁과 연대의 힘

김은형(민주노총 경남본부장)

1970년 마산 출생

1989년 전교조 선생님 지키기 〈마창고협〉 활동

1990년 한국산연 입사

1995년 한국산연 노동조합 위원장

1997~1998년 한국산연 철수 저지 투쟁 승리

2000년 민주노총 경남본부 부본부장, 금속노조 경남1지부 수석부지부장

2008~2011년 한국산연 구조조정 저지 투쟁

2016~2017년 한국산연 정리해고 철회, 해고자 원복직 투쟁 일본원정 투쟁 승리

2020~2022년 한국산연 청산철회 투쟁

2021~2023년 민주노총 부위원장, 민중행동 자평통 위원장

2024~2025년 민주노총 경남지역본부장

노동운동을 하게 된 계기

저는 지난해 1월 1일부터 민주노총 경남지역본부 본부장으로서 역할을 하게 된 김은형입니다. 저는 1970년생으로 마산에서 태어났습니다. 어린 시절은 할머니가 살고 계시는 경남 고성 마한면 두오리에서 지냈는데, 이경수 동지와 같은 아래 윗동네인데 어릴 때는 서로 몰랐습니다. 최종 학력은 마산여자상업고등학교를 졸업했습니다. 고졸입니다. 대학을 가지 않았습니다. 학교 졸업하기 전에 공장 현장으로 들어가서 계속 공장 생활을 했습니다. 가장 오랫동안 근무했던 곳은 최근에 청산했던 한국산연입니다. 약 32년 34년인가 하여튼 그쯤 있었습니다.

1989년도 전교조가 세워지기 전부터 마여상(마산여자상업고등학교)이라는 학교가 좀 특이했던 것 같습니다. 고승하 선생님, 김용택 선생님 등 유명하신 선생님들이 우리 학교 선생님이었습니다. 고등학교 1학년 처음 받았던 수업에서 '직녀에게', '남누리 북누리' 이런 노래를 배웠습니다. 수업 시간마다 이상한 이야기를 하시는 선생님들 때문에 '빨갱이 선생님들이 너무 많다.'라는 생각이 들었고, '학교를 그만둬야 되나?' 하는 생각을 했을 정도로 선생님들의 영향력이 컸었습니다. 그런 선생님들로 인해서 선배들도 그때 당시 지역에 민주화 투쟁이 일어난 현장에 많이 가셨는데 선배들이 마여상 다닐 때는 마여고(마산여자고등학교)보다 성적이 좀 높았어요. 그 선배들이 현장에 투신하게 되고 그러면서 노동조합을 만들기도 했는데 선배들의 영향도 좀 있었습니다.

여상 졸업 후 제조업 현장으로 들어가 운동을 하던 선배들이 있었고, 우리도 결국은 그런 선택을 하게 되었습니다. 고등학교 3학년 때 선배들이 학교에 와서 후배에게 "취업을 어디로 가고 싶은지, 3학년이니 고민을 해야 되지 않는가?"라는 질문을 했습니다. 친구들은 대부분 공장 현장에 취업해 있었습니다. 그렇지만 저는 "저 현장 못 들어가요. 어머니 아버지가 어려운 살림에 얼마나 고생해서 저를 키웠는데, 내가 돈을 벌어야 동생이 학교를 갈 수 있어서 저는 현장은 못 들어가겠습니다." 이렇게 이야기를 했습니다. 김창순 선배와 김숙임 선배, 그 선배들이 저한테 "네가 아무리 공부를 잘해서 어떻게 하든, 공채를 치든 그런 곳에 들어가게 되면 결국은 자본가의 부역질밖에 못 한다. 노동자가 피땀을 흘린 노동력의 대가를 계산해 주는 사람밖에 니가 더 되겠냐? 자본가들이 시키는 일밖에 안 하는 넌 부역자가 될 거다." 이렇게 이야기를 하는 거예요. 저는 그때로부터 1년간 고민했어요. 1년. 진짜 졸업하기 직전까지 고민했어요. '어떻게 살아야 인간답게 사는 것인가?' 생각하게 되었습니다. 선배님들과 대학생들이 연결한 학습 동아리에서 대학교 1학년이 공부하는 『철학 에세이』부터 시작해서 그걸 고2 고3 때 우린 공부하고 있었습니다. 그해 5월 전교조 선생님들이 해직되는 때를 전후로 '우리는 선생님을 지키겠다!'라고 싸웠습니다. 마여상 투쟁은 그때 대단히 유명했습니다. 방송실을 점거하고 우리가 전교생들에게 '운동장을 나가자!' 학교 수업을 거부해 버리는 투쟁도 했습니다. 이래서 굉장히 언론에 많이 부각되었습니다.

우리는 아주 오랫동안 싸웠습니다. 하반기가 되어서 '고등학생 대표자협의회'를 만들기 위해 각 학교 대표들을 찾아갔고, 대표들이 씨알교회 등을 다니면서 모인 친구들과 고협을 만들었습니다. 그때 당시 우리는 등사기로 밀어서 복사한 글 몇천 장을 밤새 만들어서 새벽에 2인 1조, 3인 1조로 해서 각 학교에 담을 뛰어넘어서 교실마다 들어가서 서랍 안에 유인물을 넣는 이런 투쟁도 했습니다. 그때 우리는 졸업을 할 건가 말 건가, 학교를 더 이상 다닐 건가 말 건가, 현장을 갈 건가 말 건가 이런 걸로 친구들끼리 엄청 토론했습니다. 여름방학이 되기 직전 『강철은 어떻게 단련되는가』 책을 읽게 되었습니다. 다른 책도 많이 영향을 받았지만 저는 그 책을 읽고 '저는 떠납니다. 찾지 마세요.' 부모님께 이렇게 남기고는 지금은 이름도 기억이 나지 않는 자그마한 하청 공장 현장을 들어갔습니다. 이게 아마 제가 노동조합을 하게 된 계기인 것 같습니다.

제가 이 길을 가게 된 제 인생의 충격적인 또 하나의 사안이 있다면, 고협 출범식 하는 날 학교 전체, 우리 고등학교 전체 선생님들이 계속 방송을 했습니다. "학교마다 단 한 명도 참가하지 말 것! 참가하는 학생들은 퇴학을 시키겠다!" 그날은 토요일이었습니다. "우리는 간다. 학교 안 다니면 되지. 공장 갈 건데 퇴학이 뭣이라고!" 친구들과 이렇게 이야기하고 있는 중에 '아버지가 쓰러졌다. 아버지가 위험하다. 병원으로 급히 와라'는 연락이 와서 저는 출범식에 참석하지 못했습니다. 지금도 제가 가장 사랑하는 친구인 제 짝과 출범식에 가서 사진이 찍힌 친구들이 모두 정학을 당했습니다. 그래서 정학 중인 친구가 학교에 등교하면 신발주머니와

도시락 가방을 저에게 맡기고 하루 종일 선생들한테 가서 사과문을 강요당하거나 선생님들하고 싸우는 거예요. 그때 우리 학교에서 한 5명인가 7명이 정학을 당했었는데 그 친구들이 녹초가 되어서 나올 때까지 밖에서 친구들을 혼자 기다렸습니다. 고협 출범식이 9월이었습니다. 10월에 준비해서 11월에 우리 학생회 날 행사를 했었으니까. 그때 나만 정학되지 않고 혼자 이렇게 친구들을 기다리는 시간이 너무 미안하고 죄스럽기까지 했습니다. 그 시간이 한 달 정도 되었던 것 같습니다. '난 두 번 다시 친구들을, 동지들을 배신하는 일을 하지 않겠다'고 다짐했습니다. 너무 힘들고 부끄러운 기다림이었습니다. 그 일이 제 인생에 아주 큰 선을 그었던 것 같고, 함께 하지 못해서 나 혼자 살아남는 고통이 얼마나 무서운가를 생각했던 시간이었습니다. 어린 나이에 그게 아주 큰 트라우마처럼 오래 남아 있고 그게 오히려 또 힘이 되어서 저한테는 마음속에 다진 결의였던 것 같습니다.

한국산연

노동조합 활동에 관련한 기억으로 가장 크게 남은 건 노개투입니다. 한국산연에서 제가 위원장이 되고 95년 말 한국노총을 탈퇴하고 민주노총 전환총회를 한 후 노개투를 하게 되었습니다. 그때 마지막 노개투 정리할 때 이 과정 속에서 무노동 무임금 문제와 각 사업장마다 민형사상의 문제가 걸린 것을 각자가 기업에서 처리하게끔 했습니다. 이걸 둘러싸고 마무리 교섭을 하러 들어갈 때 한국산연 동지들이 저에게 엄청난 감동을 주었습니다. 파업은 하루 이틀이 아니었고 긴 시간이었습니다. 이 파업에 대해서 무노동 무임금을 어떻게 처리할 것인가라는 문제와 간부들의 징계 문제는 어떻게 할 건가 이런 문제를 두고, 조합원들 전체 토론회를 했는데 토론회 결과가 '무노동 무임금을 받아들이자'였어요. 파업으로 인해 일을 하지 않는 것과 관련하여 '우리가 돈을 받지 않으면 우리 노동조합 간부들이 어떠한 징계를 받지 않는다. 그리고 어떠한 죄도 묻지 않는다. 이렇게 정리하자.'라는 게 조합원들의 결정이었는데 제가 그걸 못 받아들이겠더라고요. 차라리 내가 그냥 그만두고 다른 회사 가서 노동운동을 하면 되는데 내가 이렇게 조합원들의 투쟁의 성과를 무노동 무임금으로 정리해서 나에 대한 징계를 받지 않는 것이 옳은가에 대해서 엄청나게 고민했고 혼자서 갈등을 많이 했습니다.

그때 조합원들의 입장은 '위원장이 항상 이야기했던 민주노조는 조합원들의 의견을 수렴하고 그것을 실현시키는 민주노조여야 되는 거 아니냐. 자기의 자존심이 중요하냐. 그래서 민주노조를 지키는 것이 우린 중요하다'는 것이었습니다. 위원장의 자존심보다 민주노조가 우위에 있다고 간부들끼리 토론에 토론을 한 끝에 교섭을 그렇게 정리하기로 했습니다. 건물 2층에서 교섭을 하고 나와서 보고대회를 하기 위해 3층에 있는 노동조합으로 올라가는 계단에서 두렵고 부끄러운 감정으로 무섭기까지 했는데 문을 여는 순간 조합원들이 나이트클럽 음악과 조명을 켜놓고 박수 치면서 "우리가 이겼다! 우리가 민주노조를 지켰다! 우리가 집행부를 지켰다!" 이러면서 춤을 추는 겁니다. "잘했다! 교섭 잘했다!" 교섭 결과는 무노동 무임금을 받아들이고, 집행부에 대한 어떠한 징계도 하지 않겠다. 그리고 그것에 대해서 재론하지 않겠다는 것으로 교섭이 되었습니다. 저는 "우리가 못 받은 임금을 97년 투쟁에 다 받겠다. 다 보답하겠다." 조합원들 앞에서 울면서 교섭 보고를 했습니다. 세상에 이런 조합원들을 만나기는 쉽지 않을 거라고 생각합니다. 그래서 우리 조합원이 한 명이라도 남아 있다면 그 조합원을 위해서 끝까지 싸우겠습니다. 나 역시 이런 결심을 조합원들한테 밝혔고 그것이 또 발목을 잡아서 마지막까지 산연 정리하는 날까지 약속을 지키고자 했던 것 같습니다.

수출자유지역은 다른 공장과 달리 마창노련의 역사를 가지고 있었고, 마창노련을 했던 조직들은 다 깨졌습니다. 민주노조가 서면 무조건 박살 내야 된다, 아니면 해산 철수한다. 민주노총 왔으면 철수한다. 여자가 위원장이 되면 망한다. 이게 거의 뭐 쫙 퍼져 있었던 시절이었습니다. 그래서 그 당시 민주노총은 웨스트와 산본 정도 남아 있었던 시절이었기 때문에 우리 3개 단사가 남아 있다가 산본 없어지고 2개 단사 남았고, 웨스트가 마무리하면서 1개 단사가 남았던 겁니다. 산연은 처음엔 한국노총이었습니다. 여자 위원장도 있었는데 그분은 정말 한국노총스러웠죠. 그래서 처음에 했던 것이 동아리 모임들을 많이 만들었어요. 한참 유행했던 것이 『나의 문화유산 답사기』 책을 읽고 답사하는 것, 그리고 그때 〈여명의 눈동자〉부터 참 좋은 드라마들이 많이 나왔던 시절이기 때문에 어쨌든 영화나 드라마를 보고 토론하는 '영화보기 모임', '산악회' 그리고 유명한 '먹자 모임' 이런 것들을 만들면서 사회나 노동법 이런 공부를 주로 했죠. 그래서 '노동조합을 바꿔보자.' 이렇게 하면서 노동조합이 되면 '너는 뭐 하자.' 이런 이야기를 하다가 매번 선거가 있으면 너는 대의원에 출마하라고 했어요. 결국은 노민추를 세우고 우리가 대의원 다수를 점하게 되었고, 다음에 위원장 선거에 제가 출마해서 당선되면서 본격적으로 민주노총 전환을 준비했던 거죠. 그리고 그때 만들었던 조직들 중에 일부는 거의 산연 해산되기 직전까지 함께했던 동지들입니다.

두 번째 기억에 남았던 아주 강렬했던 투쟁은 97년 98년 투쟁이죠. 우리가 '산별노조로 가기 직전에 집단 교섭을 하자'는 우리 금속연맹 시절 결의를 했고 그 결의를 지키고자… 아이고 참, 지금 보면 참 철없이 그때 다 결의해 놓고 다 도망가고, 우리가 끝까지 해보겠다고 하다가 쫄딱 망했어요. 이때는 정말 회사가 민주노총만 탈퇴하면 되는 줄 그렇게 이야기했고 공동교섭, 사실은 대각선 교섭이 된 겁니다. 그 당시에 민주금속연맹 서부경남지부가 교섭권을 위임받아 들어가는 형태, 그렇게 된 겁니다. 이전까지는 기업별 노조 체제니까 단위 사업장인 노조위원장이 교섭을 했는데 그걸 '우리 산별노조로 가기 위해서는 교섭권을 위로 위임해야 된다' 했습니다.

연대투쟁의 시작

우리는 대각선 교섭이 문제였다고 생각했고 회사가 민주노총을 탈퇴시키기 위한 탈퇴 공작이라고 생각했습니다. 그런데 알고 보니 본격적 교섭을 5월에 했는데, 일본 산켄전기는 4월에 주주총회에서 철수 결정을 내렸던 겁니다. 본사 주주총회에서 철수 결정을 내렸는데 이걸 그해 11월에 알았습니다. 그것도 일본 본사가 알려준 것도 아니고, 한국산연 사장이 알려준 것도 아닙니다. 일본에서 예전에 수미다 투쟁 지원했던 〈진출기업을 지원하는 모임〉이 있었어요. 한국에 진출한 기독교 단체를 포함해서 있었는데요. 거기에 목사님이 일본 신문에 나온 기사를 팩스로 보내준 겁니다. 그때 우리가 일본 영사관 앞에서 투쟁한 일이 일본 신문에 실린 거예요. '산켄전기는 4월에 이미 한국 생산 거점은 철수하고 인도네시아 공장으로 이전하겠다.'라는 계획이 신문에 밝혀진 것을 우리가 그때야 알게 된 겁니다. 확인해 본 결과 11월에는 이미 인도네시아 공장이 다 지어지고 있는 상태라 결국 투쟁의 양상을 바꾸어 '철수 저지 투쟁'으로 가게 되었습니다. 그다음 해 6월 주총을 앞두고 정리할 때 우리가 임금도 크게 올리지 못했고 단협도 일부 양보했지만, 조합원 전체가 투표율 100% 찬성이 나왔습니다. 그 끝에 우리 또 이겼다고 철수를 막아냈다고, 우리는 또 민주노조를 지켰고 철수를 막아냈다고 그때 연대투쟁 했던 모든 조직들에게 감사 인사를 했습니다.

그 당시 지역연대 투쟁은 정말 상상을 초월했는데 기억나실지 모르겠지만, 대우조선에서 배를 타고 왔거든요. 회사가 구사대 같은 걸 만들었죠. 관리자를 중심으로 회사측 남성들이 해머 같은 걸 들고 와서 노동조합 사무실을 부수고 밖에서 철문을 잠궜습니다. '나가는 건 열어주겠다. 하지만 다시 못 들어온다'고. 그래서 우리는 감금 상태에서 투쟁을 시작했습니다. 그때 이것을 지역에 알리자마자 대우조선 노조는 거제에서 빨리 와야 하니까 배를 타고 오고, 지역의 모든 동지들이 달려왔는데 정말 기적에 가깝게 우리 층이 3층인데 동지들이 벽을 타고 올라왔어요. 그렇게 우리와 연대투쟁을 했고, 끝나는 날까지 하루도 안 빠지고 연대투쟁이 이어졌습니다. 특히 그때 당시 정말 열심히 해준 데가 '삼특'이었습니다. 삼미특수강. 지금 김창남 동지 있는 삼특도 그때 같은 시기에 투쟁에 돌입하게 되어 지역 동지들이 매일 우리들 사무실에서 아침에 출근 선전전까지 하고, 출근을 했을 정도였습니다. 지금으로써는 그런 걸 찾아볼 수 없을 정도로 연대투쟁이라는 것이 굉장했죠. 굉장했어요. 아마 역사에 길이 남을 것 같은데, 정말 그걸 기록에 남긴다면 우리 경남에서 그 정도로 투쟁했던 건 아마 산연이 끝이었을 겁니다.

당시에 산연의 노동자들 전원이 여성이었습니다. 남성은 다 탈퇴했고, 그리고 수출자유지역에서는 현장은 다 여성이고 남성들이 관리자거나 아니면 군에 안 가는 젊은 친구들이 특례 정도 있었습니다. 특례인 친구들은 노조를 탈퇴하지 않으면 다시 군으로 보내겠다고 하는 순간 바로 다 탈퇴하니까요. 나중에는 거의 여성들만 남고 수출은 늘 그랬습니다. 그 이전에도. 자본의 강압에 못 이겨내더라고요. 조합원은 처음에는 한 150명에서 180명 정도 되었는데, 남성들 다 탈퇴하고 여성들은 중간에 결혼을 많이 했어요. 남은 숫자는 100명 정도. 끝까지 같이 하지 못해 미안해하면서 자기가 받은 퇴직금 일부를 투쟁 기금으로 내면서 떠난 동지들도 있었지만, 여성들은 거의 다 남았습니다. 아마 웨스트도 그랬을 것 같은데, 여성 사업장들이 가진 힘이 좀 있는 것 같습니다. 여성들은 아침에 공장에 출근하면 작업복 갈아입는 순간부터 그 전날 집안에 있었던 모든 이야기를 해요. 일을 하면서도 입을 다물면 일이 안 돼요. 근데 입을 열면 물량이 훨씬 많이 나오거든요. 그래서 오래된 숙련공을 보면 물량은 여기 있고 일은 이렇게 해요. 하루 종일 떠드는데 이것을 통해서 참 여성이 가진 힘이라는 생각이 드는 게 서로 모든 가정살이에 대해서 다 이해하고 함께 해왔던 시간들이 있으니 서로에 대해서 너무 소중해요. 그리고 우리가 노개투를 했잖아요. 그때 투쟁을 하면서 우리가 억수로 두터워졌고 '싸우면 이길 수 있다. 단결해서 싸우면 우리가 뭐든지 할 수 있다.'라는 것들이 좀 컸던 것 같아요. 그리고 민주노조는 지켜야 한다는 생각. 우리에게 한국노총 시절이 있었잖아요. 민주노총을 지켜야 한다. 그래야 우리가 인간답게 살 수 있다. 민주노총에 대한 민주노조에 대한 우리의 믿음. 반드시 지켜야 한다는 생각이 있었어요. 그리고 우리가 이 공장을 떠난다면 다른 공장에 가서 비인간적인 대접을 받을 수밖에 없다. 거기에 노동조합이 없으면. 그래서 여기에서 우리가 이 공장을 지켜서 끝까지 함께하고 싶다. 이게 좀 강했죠.

남성들은 파업하면 집에 보내잖아요. 대체로. 여성들은 절대 집에 안 보내요. 처음부터 출근 시간부터 퇴근 시간까지 회사에 있게 하고 파업을 하더라고요. 그럼 하루 종일 파업 프로그램 진행해요. 파업 프로그램을 온갖 걸 다 같이 하거든요. 자유시간 없어요. 뜨개질도 같이 하고, 김치도 같이 담가야 하고 모든 걸 같이 합니다. 프로그램 안에 다 들어가 있거든요. 노동조합에서 파업 프로그램으로. 그러니까 정세 공부부터 시작해서 노래, 그다음에 분과별 학습을 합니다. 잘 아시겠지만, 우리는 진짜 간담회를 많이 했거든요. 하루 종일 간담회입니다. 투쟁을 어떻게 할 건지, 프로그램 어떻게 할 건지, 연대투쟁은 조를 짜서 어느 조가 갈 건지. 이런 거 하루 종일 회의고 토론이고 게임이고 이걸 다 같이 했었어요. 일상도 그랬어요. 우리는 주 1회 무조건 전체 조합원 간담회와 라인별 간담회 그리고 노동조합 부서별 간담회를 했습니다. 전체 부서 그러니까 7개 부서가 있잖아요. 예를 들어 교육부부터 문체부까지 있으면 이 전체 우리 노동조합 부서에 조합원이 편제돼 있어요. 대의원 편제 따로, 부서 편제 따로 해가지고. 일주일에 한 번 대의원 선거구별 간담회, 부서별 간담회, 전체 간담회. 그러니까 거의 점심시간에 매번 모이는 거죠. 일주일에 5일을 근무하면 2일에서 3일은 점심때 노동조합 관련된 간담회예요. 그런데 그걸 사람들이 억수로 힘들어할 것같이 보여도 재미있어요. 왜냐하면 거기서 재미를 푸니까 이야기를 다 하니까. 매주 간부 회의가 끝나면 그다음 날은 무조건 전체 간담회, 다 부서별 · 라인별 간담회에 들어가서 우리 조합의 노동조합 회의 결과를 공유하고. 그리고 조합원들의 문제 제기나 요구사항을 선거구별 · 부서별 대표가 회의에 올리고. 이런 시스템이 거의 매번 주에 두 번 이상씩 있기 때문에 한 달 내내 조합과 함께하는 프로그램이 진행되죠.

한국노총 때와는 달리 노개투 하면서부터였던 것 같습니다. 하여튼 투쟁은 사람들을 대단하게 단련시키는 건 확실히 맞는 것 같아요. 투쟁 과정에서 모든 게 만들어지더라고요. 필요성에 의해서. 그러니까 간부들만의 힘으로 매일 파업 프로그램을 만들지 못하니까 조합원들한테 물어야 하고 조합원을 다 통으로 모아서 물으면 180명이 무슨 답을 할 수 있겠어요. 그러면 좀 더 잘게 쪼개어야만 자신의 문제를 자기 입으로 이야기할 수 있게 되고 이것이 위에까지 올라오게 되더라고요. 그래서 처음에는 선거구별 선거구에서 부서별 부서에서 조장별 이런 식으로 나중에는 4명당 한 명의 조장을 만들 정도로 아주 잘게 쪼갰죠. 97년 투쟁 이후에는 조장도 그 조원들이 뽑는 걸로 바뀌었어요. 회사에서 선임하지 못해요. 왜냐하면, 회사 말은 잔업을 하나 시키더라도 조장이 우리가 뽑은 조장이 아니면 안 했거든요. 조장은 시급을 더 받죠. 이제 수시로 마음에 안 들면 우리가 뽑았는데 마음에 안 들면 자르는 거죠.

(조: 산연이 투쟁할 때쯤에는 사실 여성 사업장은 몇 개 안 남았고 또 연대투쟁은 대부분 남성 사업장들이잖아요. 그리고 아마 95년부터 위원장을 하셨으니까 조합 내에서는 조금 연배가 위시거나 아니면 또래들이었을 것 같은데. 하여튼 그런 과정에서 금속 남성 사업장 중심인 지역에서 여성 사업장으로 외부적 연대투쟁이라든가, 내부에서 다른 사업장 경험을 적용하는 것도 많이 다를 수 있었을 것 같습니다. 그런 측면에서 모범적인 다른 사례를 연구한다거나 도움을 받았거나 이런 메커니즘 같은 게 좀 있었습니까?)

우리는 교육 프로그램이 대단히 많이 정립되어 있는 사업장입니다. 조합원 교육 시간이 연 17시간, 그래서 매달 교육을 해야 합니다. 그리고 연 17시간도 정확하게 정리되어 있습니다. 매월 1회 이상 1시간 이상, 임단협 시기 3, 4, 5월은 2시간씩, 11월 전노대 앞두고 10, 11월은 2시간씩 해서 17시간을 하게 되어 있어요. 이걸 하지 않으면 없어져요. 쌓이는 게 아니라. 우리가 그렇게 만들었고, 이 교육 시간은 전체 조합원 교육이고 부서별로도 할 수 있지만 이 시스템을 가동해야 하기 때문에 간부들 역시 매주 간부회의 전 1시간에서 2시간 간부교육을 했었어요. 매주. 그렇게 했기 때문에 오히려 그때 우리가 연구하고 고민한 게 많았죠. 어떻게 하면 특히 투쟁 시기에 어떻게 하면 우리가 조직력을 강화시키고 우리 내에 단결뿐만 아니라 민주노조의 상을 제대로 잡을 수 있는가에 대한 고민이 컸습니다. 대단히 고무적이었던 게 70년대 80년대 여성 노동자들의 투쟁에서 그들이 조직화를 어떻게 하고 조직 강화를 어떻게 했던가를 책으로 보면서 그걸 같이 토론하게 되었어요. 우리도 한번 해보자 했고 그 방식을 확대해서 고민해서 산연에 적용시켰던 게 라인별 · 부서별 간담회를 안착화시키는 계기가 되었던 거죠. 그래서 간부들이 너무 힘들어 간부를 안 하려고 하는 거죠. 보편적인 현상인데. 이걸 가지고 전체 또 조합원 간담회를 했었어요.

(심: 70년대 80년대 여성 노동자들의 어떤 노조 조직이나 투쟁 경험에 대한 책을 보셨다고 했는데 책 이름이 생각나세요?) 30년 전이라 가물가물한데 그때 우리 조합 사무실에 꽂혀 있었던 책입니다. 그때 당시는 엄청 많았잖아요. 돌베개부터 시작해서 엄청 많이 나와 있었기 때문에 거의 뭐 책 천국이었잖아요. 교육활동은 단협으로 시간을 확보했습니다. 점심시간에 교육을 하기도 했습니다. 김정호 소장님 말이 산연 맨날 교육만 한다고 했을 정도로 우린 정말 교육을 엄청 많이 했어요. 그래서 전체 조합원이 신규 노동가요를 모르는 사람이 하나도 없었고, 노래부터 모든 정세 자료집, 모든 새로 나온 신규 책 같은 경우 같이 읽고 토론하고 현장에 전파하고 이런 것들을 쭉 했었으니까.

우리는 그 당시는 전자제품 부속품을 만들었어요. 도란스, 발광 다이오드, 전원 안전장치, 평면TV 뒤에 백라이트를 포함해서 우리나라 삼성 LG에 전체 들어가는 발광 제품의 100%를 산연이 만들었죠. 그래서 뭐 삼백 오백 주고 산 제품에 불이 잘 안 들어왔다 하면 다 산연에서 졸다가 만들거나 불량품이었을 겁니다. 이런 투쟁들을 하다 보니까 딱 어려움에 봉착하게 되었습니다. 97년에는 멋지게 투쟁을 했는데, 10년 동안 회사 생활은 거의 해방구였어요. 우리가 현장에서 쉬는 시간에 라면을 끓여 먹을 수 있고, 김치를 들고 와서 현장에서 먹고, 작업시간 우리가 알아서 조절하고. 회사에서 물량 몇 개 하라고 하면 한 서너 시간 일 바짝 하고 막 놀아버린다거나 이렇게 할 정도로 해방구처럼 10년간 일을 했었고요. 이때는 노동조합 위원장부터 직반장 현장조합원 전체가 한 몸처럼 움직였고, 회사 관리자들도 원래 일본 자본이 철수할 때는 사장한테도 알리지 않잖아요. 계획을. 그렇기 때문에 전체 사장부터 전체 한국 관리자들이 이후에는 노동조합 때문에 회사를 지켰다는 생각, 자기 일자리도 지켜졌다는 생각을 하게 되고 노동조합에 고맙다고 했거든요. 이렇다 보니 분위기가 전반적으로 한 가족처럼 회사 전체가 한 가족이에요. 그래서 파업해도 하나도 안 힘들어. 다른 데는 회사가 말려야 되는데 우리는 그냥 나가도 회사가 아무 감당도 안 하고 그랬죠. 그래서 산연이 항상 집회에 나올 수 있었고, 이런 문제도 있었는데요. 딱 10년 되니까. 평면TV가 PDP에서 LED로 딱 전환할 때 우리가 그 시간을 놓친 거예요. 산켄에서 너무 잘 팔리니까 한국에서. 중국으로도 수출하고 너무 잘 팔리니까 LED로 전환하지 않고 공장을 추가로 대형 공장을 일본에 지어버린 거예요. 그런데 이제 산업은 LED로 전환하게 되고 그 폭탄을 고스란히 한국산연이 맞게 된 거죠. 그래서 전체 구조조정이 떨어졌을 때 10년 전에 함께 싸우고 그렇게 10년간 잘 지냈던 동지들이 이제는 그만두자는 거예요. 싸움 너무 많이 했다고. 또 싸워본들 뭐 하겠냐.

구조조정

2008년부터 시작된 구조조정이었는데요. 이때 우리 회사가 위로금을 전국에서 최고로 줬잖아요. 그게 다른 데도 사례가 되었는데 60개월, 신혼 해외 여행비 그리고 1년간 재취업금부터 시작해서 엄청난 옵션을 붙여서 희망퇴직을 제안했습니다. 10년 전에 싸웠던 동지들이 이제 '차라리 저 돈 많이 나오는데 좀 더 달라 해서 그냥 정리하자.' 하는 이야기도 했습니다. 혼자 남겨두고 못 갈 것 같고, 같이 나가자, 이런 거였는데 또 저를 잡은 건 이때 당시 젊은 남성 친구들이 엄청 들어왔어요. 그러니까 과거에 전원 안전장치를 만들었던 시절이 아니라 2천 년대부터 우리가 싸움을 승리하고 나서는 새로운 사업으로 바뀌면서. 이삼백 정도 남성 동지들이 대거 들어오게 된 거예요. 이 동지들이 이제 또 잡은 거죠. 누나들은 돈 많이 벌었고 나가도 되는데 우리는 이제 애 키우고 안정화되는데 우리보고 어디 가라 그러냐. 끝까지 싸우자 지켜달라. 이런 거였는데 저는 전자에 흔들렸어요. 솔직히 그만하면 됐지. 다른 지역의 동지들도 다 산연 그만하면 됐다고 이렇게 했고, 정말 이거 또 싸워서 답이 있겠는가 생각도 했고. 그런데 진짜 산연이 딱 바다 앞이 부둣가거든요. 해안도로 바로 앞 부둣가 앞에 공장인데 한밤중에 싸우는 중에 옥상에서 바다를 보고 있는데, 진짜 밤바다가 참 이쁘기도 한데 그 순간 영화 〈타이타닉〉이 저는 생각이 나대요. 사람들은 타이타닉 다 갑판 장면을 생각하겠지만, 저는 선장과 선원들의 마지막 선택이 진짜 감동적이었거든요. 그 순간 아 〈타이타닉이 산연〉이라는 생각이 들었어요. 가장 희망에 부풀었고 우리는 가장 행복한 시간을 보냈고 근데 이게 좌초하는 거잖아요. 그럴 때 선장은 떠나는 것이 아니라 배를 버리고 떠나는 것이 아니라 모두가 안전하게 떠난다 하더라도 마지막까지 파산하는 배와 운명을 같이해야 하는, 그런 게 산연 노동조합의 대표여야 하는구나, 하는 생각이 그 순간 들었어요.

그래서 단 한 명이라도 싸우겠다는 사람이 있다면 남겠다고 했던 96년 노개투 때 약속, 그리고 마지막 운명을 맞이해야 하는 이 순간 내가 그 약속을 지켜야 한다는 생각이 들어서 싸움을 했고 또 문을 안 닫더라고요. 진짜 문 좀 닫아주면 좋겠는데 그때는. 또 몇 년을 동지들하고 싸우게 되고 이어져 와서 또 잘 됐는가 싶었는데, 아 정말 마지막 투쟁 같은 투쟁이 일어났죠. 금속노조 민주노총 조합원만 전원 정리해고를 하면서 생산 거점만 철수하겠다는 거였어요. 관리나 R&D 이런 거 다 남기고 생산 거점만 철수하겠다는 건데 생산 거점은 생산 사원만 자르겠다는 거였고, 생산사원 전원은 우리 민주노총 조합원이었거든요. 이 투쟁을 하면서 일본 원정 투쟁을 결심하게 됐고 일본 원정길에 올랐던 거죠. 그리고 일본 원정길 8개월 만에 원직 복직하게 됐어요. 처음에는 회사 원직 복직이 안 되고 복직해서 R&D로 보내겠다 해서 영어도 모르고 아무것도 모르는데. 그래서 지역은 거기서 일단 복직하고 이후의 싸움을 전개하라였고, 우리는 '안 된다. 원직 복직을 해야 된다.'라고 해서 한 달 더 일본에 남아서 싸웠습니다. 다른 동지들은 현장에 복직을 하고 몇 사람만 추가로 투쟁하면서 결국은 항복을 받아내고 현장으로 원직 복직하는 처음 있는 일이었죠. 대한민국에서 철수한 공장을 다시 가동하는. 그런데 문제는 있었습니다. 공장에 의문의 불이 나서 생산 설비가 다 불탔거든요. 지금 옵티칼하고 똑같은 케이스였죠. 우리가 1년 동안 원정 투쟁하고 공장에 돌아오니 공장 안에는 생산시설이 하나도 없었습니다. 그래서 원래 합의했던 것은 생산시설을 갖추겠다, 그리고 앞으로 어떠한 구조조정을 할 경우라도 조합원의 구조조정이 진행될 경우는 구조조정을 하기 전 모든 단협에 우선해서 노동조합과 합의 이후 단협 절차대로 진행한다는 거였어요. 점 하나까지 신경을 써서 합의서를 썼는데 하나도 지켜지지 않았죠. 그리고 마지막 2년 전 철수 투쟁을 했죠.

연대투쟁의 힘

그때는 진짜 우리가 일본 원정 투쟁까지 하고는 완전히 이겼다고 생각했는데 코로나가 딱 오니까 코로나는 자본가들이 진짜 만든 것 같아요. 그때 코로나 터지자마자 산켄전기에서 했던 이야기가 국경이 막혔고 앞으로 3년간 국경은 열리지 않는다. 이때 정리하자 기회다. 산켄전기 본사 사장의 워딩이었어요. 그러고는 일방적으로 철수를 했죠. 그런데 정말 우리는 2년간 일본을 넘어가지 못했고 코로나 때문에. 그리고 더 이상 싸울 수가 없었죠. 공장도 없고 아무것도 남긴 게 없는. 그래서 마지막 싸운 곳은 산켄전기와 합작한 LG전자 내 연구소 건물을 점거해서 단식투쟁을 하면서 마무리했습니다. 이 투쟁들을 하면서 일본 동지는 구속까지 되었고, 우리 투쟁이 일본에 못 넘어가는 동안 일본 분들은 처음에 원정 투쟁할 때 도와주셨던 분들이 일본에서 자체적으로 지원하는 모임을 만들었어요. 우리가 못 넘어가니까. 그리해서 2년 가까이를 그분들이 일본에서 싸워주고 본사 앞에서 유튜브 스카이프나 이런 걸 연결해서 우리가 발언하면 거기서 앰프 가지고 통역해 주고 본사 앞에서. 우리가 투쟁 발언 계속 매일 1시간씩 일본 산켄전기 본사 앞에 싸워줬죠. 우리는 단식을 하거나 농성은 한국에서 했고. 이러면서 한 분이 7개월간 구속되기도 하고 그게 최근에 상 받았잖아요. 영상 만들었던 다큐멘터리 그리고 그런 투쟁을 하면서 연대라는 것이 얼마나 위대한 것인가? 지금 요즘 청년들, 엄청 청년 학생들이 연대 많이 하잖아요.

그런 것처럼 연대라는 건 자기 것을 포기할 때 가능해요. 자기 것 다 챙기는 건 절대 연대가 아니라고 생각해요. 그래서 일본 분들이 보여줬던 연대처럼 과거 산연 투쟁했을 때 자기 집이 아닌 산연 공장에서 잠을 1년간 자며 함께 했던 동지들처럼 쉬운 일 아니잖아요. 자기 걸 포기할 때 포기하고 그 사람들과 한 몸이 될 때 저는 그게 연대다. 그래서 연대란 말 함부로 쓸 수 없는 말이라고 생각합니다. 배려라는 말도 함부로 쓸 수 있는 말은 아니라는 생각이 일본 원정 투쟁과 산연 청산 투쟁을 하면서 느꼈습니다. 배달호 투쟁하면서도 우리 지역에서 보여줬던 그 의리나 마지막 투쟁은 진짜 감동이었잖아요. 처음에는 우리 파업도 안 됐거든요. 배달호 처음에 분신했을 때. 우리 지역이 왜 이것밖에 못 하냐? 억울해하고 분하고 미칠 것 같은데, 시신은 우리가 지켜야 할 것 같고 사람들은 모이지 않고 두산 조합원들도 안 나오고 지역 동지들도 결합력이 떨어지고 이랬거든요. 처음에는요. 그런데 저들이 무리수를 두고 용역 깡패가 투입되고 우리가 대표자 회의를 하고 돌아가는 간부들에게 용역 깡패들이 때려서 피가 나는 상황을 지역 동지들이 보면서 지역 동지들이 두산중공업을 박살을 냈잖아요. 그날 밤에 경비 몇 명이 죽었다더라부터 해서 이상한 언론이 나올 정도로 정말 우리가 무장을 해서 두산중공업 경비실을 포함해서 주변 일대를 개박살을 냈거든요. 그 이후 우리가 금속노조에서 1,000명 결사대 구성하게 되고 그러면서 우리가 처음으로 경남에서 손배가압류를 풀고, 용역 깡패가 더 이상 경남에서는 발을 붙이지 못하게 만들었던 투쟁이 저는 배달호 열사 투쟁이었다는 생각이 들어서 이 투쟁들이 정말 노동조합을 하면서 가장 감동적이었던 기억이 있습니다. 그리고 그것이 우리 동지들을 지켰고 민주노조를 지켰고 지역을 지켰던 그때 기억들이 이번에 정리하면서 새롭게 떠올랐습니다.

그리고 IMF 시기에 제가 개인적으로 느끼고 노동조합에 미쳤던 영향을 보면 남들은 그냥 IMF 이야기를 하지만 IMF 때 우리 금속연맹 시절 금속노조 막 넘어가기 직전 시절이잖아요. 이때 얼마나 우리가 공포스러웠냐면 앞다퉈서 우리가 쟁취했던 그 몇십 년의 피와 같은 단협을 알아서 반납했거든요. 기억나죠. 왜냐하면, 고용만 지켜준다면 이렇게 해서 양보교섭 우리가 먼저 했어요. 이것이 진짜 가장 큰 패착이었다는 생각이 드는데 그때 당시 교수분들도 오늘 이 자리에는 안 계시지만 외국 자본의 긍정적 역할, 그리고 IMF가 재벌을 해체시켜 주는데 절호의 기회, 우리가 이런 이야기도 한때 했을 정도로 실제 IMF에 관해서 정확하게 몰랐어요. 저들이 왜 이렇게 밀어닥치는지에 대해서 저것이 신자유주의 신호탄이라든지 이런 걸 우리가 제대로 파악하지 못한 속에서 일단 내가 있는 공장은 지켜야 한다는 게 컸습니다. 마창노련 전노협 그리고 이 지나간 역사 속에서 만들었던 연대, 담벼락을 뛰어넘었던 연대가 이때부터 깨졌던 것 같아요. 자본에 대한 두려움, 생존에 대한 고용에 대한 두려움이 너무 컸고 그래서 고용을 지키기 위해서 자신이 쿠션 역할을 해야 한다고 이야기까지 했잖아요. 대기업들에서. 특히 현대자동차가 정리해고 투쟁하면서. 그래서 비정규직을 우리가 전면 받아들이잖아요. 노동조합에서. 그래서 정말 이 정권과 자본 대 우리 총노동이라는 거대한, 우리의 목표가 노동해방이라는 다양한 이름으로 불렸던 우리의 목표 취지 방향들을 우리 스스로 좀 유실했던 것 같습니다. 그러면서 조그마한 승리들이 있었지만 과거에 우리가 민주노총과 노개투까지 만들어왔던 역사와 전통의 맥이 한 단락 끊어진 시점이 IMF였다는 생각이 들어요. 그런 속에서 그때 평가를 지금이라도 명확히 해야 할 것 같다는 생각이 들고 그때 우리 평가를 좀 많이 못 한 것 같다는 생각이 들어요. 왜냐하면, 40시간 투쟁 쟁취했잖아요. 그 이후에. 그러면서 오히려 또 자신감도 붙었어요. 공공 발전 투쟁도 있고 비정규직 투쟁도 있으면서 이 평가를 하지 않고 고스란히 그냥 넘어왔던 게 있습니다. 평가를 하더라도 전반적으로 명확히 지점을 평가하고 가지 못한 게 있다는 생각이 들고요. 그리고 정파 간의 갈등에 대해서 여기 좀 지적이 되어 있던데요. 과거와 현재의 정파적 갈등은 다른 양상인 것 같아요. 과거는 어쨌든 사상과 노선 방향 이런 걸 가지고 매번 싸웠던 것 같아요. 너희 사상 관념적이다. 너희 사상은 시대에 맞지 않다. 예를 든다면 그것이 진짜 이 시대에 맞느냐 이 투쟁에 맞느냐 이런 걸 가지고 좀 싸웠다고 한다면, 요즘에는 정파적 이해관계 중심으로 사업을 합니다. 집권 중심으로. 저 사람이 틀려도 내 사람이면 돼. 또 내가 하면 나와 다른 쪽은 배제하려고 해요. 마창노련을 만들었던 뿌리도 연대였잖아요. 창원의 남성 동지 대기업 남성 동지들이 수출 지역 자유지역의 여성 사업장을 뛰어넘어서 함께 싸웠던. 또는 수출의 여성 동지들이 투쟁하고 있는 남성 사업장에 가서 연대해 왔던 이것이 지역의 노동운동을 지켰던 힘이었고 발전의 힘이었는데 어느 날부터 이것이 무너졌어요.

끼리끼리 연대하는 모습으로 가고 있는 것이 우리 지역의 단결과 연대가 대단히 약해진 측면이고 너무나도 안타깝다고 생각하고 이건 뭐 저를 포함해서 우리 동지 선배 동지들의 문제였겠죠. 우리가 그것을 잘못 풀었던 문제였다 생각을 하고요. 여러 가지 계기는 있었지만. 어쨌든 정파적 이해관계로 사업이 진행되어서는 좀 안 된다. 그래서 다시 이 부분을 좀 해결할 수 있는 활동가들의 모색이 있어야 될 것 같다는 생각을 해요. 이게 현장 간부들의 문제는 아니라고 생각하거든요.

그리고 금속노조 건설기, 확대 과정, 정말 할 말이 많은데요. 우리 금속노조 건설기는 정말 산에서 별 따는 기분이었어요. 너무 신났고 금속노조만 전환하면 장밋빛 노동운동이 펼쳐질 거라 생각했어요. 정말 장밋빛이었습니다. 총자본에 대응하는 우리 기업별 담벼락을 뛰어넘는 그런 거대한 조직으로 가자였고 그래서 재정도 인력도 집중했습니다. 그런데 그때 고민이 있었습니다. 현장이 빌 수 있다는. 이것을 어떻게 할 거냐는 토론을 했었는데 여기가 깊이 있게 안 됐다는 생각이 듭니다. 결국은 지금 금속노조의 모습이 되지 않았나 이런 생각이 드는데, 그나마 그래도 2000년에서 2005년까지는 투쟁을 잘하는 조직들로 중심이 되어 '한다면 한다.' 무조건 했죠. 파업한다면 파업했고. 해라 하면 했고. 이렇게 안 하면 죽는 줄 알았죠. 징계당하면 죽는 줄 알았습니다. 이런 것이 좀 다 옳지는 않은데 어쨌든 이런 기풍이 자리 잡으면서 '투쟁하는 금속노조, 한다면 한다는 금속노조' 이런 것이 있었습니다.

연대하면 금속노조 뭐 이런 거였는데 아, 2003년 배달호 열사 투쟁부터 시작해서 김주익 열사 그리고 세원테크, 금속노조에 완전 집중되었죠. 그때 우리가 7명인가 9명인가 열사가 나왔는데요. 재정도 고갈됐고. 그리고 우리 구속도 많이 됐고 또 출혈도 많았죠. 그러니까 매번 집회를 나가야 되고 매번 파업해야 하고 이러면서 우리의 피로도가 높아져 현장과 간부들이 너무 지쳤어요. 그래서 그 과정에서 이탈하는 조직도 생기기 시작했고, 이러다 보니 조직이 느슨해지고, 조직 내적인 힘을 집중하기보다는 이완되는 양상을 보였죠. 그 시점쯤 대기업노조들이 쭉 들어오면서 지금까지 유지했던 집단교섭과 중앙교섭이 무너지기 시작했던 거죠. 대기업노조는 안 들어와도 되는 상황이 됐던 거죠. 이것이 결국 금속노조가 지켜왔던 규칙 규율 체계 이런 것이 무너지게 되었고 대기업노조들이 위원장과 지부장으로 임원직을 싹쓸이하게 되는 거죠. 조합원 숫자가 많으니까. 이런 것에 관련해서 금속노조의 가장 중요한 산별교섭에 집중하는 투쟁을 대기업들이 하지 않게 되고 안 해도 되는 조직처럼 되었습니다. 그리고 그들이 또 임원을 하고 이런 과정 속에서 금속노조의 원칙들이 무너지는 현상들이 현장까지 나타나기 시작했습니다. 뭐든지 해도 되고 안 해도 되는. 할 수 있는 데만 하는. 좀 이렇게 되면서 각자 알아서 자기 사업장부터 챙겨야 한다는 게 깊어졌다는 생각이 들어요.

그래서 오히려 우리가 '기업별 노조의 한계를 뛰어넘고 거대한 총자본에 맞선 총노동의 투쟁으로 가자!'라고 했던 게 무색해지면서 오히려 더 기업 담벼락이 높아지고, 하나 더 담벼락이 생겨서 산별노조 담벼락이 생겼어요. 그래서 이게 전체 노동운동에 복무하는 산별노조가 아니라 금속노조만의 산별노조로 되고 있습니다. 과거 마창노련과 금속연맹 시절의 마창지역 노동운동보다 벽이 높은 상태가 되지 않았는가 생각합니다.

정치세력화

민주노동당 정당 활동에 대한 경험 이건 너무 마음이 아프던데요. 여기 있는 동지들 다 발기인이잖아요. 우리가 발기인이었는데 한마디로 안타깝고 분합니다. 민주노총이라는 조직이 어느 날 갑자기 생긴 게 아니고 100여 년 전에 노동의 역사로부터 80년 광주 이후 87년 우리 노동자의 대투쟁 이후 마창노련 전노협을 거쳐서 정말 적과의 대치점에서 수많은 열사들을 만들고 묻고 가슴에 새기고 새겼습니다. 피눈물로 전진해 와서 우리가 만들었던 조직이 민주노총이고 이제 그 조직이 노동해방이라는 모호한 이름보다 노동자가 주인 한번 해보자 정치에서도. 우리가 해보자 한번. 이걸 꿈꾸면서 우리가 노동이 뭔가 직접 정치를 하고자 하는 그 열망 속에서 노동자 정치세력화를 하자고 했습니다.

어느 날 갑자기 당을 만든 민주노총 당이 아니라 정치활동가들의 집권을 위한 당. 그것으로 인해서 분열과 분당, 정치인들의 자리다툼과 각축장으로 그냥 전락한 거 아닌가. 그러면서 결국은 적들에 의해서 해산되는 역사였고, 현장은 정말로 억울하다는 생각이 들어요. 그래서 지금 현장에서 민주노총이 조사를 하면 민주노총이 주도하는 민주노총당을 만들어야 한다가 가장 압도적으로 조합원들이 원하는 새로운 진보정당과 새로운 정치세력화예요. 저는 아마 여기에 다른 담론 하나도 필요 없다고 생각합니다. 이게 지금까지 조합원들의 울분이라 생각해요. 정말 안타깝고 분했던 시간들, 몸과 마음, 돈이라면 돈, 시간이라면 시간 모든 걸 다 바쳤고 하자면 다 했잖아요. 뭐든지. 그랬던 그게 문제였던 것 같다는 생각도 한편 들고. 우리가 주인으로 나선다는 건 돈 대고 몸 대는 게 아니었는데 말입니다. 그래서 이런 것들 속에서 다시금 민주노총이 조합원들과 함께 정치의 주인으로 가는 것이 무엇인가에 대한 토론으로부터 민주노총이 주도하는 정치세력화, 당이 되어야 된다. 저는 개인적으로 그렇게 생각하고 현장도 이렇게 생각하고 있는 것으로 조사되고 있습니다.

노조 운동 방향과 노선에 대해서는 노조 운동과 노동운동으로 일치되어 가야 된다는 생각이 듭니다. 노조 운동이 노동조합 자체의 기업별 산별의 운동이라고 한다면, 그것이 지금의 산별 운동으로 나아간다고 한다면, 총자본과 정권을 상대로 민주노총의 강령 1 강령 2에 적시

되어 있던 인간 존엄과 평등이 보장되는 참민주사회. 평화통일 실현이라고 하는 첫 번째 두 번째 강령을 자기 조직으로 하는 조직이 될 수 있을까? 노조 기업 산업별 운동만으로. 조합원이 모인 노조 가맹으로 구성된 민주노총이잖아요. 그럼에도 불구하고 사회 대개혁 그리고 사회 대전환 이런 목표를 설정하고 이런 구호를 높이고 있는데, 그러면 이렇게 조합원을 중심으로 한 노조의 결집체라고 한다면, 이 목표와 구성원으로 어떤 경로를 어떻게 이 목표를 향해 갈 수 있는가에 대해서 저는 다시 토론하고 다시 설정하고 해야 될 필요가 있다고 봅니다. 그렇게 하려면 노동운동을 하는 활동가들 이걸 정파라고 표현할 수 있을지 모르겠지만, 그걸 다 포함해서 활동가들, 현장 간부들, 그리고 현장조합원들에 대한 교육과 선전, 우리가 가고자 하는 사회에 대한 참 민주 사회가 어떤 사회인지 그 상이 무엇인지 사회 대개혁과 사회 대전환에 노동 중심이 되는 사회가 어떤 사회인지 알아야 합니다. 우리가 가고자 하는 통일의 상은 어떤 건지, 이런 세계와 대한민국이 급변하고 있는 이 정세 속에서 시간이 그리 많지 않은 이 속에서 빠르게 민주노총이 내적 고민을 해야 합니다. 이것은 다양한 활동가, 간부, 현장조합원들과 일치시켜 나가는 그런 시간들이 필요합니다. 그게 지금 가장 급한 과제이지 않겠는가 생각하고요.

한국산연은 25년간 싸웠습니다. (조: 이렇게 장기적인 투쟁은 우리 지역에서는 예외적인, 90년대 수미다, 2009년 웨스트가 문을 닫았는데 산연은 자본의 측면에서 필요해서, 한편으로는 조합이 내부적으로 결집해서 아주 잘 싸웠던 측면이 있는 것 같습니다. 산연의 그런 구조조정 투쟁을 거의 10여 년 십수 년 동안 이렇게 오랫동안 끌고 올 수 있었던 동력을 어떻게 평가하는지 듣고 싶습니다. 또 지역에서 산연 투쟁을 바라본다면 어떻게 평가할지 여쭤보고 싶고, 여성 사업장이 지역의 다른 사업장과 연대한다든가, 일본의 운동단체와 연대하는 게 어떻게 가능했고 어떤 모습이어야 되고 그걸 통해서 우리가 뭘 배울 수 있을지에 대하여 말씀해 주시기 바랍니다.)

산연이 그렇게 할 수 있었던 건 아까 회사가 필요한 측면도 일부 있었겠죠. 그렇게 싸웠는데 지금 당장 문을 안 닫아도 되는 또는 지금 문 닫아서 더 시끄러울 바에야 조금 더 유지했다고 봅니다. (조: 이런 경우가 외자기업 중에는 별로 없지 않았나요?) 그렇죠. 그러니까 어쨌든 철수하고 인도네시아 공장까지 지어놓고는 다시 돌릴 수밖에 없었다는 것은 그 당시 언론의 역할도 컸다고 봅니다. 산연의 경우는 언론에서 집중해서 보도했고 지역 전체의 투쟁도 대단했다고 생각해요. 그래서 산연이 한국에 좀 더 남는 고민을 했던 것 같습니다. 처음에는 한국에서 사업을 완전히 접으려고 했습니다. 1차에서는 한국산연 자체를 없애려고 했던 것이고 2차는 생산기지만 없애려고 했던 것이었는데 1차 당시에는 사장도 모르게 정리됐던 것이었습니다. 이런 속에서 많은 문제들이 언론에 부각되었습니다. 예를 든다면 수미다가 일본에 가서 투쟁하고 정리한 경우라 한국 언론에 많이 부각되지 않았는데 한국산연은 우리의 끈질긴 투쟁이 언론을 굉장히 많이 탄 경우라 회사에서도 이 정도라면 한 몇 년 더 가볼까 하는 생각이었던 것 같아요. 결국은 백라이트 이 사업을 한국에서 하려고 하는 것은 2년 뒤에 결심한 거거든요. 삼성과 LG를 상대해서 생산 경쟁을 하려면 생산 거점이 한국에 있는 것이 유리하니까 산연을 활용한 거고, 그래서 많은 인력을 고용한 것 같습니다. 2001년부터 산연에 남성 근로자들이 들어왔고 조합원이 500명까지 늘어났습니다. 2008년 구조조정 전까지 3교대로 빵빵하게 돌아갔고, 우리가 요구하는 대로 회사도 돈을 척척 줬습니다.

(한: 언론 보도를 띄워서 유리한 고지를 점령하겠다는 계획을 세우지는 않으셨나요?) 그때 우리가 좀 크게 사건을 포장했던 적도 없지 않았습니다. 요즘에는 상대방이 나쁜 기분을 느끼게 말하는 것도 언어폭력이라고 하지만 과거에는 그렇게 민감한 상황까지는 아니었습니다. 임산부에 이렇게 손을 대는 걸 우리가 '폭력이다, 임산부 배를 만졌다, 임산부를 때렸다.'라고 한 임산부 폭행문제가 있었죠. 그래서 여성 단체에서 이 사건을 크게 다루게 되면서 외투기업의 문제라고 영사관 앞에서 여성 단체들과 함께 투쟁한 적이 있고, 또 하나는 감금당했을 때 '감금당했다' 표현하면 좀 웃기잖아. 감금된 것까지는 아닌데 한번 나가면 못 들어가게 하니까 우리가 '감금당했다.'라고 하면서 래커로 공장 전체에 '살려주세요' 적었어요. '사람이 감금됐어요', '여성 노동자들이 부당하게 감금되었어요', '우리 좀 살려주세요.' 했어요. 이걸 메인으로 언론에 뿌린 것이 먹혔죠.

일본 원정 투쟁과 국제연대

처음에 우리가 일본 원정 투쟁할 때는 아무도 안 붙었어요. 우리는 정말 고립된 투쟁을 했습니다. 이길지 질지 모르는 상황에서 정말로 8개월 동안 내내 울었습니다. 일본 분들이 진짜 헌신적으로 동참하셨어요. 그분들도 1차 투쟁부터 해서 30년을 싸워준 거잖아요. 수미다부터 시작해서 동경전자, 한국 산본부터 시작해서 시티즌, 시티즌정밀 온갖 사업장들이 다 넘어왔잖아요. 원정 투쟁을 하고 한 번도 복직한 사례는 없었어요. 다 돈으로 받았잖아요. 그래서 산연도 다 돈 받을 거라 생각한 거죠. 일본 분들이 도와줄 때 '우리가 복직하겠다. 우린 절대 돈 아닙니다.' 복직하겠다는데 아무도 안 믿더라고요. 30년간 그걸 보았기 때문에 '마음은 그렇지만 결국 그렇게 안 된다. 대부분의 회사가 그렇게 되는 경우가 없다.'라고 일본 분들도 이야기했는데 결국 우리가 딱 복직했잖아요. 일본 분들은 자기들이 이겼다고 생각했어요. 그러니까 일본 분들이 같이 승리했다고 생각한 거예요. 30년 만의 승리예요. 그래서 일본 분들이 100% 돈을 만들어서 엄청나게 큰 규모로 승리 보고대회를 했어요. 그런데 5년 뒤 코로나 때 회사가 철수를 한 거죠. 일본 분들의 분노가 더 컸어요. 우리는 못 넘어갔잖아요.

일본에서 계속 투쟁하고 있을 당시, 일본 오사카에서 다큐를 촬영하고 있던 KBS의 어느 PD에게 일본 분이 "나를 찍지 말고 도쿄에 가서 한국산연 좀 찍어라."라고 여러 차례 이야기를 한 거예요. 그런데 PD는 자기는 노동 다큐를 다루지 않았기 때문에 관심 없어 시큰둥했죠. 그러다가 오사카에서 사진을 촬영하고 있는데, '산켄 전기는 각성하라!' 하면서 일본 분들이 모여서 집회를 하더라는 거예요. 그래서 물었대요. "당신들은 산켄하고 무슨 관계가 있나요?" "아뇨, 없습니다." "한국인 산켄 노동자들과 관련이 있나요?" "아뇨, 관련 없습니다." "그런데 왜 투쟁하십니까?" "싸워줘야 되니까요." PD는 이게 뭐지? 싶었는데, "꼭 도쿄에 가서 한국 산연을 위해 투쟁하는 사람을 만나라." 그래서 결국 산본 앞에서 투쟁하시는 분들하고 연결이 된 거예요. 그런데 그때 우리가 마이크로 이야기하는 걸 듣고 자기가 또 신기해했대요. 뭐지 이거. 이분들이 뭐지. 한국인들이 넘어온 것도 아니고 자기 문제도 아닌데 왜 이렇게 열심히 싸워주지. 하고 생각하고 그때부터 다큐 준비를 했습니다.

우리는 오사카하고는 한 번도 연결 안 했는데 산연 마지막 투쟁할 때는 일본의 한 9개 지역에서 동시로 싸워줬어요. 오사카, 나고야, 후쿠시마, 후쿠오카 이런 데 전체가. 산켄이 영업점이 있는 곳은 다 농성이 일어났어요. 연대조직 만들어졌거든요. 그러니까 우리도 그들이 어떻게 싸우는지도 모를 정도로 우리가 유인물 내면 싹 다 번역해 자기들이 싸우는 거예요. 그래서 도쿄 사람들은 오사카 사람도 다른 지역 사람들이 신기하다. 우리는 우리가 싸워서 우리가 이겼는데 저 새끼들이 일방적으로 나쁜 짓을 해서 싸우는데, 오사카는 왜 싸우지? 나고야에서는 왜 싸우는 거야? 이럴 정도로 나서주었습니다. 또 나고야 이런 쪽에서 물어보면 너무 분하다고 어떻게 그럴 수가 있냐고 이러면서 싸움을 해줬는데요. 이게 PD 입장에서 너무 신기해 보였던 거예요. 이런 힘이 뭘까? 왜 이게 가능할까? 해서 촬영을 쭉 하게 된 거고, 1차 하고 나서는 접었는데 구속이 됐잖아요. 한 분이 구속이 되면서 이분의 이야기를 써봐야 되겠다 싶었다고 합니다. 30년간 한국의 노동자들을 위해서 싸워주시는 이 사람은 어떤 사람인가라고 해서 그 촬영을 하게 되었고, 그 촬영에는 우리 이야기가 들어갈 수밖에 없었고 그래서 한 세 편 네 편 정도가 나왔던 거죠.

한국 노동자들도 그렇지만 일본 현지에서 연대투쟁 하신 분들께는 '죽을 때까지 그분들에 대한 은혜를 갚아야 된다.'라는 생각을 할 정도로 생명을 구원해준 분들보다 더 뜨겁게 다가와요. 일본 투쟁 시 실제로 냄비, 숟가락, 젓가락, 담요, 이불 등 집까지 모든 것을 다 해주셨어요. 제가 페이스북에 '일본은 다다미방이라서 등이 너무 시리다. 나 태어나서 등이 시리다는 말을 처음 이해했다.'라고 올린 글 하나 때문에 일본에서 차를 두세 번을 갈아타고 어르신들이 전기장판을 가져다주셨어요. 우리에게 필요한 것이 무엇인지 먼저 알고 싶어서, 항상 우리한테 모든 초점이 와 있어요. 그런데 우리는 우리대로 미안하니까 계속 숨기거든요. 제가 투쟁하기 어려울 때 혼자 쉬면서 집에 있으면 찾아와서 어디에 집회가 있다고 가자 해요. 연대 차원으로 가면 저녁을 사주시면서 그래요. '꼭 집회 오라고 했던 건 아니고 혼자 있으면 힘들 테니까 같이 있자'고 부른 거라고. 이게 마음 쓰는 게 진짜 이렇게 부모 형제보다 더 뜨겁게 예민하게 우리를 아껴주고 지켜준다는 느낌을 받았습니다.

전국에서 조합원들까지 전체 연대투쟁 가는 건 산연밖에 없을 겁니다. 투쟁하는 조, 연대하는 조, 집회 나가는 조가 짜여 있어요. 돌아가면서 연대투쟁 현장마다 갔습니다. 어지간한 노동조합 간부보다 우리 전체 조합원들이 투쟁 현장에 훨씬 많이 갔어요. 최근 시티즌정밀의 경우 투쟁한다고 하면 간부 한 명도 안 따라가고 조합원들이 짜인 조 형태로 마치 당연하다는 듯이 그 사업장에 라면 사서 뭐 사서 연대하러 가는 거예요. 우리가 받았으니까 해야 된다고. 그래서 자기 조 차례가 왔을 때 일정이 있으면 다른 조와 사람 하나 바꿔서 같이 가기도 했던 거죠.

(김: 김은형 본부장님 산연 투쟁 관련해서 계속 위원장 그다음에 이후에는 지회장이잖아요. 어떻게 위원장이 되었는지요?) 95년부터 계속 위원장 하다 지회장은 한 번 했습니다. 금속노조 전환 초기 하고 나서 경남 1지부, 그 후에 경남지부 그러고는 아파서 산에 들어갔다 돌아와서는 산연에서 그냥 지도위원 했습니다. 복귀한 때가 2007년인데 2008년 투쟁 때문에 2년 동안 지회장을 했습니다. 그다음에 양성모, 오해진으로 넘어갔잖아요. 이선임은 우리 현장이 부르면 부르는 대로 회사가 해주는 최고 호황기에 3, 4백 명 조합원이 물밀듯이 들어왔을 때 그때 했죠. 지역 동지들이 했던 이야기 있잖아요. 김은형만 위원장 하면 싸움 난다. 구조조정이 일어난다 했잖아요. 제가 당선만 되면 구조조정 투쟁했어요.

(조: 산연에서는 그렇다 치더라도 민주노총 경남본부하고 지역 금속노조 지부장 부지부장을 거쳐 현재 본부장까지 하시니까 제가 여쭙고 싶은 거는 여성의 문제거든요. 여성 간부, 여성 사업장 그러니까 우리 창원은 사실 남성 중심적인 사업장이 많잖아요. 사업작풍이라든가. 금속노조 경남지부가 제조업 남성 사업장이 집중돼서 그 중심으로 활동이 이루어지는 공간에서 여성 사업장, 여성 조합원, 여성 간부가 활동하시면서 느끼는 어떤 여러 가지 감회나 이런 어려움도 있었을 거고, 평가해야 할 부분도 좀 있으실 것 같거든요.)

창원이라는 곳은 대기업, 남성의 이미지로 부각되는데 2000년도 전까지는 남성이라 하더라도 오히려 대단히 섬세했다는 생각이 들어요. 특히 금속. 연대하고자 하는 마음도 크고 정과 의리 이런 게 좀 강했던 것 같아요. 그러니 대우조선에서 배 타고 오는 거잖아요. 웨스트 투쟁할 때 창원 동지들이 많이 참여해 줬고요. 여성 사업장이다, 남성 사업장이다, 이런 것이 아니라 투쟁하는 곳마다 우리의 연대는 참 뜨거웠다 생각이 듭니다. 남성, 여성의 문제가 아니라 초기 노동조합을 만들었던 사람들이 겪었던 각자의 고통, 노동조합을 만들 때의 응어리나 분노, 그걸 만들고 나서 지키고자 했던 투쟁, 모두가 함께 겪었거든요. 젊었던 그 시절을 함께 했던 분들이 지금 그때 이야기하면 '나이가 어찌 서른이나 넘고 마흔이나 넘었노.' 이랬는데 제가 20대 초반이었으니까. 아저씨들 할배들과 활동하는 것 같았는데 지금 보면 그때 다 젊은 거잖아요. 열정 있고. 젊음의 열정으로 노동조합을 바꾸면서 느꼈던 그 희열과 감동, 역사를 함께 공유할 수 있었던 사람들이었습니다. 제게는 남성이라기보다는 정말 의리 있는 동지에 가깝습니다. 정파적 대립이 있어도 허구한 날 같이 술 먹고 같이 싸웠지만 다음 날엔 같이 웃고 그렇게 했거든요. 좀 정이 있었다 생각해요. 의리가 있었고, 원칙이 있었고, 연대가 있었던 게 저는 2000년까지 좀 우리 지역이 그랬던 것 같아요.

남성이다 여성이다 하는 문제는 좀 아니었던 것 같고요. 다 열정적이었어요. 모두가 열정적이었다. 그래서 대기업이 쓸데없이 까불면 있잖아요. 여성이다 뭐 작은 기업이다 생각 안 하고 우린 싸웠어요. 거기에 여성 남성이 어디 있어요. 오히려 여성 남성이 이야기하는 순간 그거는 쓰레기잖아요. 아니 그때 분위기는 그랬잖아요. 이게 원칙이 있었잖아요. 지금보다 훨씬 원칙과 규율이 있었어요. 입에 씨발이란 말이 붙었어도. 우린 이상하게 욕이 경남 그냥 쓰는 욕인데 이게 요즘에 성희롱 뭐 이렇게 걸려서 쓰면 죽잖아요. 근데 그때는 그런 말 다 해도 그걸 성희롱이라 생각하지 않았고 같이 그런 욕하면서 그런데도 서로를 대단히 위했던 것 같아요. 그것 때문에 우리 자리다툼 그런 거 하진 않았던 것 같아요. 열심히 싸웠던 사람이 임원 하는 거고, 간부 하는 거고, 그게 여자든 남자든 작든 크든 그랬기 때문에 제가 하지 않았나 이런 생각이 듭니다. 최근에는 오히려 우리 노동조합 간부들이 고령화되고 안정화되면서 조금 원칙이나 투쟁성보다는 편리, 그리고 안정적인 자리 지키고 고용 지키는 데 좀 집중하는 것 같아요.

IMF 이후 대기업이 들어오면서 금속노조가 흔들리고 자기 단사, 자기 사업장을 누구도 자신들을 대신해서 지켜주지 않는다. 자기 거 자기가 지켜야 된다. 자기 조직 자기가 지켜야 된다는 생각들이 우리 운동의 원칙들을 흔들었습니다. 여성 남성의 문제는 아니었다는 생각이 들어요. 그리고 여성이라고 해서 아주 전투적이거나 또는 아주 여성적인 묘를 발휘해서 아기

자기하게 뭔가 잘한다는 소식 별로 들어본 바가 없는 것 같고요. 그런데 여성과 남성의 차이점은 명확히 있어요. 남성들은 힘이 세고 거칠어요. 그러니까 치고 나가는 힘은 강한데 이걸 포용하는 힘이 좀 약한 것 같아요. 조근조근 사람을 챙겨가는, 술은 먹고 챙겨가는데 이것을 사업적 측면에서 학습하고 같이 꾸준히 끈기 있게 챙겨가는 이런 건 좀 약한 것 같고요. 여성들은 거칠게 치고 나가는 힘은 조금 약한 것 같은 반면에 자기 동지들을 잘 챙겨가는 것 같은 생각이 들어요. 이게 어쩌면 여자들이 수다가 심하고 사람 챙기는 것을 좋아하는 습성도 있는 것 같아요. 그게 사회적으로 길러진 습성이라 여자이기 때문이 아니라 사회적으로 길러졌던 습성 또는 사회에서 만들어졌던 여자들이 가지는 특유한 이런 게 좀 있는 것 같습니다.

우리 지역에서 문제는 그런 것보다 전반적으로 운동 전반이 원칙에서 퇴보하고 공부하는 사람이 없다는 거예요. 요즘 여기(노동사회교육원) 사람 많이 와요? 저는 공부하는 노동자가 없다는 생각이 듭니다. 예전에는 정말 책과 많이 싸웠거든요. 심지어 뭐 몇몇 이름 대면 다 아는 동지들이 '니 아직까지 혁명을 믿나.' 하면 기억나죠? 엄청 세게 싸운 거. 저는 그냥 우리 단병호 위원장이 노동운동 발전 전략위원회로 한번 지역에 왔다가 엄청 저하고 싸웠잖아요. 공식적인 패널 토론에서 싸웠거든요. 왜 자본의 파이를 키워서 노동자 목 죄냐고. 배신하려면 혼자 가라고. 이런 이야기를 거침없이 하고 우리가 싸우며 공부하고 그래놓고 또 같이 뒤풀이 가서 술 먹고 이렇게 했습니다. 지금은 이런 치열함이 없다는 것이 가장 아쉬워요. 공부하고 그 공부한 내용으로 좀 싸우고. 그래도 투쟁은 같이 하고, 뒤풀이도 같이 평가하고 그래서 좀 하나가 되는 이런 게 너무 약해진 게 가장 아쉬워요. 제가 여성으로서 느끼는 어려움보다는 지역 운동의 담이 높아져서 그 담을 뛰어넘기가 너무 어려운 게 좀 제일 힘든 것 같아요. 이것은 지역의 문제를 넘어 전국의 문제입니다.

정파 갈등의 해소

(김: 김은형 본부장도 한 정파를 대표하는 인물이잖아요.) 한때 아주 대표였죠. 지금은 대표쯤은 안 됩니다. 저는 지역이든 전국이든. 누가 누군지 대충 과거에 뭐 짱이었든 지금 짱이든 정말 모든 정파를 대표하는 사람들이 좀 모여야 할 것 같아요. 원칙과 사상적 측면을 토론

하든지 그걸 가지고 싸우든지, 아니면 명확하게 우리가 가야 할 길에 대해서 어떻게 가자라고 싸우든지 좀 이래야 된다는 생각이 들어요. 이거 안 하잖아요. 요즘 회의하면 말하기도 힘들 정도로 졸렬하더라고요. 사람들이 비판을 하는 게. 그게 아니어야 된다고 생각해요. 정파들은 좀 크게 싸워주고 현장은 철저하게 투쟁을 할 수 있게 교육과 교양을 좀 해주고 이게 나는 정파들이 해야 되는 거 아닌가. 그래서 제발 공부 좀 하면 좋겠다. 우리 같이 공부 좀 하고 공부한 거 갖고 싸우자. 여러 정파가 자기가 제안한 걸 가지고 싸우잖아요. 네가 말한 정파는 이게 이해가 되지 않고 옳지 않다 생각한다. 내가 생각하는 것은 그게 아니고 이 방향이라고 생각한다. 이렇게 좀 싸워야 서로 발전적이고 지역 운동도 변화되고 실천적으로 뭔가 되는데 요즘에 아무도 이거 안 하잖아요. 요즘엔 투쟁을 둘러싼 쟁점이 아니라 자리에만 쟁점이 있습니다. 심지어 정파 안에서도 자리 가지고 쟁점이 있습니다. 이게 문제인 거죠.

(심: 지금 금속노조에는 기술적으로 세상이 크게 지금 바뀌고 있고 산업 구조 조정이라든지 이런 것들이 크게 일어나고 있는데, 내가 얼마 전에 들은 거는 현대 위아에서 공작 기계 사업부를 매각한다고 그랬는데 그거를 놓고 지금 공부를 하거나 뭔가 치열하게 논의하는 그런 게 좀 부족한가요?) 부족하죠. 산별노조 되고 나서 중앙에서 다 해준다고 생각해요. 자기들이 하는 것이 아니라 왜 중앙에서 안 하냐? 왜 우리가 돈 대주고 다 하는데 사람 대주고 다 했는데 이건 당연히 정책은 중앙에서 내야지 이렇게 딱. 예전에는 임단협 들어가기 전에 일일이 시장을 돌았잖아요. 중요한. 어시장, 반송시장, 가음정시장 한 5군데 잡아가지고, 우리가 직접 배추, 속옷 가격 하나까지 다 조사해서 우리가 공부하고 우리가 머리를 짜서 우리가 안을 만들었거든요. 그래야 간부가 크는데. 요즘에는 누가 그래요. 중앙에 전화해서 '왜 안 내려오노. 언제 내릴 건데? 너희가 안 내리니까 우리가 교섭을 못 한다.' 이럽니다. 이것이 저는 현장이 비어버리고 고민하고 토론하고 함께 투쟁하는데 마이너스 역할을 했다 생각해요. 함께 모색하는 게 없잖아요. 이런 분위기는 금속노조 전환하고 4~5년 뒤부터 그랬습니다. (김: 그렇죠. 2000년대 초반까지는 그런 흐름은 있었는데, 조금 의견 차이가 있더라도 어쨌든 대중조직이니까 대중조직은 또 앞으로 나아가야 하고 서로 토론해서 절충점도 찾고 이렇게 하면서 했던 거 아니에요. 그죠. 근데 지금은 토론이 없고 그냥 뭐 차이점이 있다 해도 그걸 토론을 통해서 해소한다기보다는 회의에서 확인만 하는 것 같아요. 손 들어가지고 많으니까 이대로 가자. 적

으니까 그냥 두자로 가는데 이런 식이고 그게 또 첨예한 게 아까 이야기했던 선거에서 그런. 우리 본부장님 뾰족한 대안을 한번 좀 제시해 보시겠습니까?) 네, 그래서 자판기 노조라는 표현을 쓰는데 조합원들보다 활동가 간부들이 더 심각하죠.

(조: 지역 차원의 노동운동 혹은 지역 차원의 민주노총이든 금속노조든 간에 주로 어떤 기능과 역할을 어떤 모습을 가지고 해야 할 것 같다, 이런 부분들을 좀 얘기를 해주시면 좋을 것 같습니다.) 그 고민을 좀 많이 하고 있는데요. 지금은 중앙에서 일정 잡는 투쟁만 하는 것을 벗어나야 한다고 봅니다. 이런 문제로 지역과 마찰이 많이 심하게 일어나기도 했고, 정파 내에서 엄청난 욕을 전국적으로 개같이 듣기도 합니다. 저는 정말 앞으로 안 하고 싶은데 평생을 욕만 듣고 사는 것 같은데, 중앙은 중앙에 주요한 의제를 가지고 어쨌든 고민하고 투쟁하고 동시다발이 필요한 건 해야 된다고 생각합니다. 그렇지만 저는 지역의 명확한 의제를 가지고 지역의 토론과 지역의 실천을 만들어내어 최소한 지역 총파업을 할 수 있는 힘이 될 때, 이것을 할 수 있는 결의가 될 때 지역의 노동운동이 바로 설 수 있다고 생각합니다.

총파업은 정치적 총파업도 있고 연대 총파업도 있습니다. 연대 총파업이 언제 없어졌는지 아세요. 아마 산연 투쟁이 마지막일걸요. 그것도 산연 초반 투쟁에 배 타고 할 때 그때. 초반 투쟁 때는 파업하면서 집회도 해주고 이런 게 있었는데, 그 이후 저는 했다는 걸 한 번도 본 적이 없어요. 그런데 투쟁 현안과 관련해 투쟁사업장을 지원하는 총파업은 오히려 조직할 수는 있는데, 실제 우리 전체에 해당하는 정치 총파업, 우리 지역의 정치 총파업이 가능할 때 저는 제대로 설 것 같다고 생각해요. 그럼 그건 무엇으로 할 건가. 이런 토론을 활동가들하고 해야 한다고 생각해요. 사회 대개혁 입으로 자꾸 떠들지 말고 공공성 떠들지 말고 그게 뭔지. 그러면 무엇부터 할 수 있는지. 너무 뜬구름 잡고 큰 이야기 하지 말고 우리 지역이 당장 할 수 있고, 해야 되는 것. 또는 우리 조합원들이 당장 필요로 하는 것이 무엇인가 찾는 것부터 같이 좀 했으면 좋겠습니다. 과거 시장 돌던 그 힘으로 다시 해야 한다는 그런 생각이 듭니다. 우리가 하나라도 만들어 갈 때 힘이 생기잖아요. 전국적으로 이번 윤석열 퇴진운동 하면서 경남이 가장 힘 있게 했던 게 9.28 투쟁이거든요. 9월 28일 우리가 약 5천 7천 정도 모았잖아요. 전국의 최대 조직을 수도권보다 우리가 더 많이 모은 거거든요. 저는 이 힘이 경남의 광장을 열었다 생각합니다.

"9.28만큼 우리가 한번 열자."라고 처음엔 3천, 4천, 그러다 5천 이상은 모아보자 했는데 일부 대표자가 "좀 현실 가능한 안 좀 내주세요. 본부장님 이게 현실이 가능합니까?" "가능하게끔 합시다. 최소한 거기서 몇 명 조직 가능하잖아요. 거기서 몇 명만 하면 됩니다."라고 했는데 결국 그 동지는 마지막 날까지도 안 믿었어요. 제가 그 집회 끝나고 최근에도 그 얘기를 하거든요. "할 수 있는 것을 하지 않았기 때문에 못하는 거다." 그래서 우리가 할 수 있는 걸 하자고. 그래서 저는 이거부터 낮은 거부터 우리가 할 수 있는 걸 만들어서 우리의 힘을 확인하는 것 이것이 우리에게 긍정적인 에너지로 전파되고 연대와 단결의 힘이 얼마나 큰지를 우리가 제대로 알면 다시 복원되지 않을까? 이건 한 번에 바뀌진 않을 것 같아요. 그래서 조금씩 바꾸어 가는 노력을 해야 할 것 같다. 누구로부터? 저는 활동가로부터. 활동가가 안 바뀌면 현장이 안 바뀌어요. 왜냐하면, 다 연결돼 있잖아요. 사람은 혼자서는 절대 훌륭한 활동가가 될 수 없어요. 결국 어떤 활동을 하든 연결되어 있기 때문에 중립은 없다고 생각해요. 중립을 선언하면 저는 활동가가 아니라 생각해요.

그래서 각자 입장을 가진 그 활동가들이 모여서 고민도 하고 방향도 잡아야 된다고 봅니다. 전노협의 뿌리는 마창노련이라 저는 생각하거든요. 마창노련이 있어서 전노협이 만들어졌다고 저는 자부합니다. 그 기풍을 세워야 한다. 다시 우리 지역에서 새로운 기풍을 만들어야 한다. 결심한 사람들로부터 낮은 단계부터 그래서 노동운동의 첫 출발 87년 이후 노동운동 노동자 대투쟁의 역사에서 민주노총까지 오는 역사에서 경남이 가졌던 노동운동의 메카, 정치세력화 1번지가 가능했던 이 지역에서 새로운 꿈을 꾸고 새롭게 출발해야 된다. 그래야 전국이 변한다. 저는 그렇게 생각합니다.

(조: '지역에 명확한 의제를 가지고 독자적인 투쟁을 하는 게 중요하다'고 말씀하셨습니다. 명확한 의제는 어떤 것이며, 그것을 어떻게 만드느냐가 대단히 중요한데 그다음 말씀은 사실은 투쟁의 규모를 키운다, 이렇게 들리기도 해서요.) 아니요. 규모가 아닙니다. 그 의제도 누군가가 만들어서는 안 된다고 생각합니다. 개인이 만드는 문제가 아니라 같이 만들어야 된다

고 생각합니다. 과거의 예를 들어 진주의료원 폐쇄 같은, 전체가 공공에 관련된 문제가 투쟁으로 연결될 수 있도록 우리가 만들어야 된다고 생각합니다. 우리 지역의 공공 문제로는 '돌봄', 사회적 돌봄 문제를 우리가 의제화시키고 노동 문제로 우리 지역 현장의 산업 재난 문제를 명확하게 슬로건으로 내세워 지역민과 노동단체가 함께 의제로 만들어야 한다 생각합니다. (조: 제일 중요한 것은 기풍을 만드는 것이고, 일단 활동가가 바뀌어야 한다. 그게 가능할까요?) 마음을 두드려야죠.

모든 운동에서는 출발점이 있다고 생각합니다. 과거의 선각자들이 학생운동가로 현장에 투신해서 만들어졌다면 지금은 그것을 먼저 고민하고 결의하는 사람들이 나이를 떠나 출발점에 서서 시작하면 된다고 생각해요. 그래도 아직은 진심이 있는 동지들이 많다고 생각합니다. 고민도 하고 진심인데 이게 자꾸 왜곡되는 게 토론을 같이 하지 않기 때문이라 생각하거든요. 그것을 어떻게 만들고 누가 제안할 건가를 저는 만들어야 한다고 생각해요. 그게 제가 될 수도 있을 것이고 이곳이 될 수도 있을 것이고 마음이 열리면 방법을 찾을 수 있다 생각해요. 그래서 저는 이런 기회가 왔을 때 생각을 모아 같이 토론했으면 좋겠습니다. (조: 그러니까 지역의 활동가들이 모여 정파를 넘어서 의제 중심으로 고민하고 토론하여 노동운동의 미래를 진단하는 이런 활동의 장을 좀 많이 만들자는 거지요?) 네. 그것부터 시작해야 될 것 같습니다. 근데 최근에 우리는 각자 알아서 했지 함께하는 그런 노력도 안 한 것 같거든요. (김: 그런 토론 자체가 없죠. 공론장이. 회의만 있고 토론이 없는 거죠. 공론장이 약하니까.)

요즘 광장 보면 정말 청년 학생 동지들은 동지라 해야 된다 하더라고요. 자기들이. 정말 맞는 말이던데 정말 많은 각성을 주더라고요. 그래서 최근에 옵티칼을 갔거든요. 옵티칼 투쟁에 갔는데 그때도 젊은 학생 친구들 동지들이 와서 발언을 했는데 아주 인상적인 발언이 그거였어요. 왜 윤석열을 '멧돼지 잡으러 간다.'라고 하냐? 그래서 집회 안 나오고 싶었다. 그건 살이 찐 사람에 대한 비유 아니냐. 또 다른 혐오다. 왜 그런 방식으로 혐오와 분열을 조장하면서 적대적으로 이렇게 푸냐. 그러지 않으면 좋겠습니다. 저는 이 지점도 맞다는 생각이 들었어요. 우리 요즘에 성교육 이런 문제가 이슈화되면서 성 위원회도 조직되고 혐오와 불평등의 언어가 바뀌고 있지 않습니까? 노력하게 되고 조심하게 되고 그게 처음엔 불편했는데 자연스럽게 자리 잡아 가고 있듯이 누군가는 새로운 것을 이야기해야 된다. 그리고 맞다 생각해서 왔는데 우리 지역에서 '박멸하자' 구호를 들었더라고. 토요일 날에. "아 역시 경남이 참 인지가 떨어지네." 이런 생각을 했는데 이런 것들 아주 사소한 표현 하나하나부터도 저는 한 사람의 이야기가 또 다른 한 사람을 변화시키는 거잖아요. 근데 이 한 사람이 어쩌면 한 사람이 아닐 수 있잖아요. 제가 7만의 대표라면 앞으로 7만의 민주노총 경남지역본부는 그런 언어를 안 쓰게 될 거라고요. 그래서 토론장과 공론장은 그래서 중요하다고 생각해요. 당장 크게 달라지지 않더라도 결국은 서로에게 자극을 주고 서로를 고칠 수 있게 만든다는 생각이 드는데 최근 그런 것이 없기 때문에 그것부터 좀 만들어야 하지 않을까 합니다.

진보정치의 문제와 노동운동의 세대교체

(김: 정치세력화 관련해서 하나만 질문해 봅시다. 우리 현장 간부들한테 물어보면은 민주노총이 주도하는 정당, 민주노총당 그런 이야기를 많이 했는데, 그동안에 우리 노동자 정치세력화 역사라고 그럴까, 진보정당 운동을 계속 돌이켜보면 민주노총당이 과연 가능한가. 저는 아니라고 생각합니다. 또 다른 근거를 제시한다고 그러면 그런 거잖아. 아까 70% 정도가 민주노총당이라고 이야기를 하는데 실제로 민주노총 조합원의 한 50~60% 정도는 60% 그 정도는 민주당 지지합니다. 안 그런가요?) 지금은 그렇게 되었죠. 그런데 그 사람들이 민주노총당이 만들어지면 민주노총당에 가입하겠다 해요. 최근에 민주노총 정책대회에 갔었는데 브라질 노총에서 왔었어요. 그래서 브라질 피티당과 룰라를 두고 쭉 이야기를 했어요. 여기는 그 브라질 노총은 그 피티당만 배타적 지지를 한대요. 근데 거기에 진보정당이 여럿 있는데도 불구하고 그게 가능했고, 그리고 룰라가 계속 집권을 하고 있잖아요. 그래서 그것이 똑같이 한국에 접목될 수는 없다고 생각하고 반드시 민주노총당이어야 한다기보다 민주노총 조합원들이 주도하는 정당이어야 한다가 더 정확한 표현이겠지만, 저는 방법과 내용은 좀 만들어져야 한다고 생각해요. 그 마음인 거죠.

(김: 큰 방향으로 보면 어쨌든 민주노총 조합원들이 중심이 돼야 한다? 그런데 민주노총 조합원도 워낙 정규직 중심이기도 하고 그다음에 어떻게 보면은 아까 우리 산별노조 운동에서

나타나는 문제이기도 한데, 지금은 상당히 계급성이나 이런 것들이 약화되는 그런 운동이잖아요.) 그죠? 그러다 보니까 이게 민주노총 조합원이 중심이 된다 그러더라도 이게 과연 그 사람들이 모여서 만드는 당은 또 얼마나 어떤 색깔의 당이 될까 그런 생각이 들어요. 고민을 많이 해야죠. 지금의 4개 진보정당으로서는 대단히 한계에 봉착했다는 생각이 들어요. 그러니까 그것에 대한 조합원들의 믿음도.

(김: 오히려 그러니까 정파 간에 이견이 있긴 하겠지만 진보정당을 평가할 때 공통적으로 지적할 수 있는 것 중의 하나로 대리주의라고 보는데, 이른바 산별노조운동 노동조합운동과 정당 이렇게 두 개의 축으로 운동을 한다고 해놓고는 정치적인 의제나 정치활동은 당 중심으로 간다. 그러면 민주노총 조합원은 뭐 하는 거냐. 표 모아주고 돈 모아주고 하는 그런 방식으로 가니까 선거운동 동원되고. 오히려 실제 당과의 관계 속에서 서로 이게 시너지 효과를 내면서 이 대중조직도 커져 가야 하는데 정치의식이 강화되는 게 아니라 오히려 그쪽으로 밀어줬잖아요. 당도 그걸 주문했고 물론 민주노총에 의존했고, 민주노총도 어떻게 보면 그런 방식으로만 계속했던 거죠. 그래서 난 그게 가장 큰 원인 중 하나가 아닌가 싶고, 이제는 당이 분화되어 그렇게 할 수도 없거든요.)

하여튼 고민은 그 지점인데요. 당들이 민주노총 말을 전혀 안 들어요. 이제는 전혀 안 듣잖아요. 그런 당이 민주노총과 함께하는 당일 수 있는가 이런 문제가 있는 거죠. 그래서 지난번에도 여러 차례 토론에서도 답을 못 찾는 문제인데, 실은 각 4개 정당의 민주노총 조합원 숫자가 적잖아요. 지금 우리 조합원들이 진보정당에 가입한 숫자가 대단히 적잖아요. 과거 민주노동당에 비해서 다 나와버렸잖아요. 가입 조합원들이 얼마 안 되죠. 그리고 그 속에서 오히려 조합원들은 다 민주당으로 흘러 들어가게 됐고 더 이상 진보정당을 못 믿겠다는 거잖아요. 그래서 저는 새로운 진보정당을 고민해야 한다고 생각해요. 이대로는 발전 없겠다. 우리 갈등만 양산하고 실은 활동가들이 진보정당에 다 가입해 있잖아요. 그러니까 실은 진보정당 플러스 변혁당까지 해서 당에 다 가입해 있는 활동가들이고 당들이 계속적으로 대립하면 할수록 현장은 그 대립이 그대로 옮아져 와서 확대 재생산되고 있거든요. 그래서 정치운동이 안 되는 것뿐만 아니라 현장도 갈라치기가 되고 더 이상 이래서는 안 된다. 정치의 영역과 이 영역이

뗄 수는 없겠지만, 정말 새로운 고민이 필요하다는 생각이 들어요. 그렇지 않으면 우리는 지리멸렬하게 될 것 같아요. 결국 현장이 이렇게 되어 버렸잖아요. 현장은 정치를 믿지 않고 활동가들은 전혀 정파적이거나 운동적이지 않고. 우리가 하나 되지 못하면서 사분오열됐던 이 역사를 다시 반복할 건가? 새 역사로 가자고 하면서 이 시기에. 세계가 격동하고 대한민국이 어찌 될지 모르는 판국에도 우리는 계속 이 타령을 해야 되는가? 저는 그런 데 있어서 정치 진영에 대한 새로운 고민이 반드시 필요하다 이렇게 생각해요.

(조: 노동운동 입장에서 가장 체감되는 문제는 노동운동 내부의 세대 변화라고 생각되는데, 기존의 마창노련 세대는 지금 은퇴하고 다 떠나가기 시작했습니다. 사실은 2세대와 1세대 고 중간에 한 1.5세대쯤 되겠습니다. 그런 위치이신 것 같고, 새로운 산업 전환 이후에 다음 세대는 아마 노동의 성격이 좀 많이 달라져 있겠죠. 그리고 그 세대들이 아직은 현장 내에서는 주로 비정규직도 많고 아니면 완전히 특권적이거나 이렇게 다 나눠어 있으니까 그래서 아까 노동운동의 역할의 측면에서도 노동운동이 서울에서 집회하는 것을 보면 젊은 문화를 아직 못 받아들이고 있는. 노동운동 자체가 늙어 있는, 그래서 노동운동이 젊은 층들을 노동운동 내부로 많이 끌어들여야 할 것 같고, 그런 얘기들을 많이 하시잖아요. 그래서 이게 노동운동 내부의 세대교체, 그러니까 떠나가는 세대는 앞으로 지금 60이니까 비정규직으로 10년은 더 일할 거란 말이에요. 이 사람들이 또 있고 또 앞으로 들어오는 세대, 뭔가 이 세대는 찢어져 있고 아주 특권적이거나 아주 뭐 비정규직이거나 이런 세대들을 노동운동이 어떻게 껴안을 수 있을까?)

큰 숙제인데 지금 여러 연맹에서 이 문제들이 불거지잖아요. 전교조에서 불거졌고 금속노조에서도 불거졌고 퇴직자들 관련한 조합원을 받아들일 건가 말 건가에 대해서 다 부결 났잖아요. 퇴직자들을 조합원으로 받아들이는 것은 전교조에서도 부결이 났습니다. 대대에서 부결 났죠. 한 2년 됐어요. 1, 2년 됐고 현대차에서도 어쨌든 이 건이 부결 났잖아요. 그런 것처럼 실은 우리 내에 갈등들이라고 생각해요. 우리가 흔히 말하는 87세대 마창노련 세대 우리 선배 세대들 저를 포함한 선배 세대들이 꼴통 짓을 많이 해서 그런 것 같은데요. 그러니까 아까 말했지만, 운동의 정당성에 맞게 조직운영을 하거나 하지 못한 폐해로부터 온다고 생각해요. 자리에 너무 집중하면서 선배들이 자리다툼에 마치 노동조합이 그들의 것만으로 되고 있습니다. 그래서 청년들의 이해나 그들의 요구를 반영하고 그들을 적극적으로 발탁하고 키우지 않았던 이것으로부터 오지 않았을까? 결국은 저는 이명박, 박근혜, 윤석열같이 불통독재라 이야기하지만, 우리 조직 내에서도 실은 이 부분이 좀 부족하지 않았는가. 이것이 이제 '젊은 세대들이 못 따라와. 젊은 세대들이 못해. 못 알아듣겠어. 함께 못하겠어. 이해가 안 돼.' 이게 계속 우리가 하는 말이잖아요. 그런데 저는 지금 광장에 나오는 젊은 세대들은 우리보다 훨씬 똑똑하고 훨씬 잘하는 것 같거든요. 그래서 그들이 못하는 것이 아니라 우리가 못한 거라는 생각이 들어요. 그래서 대한민국 미래에는 어두운 게 아니고 좀 밝다고 생각합니다.

지금 나가는 우리가 이 세대들과 어떻게 융합할 수 있게 지금 이걸 할 건가, 전에 제안했죠? 퇴직자들을 민주노총에서 받아들여야 한다. 뿌리가 없는 나무가 없듯이 우리는 반드시 우리가 뿌리였고 이 뿌리가 역할을 계속 잘해야 한다고 생각해요. 퇴직하든 안 하든 떠나서 이 역할은 분명히 있다고 생각하고 역사가 어느 날 갑자기 생기는 것이 아니기 때문에. 단 새 세대들하고 우리가 어떻게 잘 조율하고 나아갈 건가. 그러니까 우리가 만들었던 승리적 측면을 어떻게 계승하고 젊은 세대들이 만드는 새 문화를 어떻게 더 크게 반영해서 전진시켜 나갈 건가가 우리 숙제일 것 같아요. 앞에서 이야기했지만, AI나 로봇이 들어올 경우 제조업에서 많은 부분이 생산 감소가 일어날 것이고. 서비스업이 오히려 조금 늘거나 다른 방향의 산업이 엄청 많이 변화될 거라 생각해요. 조합원 수는 거기에 의해서 들쭉날쭉할 수 있을 것이고. 거기에 따라서 방향은 바뀔 수 있겠지만, 지금 광장에서 보는 것이 절대다수는 아니지만, 결국은 각성한 사람들이 먼저 역사를 끌고 가는 거잖아요.

그래서 새로운 문화가 만들어질 것 같다. 민주노총도 지금 많은 걸 시도하고, 그 시도 때문에 지금 조합비가 22억이 지금 꽝이 났잖아요. 아니 뭐냐 하면 젊은 세대들 활동가 플러스 직장인 개념의 젊은 세대들이 들어온다고요. 이 젊은 세대들은 자기 것에 대한 양보, 희생, 헌신에 대해서 기존 87년 세대들하고 생각이 달라요. 그걸 그대로 접목시킬 수 없는데 이런 것들이 벌써부터 아주 사소한 것부터 문제가 터지기 시작하는 거죠. 그래서 저는 과도기다. 우리가 아주 심각한 내홍을 좀 앓을 수 있다고 생각하고 그러나 발전할 수 있을 거라 생각해요. 지금도 많은 부분에 토론이 지금 진행되고 있고 청년들과의 소통의 장도 만들고 고민하고 있어요. 여기가 안 하고 우리 지역이 제가 부족해서 그런 건데 중앙에서는 그 노력과 방향들을 많이 고민하고 있어요.

(조: 전체적으로 다른 지역에 비해서 우리 지역의 노동조합 상근자들이 조금 연령이 더 높지 않습니까?) 그런 편입니다. 최근 분위기는 젊은 친구들이 '내가 하겠다.' 이렇게 나서는 순간 선배들 잘 못해요. 창원 분위기하고요. 양산 김해 분위기 엄청 다르고요. 진주 거제 엄청 다른 이유가 뭐냐 하면 대학이 있는 지역은 문화가 조금 서울 문화와 비슷해요. 그런데 양산은 학생들이 부산으로 가버려요. 부산, 양산, 김해는 학생들 없이 우리 지역 동지들이 하고 있어요. 거제도 똑같고. 근데 진주는 또 학생들 있잖아요. 창원하고 분위기 비슷해요. 대구는요, 진짜 초반기 광장이 뜨기 전에는 정말 미미했거든요. 투쟁이 안 됐어요. 근데 갑자기 계엄 터지고 나서 우리는 1천 명 2천 명 하는데 2만 명씩 갑자기 모여버려 가지고 그게 감당이 안 될 정도였어요. 지금도 대구는 판만 열면 돼요. 학생들 모이니까. 학교 많으니까. 이거 억수로 큰 거 맞아요. 그래서 그거 중요한 것 같아요. 공공학교에 대한 고민들이 커야 될 것 같아요. 21세기 노학연대들이 필요할 것 같아요.

(송: 집회 가보면 진짜 STX엔진 상집간부 조합원들은 억수로 젊은데, 나머지 다른 지회 간부들은 다 늙었어. 옛날 사람들만 주로 보이고.) 젊은 조합원들 많아요. 그러니까 예를 들자면 PK, 대흥알엔티부터 시작해서 지금은 우리가 금속노조 회의 들어가면 모르는 사람이 80%예요. 확 바뀌었어요. 뭔 이야기냐 하면, 젊은 친구들이 내가 하겠다는 순간 표가 안 돼요. 분위기 많이 바뀌었어요. 근데 문제는 새롭게 들어온 동지들이 새 세대가 돼야 하는데 헌 물에 먼저 잠식되어 낡은 문화에 우리보다 훨씬 더. 우리는 좋은 문화와 나쁜 문화를 가지고 있는 사람이라고 한다면, 이 깨끗한 이 청년들이 와가지고는 나쁜 물에 먼저 젖어 들어서 오염돼 버리는 거예요. 이게 더 큰 문제예요.

저도 아주 짧게 마무리를 후배들한테 하고 싶은 말이라는 영역이 있어서 한번 했는데요. 못난 선배를 거울삼지 말아 달라. 원래 거울을 보고 가고 앞걸음 찍은 걸 다시 찍고 가잖아요. 그래서 함부로 눈 쌓인 깨끗한 눈길에 발자국 남기지 마라잖아요. 딱 우리보고 하는 소리 같거든요. 근데 어쨌든 못난 선배들을 배우지 말고 주체적으로 고민해라. 삶은 자기가 개척하는 거지 누군가 대신 개척해 주는 것이 아니다. 그래서 주체적으로 고민하고 정말 학습하고 학습해야 된다. 뭘 학습해야 되는지도 몰라요. 10년을 해도 매번 들어오는 교육이 간부의 역할과 자세고 임단협에 임하는 자세예요. 미칠 것 같아요. 왜 그걸 해요. 10년째 똑같이. 정말 제발 그거 좀 하지 마라. 한 번 했으면 됐지, 그걸 뭘 매년 하고 있냐고. 그러니깐 정말로 뭘 공부를 해야 될지도 모르는 이 상태에 놓여 있는 우리 후배들에게 선배로서 참 미안한 거죠. 이것을 제대로 가르쳐주지 못했고 알려주지 못했고 이 문화를 만들어 안착시키지 못했던 선배들의 모습이다. 근데 정말 선배들 거울 따라가지 말고 주체적으로 생각해서 기업과 산별의 담벼락을 넘어야만 본인들이 살 수 있다는 것. 그래서 역사의 뿌리로부터 어느 나라든 우리나라든 경남이든 그 역사는 정말로 전진하는 역사는 연대에 있다고 생각해요. 학습과 연대 이 두 개만 저는 실천하면 세상 바뀔 것 같아요. 그런데 이 두 개가 어쩌면 가장 어려울 수 있지만 이 두 개가 기본이자 출발점일 것 같습니다. (구술 일시: 2025년 1월 13일)

경남 노동운동가들의 삶과 투쟁

12

시티즌정밀 투쟁 이후 금속 여성 활동가의 길

서향미(금속노조 경남본부 조직국장)

1974년 전남 승주군 출생

1993~2010년 한국시티즌정밀

2011~2013년 (사) 마산 창원 여성노동자회 경상남도 여성 비정규직 근로자 지원센터

2015~2018년 (사) 미래를 준비하는 노동사회교육원 사무국장

2020~2025년 전국금속노동조합 경남지부 조직국장

한국시티즌정밀에 입사하기까지

저는 74년생이고 이름은 서향미라고 합니다. 태어나기는 전남 승주군 별량면 어느 시골에서 태어났다가 중학교 2학년 막 시작할 때 부모님이 전라북도 고창으로 이사 가면서 저도 같이 따라가서 거기서 중학교 2년 다니고 고등학교 3년을 정읍에서 상고를 다녔습니다. 이건 순전히 집이 싫어서, 집을 나가기 위해서 정읍으로 고등학교를 선택해서 갔던 거였습니다. 상고를 다니면서 고등학교 3학년쯤 되면 다들 취업을 나갑니다. 역시 마찬가지로 학교가 별로 다니고 싶지 않아서 저도 9월쯤 돼서 조기취업을 하겠다고 나갔습니다. 서진 안경이라고 안경을 납품하는 정읍의 작은 공장에 잠시 한 두어 달 있었죠. 그래서 안경 코받침 용접하고 이런 거 한 두어 달 하고 있는데 모친이 저를 이리 두면 안 되겠다고 창원에서 한국시티즌정밀을 다니고 있는 작은언니한테 저를 좀 데리고 가라고 해가지고 엄마의 말씀 한마디에 94년 4월 26일 창원에 처음 와서 생활을 시작하게 되었습니다. 그때부터 제가 창원 사람이 된 거예요. 그래서 전라남도에서 나고 자라고 전라북도에서 잠시 자라고 20대부터는 창원에서 살았던 것 같아요. 직업 이력이 별로 다양하지 않습니다.

그다음에 2010년 공장이 마지막 폐업 투쟁을 하면서 2011년 7월부터 제가 사단법인 마산창원 여성노동자회에 경상남도 여성 비정규직 근로자 지원센터에 상담한다고 들어갔다가 한 3년 정도 일했습니다. 홍준표 도지사 시절 예산 지원을 삭감해서 그곳을 그만두고 나왔습니다. 그 후 교육원에서 SNT중공업 노동조합에 자료 정리하는 일을 하고 있었는데, 같이 했으면 좋겠다 해서 그때부터 2015년 5월부터인가 제가 노동교육원에서 지회 자료를 정리하면서 일했습니다. 그러다가 2019년도 2월에 제가 교육원도 그만두고 몸이 안 좋고 해서 병원 치료를 받았습니다. 그러다가 2020년 1월부터 지금 일하고 있는 금속노동조합 경남지부에서 함께 하고 있네요. 분명히 직업 이력이 별로 없다 그랬는데 많은 것처럼 보이네요. 제가 마무리할 때 세 보니까 93년부터 2010년까지 한국시티즌정밀에서 한 18년 정도 근무를 했습니다.

처음 창원에 올 때는 감회, 각오 이런 건 없었어요. 그냥 엄마가 "재 여기 둬선 안 되겠다." 해가지고 언니가 불러서 갔던 거였죠. 정읍에 있고 하니까 친구들이 거기 아직 있잖아요. 그래서 좀 놀러 다니고 또 철없이 술도 좀 먹어보고 막 이렇게 혹시나 휩쓸려 다니며 잘못될까 봐 걱정이 많으셨나 봐요. 고등학교 2학년 때 아버지가 돌아가시고 안 계시니까 엄마 입장에서는 머리 큰 나를 어떻게 하기가 당신이 좀 부담스러웠었던 것 같아요. 그래서 언니한테 맡겨서 밥벌이라도 좀 해야겠다는 생각이셨던 것 같습니다. 회사에 들어가서 한 회사에 언니와 같이 있으니 내가 뭘 해도 언니 동생이었습니다. 늘 언니 입장이 신경 쓰였어요. 온전히 나로 살지 못하는 것들이 있고, 그다음에 내 행동 하나하나가 언니한테나 다른 사람들에게 다르게 비칠 수도 있겠다 싶더라고요. 1994년에 들어가니까 이미 노동조합이 있었어요. 우리 회사는 입사하면 바로 조합원이 되었습니다. 유니온샵이니까. 언니는 노동조합과 거리가 멀었어요. 언니가 회사에서 주는 모범사원상을 받고 해서 회사에서 뭘 어떻게 하면 저런 상을 받아? 노동조합이 있는데? 막 이런 느낌이 나는 좀 있었거든요. 우리 언니만 그런 건 아니었는데 하여튼 나는 그런 게 좀 이상했었어요. 왜 조합에서 하는 것들은 잘 안 하면서 회사가 시키는 건 다 해가지고 모범사원상을 받지? 이런 생각이 없지 않아 있었어요. 그냥 진짜 궁금했어요. 제가 삐딱한 건 아니고 해볼 수 있는 생각 아니에요?

노조 조합원 활동

2월에 학교 졸업하고 4월에 갔으니까 공장에 내 또래들이 많았어요. 고만고만한. 저 20살 때 들어갔었죠. 매월 신입사원 모집을 하기도 하고 나가기도 하고 다시 또 채용하기도 하고 하면서 그때 제 또래가 한 10명 넘었던 것 같습니다. 근래에 비슷하게 입사했던 사람들을 데리고 지회가 신입 조합원 설명회를 하고 했는데 사실은 그때 이야기 들었을 때 별로 느낌이 없었습니다. 들었던 건 기억이 한 개도 안 나는데, 뭐 이렇게 그냥 계모임을 하면 좋겠다는 생각을 했습니다. 진짜로 계모임을 하면서 우리가 거제, 남해나 이런 데 놀러 다니고 이렇게 하면서 조합을 알아가기까지는 시간이 좀 걸렸던 것 같기는 해요. 그러면서 그다음 해인가 주변에 언니들이 노동조합 같이 한번 해볼래? 이렇게 이야기해서 간부까지는 아니고 그냥 교육 있으면 교육 들으러 다니고 이렇게 시작했던 것 같아요. 그래서 지금 생각해 보면 제일 많이 들었던 교육 중의 하나가 신자유주의 뭐 이런 거. 경남데파트 있는 그 근처 어디로 여러 번 다녔었던 것 같거든요. 하여튼 장소는 정확히 기억이 안 나는데 데파트 요쪽 도로를 중심으로 어디였던 것 같기는 한데 가면 맨날 다물단, 이런 교육 중에 그런 사례를 많이 하면서 회사 탄압이나 조합이 어떻게 바뀌거나 이런 이야기들 많이 들었습니다. 그래서 지금 생각해 보면 신자유주의에 대항하는 교육을 제일 많이 들었었던 것 같아요.

노조 들어와 활동하면서 지금도 인생관, 사회를 보는 관점 이런 건 없어요. 그냥 자연스럽게 스며들었던 것 같기는 해요. 그냥 뭐 저 말고도 또래 많은 친구 중에 상당수가 같이 활동했었고 나 같은 경우는 교육을 받으러 다녔었고, 또 어떤 친구는 조직회의 하는데 그냥 "무슨 이야기 하는지 들을래?" 언니들의 수법이 그랬는지는 모르겠으나, 하여튼 그때는 거부감 이런 느낌 사실 없었던 것 같아요. 그냥 그렇게 철이 없었던 것 같아요. 교육이 막 재미있었거나 나쁘지 않았던 것 같아요. 정읍에서 학교 졸업하고 오니까 그런 경험들이 한 번도 접해 보지 못한 것들이어서 '아 저런 것도 있구나.' 이런 정도. 특히 크게 거부감이 없었던 것 같기는 해요. 관점이나 철학 이런 건 없고 하여튼 그렇게 그냥 자연스럽게 쭉 했었던 것 같아요. 그러다가 어느 날 보니까 대의원을 하고 있기도 하고 어느 날 보니까 조직부장을 하고 있기도 하고 어떨 때는 보니까 교선부장을 하고 있을 때도 있고 이렇더라고요. 내가 이 일을 하겠다는 것보다는 맡겨진 일을 하겠다는 정도였습니다. 언니들이 좀 많았었고, 언니들이 어렵거나 힘든 일보다는 대개 그렇지 않은 일들에 자주 노출시켰던 것 같습니다. 그래서 그게 크게 반감이 생긴다거나 하고 싶지 않다거나 그런 마음이 없었기도 했었고 그렇다고 내가 해볼게 할 정도로 내가 뭘 알거나 이렇지도 않아서 딱히 의욕이 있거나 피가 뜨겁지도 않았었어요.

저희 조합 대자보 끝에 민주노총 준비위라는 이름을 적었던 것 같아요. 1995년 민주노총 준비위 대자보 맨 끝을 제가 썼던 기억이 있으니 아마 그전부터 간부 활동을 한 것 같네요. 우리는 교섭을 들어가면 교선부장이 교섭 결과 대자보를 작성하거든요. 전지 접어서 노사 이렇게 하면서 쭉 대자보를 정리하고 마지막에 '민주노총 준비위 한국시티즌정밀' 요렇게 제가 썼던 기억들이 많습니다. 교섭을 해마다 하고 나면 회의록도 내가 썼었고 그 회의록을 간추려서 조합원들에게 알리는 대자보도 내가 썼던 것 같고, 그 대자보의 끝은 항상 민주노총 준비위 괄호 열고가 들어갔었거든요. 우리 학습모임은 따로 없었어요. 그냥 노동조합 중심으로 여기저기 교육하는 것들을 들어가서 듣고 받고 이렇게 했었던 거 같아요. 그래서 지역에 따로 모임에 참가해서 그다음에 지회가 자체적으로 했던 공부 같은 건 없었던 것 같거든요.

이게 다 조합원들을 대신해서 노동조합을 하는 거잖아요. 각자 주어진 역할이 있는 거잖아요. 그런데 그 역할을 수행하기에 내가 많이 부족하다는 생각이 있었어요. 늘 지금도. 그래서 뭔가 기회가 되면 배워야겠다는 생각은 있었던 것 같아요. 인정 이런 게 아니고. '내 스스로 많이 부족하구나 그래서 많이 듣고 좀 배워야겠다.' 이런 생각들은 좀 있었던 것 같아요. 그런데 그게 잘 안되더라고요. 지금까지도. 우리 회사는 노사관계가 괜찮은 사업장입니다. 1989년 만들 때 조금 힘들게 만들어졌고 그 이후에는 노사관계가 크게 무리 없이 문제없이 마찰 없이 다 편안하게 그냥 왔습니다. 정문 출입도 그렇고 노동조합 위치도 식당 안에 있어서 조합원들도 오며 가며 회사 눈치 보거나 이렇게 하지 않기도 하고 그런 면에서 저희는 정말로 자유로웠다고 볼 수 있을 것 같아요. 그리고 또 여성 반 남성 반 이렇게 하는데 남성이 대체로 관리자. 똑같은 조합원이어도 나보다 늦게 들어와도 조장 반장 이런 거, 저 퇴사할 때까지 사원이었는데 저보다 늦게 왔던 남자 조합원이 반장 직책을 달고 나왔거든요. 공장 문 닫고 나올 때. 그러니까 남성이 관리자들 중심으로 있기는 했지만, 노동조합 활동은 거의 여성들이 다 해왔었고 남성들은 조합원이긴 하지만 관리자여서 크게 자기주장들을 이야기하거나 하지는 않았었죠. 그래서 크게 마찰이 없었어요. 노사관계 마찰이 없었었고 그냥 임단투하고 이렇게 할 때 보통 노조 지침이 좀 안 풀린다 하면 쟁의행위 찬반 투표하고 파업을 했습니다. 이렇게 하면서 공장기계에 풍선 붙이고, 대자보 붙이고 이렇게 했습니다. 사실 그렇게 할 수 있었던 것도 회사가 노동조합 하는 것에 크게 문제 제기를 하지 않았던 부분들이 있었기에 노동조합 활동을 좀 편하게, 원만하게 할 수 있었던 것 아닌가 하는 생각이 들기도 합니다.

언젠가 입사하고 몇 년 안 되었을 때 회사가 남자 조합원과 중간 관리자들을 동원해서 구사대를 만들었어요. 조합에 와서 집기를 엎고 난동을 부린 적이 있었어요. 그때 남자 조합원들과 다툼이 있었고 임신하고 있던 형옥 언니는 책상에 올라가서 그러지 말라고 하고. 저도 화가 많이 났었죠. 그러면서 구사대들을 보고 당신들이 뭔데 이러냐며 삿대질을 했어요. 그랬더니 저보고 당신이라고 했냐며 어디서 당신이라고 하냐며 말꼬리 잡는 거예요. 나이도 어린 게 말 그렇게 한다고 저를 잡는 거예요. "당신을 당신이라 부르지 니라고 할까?" 하면서 나이가 밥 먹여주냐며 나이 먹고 그런 짓 하고 회사에서 시키는 대로 줏대 없이 하는 게 나이 먹은 값이냐며 싸웠던 적도 있어요. 조합은 간부회의를 했고 구사대에 동원된 남자 조합원 제명하자고 했죠. 제명을 위한 총회를 하는데 구사대가 또 식당에 모이더라고요. 우리는 주변의 조합원들에게 전화를 했죠. 그 당시 통일중공업, 동명중공업 등. 그랬더니 바로 차 타고 식당 앞에 도착하더라고요. 당시에는 특히 여성 사업장이라고 무슨 일이 있든 없든 주변에서 잘 챙겨주셨거든요. 연락하면 잘 오셨어요. 주변 노조들이 징계를 하는 총회 장소를 딱 지키고 있으면서 구사대들에게 남자 망신 다 시킨다고 야유 보냈더니 총회 장소인 식당을 나가더라고요.

언니와 나

작은언니는 저의 활동에 반대하고 싶어 했겠지만 말한다고 내가 들을 것 같지도 않고 하니 지나쳤습니다. 늘 하면서도 약간 그런 마음이 없지 않아 있기는 했어요. 그러니까 회사에서 바라볼 때 처음에는 언니하고 나하고 좀 다른 입장이라 어느 순간 몇 명들로부터 니네는 참 같은 자매인데 너무 다르다, 그런 이야기를 듣기는 했어요. 우리 회사에 형제간에 다니는 분들도 계시고 지인을 통해서 들어오신 분들이 여럿이었거든요. 작은 사업장이고 하니까 그랬었던 것 같아요. 다들 시골에서 올라오신 분들 중심으로 그런 것들이 많았는데 언니와 나를 비교하는 이야기를 몇 번 듣다가 이렇게 대꾸했습니다. "아니 사과나무에 사과가 열 개가 열려도 다 맛이 다르다. 너네도 다르지 않냐. 뭐 좀 더 맛있어서 벌레가 먹은 것일 수 있을 수도 있고 예쁘게 생겼지만 당도가 떨어질 수도 있지 않냐. 그냥 궁갑다 해라." 이렇게 제가 한번 받아친 적이 있었거든요. 그랬더니, 그날 이후로 더 이상 나한테 사람들이 그런 이야기를 안 하시더라고. 그때 어쩌면 싹수가 보였을 수도 있어요. 저거 '갈지마오'구나. 하여튼 그런 이야기들을 한

번 하기도 했었고 그러면서 아예 그냥 언니는 언니, 나는 나, 이렇게 신경 안 쓰고 움직였던 것 같습니다.

저는 부서가 손목시계 완제품을 다루는 조립파트였고 언니는 도금하고 검사 작업하여 손목시계 줄을 만들어 저희 부서로 넘겨주는 앞 공정의 IG부서였습니다. 언니 부서와 제가 일한 부서는 각 구역과 칸막이가 있었어요. 우리는 진짜로 딱 칸막이 안에 방진복 에어샤워 하고 들어가야 되고. 뭐 이렇게 조금 더 제품 위주의 작업공간이었어요. 이렇게 각자의 칸막이 안에서 일하고, 조합일 있으면 조합하고 하면서 '각자 일하고 생활하면서 그냥 살자'는 생각을 했습니다. 그러면서 회사에 같이 다니시는 구성원들도 제가 누구 동생 향미 정도인 거지, 뭘 동생이어서 어떻게 좀 해보겠다는 생각들은 접었던 것 같기는 해요. 그렇게 해서 회사에서 언니하고 심적 관계들은 좀 정리가 되었습니다.

한동안 그게 마음에 많이 걸렸었거든요. 내가 뭘 해도 좀 안 편하고 불편하고 그다음에 어떻게 보일까에 대한 이런 것들이 좀 있었는데, 한 번 그러고 난 뒤로는 마음의 부담을 덜었던 것 같아요. 언젠가 일하는데 조장 언니가 와서 급하다며 다른 제품을 만들어 달라는 거예요. 저도 생산에 맞춰서 기계를 돌리고 있는데 갑자기 그러니까 짜증이 나더라고요. 자동기계가 2대 돌아가고 한쪽 마무리하고 작업하겠다고 했더니 말을 안 듣는다고 뭐라고 하는 거예요. 나를 떠보나 싶으면서도 한 판 뜰까 싶더라고요. 그래서 지금은 못 한다, 하던 제품 마무리하고 작업하겠다고 버텼죠. 그랬더니 작업 지시하는데 안 따른다고 해서 작업 지시를 그딴 식으로 내리면 어쩌냐고 따졌죠. 제품 들어가 있는데 빼고 세팅하는 시간과 마무리하고 작업 들어가는 시간과 차이도 별로 없겠다며 지금 하는 것 마저 하고 작업하겠다고 했죠. 그렇게 나이 많은 언니들을 울려보기도 했어요. 그때부터 부서에서 내가 맡은 일에서는 주도적이었던 것 같아요. 그러니 차장님이 찾아와서 세팅하는 데 오래 걸리냐며 돌려서 물어보기도 했습니다.

당시는 또래들이 많기도 했고 잘 놀기도 해서 몰려다녔어요. 노무 담당 부장님은 자기 딸이 우리랑 동갑이었어요. 그래서 장난친다고 '이 범띠 가시내들' 이렇게 말할 정도로. 약간 좀 어떤 의도적인 표현이었는지 모르겠으나 그런 이야기를 해도 사실은 별로 타격 입지 않았었던 것 같거든요. 저희들은. 특히나 저를 중심으로 몇 명 같이했던 친구들 같은 경우는 다른 현장에서 그냥 일만 하는 우리 또래 친구들은 그렇게 막말을 할 이유도 별로 없겠지만, 그렇게 들으면 좀 얼굴을 붉히고 했었는데 우리들 같은 경우는 그래서 어쩌라고요? 그래서 왜요? 딸은 이렇게 못하지요? 막 이런 거 했었던 것 같거든요. 웃으면서 약간 좀 그랬던 것 같아요.

조합 언니들

조합 언니들은 무슨 의도를 가지고 티 나지 않게 나한테 접근했는지 잘 모르겠으나 제 입장에서는 특별히 다른 계기가 있어서 이렇게 했다기보다 그냥 되게 자연스러웠던 것 같아요. 초기에 조합 활동을 하면서 느꼈던 건 그냥 주어진 역할에 늘 그냥 부족하다는 생각이 들어서 나한테 주어진 역할을 내가 잘하기보다 나로 인해서 사람들이 피해를 보지 않아야겠다는 생각들이 좀 있었던 것 같아요. 사실 그 마음은 지금도 있거든요. 저는 동기들 사이에 리더십이 있는 스타일도 아니고, 저 얼마나 귀가 얇은데요. 하자고 하면 다 따라가요. 그러니까 제가 하고 이렇게 할 때는 사실 크게 이슈가 없었어요. 그래서 95년도가 그렇게 기억이 났었던 거였고. 그다음에 뭐 노동법 개악 날치기 통과 이렇게 하면서 지역이라고 하는 거에 처음 나갔었던 것 같아요. 마산역에도 가고 삼각지 공원에도 가고 새벽에 날치기했다 이렇게 하면서. 사실은 그때 우리 지회 같은 경우는 준비를 했는지 모르겠지만, 제가 받아들일 때 저는 그냥 준비 없이 가야 한다고 하니까 준비 안 된 입장에서 나갔던 것 같아요. 여기저기 길거리를 다니면서 투쟁을 했는데 오히려 거기 결합하면서 '아, 이런 거구나, 이게 단순히 뭐 한 사람, 어느 공장의 문제가 아니구나.' 이런 생각을 그때 했었던 것 같아요. 오히려 노개투 투쟁하면서 그때 처음으로 뭐라 그래야 되지. 뭔가 가슴이 좀 뜨거웠다고 해야 할까. 조합 활동이 이런 거구나 하는 생각을 했던 것 같거든요. 아, 이게 함께하는 거구나! 이런 느낌. 그러고 나서 노개투 투쟁 그다음에 IMF 이랬었던 것 같은데요.

공장 임단투 이런 것들이야 늘 해마다 하는 투쟁이니까, 해마다 하는 임단투 이런 것들은 그냥 요구안 보내고 교섭하고 쟁의행위 찬반 투표하고 파업 가결되고 이렇게 하면 공장에서 그냥 철농하는데 이런 것들이 별로 불편하거나 어색하지 않았었고 그냥 그런가 보다 이렇게 생각했습니다. 노동운동을 하면서 공장에서 뭐 크게 변화하고 준비하고 이렇게 할 거는 없었던 것 같아요. 왜냐면, 언니들이 너무 빵빵했거든요. 정형옥, 권미정, 이선이 빵빵한 언니들이 사실은 준비를 많이 했었고, 오랫동안 지회 설립하면서부터 쭉 해왔던 분들이기도 하고 내공이 있기도 합니다. 언니들이 니 이거 해라 하면 나는 시키는 일하는 것뿐이었습니다. 다 깔아놓은 판에 편하게 들어가 가지고 특별히 제가 뭐 더 해야 되거나 하는 것들은 없었던 것 같습니다. 진짜로. 그래서 고민도 기획도 언니들이 훨씬 더 많이 하고. 일하다 잘못됐을 때나 뭐 조금 징계가 필요할 때도 바로 빠질 수 있었습니다. 언니들이 전반적인 판들을 사실 좀 넓게 크게 깊게 본다고 하면. 저는 가볍게 이때는 그냥 이건 이렇게 보면 어때요? 정도의 의견 이랬던 거였고, 전체적인 기획이나 판들은 사실 언니들이 다 짰었던 거였고 그 짜진 것에 제 역할이 주어지면 그것들을 수행하는 정도였습니다.

이념적 분화

우리 공장이 노사관계는 원만하고 겉으로 보기에도 평화로웠습니다. 그런데 한참 지나서 보니까 의견이 달랐더라고요. 공식적으로 정파가 있는 건 아닌데도 이게 암암리에 자리하고 있고, 자리를 잡아가는 단계가 있더라고요. 우리들 수준에서 약간 이념적 분화가 생겨나고 있었는지, 내가 늦게 확인한 것일 수도 있어요. 그럼에도 불구하고 겉으로는 잘 드러나지 않았습니다. 예를 들면 민주노총 본부 부본부장 이런 걸 할 때 내부에서 논의되지 않고 '하기로 했다'고 이렇게 결정돼 갖고 오면 "이걸 왜 논의 없이 단독으로 결정해?"라는 겁니다. 그래서 알고 보면 자기네들 쪽 가까운 사람들끼리 이야기가 되어서 왔던 겁니다. 그걸 계기로 조금씩 드러나기 시작하고 이게 현장 조합원들한테 가서 조금씩 현장 조합원들 안에도 이렇게 친한 사람들은 이쪽 그룹으로 살짝 모이고, 이렇게 친한 사람은 이렇게 모이고 했습니다. 이렇게 하면서 조합 간부들 사이에서 그렇게 나누어지다 보니까 현장의 조합원들도 서서히 나뉘기 시작하더라고요. 그래서 이게 맞나 이런 생각이 들기도 했었고 지금 생각해 보면 양쪽 다 저를 당기기 위해서. 생각해 보니까 공짜 술을 많이 먹었더라고요. 늦게 알았어요. 나를 꼬시기 위해서 공짜 술을 많이 사줬구나. 난 진짜 새근이 없었네, 눈치가 없었네, 이런 생각이 좀 들기도 하고, 알고 나서부터는 오히려 회의 석상에서 발언하는 게 좀 편해지기도 했어요.

그러니까 우리가 금속 넘어가기 전에 이선이 언니가 위원장 할 때였거든요. 98년 전후쯤 되겠다. 그때 이렇게 하면서 그랬었고. 오히려 그 뒤에 지회 내부에서 회의를 하고 이렇게 할 때 서로 이야기가 오고 가고 하다가 아닌데 그렇게 하겠다고 이야기를 하는 경우가 아주 가끔 있었어요. 우리 집행부 내에서 회의하다 보면 어린 나이에 참 버르장머리가 없었지요. 조합 문을 박차고 회의 석상을 뛰쳐나간 적도 없지 않아 있었죠. 지금 생각해 보면 그랬어야 했나 하고 반성합니다.

저는 이쪽저쪽 정파가 없어서 오히려 그런 게 가능했었던 것 같아요. 내동 상가에 보면 민노협이 있었거든요. 이선이 언니가 민노협 쪽으로 활동했습니다. 저는 거기도 몇 번 가서 교육을 듣기도 했었고, 했는데 맞지 않았습니다. 들어와서 회의를 하고 결정을 하는데 안 맞는 걸 자꾸 하겠다고 이야기를 해서 이렇게 할 것 같으면 뭣 하러 회의를 하냐고 했습니다. 회의라고 하는 게 의견을 듣고 치열하게 논의하고 결정은 따라야 하는 거 아니냐. 그런데 이렇게 할 것 같으면 회의를 왜 해! 하면서 문을 빡 한번 박차고 나왔습니다. 진짜 벽이 흔들릴 정도로 문을 때려 닫은 적이 있었거든요. 그때부터 제가 못된 애로 찍혔습니다.

조합 활동하면서부터 서서히 현장에 나타나기 시작한 간부들의 정파가 현장 조합원들한테 나타나기도 했습니다. 그 일을 기점으로 금속에 넘어가면서 현장에 계속 잠재해 있었어요. 금속노조 전환하고 노조 사업하면서도 대놓고 안 한다 뭐 이런 건 아니었지만, 현장 순회를 하거나 간담회를 쭉 해보면 어느 쪽 사람들이 많이 있느냐에 따라서 현장의 의견들이 조금 다르게 반영되어 나오기도 했었거든요. 우리 부서 말고도 다른 부서 현장 간담회나 이런 것들을 들어가서 진행을 쭉 했었거든요. 점심시간에 45분 동안 현장 간담회를 두 탕씩 뛰면 하나는 우리 부서를 뛰고 하나는 다른 부서를 뛰고 하는데, 다른 부서에 가보면 이렇게 섞여 있는 거죠. 권미정 언니가 속해 있는 부서 사람들도 이선이하고 친한 사람들이 있고, 또 다른 부서에 가보면 이선이하고 친한 사람이 적고 권미정하고 친한 사람이 많다거나, 정형옥하고 친한 사람이 많다거나에 따라서 똑같은 사안을 설명하고 의견을 수렴해 보면 조금씩 달랐었던 것 같거든요. 노동조합 안에 정파가 갈리는 게 현장에까지 이렇게 미치는구나 생각했습니다.

언니들이 회사를 상대로 교섭할 때는 달라지지 않는데 예를 들어서 파업 프로그램 전체를 진행할 때, 현장 꾸미기를 한다거나 파업 프로그램을 해서 식당에서 모여서 뭔가를 진행하거나 아니면 파업을 밖으로 나갔을 때거나 이렇게 할 때 조금씩 차이가 났던 것 같습니다. 우리 시티즌정밀 전체가 한 130명 정도 됐고 선거구가 7선거구까지 있었나. 선거구에 따라서 조합원들이 열대여섯 명 있는 데도 있고 20명 좀 안 된 데도 있고 그러다가 점차 조합원들이 줄어들고 회사가 채용을 하지 않으면서 선거구가 5개 정도까지 줄기도 했습니다. 전체적으로 보면 시티즌정밀이라고 하는 작업장 현장 내에서 정파적 문제가 점점 더 심해진다는 것들을 많이 느꼈었죠. 쌍용중공업 1, 2 공장이 있을 때 지금은 엠파코하고 STX엔진하고 나눠 있잖아요. 이거 할 때 김천욱 동지가 철농을 오래 한다고 해서 지원 방문을 간 적이 있습니다. 그때 당시에는 지지대자보를 써가지고 가고 이랬었잖아요. 물품도 사 가기도 하고. 그랬을 때 이선이 언니가 지지 방문을 가겠다는 거야. 이렇게 갈 거면 집행부에 이야기하고 같이 가면 되는데 왜? 이런 생각들이 좀 많이 들었었거든요. 그때 그 시점에. 그런 것들을 보니까 이게 정파적으로 나뉘기 시작했다고 생각해 보니까, 이런 것들이 하나하나가 이게 그때 그런 거였구나 하는 생각들이 좀 많이 들었습니다.

심해지던 저의 의구심에 종지부를 찍은 사건이 하나 있었습니다. 우리가 금속산별 전환하고 남은 임기를 지회장이 하고 선거를 해야 했습니다. 정형옥이냐, 권미정이냐, 이선이냐, 이렇게 쭉 넘어가는 타이밍에 권미정이가 안 해. 그러면 이선이가 하고 싶어. 이선이는 안 된다는 거지. 그래서 이게 나한테 왔어. 나도 사실은 할 역량이 안 되기도 했지. 뭐 빵빵한 언니들이 워낙 잘해 왔으니까 사실 그 그늘도 너무 크기도 하고 나무가 워낙 크고 그늘이 크니까 내가 잘할 자신이 없기도 하고, 역량이 스스로 안 된다고 생각을 했습니다. 그래서 나도 고사를 하고 있는데 그걸 알게 된 거지. '나는 할 마음이 있는데, 나한테는 하라 소리 안 하면서 재한테' 이렇게 하면서 감정이 확 드러나 버린 겁니다. 그러면서 하여튼 요거 수습하고 하는 과정에서 우리가 정말 말 그대로 정파적으로 아주 드러내놓고 갈등이 있거나 이렇게 하는 게 아니니까 경선도 아니고 돌아가면서 하는 거니까. 선거를 하기 위한 팀을 꾸리는 데 늘 있던 인원 안에서 업무 분장하고 부서장을 맡았었죠.

그렇게 사람들이 돌아가면서 간부를 하다가 갈등이 표면화되고 깊어지면서 3기 선거가 늦어졌습니다. 원래 우리가 그 시기에 해야 하는데 못 하고 늦어져서 기한까지 후보 등록을 못 하고 있다가 다시 재등록, 재공고 내서 어찌어찌하다가 정파 색이 조금 옅은 내가 3기를 하게 됐죠. 제가 지회장 할 때 배소옥이 사무장 하고 이은선이 부지회장 하고 이렇게 해가지고 말 그대로 진짜 언니들은 임원에서 다 자리를 떼고, 우리들이 임원 셋을 다 하게 되었습니다. 언니들은 받쳐준다고 하며 교선부장으로 빠지기도 하고 총무부장으로 빠지기도 하고 감사로 빠지기도 해서 임원을 보면 세대교체인 건데, 사실 지회 집행위원은 언니들이 그대로 자리하고 있었습니다.

노조 지회장이 되어

노조 활동 과정에서 지회장을 맡는다는 게 진짜 부담스러웠습니다. 언니들이 워낙 오랫동안 빵빵하게 잘 해왔었고 내가 그만큼 할 수 있을까? 그러니까 회사를 상대로도 그렇고 현장 조합원들을 상대로도 그렇고 언니들이 해왔던 지도력만큼 내가 현장 조합원들에게 다가갈 수 있을까? 이런 고민들이 사실 아주 많았었고 부담이 굉장히 컸어요. 다음 세대에 대한 준비 이런 거, 그리고 우리 공장이 일본 외자 기업이었거든요. 손목시계를 만들긴 하지만 일본 외자 기업이었고 언제 철수해도 할 거다. 그래서 한번 자본이 철수한다고 하는 거는 우리가 막을 수는 없는데 이때 투쟁을 어떻게 할 건가에 대한 고민들은 제가 임원을 하기 전부터 내부적으로 계속 있었거든요. 교섭은 우리 나름 한다고 했고 회사하고도 늘 이야기를 해왔었고 그게 금속노조 전환하고 이렇게 하면서 단협을 체결하고 이렇게 할 때도 회사 분할, 병합, 매각을 충분히 감안해서 단협을 맺기도 했었습니다. 그래서 그런 것들에 대한 대비 이런 거였던 것 같아요. 닥치면 투쟁을 어떻게 할 건가에 대한. 그래서 언니들이 어느 정도 그런 것들을 좀 준비시키지 않았나. 사실은 저도 받아들일 때는 부담은 굉장히 많이 되기는 했지만, 언제 누가 하더라도 가야 할 때 간다고 하면 뭐 내 때 아니면 제일 좋긴 하겠지만, 뭐 피할 수 없으면 어쨌든 해야 하는 거니까, 언니들 있을 때 같이 좀 배워두는 것도 나쁘지 않겠다는 생각이 있었던 것 같아요.

어차피 그런 상황이 닥치면 나 혼자 할 거 아닌데 뭐. 아무래도 내가 지회장이라고 한들 내가 혼자 결정해서 할 거 아니잖아. 책임 회피인지는 모르겠지만, 어차피 논의 구조를 가져야 하는 거고, 모두가 덤벼서 해야 되는 거고. 뭐 이런 생각들이 저한테 있었던 것 같습니다. 언니네 웨스트가 여러 번에 걸쳐서 야금야금 구조조정을 여러 번 했었거든요. 그런 것들을 보면서 제 마음도 약간 트레이닝이 돼 있었던 것 같기는 해요. 왜냐하면, 아 어차피 상황이 터지면 '혼자 누가 책임지는 건 아니다. 다 같이 하는 거다.'라는 게 있었던 것 같기는 하거든요. 그래서 뭐 많이 받든 작게 받든 어떠한 내용으로 정리가 되든 간에 내가 더 잘하면 좋긴 하겠지만, 이건 내가 안 된다고 해서 안 되는 것도 아니고 내가 하자고 해서 무조건 받아들일 것도 아니고 그래서 충분히 논의해서 의견을 모아서 결정하는 게 맞겠다는 생각이 들었었고 그런 생각들이 없지 않아 있었어요. 저는 처음부터 많이 부담됐어요.

저는 정파적으로는 계속 중립지역에 있었어요. 제 눈에는 사실 별로 안 달랐었거든요. 그들이 막 정파적으로 붙고 싸우고 이렇게 하는 게. 지역도 그렇고 언니들도 그렇고 이렇게 하는 게 아무것도 모르는 조합원들이 친분으로 갈라지는 상황들을 보면서 저는 이게 별로 바람직하지 않다는 생각도 들었습니다. 저는 정파가 별로 다르지 않고 큰 차이를 못 느꼈습니다. 사업을 놓고 일을 놓고 대단히 다르거나 입장이 다르거나 이런 것도 아니고 제가 보기엔 별로 다르지 않았었어요. 그래서 뭐 내 멋대로 하기에 사실 좀 편했을 수도 있었습니다. 어떤 예가 있었냐면 2003년에 배달호 열사 투쟁했을 때 홍지욱 동지가 구속됐었어요. 시민생활체육관에 사회봉사 활동하는 시간이 있었는데 어느 날 연락이 와서 이런저런 안부 묻다가 홍지욱 동지가 너도 조합 활동하고 이렇게 할 것 같으면 정파를 가져라. 들어오라고 하면서 젊은 게 조합 활동하고 일을 하면 뭔가 좀 의욕도 있고 뭣도 있고 해야지 하는데, 끝까지 안 한다 했더니 너는 젊은 게 회색분자냐는 말을 들었어요. 그런데 회원 가입을 안 해도 이미 주사 전국회의 쪽에서는 내가 저거 쪽하고 가깝지 않다는 걸 알았습니다. 여기도 내가 자기편에 회원 가입하지 않았지만 심증적으로 우리 쪽에 가깝다는 걸 알았고요.

정파를 통합하려고 애쓰는 것보다 있는 그대로 가서 간부들 회의했습니다. 이런 주제로 회의를 했고 이렇게 결정이 났다고 전달하는 게 저는 오히려 좀 편했던 것 같아요. 그래서 저는 현장에 가서 다른 조합원들이 이야기를 하면 "아, 이게 무슨 이야기인지 감이 오네." 이렇게 우리 지회는 말할 겁니다. 이런 이야기들을 조합원들한테 좀 편하게 했었던 것 같아요. 그리고 현장에 들어가서 조합원들하고 잡담을 많이 안 했어요. 나이 많은 아줌마 조합원들이 되게 많았었는데 어때요? 뭐 아픈 데는 없어요? 이런 것들은 묻고 하는데, 다른 일상에 대한 수다는 별로 많이 안 떨었었거든요. 언니들은 현장에 현장 순회 가면 한참씩 걸렸습니다. 그런데 저는 전체 현장을 돌고 해도 현장 순회하면 2시간 안 걸렸던 것 같거든요. 아줌마들이 저를 별로 친하지 않게 느꼈겠지만 제가 원하는 거였어요. 언니들이 했을 때는 현장 의견 수렴하라고 점심시간에 중식 간담회 이런 것들 되게 많이 했었는데 저는 교섭하거나 이렇게 할 때, 요구안 준비해 올 때 같은 경우는 설문조사 의견 수렴하고 취합하여 지회가 간부 회의하면서 한번 정리한 다음에 정리한 것들을 다른 부서에서는 이렇게 나왔더라 설명 정도만 하고, 나머지는 총회 시간에 전체를 모아놓고 한꺼번에 많이 했었거든요. 전체 총회든 교육 시간이든 저희 회사는 교육 시간이 좀 넉넉했어요. 그래서 분할 사용도 가능했었고 이렇게 해서 전체를 모아놓고, 나온 의견을 논의하다 보니 전체가 가지고 가는 것들 그다음에 특수한 상황에 처해 있는 것들 이런 것들을 좀 우선하겠다. 뭐 연령대별로 젊은 층에 집중된다거나 나이 든 고령층에 집중된다거나 이렇게 하는 것들은 좀 저는 덜 했던 거 같거든요. 그래서 뒤돌아서면 조합원들이 저한테 어떤 이야기를 했을지는 잘 몰라요. 제 귀에 안 들어왔거든요. 불만은 있었을 수 있어요.

전체적인 조합원들에 비해 지회장인 내가 조금 젊은 편이고 제 나름 양쪽 언니들이 있는 상황에서 내 위치에서 나만의 포지션이 있어야겠다는 생각은 했었어요. 어느 한쪽에 치우치지 않아야겠다는 생각도 있었어요. 이선이 쪽 사람들이 보면 형옥이랑 친하고, 형옥 언니 쪽 사람들이 보면 재가 우리 손아귀를 벗어났네 뭐 이런 느낌이 있을 수도 있고 이런 생각들이 좀 들어서 양쪽 다 좀 쌩까고 무시하고 그냥 다 모른 척하고 그냥 제 마음대로 했었던 것 같아요. 그냥 제 고집대로 어떤 한쪽으로 휘둘리지 말아야겠다. 어느 한쪽으로 치우치지 말아야겠다는 생각은 제 스스로 있었던 것 같아요. 제가 지회장하고 초창기에 몇 번 형옥 언니나 미정이 언니 같은 경우가 저를 불러서 이야기한 적이 있기는 했었거든요. 근데 뭐 그럴 수 있는 이야기니까 그냥 그럴 수 있고 별로 영향 안 받은 척한 거죠. 안 받은 척. 임기 기간 동안에 내내 사실 그런 부담감은 있었던 것 같아요. 심리적으로. 제가 느끼는 거였겠죠. 언니들은 이미 한두 번 이야기해 봤는데 안 되니까 나를 포기했을 수도 있고, 근데 저는 지회장 하는 동안에는 어느 한쪽으로 휩쓸리지 않아야겠다, 필요 이상으로 뭔가 다른 것들을 하면서 감정을 소진하지 않아야겠다는 생각을 했습니다.

유난히 그해 2003년에 전국적으로 돌아가시는 분들이 되게 많았어요. 지회의 일정을 챙기기도 했지만, 그런 투쟁을 나가는 경우들이 많아서 지회를 비우는 경우도 되게 많았었거든요. 어쩌면 내가 안에서 갖는 부담감들을 밖에 나가서 투쟁하면서 오히려 조금씩 내려놓기도 했었던 것 같습니다. 그 정국이 늘 분신이고 열사여서 아, 이렇게 하시는 분들도 있는데 안에서 우리가 이게 진짜 뭐라고 이러나 이런 생각이 들었습니다. 현장 다니고 이렇게 하면서 경험을 통해서 배운 거라고 해야겠죠. 그래 그때는 전국적으로 열사들이 왜 그렇게 많았을까? 그런 분들한테 부채감이 되게 많았던 것 같아요.

여성이라서

제가 어렸을 때였는데 노조가 지리산 노고단으로 수련회를 같이 간 적 있어요. 20대 중반의 남성 동지들이 나를 되게 애 취급을 한다는 느낌을 받은 적이 있었어요. 세상 물정 모르는 여자아이 이런 느낌이어서 좀 자존심이 상했었던 기억이 있기는 해요. 그때 센트랄도 있었고, 교선 수련회 했던 것 같습니다. 우리 지회는 남성들이 있긴 하지만 관리자들이고 직반장들이고 여성들이 훨씬 다수였고 그래서 여성들이 노동조합을 다 하고 있었고, 그래서 지회 안에서 활동할 땐 전혀 그런 느낌을 못 받았었거든요. 여성이고 어리고. 지역은 사실 별로 영향이 없었던 것 같기는 해요. 이 동네 워낙 전국에서 오신 분들이 많으니까. 언젠가 전국 집회를 갔는데 그때는 왜 참 노숙 투쟁도 많이 했는지 모르겠어. 똑같이 노숙 농성을 하고 공원에서 잠을 자야 할 때 그런 것들이 불편하다는 생각이 든 적 있었거든요. 그때는 우리 노동조합 내부에 성에 대한 감수성이 사실 잘 없었습니다. 그래서 활동하는 동지들 간에도 이게 문제라고 자각하지 못할 정도로 사실 다 둔했었거든요. 우리 내부도. 그래서 똑같이 노숙을 하고. 이런 상황에 같이 잠이 들면 안 될 것 같아서 날밤을 새우고. 최저임금 투쟁할 때도 가보면 길에서 자야 되고. 국회 가서도 그 앞 공원에서 자야 하고. 이렇게 할 때. 똑같이 술을 먹고도 이렇게 잠이 들면 안 될 것 같다는 생각 때문에 사실은 내 스스로 안 잔 적이 되게 많거든요. 진짜 그냥 앉아서 날밤을 새운 적 되게 많아요.

그렇게 잠이 드는 것을 보는 다른 사람의 시선보다는 제가 위험할 수 있겠다는 생각이 들었어요. 제 생각이 사실은 그 뒤에 진짜로 우리 금속 안에서 나타나기도 했거든요. 공원에서 똑같이 노숙을 했는데 술 먹은 어느 남성 간부가 여성 간부 몸을 만진 일이 있었거든요. 그래서 그때 생각했지, 내가 불안했던 게 틀린 게 아니었네. 그렇지만 그걸 드러내고 말하지는 못했어요. 우리 지역에는 여성 사업장이 몇 개 안 되니까 조합원들을 데리고 체육공원 같은 데 가면 다른 지회에서 우리 조합원들을 바라보는 시선들, 그게 난 사실 되게 불편했었거든요. 그러니까 여성이어서 시선이 집중되는 것 같은 느낌들이 되게 많이 들었어요. 우리 조합원들이 집회를 나가면 다 퇴근 모드로 가요. 다 사복을 입고 나간단 말이에요. 그러면 하여튼 머리에서부터 발끝까지 이렇게 다 스캔한다는 느낌이 되게 많이 들었어요. 원치 않는 불편한 시선. 어쩌면 지극히 나의 개인적인 것에서 시작됐을 수도 있어요.

내가 창원에 와서 얼마 안 있었을 때 여기 은아상가 가운데 숲에 나무가 되게 크잖아. 몰랐는데 그 뒤에 바바리맨이 막 서 있고 이러더라고. 지나가면 확 이렇게 하기도 하고 그런 경험도 있었고. 지금도 은아아파트 인도 사이에 나무가 큰 게 있었잖아. 한번은 퇴근하고 어디 간다고 이렇게 갔는데 갑자기 뭔가 뛰쳐나와 가슴을 만지고 가거나 이런 경험들이 있었거든요. 그때는 사실 너무 갑작스럽게 당하기도 했었고 어리기도 했었고. 뭐 어떻게 못 했던 게 지금까지 계속 남아 있거든요. 어쩌면 진짜 지극히 개인적이긴 하지만 그런 것들이 어딘가에 갔을 때 이렇게 불편함으로 내가 느끼는 건가 이런 생각을 해봐요. 우리 공장 안에서는 전혀 그런 것들을 못 느끼고 이렇게 하는데 하여튼 우리 조합원들을 데리고 공원이나 어디 집회 장소에 가보면 주변의 남성 동지들이 우리 조합원들을 바라보는 그런 시선들이 나는 좀 불편하죠.

2008년 일본 원정 투쟁

지회장 마치고 뭘 하라 했던 것 같은데, 안 할 수 없어서 했던 게 감사였던 것 같아요. 임원이긴 한데 거의 말 그대로 활동에서는 조금 뒤로 빠져 있는. 제가 하라는 거를 안 할 수는 없고 이렇게 해서 그럼 내가 감사를 하겠다 이렇게 했었던 거죠. 그리고 2005년 10월부터 임기가 바뀌거든요. 2007년 9월까지니까 제가 그때는 현장에서 뭘 되게 별로 안 했었던 것 같아요. 그러고 나서 2007년 10월부터 다시 임기가 시작되는 해에 제가 교선으로 올라갔었죠. 그러면서 그때 정형옥이 지회장 하고 최미정이 부지회장 하고 이은선이 사무장 하고 이선이가 조직부장 하고 내가 교선부장 하고 했습니다. 이은선이라는 친구가 역할을 바꿔서 하고 이렇게 해야 하는데 이 친구는 사실 장을 하고 책임을 지는 자리는 사실 안 했었던 것 같거든요. 2008년에 4월 어느 토요일에 회사 야유회를 갔다가 월요일 출근을 했더니 회사가 매각됐다 이렇게 이야기를 해서 아침에 출근하면서 비상 긴급 노사협의회를 진행하고 그 길로 바로 공장에서 철농에 들어갔거든요. 제가 교선부장이었는데 위장매각이다 이렇게 하면서 우리는 투쟁에 들어갔고 6월 3일 일본으로 원정 투쟁을 갔습니다.

제일 처음 간 게 최미정 부지회장 그다음에 나 교선부장 그다음에 우천복 대의원, 우천복이 일어를 조금 해요. 그래서 통역한다고 우천복이 갔고 저희가 제일 먼저 갔었던 것 같아요. 우리가 그동안 단협을 맺고 할 때 외자 기업 철수를 부정하는 것도 아니고 절대 안 된다도 아니고 그걸 충분히 감안해서 쭉 노사관계를 해왔다고 생각했는데 그냥 말 그대로 단협이 휴지 조각이 되고 신의가 하나도 느껴지지 않았어요. 자기들은 '매각'이라고 이야기하지만 뭐 우리는 사실 '자본 철수다.' 이런 마음으로 갔었거든요. 자본을 철수하기 위해서 중간에 하나를 끼워 넣는 거다. 우리는 이렇게 봤었으니까 '위장매각'이라고 이야기했고, 자본 철수에 가깝게 생각하고 투쟁을 했습니다. 해마다 외자 자본 중에 일본 기업들 같은 경우는 우리 금속노조에서 계속 지금도 가가 있기도 하고 일본에 가니까 한국 노동자들을 지원하는 연대단체가 있더라고요. 이름이 어려워서 풀네임을 모르겠는데, 진출기업을 생각하는 모임인가? 그분들의 도움으로 우리의 상황을 한번 설명하고 나서 자기네들끼리 이야기를 하고 이렇게 하더니 일정을 잡더라고요. 그러면서 '렌고(일본노조총연합회)'에도 한 번 갔었고, 렌고 위원장이 시티즌 자본에서 나온 사람이다, 이렇게 해가지고 먼저 이야기를 좀 해보자고 했습니다. 그 노조가 한국으로 치면 뭐 한국노총 같은 이런 쪽이라고 이야기를 해서 직접 만나지는 못했습니다. 어쨌든 우리 상황은 설명했고 그러면서 이야기를 잘해 주면 좋겠다고 했는데, 사실 기대는 별로 없었던 것 같기도 하고 나타난 결과물도 없었습니다.

그러면서 시차를 두고, 다음 주에 다른 조합원들이 오고, 또 그다음 주에 우리 조합원들이 오고 하면서 거기도 구조조정 이런 것들을 하니까 오토바이 대리점 이런 거 했던 건물에 투쟁하는 동지들이 있었어요. 그 공간에서 1층은 매장, 2층은 창고로 썼던 공간이었는데 거기서 저희가 뭐라고 해야 하나 맥주 박스를 이렇게 쭉 갖다 연결시켜 놓고 그 위에 판자 올려 가지고 거기서 숙식을 하게 됐죠. 습하고 덥고 이런 데다가 쥐까지 나오고 하는 데다가 좁은 공간에 사람이 많잖아요. 우리 사람들이 할 수 있는 게 없잖아요. 한정되어 있잖아. 그러니까 이게 계속 쌓이는 거지. 어디 가서 풀거나 자유롭게 돌아다니거나 이렇게 할 수 있는 게 아니고 아예 일정이 매일 있는 것도 아니고. 그래 나니까 안에서 우리끼리 있는 시간이 많아지면서 또 간간이 개인적으로 전화가 와가지고 공식적으로 우리가 상황을 전달하는 거하고 다르게 받아들이는, 그래서 그들 입장에서는 '아 집행부가 뭔가를 일부 감추고 이야기하는 것' 같은 느낌도 있었던 것 같아요. 그러면서 '이렇다고 이야기하던데, 이렇다고 이야기하던데' 막 이런 것들 우리 안에 다툼도 있었고.

가장 많을 때가 19명 정도 있었어요. 우리는 관광비자로 갔으니까 최대 3개월이니까 못해도 두 달 반 정도는 있는 거죠. 오셨던 분 중에 한 분은 방금 말했던 것처럼 아줌마 조합원이었는데 연세가 좀 많으셨었는데 왔다가 다른 아줌마들부터 통화를 받고 "왜 너네 말 다 안 해." 뭐 이런 거 있잖아요. 그러면 사실 일찍 돌아가시기도 했었거든요. 일본에 최미정, 나, 오천복 이렇게 3명이 있었고, 전체를 거의 내가 진행하고 했었는데, 한국에서 회의 결과라든가 한국 상황을 전달하고 하는데 그들이 듣기에는 빠진 부분이 있었던 겁니다. '니네가 감추고 다 말을 안 해.' 막 이런 게 느껴지는 거니까. 그러면서 아줌마는 일찍 돌아가셨고 나머지 조합원들 같은 경우는 개인적으로 전화 받고 이렇게 하는 것도 있었습니다. 또 남자 조합원들이 몇 명 가 있기도 했었는데 회사 관리자들이 전화해서 회유하기도 하고. 그런데 나머지 조합원들 같은 경우는 흔들리지 않고 쭉 같이 해왔었죠. 전체 기간을 보면 한두 달 반 정도 있었던 것 같아요. 가장 빨리 간 제가 한 3개월이 임박해 가지고 나왔었거든요. 여권 연장한다고. 딱 그 기간 때문에 내가 6월에 갔는데 3개월이 다 되어 가서 연장을 해야 하는 시기에 정리가 됐어요. 우리는 폐업이라고 생각하고 공장 문 닫는다고 생각해 갔는데 위로금 천만 원을 받고 공장 재가동하는 것에 합의했다는 겁니다. 오니까 그렇게 합의를 하고 공장을 다시 돌린다는 거지. 저는 그때 멘붕이 심하게 왔거든요. 공장을 다시 돌린다고? 추석 전이었고 추석 연휴 마치면 바로 정상 출근에 정상 가동이라는 거죠.

그때 추석 앞에 급하게 협상이 마무리되면서 그동안 연대해준 일본 동지들한테 인사는 해야 한다고 바로 일본으로 가서 1박 2일인가 2박 3일인가 일정으로 갔다가 왔었거든요. 아주 짧은 순간 여권 연장 때문에 체류한 사이에 그렇게 정리가 되면서, 그 뒤 일정들은 몸은 움직이는데 머리로는 못 받아들인 상태였습니다. 그러니까 처음부터 저들은 공장을 돌릴 거라고 이야기를 했는데, 우리는 너희들 폐업하기 위해서 중간에 업체 한 개 넣고, 진짜로 땅이나 공장을 담보로 대출받아서 하고 이렇게 했었거든요. 모양만 달리했을 뿐이지 폐업철수를 위한 과정이 맞았던 거지요. 우리는 그때 바로 마무리를 못 하고, 공장을 돌리는 것도 아니고 안 돌리는 것도 아닌 상태로 2년을 더 끌었던 거였지요. 그래서 일본에 있으면서 그렇게 마음먹고 투쟁했던 것들이 되게 허무하다. 진짜 이거 뭐지? 이런 느낌이 들어 많이 힘들었습니다.

그렇게 교섭을 마무리를 해버리니까 원정 투쟁 가 있던 우리는 선택의 여지가 별로 없었어요. 끝났다는 소리를 일본에서 들었어요. 상황이 이러이러하다는 것을 못 듣고, 마무리됐고 그래서 총회를 한다는 이야기를 들었습니다. 저는 그때 당시에 멘붕이 와서 기억이 없었어요. 그래서 내가 알기로 부지회장이던 최미정이 상황 설명을 하고 총회를 한다고 하니 일본에 있던 사람들은 사실 한시라도 빨리 가고 싶은 게 맞지. 집에 돌아오고 싶다. 가족들이 있으니까. 그래서 거기서도 찬성 몇 표, 반대 몇 표 이렇게 해서 사실 거의 찬성이었던 것 같아요. 그렇게 정리를 하고. 어쨌든 마무리는 됐으니까 일본 연대 단체에 도와줘서 감사하다고 일본으로 다시 3명이 또 나갔어요. 인사하러 1박 2일인지 2박 3일인지 모르겠는데.

지금 생각해 보면 조합원들이 받아들이는 온도하고 제가 생각했던 온도가 많이 차이 났던 것 같아요. 그러니까 원정 투쟁 가야 하는 거고, 1~2명보다 10~20명이 가서 했을 때 위력적이라고 생각해서, 사람들은 시간차를 두고 계속 붙어준 거였고, 진짜로 자본 철수라고 생각하고 갔던 거였거든요. 그런데 공장이 재가동을 한다는 거예요. 천만 원인가 위로금을 받았대요. 이게 어떻게 가능해? 내가 왔을 때 문상환 동지가 나보고 고생했다고 밥 사주면서 "이 사람 정신 못 차려. 이게 장기로 가면 안 된다." 하면서 "정신 차려라." 했었거든요. 나 한동안 되게 멘붕이었던 것 같아요. 그러니까 우리 공장에 남아 있는 분들도 그랬던 게 폐업이라고 이야기 했는데 위로금과 함께 재가동이라고 하니까 안 받아들일 수 없잖아요. 받아들이지 않을 명분이 없는 거지요. 그렇게 해서 정리가 됐었던 것 같아요. 그게 되게 급물살을 타고 일이 흘러갔습니다.

2010년, 다시 일본 원정 투쟁

그러면서 추석 지나서 출근해 일을 했습니다. 2009년 교섭을 하는데 단협이 맺어지지 않았습니다. 단협이 맺어지지 않고 무단협 상태가 되면서, 2010년이 되고 다시 또 투쟁이 되는 거죠. 그때도 4월 5월. 그때도 투쟁을 쭉 하면서 2008년에 했을 자본 철수가 2010년에 된 거죠. 그사이에 제이티정밀을 상대로 고려TTR이나 이런 데서 계속 대출을 받아 갔어요. 내가 일본에 가 있을 때 교선부장이었고, 정형옥 지회장, 최미정 부지회장, 이은선 사무장이었는데, 그 다음 기수에는 다시 임원 선거를 해 이선이가 지회장을 하고 이은선이 부지회장, 내가 사무장, 정형옥이 교선부장을 하는 것으로 자리바꿈을 했어요. 2008년 일본에 갈 때 직책 그대로 다시 원정 투쟁을 갔어요. 그래서 2010년 투쟁에서는 일본에서 그렇게 둘이 책임지고 한국에서는 이선이와 내가 책임지고 투쟁을 이끌어 가는 거죠. 그래도 이번에 갈 때 공장 담벼락 옆에서 원정 투쟁 출정식도 하고 갔어요. 7월에 가서 2월까지 있었어요. 12월 마지막 달에 정리했으니까요. 그들은 왔다가 진짜로 한 번 연장해 갖고 갔었어요.

아예 투쟁 모드로 바뀌고 나니까 금전적인 부분은 물론 전체는 내가 책임을 져야 했지만, 중간중간 사람을 뽑아서 할당을 주는 거지. 전체 살림은 복지한테 맡기고. 전체 조합원들이 공장을 돌아가면서 철농을 했거든요. 아예 공장에 농성장을 만들고 식당에도 만들고 보세창고 앞에도 천막을 치고 이렇게 조합원들이 조별로 나눠서 공장에서 아예 잠을 자고 먹고 자고 투쟁하고 했습니다. 전체 식사를 책임지는 건 우리 복지가 하고 조별로 하는 건 복지 밑에 조별로 조장하고 총무를 두어 움직이게 만들었어요. 어차피 특별회계 일반회계 필요 없으니 회계도 전부 다 모으자 해서 하나로 모아 정리했고, 그것도 옆에 다른 조합원들한테 오늘부터 이러이러한 업무들 때문에 돈을 다 직접 관리하지 못할 것 같다. 그래서 이 싸움이 끝날 때까지 감사를 진행하지 않겠다고 동의받았고, 회계는 이 친구가 하고 전체는 통장을 기준으로 입출금된 것을 기준으로 이 친구한테 맡기는 데 동의를 받아서 조합원들한테 맡기기도 했습니다. 그래서 내부 살림이나 금전적인 부분들은 제가 별로 안 했어요. 나머지도 언제 어느 조를 어디로 배치하고 어떻게 운영할 건지를 많이 고민했거든요. 지회장이야 밖을 상대해야 하고 지역을 상대해야 하고, 내부 조합원들을 챙기는 것은 또 나눠서 해야 하니까 그런 것들을 많이 했었던 것 같아요.

저는 이렇게 안에서 조합원들을 챙기는 거니까 별로 힘들지 않았어요. 그런데 너무 더운 여름에 조합원들을 부산 시청 앞 길거리에 거리 선전전을 시키니까 미치겠더라고. 그때 우리가 사장 집 앞에도 가고, 해운대, 고려 TTR이라는 공장 앞에도 가고, 시청에도 가고, 1개 조는 공장을 지키고. 한 5개 조로 움직였어요. 하나는 거리 선전전을 시키고 이렇게 했었거든요. 더울 때는 너무 더우니까 미치겠는 거야. 추울 때는 너무 추우니까 또 미치겠는 거야. 조합원들을 내보내지 않을 수도 없고. 공장에서 자고 아침에 일어나면 공장에서 잤던 조들이 공장 정문 앞 도로를 중심으로 좌우로 피켓 들고 선전전을 하면서 유인물 나눠주기도 하고, 이런 과정에서 이탈하는 사람은 없었어요. 시작하기 전에 이탈하는 사람들은 있었어요. 회사의 회유든 아니면 개인의 이득이든 여타의 사정이든 시작하기 전에 빨리 그만뒀던 사람들은 있었는데, 처음엔 130명이었고 이때쯤 되면 조합원이 100명. 2010년 마지막 정리할 때 89명이 남았습니다.

이 당시에 투쟁 목표는 어차피 자본 철수를 막는 거는 불가능해졌으니까 투쟁을 통해서 위로금을 최대한 많이 확보한다는 게 현실적인 목표였습니다. 당장 그런 명확한 목표가 있으니까 조합원 입장에서도 그렇게 달성 불가능한 것도 아니고 하니까 남아서 끝까지 받아내겠다고 했지요. 합의서에는 5천 이렇게 이야기하는데 우리 단협에는 36개월 이런 게 있었거든. 그러면 1억이 넘지요. 단협은 그냥 휴지 종이지. 이경수 동지 배우자가 한국산연을 다녔어요. 우리 다음에 한국산연이라는 게 기정사실이어서. 외자 기업들 자본 철수한 게 산본, 웨스트였고,

그다음에 구조조정을 하기도 했고. 그러면서 산연하고 투쟁을 같이했는지는 사실 기억이 없어요. 지부 차원에서는 모아서 결의대회나 이런 것들을 배치했을지 모르겠어요. 예전부터 이 지역에 투쟁하고 연대하고 이런 것들을 보면 충분히 있을 수 있는 일이기는 한데 2008년하고 다르게 2010년에는 제가 국내에 있었잖아요. 비가 올 때 공장 앞에서 하는 집회에도 지역에서 사람들이 많이 왔었거든요. 사업장에 조합원들이 철농하고 할 때 연대 방문도 굉장히 많이 오셨고 지역에서 지부도 많이 챙겨줬습니다.

많은 사람이 응원해 주고 지지해 주고 우리 조합원들이 힘을 많이 받았죠. 그래서 이탈이 없었을 수도 있어요. 아침에 눈 떠서 제일 먼저 하는 게 뭐냐면 조별로 돌아가니까 아침이 되면 딱 정시에 원래 오는 시간처럼 와요. 그러면 식당에 모여 그날 일과 보고를 하거든요. 그러면 일찍 온 사람들이 흩어져 담배 피우고 커피 마시는 장소들이 있어요. 내가 제일 먼저 했던 게 남자 조합원들 왔나 안 왔나 살피는 거였어요. 왜냐면, 아저씨들은 아이들이 한참 돈 많이 들어가는 시기였어요. 고등학생 학원 가고, 중학생 고등학생 학비에 학원비에 대학생 1~2학년 이렇게 돈 들어가는 타이밍이었거든요. 그래서 매일매일 아저씨들이 오셨는지 나 혼자 스캔하는 거예요. 진짜 그 정도로 불안하고 조바심이 들기도 했었죠. 그리고 그렇게 해서 나간다는 걸 내가 잡을 명분이 없더라고요. 나중에 지나고 물어보니 이야기하는 게, 어떤 집은 '장모가 천만 원씩 돈을 줘서 그 싸움을 할 수 있었다'는 분도 있고, 그래서 추후 받아서 갚았다는 분들도 있고, 어떤 집은 '처형이 돈을 보태줘서 할 수 있었다'고 하는 분도 있고, 남자 조합원들 아저씨들은 투쟁하는 데 가족들의 도움을 많이 받았더라고요. 그래서 가족, 지인들한테 많이 감사해하시더라고요. 그래서 아이들이 한창 클 때인 아저씨들이 '내일은, 내일은, 내일은' 하는 마음들이 사실 많았어요. 그래서 되게 고맙고 감사하고. 그다음에 아저씨들이 철농하고 이렇게 하면 괜히 가서 "맥주 한잔할래?" 이렇게 좀 그런 치댐도 있었고, 제 나름의 고마움을 그렇게 표현했던 것 같아요.

끝나고 나니까 그분들도 "너네 정말 고생했다."라고 이야기를 많이 하시기도 하고, 나는 그분들한테 또 고맙고 감사한 마음이 많았어요. 그리고 남자 조합원들은 몇 명이 안 되니까 다 조별로 배치해서 이분들이 그 조에서 힘쓰는 일이나 험한 일을 좀 더 하기도 했죠. 그런 것들을 챙겨주기도 했고 자발적으로 해주시기도 했던 것들이 사실 고마움이 많이 남는 것 같아요. 관리자가 여성 한 명을 빼면 다 남자들이었어요. 남자들도 공장이 폐업한다고 하니까 남성 관리자들도 같이하자고 나랑 지회장을 만나기도 했어요. 그런데 처음에 만났을 때 단호하게 "당신들 한꺼번에 다 들어올 거 아니면 못 들어온다. 느그 안에 나눠줘서 들어오는 건 동의 안 된다. 우린 못 받는다." 이렇게 이야기를 했거든요. 다 들어오지 않고 일부만 들어와 계속 정보나 흘리면서 이간질하거나, 우리를 내부를 흔들 거다. 당신들이 한꺼번에 다 들어와서 조합과 같이할 게 아니면 당신들은 각자 길을 가라고 했거든요. 마지막에 정리됐을 때 자기들은 사분오열되어 제대로 다 못 받기도 했고 일부는 다른 일터를 보장받은 사람도 있었고, 마무리 때까지 일을 한 사람들도 있었고, 어떤 사람들은 다음을 기약했지만 보장받지 못한 사람들도 있고 이런 경우가 아주 많았었거든요. 결국, 들어오지도 못했던 사람들이 우리 편 남자 조합원들을 상대로 계속 그런 유혹을 많이 했던 것 같아요. 그리고 2008년 일본에 있을 때도 전화가 왔었는데 2010년에는 안 왔겠어요? 전화가 왔겠지요. 그런 전화도 받았을 거고, 집안의 어려움도 있었을 거고, 그래도 끝까지 남자 조합원 15분이 남아주어서 엄청 힘이 되었습니다.

투쟁을 돌아보며

"투쟁은 할 때까지 한다. 끝까지 간다." 이렇게는 생각했던 적은 없었는데, 지나고 보니까 예상보다 빨리 끝났던 것 같기는 해요. 다른 지회나 한국산연을 봐도 그렇고 구미 옵티칼을 봐도 지금 몇 년씩 투쟁하잖아요. 답이 안 보이기도 하고 그런 거에 비하면, 우리는 그해 시작해서 그해 끝을 냈으니 빨리 끝냈어요. 그러니까 일본을 간 거는 2010년에 7월이었지만 투쟁은 4월부터 시작했거든요. 그래서 300일이 좀 안 된 시점에 우리가 끝을 냈던 것 같아요. 그때는 이 투쟁이 언제까지 갈 거라고는 생각을 못 했어요. 마무리할 때도 일부에서는 단협에 36개월로 되어 있으니 1억이 넘는다는 이야기를 했는데, 그러면서 우리 내부도 간부들 사이에 생각이 좀 갈리면서 일부 조합원들도 흔쾌히 마무리한 것은 아니었어요. 36개월이면 1억이 넘는데 이렇게 이야기했는데, 정리하면서 이야기 모아 나갔던 내용을 보면, '우리가 2008년에 정리될 거라고 생각했지만, 안 됐지 않냐? 그럼 2008년을 기준으로 보면 대충 우리는 1억을 받았다. 2008년에 위로금 받은 거, 월급 받은 거, 2009년에 1년 연봉이 있지 않았냐, 공장이 제대로 돌아가든 안 돌아가든. 간간이 부서가 휴업하기도 했지만, 그거 더하기 위로금. 이렇게 하면 대충 우리가 받으려고 했던 총액에 크게 차이 나지 않는다.' 그리고 이게 더 가면 더 간다고 해결되기 어렵다. 이런 게 좀 있었거든요. 그러면서 이야기로 되어 오던 것을 문서화시키기 시작했죠. 그래서 지회 이름으로 공식적으로 교섭 현황이나 상황들을 유인물로 배포하기 시작했어요. 왜냐하면, 말로 하면 말이 와전되니까, A4 용지 한 장에 지회 타이틀 달고 공식적으로 이게 지회의 입장을 문서화해서 분위기를 잡아갔거든요. 종이를 나눠주고 그거를 근거로 이야기하고 "동의 되냐?" 묻고 넘어가고. 그다음 다시 모여 다른 이야기를 하면, "그때 우리 이렇게 이야기해서 정리했던 건데 뭔 소리냐, 이렇게 이야기하지 않았냐?" 그래서 분란이 될 수 있는 다른 이야기들을 개인적으로 반복해 주장하지 못하게 정리해 가는 부분이 좀 있었어요.

제가 의미를 부여하기보다는 조합원들한테 미안함이 계속 남는 거예요. '조합원들이 너무 고생한 거에 대비해서 이 정도가 맞나?' 이런 생각이 많이 들었었거든요. 그리고 마무리 시점에 모두가 흔쾌히 동의하지 않았잖아요. 그래서 종이를 들이대면서 사실은 개별적인 이야기들을 정리하는 과정도 있었고 이렇게 해서 마음이 좀 불편했어요. 그래서 사실 한동안 밖을 안 나왔어요. 못 나왔지요. 약간 조합원들에 대한 여러 생각이 많았던 것 같아요. 내가 매일매일 그 자리에 있긴 했지만, 이게 최선이었을까?라는 생각이 좀 들기는 하거든요. 정리하기 위해서 고용노동부도 여러 번 주선하고 부산까지 가서 교섭도 하고 이랬거든요. 창원에 와서도 용지못 앞 카페에서 교섭하기도 하고 부산에 가서 카페에서도 교섭하는 등 여러 번 교섭했지만, 정리가 좀 잘 안됐어요. 중간에 노동부 지청장 출신 전무가 있었는데, 당신과는 이야기 않을 거고 사장이랑 바로 이야기하겠다고 하면서, 고용노동부가 사장하고 직접 교섭하도록 자리를 주선하기도 했어요. 그때마다 조합원들이 엄청나게 기대할 거라는 생각이 많았는데, 성과 없이 되돌아올 때가 여러 번이었고, 갔다 와서 그걸 이야기할 때마다 조합원들을 참 못 보겠더라고요. 12월 31일 자로 조합원들은 공장을 떠나고 지회를 정리해 주어야 한다고 1월 말까지 한 달 시간을 받아 정리했는데, 허무하다는 생각이 많이 들었던 것 같아요. 열심히 이탈 없이 투쟁했던 조합원들한테 그런 마음들이 되게 많았었던 것 같아요.

2010년도 투쟁할 때는 정형옥과 이은선도 일본에 가 있었지만, 혹자들은 2008년에 대한 도피용이라는 이야기도 많았어요. 나는 별로 그렇게 생각하지 않았지만, 사실 2010년도에 가 있을 때는 일본에서도 정말 할 게 없었어요. 일본에서도 단체들이 "너네 2008년에 끝낸다고 그때 그렇게 했는데 아니지 않냐?" 이러면서 일본에서도 일정들이 2008년만큼 많지 않았고, 그런데도 한국에 들어오지 않고 있어서 말들이 많았어요. "집 나가면 고생이다. 그러지 마라. 우리는 여기서 있으면 오늘 공장에서 누워 자고 나면 내일 느그 집에 가잖냐? 가족들 보잖아. 그런 거 없지 않냐? 그것만으로도 이미 마음 내서 간 건데 그러지 말자"는 이야기를 계속하면서 달래고 추스르고 정리했어요. 그리고 또 2008년도 해봤던 경험이 있어서 2010년도 단전된 상태에서 불 쓰고 하는 것이 자유롭지 않았지만, 경험이 있어서 그런지 시키면 잘했습니다.

특히 젊은 남자 조합원들 같은 경우에 편했던 것 같아요. 그래서 이것 좀 저리. 저것 좀 저리. 야, 이거 갖고 어디 가. 이러면 이것만 갖고 가면 되나? 누구를 데리고 가. 이러면 차 딱 준비해서 짐 실어가고 참 잘했어요. 7월에 일본에 가기는 했지만, 우리가 그전부터 공장에서 먹고 살고 했으니까 하다못해 성산패총에 가면 봄에 막 죽순이 자라잖아요. 비 오고 나면 5월, 6월에 많이 끊어다 먹었거든요. 사실 그런 데 가서 끊으면 안 되는데. 공장에 가서 "야, 우리 팔아먹게 뭐 좀 돈 되는 것 좀 공장에 가서 뚱쳐와." 하면 조합원들이 짜로 창문 열고 들어가서 막 뭘 훔쳐 와요. 그리고 이거 우리 팔래? 장물로 걸리는 거 아니야? 이런 이야기도 했었고, 사실 죽순 그게 얼마 해요? 얼마 안 하는데도 재미로 한번 시켜보거든요. 철농하고 하니까 "야, 반찬거리 좀 구해와." 이러면 "저 가서 죽순 좀 끊어 올까?" 이렇게 하면 몇 명이 진짜 대나무밭에 가 죽순을 가마니때기로 막 끊어 갖고 와요. 그러면 아줌마 조합원들이 까요. 한쪽에서 아줌마 조합원들이 삶아. 또 한쪽에서 다른 사람들이 반찬을 만들어. 그런 재미도 있었던 것 같아요. 그리고 여름이 워낙 덥고 하니까 샤워를 여러 명이 해야 하는데, 화장실에서 다 샤워를 못 하고 하니까. 참 단전을 하는데 단수는 안 하더라고요. 착하지. 그 여름에 단수했으면 화장실 어떻게 썼겠어요. 그래서 주변에서도 '단수는 안 된다'는 이야기가 많이 있기도 했어요. 그래서 한꺼번에 화장실을 다 못 씻고 하면 공장 안에 들어가서 씻거든요. 공장 안에 물이 있으니까요. 그러면 또 담을 넘어 사다리를 타고 공장 창문을 넘어서 가 플래시 비춰서 씻고, 누가 망보고 있고, 막 이런 거, 소소한 그런 재미들은 많았던 것 같아요. 어떨 때는 교섭하러 갔다 오는데 아무 성과도 없어요. 근데 자기들은 "교섭 가서 고생했다고 너 주려고 소고기를 남겨놨다", 그러면 진짜로 옆에서 막 고기를 굽는 겁니다. "아이 나 상전인데?" 재밌었어요. 미안한 만큼 재미가 있었어요. 그렇지만 후속 모임을 몇 번 했는데 후속 모임을 할수록 조합원들이 줄어들어서 지금은 하지 않아요. 그냥 각자의 계모임으로 남아 있어요.

여성노동자회

우리가 한창 투쟁할 때 사단법인 마산창원여성노동자회가 연대를 왔어요. 여성들이 많고 하니까 지원 방문을 왔다가 연이 돼서 만나게 됐어요. 공장 정리하고 집에 있을 때 이옥선 대표가 연락이 와서 "한번 보자." 이렇게 이야기를 했습니다. 그때 여노회가 경남도로부터 센터를 위탁받아 일할 사람을 찾고 있었고, 활동을 했던 사람이면 좋겠다고 이야기했습니다. 이옥선 대표가 한창 일을 벌일 때 그렇게 연이 되었어요. 역시 가서 보니까 노사관계 순조로운 사업장에서 지회 활동만 하다가 상담을 하려니까 너무 다른 장르인 거예요. 그래서 '이게 맞나, 너무 어려운 거 아닌가, 다시 공부해야 하는 거구나.' 이런 생각이 들었습니다. 어쨌든 오랫동안 해왔던 고용평등 상담실이 있었으니까 이쪽 도움을 받아서 같이 하며 여노회에 자리를 잡게 됐죠.

제가 12월 말로 공장을 정리하고 집 밖을 안 나갔다고 그랬잖아요. 딱 1월까지 지회 사무실을 비워주고 아예 안 나갔어요. 안 나가고 있다가 마지막 시점에 usb 넘겨주려고 부산 갔을 때 위로금 합의 봤던 금액 말고 조합원 1인당 300만 원을 추가로 받아온 돈이 있었어요. 그래서 그것까지 정리를 한번 한 게 있고 나머지 조합비가 남아 있었어요. 그래서 이 조합비를 마지막까지 투쟁했던 조합원들에게 나눠주는 과정이 더 있었던 거지요. 그래서 지회 돈을 털기 위해서라도 한번 해산 총회는 해야겠다는 생각이 들어서, 아무도 만나고 싶지 않았으나 어쩔 수 없이 6월엔가 나가서 싹 서명받고 서명한 사람들 기준으로 이체하겠다고, 오늘 안 온 사람이 누구누구인데 이들도 이체할 거고, 오늘 이 시간이 지나고 나면 우리가 다시 만나서 보고할 기회는 없다고, 여러분들이 동의하면 오지 않은 사람들 몫까지 이체하고 조합비를 털겠다, 이렇게 하면서 마지막 해산 총회를 한다고 나갔어요. 그런데 그때 조합원 중 몇몇이 나보고 사람이 아니라 폐인이래요. "그래, 뭐 하냐?" 이래서 집에 있다고 했더니 "너 이러면 안 된다." 이렇게 이야기를 하더라고요. 그 이야기가 나한테 좀 충격이었던 것 같아요. 나는 그냥 집에서 쉰다고 쉬었는데, 그들 눈에는 사람이 아주 못쓰게 돼 있었는가 봐요. 나를 보는 사람들이 걱정을 많이 하더라고요. '뭔가 활동을 해야겠구나.' 이런 생각이 들더라고요. 그래서 나중에라도 사람들이 나를 봤을 때 그런 이야기 하고 마음 쓰지 않게 해야겠다는 생각이 들더라고요. 그래서 7월부터 활동을 하게 됐죠.

사실 처음에는 좀 힘들었어요. 그러니까 현장은 주어진 일이고, 몸으로 하는 일이었는데, 여기 여성노동자회는 내가 만들어서 찾아서 해야 하는데 '내가 가능하나? 내가 할 수 있을까'에 대해 고민을 한동안 했던 것 같아요. 그게 사실은 조직도 아니에요. 조직은 여성 노동조합이 따로 있잖아요. 조직한다고 찾아갈 현장이 있으면 괜찮은데, 찾아갈 대상이 없고 찾아오게 하는 것이어서 진짜로 뭔가를 기획해서 만들어야 하는 일이었습니다. '이게 가능해? 한 번도 안 해본 건데, 내가 이런 거 할 수 있어?' 이런 생각이 많이 들었던 것 같아요.

여노회에 있으면서 센터에 적을 두고 있었지만, 여노회 일을 다 같이 했고 여노가 이것저것 일을 많이 벌였지요. 한 3년을 일하고 여노회를 그만두긴 했지만, 사실 자의라고 할 수는 없죠. 왜냐하면, 예산이 안 나와 인건비가 없어서 그만둔 거였으니까요. 나중에 여노회 공동대표를 잠시 했어요. 이옥선 대표가 임기를 그만두면서 차기 대표를 못 만들었어요. 한참 왕성하게 사업을 벌였다가 여기저기 예산의 부족도 있고, 예산이 없으니까 벌려놨던 사업들이 더 안 되기도 하고, 사업이 축소되고 사람도 나가게 되고 하면서, 더 이상 안에서 대표할 사람이 없었어요. 비대위 체계로 있다가 더 이상 비대위로 못 가는 상황이어서 제가 공동대표를 한다고 잠시 1년 반 있었습니다. 노동사회교육원에 상근하면서 비상근으로 여노회 공동대표를 했었죠. 하는 일의 방식이 다르기는 한데, 두 일이 아예 다른 일이라고 생각하지는 않았거든요. 기존에 조직되어 있는 노동조합에 가서 뭔가를 하기도 애매했습니다. 그러나 시야의 폭은 확실히 넓어진 것 같아요. 시야의 폭도 넓어지고 활동 반경도 넓어지고 했는데 실제로 움직이는 활동은 작았던 것 같거든요. 활동하려면 훨씬 스펙트럼이 넓고 영역이 넓고 이래야 하는데 실제 활동은 오히려 더 줄어들었던 것 같거든요. 훨씬 정적이었고 이게 가끔 답답하고, 내가 찾아가기보다 찾아오는 누군가를 기다려야 하거나, 찾아오게끔 뭔가를 다시 해야 하거나 이런 것들이어서 '내가 기획을 못해서 그런가?' 하는 생각이 들기도 했습니다.

자신을 돌아보며

저는 다른 활동가들하고 경험이 좀 다르다고 봐야죠. 아마 제 나이 때에는 학습하면서 활동했던 친구들이 거의 없을 거예요. 제 앞 세대까지는 활동을 시작하면서 학습도 하고 했겠지만, 제 기준으로 놓고 보면, 있는 사업장에 들어가서 일하면서 배웠던 활동 경험이 아마 거의 전부일 거예요. 나 말고도 아마 그런 사람들이 훨씬 더 많을걸요. 87년 세대 경우에 직접 노조를 만들고 했던 사람들은 그런 학습의 경험들이 있는데, 저는 노동조합이 안정적으로 자리를 잡고 한참 노동조합이 어깨에 힘 들어가서 큰소리치고 할 때 편승한 거지요. 그런 것들은 진짜 내 위 세대들까지만 딱 끝난 것 같은 느낌이에요. 진짜 나를 기준으로 놓고 보면, 아마 공부하는 친구들 거의 없을걸요. 내 주변 내 또래 지인들을 놓고 봤을 때, 사실 활동가라고 보기보다는 나를 포함해서 간부라고 생각하거든요. 그래서 사업장이 있고 일을 하는 동안 간부 활동을 하는 거지 활동가라는 느낌이 별로 안 들어요. 저도 스스로를 활동가라고 이야기하기보다 간부라고 생각하거든요.

여유 있게 살아본 적이 없어서 투쟁하는 동안 별로 어렵다는 느낌은 안 들었습니다. 나 스스로 노조를 선택하기 전에 그냥 그럴까 했었던 거였지. 조합이 없어도 조합원들이 다 알아서 하시더라고요. 그런데 이후에 이런 말씀을 하시는 분이 있었습니다. "향미야, 조합이 있고 없고 차이가 진짜 많이 나더라. 노조 없는 데 가서 이렇게 나이도 있고 가서 일하니까 진짜 느그들 고생했더라. 그 한다고 얼마나 욕봤노?" 이런 이야기 많이 했어요. 확실히 우리 조합원들이 노조 없는 데 가서 그게 확 느껴지는 것 같더라고요. 그런 이야기를 들은 적이 있거든요. 각자의 생계를 위해서 다들 일을 하고 계시고, 나이가 좀 많다손 치더라도 정년 나이는 아니니까 50대 중후반이어서 다들 일을 하고 계세요. 한 분은 우리 금속에서 오랫동안 일을 하기도 했고 일반 노조에서 임원을 하기도 했는데, 오랫동안 쉬시거나 알바를 하시다가 지금은 학비노조 조합원이라고 이야기하시기도 했어요, 또 한 분은 부동산 공부를 하셔서 한때는 부동산을 하시기도 하고 그동안 해왔던 사람들하고 좀 다르기는 하지만. 어딘가에서 다 각자 처한 상황에서 열심히 잘 살고 계시더라고요. 다들 건강해요. 하시는 것들 보면. 그들의 삶이 건강한 삶인 것 같아요. 벌써 공장 정리된 지가 15년 됐으니까 시간이 많이 지나 이제 배우자들 정년이 얼마 안 남고 해서 배우자들하고 사이도 돈독하고 보기 좋더라고요. 그분들은 배우자를 생각해 보니까 현대차도 있고 모토롤도 있고 대기업이고 사장님도 있고 그렇죠.

정형옥은 지금 학비노조 조합원이고. 김명숙은 손송주, 권미정이야 오래전부터 배우자가 사업했고, 사실 그들은 끝나고 보지 않았어요. 조합원 모임 할 때도 오시지 않았어요. 한때는 1세대다 이렇게 표현해서 큰 나무 그늘을 만들고 했던 분들인데 마무리 시점이 되어 사실 좀 그런 것들이 있었었거든요. 좀 틀어졌던 관계들이 지금은 그냥 멀리서 응원하는 사이 정도입니다. 이은선도 지부 임원 끝나고 지금은 뭘 하지 않는 걸로 알고 있어요. 그냥 자기가 다니는 성당에 자원봉사나 종교 활동을 열심히 하시는 걸로 알아요. 어쩌면 올 연말에 다시 나타날 수도 있어요.

달라진 현장, 고민

지금은 내가 일했던 공장의 그 시절과 너무 달라요. 산업 자체가 너무 다르기도 하고 공장 환경이 진짜 빠르게 변하기도 했지요, 나는 나이를 먹는데 현장의 조합원들은 젊어요. 그래서 그들이 뭘 생각하는지 사실 잘 몰라요. 그래서 그런 어려움이 진짜 많아요. 사업을 기획하고 투쟁을 배치할 때도 일단 어떻게 다가가야 할까에 대한 고민이 많아요. 우리 안의 공통점을 찾을 수 있을까에 대한 우려가 많이 돼요. 현장에 있는 조합원하고 지부 집행부하고 그다음에 노조하고 우리 안에 공통점을 찾을 수 있을까에 대한 고민이 많이 들어요. 예전에는 '금속 하면 정말 쇠뭉둥이 금속' 이렇게 이야기했는데, 사실은 금속 안에 산업이 아주 많아졌거든요. 그래서 이들에게 뭔가 다가가려고 하면 공통점을 찾아야 할 것 같고, 그들의 이야기를 내가 먼저 꺼내야 다가갈 수 있고 그들도 마음을 열 수 있겠다는 생각이 드는데, 제가 아는 게 너무 없어요. 그래서 진짜 되게 어려워요.

세대도 그렇고 산업도 그렇고, 또 그들의 사고는 노동을 통한 소득, 이런 것보다 다른 데 훨씬 더 관심이 많아요. 빨라요. 그래서. 주식 이런 것 안 하는 사람 찾는 게 더 빨라요. 그리고 회사가 임단협을 마무리할 시점에 우리사주 주식 이런 걸 주거든요. 그러니까 우리 것도 들고 있고 또 웬만해서 남의 것도 들고 있고 요즘은 나라의 제도가 24시간 언제라도 내가 잠만 안 자면 살 수 있는 시스템이 제도적으로 만들어졌어요. 어떨 때는 금요일 날 집에 가면 집을 안 나온다는 소문이 들려요. 요즘은 뭐 쉬는 날도 가능하다고 얘기해요. 그런 거 아니면 개인 시간에 개인 쉼을 한다고 하면서 오락을 하거나 건강에 대한 염려증들도 엄청 많기도 하지요.

진짜 하나하나 사업장을 놓고 보면 정말 빠르죠. 근데 노동조합은 회의 구조를 거치기도 하고 민주적 절차라고 이야기하면서 쭉 의견을 모아내야 하고 이런 과정이 있다 보니까 확실히 따라가는 속도가 늦어요. 문화라고 말씀하셨는데 취미 스포츠 이런 건 확실히 달라졌어요. 예전에는 테니스 치는 걸 욕했는데 지금은 웬만한 노동자들도 퇴근하는 차에 열어보면 골프채가 다 들어 있습니다. 그래서 어떤 사람들은 스크린 골프를 치다가 갈비뼈가 나가고 스크린 골프를 치다가 테니스 엘보가 나가고 이럴 정도예요. 그리고 사업장에 체육시설로 골프장이 있는 기업들도 많아요. 빨리 받아들이는 지회들 같은 경우는 이미 노조가 회사와 교섭할 때 복지시설 확장할 때 골프장 이런 것들을 이미 확보해요. 예전에는 헬스장, 배드민턴 이렇게 했는데 말이에요.

그러니까 진짜 연봉이 7천 이상이면 골프가 취미로 확대된다고는 하던데, 이미 그들의 연봉이 억 단위니까요. 그래서 제네시스 80 이런 거 타면 골프 가방이 착 세팅되어 있고. 사실은 그런 게 별로 안 이상해요. 로템뿐만이 아니에요. 두산중공업이나 모비스, 위아도 많아요. 위아가 현장직 중심으로 조합이 있잖아요. 작년 연말부터 공작기계 쪽을 분할 매각하면서 노동조합이 생겼어요. 우리 안에 노조가 2개 될 수 없어서 처음에 우리한테 오겠다는 거를 '안 된다. 못 받는다.' 해서 기업노조로 띄웠어요. 근데 교섭창구 분리를 하면서 이번에 받게 됐어요. 현장 지회가 항의하잖아요. '그걸 경남지부가 받아주면 어떻게 하냐'면서 난리도 아니었어요. 원래 현장직 중심으로 노동조합이 있을 때는 사무직들이 못되게 한 것도 있겠지요. 사무직들은 사무직이라고 이렇게 뽕. 그래서 서로 욕하고 이렇게 하고 했던 사이였는데 이제는 그렇게 못 하는 사이가 된 거지요. 그리고 사무직들이 경영이나 전체 흐름에 대해 현장직보다 훨씬 많은 정보를 가지고 있잖아요. 나 같으면 '같이 하면 뭐 어때' 이런 생각이 드는데 그게 동의가 잘 안되는 거지요. 그러면서 '왜 받아줬냐, 금속노조를 같이 받으면 어떻게 하냐.' 막 이런 거 있잖아요. 그래서 위아 테두리 안에 노동조합이 4개예요. 현대위아 사무 연구직, 현장은 현대위아, 자회사 테크젠, 소송하는 친구들 현대위아 비정규직. 이게 뭐 하는 짓인가 싶어요. 이게 위아뿐이 아니에요. 대우조선도 가면, 대우조선 있지, 거·통·고 비정규직지회 있지, 웰리브 있지.

건강하든 안 건강하든 지부에서 활동하는 동지들이 현장 경험이 점점 없어진다는 거지요. 젊은 친구들도 없을 뿐 아니라, 현장 경험이 없어요. 젊은 친구들은 현장 경험이 없고 예전에 현장 경험을 가지고 하려니 지금 변하는 사업장들을 못 따라가는 거지요. 이게 경남지부뿐만 아니고 총연맹부터 모두의 고민이거든요. 총연맹도 현장 경험이 없는 간부들이 너무 많아요. 금속노조 서울사무처도 마찬가지고 경남지부도 마찬가지죠. 이걸 어떻게 풀어야 할지 잘 모르겠어요.

노조간부들은 타임오프 때문에 지역지부로 못 나오기도 하고 자기 사업장에 있는 게 편하지요. 금속노조가 산별노조라는 정신을 잘 받아서 활동하는 게 경주지부 정도예요. 경주지부는 이쪽저쪽 정파 가리지 않고 사업장에서 나와 경주지부를 이끌어가고, 사업을 집행하고 모아내기도 하고 이런 것을 보면 금속노조 안에서는 사업이나 조직 활동을 잘하고 있죠. 저를 기점으로 딱 옛날 경험에 멈춰 있는 거고, 그 옛날 경험이 이미 15년 전인 거잖아요. 제 밑으로 조은성, 강연석 두 명 있는데, 이 친구들은 30대이지만 현장 경험이 없다는 거지요. 노조 경험이 아예 없어서 현장에서 이야기하는 게 잘 이해가 안 되는 거예요, 그냥 여기서 만들어내고 하는 것들은 굉장히 실력이 좋고 잘 만들어요. 근데 이게 현장과의 괴리감이 살짝 생기는 거지. 그래서 조합 활동이 괴리가 생기고, 예전 경험에 멈춰 있는 우리도 괴리가 계속 생기고 있어 걱정이긴 해요. 가장 좋은 건 경주지부처럼 지부에 상근하는 간부들도 있지만, 현장에서 일정 기간 일을 하고 이렇게 하면서 그래야 현장을 좀 배워가기도 하고 지회를 운영하는 걸 좀 배우기도 하면서 돌아가면 좋겠어요. 예를 들어서 이번에는 위아와 두중에서 상근자가 나왔다면 다음에는 다른 사업장에서 오고 했으면 좋겠다는 생각이 들거든요. 그래야 우리도 우리한테 머물러 있지 않게 되지요.

14기가 정말 걱정이에요. 왜냐하면, 올 연말 되면 또 선거를 하거든요. 임원들이야 바뀌고 왔다 가고 하기도 하는데, 지금 있는 저 같은 경우는 솔직하게 그냥 이야기하거든요. '지부 집행위들 철밥통이다. 옛날에 우리가 공무원들 철밥통이라고 욕하고 했는데 다르지 않다.'라는 생각이 많이 들어요. 그래서 '우리 스스로 변화 발전을 위한 노력이 사실 없다'는 생각이 들거든요. 그리고 변화 발전을 위해서 뭘 해야 할지도 잘 못 찾겠어요. 그래서 정말 궁여지책으로 생각해 본 게 노조가 5년에 1개월 안식 휴가를 줘요. 금속노조가 이 제도를 도입한 건 얼마 안 됐어요. 재작년 연말쯤에 만들어졌나. 작년 연말쯤에 만들어졌나. 5년 근무하면 1개월. 그래서 최대 3개월까지 쓸 수 있기는 한데, 그 기간에 그냥 쉬라고 하거든요. 뭔가 좀 프로그램을 갖고 우리도 한 달 내내는 아니지만, 일주일이든 보름이든 뭔가 우리 스스로 배우고 뭔가 해볼 수 있는 이런 게 좀 필요하지 않나 하는 생각이 들기는 해요. 저는 우리 총무부장한테도 노조 가서 회의하면 너희 쪽에서 이야기를 해야 할 것 같은데, 회의할 때 '당장 아니어도 난 좀 그런 거 좀 준비하면 좋겠다.' 이런 이야기를 주문하게 됩니다.

지회 간부들이 싫어할 수 있지만, 해야 한다면 그것도 방법일 수 있다는 생각이 들기는 해요. 그런데 그게 1~2달 이렇게 해서는 안 될 것 같고, 노조가 지부에 파견을 보내거든요. 순환 근무로 짧게는 2년, 길게는 4년 이렇게 가시는데 배현철 동지도 경주지부에 그거 했잖아요. 그렇게 현장을 좀 배우려고 하면 지부도 훈련을 시켜줘야지요. 아예 지부가 그냥 빼 갖고 지회에 가라고 할 수는 없지만, 지부에 와서 일할 사람이 있어야 하니까 그럼 지회가 바꿔줘야지요. 그런데 순환근무 그 이야기도 지부 간부들끼리 도는 것이에요. 조은성 부장하고 이야기 해 본 적이 있는데, 조은성 동지는 노조 채용자고 순환 근무 파견 근무 대상이 돼요. 저는 지부 채용자라 그게 안 돼요. 사장님이 달라요. 그래서 "어 그거 하면 좋겠다. 그거 해보고 싶다." 이런 이야기를 둘이 한 적이 있었는데, 저는 된다고 하면 저는 해보고 싶은 마음이 있어요. 더 나이 먹기 전에. 아니 더 나이 먹고 딴 데 가서 일 너무 못하면 부끄럽잖아요. (구술 일시: 2025년 3월 25일)

경남 노동운동가들의
삶과 투쟁

13

한국GM 창원비정규직지회의 20년 투쟁

진환(전 전국금속노조 한국지엠창원 비정규직지회 사무장)

1977년 부산 출생

1996년 서울시립대 입학, 2004년 졸업

2000년 서울시립대 총학생회장

2005년 GM대우 계약직 3월 입사 및 해고 (4월 지회 설립)

2006년 굴뚝 농성

2013년 GM대우 창원비정규직지회 지회장

2016년 지회 사무장

2020년 지회 교선부장

2025년 1월 지회 해산(24년 지회 조합원 정규직 전환)

(현) 금속노조 조직국장

노동운동의 계기 학내민주화운동

저는 한국GM 창원 비정규직지회에 아직 남아 있는 조합원 진환입니다. 조합원들은 전부 정규직으로 복직했고, 저는 복직을 못 해 현재 지회 조합원은 저 혼자입니다. 저는 1977년생이고 고향은 부산입니다. 고등학교까지 부산에서 졸업하고 서울로 대학을 가면서 10년을 서울에서 살았고, 창원으로 내려와 산 지 20년이 되었습니다. 저는 서울시립대 경영학부를 졸업했습니다. 경영학부를 간 이유는 고등학교 때 인상 깊게 본 드라마 덕분입니다. 유한양행 유일한 박사의 일대기를 다룬 드라마였는데 전셋집을 살고 있을 때 아들이 이런 항의를 합니다. "아빠는 사장인데 우리가 이런 데서 살아야 하나요?" 사장이 직원들 사택은 지어주면서 자신은 전세를 살았던 겁니다. 그걸 보면서 '야, 참 멋있다. 나도 저런 사람이 되고 싶다'는 생각이 들었습니다. "착한 사장, 착한 자본가"가 되어야겠다는 생각으로 경영학부를 지원한 것입니다. 그런데 서울에서의 경험은 제 예상과는 달랐습니다.

제가 대학에 들어갔을 때 부모님은 대학에 가면 데모는 절대 하지 말라고 강조하셨습니다. 저도 부모님이 뼈 빠지게 돈 벌어서 대학에 보냈는데 엉뚱한 짓은 하지 말아야겠다고 생각했습니다. 그런데 우연찮게 1학년 과대가 된 것이지요. 그렇게 학생회 활동을 시작했습니다. 1996년 혼란스러운 시절이었습니다. IMF 직전이었으니 학교도 구조조정이 많았습니다. 학과를 학부로 통합하였는데 그 과정에서 학생과 학교 사이에 갈등이 많았습니다. 그 첫 세대였던 것이지요. 경영학과, 회계학과, 정보처리학과가 통합하여 경영학부가 되었는데, 저희는 선배도 없고 1학년들이 알아서 학생회를 운영해야 하다 보니 혼란도 많았고 어려움도 많았습니다. 이때 학내 민주화 투쟁인 학자투를 하게 되었고 학교 밖으로 연대투쟁도 하게 되었습니다.

이렇게 하다 보니 "착한 사장, 착한 자본가"와 전혀 다른 현실들을 경험하게 되었습니다.

노동운동에 관심을 가지게 된 계기는 2학년 때 철거촌 투쟁으로 박순덕 열사가 돌아가시게 된 때입니다. 당시 경영학부 건물이 전농동에 있었는데 전농동에 철거촌이 있었습니다. 내가 알던 세상과 다른 세상이 있다는 걸 알게 된 겁니다. 사람이 죽어 나가는데 철거 깡패가 들어오고, 경찰들이 그걸 비호하고 있었습니다. 그전에도 96~97 노동자 총파업 시점이라 선배들을 따라 집회에 참석했지만 그런 경험과는 완전히 달랐습니다. 그때 내가 세상을 좀 더 제대로 알아봐야겠다는 마음을 먹었습니다. 그래서 사회과학 공부도 하고, 철학, 경제학 공부를 하면서 세상이 잘못되었고, 세상을 바꿔야겠다는 생각을 하게 된 것입니다.

2000년 총학생회장 선거에 나갔고 학생회장이 되었습니다. 그때 학교가 굉장히 못된 짓을 했는데 등록금 인상을 하는데 전체 학생들 등록금 인상을 하면 반발이 심하니까 신입생한테만 13%를 올렸습니다. 재학생들은 1, 2%를 올리고. 그걸 보고 등록금 인상 반대투쟁을 하게 되었습니다. 학생총회도 성사시켰죠. 그땐 학생총회는 거의 없었던 때였습니다. 학생운동 끝물이었던 때였지만 학생들 분노가 컸고, 1만 명이 안 됐던 학생 수에서 1천여 명이 모였습니다. 학교 본관 건물 점거 농성도 했습니다. 경희대, 성균관대에서도 점거 농성이 벌어졌고, 투쟁이 마무리되었는데 우리 학교는 공립이다 보니 문제가 되었습니다. 학교 측이 고소 고발을 하면서 점거 농성과 한총련 불법 이적단체 소속 학생회를 물고 늘어졌습니다. 우리는 한총련을 지지하거나 NL이 아니었지만 한총련은 자주적인 학생들의 결사체이니 이적단체로 보고 학생들을 잡아가는 것에 반대한다고 했습니다. 그러면서 지지 안 하면 한총련을 탈퇴하라고 했는데, 그건 학생들이 판단할 문제이지 정권이나 경찰이 판단할 부분이 아니라고 싸웠습니다. 그 2건으로 국가보안법이 적용되어 수배되고 체포되었습니다. 한 3개월 정도 감옥에서 살다가 집행유예로 나왔습니다.

감옥을 갔다 오니 방향타가 확실해졌습니다. "아, 이거는 내 인생을 한번 걸어봐야 되겠다. 이렇게 살아봐야 되겠다."라는 확고한 결심이 섰고, 그래서 풀려난 뒤에 현장에 있는 노동자들이 투쟁하는 공간들로 연대투쟁을 다니게 됐습니다. 그때 이랜드 투쟁을 하면서 아울렛 점거 농성이 크게 벌어졌는데, 거기 연대를 가서 뒤풀이를 하고 있을 때 깡패들이 들어왔습니다. 세 명이 진짜 완전히 생양아치 깡패였습니다. 그런 애들에게 폭행을 당하고 나니 좀 더 확고해졌습니다. 뭔가를 바꾸어야 한다는 생각이 확실해졌고, 이랜드 투쟁을 경험했고, 한국통신 계약직 노동조합 투쟁이 장기간 격렬했는데 거기 1년 넘게 연대활동을 했습니다. 아직도 그분들과 연락하고 매년 모임을 하고 있습니다. 지난달에도 다녀왔는데 옛날 기억이 새록새록 나더라고요. 내가 어떻게 노동운동을 시작하게 되었는지 생각도 하게 되고.

2005년 창원으로, 한국GM 비정규직노조결성 실패

2001년까지 있다가 투쟁이 장기화하고 나이가 차니까 군대를 가야 했습니다. 그래서 2002년에 군대를 갔습니다. 그런데 제가 집행유예를 받은 게 있어 3년 가까이 공익근무를 했습니다. 제대를 하고 어떻게 할까 고민하다가 학교를 졸업하고 창원으로 내려왔습니다. 창원으로 오게 된 계기는 마창노련이 있었기 때문입니다. 이 지역 사람들은 모르겠지만 마창노련의 87년 투쟁과 그 뒤 대중적 노동운동에 대한 로망이랄까. 그런 게 있었고. 또 하나는 한국통신 계약직 투쟁을 경험하면서 비정규직 문제가 정말 심각하다. 이걸 바꿔야 한다는 생각이 들어 나도 여기에서 한몫을 해야겠다는 생각을 하고 왔습니다.

처음에는 어디로 가야 하나 싶어 쭈욱 둘러봤는데 울산 현대차가 투쟁하고 있었을 때여서 울산 지원투쟁을 했습니다. 그런데 울산은 활동가들이 많이 있었습니다. 내가 굳이 들어갈 필요는 없다는 판단을 했습니다. 그때 창원의 GM대우 정규직 노조 집행부들이 연대투쟁을 하러 왔습니다. 그때 비정규직 노조를 만들려고 고민하고 있다고, 들어올 사람을 찾는다는 이야기를 듣고 결심을 하게 됐습니다. 그렇게 창원공장으로 오게 된 것입니다. GM대우에서 계약직을 뽑고 있어 몇 명이 같이 이력서를 넣었고, 2005년 3월에 입사를 했습니다. 저는 조립부쪽으로 갈 줄 알았는데 엔진 미션 가공부서로 가게 되었습니다. 3개월 계약직으로.

GM대우 비정규직노조는 2005년 5월에 결성되었습니다. 들어오자마자 노조 결성을 맞게 되고 굉장히 당황스러운 상황이었습니다. 한참 잔업 특근으로 하루도 쉬지 못하고 주야를 반복했습니다. 거의 10시간씩 주야를 반복하고 있으니 뭘 할 시간도 없고 사람들 만날 시간적 여유도 없었습니다. 짬을 내서 사람을 만나기는 했지만, 들어간 지 한 달도 안 돼 노동조합이 뜬 거죠. 계약직으로 가입하면 바로 잘릴 게 뻔하고. 그래서 일단 일만 열심히 하고 있었습니다.

노조를 준비하는 데 대의원 형님이 계속 찾아와서 가입하라고, 계약직도 괜찮다고 했습니다. 가입하면 무기계약직, 그땐 장기직이라고 했습니다. 장기직도 될 수 있다고 걱정하지 말라고 했습니다. 노동조합에 가입하는 사람들이 많으면 될 수 있다고 얘기를 하시고, 또 계속 열심히 애쓰는 걸 보니 너무 미안했습니다. 뭐 나 하나 잘살자고 이러고 있는 것 같고. 그런데 제가 창원에 오기 전 2월에 결혼했습니다. 2월에 결혼하고 3월에 온 거지요. 그때는 결혼한 기혼자는 웬만하면 장기직을 시켜줬습니다. 열심히 오래 일할 친구라는 거지요. 관리자들도 기혼자에 대해 그렇게 이야기하고 해서, 좀 버텨보는 게 필요하겠다는 생각도 들었습니다. 한 2년은 버텨야 한다고 생각했는데, 1년만 있으면 되니까 버티려고 생각했습니다. 그런데 계약직들도 가입하고 그러니까 혼자 살겠다고 버티고 있는 게 양심의 가책도 들고 해서 노조에 가입했습니다.

노조에 들어와 몇 개월 되지 않았을 때인데 저도 의지를 보여주니까 그때 선거구 소위원을 맡게 되었습니다. 주변 친구들도 노동조합 가입을 같이 했습니다. 제가 가입 총회에는 못 갔지만, 그때 한 100명 정도였는데 이후 조합원 수가 급격하게 증가했습니다. 200명이었다가 300명까지 늘어났고, 첫 파업을 8월에 했는데 그때 조합원이 600명까지 늘었습니다. 계약직들이 엄청나게 가입한 겁니다. 그때 장기직이 400명 정도였으니까 계약직이 200명 넘게 가입한 거지요. 현장을 순회하고 돌아 나오면 머뭇거리던 사람들도 따라 나왔습니다. 집회 전에 행진해서 본관 앞에 집회를 하고, 팔박자 율동을 하고 라인을 세웠지요. 이 장면은 정말 잊지 못할 장면이었습니다. 그때 공장 전체 비정규직들이, 하찮은 하청노동자들이 공장을 멈춘 첫 싸움이었고, 사람들의 열기를 느낄 수 있었습니다.

이 흥분과 열기는 며칠 가지 못했습니다. 회사가 곧바로 폐업을 때렸습니다. 당시 조합원이 가장 많고 제일 탄탄한 조직력을 가진 업체가 대정이었는데, 대정이 전격적으로 폐업을 선언

합니다. 대정은 KD 업무를 보던 하청 업체인데 8월 말에 해고 통고를 날리고 폐업 신고를 합니다. 사람들은 화들짝 놀랐지요. 대응 투쟁을 해야 하는데, 재파업, 기습 파업을 하고 라인을 세우면서 투쟁을 계속 진행하는데 문제가 생겼습니다. 당시 한국시티즌 김기선이 하청업체 대정의 소장으로 왔습니다. 그러면서 당시 경남지부 간부들하고 친하니 이야기가 됐던가 봅니다. 그러면서 폐업 안 한다, 업체에서 승계한다니 대응 투쟁을 격렬하게 안 해도 된다고 이야기를 퍼뜨린 겁니다. 그래서 지도부들도 수위 조절을 시작했고, 내부에서 간부와 지회장의 갈등도 많았습니다. 지금 폐업으로 조합원이 잘리게 되었는데 이 싸움을 밀어붙여야 한다는 의견이 상당수 있었습니다. 지회장은 기다려 봐라, 지금 얘기되고 있으니 괜히 싸움이 크게 벌어지면 동티 나니까 싸우지 말고 수위를 조절하고 지켜보자는 입장이었지요. 그런데 갑자기 폐업을 해버린 겁니다. 회사가 진짜 폐업을 해버렸고, 조합원들이 지도부에 상당한 불신들이 생겨났습니다. 해고됐으니 모두 때려치우겠다, 해고 됐으니 나가겠다는 사람들이 거의 백여 명에 이르렀습니다.

그런데 엎친 데 덮친 격으로 GM 창원지부는 김학철 집행부였는데, 그 집행부도 같이 엮여서 사퇴하게 되었고, 그러니 노동자들 탈퇴서가 엄청 많이 들어왔습니다. 처음에 노동조합을 만들 때 정규직 노조 집행부가 옆에서 지원을 많이 해줬습니다. 그걸 보면서 비정규직들도 노조 가입을 많이 했기 때문에 집행부가 사퇴하자마자 탈퇴서가 많이 들어왔습니다. 사실 김학철 집행부는 거의 탄핵되다시피 한 경우입니다. 그러니 노조는 굉장히 어려운 상황이었습니다. 당시 집행부는 정규직 집행부냐, 비정규직 집행부냐는 건이 있었고, 현장에서 노동 안전권 관련 투쟁을 정규직 동지들이 하고 있었는데 라인을 잡는 투쟁도 동시에 있어 두 가지가 엮이면서 대의원들이 집행부를 불신하게 됩니다. 아주 상세한 과정은 저도 모르는데 대략 이렇게 이해하고 있었습니다. 그래서 50% 이상 투표 참석하고 3분의 2 이상이 되어야 하는데 한 50% 조금 넘었으니 어차피 불신임이라고 하여 사퇴를 한 것입니다.

비정규 노동자들의 계약 해지와 굴뚝 농성 투쟁

저도 3개월 계약하고, 재계약해서 3개월이 된 6개월째 재계약을 해야 하는데 회사가 재계약을 안 해주었습니다. 노조에 가입했으니 안 된다는 거지요. 회사에서 말은 안 하고 빙빙 둘러 얘기를 했습니다. 제가 녹취를 하고 있는 걸 아니까 그랬겠지요. 재계약이 안 되고 계약 해지가 되었습니다. 업체는 폐업되고 이러면서 해고 노동자들이 해고 투쟁, 복직 투쟁을 하게 되었습니다.

하청업체들 중 세종이 좀 컸고, 나머지는 100명에서 150명 정도였습니다. 저는 계약직에서 계약 해지가 되었고, 제가 입사한 종합개발이란 업체는 폐업이 안 됐습니다. 그때 계약 해지된 사람들이 꽤 많았고, 가입했다가 해지된 사람들도 많았습니다. 투쟁할 때는 싸움도 엄청나게 잘했는데, 해고되고 나니 해고 투쟁은 참여를 안 했습니다. 그냥 다른 직장을 가겠다고 했습니다. 그래서 계약직으로 해고 투쟁을 한 사람은 저랑 대정에 6~7명 정도입니다. 계약직들은 오래 못 버텼고, 나머지는 업체에서 정규직이라고 불리는 장기직 해고자들이었습니다. 초반에 30~40여 명이 투쟁을 이어갔습니다. 노동조합에 남은 조합원은 200~300명 정도였습니다. 그래도 이 사람들은 노동조합을 지키겠다고 남아서 계속 투쟁하고, 사장이 오면 행진을 하곤 했습니다.

정규직과 비정규직은 현장에서 같이 섞여서 일했기 때문에 그냥 같은 직 사람이라고 여겼습니다. 사람들 관계도 형 동생 관계 같았고, 그렇게 관계가 나쁘지 않았습니다. 정규직은 너희들이 잘 돼야지, 하고 말해주었고, 대부분 형님들이니까 동생들을 잘 챙겨주는 분위기였습니다. 그런데 막상 파업을 한 뒤부터 달라졌습니다. 정규직들은 '비정규직이 라인을 세워?' 이런 거죠. 회사도 이 공장을 '비정규직이 망친다'는 메시지를 계속 냈습니다. 그런데 이런 메시지는 지금도 똑같습니다. 이후 2명은 구속이 되고, 해고도 되었고, 3명은 해고되었습니다.

GM 창원공장은 전체 845명이었고 그중 최대 600여 명, 80% 정도가 참여하였으니 노동조합이 압도적이었습니다. 하청업체는 총 7개가 있었습니다. 하청업체 비정규직들이 조합에 가입되어 있는 상황이었습니다. 현대차도 전주공장, 그다음 하이스코도 노동조합이 조직되었는데 울산도 그렇고 아산도 그렇고 소수 노조였습니다. 대규모 노조가 조직된 데는 GM 창원공장이랑 현대차 전주공장 두 군데입니다. 이 두 군데가 어떻게 살아남느냐가 이후 비정규직 운동을 좌우할 것이라는 이야기들이 많았습니다. 그런데 전주공장은 살아남았는데 창원공장은 깨진 것이지요. 참 안타까운 상황이었습니다.

저도 노동조합을 다시 건설하기 전까지 그게 제일 큰 화두였습니다. 제가 해고된 뒤부터 7, 8년을 비정규직 연대 활동을 다녔는데, 어떤 사업장이 어떻게 살아남았고, 어떻게 깨졌는지 정말 많이 봤습니다. 혼자 연구도 많이 했는데 결론은 단순했습니다. 노동조합 활동의 기본이었던 거죠. 지도부가 방향을 잘못 잡고 튼튼하지 못했던 것입니다. 현대차 전주공장, 기아차 화성공장, 창원 GM이 대중적으로 조직화된 곳입니다. 전주는 폐업이 들어왔을 때 과감하게 치고 나갔거든요. 과감하게 라인 잡고 격렬하게 투쟁하고, 합법 불법 경계선에 좌우되지 않았습니다. 격렬하게 싸우니까 결국 전주공장, 아 화성공장도 있군요, 기아차 화성공장도 있고. 그렇게 노동조합을 지켜냈던 거지요. 그때 도장부 점거 농성까지 하면서 살려냈던 것입니다. 그런데 저희는 싸워야 할 시기를 놓치고 싸워야 할 시기에 뒤로 물러서 버렸습니다. 그러니 조합원들 사이에 지도부에 대한 불신이 일어나고 투쟁 대오를 지키던 조합원들이 빠져나가게 된 겁니다.

상황이 아무리 어렵더라도 어느 정도 조직이 유지되어야 하는데, 창원공장은 조직이 흔들리다 보니 지도부가 방향을 못 잡았습니다. 첫째는 지도부가 방향을 잘못 잡았던 것, 둘째는 중간 간부들이 취약했던 점, 이것이 실패한 가장 큰 이유였습니다. 어떤 간부들은 아예 회사 쪽으로 돌아서 조합원들 다 데리고 나가버렸고, 중간 간부들은 교육이 이루어지지 않아 너무 취약했던 겁니다. 셋째, 조합원들에 대한 교육도 별로 없고, 단합력을 높이지 못했지요. 그러니 치고 들어오니 조직화되지 못한 채 싸움하기에 바빴던 겁니다. 이 3가지 요소들이 작용했던 것으로 평가를 했습니다.

(조: 당시 GM 창원에 대해서는 정규직과 비정규직 연대 문제가 대단히 큰 쟁점이었고, 정규직 노조가 아주 적극적으로 해줘서 쉽게 비정규직이 조직되었다가, 정규직이 떨어져 나가는 바람에 실패했다는 평가가 있습니다. 내부에서도 그렇게 보시는지요?) 그 영향이 컸습니다. 정규직 지원에 기초해서 조직되었다고 하더라도 비정규직지회 조직력을 더 탄탄하게 만

들었어야 합니다. 지도부와 중간 간부와 조합원들의 조직이 탄탄했어야 합니다. 저희 관점에서는 정규직과 연대가 두 번째 문제이니까요. 폐업된 뒤 복직 투쟁을 진행했는데 회사는 버텼고, 탄압이 계속 진행되었습니다. 그러니 투쟁이 지지부진했습니다. 투쟁 수위가 낮아지니까 이후 수위를 못 올리겠더라고요. 조합원들도 안 따라주고. 지지부진한 상황에서 정규직 부평공장에서 지부장이 내려왔습니다. 지금 민주당에 가 있는 사람인데 중재를 서려고 했습니다. 일부 인원에 대한 복직을 회사와 이야기해 보겠다는 것이었습니다. 계약직은 복직이 안 되니, 일단은 받을 수가 없었습니다. 노동조합에서 조합원을 쪼개는 방식은 받아들일 수가 없다고 판단했습니다.

2006년 3월 22일 굴뚝 농성에 돌입하였습니다. 돌파구가 필요하다는 판단을 한 것이지요. 그때 계약직 조합원 한 명이 노동조합에 가입했다가 계약 해지 해고가 되었습니다. 오성범 동지가 해고가 돼서 그 동지 복직 투쟁을 하면서 계약직 문제를 이슈화하고 창원공장의 계약직 문제가 정말 심각하다는 걸 알리자고 했습니다. 보통 자동차 공장에서는 이런 식으로 하지 않습니다. 이 업체에는 장기직보다 계약직 수가 더 많았습니다. 그런 데다가 3개월 계약하고 한 일주일 쉬었다가 다시 3개월, 일주일 쉬고 3개월을 무한 반복하는 거죠. 언제든지 해고할 수 있게끔. 그때가 노무현 정권에서 비정규직 악법을 통과시키기 전인데도 불구하고, 이 계약직 제도의 문제를 부각해야 한다고 생각했습니다. 그래서 계약직 복직 투쟁을 하던 중에 고공농성을 하자는 결정을 내려서 권순만 지회장과 조합원 둘이 고공농성을 진행했습니다. 당시 이 투쟁이 사회적 관심도 받았고 한겨레신문 만평에도 나왔습니다. 굴뚝 농성 투쟁이 격렬하게 벌어졌습니다. 그때 나갔던 조합원들도 많이 들어왔습니다. 6명이 남아서 계속 현장 순회를 했는데 30여 명 가까이 들어왔습니다.

"이렇게 분위기가 형성되니까 조합원들이 돌아오는구나." 투쟁을 하니 현장에 있는 간부들도 파업을 하고 투쟁을 하였습니다. 그런데 회사 측의 침탈이 있었습니다. 회사는 고공농성을 인정할 수 없다며. 물론 저희도 작전을 짰습니다. 침탈 들어오면 어떻게 할지. 어쨌든 침탈을 막을 수 있는 쪽수는 안 되고. 그때 용역 깡패가 엄청 들어와 있었거든요. 100명 넘게 들어와 있어서 우리 숫자로는 못 막는다. 밑에 남아 있는 사람도 40~50명인 데다 작업하러 왔다 갔다 해야 하니 못 막는다. 만약 들어오면 다 같이 굴뚝으로 올라가자, 그러면 회사가 못 건드릴 것이다, 이런 판단을 했습니다. 그래서 회사 측에서 확 치고 들어왔을 때 굴뚝으로 올라갔습니다.

한 열몇 명이 굴뚝에 올라가니 회사 측이 난감해했습니다. 사람들은 이렇게 하니 되는구나, 이렇게 좀 더 투쟁을 밀어붙이면 되겠다는 희망을 가졌습니다. 며칠 뒤 주말이 되었습니다. 농성하는 사람들이 줄어드니 그 틈을 타고 회사 측에서 치고 들어왔습니다. 그 밑에는 고작 몇 명이 몸싸움을 하고 있었습니다. 또 들어오면 이젠 굴뚝 펜스 안으로 들어갈 계획이었는데 사람들이 정신이 없고 그러니까 아무도 안 넘어오고 저만 넘어가게 된 겁니다. 올라와서 마이크로 선동을 하고 있는데 다 끌려나가고 저 혼자 남았습니다. 다시 나가야 하나 생각했는데 다시 나가자니 모양새가 이상하고, 올라가자니 굴뚝 농성을 해야 했습니다. 그렇게 굴뚝으로 올라가게 되었습니다. 경찰특공대가 와서 내일이면 다 잡아가겠지 싶었고, 얼마 있지 않을 거라는 판단을 하고 합류하게 되었습니다.

제가 밑에서 상황실장을 맡고 있었는데, 제가 올라가 버리니 아래 현장이 정리가 안 되었습니다. 회사가 오히려 매트리스를 깔고 투쟁을 장기화시켰습니다. 굴뚝 농성을 한 달 정도 했는데 이렇게 장기화하리라고 생각하지 못한 것이지요. 춥고 배고프고 먹을 것도 없었습니다. 정규직 노조에서 먹을 걸 올려주었습니다. 도시락 같은 걸 올려주긴 했는데 뭐라고 해야 할까, 그건 약 올리는 거죠. 도시락 올릴 때 밥은 절반도 안 되게 들어가 있고 반찬도 엉성했습니다. 이런 도시락을 자꾸 올려주는 거예요. '이런 식으로 약을 올리는 건 굴욕적이다'는 생각을 했고, 회사한테 빨리 문제를 해결하라는 요구를 하려고 단식농성을 시작했습니다. 한 20일 넘어가면서 고공에서 단식하는 게 좀 어려웠습니다. 약 먹고 대변 비우고 하는 것도 아니니까 몸 상태도 많이 안 좋아지고. 오성범 조합원이 먼저 탈진해서 내려가고, 그다음 며칠 뒤 제가 탈진이 와서 내려오고, 권순만 지회장 혼자 있을 수 없으니까 일단은 내려와서 정규직 노조 집행부 사무실로 가서 단식농성을 계속 진행했습니다. 그러다가 5월 11일 합의를 했습니다. "단계적이고 선별적으로 복직한다." 한 번에 다 복직하는 것도 아니고 선별적으로 하되 간부 5명은 복직이 안 된다고 했습니다. 계약직 조합원도 안 된다는 것입니다. 그래서 조합원 20~30

명 정도를 단계적으로 복직시키겠다고 했습니다. 처음에는 간부들 다 복직 심사해서 선별적으로 하겠다고 했는데 결국 안 했습니다. 간부 5명과 저는 복직을 못 했습니다. 더 많이 있었는데 나머지는 복직 의사가 없다고 떠났고, 한 30여 명 정도가 복직했습니다.

이 과정에서 지역에서 총파업도 한 번 했습니다. 우리는 총파업을 여러 번 해야 되는 거 아니냐고 주장했는데 지금 생각해 보면 한 번 한 것도 진짜 대단한 일이었다는 생각이 듭니다. 투쟁이 있었고 밖에서 전국 비정규직 연대회의가 주최해서 진입 투쟁을 했습니다. 그때 물대포를 쏘았는데, 회사는 하이타이를 섞어가지고 물대포를 쏘았습니다. 그러니 1급수인 하천에 떨어져 환경운동연합에서 기자회견을 하는 일도 있었습니다. 지역 총파업을 할 때는 수천 명이 행진을 했는데 굴뚝에서 보면 정말 장관이었습니다. 그때는 그렇게 하는 것이 당연했는데, 지금은 그렇지 않아 안타깝습니다.

굴뚝 농성 이후 조직 유지가 잘 되지 않았습니다. 노동조합 활동에 적극적이고 책임감 있는 간부가 현장에 없으니까 조합원도 흩어지고, 복직한 사람들도 연락이 잘 되지 않았습니다. 원래 있던 간부들도 연락만 유지했습니다. 다들 상처받고 패배감으로 쉽게 나서지 않게 되었습니다. 바깥에서는 처음에는 선전물도 배포하곤 했는데 결국 저 혼자 남게 되고 권순만 지회장은 금속노조 부위원장이 되었습니다. 저는 혼자 창원에 남아 2주에 한 번씩 선전물을 내고 현장에 있는 조합원들한테 전화했습니다. 현장에 문제 있으면 제보를 해달라, 그러면 선전물을 만들어서 일을 하겠다고.

굴뚝 고공농성은 3월에 시작해 5월에 끝이 났습니다. 그 뒤로 노동조합을 2013년에 재건하게 됩니다. 7년 정도를 혼자서 있었습니다. 현장에서 선전물을 배포하고 연대투쟁을 다녔습니다. 그때 불법 파견 판정을 받았는데 2005년 1월에 금속노조와 창원 정규직 노조가 하청노동자들 불법 파견이니까 정규직으로 전환해야 한다고 노동부에 진정을 넣었습니다. 그게 2005년 1월에 진정을 넣어 4월에 노동부의 불법 파견 판정이 났고, 2005년 12월 검찰이 벌금 700만 원에 약식 기소를 했습니다. 회사가 인정하지 못하겠다고 하여 정식 재판으로 진행되었습니다. 2009년 2월에 1심에서 닉 라일리 사장이 불법 파견 무죄 판결을 받았습니다. 저희도 굉장히 황당했지요. 당연히 불법 파견이 나올 것이라고 생각했는데, 무죄 판결이 나면서 이대로 두면 큰일 나겠구나 싶었습니다. 그때부터 노동부나 법원 앞에서 1인 시위를 했습니다. 다행히 다음 해 2010년 10월에 창원지법에서 2심이 나왔는데 닉 라일리 사장이 유죄를 받았습니다. 불법 파견도 유죄를 받았습니다. 이 재판이 2013년 2월 28일 대법원 확정판결을 받았습니다. 닉 라일리 사장이 700만 원 벌금을 받고 하청업체 사장도 벌금을 받았습니다.

2013년 비정규노조 활동의 재개

대법원 판결을 보고 이때부터 다시 노동조합을 재가동하자고 연락을 했습니다. 당시 꾸준히 연락을 주고받던 분이 현장에 몇 명 있었는데 이분들한테 불법 파견 대법 판결이 났으니 다시 한번 해보자고 했습니다. 이때 3명 정도만 호응했고, 나머지는 이제 하기 싫다고 했습니다. 그렇게 3명과 계약직으로 있던 비밀조합원 1명 등 5명이 의기투합하여 노동조합 비대위를 꾸리고 활동을 재개했습니다. 5월에 근로자 지위 확인 소송을 들어갔습니다. 한쪽으로는 소송을 들어가고 한쪽에서는 현장 활동을 시작했습니다. 5월 23일 현장에서 선전전을 하는데 관리자가 와서 선전물을 뺏고 몸싸움이 벌어졌습니다. 이때 찍은 사진이 있는데 박스에 선전물이랑 조끼를 몰래 갖고 와서 이걸 탁 펼쳐서 조끼를 입는 장면이 사진으로 남아 있습니다. 그때 사진은 첫 파업만큼이나 인상 깊은 장면입니다. 5월 23일 현장에서 다시 유인물을 뿌릴 수 있었습니다.

저는 현장에 들어가지 못하고, 예전에 있던 조영광, 최영갑 간부들이 현장에 있었습니다. 둘과 강 모 씨와 3명 정도가 같이 했습니다. 현장 선전전에서 탄압이 엄청 많았습니다. 최영갑 씨는 회사에서 친누나에게 전화를 해서 당신 동생이 지금 회사에서 노동조합 활동을 하는데 빨갱이 단체라고 곧 잡혀간다고 했습니다. 누나가 말리자 최영갑이 정말 고민을 많이 했습니다. 그래도 어쨌든 탈퇴를 안 하고 노동조합을 지켰습니다. 지금 정규직이 된 뒤 누나한테 말하라고 하지요. 누나 때문에 큰일 날 뻔했다고. 인생 망가질 뻔했다고요.

2006년부터 2013년까지 사실상 혼자 남아서 노조를 지키고 있다가 5명이 모여 선전전으로 공식적 활동을 하게 된 겁니다. 공간이 따로 없으니 집에서 모임을 하고 경남지부에 가서 복사기를 이용했습니다. 금속노조 산하 사고 지회로 있다가 10월에 정상적인 노조로 지부 운영위에서 통과되었고, 11월에 지회 총회를 해서 8기 임원을 선출했습니다. 굳이 구분한다면 3기가 시작되었습니다. 당시 김희근 씨가 6개월 계약직이었는데 비밀조합원으로 있을지 공개할지 결정하기 어려웠습니다. 그래도 한번 싸우기라도 해보겠다고 결심을 굳혔습니다. 우리는 계약직 조합원 해고 반대 투쟁을 했습니다. 계약기간 만료 한 달 전부터 싸움을 시작해서 정규직, 비정규직 호응을 얻기 위해 배지 판매를 했는데 호응이 좋았습니다. 현장에서도 계약직 문제의 심각성을 알고 있으니까 반응이 좋았습니다.

그런데 회사가 김희근 씨를 해고시켰습니다. 계약 해지로 해고를 했는데 당시, "계약직으로 반복 근무를 중간에 공백기가 있다 하더라도 이것은 무기계약직으로 연결되어 있는 걸로 봐야 된다"는 판례가 나온 게 있었습니다. 노무사 지원을 받아 지노위에 가서 우리가 이겼습니다. 결국, 무기계약직이 된 것입니다. 이건 창원공장에서 아주 큰 사건이었습니다. 계약직이 무기계약직이 되려면 진짜 하루도 안 쉬고 일해야 하고, 완전 비인간적인 대우를 받았거든요. 어떤 친구는 형이 다쳐 사고로 죽었는데 일해야 한다고 장례식에도 못 가는 겁니다. 시간을 못 지키면 계약 해지가 될 수 있으니. 또 소장이 술 마시러 가면 계약직을 불러 대리 좀 하라고 하고, 이사하면 이삿짐 나르라고 시키는 일들이 비일비재했습니다. 완전히 노예였지요. 그런데 "계약직도 될 수 있다"는 경험을 하면서 현장 분위기가 조금씩 바뀌기 시작했습니다. 또 현장에서 상여금을 불법적으로 공제하는 일이 있어 고소 고발을 해서 받아내기도 했습니다. 이런 작은 변화들이 생기니까 현장 노동자들도 관심을 가지고 한 명씩 가입하기 시작했습니다.

2014년 조합원이 5명에서 13명으로 늘었습니다. 8월인가 9월 즈음 현대차 울산 공장에 '불법파견근로자지위확인 소송'이 승소한 일이 있었는데 우리도 하면 가능할 것 같다는 분위기가 만들어졌습니다. 바로 2차 소송단을 모집했습니다. '근로자지위확인소송' 2차 소송단을 모집했는데 이때 40여 명이 가입해서 조합원이 50명이 넘었습니다. 1차 소송단이 12월에 5명이 했는데 전원 승소하게 되어 창원공장에서 일하게 되었고, 2015년 1월에 2차 소송에 돌입했습니다. 그런데 이때 시작한 것이 2024년 7월에 끝났습니다. 거의 10년이 걸린 겁니다. 재판부도 지독하지요. 이때 부평, 창원, 군산 세 지회가 같이 소송에 들어갔습니다. 2014년 군산이 2교대에서 1교대로 전환하면서 노동자를 천여 명을 해고시켰습니다. 군산에서 비정규직지회를 조직했고, 그분들도 같이 투쟁했습니다. 이번에 부평도 복직을 다 하셨습니다.

군산이 비정규직지회를 만든 게 2015년인데 그때 조합원이 10명 미만이었습니다. 저희도 2015년 7월에 10년 만에 첫 파업을 했습니다. 조합원 50여 명이 첫 파업을 하는데 다들 떨었습니다. 파업이 되겠느냐, 또 해고되면 어쩌냐, 파업도 못 하면 노동조합으로 의미가 없다, 소송은 소송이고 현장 조합원들이 작은 문제를 바꿔야 한다, 이런 것들을 바꿔야 노동조합의 존재 이유가 있는 거라는 등 많은 고민들이 있었습니다. 저는 지회장이지만 파업을 결정하고 파업 당일에 현장에 못 들어가니까 간부들이 일을 맡아서 해야 했습니다. 저는 예전 기억이 났습니다. 간부들이 흔들리면 밀린다는. 간부들의 고민이 카카오톡으로 계속 올라오는데 "제가 책임집니다. 갑시다" 해서 파업 결정을 내렸고, 고민과 달리 한 명도 빠지지 않고, 전부 파업에 참여했습니다. 두 명이 빠졌나 봅니다. 파업 집회를 하는데 두 명이 뒤에서 보고 있었습니다. 그런데 파업이 진행되니 두 명도 합류하여 전체가 파업에 동참했습니다. 이 파업은 상징적 의미가 있는 파업이었습니다. 우리가 50여 명이 해냈다는 것입니다.

첫 파업 후 우리 조합원들 40여 명이 버스 한 대 빌려 군산에 가서 투쟁하기도 했습니다. 즐겁고, 흥분되고 재미있었습니다. 조합원 50여 명이 각자 사업장이 다르기 때문에 몇 명 파업하는 것은 별로 효과가 없습니다. 그런데 다 같이 나와서 하니까 이거 별로 문제없네, 이런 생각이 드니까 적극적으로 할 수 있었습니다. 투쟁 평가를 하면서 우리가 좀 더 탄탄해져야 한다, 그래서 지도부들도 교육을 많이 하고, 중간 간부 선출을 많이 했습니다. 부서별로 5명만 있어도 간부 한 명을 올리도록 했습니다. 조합원이 50명인데 간부가 한 15~20여 명 정도였습니다. 간부들이 튼튼하니까 조합원들도 잘 따라왔습니다. 그러니 조합원 교육도 많이 하고, 교육도 많이 하고, 연대집회도 많이 다녔습니다. 연대집회는 조를 짜서 다니니 다른 사업장 활동을 보면서 조합원들 눈이 트이고, 새로운 경험을 하게 되니 의식이 바뀌었습니다. 당시 박근혜 정부라 탄압이 워낙 심했는데 민주노총 한상균 집행부 때 총파업을 했습니다. 우리도 파업에 동참해야 한다고 서울 상경 투쟁을 갔습니다.

저희가 서울 상경 투쟁에서 선봉대가 되어 이리저리 경찰을 뚫고 다녔습니다. 덕수궁 쪽으로 해서 경찰을 뚫고 시청 앞으로 갔는데 우리밖에 없는 거예요. 저희들과 민주노총 조합원들이 있었는데 우리가 맨 앞에 서서 깃발을 들고 확 뛰쳐나갔습니다. 그 장면은 우리 조합원들이 잊지 못할 명장면입니다. 그러다 경찰에 잡혀서 들려 나갔는데 당시 투쟁을 사진도 찍었는데 그 사진은 우리의 자부심입니다. 그런 경험들이 노동조합을 튼튼하게 만들어 주었습니다. 직접 부딪치고 투쟁한 경험은 큰 교육이었습니다.

2015년 2차 폐업 반대 투쟁

주요 사건이 있었는데 엔진부에서 물량이 줄었다고 계약직 50명을 해고시킨 일이 있었습니다. 그때 해고 반대 투쟁을 했는데 계약직 2명이 투쟁해 보겠다고 해서 노조에 가입했습니다. 이 일로 업체 전체 파업도 했지만 복직을 못 하고 있었습니다. 두 분은 어쩔 수 없이 생계로 그만두게 되었는데 지금은 이 두 분이 정규직으로 일을 하고 있습니다. 발탁 채용이 되어 현장에서 있게 된 거지요. 조합원들은 불만이 좀 있었습니다. 노동조합에서 애를 써서 가입시키고 투쟁을 했지만, 발탁 채용을 하면 이 결과가 누구 덕인지도 모른다고 하며 욕을 하는 일도 있었습니다. 안타깝지만 그해 11월 9기 임원 선출을 했습니다. 조합원 숫자가 많아지고, 바깥에서 제가 지회장을 맡고 하는 데 한계가 있다고 판단하였습니다. 현장에서 판단해야 할 것이 되게 많았습니다. 그래서 김일권 조합원을 지회장으로 하고 최영갑은 부지회장, 사무장은 제가 맡았습니다. 이렇게 해서 9기 임원 선출을 해서 활동을 시작했는데 회사가 바로 폐업을 했습니다. 노조에서 파업을 하니까 얼른 노조를 날려버려야 한다 싶었던 것 같습니다.

조합원들이 많은 업체는 종합, 부영, 세종 이렇게 3개 업체인데 이들 업체를 폐업한 것입니다. 우리는 폐업한 업체에 고용 승계, 노동조건 승계, 근속 승계로 '3승계'를 요구했습니다. 저희가 단협이 없어 단협 승계는 안 되었고, 3승계 확약을 업체로부터 받아냈습니다. 조합원 해고 없이 처음으로 업체 폐업을 막았던 것입니다. 이때 조합원들이 흔들리지 않고 굳건하게 싸우면 된다는 자신감을 얻었습니다. 2005년의 경험 속에서 저희가 얻었던 것들이 발현되었다는 평가를 했습니다. 그렇게 2015년의 폐업을 막아냈습니다.

이때 첫 승리를 경험했고 하니 현장 분위기가 옛날과 다르다는, 폐업했는데 해고가 안 되었다는 데서 승리의 분위기들이 형성되었습니다. 2016년 2심에서 1차 소송단이 5명 1월에 승소했고, 그다음에 6월 10일 대법원에서 근로자 지위 확인 소송을 최종으로 승소하게 되었습니다. 2013년에 들어갔는데 2016년에 결정이 났으니 빨리 나온 겁니다. 이제 판결이 나니 "이제 된다"는 확신이 현장에 퍼지는 거지요. 현장에 있는 노동자들은 이제 3차 소송단 모집한다, 조합 가입하라고 했습니다. 이렇게 하니 현장 분위기가 폭발적이었습니다. 그래서 현장에서 간담회를 했습니다. 제가 출입금지 가처분이 걸려 있어 들어가지도 못하는데 간담회가 진행되었습니다. 이때 조합원이 100명 정도가 가입했습니다. 이때 회사가 어떤 꼼수를 썼냐면 업체 소장들이랑 업체 관리자를 통해 업체 소송단을 모집했습니다. 업체에서도 이쪽으로 소송단을 모집하니 이쪽으로 오라고 했습니다. 노동조합에 가입하지 않아도 소송할 수 있다고 한 거지요. 이때 관리자들, 소장들도 많이 들어와 있었습니다. 이 친구들도 지금 정규직이 되어 있습니다.

업체 소송단에서 어떤 얘기를 했냐면 노종조합 가입하면 조합비도 많이 내야 한다고. 그때 조합비가 4만 원 정도 됐습니다. '조합비도 많이 내야 되고 그다음에 연대도 막 집회도 불려 다녀야 되고 파업도 해야 된다. 점심 때 선전전도 해야 되고 억수로 할 게 많다. 저기 강성이다. 강성이라서 저 가입하면 힘들다. 안 된다. 해고될 수도 있다'는 말을 퍼뜨렸습니다. 물론 잘 안 먹히긴 했지만 업체 소송단으로 들어간 사람도 200여 명 넘게 되어 있습니다. 100명 정도가 지회로 오고. 회사를 못 믿는다고 한 사람들이 조합원으로 가입했습니다. 조합 가입해서 소송도 들어가고, 저희가 쟁의권을 갖고 있는 상태여서 업체랑 계속 임단협 투쟁을 하고 있는 상황에서 신규 업체들 같은 경우 다시 쟁의 조정 절차를 밟아 10월 하반기에 파업을 했습니다. 160명이 되니 50명이 할 때와 비교가 안 되더라고요. 160명이 하니 라인이 서기 시작하는 거예요. 라인이 가다 서다를 반복하기 시작하는 거예요. 파괴력이 있었고, 그러니까 당연히 이제 회사에서는 업체 폐업을 또 하게 됩니다. 그런데 어떻게 언제 하냐면 저희가 11월 30일 민주노총 총파업이 있어 파업에 참여하고 전체 조합원이 서울 상경을 하고 있었는데, 상경하고 내려오는 중에 해고 통보서를 받았어요. 사람들이 엄청나게 열받은 거죠. "야, 씨, 진짜 이런 날, 이렇게 받는구나." 해가지고 그때부터 한 달간 또 3승계 투쟁을 진행했습니다. 그래서 전면파업 들어가고 3승계 고용이랑 노동조건이랑 근속 승계하라고 해서 그때부터 한 달간 전면파업을 진행했었습니다. 그런데 그때 파업 효과가 나서 자동차 생산이 안 되니까 중간에 하다 만 것들은 공장이 2개 있으면 여기 있잖아요. 도로가 있잖아요. 도로에 차 밀어가지고 바깥에 다 빼놓고 쌓여 있게 하니 시각적 효과도 있고, 실질적인 타격도 받았던 상황이었죠. 회사도 타격을 좀 많이 받았고. 그래서 그때도 공장장이 담화문 내고 '비정규직이 창원공장을 망치고 있다. 이게 되면 창원공장의 미래가 불투명해진다. 신차도 못 받는다.' 이런 선동들을 엄청나게 해댔습니다.

(조: 당시에 GM 철수 얘기가 있고 그러지 않았습니까?) 그렇죠. 2015년도에 군산공장이 폐쇄됐으니까. 아니 15년 폐쇄가 아니고 그때부터 1교대로 줄어들면서 점점 줄이고 규모를 축소하는 상황이었으니까 그런 회사의 선동이 조금씩 먹히고 있었죠. 저희는 안 그랬는데 정규직 조합원들은 위축되는 부분들이 있었죠. 그때 100명이 새로 가입했는데 이 사람들이 계속 억눌려 있다가 노동조합 활동하면서 관리자들이랑 대차게 싸우고 자기 할 말 다 하고. 그때 장갑을 하루에 한 짝도 안 줬는데 하루에 한 짝 내놔라 싸우고, 안전화 내놔라 싸우고. 말 그대로 가장 기본적인 노동조건들을 많이 바꾸었습니다. 그 싸움을 하면서 해방감을 엄청 느꼈어요. 그 분위기와 열기가 업체 폐업에도 불구하고 흐트러지지 않고 바로 이어졌던 거죠. 또 신규 가입한 사람들도 바로 중간 간부들로 선임해 가지고, 간부들 층도 두텁게 만들고, 간부교육을 했습니다. 간부들도 연대투쟁 진행하게 하고, 교육 진행하고 조합원들도 교육하고, 짧은 시각이긴 했는데 교육이 중요하다 이래가지고 교육을 저희가 빡세게 했습니다. 반발도 조금 있었지만 강제교육을 시키고, 가입할 때 전제조건이 가입하면 연대투쟁 해야 되고, 노동절과 노동자대회 집회는 전원 필참이고, 그다음에 기본 교육 10강은 기본으로 해야 된다. 하기 싫어도 필수다, 의무 교육이다. 이거 안 하면 징계 절차 받을 수 있다. 이렇게 기본 규율을 잡아놓고 하니까 참여가 되더라고요.

교육을 진행하니 업체 폐업이 들어와도 흔들림이 굉장히 적었어요. 전면파업 다 참여했고 오히려 조합원이 몇 명 더 늘더라고요. 보통 잘 안 느는데 늘어가지고 마지막 날 앞두고 이틀 전인가 전체 조합원들이 해고 앞두고 12월 30일 공장에서 "침낭 들고 농성 진행한다. 복직될 때까지 3승계 될 때까지 안 나간다. 침낭 들고 나와라." 그러니 싹 다 들어온 거죠. 식당에 다 모여 있으니 회사도 아마 더 안 되겠다는 생각을 했던 것 같기도 한데요. 회사 의도는 모르지만, 하여튼 그런 것들을 보고 안 되겠다, 판단했을 것 같아요. 그러면서 30일 정규직 지부장이 또 내려옵니다. 지부장이 내려와 3승계를 할 테니까 파업을 중단하고 현업에 복귀하라는 제안을 한 거죠. 조합원들이 토론을 진행했는데 회사에서는 5명 간부에 대해서는 안 된다고 빼겠다고 했습니다. 그러니 조합원들은 '말도 안 되는 소리'라고 못 받겠다고 했습니다. 그러니 다음에 갖고 온 안이 5명을 1개월 정직 처분하겠다는 거죠. 1개월 무급 휴직 처리를 하겠다. 업체가 바뀌니까 한 달간은 계약을 안 하고 한 달 뒤에 계약해야겠다. 이렇게 했던 거예요. 그것까지 일단 확약을 받고 총회에서 승인 여부를 표결 부쳤는데 조합원들 동의로 만장일치로 통과시켜서 그렇게 3승계가 된 거죠. 이때도 두 번 연속으로 업체 폐업에서 살아남았고 이게 굉장한 자신감으로 현재도 남아 있는 상황이었습니다. 이때가 12월, 박근혜 퇴진 투쟁이었거든요. 11월부터 12월 이때 박근혜 퇴진 투쟁을 민주노총이 스타트를 끊어 진행했잖아요.

저희가 매주 창원광장 집회 나오고, 서울 상경 투쟁을 같이 진행했는데 다음 해에 저희가 17년도 투쟁할 때 사측 상무가 우리한테 얘기했던 게 그때 항의 전화 엄청 왔다고 하더라고요. 우리가 집회에 가서 알렸지요. "회사가 비정규직을 탄압한 일이 있습니다. 선전물에 항의 전화 해주세요." 이렇게 진짜 만 장 넘게 뿌렸거든요. 전화가 엄청나게 왔었대요. 회사로 항의 전화가. 그 열기가 뜨겁잖아요. 그 열기였으니까 사람들의 참여도가 굉장히 높았대요. 회사는 그 영향을 무시하지 못했다 하더라고요.

또 제 기억에 남아 있는 거는 11월 전국노동자대회 때 막 휩쓸고 다녔잖아요. 서울 시내를 민주노총 조합원들이 휩쓸고 다니고 그 옆으로 시민들이 붙어가지고. 그때가 10만 훨씬 넘어 한 50만, 100만인가 하여튼 움직일 수도 없었을 만큼 온 도시를 휩쓸고 다녔는데 저희는 한 100에서 150 정도 되니까 따로 움직였어요. 따로 행진을 사방팔방으로 막 했었는데 저희는 롯데백화점 저렇게 뒤로 돌아가지고, 그냥 뭐 지금은 다 불법이겠지만, 행진하는데 시민들이 뒤에 따라붙는데, 나중엔 한 400명이 뒤에 따라오는 거죠. 구호 외치면 따라 하고 "비정규직 철폐하라" 하면 뒤에서 "비정규직 철폐하라" 하고 있는데, 그런 분위기를 경험할 수 있었고, 고양감도 굉장히 좋았습니다. 끝날 때도, 우리 경남 대오는 빨리 내려오지 않습니까? 근데 그때는 엄청 늦게 내려왔어요. 7시 넘어서 내려왔는데 '아 가야 된다' 해서 가는데 집회 끝마치지 못하고 내려가는데 그때도 몇백이 뒤에서 따라와 가지고 '아 저희 집에 가야 된다고, 아 죄송합니다.' 사과하고. 우리는 아 그때 굉장히 기분 좋은 난감함을 경험했었죠.

비정규 노동자들의 재하청 구조

(조: 촛불시위가 노조 조직력을 강화하는 데 크게 영향을 미친 겁니까?) 저희는 그 영향이 없었어요. 저희는 그전에 가입했었으니까. 박근혜 탄핵 되고 나서 노동조합 가입 문의는 문재인 정부 들어서서 쭉 많아졌잖아요. 현장에서 그것과 관련해서 크게 달라진 건 없습니다. 그 뒤에 가입을 하긴 하는데 업체 소송 들어간 사람들은 업체 소송으로 묶였잖아요. 그러니까 이 사람들은 가입을 안 하는 거죠. 현장이 이제 굳어버렸어요. 2016년 이후에는. 탄력성이 없고. 그래서 가입할 만한 사람들 계약직 외에는 안 남은 상황, 장기직들은 소송하든 지회 가입하든 둘 중 다 했고 대부분이. 안 한 사람 일부가 있긴 했지만, 그다음에 남은 사람은 계약직. 그래서 2017년도에는 저희가 계약직 조합원들을 장기직화 시키는 투쟁을 해가지고 그때 한 15명을 장기직화 시켰거든요. 그 사람들 가입하고. 이런 경우도 많았었어요. 간 보면서 '노동조합 가입한다. 나 장기직 안 시켜주면 가입한다.' 회사에 협박해 가지고 무기직으로 간 사람들도 몇 명 있었고, 저희가 또 장기직 시켜놓으니까 탈퇴하고 나가버리는 사람도 있고 그러니까 조합 가입이 늘지 않더라고요. 10에서 15명 정도가 왔다 갔다 하는 수준. 170명 좀 넘었는데 그 뒤로는 늘지는 않더라고요. 제가 활동을 많이 하니까 탈퇴하는 조합원들도 생기고. 장기직이란 업체의 상용직, 무기계약직인데 현장 표현은 장기직이라고 합니다.

(조: 그러면 노조 내부나 노조 밖에 있는 소송단하고 서로 좀 소원해지는 문제는 없었습니까?) 비조합원들과의 갈등은 아직 현장에서 크지는 않았던 것 같아요. 우리가 다수가 아니어

서. 부분적으로는 '아이 씨 진짜 떡고물만 받아먹는 인간들' 이러면서 비조합원들에 대한 그런 의식들이 있죠. 섭섭하고 분노하고 고생은 우리가 다 하고, 점마들은 떠먹기만 하고 지금까지도. 그러니까 대법 승소해서 현장에 다 들어가고 발탁 채용해서 실제로는 노동조합을 흔들려고 하는 것도 컸습니다. 비조합원들은 들어가고 이런 걸 보면서 우리는 해고돼 있는데, 못 들어가고 고통받고 있고 저들은 정규직 돼가지고 명찰 달면서 폼 잡고 있고 이런 거 보면 굉장히 열받아 했죠. 원청과 직접 고용 계약한 1차 하청은 없어졌어요. 지금 다 없앴어요. 하나도 없어요. 일명 2차 하청이라고 그래서 업체가 어떤 곳과 계약을 하고 이 계약한 데가 여기랑 하청을 줘가지고 이런 케이스거든요. 가령 남선 알루미늄이 있는데, 이 회사랑 그냥 부품 계약을 맺고 여기에는 하청계약을 주는 거죠. 하청으로 주는 거죠. 이런 식으로 하면 2차가 되잖아요. 요거는 GM이랑은 아무 관계가 없는 업체고 그래서 불법파견이 아니라고 전반적으로 기업들이 그런 식으로 지금 구조를 짜고 있습니다.

(한: 회사와 관계없는 하청들로만 전체 다 구성이 돼 있다는 거예요?) 그렇죠. 실제 자동차 공장에서 그게 불가능하거든요. 이렇게 연결이 안 되고. 왜냐하면 만들어서 갖다줘야 하고 연결될 수밖에 없는 게 자동차 공장인데, 자기들은 그렇게 구조를 짠 거죠. '아니다'라고 하고 있는 거고. 그걸 지금 대법원에서는 받아주고 있는 추세로 바뀌었어요. 예전에는 이것도 직접 생산 라인은 아니라 하더라도 자동차 생산과 연결돼 있기 때문에 불법적인 파견이라는 판결이 계속 나오다가, 최근에 2차 하청업체는 아니라는 추세로 지금 바뀌고 있어서 이번에 부평에서도 4명이 패소했거든요. 창원은 재하청이 얼마 안 되고 부평에는 숫자가 좀 됩니다. 하청업체는 없는데 재하청 업체는 있고, 현장에서 일하고 있는 작업자들이 없는 겁니다. 또 하나의 꼼수는 이 2차 하청업체를 안에도 두고 밖에도 두는 거예요. 공장 밖도 있고 안에도 있고. 그러니까 '불법파견 아니다. 우리 밖에도 있다. 봐라.' 이렇게 되는 거죠. 같은 작업을 나눠서 그랬다가 안에 있는 애들이 나서서 소송 걸겠다 그랬거든요. 작년에. 한 30명 정도가 모여서 하려고 했는데 이 사람들은 바로 사외 하청으로 빼버린 거예요. 지금 다 이런 시스템을 만들어요. 대법원이 여기 발맞춰 판결로 선을 그어주고 있고 "이거는 괜찮아, 이거는 안 돼." 그러니까 1차 하청은 지금 자동차 공장에서 대부분이 없어지고 있고 거의 없어져 2차만 나와 있고.

인소싱 반대 투쟁

2017년 저는 그렇게 현장 투쟁하고, 노동조합 교육도 하고 이렇게 강화하는 방식으로 쭉 계속했었고요. 그래서 아까 말씀드렸던 계약직 조합원들을 가입시키고 이런 것들을 주로 했었는데, 결국에 회사가 칼을 갈고 있었고요. 그래서 2017년도에 다시 또 공격이 들어왔습니다. 처음에는 엔진부랑 차체부 쪽에 '엔진부는 인소싱 하겠다.' 엔진 만드는 데서 비정규직을 내보내고 정규직을 거기로 들여보내겠다. 이런 인소싱 하겠다는 거랑 또 차체 쪽에는 '일부를 외주화 시키겠다.' 이렇게. 공정 일하고 있는 계약직 한 명을 자르고 이거를 바깥에 있는 외주업체한테 '외주 하청을 주겠다. 넘기겠다'는 거지요. 저희는 이게 간 보러 들어왔다, 이렇게 보는데, 그래서 '안 된다. 기존 인원 유지해야 되고 엔진 노동자들 고용을 회사가 보장해라.' 이것 때문에 싸움이 시작됐거든요. 시작이 됐는데 그래서 파업하고 라인 세우고 저희가 막 그렇게 되다 보니까, 정규직 노조 집행부가 그때 안을 하나 갖고 와요. 뭐냐면 '장기직에 대해서 고용을 보장해 주겠다'는 안을 갖고 와요.

나중에 정규직과의 관계에서 파업권, 쟁의권을 정규직 노조와 상의해서 결정해라 이런 것도 있었는데, 핵심은 장기직만 고용 보장하는 합의서를 갖고 오는데, 그걸 우리보고 결정하라고. 그런데 계약직까지는 고용보장 못 한다. 저희가 한두 명 자꾸 빼니까 '전체 비정규직 고용들을 그대로 유지시켜라. 총고용을 보장해라.' 이렇게 주장을 하니까 회사는 안 된다 이러고. 중재로 들어온 정규직 집행부는 "장기직만 고용보장 하겠다. 계약직 이건 어쩔 수 없다. 장기직만 고용 보장할 테니까 합의하자. 합의해 달라"고 했어요. 저희가 "그거는 안 된다. 그거는 계약직들 해고하는 것을 노동조합이 인정해 달라는 거 아니냐. 어떻게 노동조합이 그걸 인정하나? 우리는 못 한다"고 거부했고, 그거를 총회에 부쳤어요. 총회에서는 조합원들이 91%로 반대, '거부한다.' 두 차례 부쳤는데 두 번 다 조합원들 91%가 반대한다. 이게 몇 가지 이유가 있었는데, "아 우리만 살자고 뭐 계약직들 버린다는 게 말이 되냐." 그러면서 우리가 정규직들이 "정규직 살자고 비정규직 해고 인정하는 것을 우리가 어떻게 얘기하냐. 그거는 똑같은 놈 되는 거 아니냐." 안 된다. 그것도 있었고, 또 합의를 문서 합의도 아니고 '구두로 합의하겠다.' 이런 식으로 하니까 이걸 어떻게 믿냐, 믿을 수 없다. 등등 여러 가지 이유로 조합원 전체가 거부했습니다. 그러니까 회사에서 조합원이 많은 업체 폐업으로 안 되니까 이번에는 인소싱이라는 새로운 방식을 갖고 들어오는데 우리 조합원들이 일하고 있는 부서와 공정을 정규직들로 채우겠다. 하청업체 계약을 해지하고 하청업체 폐업은 안 시키고 이들과의 직접 계약을 해지하고 정규직이 들어오겠다. 정규직이 일하겠다는 거죠. 회사가 인소싱을 하겠다고 하고 정규직 노조에서도 "이거는 합의할 수밖에 없다."라면서 저희를 압박했어요. 그러니까 빨리 "장기직만의 고용보장 안을 받아라." 이런 식으로 압박해 들어왔는데 일단 저희는 "총고용 보장 기조를 볼 수가 없다." 그래서 이거를 쭉 유지해서 전면파업들을 계속하고 있었던 상황이었죠.

그 와중에 또 분위기가 수상하잖아요. 정규직 집행부가 자꾸 합의할 듯한 뉘앙스를 보이니까 그러면 이걸 전체 금속노조 차원에서 제기하자 해서 금속노조 대의원대회에서 저희가 '인소싱을 하면 안 된다.'라는 것을 금속노조 사업계획에 넣으려고 했어요. 금속노조 방침을 정하는 대의원대회였거든요. 2017년 다음 해. 그 방침 안을 상정했고 그것이 금속노조 대의원대회에서 통과됐어요. '인소싱을 합의하는 것을 금지한다.' 노조에서는 이 결정을 땅땅땅 내렸죠. 금속노조 대의원대회에서 결정했으면 당연히 창원지회도 따라야 하는데 바로 노사 합의를 해버렸어요. 일주일도 안 지나서. 4일 날 합의하고 8일 날 합의했으니까 4일 만에 정규직 집행부가 인소싱을 노사합의를 해버린 거죠. 노사합의를 하면서 조합원들과 업체 노무 관리자들이 몸싸움을 엄청 많이 했는데 이거는 싸울 수가 있는데, 정규직 조합원인 직장, 조장들이 밀고 들어오는 거예요. 직장들이 처음에 들어왔는데 이들은 조합원이니까 노노 갈등을 직접 유발하려고 한 거죠. 그러니까 이거를 저희가 물리적으로 강제할 수 없는 조건이었어요. 그래서 버티기는 버티는데 자꾸 치고 들어오고 이러면서 파업 효과는 줄어들고 이런 상황이 돼버린 거죠. 결국에는 전체 공정에서 밀려나게 됐고 다음 해 1월 말에 2개 업체를 폐업시키고 이렇게 돼버리면서 실질적으로 조합원의 70여 명 정도가 해고를 당하게 됩니다. 2018년 1월 29일입니다.

(조: 이 과정에서 조합원들의 정서나 반발이 좀 심했을 것 같은데요?) 그렇죠. 해고되고 나서 다시 정규직 집행부에서 안을 갖고 왔는데 이번에는 해고된 조합원들을 복직시켜 주겠다. 대신 계약직으로 복직시키겠다. 당연히 계약직의 고된 세월을 10년 가까이 지내다 겨우 장기

직이 되어 여기 와 있는 이들을 다시 계약직으로 들어가라. 이거는 난 못 받는다. 조합원들 다수는 못 받겠다. 해고된 조합원들이 못 받겠다 했고, 전체 조합원들 총회에서도 그거는 안 받는 걸로 정리했습니다. 그때 투표가 한 번 있었는데, 다시 투표를 했는데 총고용 보장이 불가능한 요구를 했다고 비판을 엄청 많이 받았어요. 너무 과한 요구다. 어떻게 총고용 보장하냐는 거고, 우리는 현 상황을 유지하라는 거고, 누구 하나 자기 의사와 다르게 해고되지 못하게끔 노동조합이 그걸 막아야 한다는 거였어요. 그게 조합원들이 동의가 얻어졌는데, 이제 해고되니까 주위에도 그런 목소리가 다 들어오고, 나는 당신들을 살리기 위해서 나를 희생했는데 이 희생한 사람들은 희생만 받고 주위에서 또 그런 비난도 들리고. 또 사람들은 침묵하고 있으니까, 조합원들의 안 좋은 감정들이 많이 흘러나오는 거죠. 그래서 '총고용 보장 기조'를 바꾸자 그랬는데, 지도부에서는 '안 된다. 기조를 가져가야 한다'고 해서 찬반 투표를 부쳤습니다. 결국, 총고용 보장 기조로 지도부가 싸워왔는데 이게 "만약 부결되면 어떻게 하냐?" 조합원이 질문해서 "부결되면 지도부를 바꾸는 게 필요하다"고 했고, 다른 지도부가 올라와서 새롭게 비대위 형태로 해서 선거를 해서 하는 게 맞다고 했습니다. 조합원들은 그게 좀 협박으로 느꼈다고 하더라고요. 그런데 결국에는 거의 5.5 대 4.5 이런 수준으로 현재 상황을 유지해 간다로 가결이 된 거죠. 가결은 됐는데 반대 입장에 섰던 조합원들은 지도부가 협박한 거 아니냐는 반발심들도 좀 많았고, 그건 뭐 어쩔 수 없다, 그건 좀 지켜가야 한다, 이렇게 해서 그 상황에서 해고되어 복직 투쟁을 시작했습니다.

계속된 해고자 복직 투쟁

회사는 계약직 해고하는 거 눈 감아라. 장기직만 인정한다는 거고. 조합원 중에 계약직은 없었습니다. 전체가 다 장기직입니다. 계약직으로 들어오면 저희가 싸워서 장기직 시켰거든요. 그런데 그때는 지도부가 너무 과한 요구를 했다는 얘기들이 많았는데 지금 돌이켜보면 회사의 치밀한 계획이 있었다고 생각합니다. 어떤 거냐면 저희가 해고된 뒤에 바로 군산공장 폐쇄가 들어와요. 며칠 뒤에. 그게 2018년 2월 13일인데 한국GM 군산공장 폐쇄가 발표되었는데, 그날 근로자 지위 확인 소송 1심에서 승소 결과도 나왔어요. 재판에 승소하고 군산공장은 폐쇄되고, 우리는 해고돼 있고. 이게 한꺼번에 맞물려서 오더라고요. '아, 이미 회사가 계획하고 있었구나.' 이게 군산공장 폐쇄하면 반발이 예상되는데, 어디가 가장 투쟁적으로 하냐? 그러니까 여기 창원공장에서 우리를 1번 타깃으로 조져 놓으면 정규직도 위축될 거고, 비정규직도 위축될 거라고 본 것 아니냐고 저희는 분석했습니다. 그런데 그날 저희가 회사가 업체 폐업하고 들어오니까 2017년에 또 노동부 진정을 넣었거든요. 불법 파견이니까 노동부에서 조사 와서 판정을 내주십시오. 진정을 그때 다시 넣었어요. 그래서 그 결과가 2018년 이날 2월 13일 나오기로 되어 있었는데, 이 소송 결과 나오고 노동부 판정 결과 나오는 게 예상되는 날 군산공장 폐쇄가 발표됐죠. 그런데 노동부가 판정 결과를 안 내버리는 거예요. 연기시켜 버렸어요.

노동부 판결이 나오면 우리가 자신감 생기면서 더 적극적으로 싸울 수 있겠다고 봤는데, 이게 밀려나게 된 거죠. 그래서 회사가 이걸 연기시켰다고 노동부에 가서 싸움을 엄청 했습니다. 그때 조합원들이 맨날 노동부 앞에서 방송 틀어놓고 항의 집회도 두 달 하고, 저희가 광화문 정부 청사 앞에 처음으로 천막 농성을 치기도 했습니다. 한 번 뜯겨나가고 두 번째 쳐서 1달간 또 농성하고, 민주당사 앞에서 한 달간 또 농성하고, 텐트 농성해, 8개 업체 774명 전원이 불법 파견이라는 판정이 5월 28일 나오게 됐던 거죠. 어쨌든 투쟁으로 쟁취했다는 것들은 있었고, 또 한 축으로는 그 와중에 군산공장 폐쇄저지 투쟁이 진행돼서 거기에 저희도 같이 동참해서 힘을 실어주는 투쟁을 했었죠. 이거를 노동부에서 다시 판정 나왔으니까 '사장이 책임져라. 직접 사장 보고 우리가 대화하자' 해서 이걸 걸고 7월에 또 16일간 사장실 농성을 진행했습니다. 여기도 에피소드들이 억수로 많은데, 그래서 농성을 진행하고 그런데 복직은 안 됐고 투쟁의 수위는 높게 쭉 진행했는데 우리 힘에 비해서 자본이 상대적으로 훨씬 더 완강했고요. 그래서 복직이 안 되는 상황들이 이어졌습니다.

그러다가 이제 9기 집행부 임기가 종료돼서 비대위를 구성해 운영하게 됐습니다. 11월에는 노동부 창원지청에서 농성도 들어갔거든요. 그래서 노동부가 책임지고 해고자 복식시켜라. 지역 차원에서 굉장히 많은 연대를 받았고 그때. 매일 문화제하고 단체들 정당들 해가지고 다 맡아 해주시고 그때 경남지부에서도 안석태 민주노총 수석 부본부장이었거든요. 민주노총이랑 지부에서도 간부들이 처음부터 같이 했어요. 김상목 조직국장이랑 해가지고 저희 5명, 3명, 8명이 26일간 농성을 했고요. 마지막이 문제가 됐었습니다. 마지막에 홍지욱 지부장이 중재안을 가지고 왔는데, 중재안이 순차적 · 선별적 복직이고 계약직으로의 복직인데, 숫자도 몇 명 되지 않는 일부에 대한 복직안을 갖고 온 거죠. 2005년부터 시작해서 계속 이 카드를 내미는데, 저희는 당연히 못 받는다 이거는 받을 수가 없는 안이다. 누구는 복직하고 누구는 복직 못 하고 이게 말이 안 되는 거고, 계약직으로도 못 들어간다. 그거 거부해서 우리가 해고됐는데 그걸 다시 받으라는 건 '못 받는다.' 계속 거부를 했습니다. 12월 7일 날 그때 지부장이 안에 들어간 거죠. 그때 민주노총 경남본부 류조환 본부장이랑 농성자들한테 들어가서 엄청나게 압박을 준 거예요. '책임질 수 있냐, 안 된다.' 그날이 경찰이 '침탈하겠다. 농성자를 끌어내겠다'고 한 날이었고요. 그때 상황에 맞춰 끌어낸다고 하고 뒤에 '책임 못 진다. 너희들 책임질 수 있냐.' 이렇게 협박 아닌 진짜 압박을 넣어 위에서 사인을 한 거죠. 농성자 대표, 간부가. 해복투 부의장이 사인했고 지부장, 본부장 사인하고, 하청업체도 사인해 가져온 거예요. 밑에 있는 농성자들이랑 지회에서는 안 된다고 계속 얘기하고 있었고, 그런데 강제적으로 그렇게 하면서 농성자들 다시 내려오고 농성이 중단된 거죠.

며칠 뒤에 기자회견 했는데 저희는 '참여 안 하겠다. 인정 못 한다.' 이렇게 해서 그런 문제들이 좀 있었고, 한 일주일 지났는데 어쨌든 농성도 중단된 상황에서 그럼 어떻게 할 거냐 해서, 또 해고자들 총회를 했습니다. 노동부 중재안을 받을 거냐 말 거냐, 5.5 대 4.5 몇 표 차이로 받는 걸로 결정해서, 순차적 · 선별적 복직안을 받게 된 거죠. 해고된 뒤에도 저희가 밀리진 않았는데 이때부터 좀 밀리게 된 상황들이 생기기 시작한 것 같아요. 근데 선별 복직을 했는데 회사가 안 하려고 하죠. 강제력이 없는 안이니까. 안 지켜도 자기들이 선별해서 제일 약한 조합원들을 딱 잡아가지고, 현장 활동 안 할 것 같은 사람들을 중심으로 순차적으로 복직시켰습니다. 2019년도 4월까지 15명인가가 현장에 들어가게 되고, 14명에서 15명 정도가 계약직으로 복직하게 됐고, 나머지는 생계 나가고, 남아서 계속 싸우겠다는 조합원들은 나와서 투쟁하고 했습니다. 그때 그런 일이 있었으니까 경남지부에서도 우리가 기금이 없어서 생계 나가야 할 상황이니까 생계기금을 결의해서 해고자들 연말까지 생계 보장을 결정해 주셨습니다.

1교대 전환 반대 투쟁

2019년에 또 큰 사건이 있는데, 한국GM 창원에서 교대 전환하겠다고 발표합니다. 부평공장에서 1교대 전환하면서 하청이 엄청나게 해고됐었고, 군산공장도 1교대 전환하면서 비정규직이 그때 천 명 넘게 해고됐습니다. 그런데 창원공장도 이제 1교대 하겠다. 그러면서 비정규직을 다 몰아내겠다고 발표한 거죠. 그때 비대위 상황이었는데 어쨌든 싸움을 해야 하니까 다시 임원들을 선출해 체계 정비를 제대로 하자. 그래서 11월에 10기 임원 선출해서 지회장 배성도, 부지회장 현진영, 사무장 이정규 이렇게 임원 선출을 해서 다시 해고 반대 투쟁을 진행하게 되었습니다. 이 과정에서 2018년도 해고되고 나서 2019년 1교대 하기 전까지는 조합원들이 굉장히 위축되어 집회 참여자도 적고 어려움을 겪었던 시기였습니다. 2019년도 11월에 임원선거를 하고 해고 반대 투쟁을 진행했는데요. 이때는 이게 우리 조합원만의 문제가 아니고 전체 노동자를 다 해고하려고 해서 총 585명이에요. 580명 정도 되는 전체 비정규직을 다 해고하겠다고 통보한 상황이어서, 저희가 '1교대 중단, 해고 반대'라면서 전체 하청노동자 궐기대회를 3차례 정도 했거든요. 굉장히 많이 참여했어요. 주간 최대가 200명, 야간도 그 정도로 한 400명 정도 모였으니까 계약직들도 꽤 나왔어요. 절반 좀 넘게 한 60%가 나온 거죠. 그 정도가 집회 참여하면서 쭉 나왔던 거죠.

회사가 여기서 또 꼼수를 또 쓰는데, 이후에 회사에 법적인 소송을 하지 않겠다는 확약서를 쓰는 걸 전제로 '위로금을 주겠다.', '몇 년은 3천만 원 정도를 주겠다.' 이렇게 회사가 내밀었는데, 사인을 생각보다 많이 안 했어요. 사인한 사람들은 받고 나가고 그 뒤로 회사에서 실질적으로 1교대 전환에 합의하는 국면으로 자꾸 가니까 궐기대회 참여 숫자도 줄었고요. 회사가 원래 12월 31일 자로 해고를 했잖아요. 그때부터 비정규직들이 나가게 되었는데, 싸움이 벌어지고 그 와중에 회사에서는 비정규직 공정으로 정규직 노동자들을 보내는 거예요. '습속해라'고 보내니까 비조합원들이 밀려나는 거죠. 자리를 내주는 거죠. 그래서 '자리를 내주지 맙시다. 공정 잘 지킨다.' 이거는 어쨌든 법적으로도 31일까지는 내 일자리지 저 사람 일자리가 아닙니다. '습속 거부하고 싸우자.' 이렇게 해서 조합원들은 다 습속 거부하면서 공정사수 투쟁을 하고 있었고, 비조합원들도 이삼십 명 정도가 동참해 같이 진행하다가 결국에는 31일 날 전원이 해고된 거죠. 비정규직 전원이 다 해고돼서, 비정규직을 정규직으로 전환해서 '비정규직 없는 공장'을 만들려고 했는데, 비정규직을 다 해고시켜 비정규직 없는 공장이 만들어지는 참 아이러니한 상황이 됐습니다.

그렇게 2020년이 오게 됐는데, 또 뼈아픈 합의를 하게 됩니다. 2020년 1월에 현장에서 투쟁을 하고 있으니까 GM지부 김성갑 지부장이 내려옵니다. 지부장이 내려와서 일자리가 발생할 시에는 조합원들을 우선 복직시키겠다는 내용으로 '노노 합의'를 하게 되는데요. 김성갑 지부장이 내려와 조합원들을 강당에 쫙 모아놓고 "당신들은 내 조합원이다."라는 말로 시작했거든요. 그러면서 이제 걱정하지 말고 일자리 생기면 복직시킬 거고, 판결 나면 또 정규직 전환시킬 거니까 일단 지금은 "해고를 인정하는 합의를 하자. 투쟁을 중단하자." 이렇게 제안한 거죠. 부사장이랑 최종 구두 합의를 했다는 거고, 합의서는 이쪽에 비정규직지회가 있고 저쪽에 정규직 노조가 있는 거예요. 그래서 '노노 합의'라는 정체도 없는, 지금까지 유례없는 희한한 합의서를 쓰게 돼서 저희는 굉장히 반성적으로 평가를 하고 있습니다. 이게 전체 운동에도 도움이 안 되는 합의서여서. (조: 정규직 노조가 그렇게 나오는 특별한 이유가 있습니까?) 그때 회사가 1교대 전환을 하는 이유가 '물량이 없다. 물량이 없고 신차가 없는데 신차를 창원공장에서 받으려면 이걸 합의해야 한다. 1교대제를 해야 한다. 비정규직 해고하는 것을 정규직 노조가 합의해야 한다.'라는 거죠. 그걸 정규직 노조에 계속 요구했고 계속 회사 측 선전물을 내면서 그렇게 흔들고, 가장 걸림돌이 비정규직지회였습니다. 그래서 정규직 노조도 이두희 창원지회장이 그전에 인소싱에 합의해 욕을 엄청나게 들어먹은 거죠. 그 뒤로는 공장 밖으로 안 나왔어요. 지역 집회도 안 나오고 뭐 방침이 없으니까 '징계를 해야 한다. 말아야 한다.' 얘기도 했었는데 징계는 못 시켰죠. 그것도 저희가 더 강하게 주장했어야 하는데 못 했고, 그런 일이 있으니까 이번에 인소싱 합의하는 것도 정규직 집행부는 굉장히 부담스러운 겁니다. 또 그때 선거여서 새 집행부가 들어왔으니까 굉장히 부담스러워 합의하지 못하고 있었는데, 합의는 안 하는데 또 막지도 않는, 정규직 조합원이 그 공정으로 가는 걸 적극적으로 막지도 않는 이런 상황이었던 거죠. 합의는 안 하고 막지도 않는 애매한 상황이었는데 저희가 어쨌든 합의한 뒤에 정규직 지회도 합의해서 인소싱이 최종 합의가 됐죠. 그래서 생계 나갈 사람은 나가고 남은 사람은 남아서 복직 투쟁을 계속 이어가자. 그냥 나가 있으면 아무것도 이뤄지지 않는다. 소송도 계속 지지부진할 거고, 이걸 당기기 위해서도 남아서 싸워야 하고 회사에서 알량한 복직 합의서지만 이거를 이행시키기 위해서는 계속 싸워야 한다. 30~40명 정도 남아서 투쟁팀을 구성해 계속 유지하려고 했는데 바로 그해 코로나가 터졌습니다.

코로나 팬데믹이 시작되면서 뭘 하지 못하는, 집회도 못 하고 이런 상황들이 발생했던 거죠. 그래서 활동력들이 많이 다운됐던 시기였습니다. 그러다가 6월에 근로자 지위 확인 소송에 2차 소송단이랑 2심 고등법원 승소하고 9월에 또 3차 소송단도 고등법원 승소를 했고요. 그래서 대법원만 남게 되는 상황이 됐고 그때 창원공장이 문을 닫았거든요. 당분간 1교대 하면서 일단 셧다운 들어가고 공장 문 닫으니까 뭔가 활동할 수 있는 게 없어서 본사로 가자 해서 부평공장 홍보관 앞에 천막 치고 조합원들이 4박 5일씩 6명이 순환으로 농성을 계속했습니다. 서울 상경 투쟁, 부평 상경 투쟁을 진행하면서 그쪽에서 선전전 하고 연대투쟁 하고 이렇게 했습니다. 홍영표 의원 사무실 농성도 있었는데, 복직 요구하는 것도 있었고, 그렇게 2020년은 지나갔고요.

비정규직 문제 특별 교섭

2020년도에 정규직 노조 지부에서 회사와 합의한 게 "사내 하청 문제, 비정규직 문제와 관련해서 노사정 협의체를 꾸려 문제 해결에 노력한다." 이런 합의 문구가 들어가거든요. 그걸 가지고 정규직 지부장이 이거를 좀 가동시키려고 했어요. 김성갑 지부장이 자기가 합의했던 것도 있고 또 지부장 되기 이전에는 비정규직 투쟁에 연대를 열심히 했던 사람이라서 비정규직 조합원들한테 상당히 신뢰가 있었던 지부장이었는데 '비정규직 문제를 본인이 해결해 보겠다.' 이렇게 나온 거죠.

그래서 계속 논의를 제기했던 것들은 '발탁 채용'이었던 것 같아요. 발탁 채용과 비슷한 거 같은데, 정규직 일자리가 생기면 조합원들을 순차적으로 정규직에 복직시키는 것들에 대해서 논의했지요. 부평에서 간담회를 했었는데, 그러면 이게 '전체 조합원들을 다 복직시키겠다는 거냐' 하면 그건 또 아니래요. '비정규직 전체 문제를 해결하자는 거냐' 하면, 그건 순차적으로 해결할 수 있고 그다음에 조건과 관련해서 2016년도에 저희 조합원 5명이 대법 판결을 받고 정규직이 됐거든요. 정규직이 되면서 근속을 인정받았고 체불임금도 지급받았고, 그다음에 사번도 받고 했던 거죠. 그러면 '이 기준에 따라서 되는 거냐' 물으니, 그것도 불확실한 얘기들을 하니까 좀 이상하다는 느낌들을 받았죠. 그래서 회사랑 협의하는 것에 대해서는 부정적 입장이 많았습니다. 결국에는 그해 11월 19일 한국GM이 금속노조에 '생산 하도급 근로자 관련' 특별협의를 요청해 옵니다. 특별협의를 요청해 그 논의를 시작하게 됐죠. 비정규직 문제 해결을 위한 얘기를 시작했던 거죠. 그래서 저희가 그때 임원선거를 다시 해서 임원을 새로 뽑고 그다음에 2022년에 비정규직 문제 해결을 위한 특별 교섭을 진행하게 됩니다. 3월 3일에 첫 교섭을 했거든요. 하청 노동자랑 원청이 앉아 직접 교섭한 거는 전국적으로 봐도 굉장히 드문 사례인데, 회사는 그래서 '우리가 하청이랑 앉아서 했다.' 이렇게 맨날 자랑질하는데 2022년도 3월 3일입니다.

발탁 채용 안을 제출하는데 회사에서는 '교섭'이 아니라 '협의'라 하고 우리는 '교섭'이다. 이렇게 이름이 희한하게 명명되는데요. 한 번인가 두 번 상견례하고 다음에 안을 갖고 왔는데 회사에서 발탁 채용 안을 갖고 온 거예요. 일하고 있는 비정규직들이 창원에 사십몇 명이 있었고, 부평에는 일하고 있는 1차 하청의 직접 생산 공정에 한 200여 명 정도 해서 총 240명 수준에서 '발탁 채용을 하겠다. 전원을 채용하겠다.'라는 내용이었던 거죠. 그런데 당연히 체불임금이나 뭐 이런 건 없고 그냥 신입사원으로 발탁 채용을 하겠다. 그다음에 해고돼 있는 조합원들은 제외하고, 그다음에 2차 3차 하청 조합원도 제외한다는 겁니다. 그래서 현장에 일하고 있는 일부 조합원들만 대상이 되는 거고, 전체 비정규직 문제는 당연히 얘기되지 않았어요. 그래서 '저희는 받아들일 수 없다' 그래서 교섭이 중단되고 부평공장 앞에 컨테이너 농성장을 설치하고 또 투쟁을 계속 이어가게 되는데요.

이때 지회 내에서는 큰일이 발생하는데, 현장에서 일하는 조합원 중에 발탁 채용을 받겠다고 한 조합원도 있고 못 받겠다는 조합원도 있었어요. 창원에서는 1명이 거부를 했고 조합원 열몇 명이 발탁 채용으로 들어가겠다고 했던 거고, 부평에서도 14명의 조합원이 '발탁 채용 나는 못 받는다.' 하고 거부한 거죠. 그러면 15명이 해고되는 거예요. 15명이 해고되니까 15자리가 남잖아요. 그러자 부사장이 저희 지회장한테 전화해 15명이 비니까 이 자리에 해고자들 명단 불러주면 발탁 채용으로 해 정규직으로 복직시켜 주겠다고 제안을 했어요. 황당한 거죠. '이게 말이 되는 소리냐.' 당연히 거부했는데. 그때 9기 지회장이었던 김희근 전 지회장한테 또 전화해 15명을 선별해 오면 자기들이 발탁 채용에 넣어주겠다고 한 거예요. 그런데 창원이 3명이고 부평이 14명 총 17명인데, 이 친구가 이제 조합원들을 소집한 거죠. 그래서 발탁 채용 관련해서 하실 분들은 사무실 모이라고 저희 조합원 밴드에다 올려버린 거죠. 그날이 어떤 날이냐면 전체 간부들이랑 해고자들이 다 부평에서 반대 투쟁을 위해 상경해 있던 그날 저녁에 얘가 모은 거예요.

쟁대위 차원에서 간부들은 '안 된다' 그거는 잘못된 거고, 하면 안 된다고 지침을 내렸는데도, 사람들을 모아서 자기 마음대로 기준을 잡아 선별한 거죠. 그때 20명 왔는데 15번까지 선발해 5명은 안 됐어요. 자기 마음대로. 자기가 1번이에요. 노동조합 활동 열심히 한 순서대로 한다. 자기가 1번이래요. 진짜 황당했는데 그 15명이 이렇게 정규직 발탁 채용으로 들어간 거죠. 그렇게 들어간 뒤에 조합원 해고자 또 발생하고 모아서 또 어떤 싸움을 할 거냐 해서 대법원으로 갔습니다. 저희가 '대법원이 이렇게 늑장 판결을 하니까 회사가 그 틈을 타고 이렇게 이런 막돼먹은 짓을 하는 거 아니냐' 그래서, '대법원은 빨리 판결을 내려라.' 이 투쟁을 시작하게 되는데, 그래서 대법원에서 10일간 노숙 농성을 시작합니다.

주요한 투쟁들 중심으로 말씀드리면, 그래서 부평공장 투쟁도 계속하고 있지만, 한쪽으로는 대법원을 상대로 한 투쟁들이 중점이 되어 2022년부터 계속되는 거죠. 2023년에는 카허카젬 사장이 1월에 불법파견 1심 판결을 받아요. 그래서 징역형이 나옵니다. 이전에 700만 원이었잖아요. 그런데 이번에는 징역 8개월 집행유예 2년으로 형이 좀 높아졌어요.

그런데 이것도 좀 늦은 판결이긴 하지만 판결문이 나오고 나서 저희가 대법원 투쟁을 계속 진행하게 되는데, 5월에 저희가 대법원 노숙 농성을 했었어요. 그래서 몇 달에 한 번씩 집회하고 야간 문화제도 하고. 그런데 법에는 '대법원 100m 안에는 집회를 금지한다.' 이런 게 있잖아요. 청와대 100m, 법원 100m 뭐 이런 것이 있는데, 저희가 알기로 이건 사문화된 걸로 알고 있었거든요. 법적으로 조항이 없어지진 않았는데 경찰이 넣은 것들이 무죄 판결이 나온 거죠. 그래서 이거는 사문화됐다고 보고 문제 제기했고 그래서 집회하는 건 아무도 경찰이 안 막았어요. 문재인 정권 때도 안 막았고 윤석열 정권도 안 막았고 처음에는 안 막았는데 갑자기 23년도에 저희가 문화제를 하는데 경찰들이 막 수천 명 와서 침탈하는 거죠. 저희들 일부는 연행되고 일부는 다 들려 나와 패대기쳐지고 뭐 이런 일들이 있었는데, 윤석열 정부 최초로 경찰이 투입돼서 이격시켰다 하더라고요. 그래서 2차로 또 했는데 또 침탈당하고, 3차 또 침탈당하고 세 번을 저희가 들려 나오는 상황이 되면서, 이때 언론에서도 굉장히 집중 조명을 많이 받았고 속보로도 굉장히 많이 나와서 저희가 이슈화 투쟁에 성공했습니다. 관심도 못 받고 있었는데, 윤석열 덕분에 관심을 받게 되는 상황이 됐던 거죠.

근로자 지위 확인 대법원 판결

그러면서 법원도 좀 압박을 많이 받지 않았을까 싶기도 한데 그 투쟁을 쭉 진행하고 또 대법원 상경 투쟁하고 이렇게 진행하다가, 2024년이 되면 회사가 2월에 또 꼼수를 하나 씁니다. 소송을 취하하면 위로금을 지급해 주겠다, 1억인가 1억 5천인가 이렇게 해가지고 위로금을 지급하겠다는 카드를 들고 나오거든요. 일부 비조합원과 조합원 중에도 한 명이 응해서 확인했는데, 저희는 이게 나오는 순간 '마지막 카드를 쓰는구나, 마무리가 되어 가는구나.' 하고 판단했습니다. 그런데 결국에는 7월 25일 대법원에서 근로자 지위 확인 소송 선고가 났고요. 그래서 1차 하청업체 조합원들은 다 승소했는데 부평의 2차 하청업체는 패소하는. 기뻐할 수도 없고 슬퍼할 수도 없는 모호한 결과가 나왔습니다. 그래서 저희는 소송 선고를 받으면 바로 복직을 시킬 거라고 예상했거든요. 왜 그랬냐면 아사히가 저희보다 1주일인가 2주일인가 앞서 대법원 판결이 나와서 현장으로 복직했는데 회사가 판결 나고 이틀 만에 바로 당일인가에 공문을 보내가지고 목요일 판결하셨으니까 3일 뒤 월요일 출근하세요. '출근 안 하면 민사상 뭐 불이익이 있을 겁니다.' 이렇게 공문 보내는 거예요. 황당한 거죠.

그동안 복직시키라고 해도 복직 안 시키더니 판결이 나자마자. 시간이 필요하고 자기 정리도 해야 하고 노동조합도 정리해야 하고 생활도 정리해야 하는데 바로 하라니까 그래서 아사히는 거부하고 회사는 또 그것 때문에 실랑이해서 8월 1일 자로 복직을 했어요. 저희도 그럴 거라고 예상해서 조합원들한테 바로 예상이 되니까 일을 빨리 정리하십시오, 지금 하고 있는 일을 정리하십시오, 그래서 정리를 하고 사람들이 들어오기 시작하는 거죠. 못 들어온 사람도 있었는데, 상당수가 정리하고 들어왔는데 회사가 복직을 안 시키는 거예요. 결론적으로는 11월 1일 자로 복직했으니까 7～10월 거의 3달 반을 생계도 어렵게 되는 상황에서 조합원들이 버텼던 거죠. 예상과 다르게 복직이 늦어지고 '그래도 마지막 투쟁이 중요하다' 해서 이전에 현대차나 이런 데서는 마지막 들어가는 게 막 개별적으로 조합원도 들어가고 해서 '이런 방식으로 하면 좋지 않다. 조직력을 유지하는 것도 그렇고 마무리를 좀 더 명쾌하게 하는 게 필요하다'고 생각했습니다. 그래서 우리가 기존에 해왔던 4대 요구안 불법 파견에 대해서 사과해라. 그다음에 노동조합 활동으로 인한 해고자들 복직시켜라. 저만 있으니까. 2번이 제 복직안이었고 3번이 전체 비정규직의 정규직 전환 계획을 내놔라. 그러니까 패소한 2차 업체 조합원들 포함해서 2차 업체 노동자들에 대한 문제를. 네 번째가 체불임금이라든가 근로조건, 근속, 사번 이런 것들을 기존 판결자와 동일하게 해라. 이 4가지 요구를 걸고 회사에 교섭을 요구해서 투쟁을 진행했습니다.

그래서 7월 8월부터 노조 차원에서도 같이 힘을 실어 7～10월 싸움을 했던 거죠. 석 달 싸우고 길어지니까 10월에는 아예 저희가 상경 투쟁을 다시 하자 해서 조합원 30명 정도가 상경해서 LR 사무실 농성을 2주간 했거든요. 사무실 들어가 농성하고 집회하고 회사를 압박하는 투쟁을 하니까 그제야 뭐가 자꾸 나오더라고요. 저희가 이렇게 투쟁을 벌이니까 처음에는 교섭은 안 하고 통보문을 자꾸 보내는 거예요. 개별적으로 통지문을 보내는데 처음에는 복직과 관련돼서 체불임금을 주겠다는 건데 좀 허술한 내용으로 갖고 온 거예요. 체불임금을 주겠다. '판결된 금액에 맞춰서 체불 주고 소 취하 합의서를 쓰면 정규직으로 복직을 시키겠다.' 이런 식으로 갖고 온 거예요. 문제 제기가 많았죠. 왜 우리가 소 취하를 해야 하냐, 대법 판결에서 이거 잘못된 거라고 확정됐는데 우리가 소 취하를 할 이유가 없다. 이게 뭐냐면 체불임금 소송이거든요. 그래서 임금 관련해서는 판결한 대로 지급하면 끝나는 거다. 너희들이 소를 취하해라. 우리가 소를 취하하지 말고.

이 꼼수가 어떤 거였냐면 소를 취하하게 되면, 이걸 가지고 카허 카젬 형사재판에서 '탄원서 비슷하게 합의했으니까 처벌 수위를 낮춰라.' 이런 것들을 하려는 걸로 보였어요. 두 번째는 합의금을 애매하게 해서 사측이 이득을 취하려 했다고 봤는데, 뭐냐면 발탁 채용 들어갈 때 회사가 어떻게 얘기했냐면 간담회 때 근속을 10년 이상 근무한 사람은 3년, 10년 넘은 사람은 5년, 7년 이런 식으로 근속을 인정해 주겠다고 했어요. 호봉을 인정해 주겠다. 그러면 당연히 7년 치의 퇴직금도 쌓일 거 아니에요. 쌓일 거라고 생각한 거죠. 근속을 인정해 주겠다고 했으니까. 그런데 항목에 근속은 있었는데 퇴직금 얘기가 없었던 거예요, 합의문에. 그랬더니, 회사가 어떻게 나왔냐면 "퇴직금 당연히 되는 거죠?"라고 물었는데 "아니요. 우리가 언제 그런 얘기 했습니까?"라고 퇴직금 인정을 못 받은 거예요. 발탁 채용돼서 들어간 사람들이 이런 식으로 꼼수에 당했는데, 이번에 또 그 꼼수를 쓰려고 하는 거예요. 퇴직금 항목이 안 들어가 있으니까 "넣어라. 퇴직금 항목 넣어야 한다."라고 저희가 업체 소송단한테 조언을 하고 선전물을 냈어요. 회사가 그제야 퇴직금 항목을 넣어주고 근속 넣어주고 이런 식으로. 저희가 문제 제기하고 싸우니까 하나씩 하나씩 갖고 오는 거예요. 저희가 보기에 이미 줘야 할 것은 100이 딱 있어요. 100이 딱 있는데, 이거를 꼼수를 70에서 하면 쓰고 80 쓰고 90 쓰고 이런 식으로 하더라고요. 처음에는 사람들 불안하라고 입사 일자도 안 정했어요. "빨리 합의서 써라, 소취하 합의서 써라" 그러고. 저희가 농성하고 이러니까 어쩔 수 없으니까 11월 1일 자로 내겠다고 했거든요.

11월 1일 자로 들어와라, 복직해라. 이렇게 마지막 투쟁을 힘 있게 해서 저희는 그나마 유종의 미를 거뒀다고 생각하는데요. 결국에 교섭이 이루어지지 않으면서 제 복직이 안 되고 2차 하청에 있던 4명에 대한 복직이 안 된 거예요. 그리고 11월 1일 자로 이제 들어가자 해서 복직하게 됐고, 부평은 그 뒤로도 한 일주일 정도를 연차 투쟁해 남은 조합원들 문제를 해결해라 하면서 항의 차원에서 2주간 연차 투쟁하고, 이제 현장에 들어가셨고 마무리가 됐습니다.

(김: 일단 조건에서 발탁 채용된 사람들하고 이번에 들어간 사람들하고 어떤 차이가 있습니까?) 들어가고 나니까 차이가 크더라고요. 일단 근속이 제일 크고요. 그다음에 체불임금 금액이 있고 세 번째는 사번. 작년에 발탁 들어갔다 그러면 2023년 사번이잖아요. 이번에 들어간

사람들은 사번이 원래 입사 일자니까 빠르면 2천 년 사번, 2002년 사번 이런 식인 거죠. 여기 하청업체에 들어가서 정규직 전환 시점, 2년 뒤에 정규직이 되다 보니까 그 시점으로 사번을 부여하니까. 회사에서는 고충 처리할 때 사번도 상당히 영향이 있어요. 사번 순으로 먼저 해주고 이런 것들도 있고 단협에도 또 그것도 있어요. 정리해고나 불가피한 해고 시에는 사번, 입사 순으로 한다는 것도 있고 현장에서는 사번도 상당히 중요하게 보는 거죠. 퇴직금도 마찬가지로 이 사람들은 2천 년 입사하면 2천 년도를 기준으로 해서 퇴직금이 적립된 거고, 발탁 채용자들은 입사한 날 기준으로, 발탁 채용된 날을 기준으로 하니까 퇴직금이 적립 안 돼 있는 거죠. 근속 차이 나니까 현장 들어가면 임금 차이도 나고 이런 차이가 크죠. 지금 생각하면 상당히 크고 미리 들어간 사람 중에 땅을 치고 후회하는 사람들도 많이 있거든요.

(심: 진환 씨는 고생 많았는데 먹고사는 거는 어떻게 해결을 하셨어요?) 어, 2006년 이후부터는 알바도 많이 했고. 씨티7 지을 때 제가 가서 열심히 노가다, 제가 지었다 이렇게 농담 삼아 얘기를 하는데, 그것도 하고 뭐 지역에서 기획사 같은 데 하는 데서 플래카드 달고 애드벌룬 띄우고 이런 것도 다 하고 나중에 또 학원 강사로도 일하고 여러 일용직 그러니까 불안정 노동을 계속했던 거죠. 그러니까 계속 선전전 하고 사람들 만나고 해야 해서 병행하려니까 뭔가 직장을 구하기 어렵더라고요. 그래서 불완전하고 같이 사는 와이프가 생계를 좀 책임졌습니다.

1명으로 남은 비정규직지회

(조: 지금 비정규직지회에는 1명의 조합원이 남아 있는 거잖아요. 그러면 이게 어떻게 되는 거예요. 향후 조직에 대한 내부적인 논의는?) 네. 좀 논의를 했는데 일단 해산하려고 원래는 생각했었는데 어쨌든 저희 4대 요구를 제기했고 부평 4명, 창원에 저, 5명이 여전히 남아 있으니, 복직 요구도 계속해 가야 하는 거 아니냐. 그 차원에서 지회를 해산시켜 버리면 근거가 약해지니까 일단 당분간은 유지를 해서 복직 문제를 계속 제기해 보자. 현장에서도 조합원들도 얘기해 보고, 밖에서도 좀. 그래서 당분간은 유지하는 걸로 했습니다. 그렇지만 사고지회죠. 지금은 사고지회는 아니지만 사고지회가 될 거라 생각됩니다. 지금은 정식 지회로 일정이 있

으면 계속 제가 나오고 있기 때문에 집회 일정이 있으면 나오고 있습니다.

(조: GM 비정규직지회라는 게 20여 년 동안 연대하고 계신 분들 포함해서 상당히 많은 분이 희생과 노력으로 여러 가지 성과를 거두었고 그 결과가 정규직화가 된 건데, 비정규직지회에 대한 비전이나 고민은 없으신가요?) 그게 불법 파견 투쟁에서 제일 큰 쟁점이고 과제지요. 정규직 되면 다들 그냥 그 속에 흡수돼서 기존 정규직 노동자들과 똑같아지는 게 가장 큰 문제였잖아요. 저희도 그것을 제일 큰 과제로 삼고 있는데, 저는 제가 어떻게 뭔가 할 수 있는 조건은 아니어서, 제가 현장에 들어가 있는 게 아니라서 저는 어떤 조직체를 구성해야 한다는 생각을 가지고는 있습니다. 지금 맥락이나 조직도 달라져 버리니까, 어떻게 제가 관여할 수 있는 부분은 없다고 보이고요. 근데 지금 이렇게 복직했으니까 복직한 조합원들끼리 모여서 동기회 비슷하게 만들자 해서 지금 그거를 구성하고 있는 중입니다. 조합원 중에서도 하고 싶은 사람도 있고 하기 싫은 사람도 있잖아요. 조합원이 다 똑같은 건 아니기 때문에. 복직 동기회에 모이는 사람들은 그나마 이 전통을 좀 가져가려고 하는 조합원들이 모이지 않겠냐 생각하고요.

(조: 특히 자동차 산업 비정규직은 다 정규직화로 전환하면서 비정규직 정규직화가 노조 운동에서 도대체 어떤 의미가 있는지 내부적 평가나 논의는 없습니까?) 그렇게 되는 것들을 계속 우려하고 그걸 어떻게 해결할 거냐도 논의를 계속해 왔죠. 논의를 해왔는데 해고가 장기화되다 보니까 열심히 하던 적극적인 간부들이나 조합원들도 많이 지쳐 있는 상황입니다. 지쳐 있는 상황이라서 들어가서 또 뭔가를 팍 이렇게 바로 투쟁하자, 뭐 이렇게 되지는 않을 것 같아요. 일단은 들어가서 휴식이 필요한 상황이라면 휴식도 취하고, 뭐 정규직 됐다고 해서 노동자가 아닌 건 아니니까. 또 지금 노동 강도가 엄청나게 높아져 있습니다. 사람들이 정규직 월급을 받고 아내가 그토록 원했던 정규직이 이것밖에 안 되냐니까 잔업 특근이 없으면 한 300만 원 수준 초반. 거기다가 이제 세금 떼면 한 250만 원 수준입니다. 비정규직일 때와 뭔 차이가 있노, 이래 된 거죠. 잔업 특근을 그래서 해야 하는 거예요. 그걸 해야지 월급이 한 500만 원 수준까지 올라가니까 여기 목매게 되는 거죠. 목매게 되고 파김치가 돼 있고, 노동 강도가 높아져서 들어가는 사람들이 힘들어지고, 지금 진짜 힘들어 고통을 호소하고 있고 산재로 나

간 사람도 있고, 비조합원 중 일부는 힘들어서 못 해먹겠다고 퇴사한 사람도 있다 하더라고요. 정규직 됐다고 뭐가 아주 극적인 달라짐이 있는, 삶이 달라지지는 않는다는 생각을 하는 거죠. 현장에서 문제 생기면 투쟁했던 경험들이 쌓여 있으니까 그 마음을 간직하고 있으면 일이 벌어졌을 때 회사랑 맞서고 또 바꾸기 위해서 싸우고 하지 않을까 싶고요.

그리고 이제 그런 모임이 만들어졌으니까 저희가 논의했던 거는 최소한 일을 하고 있으니까 나와서 집회를 하거나 이런 건 못 한다고 하더라도 기금을 모아서 지금 싸우고 있는 투쟁사업장이 있으면 전달도 하고, 재정사업도 우리가 많이 받았으니까 재정사업 하면 김도 사주고 이런 것들도 연말이나 이럴 때 좀 사주자, 이런 것들은 기본적으로 하자라는 공감대는 형성돼 있습니다. 근데 나와서 연대 다니고 직접적으로 하는 조합원들 일부가 지금 있고요. 다수는 아니고 일부는 그런 식으로 연대를 하고 할 수 있는 사람들은 시간 내서 하자, 이 정도까지는 얘기가 되고 있습니다.

(심: 창원 GM 비정규직 노동자들 간에 지금 정규직으로 전환이나 불법 파견으로 인정을 받고 전환된 게 일정한 성과라고 얘기를 할 수 있을 텐데요. 그러기까지 지역이나 다른 곳에서의 연대가 이뤄지고 있습니까?) 일단 금속노조는 해고되면 장기투쟁 기금이라고 해서 저희 때는 6개월이었는데 지금은 늘어나서 9개월 1년까지 늘어났을 건데 아마. 그거를 매달 지급하거든요. 최저임금으로 지급하고, 그게 공식적으로 노조 차원에서 지원하는 기금이고요. 그 외에는 공식적인 건 없고 나머지는 집회를 하면 투쟁기금 전달해 주는 경우도 있는데, 그게 아주 크지는 않고, 집회하면 노조 차원에서 지원을 하죠. 이렇게 상경 식비라든가, 상경 식비, 교통비 이런 것들. 저희 부평도 엄청 많이 받아가지고, 한 달 그 돈만 해도 몇백만 원 썼거든요. 그걸 경남지부 차원에서 지원했고 또 만 원 결의해 기금 1억 원을 만들어서 해고자들 생계비를 지급받기도 했습니다. 저는 그 대상자가 아니었습니다만, 그때 해고된 17년 해고자 대상으로 지원했습니다. 또 하나 저희 재정사업 연말 추석이나 설 때 재정사업으로 김 팔고 김이랑 선물세트 팔고. 뭐 이런 거 많이 사주셨을 것 같은데, 그것으로 또 생계기금을 마련했지요.

지역에서 비정규직 사업장이 저희랑 지금 현대위아 비정규직지회가 있고, 지금은 거의 뭐 없어졌다고 봐야 되는데 그다음에 거통고 조선하청지회가 있고 그 외에는 전국적으로는 오히려 경남지역이 비정규직 투쟁이 약했던 곳이고 투쟁이 약해가지고요. 거통고랑 우리가 그나마 좀 나은 상태고 현대위아는 유지는 했는데 자회사로 가서 종료가. 남으신 분 계시긴 하지만 그런 상황인데 거통고 같은 경우 저희가 연대를 되게 많이 했으니까 노동조합 만들기 전이거든요. 전에도 저희가 거제로 많이 갔었고요. 저도 개인적으로도 거제 조선소 하청 조직화가 비정규직 조직화에 중요한 사업이라고 생각해서 연대를 많이 갔고 저희가 조합 가입한 뒤에도 조합원들도 많이 다녔고요. 그래서 교류는 많이 하죠. 서로 친한 분들도 많이 있고 그다음에 전국적으로 아사히 있고, 현대차, 기아차, 현대제철, 위아 이런 데들은 연대, 교류가 많으니까요. 연대를 많이 하죠. 같이 공동으로 사업도 많이 하고 그래서 금속 차원에서는 순회투쟁단, 소탕단 이런 것도 구성해 가지고 몇 년 하기도 했고요. '불법 파견 소탕하자.' 현장에서 비정규직 뭐 이런 것들 해결하기 위해 '산재 소탕하자.' 이렇게 소탕단 꾸려가지고 전국 순회도 몇 번씩 하고 그랬습니다. 그런 교류들은 계속 있고 체계도 있습니다. 금속노조에 비정규직 대표자회의라고 있습니다. 지역에서 이런 노동조합을 응원하고 후원하는 데서 실질적으로 많이 받았죠. 지역에서 연대 없었으면 저희가 이렇게 유지하기가 만만치 않은 일이기 때문에 재정적이고 인적 지원을 많이 해줬고 연대도 지역사업장에서 많이 오셨죠. 정당에서도.

(김: 혹시 파악할 수 있을지 모르겠는데 한 20년 가까이 노조 만들고 쭉 투쟁했잖아요. 발탁채용이 몇 번 있었는지?) 발탁 채용 횟수가 저희가 대충 기록을 해놨는데, 그게 2005년도에 불파가 되고 나서 그때 2007년인가 8년인가에 한 번 삼사백 명 그때 대규모로 좀 뽑았었고, 그 뒤에 이천십몇 년에 창원은 별로 아니었는데 부평에서 또 있었다 하더라고요. 그때 입사 비리 사건 터져서 지부장 구속되고 뭐 이런 일들이 한참 있었고, 그 뒤에는 이번 2022년부터 시작된 발탁 채용이 창원은 크게 보면 두 번이죠. 조금씩 10명, 50명, 50명, 100명 이런 식으로 해서 인원이 전체 발탁 이후부터 천 명 가까이 채용되었습니다. 12월 에 또 한 번 더 있었거든요. 이번 달에도 150명 정도 들어와서 천 명 넘겠구나. 천 명 넘게 발탁으로 들어왔어요. (김: 소송을 통해서 그럼 들어간 인원은요?) 저희 조합원들 5명 16년에다가 이번에 한 100명 비조합원이 한 30~40명 더 되나. 소송으로 대법 판결받고 들어온 사람은 150명 정도 되는 것 같습니다.

이후 전망

(조: 두 가지만 질문을 드리고 싶은데 하나는 2005년부터 20년째 GM 하청 운동을 하셨고 20년 동안 대부분을 현장에 못 들어가시고 밖에서 활동을 해왔는데 지금 자기 혼자 남았잖아요. 이런 상황에서 개인 실존적으로 보면 약간 허탈할 수도 있을 것 같고, 내가 이렇게 20년을 바쳤는데 앞으로 어떤 식으로 이걸 연결할 것인가에 대한 소회라든가 자기 앞으로의 어떤 식으로 삶을 연결하겠다는 게 혹시 있으시면 들어보고 싶고, 또 하나는 20년 GM 창원의 운동이라는 게 어떻게 보면 우리나라 자동차 산업을 포함해서 금속산업 비정규직 운동의 전형적인 모습들을 다 담고 있는 거고, 그 과정을 처음부터 끝까지 다 지켜보고 또 가장 앞장서 투쟁했기 때문에 금속의 비정규 운동에 대한 평가 혹은 금속 비정규 운동의 특징이나 문제점, 앞으로의 사업 방향에 대한 생각을 여쭤보고 싶습니다.)

11월 1일 자가 조합원들이 들어가는 날이었는데. 감회가 굉장히 좀 그랬죠. 눈물이 나긴 했었는데 이게 참 기쁘기도 하고 허탈하기도 하고 그렇더라고요. 비정규직이나 제도가 없어져야 한다는 생각으로 현장 들어와서 이런 것들을 만들고 싶었던 부분에서 나름 내 역할을 했기 때문에 그런 부분에서는 저도 만족합니다. 그런데 제가 못 들어가는 게 현장에서 계속 일하고 싶었거든요. 현장에서 조직화도 해보고 싶고 활동들을 하면서 그렇게 해보고 싶었는데, 그게 안 되니까 아직까지 여지는 남아 있지만 작은 가능성이라도 놓치지 말자였습니다. 여전히 남아 있지만 그래서 그런 것들에 대한 아쉬움이 여전히 있고 허탈감도 계속 있죠. 예전에 혼자 있을 때는 그래도 현장을 조직해야 한다는 생각이 있으니까 외롭다는 생각들이 별로 없었거든요. 어떻게든 만나 어떻게든 조직해야 한다, 이런 게 더 강했기 때문에 그런 게 없었는데, 지금은 현장에서 조직할 수 있는 가능성이 거의 닫혀 있는 상태니까 비정규직지회를 유지하는 것은 거의 불가능하다고 생각하거든요. 그래서 그걸 더 유지하는 거는 맞지도 않고 다음 과제로 접근해야 하지 않냐 생각이 들어서, 그래서 지회를 계속 유지하는 건 어렵다는 생각을 한 겁니다. 부평은 조합원이 남아 있고 또 2차 업체 노동자들이 상당수가 있기 때문에 그런 재조직화 작업을 하고 있는 그런 상황에서 부평 동지들이 잘 이어가실 것 같고요. 저는 이거 어떻게 할 거냐는 그게 제일 고민이죠. 아직 해결되지 않은 제일 어려운 저한테는 질문인 것 같아요. 뭘 할 거냐… 뭘 해야 될까요?

그 가능성의 영역에서 장담할 수 없어요. 그걸 붙잡고 있기에는 너무 아닌 것 같아서 그건 아닌 것 같다는 생각을 하고 있고요. 다른 활동들을 어떻게 할까 제안 오는 건 단체 상근자나 노조 상근하는 단체에서 활동하는 거나 이런 제안들이 있기는 한데, 아 제 마음 정리가 잘 안 돼서 뭘 어떻게 해야 될지를 아직은 고민하고 있습니다. 새로운 영역을 찾아야 하지 않나 생각이 점점 더 들어요. 일말의 복직을 할 수 있지 않을까? 그런 생각에서 왔는데 이번에 발탁 채용할 때도 전혀 그런 얘기가 안 되니까 쉽지 않겠다고 판단했습니다.

두 번째 질문은 비정규 투쟁 초반부터 제가 있어서 그때는 진짜 노동조합 안에서 비정규직 투쟁이 인정받지 못하던 시기였거든요. 너희들이 비정규직이 감히 라인을 세워 이런 것부터 시작해서 같은 조합원으로서의 인정을 제대로 받지 못하는 그런 분위기가 있었고, 금속노조 내에서도 목소리가 높지 못했고 그게 중앙이라든가 이쪽까지 닿지 않는 거죠. 그냥 정규직 조합원이 구사대로 와 막 탄압하고 막 이런 일들까지도 비일비재하게 벌어지는데도 노조 차원에서 그에 대한 입장도 안 내고, 막기는커녕 입장도 안 내고 외면해 버리는 상황들도 있었고, 그런 시기들을 상당히 거치는데 주체들이 실질적으로 투쟁이 아주 격렬했죠. 그래서 격렬하게 싸우고 노동조합이 깨진 데도 많고 깨졌다 살아난 데도 있고 이런 싸움들에 많이 구속되기도 하고 그렇게 이어져 와서 그 투쟁 속에서 지금을 보면 어쨌든 비정규직 투쟁을 '금속노조의 중심투쟁 중의 하나다.'라고 보는 상황까지는 와 있는 거죠. 노조 안에서 공식적으로 인정되고 있는 사업이고 중요한 사업이라는 정도는 돼 있습니다. 그래서 몇 년 전 같은 경우는 비정규직 대표자회의에서 제안해서 금속노조 4대 선언으로 비정규직 불법 파견 금지 정규직 전환 자회사 금지 이런 식으로 해 입장까지 나올 수 있는 상황은 되었는데, 현실에서 그게 관철되고 있느냐를 보면 전혀 관철되고 있지 않아요.

지금 현대차 그룹사 같은 경우는 자회사들로 해서 자회사 들어갔고, 자회사가 아니라 어쨌든 불법을 저지른 회사의 문제 제기를 정확히 해야 된다는 입장을 가진 동지들이 오히려 현대위아 같은 경우는 소수가 되어 밀려나 있는 그런 상황에까지 와 있으니까요. 말은 인정을 하고 중심이지만 실질적으로 관철이 잘 안되고 있었고, 이 20년의 시기 사이에 또 자본은 자기 나름의 방법을 찾았잖아요. 그래서 1차 하청은 자회사로 전환시킨다. 2차 하청은 불법 파견이 아닌 것으로 판결을 만들어낸다. 이렇게 비정규직 관련해서 이미 큰 그림을 잡고 있어 비정규직 노동조합이 설 수 있는 자리가 점점 축소되는 추세인 것 같아요. 그나마 활발하게 움직이는 건 조선소 쪽이거든요. 비정규직 규모가 워낙 크기 때문에 하청 규모가 커서 활성화되어 있는 부분들이 좀 있고, 불법 파견과 관련된 사업장들은 축소되고 또 정규직 전환되기도 했지만, 다른 방식으로 정리되고 해서 축소되고 있는 상황이라 방향에 대한 고민이 좀 필요한 것 같아요. 그런데 또 현장에 가면 공장 가면 비정규직 넘쳐나거든요. 효성이든 어디든 다 가봐도 특수 고용 비슷하게 돼 있잖아요. 소사장제 형태로 엄청 많이 있고 요새 솔직히 아는 사업장들은 더 심하고 거기는 불법파견 신경도 안 쓰고 그냥 막 쓰잖아요. 그런 데는 불법이 넘쳐나고 금속사업장은 그런 식으로 자꾸 전환돼 가면서 빈틈을 타고 있고, 그럼 금속노조는 어떻게 해야 하나. 일단은 존재하고 있는 문제를 해결해야 한다는 게 첫 번째라고 생각해요.

불법파견 사업장이나 인정된 사업장들 문제를 제대로 해결하기 위해서 1차적으로 그냥 해야 한다. 말로만 하지 말고 실질적으로 어떻게 해결할 거냐. 지금 현대제철 남아 있고 포스코도 그렇고 현대차도 지금 2차 하청이 있고 GM도 2차 하청이 남아 있고. 이런 것들을 앞장서서 해결하기 위해 노력해야 한다는 게 첫 번째일 것 같고요. 그다음에는 노동조합이 없다 하더라도 자기 사업장 내에 있는 것들 현황들을 다시 조사하고 이거 해결하기 위한 방안들을 우리 안에서 사업장 안에서 먼저 찾고, 그다음에 새로운 사업장들 신규 조직화 뭐 이게 자연스러운 과제라고 생각하거든요. 그게 어렵다는 게 제일 큰 고민이죠. 보기에 어려워 보이기도 하고 금속노조 조합원들의 상태를 봤을 때 어려워 보이니까 이게 참 고민이네요.

(조: 비정규직 노조를 오래 하셨고, 정규직 노조의 연대와 지원을 경험하셨을 것 같은데, 비정규직노조 입장에서 정규직 노조에 대해서 일상이라든가 투쟁 과정에서 어떤 태도로 어떻게 접근하는 게 모범 답안일 것 같은지 생각하신 게 있으시면?) 원칙적으로는 당연히 노동자는 하나라는 관점에서 같은 조합원이니까 그 투쟁에 함께하고 1사 1노조를 기본 축으로 해서 가야 한다고 생각하는데요. 근데 그 원칙이 지금 현실에서는 관철되고 있지 않은 게 가장 어

려운 거죠. 이 상황에서 어떻게 해야 하나? 최소한 어떤 배신적 합의는 해서 안 되는 거죠. 이거에 대해서는 금속노조 차원에서 엄정한 징계 조치가 있어야 한다. 그래서 노조 내에 기강을, 조합원들이 연대 파업을 조직해 만들어내는 것도 해야 할 과제지만, 이것이 당장 어렵다면, 일단 최소한 기강을 세워야 한다. 금속노조 규약과 규정에 따라서. 윤석열이 헌법 위반해 계엄해서 이거 위헌이라고 싸우고 있잖아요. 금속노조 규약 규정도 안 지키는 경우가 굉장히 많단 말이죠.

최소한 이거는 기강을 세워야 하기 때문에, 가령 거통고에서 이번에 폭행을 직접 행사한 정규직 조합원이라든가 이런 사람들에 대해서는 징계 조치를 해야 한다는 거죠. 이런 것들은 가장 기본적인 조치라고 저는 생각하고요. 반발이 있다 하더라도 그 반발을 설득해 나가는 과정이 노조 지도부가 해야 할 첫 번째 몫이고, 현실적으로 조합원들을 조직하고 함께 하기 위한 교육 사업들이라든가 이것들이 병행돼 줘야 한다. 어렵다는 건 알죠. 어려운 건 아는데 다양한 시도들을 좀 해가야 한다. 그래서 조합원들과 비정규직 운동이 접촉할 수 있는 면들을 좀 넓혀가기 위한 다양한 교육 사업이든 뭐든 간에 문화 사업이든 이런 것들을 좀 어렵지만 만들어 가야 하지 않는가. 재정적 지원은 지금 하고 있으니까 그걸 좀 더 강화해 주면 좋겠습니다. (구술 일시: 2024년 12월 20일)

III 집담회

경남의 노동운동, 쟁점과 과제

■ 진행

조효래(국립창원대학교 사회학과 교수)

■ 참여

김성대(전 민주노총 경남본부 정책국장)

문상환(금속노조 경남지부 미조직비정규사업국장)

배종철(공공운수노조 경남본부 조직국장)

안석태(민주노총 경남본부 부본부장)

여영국(전 국회의원)

홍지욱(민주노총 부위원장)

- 2025 국립창원대학교 사회과학연구소 산업도시연구사업단 국제대회 3-B 세션
- 2025년 5월 23일 오후 4~6시
- 국립창원대학교 사람관 3층 세미나실

조효래(진행)

1987년 노동자 대투쟁 이후 40여 년이 되어 가는 시점에서 경남지역 노동운동이 새로운 전환의 시기를 맞고 있다고 보입니다. 87년 세대의 주역들이 은퇴하고 있고, 민주노조 운동의 목표와 과제가 커다란 도전에 직면해 있는 것이 현실입니다. 창원대학교 사회과학연구소 산업도시연구사업단에서는 1987년 세대들의 은퇴와 정년퇴직을 앞둔 시점에서 당시 주역들의 회고와 지난 운동에 대한 평가를 듣기 위해 이미 13분 활동가들의 구술을 녹취했습니다. 그 내용을 단행본으로 출간하면서 구술 자체도 의미가 있지만, 현재 노동운동에서 짚어야 할 쟁점이나 과제에 대해 현재 활발하게 활동하고 계신 분들을 모시고 함께 이야기해 보는 자리가 필요하다고 보았습니다. 각자 전문 분야에서 30년 이상 노동운동을 해오면서 나름대로 고민해 온 내용을 공유하는 자리라고 생각하시면 되겠습니다.

주로 저희가 선정한 네 가지 주제별로 패널분들의 견해를 듣는 방식으로 진행하겠습니다. 첫째, 산별노조 운동에 대한 평가. 둘째, 노동자 정치세력화에 대한 평가, 셋째, 노동운동의 지역 연대에 대한 평가, 마지막으로 노동운동의 혁신을 위한 과제, 이렇게 네 가지 주제로 진행하겠습니다. 각 주제에 대한 본인의 의견과 평가, 제언을 중심으로 말씀해 주셨으면 합니다. 민주노총, 금속노조 경남지부, 민주노총 경남본부, 공공운수노조, 진보정당 등 다양한 위치에서 활동하고 계신 분들을 모셨습니다. 한 주제에 대해 여섯 분이 돌아가면서 4~5분 정도씩 말씀해 주셨으면 합니다.

주제 1. 산별 노조 운동, 평가와 과제

조효래(진행)

발제문을 통해 김정호 소장께서 지난 30여 년간 지역 민주노조 운동의 성과와 한계를 잘 짚어주셨는데요. 대체로 지역 민주노조 운동의 성과를 중심으로 정리해 주셨고 혁신의 과제로 조직 민주주의 확대와 정파 갈등 해소, 두 가지를 지적해 주셨습니다. 이야기할 게 많습니다만, 첫 번째 주제부터 시작하겠습니다. 앞선 발제에서 지역노동운동이 그동안 민주노조 운동의 핵심 과제였던 산별노조 건설과 노동자 정치세력화에 중요한 역할을 해왔다고 평가해 주셨습니다. 그러나 지금 현재 시점에서 돌아보면 산별노조 운동도 그렇고 노동자 정치세력화도 그렇게 낙관적이지 못한 게 현실입니다. 그래서 첫 번째로 산별노조 운동에 대한 평가부터 들어보도록 하겠습니다.

2001년 금속노조가 출범할 때 굉장히 기대가 컸고, 아주 활동적이었는데 2006년에 통합 산별노조로 확대되면서 오히려 산별노조의 역할이 상당히 퇴색했다, '무늬만 산별이다' 등 이런 평가가 많습니다. 최근 우리 지역에서 보면 일반 노조도 있고, 학교비정규직노조도 있고 다양한 업종에서 산별노조가 건설되었기 때문에, 산별노조 운동을 평가할 때 어떤 관점에서 어느 산별노조를 중심으로 평가하느냐에 따라 평가가 달라질 수도 있을 것 같습니다. 금속 산별노조를 중심으로 본다면, 산별노조 운동이 도대체 어디에서부터 삐끗하게 되었는지, 그리고 만약 제 역할을 못 하고 있다면 어디에서부터 무엇을 바꾸어야 하는지, 이런 부분을 돌아가면서 말씀해 주시면 좋겠습니다.

김성대(전 민주노총 경남본부 정책국장)

반갑습니다. 이런 자리를 마련해 주셔서 감사드립니다. 우리나라의 경우에는 자본과 노동이라는 상대가 있기 때문에 그 상대에 따라서 우리의 주체적인 역량도 달라질 수 있는 부분이 많다는 점을 감안해야 합니다. 산별노조 운동에 대해서 돌아본다면 현재 초 불행사회, 사회 양극화 및 불평등 사회, 기후 위기 시대라고 이야기하고 있습니다. 그런 시대에 산별노조 운동이 미래 사회, 사회 대전환의 희망과 전망을 제시하고 있나 싶습니다. 전망을 제시하고 있다고 한다면 미래 사회의 그림, 사회 대전환의 희망과 전망, 이런 것들을 이루기 위해서 저는 힘을 키워야 한다고 봅니다. 조직력, 특히 단결력, 투쟁 능력, 재정의 집중이 좀 더 이뤄져야 합니다.

현재 노동조합의 조직력을 본다면 산별노조의 조직력이나 정책역량을 높여내기 위해 우리 내부에 어떤 통 큰 전망을 제시하고 있나 생각해 보면, 저는 좀 포기한 것 같은 느낌들을 많이 받습니다. 기후 위기 등 이런 부분에 대한 전망을 제시하고 있다고 하더라도, 그 전망을 이루기 위한 경로와 관련하여 부족한 측면이 많다고 봅니다. 저는 통 큰 단결의 전망이 대단히 중요하다고 생각합니다. 사회 공공성 강화를 많이 부르짖습니다. 또 사회 대전환 이야기도 많이 하고 있습니다. 그런데 그러한 것들을 이루기 위한 주체의 동력을 크게 키우고 있는가 하는 부분에 대해서는 회의적인 부분들이 많습니다.

발제자께서 말씀하신 대로, 산별노조의 이기주의가 커나가고 있는 상황 속에서, 공장에서 사회로 운동의 지평을 넓히고 있는가 하면, 역시나 우리 내부적인 조건들을 마련하고 있지 못하다고 봅니다. 미래 사회에 대한 전망을 구체적으로 제시하는 것, 그리고 산별노조의 단결력을 강화하는 것이 필요합니다. 이게 말은 쉽지만 양보하지 않으면, 버리지 않으면 이루어낼 수가 없습니다. 통 큰 단결의 강화, 실질적인 주체 동력 강화의 길로 나가야 한다고 생각합니다.

저도 금속을 떠난 지 오래되었습니다만, 예전에 산별노조의 기업 지부도 있었고 또, 산별노조가 아니라 산별 연맹체로 남아 있는 조직들도 여전히 있더라고요. 그런 연맹체로 묶여 있는 기업별 노조의 한계는 지금도 오롯이 그대로 가고 있습니다. 그럼 그 한계를 극복하기 위해 어떤 대의에 충실한가? 금속노조는 여전히 기업 지부 형태를 그대로 갖고 있고 예전부터 이를 극복하기 위한 노력을 많이 해왔습니다. 그래서 이제 산별노조의 정체성에 맞는 지역 노조 운동을 강화하기 위한 부분들, 재정이면 재정, 산업이면 산업, 사내 비정규직을 조직하는 문제에서 외곽의 조직화는 점차 나아지고 있습니다. 그러나 우리 내부의 조직화 이런 부분들은 많은 노력을 해왔지만 여전히 부족합니다. 사업장 내에서 1사 1노조의 문제도 계속 치열하게 토론하면서 노력했던 걸로 알고 있는데 지금은 이게 어떻게 되고 있는지 유야무야한 것 같습니다. 그래서 산별노조의 정체성에 맞게 이런 부분들을 개선하고 있는지 다시 돌아봐야 한다고 봅니다.

그리고 산별노조를 법제화한다든가, 또 민주노총에서 재벌 개혁을 하자는데 재벌 개혁을 할 힘이 없습니다. 재벌 개혁의 문제점이나 개혁의 방향을 제시하고는 있습니다만, 이를 이루어낼 내부의 주체 동력이 형성되어 있지 못합니다. 산별노조 법제화도 마찬가지입니다. 우리 힘으로 산별노조 법제화를 만들어내지 못하고 정치권에 의존할 수밖에 없는 형태가 될 수도 있겠죠. 그런 부분에 대한 고민이 필요합니다. 독일의 경우는 서비스 노동조합 연합에 대한 이야기를 많이 했습니다. 제가 예전에 있을 때는 금속이 산별 강화를 위한 노력을 많이 했는데 지금도 그게 여전히 유효한지, 아니면 포기했는지 잘 모르겠습니다. 그리고 제조 산별노조, 공공 산별노조, 서비스업 이런 부분들에서 주체 동력을 키우기 위해 어떤 노력을 하고 있는지 묻고 싶습니다. 마지막으로 정리하면 산별노조 운동의 중심성을 강화하기 위해서는 노조 운동 스스로 변화와 성찰이 필요하다는 것입니다. 산별노조가 민주노총이나 노조 운동의 목표와 과제에 대한 기본적인 교육, 인문학 교육을 강화해야 한다는 것입니다. 노선에 대한 자기 중심성을 강화하는 문제, 당파성을 강화하는 문제를 극복해 나가야 합니다.

조효래(진행)

예. 두 가지 말씀을 하셨습니다. 통 큰 단결의 전망 그리고 그것을 위한 내부적 조건을 혁신하는 과제를 말씀해 주셨습니다.

문상환(금속노조 경남지부 미조직비정규사업국장)

저는 금속노조에서 계속 일을 해왔기 때문에 금속을 중심으로 말씀을 드리면 발제에도 나왔듯이 2001년도에 저희가 3만으로 출발해서 지금은 19만 명 정도 됩니다. 20년이 조금 지나면서 여러 가지 문제 제기가 많이 있고, 문제 제기 속에서 또 진전되는 부분도 있는 것 같습니다. 금속노조 현재 조합비가 1년에 650억 원 정도 됩니다. 우리나라에서 1년에 650억 정도의 조합비를 가지고 산별 형태의 노조를 운영하는 곳은 금속노조밖에 없는 것으로 알고 있는데, 모든 조합비가 중앙으로 모이도록 되어 있습니다. 모든 재정은 중앙으로 모이고 지부나 지회는 교부금을 받는 방식으로 되어 있습니다. 사업비를 내려보내기 전에 기금을 먼저 떼죠. 투쟁기금이나 신분 보장 기금, 장기 투쟁기금 등의 기금을 먼저 떼는 방식으로 해서, 그런 기금이 2024년까지 17%였는데, 2025년에는 13%로 조정된 후 현재 그 기금에 대한 재구조화 논의가 진행되고 있습니다.

금속노조가 2001년에 처음 만들어지고 가장 많이 알려진 것은 주 5일제를 둘러싼 전국적인 투쟁입니다. 그 투쟁이 금속노조의 효용성을 많이 알려냈는데 2006년 현대자동차나 기아자동차가 들어올 때만 해도 조합원들의 관심사가 아주 높았습니다. 4만 시절에 주 5일제를 뚫었으니까요. 15만이 되면 좀 더 큰 의제로서 접근할 수 있겠다는 생각을 했는데 실제로는 큰 진전을 이루지 못했습니다. 대신에 이제 조합원들 속에서 깊게 자리 잡고 있는 것 같습니다. 적어도 '조직이 우리를 보호해 줄 수 있겠구나.'라는 걸 느끼는 거지요. 돌아보면 2008년도 쌍용자동차 투쟁 당시에 노조 추산으로 100억 원 정도의 비용이 사용되었고, 삼성전자 서비스 같은 경우 노조를 만들어내는 데 30억 원 정도의 비용이 사용된 것으로 보고 있습니다. 현재 한국 사회에서 쌍용자동차 투쟁이나 삼성전자 서비스 투쟁이 가능했던 것은 그래도 금속노조가 선배들의 노력으로 재원을 만들어냈고, 모든 재원을 중앙으로 모으고 그걸 바탕으로 기금을 만들어냈기 때문에 그 기금을 가지고 쌍용자동차 투쟁도 할 수 있었고 삼성전자 서비스 투쟁도 할 수 있습니다. 쌍용자동차 투쟁을 통해서는 지금도 여전히 자본의 문제를 얘기하기도 하지만 노동조합의 힘을 얘기합니다. 삼성전자 서비스투쟁 이후로 전국에 있는 제조서비스 노동자들, 우리 집에 찾아오는 정수기를 고치는 노동자 등 정말 많은 노동자가 연맹을 달리하더라도 많이 조직화되었다고 생각하고요. 물론 금속노조 시스템처럼 된 노조는 아직은 없는 것 같습니다. 금속노조는 20년간의 역사를 통해서 조합비만으로 단양에 200명을 동시에 교육할 수 있는 교육 시스템을 만들었습니다.

문제는 이제 그런 거죠. 4만에서 15만 명 규모로 넘어가면 좀 더 큰 힘을 가질 거라고 생각했는데, 실제로 그걸 이루어내지 못했던 겁니다. 지금까지도 문제가 되는 것은 중앙교섭 참가 사업장이 계속 축소되고 있고, 그러다 보니까 중앙교섭이 길을 좀 잃고 있다는 점입니다. 의제도 마찬가지고 방향에 대한 혼선이 좀 있습니다. 또 하나는 금속노조가 처음에 출발할 때 했던 고민입니다. 사업장 내 노동조합 업무 중 어지간한 것들은 지역으로 빼자. 예를 들어 조사통계 업무나 이런 부분들은 지역으로 빼고, 기업 수준의 노동조합 안에서는 일상 조직 활동과 산업안전 중심으로만 해도 충분히 현장활동이 가능할 거라고 봤는데, 여전히 사업장 내에 기업별 노조 당시의 간부 체계가 그대로 남아 있습니다. 아직은 그런 부분이 지역으로 이관되지 못하다 보니까 그렇습니다. 앞에 말씀하신 '무늬만 산별'이라는 표현의 모습일 것입니다. 교섭의 형태나 내용을 풀고 가지 못하는 문제와 함께, 또 하나는 저희가 최근에 코로나 19 이후 많이 힘듭니다. 노동조합 집회를 조직하기도 힘든 게 현실입니다. 노동조합이라는 게 같이 모여서 토론도 많이 하고, 같이 움직이면서 뭔가 서로의 공통점을 확인하기도 하고, 차이가 있으면 그걸 보완해 나가는 과정이 있어야 하는데, 모이는 것 자체가 어렵다 보니까 점점 개별화되는 양상이 나타났습니다. 우리 지역도 마찬가지로 끊임없이 재구조화에 관한 고민을 하고 있습니다. 금속노조나 경남지부가 어디로 갈 건지에 관한 고민을 하고 있지만, 뚜렷한 답을 찾지 못하는 것이 지금 현재 상황이라고 보면 될 것 같습니다.

배종철(공공운수노조 경남본부 조직국장)

금속 이야기를 먼저 하고, 공공 이야기를 하겠습니다. 2001년에 금속노조가 만들어지는 과정을 보면, 그 직전인 1997년 IMF라고 하는 큰 사건이 있었던 거지요. 실제 기업 연대투쟁이나 전국적 연대투쟁들이 활발하게 진행되던 때 노동운동의 발목을 잡는 게 97년 IMF가 아니었던가 합니다. 그래서 대부분 노동조합이 자기 일터를 지키는 데 집중하는 방식으로 위축되어 가는 시기에 그것을 극복하기 위한 방안으로 산별노조를 추진하게 되었고, 그것도 2001년 3만 명으로 출발해서 3차까지 들어오는 데 한 5년 이상 걸렸습니다. 사실상 조직 형태를 만드는 데만 꽤 긴 시간이 소요되었습니다. 조직 형태가 완성되어 가는 과정에서 실제 전체 노동자의 관심이었던 고용이나 임금 문제들을 산별 교섭으로 만들기 위한 우리의 준비는 대단히 부족했다고 봅니다. 실제 교섭 의제에 관해 전체 노동자들이 합의해 가는 과정이 산별노조의 방향에 필요한데, 이러한 준비들이 대단히 부족했기에 사실은 방향을 잘 잡지 못하고 있습니다. 그 때문에 실제 교섭과 내용은 사업장 단위의 지회 교섭이 다수를 차지하는 형태로 지금까지 계속되고 있는 게 아닌가 하는 생각이 듭니다. 사실상 산별노조 운동에서 조직 형태를 만드는 것과 동시에, 전체 교섭 의제를 어떻게 확장할 건지, 전체 노동자를 포괄할 수 있는 의제를 어떻게 만들어낼 건지에 대한 준비가 부족했습니다. 특히 조직된 노동자들만이 아니라 미조직 노동자들이 즉각적으로 "저 노동자들이 이야기하는 게 맞아."라고 하는 동의를 얻어내는 과정, 그래서 조직된 노동자뿐만 아니라 미조직된 노동자들도 적극적으로 동의하는 노동조합 의제를 만드는 것이 필요하지 않았나 생각합니다.

반면, 공공운수노조는 한참 뒤인 2006년도에 산별노조를 시작했는데 마찬가지로 3만여 명으로 시작했습니다. 사실상 현재도 산별 조직 형태를 완성하지 못하고 있고, 전체 조합원의 반이 연맹의 틀에 남아 있는 상태여서 산별노조 운동의 방향을 설정하지 못하고 있습니다. 몇 년 전 내부적으로 임금 체계에 대한 논쟁을 5~6년간 하면서 산별노조 운동의 방향을 조금 논의하다가, 현재는 직무급제를 포함한 대안적 임금 체계에 대한 논의를 완전히 접어버린 상태입니다. 그래서 산별노조를 만들어 어떤 형태의 교섭을 할 건지에 대한 의제 내용에 대해서 방향을 못 잡고 있습니다. 조직 형태는 2026년 말까지 완성한다고 하는 결정을 내렸지만, 실제 장담하기 힘듭니다. 그리고 산별노조의 형태가 완성된다고 하더라도, 무엇을 가지고 상대와 교섭할 건지가 전혀 준비되어 있지 않습니다.

우리 내부에 극복해야 할 문제들이 많이 있다는 생각이 들고, 특히 공공부문은 과거에 87년 노동자 대투쟁 당시 노동자들의 주위 환경 조건들이 거의 비슷했던 것에 비교한다면, 현재의 조건들은 너무나 다릅니다. 현재 신입 노동자들 같은 경우에는 노동자들끼리 공통점이 별로 없습니다. 어느 기업에서 어떻게 일하느냐에 따라서 근로조건의 격차가 너무 크고 전혀 다른 조건에서 일하는 8천 명 조합원에게 같은 분위기를 기대한다는 것은 불가능한 게 현실입니다. 그러한 조건에서 본다면 사실 노동조합이 고민을 더 많이 하고 방향을 잡아내지 못하면 함께 하는 것은 더더욱 힘듭니다. 예를 들면 공공 부분 노동자들은 시험을 쳐서 들어왔다는 자부심이 대단히 큽니다. 그 때문에 비정규직이나 사내 하청 노동자들을 정규직화하는 데 대한 거부감이 크게 나타나고 있습니다. 이것을 내부에서 극복할 수 있을까 생각해 보면, 저는 사회적으로 이 문제를 풀어내지 않으면 기업 울타리 안에서는 풀기가 대단히 힘들다는 생각을 합니다. 실제 산별노조 운동과 관련해서는 조직노동자 전체를 아우르는 교섭 의제와 동시에 미조직 노동자들이 적극적으로 동의할 수 있는 의제를 만들어내는 것, 그런 의제를 가지고 투쟁할 때 노동자 계급 전체가 더 강화되고 실제 산별노조가 더 완성된 모습으로 달려갈 수 있지 않을까 생각합니다.

안석태(민주노총 경남본부 부본부장)

민주노총 경남본부 부본부장 안석태입니다. 저는 제가 개인적으로 생각하는 산별노조의 현재 문제를 말씀드리겠습니다. 사실상 1987년 이후부터 97년, 2천 년대 초중반까지는 민주노총의 전성기라고 표현할 수 있습니다. 그러나 산별노조 전환 이후에 대기업 집단들이 들어오고, 대기업을 중심으로 한 수직 계열화가 작동하면서 기업별 교섭 간의 교착상태가 발생합니다. 원래 기업별 교섭을 진행하던 것으로부터 산별노조를 만들기 위해 재정과 인력을 중앙으로 집중시키는 방안을 고민했지만, 기업별 교섭의 관행이 고착화하였을 뿐 아니라, 산별노조로 확대되다가 어느 정점을 찍고 나서는 대기업 집단인 재벌 사업장을 중심으로 수직 계열화가 진행되었습니다. 이 때문에 '지역'을 기반으로 한 산업 노동자의 결집이 약화하기 시작했습니다. 노동조합들이 여러 가지 구조조정과 노조 탄압, 산업 변화에 대한 대응 문제를 중심으로 기업 단위의 고민을 담을 수밖에 없기 때문에 기업 단위 교섭 구조의 고착화 문제가 심화되었다고 생각합니다.

두 번째는 대기업 집단이 들어오면서 수직 계열화 문제, 현대자동차나 재벌그룹사를 중심으로 한 생태계도 사실상 그룹별로 결정해서 교섭과 투쟁이 이 구조를 따라가는 방식으로 되니까 지역을 기반으로 한 산별 교섭 구조는 취약해질 수밖에 없었던 문제가 있다고 생각합니다. 이것을 어떻게 극복해 나갈 것인가에 대한 고민이 필요합니다. 세 번째는 고령화 문제, 사실 금속 대기업이든 민주노총이 문재인 정권 이후 비정규직 노동자들이나 공공부문 노동자들을 중심으로 확대됐다고 하지만, 정규직 노조 운동이 중심인 금속이나 제조업에서는 고연령층이 많고 이들의 조합비 납부 비중이 높습니다. 고령층 조합원들이 은퇴하면서 사실은 조합의 재정적인 취약성도 발생하고 있습니다. 고령화 문제는 사실 지역의 산업정책에 대한 개입이나 중앙에서의 관리부터 해서 많이 고민하고 함께 풀어나가야 합니다. 고령 조합원 중 노동조합 활동을 열심히 했던 분들이 많은데 이 사람들이 빠져나간 빈자리를 채울 청년 간부를 양성하지 못하는 문제 등이 악순환되고 있습니다.

미조직 노동자 조직화도 문제입니다. 산업 구조는 다변화되고 전체 노동자의 90%는 조직되지 못한 노동자들입니다. 조직되지 못한 노동자가 수없이 많고 그 노동자들은 사실상 하루 벌어 하루 먹고사는 사람인데 공장을 떠나고 나면 일반 공장도 못 갑니다. 내일도 출근하면 그런 문제가 발생하는데 이에 대한 산별노조의 직접적 개입, 지역 개입 전략에 대한 고민이 부족한 것 아니냐는 이야기를 드리고 싶습니다.

또 하나는 교섭구조의 제도적 한계로, 현행 노동조합법이 주로 사업장을 기반으로 하기 때문에, 산별노조 운동이 사업장 단위로 고착화하는 문제입니다. 현행 제도의 문제나 사업장 단위로 파편화되는 문제 등 제도적 문제가 있다고 생각되고, 이에 더해 교섭 구조의 단층화 문제가 있습니다. 다른 산별들은 여러 가지 중층적 또는 특성별 교섭구조를 가지고 있는데, 현재 금속노조를 보면 자동차나 조선 같은 업종별 분과 구조는 취약하고, 주로 중앙교섭-지부 집단교섭-사업장 보충교섭이라는 단층적 교섭 구조입니다. 물론 거기에 사회적 의제와 여러 가지 의제가 제시되고 있지만, 이러한 단층적 교섭 구조를 벗어나 의제나 특성별 교섭 구조를 확장할 필요가 있습니다. 화섬 · 식품 같은 다른 산별 연맹의 경우는 경남지역만의 집단교섭 체계가 없고 사용자 단체가 구성되지 않아 대각선 교섭을 적극적으로 활용하고 있습니다. 교육공무직이나 학교를 보면, 교육청을 대상으로 의제 중심의 교섭 방식을 구현한다든지, 여러 가지의 지역 기획이나 중층적 교섭 전략을 통해서 산업업종별 특성을 반영하고 있습니다. 이러한 고민이 필요한 것 아니냐는 이야기를 드리고 싶습니다.

그리고 민주노조 운동이 확장되고 넓어지면서 민주노총의 위상도 높아져 왔고, 이러한 노조의 위상을 더 강화하고 확대해야 한다고 생각합니다. 그런데 조직 내부의 갈등을 어떻게 해결할 거냐, 지역 단위의 조직 갈등을 조정하는 문제와 관련한 고민을 정파를 뛰어넘어서 같이 공유할 수 있는 구조나 내용이 있어야 한다는 겁니다. 왜냐하면, 노조 선거에서 패배한 정파는 본부 활동을 열심히 안 하거나 상대 정파의 집행부를 비난하면서 내부에서 갈등하는 경우가 있습니다. 금속노조든 민주노총이든, 산별노조 운동이 가져야 할 정치적 지향이나 이후의 발전 방향에 대한 고민을 담아서, 무조건 갈등과 경쟁이 아니라 그냥 단순하게 노동조합의 집행에 대한 고민을 함께 해야 합니다. 이런 갈등 문제를 극복하기 위한 고민이 필요하지 않나 생각합니다.

여영국(전 국회의원)

제가 며칠 전에 금속노조 개별조합원으로 가입을 했습니다. 한 이틀 상간에 마음이 약간 싱숭생숭했는데, 저는 제가 SNT중공업지회 소속으로 있으면서 계속 조합원 자격이 유지되는 것으로 알고 있었습니다. 그런데 작년에 정년 나이가 지났기 때문에 지회의 조합원 자격이 상실됐다는 이야기를 들었습니다. 그래서 다시 개별조합원으로 가입했는데, 이제 퇴직하는 조합원들이 퇴직 이후에 어떻게 산별노조 체계에서 자동으로 조합원 자격을 유지할 수 있도록 지회나 지부가 어떤 조치를 취하고 있는지 이런 게 궁금했어요. 이런 문제가 빨리 극복되지 않으면 지금 웬만한 사업장은 많은 조합원이 은퇴하고 있기 때문에 조직에도 상당한 영향을 미친다고 봅니다. 지난번에 퇴직 노동자 조직화 문제 토론회 때도 아마 이런 유사한 고민이 제기된 게 아닌가 하는 생각을 합니다.

저는 사실 2004년 초까지 금속산업연맹에서 일했습니다. 기업별 노조가 있고 금속산업연맹이 있던 상태까지 노조 활동을 했고, 그 이후에는 정당 운동을 중심으로 일을 해왔습니다. 2010년부터 진보정치에 참여하면서 뭔가 지역에 협약 같은 걸 하나 만들면 어떨까? 이게 산별노조의 역할 중 하나로서, 안석태 부본부장이 말씀하셨는데, 우리나라 재벌 중심의 원하청 수직 구조 속에서 산별노조가 할 수 있는 일이 너무나 제한되어 있습니다. 우리가 그걸 넘어설 힘이 지금 없기 때문입니다. 하지만, 창원공단에 한국노총 소속이든 미조직 노동자든 금속노조 소속이든 금속 산업에 종사하는 노동자들이 아주 많습니다. 그분들에게 통일적으로 적용되는 협약, 한 가지라도 뭔가 기준점이 있는가 하는 점을 볼 때, 향후 지역의 노사정 협약이 되든 뭐가 되든 그런 것 한두 가지를 찾고, 뭔가 좀 만들어내기 위한 투쟁들, 조합원들의 공감대를 만들어내는 과정이 필요하다고 봅니다. 저는 그게 미조직 노동자 조직화와 바로 직결되는 그런 과정이 되지 않을까 합니다. 그런 문제를 통해 현재 산별노조의 한계 좀 넘어서 갔으면 좋겠다는 말씀을 드리겠습니다.

홍지욱(민주노총 부위원장)

민주노총 부위원장으로 일하고 있는 홍지욱입니다. 지금 민주노총에서 산별노조의 혁신, 강화 그리고 중앙교섭의 제도화 법안을 준비하기 위해 산별 TF를 구성해서 가동하고 있는데,

제가 지금 이 사업을 맡고 있습니다. 앞선 동지들이 산별노조 운동과 관련한 지역 상황과 전체 산별노조 운동의 정체와 한계를 평가해 주셨기 때문에, 저는 산별노조에 관한 현재 민주노총의 상황 인식과 준비가 어떤지에 대해서 말씀드리도록 하겠습니다. 금속노조를 비롯해 공공운수노조, 화섬노조, 보건의료노조, 서비스연맹까지 포함해서 기존 산별노조들의 역할과 향후 과제들이 많이 있습니다. 앞서 진단하셨듯이, 산업, 업종별로 산별노조 운동을 더 강화하고, 특히 노조로 조직되어 있지 않은 노동자들을 조직화하고 그들의 권리를 확보해 나갈 수 있는 그러한 운동이 지속돼야 한다고 생각됩니다. 지금 민주노총 TF에서는 '모든 노동자에게 단체협약 적용'을 내걸고, 단체협약의 적용 확대를 위한 노조법 개정안을 현재 준비하고 있습니다. 지난 4월에 국회에서 산별노조의 중앙교섭 제도화를 위한 토론회도 개최했는데 여기서 진단과 문제 인식 역시 대동소이했습니다.

기존 노동조합에 가입해 있는 노동자들의 권리나 임금, 근로조건은 일정하게 금속노조를 통해 확보되고 있는데, 그 외 다수의 노동자, 특히 플랫폼 노동자를 비롯한 다양한 형태의 노동자들이 급증하고 있는데 이들의 근로조건은 전혀 다루어지지 않고 있는 게 현실입니다. 때문에, 법 제도적 차원에서 모든 노동자에게 단체협약 적용을 목표로 준비하고 있습니다. 민노총 산별노조 TF에는 금속노조, 공공운수노조, 시설노조, 보건의료노조, 서비스연맹의 주요 정책 담당자들이 참가하고 있고요. 6월 대선이 끝나면 제출할 법안의 초안을 검토하고 있습니다. 다음 달 새 정부가 출범하게 되면 그에 맞춰서 6월 중으로 노조법 개정안을 제출할 겁니다. 이 노조법 개정안을 올 하반기나, 늦어도 올 연말에는 처리해 시행될 수 있도록 하자고 준비하고 있습니다.

노조법 개정안의 핵심 내용은 노조법 29조 2항과 이하인데요. 기존에 교섭창구 단일화 절차 제도가 사실상 단체 교섭을 제한하고 있기 때문에, 예외 조항을 신설해 초기업 단위 조직이 만들어져 교섭할 때는 교섭창구 단일화 절차를 간소화하거나 예외를 둘 수 있도록 노조법 29조 단협 절차에 관한 개정안을 준비하고 있습니다. 또 하나는 29조에서 단체교섭, 기업 교섭의 결정을 누가 할 거냐는 겁니다. 지금은 운수노조에서 교섭을 요구해도 사용자가 안 나오면 그만이죠. 우리가 교섭 대상을 지정해도 안 나오면 그만인데, 이렇게 방치해 두는 게 아니라 주 기업 교섭 단위의 결정은 중앙노동위원회가 할 수 있도록 노조법 29조에 신설 조항을 준비하고 있습니다. 신설 조항으로 교섭을 강제할 수 있도록 노조법 29조를 시행하는 것입니다. 지금 공공기관에 공무원을 제외한 공무직이 어마어마하게 늘어나고 있습니다. 이들의 단체 교섭 요구에 대해서 중앙정부나 자치단체장들이 거부하거나 불성실하게 임하고 있기 때문에 거의 교섭이 이루어지지 않고 있는 게 현실입니다. 또 공공기관의 교섭 책임을 신설해서 강제할 수 있도록 노조법 30조에서 교섭 등의 원칙을 포함해 중앙정부와 지자체장이 교섭에 성실히 임하도록 하는 법안을 준비하고 있고요.

핵심적인 법안은 노조법 36조인데 이는 단체협약의 효력 확장 제도 조항입니다. 이 조항의 개정을 준비하고 있고, 여기에 모든 노동자에게 단체협약을 적용한다는 내용이 담겨 있습니다. 노조법 36조 '단체협약의 효력 확장' 이것이 지금은 불가능하게 되어 있는데, 중앙노동위원회는 단체협약의 쌍방 또는 어느 일방의 신청에 의해서, 관련된 산업 · 업종에 종사하는 모든 노동자나 사용자에게 해당 단체협약의 일부 또는 전부를 적용할 수 있습니다. 이것을 중노위 위원장이 결정해서 구속력을 만드는 방식으로 확장 제도를 만들자는 겁니다. 창원 지역에서 금속노조 경남지부나 공공노조 경남본부가 해당 업종이나 지역 차원의 초기업 단위 교섭을 진행해 달라고 경남 지노위나 중노위에 신청하고, 중노위에서 그것이 타당하다고 결정을 내린다면 교섭에 나와야 하는 거죠. 해당 사업주에게 강제력과 구속력을 갖게 만드는 것이 그런 확장 제도 조항을 준비하는 이유입니다.

지난 4월 1일 국회 토론회에서 프랑스를 비롯한 다른 나라 사례를 살펴봤습니다. 그런 것을 참고하고, 그렇다고 일방적으로 한 번에 다 욕심을 내지 말고, 경총이나 상대가 있기 때문에 쉽지 않다는 점을 감안해야 합니다. 단체협약에서 단체협약 효력 확장 제도를 완벽하게 관철하지 못하더라도 초기업 단위 교섭의 제도화를 위해, 기업 단위의 교섭을 주 교섭 대상으로 단체협약을 체결하게 되면 중앙노동위원회 결정으로 협약 내용을 지역 전체로 강제할 수 있는 노조법 개정안을 올 연말까지 제출할 생각입니다.

저희가 확인한 바로는, 민주당이 새 정부의 정책을 준비하는 과정에서 민주당 내 정책 단위에서는 우리나라 노동 현장의 이중구조, 고용과 임금, 근로조건의 분절과 왜곡을 해결해야 한다는 상황 인식이 좀 있는 것으로 보입니다. 그래서 이재명 후보가 당선될 경우, 노조법 23조 개정, 근로기준법 개정 등 노동 정책 전반에 걸쳐, 특히 노동법 개정에 관한 현안도 있지만, 초기업 단위의 교섭 제도에 관해서 정책적으로 깊이 있게 접근하려는 의지가 확인되고 있습니다. 그게 새 정부 구성 이후에 현실이 될지 모르겠지만, 어쨌든 민주노총은 민주당에 강하게 법 개정을 요구해서 대안을 찾고자 합니다.

문상환(금속노조 경남지부 미조직비정규사업국장)

잠깐 추가로 말씀드리면, 많은 우려 속에서도 최근에 디엔솔루션즈라고 기업별 노조에서 금속노조 지회로 전환한 사업장이 있습니다. 예전에 대우중공업이었고, 이후 대우종합기계와 두산 인프라코어, 두산공작기계에서 디엔솔루션즈가 된 사업장인데, 그 간부들이 그렇게 표현합니다. “기업별 노조로 있을 때 관이 대하는 태도와 금속노조로 왔을 때 관이 대하는 태도는 다릅니다.” 금속노조가 갖는 위상을 이렇게 표현하고 있고, 또 하나는 구조조정에 직면했을 때는 정말 금속노조를 찾는 구조, 그게 좋은 건지에 대한 판단은 다르겠습니다만, 어쨌든 부족한 부분들을 채워나가야 하는 부분은 정확하게 있겠지만, 산별노조의 유의미성을 찾으면, 관계기관에서 금속노조를 바라보는 시각과 구조조정을 맞이하는 노동자가 금속노조를 찾는 부분은 20년의 산별노조 역사에서 지역사회와 노동자들에게 어느 정도 자리를 잡지 않았는가 생각하고 있습니다.

주제 2. 노동자 정치세력화, 평가와 과제

조효래(진행)

두 번째 주제는 노동자 정치세력화 문제입니다. 많은 분이 노동자 정치세력화가 실패했다고 평가하고 있습니다. 도대체 어디서 잘못된 거냐, 정파 갈등 말씀도 많이 해주셨는데, 노동자 정치세력화를 포기할 것이 아니라 새로 시작한다면 제2의 정치세력화는 어디에서 실마리를 찾을 수 있는지 이런 고민이 있습니다. 이번은 여영국 의원부터 하겠습니다.

여영국(전 국회의원)

제가 이야기를 많이 들어야 할 위치에 있는 사람이라고 생각하는데요. 요즘 참 많이 헷갈려요. 어제 저하고 같은 이름을 가진 권영국 후보 캠페인을 마치고 뒷자리에서 잠깐 그 이야기가 나왔어요. 진보정당 운동의 역사는 배반의 역사다, 노동당에 계신 분이 저한테 "당신도 배반자다, 이후에 같이 하려면 사과를 해야 한다." 이런 정도의 이야기가 나왔어요. 그만큼 얽히고설킨 게 너무 많은 진보정당 운동을 20년간 해오면서 어마어마하게 많은 실타래가 얽혀 있다는 생각을 했습니다. 어디서 어떻게 풀어야 할지, 과연 노동자 정치세력화라는 게 뭔가 하는 생각을 했습니다. 우리 노동자들이 어떤 정치적 요구를 집단화해서 우리 요구를 수용하는 정당을 지지하는 것, 이것도 노동자 정치세력화의 하나의 형태입니다. 예를 들면 한국노총이 대표적으로 정책 협약식을 맺고 그 정당을 지지하고 그 후보를 지지하는 방식입니다. 그러나 저희가 하려는 것은 노동자들을 중심으로 정치적 세력화를 통해서 직접 권력을 잡고자 하는 방향에서 노동자 정치세력화를 말하고 있습니다. 하지만, 지금 과연 그런 의지와 전망, 프로그램을 가지고 정치세력화를 진행하고 있는가라는 점에서는 전혀 아니라고 생각합니다. 과거에 민주노동당이 2004년에 국회 의석 10석을 얻고 나서 12년 집권 프로그램인가 그런 걸 제시한 적이 있었습니다. 원내 교섭단체를 구성하고 그 성과를 바탕으로 원내 제1당이 되고, 그리고 바로 집권으로 나아가는 경로를 제대로 꿈꿔보기도 전에 내부적 충돌로 그냥 무너지고 말았죠.

다른 외국 사례를 보면, 저는 진보정당 운동이 결국 노조 운동의 토대를 떠나서는 있을 수 없다고 생각합니다. 지금 대한민국의 노동운동은 아주 낮은 노조조직률을 가지고 산별노조의 형식으로 묶여 있습니다. 노동조합이 기업별로 갈기갈기 찢어져 있는 상황 속에서 과연 이런 토대 위에 노동자 중심의 진보정당 운동이 제대로 될 수 있는가라는 생각을 합니다. 만약에 새롭게 출발한다면, 노동자들이나 시민을 조직화하는 그런 운동, 진보정당 운동도 특히 산별노조 운동을 새롭게 정립하는 과정에 결합하고 그런 성과를 바탕으로 노동조합과 진보정당이 상호 보완적으로 발전하는 방식으로 노동자 정치세력화가 되었으면 좋겠다는 생각이 듭니다. 예를 들면 저희가 이번에 대선에서 몇 % 지지를 받을지 모르지만, 조직화되어 있지 않기 때문에 그게 손에 잡히지 않는 게 있거든요. 예를 들면 진보당은 대중조직과의 결합력이 높은데,

이런 조직들이 어떤 독자적 세력화의 전망을 명확하게 가지고 함께 가면 다른 성과도 만들어 낼 수 있겠다 싶습니다. 우리와 생각이 좀 다른 분들은 큰 당을 중심으로 연대 중심의 정치 방침을 내세우다 보니까 이것도 상당히 걸림돌인 것 같고, 그렇다면 과연 이분들이 함께할 수 있겠는가 하는 점에서는 좀 회의적이에요. 그래서 뭘 어떻게 해야 할지, 선거운동을 지금 하고 있지만, 머리는 좀 복잡한 상태입니다. 과정이 어쨌든 새롭게 출발을 해야 하는 거라는 생각도 듭니다.

조효래(진행)

예. 노동자 중심 진보정당의 물적 토대로서 산별노조 운동의 취약한 상황을 강조해 주셨습니다.

홍지욱(민주노총 부위원장)

민주노총의 창립 정신이 그렇고 강령에도 정치세력화가 명시되어 있는데요. 한 손으로는 산별노조 운동을! 전체 노동자들을 산업별로 조직해 강력한 단결력을 기반으로 전체 노동자들의 이익을 확보해 나가면서, 다른 한편으로는 정치세력화를! 이렇게 양 날개로 민주노총을 만들었습니다. 그래서 이 대책 없는 자본 중심의 모든 노동 현장, 사회 구석구석에 차이와 차별이 판치고 개선될 여지가 보이지 않는 이 사회를 평등 사회로 만들어가자는 것이었습니다. 한편으로는 산별노조 운동을. 다른 한편으로는 정치세력화를 통해서 민주노총은 평등사회를 실현해 나간다. 이것이 민주노총을 만든 목적이었는데요. 노동자 정치세력화 운동은 지금 하향 평준화 정도가 아니라, 언론에서 보듯이, 민주노총의 대선 방침 때문에 논란과 혼란이 거듭되고 있습니다.

이러한 파국 상황이 어떻게 전개될지는 저도 가늠이 잘 안되는 상황입니다. 그래서 정치세력화에 대한 진단과 평가는 다른 분들이 많이 해주실 것 같아서 현재의 대선 방침 논란 관련해 말씀드리겠습니다. 민주노총의 대선방침 논란은 이번 대선 기간에 처음 터진 게 아니고 작년 2024년 총선 방침에서부터 비롯된 일입니다. 어렵게 합의되어 있던 총선 방침과 관련하여 해석을 달리하고 이를 지키지 않으면서 결국에는 논란과 혼란이 가중되었습니다. 총선 때 1년 내내 민노총은 이 사안을 가지고 어떤 평가도 하지 못한 상태에서 대선을 맞이했고, 진보당은 민주당과의 선거 연합 연대 전략을 확장해 가고 있습니다. 진보당은 내년 지방선거와 다가오는 총선까지도 민주당과의 연대정치, 선거 연합 전략을 가져갈 것으로 보입니다. 그것이 옳으냐 그르냐의 문제는 아닌 것 같고. 제가 보기에는 현재 진보정당들을 포함해서 민주노총의 정치세력화에서 가장 핵심적인 쟁점은 진보정치, 진보정당들이 선거연대·연합 전략을 어떻게 할 것인지에 대한 합의입니다.

작년 총선에서 합의에 실패했고 민주노총의 현 집행부를 포함한 진보당의 전략은 이번에는 특수한 대선이니까 연대·연합, 광장 정치연합까지 포함한 민주당과의 연대연합을 열어야 한다는 것입니다. 반면에 정의당을 포함한 나머지 진보정당들은 민주당과의 선거 연합 전략을 비판하면서 일부 사회 연대 세력을 포함해서 민주노동당으로 별도 후보를 내 선거에 임하고 있습니다. 어쨌든 내년 지방선거나 이후에도 이 지점에 대한 합의가 되지 않을 경우에는 갈등 구조가 계속 반복될 것 같습니다.

저는 브라질을 한 세 번 정도 다녀왔는데, 갈 때마다 느낀 점이 있습니다. 브라질 노동당의 사례를 보면 룰라가 세 번째 집권하고 있고, 지우마 대통령을 포함하면, 브라질 노동자당이 네 번째 집권하는 대기록을 세우고 있고 노동자의 권리를 확장하고 빈민, 농민, 사회적 취약계층의 삶을 개선하고 있습니다. 물론 국회의원 중에 자본가들도 많이 있고 한계도 있지만, 브라질 노동자당의 정파 등록제는 상당히 오래된 제도인데, 우리도 이런 것을 민주노동당 시절에 검토했다가 도입하지 못하고 결국 정파적으로 분열되고 말았는데요. 세계 어느 나라도 한 정파 세력이 혼자 힘으로 정권을 확보하거나 의회 다수를 차지한 사례가 없습니다. 제가 알기로는 모든 나라의 진보정당들은 모두 연대·연합의 전략을 통해서만 집권할 수 있었고 의회 진출도 가능했습니다. 그래서 우리의 진보정당 운동, 민주노총의 정치운동도 냉철하게 원칙이나 연대·연합 전략에 대한 공식적 합의가 가능할 것인지 신중한 고민이 필요한 상황입니다.

김성대(전 민주노총 경남본부 정책국장)

예를 하나 들면, 어떤 노조의 간부들이 A 정당에 참여했다 칩시다. 그러면, B, C 다른 진보정당은 아예 소개도 안 해주니 조합원들은 그런 정당이 있는 것도 모르게 됩니다. B, C 정당의 지향을 가진 사람들은 그 안에서 자유롭게 말도 못 해요. 또 D, E 등의 보수정당도 마찬가지입니다. 그런 생각이 있는 사람들은 말은 못 하지만 보수정당을 지지하고 퇴직 후에 그렇게 돌아가요. 그런 사람들이 또 B, C 진보정당에 반발하고 있고. 또 D, E 같은 보수정당을 지지하는 사람들은 A, B, C 같은 진보정당에 대해서 잘 몰라요. 그러니 밖에서 보면 저 사람들은 "왜 저렇게 싸울까" 하며 의아해합니다. 옛날에 진보는 민주노동당이었을 때는 집권을 이야기했어요. 그게 가능했습니다. 그래서 가슴이 벅차올랐죠. 그런데 지금은 A, B, C 정당이 갈라져 있으면서도 집권을 이야기해요. '꿈꾸는 자들이 세상을 바꿀 수 있다'고 했지만, 저는 개꿈이라 생각해요. 밖에서 보면 그들은 정말 차이가 없습니다. 그런데 큰 차이가 있다고 보고 달리하려고 합니다. 운동에서 순결성, 가치 지향이 달라질 수도 있고, 다양성도 중요합니다만, 그러면 집권을 이야기하면 안 된다고 생각합니다. 간부와 조합원들은 정치나 정당에 관한 생각에서 차이가 많습니다. 그런 차이를 극복할 수 있는 대안이 없으면 민주주의를 못 합니다. 그냥 B 정당, C 정당 이런 거는 없어요. 노동조합이 민주적이지 못하고 간부들의 일방적인 생각에 따라 조합원들이 줄을 서라는 방식이잖아요. 이런 부분에 대해 회의가 깊습니다. 왜냐면 B, C 정당은 자기의 가치와 맞지 않고 다른 정당이라고 생각하기 때문입니다. 그래서 차이를 극복할 방법, 조합원들의 이야기를 들을 수 있는 장치를 마련해야 한다고 봅니다. 저는 우리가 적어도 A, B, C가 맞다면, A, B, C를 선호할 수 있도록 만들어주어야 한다고 봅니다.

조합원 교육도 역사나 철학, 문화 교육에서 인간의 존엄성을 높이는 방향으로 설계되어야 합니다. 기능적인 측면, 우리가 노동조합을 조직하고 처음 하는 이야기가 '임금인상'이라는 목적뿐입니다. 간부들은 성과를 내야 하니까 생존권이 우선이라고 하는데 근본적인 부분부터 고민해야 합니다. 지금은 여러 정치세력이 가슴으로 협력해야 하는데, 홍지욱 부위원장 말씀하신 연대 · 연합에는 이런 것들이 없다고 봅니다. '지금 연대하고 있는가?' 물어보면, 굉장히 회의적이라고 봅니다. 세상을 바꾸자고 구호는 외치는데, 세상을 혼자서 바꿀 수 있습니까? 저는 그런 부분에서 굉장한 회의가 듭니다. 세상을 바꾸려면 단결해야 하는데, 이런 성찰이 부족하다고 봅니다. 조합원들에게는 단결을 요구하면서도 간부들은 성찰하지 않습니다. 대동단결, 대동투쟁을 외치면서도 다 끼리끼리, 따로따로 모이는 조직문화에 대한 반성이 필요합니다. 이런 것을 깨뜨릴 수 있는 문화를 창조해야 합니다. 노동조합 운영의 원칙을 민주집중제라고 하지만, 치열하게 토론해서 결정이 나면 따를 수 있어야 하는데, 생각이 다르면 집중하지 않습니다. 이런 진보정치 세력이 내부적으로 정파를 잘 녹여내야 합니다. 정치의식을 높이고, 정치세력화를 하는 것이 동일한 과제입니다. 민주노총이 산별노조와 진보정당을 단결시키는 구심적 역할을 해야 합니다. 그런데 현실에서는 민주노총이 오히려 분열된 진보정당에 의존적인 행태를 보이는 부분은 지양해야 합니다. 진보정당들이 서로를 불신하는 문제가 큽니다. 지금도 민주노동당의 기치를 들고 배신, 배척, 불신하고 있는 조직문화부터 바뀌야 합니다.

문상환(금속노조 경남지부 미조직비정규사업국장)

참고로 저는 노동당 당원인데요. 여영국 전 의원이 말씀하셨던 그 자리에 같이 있었습니다. 물론 제가 얘기한 건 아닙니다. 지금 21대 대통령 선거와 관련해서 선대위를 구성해서 권영국 후보 선거운동을 하고 있는데요. 저희가 선거운동 전에 독자 후보에 대한 부분, 2024년 12월 3일 윤석열의 비상계엄과 그 이후 이어진 상황 속에서, 탄핵으로 대통령 선거가 진행될 것으로 예상하고 많은 토론 과정을 거쳤습니다. 그러면서 실제로 그런 고민들을 많이 했었어요. 20대 대통령 선거를 돌아보면, 윤석열과 이재명의 표 차가 1%도 나지 않았습니다. 당시 심상정 후보가 사퇴했어야 했는데, 사퇴하지 않아서 윤석열을 당선시켰다고 하는 프레임이 지금도 이어지고 있습니다. 20대 대통령 선거 당시에 진보당도 당황스러웠을 거라고 생각하거든요. 자신들이 주장해 왔던 당원 수의 절반에도 못 미치는 3만 7천 표 정도가 나왔는데 그게 부담스러운 거죠. 저희 내부에서 토론하면서 대통령 선거가 진행되면 진보당이나 조국혁신당이 후보를 낼 것이냐에 대한 얘기도 많이 했습니다. 아마 내기 어려울 거라고 판단을 했지요. 그게 뭐였냐면 심상정 의원과 정의당에 대한 일종의 집단적 이지메에 가까운 프레임을 씌우는 것을 이미 봤기 때문에 출마 결정이 어려울 것이라고 봤습니다. 그리고 국민의힘이나 더불어민주당은 미국식 양당 체제가 굳어지기를 바라는 정당으로 보입니다. 그래야 자기들끼리 나눠 먹기를 열심히 할 수 있으니까요.

어떻게 보면 노동자 정치세력화라고 표현하고 있지만, 개인적으로 보면 1988년에 국회의원 선거를 처음 해봤는데 그때 '민중의 당'이 있었습니다. 제가 대구에서 당시 선거운동을 했었는데 정호용과 붙었어요. 철도노조 간부를 했던, 최영 동지가 당시 '민중의 당' 후보였고, 26살로 기억합니다. 아주 젊은 후보로 출마했었습니다. 그때부터 37년 동안, 대중적으로는 2000년 민주노동당 이후에 독자적 정치세력화라는 얘기가 이어졌고 노동당까지 왔는데요, 잘 모르겠습니다. 제가 보기에는 우리가 생각했던 노동자 정치세력화라는 것은 조합원들의 정치적 의식을 높이면서 세상을 함께 변화시켜 나가는 거라고 생각합니다. 그런데 지금 조합원들하고 얘기해 보면, "노동조합 정치세력화는 결국 출마를 통해서 당신들 일자리 만들려고 한 거 아니냐"는 표현까지 합니다. 독자적인 노동자 정치세력화를 주장하며 출발했던 사람들이 지금 다 어디 가 있냐고 하면, 상당수가 더불어민주당에 있고요. 대부분 가 있죠. 그리고 심지어 국민의힘에도 가 있는 상황입니다. 그것에 대해서 우리가 조합원들에게 정확하게 설명을 제대로 하지 못하는 상황입니다.

예전에 민주노동당 또는 이후 다른 진보정당의 선거운동을 하면서 같이 '우리가 정말 노동자 정치세력화를 하겠다' 주장했던 사람들 상당수가 보수정당에 가 있는 부분에 대해서 우리가 조합원에게 답할 수 있어야 한다고 생각하거든요. 지금 대통령 선거에도 딱 맞는 것 같습니다. 지역에 방위산업 사업장들이 많습니다. 현대로템, 현대위아 등 방산 사업장이 많고, 방산 사업장 노동자들은 쟁의권을 갖지 못합니다. 그래서 국회의원 선거가 되면 41조 2항 방산 사업장 노동자들의 쟁의권 제한 관련해서 협약식을 합니다. 2016년 노회찬 의원 때부터 지금까지 계속 국회가 만들어질 때마다 그 법에 대한 개정안이 나오고, 최근에도 진보당 정혜경 의원이나 더불어민주당 이용호 의원, 조국혁신당 신장식 의원까지 해서 개정안이 지금 국회에 계류가 돼 있습니다. 관련해서 더불어민주당 이재명 후보에게 입법 개정에 대해 정책 협약을 제안하니까 더불어민주당의 답변이 그런 거예요. 금속노조가 공식적으로 권영국 후보를 지지했기 때문에 우리는 금속노조와 협약을 맺지 못한다. 이게 영역별로 좀 다르게 하는지 모르겠습니다만 더불어민주당에서 '이미 당선되었다' 보고, 몸조심하는 모습을 우리가 보고 있는 거죠. 노동자 정치세력화라고 30~40년을 쭉 해오는 동안 우리가 조합원들에게 도대체 무엇을 보여준 건지, 그리고 지금의 모습은 어떤 건지. 21대 대통령 선거에서 민주노동당으로 가고 있는 이 상황도 선거 과정에 대한 평가, 그리고 나중에 평가해야겠지만 정말로 우리가 생각했던 정치세력화가 뭔지를 다시 한번 되짚어봐야 한다고 생각합니다.

배종철(공공운수노조 경남본부 조직국장)

15년 전 민주노동당이 분당할 때 개인적으로 분당을 반대했던 이유는 딱 한 가지였습니다. '이념적으로 쪼개졌으면 좋겠다. 그리고 쪼개지더라도 각자가 살 수 있는 토대가 될 때 쪼개졌으면 좋겠다.' 이런 거였는데 사실상 내부 권력 다툼을 통해서 쪼개졌습니다. 15년이 지난 지금의 모습은 어떤 걸까? 저는 그냥 정치세력화가 아니라 당의 이념을 중심으로 활동하고, 당의 이념에 맞춰 사업을 하고 있다고 봅니다. 지금 현재 진보정당 내부의 민주주의는 어떤 수준일까 생각해 보면 당 대표를 뽑는 데도 과반수 개념이 없습니다. 과반수가 투표를 안 하더라도 당선될 수 있는 규정을 만들어 놓고 있습니다. 노동조합의 위원장을 뽑는 데도 최소한 과반수를 얻어야 합니다. 대중조직에서도 과반수를 얻어야 하는데. 진보정당 당 대표가 되는 데 가입하고 있는 당원들이 과반수가 투표를 안 해도 가능한 방식, 이것은 당원들이 이념으로 가입하고 있지 않다는 겁니다. 인맥을 통해 페이퍼 당원들이 엄청나게 들어와 있고, 이전 대선에서 특정 당 대통령 후보가 자기 당원들 수보다 표가 훨씬 작게 나오는 일들이 있었습니다. 현재 우리 진보정당이라고 표현하고 있는 당들의 모습이 바로 이것입니다. 그런 과정에서 민주노총을 중심으로 한 특정 진보정당 운동과 관련해 2023년 임시 대의원회 결정 방침이 이후에 지켜지지 않는 것입니다. 이것이 현재 대중적으로 조합원들에게 조금씩 확인되고 있습니다.

이번 대선에서 진보정당 후보로 유일하게 1명이 출마했는데도 선거 방침을 결정하지 못하는 민주노총의 현재 조건을 두고, 이후에 진보정당 운동이 단결해서 뭘 잘하자? 저는 현재 노동운동 내 다수의 패권을 가지고 있는 NL 그룹의 현재 조직 운영 방식으로는 함께 할 수 없을 거라고 봅니다. 한 발 더 나가면 지금보다 악화될 것입니다. 우리 내부에서 단결로 나타나는 모습, 더 강화되는 모습으로 나타나는 것이 아니라, 훨씬 더 나쁜 방향으로 나타날 수밖에 없습니다. 저는 그게 나쁘다고 보지는 않습니다. 어쩔 수 없습니다. 이념이 다르고 생각이 다른데 그걸 단결해서 함께 해야 한다? 저는 그렇게 보지 않습니다. 각자의 정당들이 자기 정당에 맞는 이름과 내용을 가지고 대중에게 이야기하고 조합원에게 이야기해서 권력을 쥐면 되는 겁니다. 생각이 다른 걸 억지로 함께해야 한다면 민주노동당 분당의 모습을 반복할 뿐입니다. 저는 내부의 치열한 논쟁보다는 각자의 이념과 생각대로 활동하는 것이 낫다고 생각하고요. 그다음 현재 우리 내부의 모습을 보면 각각의 산별 연맹이 나름대로 소수의 정치운동 교육은 했을지 몰라도, 공식적으로 산별 연맹들이 독자적인 정치교안을 가지고 있지 못합니다. 민주노총도 마찬가지고. 그래서 15년 동안 대중조직인 민주노총 내부를 보면 정치 교육이 제대로 이루어진 적이 단 한 번도 없습니다. 그런 조건에서 진보정당 운동이 더 많은 지지를 얻을 거라는 기대는 불가능합니다. 다시 저 밑바닥부터 시작할 수밖에 없는 상태라고 봅니다.

실제 조합원과 대중들에게 우리 진보정당은 무엇을 하려고 하는지를 이야기할 수 없는 게 지금의 모습입니다. 또 하나는 이제는 민주노총에 정치 방침과 선거 방침을 맡겨서는 안 된다고 봅니다. 저는 이것을 산별 연맹으로 가지고 내려와야 한다. 민주노총이 이걸 계속하려고 하는 순간 민주노총이 깨어질지 모른다. 그래서 민주노총은 이제 포기합시다. 그래서 더 이상 2023년에 결정했던 것, 대의원대회에서 합의했던 것조차 지키지 못할 정치 방침을 가지고 가겠다고 하면, 저는 민주노총은 손을 떼야 한다. 정치 방침과 선거 방침을 이제는 산별 연맹으로 내리고, 각 산별 연맹이 독자적인 정치 방침과 선거 방침을 가지고 대중 사업을 해 들어갈 때 다시 한번 기회를 만들 수 있지 않을까 봅니다. 그렇지 않으면 민주노총이 위험에 놓이게 될 겁니다. 민주노총 위원회에서 이것을 감수한다고 하면 지도부는 그것을 강행해 볼 필요는 있겠죠. 그것이 곧 내년 지방선거에서 드러날 겁니다. 2023년에 결정했던 그 결정문을 대중들에게 보여주고 그 글을 읽게 하면 누가 보더라도 이 문제가 어떤 결과로 나타날지 알 겁니다. 지금 패권을 쥐고 있는 지도부들은 글자의 해석을 달리해 버리는 거죠. 그리고 현재 대선 후보에 대해서 지지하지 않습니다. 이 상태를 두고 내년 지방선거에서 힘을 모아서 뭘 함께 해 보자, 저는 불가능하다고 봅니다. 민주노총이 그걸 하려고 하는 순간 민주노총의 구성이 위험해집니다. 저는 산별 연맹으로 정치 방침과 선거 방침을 내리고 연맹들이 지금부터 다시 조합원과 대중들에게 교육을 통한 진보정치 운동을 다시 시작해야 하지 않을까 합니다.

안석태(민주노총 경남본부 부본부장)

요즘 상황이 그렇기도 하고, 배종철 국장님도 말씀하시고 여러분들 말씀을 들으니 개인적으로 고민이 많이 드는 상황입니다. 핵심적인 문제는 활동하는 동지들, 이해관계나 입장을 가진 분들이 어떤 입장을 갖느냐에 따라 차이가 있지만, '무엇을 할 것인가'가 고민의 지점입니다. 정파적 갈등에는 두 가지 요소가 있습니다. 하나는 사회적 교섭 문제고, 다른 하나는 정치세력화 문제입니다. 나머지 계급투쟁 영역의 문제나 의지에 대해서는 차이가 있지 않습니다. 함께 투쟁할 수 있고 뭉쳐서 단결할 수 있습니다. 그러면 이 두 가지 문제, 특히 정치세력화 문제를 어떻게 함께 풀어갈 것이냐? 민주노조운동이 상승할 때는 산별노조 운동이 계급운동만으로 되지는 않으니까 정치세력화가 필요하다는 입장에서 강력하게 밀어붙였습니다. 그 선순환 구조로 진보정당이 만들어지고, 진보정당이 다시 산별노조 운동의 조직 확대로 귀결되어, 조직력의 강화, 자본의 개입을 차단하는 힘으로 작동한 것이 한 10년 전까지의 상황이었습니다. 그러나 그 이후에는 진보정당들이 다원화되고, 활동하는 동지들이 단결을 통해 문제를 함께 해결해 가려는 노력을 많이 해왔지만, 결정에 이르지 못했고, 77차 대의원대회에서 결정을 했습니다.

그 중간의 여러 가지 과정을 보면, 연합 정당이든 민주노총당이든 어떠한 합의에 이르지 못했습니다. 여러 선거 투쟁에서 진보정당의 득표를 모두 합쳐도 1%가 되지 않는 것이 현재의 조건입니다. 이것은 대중조직의 분열 때문인데, 대중조직의 분열은 여러 가지 정치적 견해에 따라서 어떤 부분은 들어가고 어떤 부분은 못 들어가는 처지에 있습니다. 이는 의제에서도 갈등 요소로 고스란히 나타납니다. 왜냐면, 의제 중심으로 단결을 강화하지 못하다 보니까 의제의 조직력 약화가 정권과 자본의 개입으로 나타나는 악순환을 겪고 있습니다. 저는 민주노총의 결정 과정과 결정한 내용을 잘 지키는 것, 그리고 그것을 대중적으로 확산하는 것이 대단히 중요하다고 생각합니다. 민주노총의 결정을 지키기 위한 노력을 해야 하고 그것을 확산하기 위한 방식에 대해 고민해야 합니다. 사전 단계에서 우리가 무엇을 해야 하는지를 여러 그룹의 동지들이 힘차게 이야기하고, 깊이 있게 고민하고, 향후 가야 할 전략적 방향에 관해서도 이야기해야 합니다. 제가 배 국장님께 반론을 제기하는 것은 아니지만, 연맹 단위에도 다 연맹 교육들이 있고, 갈등이 있기 때문에 모든 것을 펼칠 수 없게 될 위험이 있다고 봅니다. 적어도 민주노총 운동은 한국 사회를 바꿔온 주력의 지위를 차지하고 있고, 주력은 정치세력화 또는 집권을 통해 더 나은 다음 단계로 나갈 수 있다고 생각하거든요.

이 문제도 김정호 소장님이 말씀하신 대로, 현재 주어진 문제를 제외하고 향후 어떤 전략적 노선과 내용을 가지고 모든 단위가 함께 할지 민주노총의 방침과 내용을 이야기해야 합니다.

선거 방침, 선거 슬로건, 또는 의제의 내용으로 가져갈 수 있는 토대를 만들어보고, 그 속에서 갈등을 조정하는 노력이 필요합니다. 현재 민주노총 중앙부터 지역까지 갈등 조정 역할이 거의 이루어지지 않고 있는 상황입니다. 갈등 조정 역할을 통해 지역 조직을 중심으로 단일한 지휘 체계와 단일한 입장, 단일한 투쟁을 형성할 때 지방 정부나 자본에 대한 개입을 이루어 낼 수 있을 겁니다. 갈등 조정이 가능하다면 투쟁이 더 확장될 수 있을 텐데 이게 부족한 상황입니다. 이번 평가에서 드러난 내용을 깊이 있게 고민하고 지역에서도 이런 자리들이 더 활성화해서 같이 고민해 들어가야 합니다. 이런 자리가 사실은 너무 부족하다는 생각입니다.

조효래(진행)

노사관계에서는 갈등 조정이 익숙한 개념인데, 노조와 정당 내에서의 갈등 조정은 낯설기도 하고 더 어렵습니다. 정치세력화 문제는 워낙 의견 차이가 크고, 조율하기가 어려운 문제이기도 해서 다양한 의견이 엇갈리는 것 같습니다. 마지막으로 정치세력화와 관련해서 꼭 짚고 넘어가야 할 부분이 있으면 말씀해 주시죠.

여영국(전 국회의원)

이번 21대 대선에서 진보당을 제외한 나머지 진보정당과 노동조합, 사회단체들이 실험하고 있는 연합의 과정이 저는 계속 발전해 갔으면 좋겠다는 생각이 있습니다. 제 마음속에 민주노총은 정치와 관련해서 아예 지워져 있습니다. 제가 국회의원에 세 번 출마했습니다. 2019년도 보궐선거에 출마했을 때 손석형 씨가 출마했지만 민주노총 후보가 되지 못했고, 2020년 석영철 동지가 출마했지만 민주노총 후보가 되지 못했고, 작년 선거에서는 다들 민주당과 단일화하고 진보정당 후보는 저 혼자뿐이었지만, 민주노총 조합원임에도 민주노총 후보가 되지 못했습니다. 이처럼 제가 민주노총에 많은 상처를 안고 있어요. 저 같은 사람이 어떤 신뢰와 애정을 가지고 민주노총의 정치 방침, 정치활동을 기대할 수 있을까, 저는 이후에 또다시 출마할 수 있을지 모르겠지만, 우리가 좋은 말로 이렇게 극복해야 한다고 말하지만, 이미 그거는 좀 불가능한 게 아닌가 하는 생각이에요.

그런 점에서 과연 민주노총이 지금 특정 정파로 굉장히 경도되어 있는 상황에서 향후 주요

선거에서 정치 방침, 선거 방침을 정해 나가는 게 과연 맞겠는가 하는 생각이 듭니다. 그런 점에서 아까 산별노조로 내려야 한다는 문제 제기가 좀 검토되어야 한다고 생각합니다. 저는 그래도 포기해서는 안 되고 지역 단위에서 지역 본부가 나름의 독자성을 가지고 갔으면 좋겠다는 생각입니다. 지역의 진보정치가 민주노총 중앙의 방침에 얽매여서 지역에서 나름의 필요성을 느낌에도 불구하고 운신의 폭을 갖지 못하고 있습니다. 그런 점에서 지역 단위의 민주노총 본부가 나름의 독자성을 가지고 지역의 정치활동을 이끌어 갈 수 있는 방향을 찾아갔으면 좋겠다는 생각입니다. 굳이 우리가 진보정당 전체에 대한 전망을 합의하지 못하더라도, 지역에서 대중조직과 진보정당 활동을 하면서 기초의원이나 광역의원에 출마하려는 사람들은 지역노동운동과의 결합력을 높여서 지방 의원의 활동이 지역 활동을 더 강화하는 방식으로 모범적 사례를 만들어 전국적으로 확산하고 새롭게 출발하는 과정을 기대합니다. 저는 중앙의 방침에만 기계적으로 의존해서 정치세력화를 추진하는 것은 탈피했으면 좋겠습니다.

조효래(진행)

정치활동과 관련한 대중조직의 분열이 심각한 상황에서, 뭔가 지역에서부터 모범적인 통일과 단결의 전형을 만들고 그러한 사업 경험들을 축적해 전국으로 확장해 가는 게 필요하겠다는 말씀을 해주셨습니다.

주제 3. 노동운동의 지역 연대, 어떻게 확장할 것인가?

조효래(진행)

세 번째 주제는 노동운동의 지역 연대입니다. 노동운동이 사업장을 넘어 지역에서 책임 있는, 영향력 있는 주체로서 기능하고, 노동 의제와 관련하여 지역과 연대할 뿐 아니라, 지역의 사회적 의제와 관련하여 지역사회를 진보적으로 재구성하는 역할을 해야 한다는 지적이 많습니다. 노동운동의 지역 연대는 미조직 비정규 노동자와 관련한 의제일 수도 있고, 지역사회의 현안 의제일 수도 있습니다. 이 주제는 문상환 미조직 비정규사업국장님부터 해주시는 게 좋을 것 같아요. 지역 연대를 어떻게 하면 확장하고 강화할 것이냐, 민주노조 운동이 지역에서 어떤 사업을 해야 할 것이냐로 좁혀서 얘기를 해보도록 하겠습니다.

문상환(금속노조 경남지부 미조직비정규사업국장)

저는 현재 지부에서 미조직 비정규직 사업국장을 하고 있습니다. 미조직 사업이라고 하는 게 노동조합의 울타리에 들어와 있지 않은 노동자들을 노동조합의 울타리로 들어오도록 하고 또는 들어오지 않더라도 적어도 노동법이나 근로기준법이 좀 더 많은 노동자에게 갈 수 있도록 하는 일입니다. '노동조합은 지역과 함께 해야 한다'는 당위성에 대해서는 끊임없이 고민하고 있고 주문도 하고 있는데, 구체적으로 무엇을 할 거냐는 아직 정리를 못 하고 있는 상황이라고 보시면 됩니다. 물론 미조직 노동자를 대상으로 현안과 각종 사례, 최저임금 인상 등 전국에서 통일된 내용으로 선전도 하고 라디오 광고도 하고 상담도 하고 다양한 사업도 하고 있습니다. 그러나 그건 산별노조로서 일상적인 사업이고, 지역사회에서 민주노총이나, 특히 창원에서 금속노조가 무엇을 할 것인가에 대한 고민이 아직 정확하게 정리가 되어 있지 않습니다.

금속노조 경남지부로 보면, 사회 연대 기금을 조성해서 지역사회에서 뭔가 역할을 해보자고 결의했음에도 불구하고 사회 연대 사업을 어떻게 펼쳐갈 것인가에 대해서는 조직 내부의 토론과 '사회연대봉사단' 구성 등 다양한 실험을 하고 있습니다. 또 하나는 시민사회단체와 연대기구 이런 것들에 대해서도 아직 모르겠습니다. 개인적으로 보면 이 연대체가 정말로 지역에서 지역사회를 개편하고 새로운 구조를 만들어가는 역할을 할 수 있는지 의문이고, 그런 과정에서 노동조합의 개입은 적은 편입니다. 하지만 우리가 다른 지역에 비해서 현안이 적어서 그런지도 모르겠습니다만, 각종 현안에 대한 명확한 입장 정리가 노동조합 차원에서 잘 안 되기도 합니다. 지역소멸의 문제, 취업 차별 문제 등 노동조합이 이런 문제를 포함해 지역의제로 치고 나갈 수 있어야 하는데 민주노총 본부도 마찬가지고 금속노조도 아직 자기 문제로 안고 가지 못하고 있습니다. 그런 문제에 대한 내부 토론을 계속하고 있음에도 불구하고 아직 이거다 하는 답을 내지는 못하고 있습니다. 대단히 죄송스러운 상황입니다.

조효래(진행)

솔직한 현실을 말씀을 해주셨습니다. 노동조합이 지역의 의제에 어떻게 개입할 것이냐, 금속노조와 민주노총이 무엇을 해야 하는가에 관해, 배종철 국장님 말씀 듣겠습니다.

배종철(공공운수노조 경남본부 조직국장)

앞에서 정책 얘기할 때, 제가 지역 본부 이야기를 했는데요. 지역 본부 중에 선거 방침을 결정한 지역 본부들이 있습니다. 그러한 점에서 같이 확인해 볼 필요가 있다는 말씀을 드리고요. 앞에서 이야기했던 것처럼 정치운동이 노동운동의 단위를 대단히 저해하고 있는 상황에서, 지역 운동과의 연대가 한 발 더 나갈 수 있는 방법이 뭘까 싶습니다. 투쟁 사업장이 있을 때 단순한 지원을 넘는 연대가 어떻게 가능할지 고민했습니다. 앞 전 민주노총 집행부에서 지자체 교섭을 요구했었습니다. 지자체 교섭을 통해서 경남 도민 전체에게 적용될 수 있고 도민 다수에게 이익을 줄 수 있는 의제를 찾아서 지자체 교섭을 해보자고 했습니다. 그런데 실제 진행된 과정을 보면 300여 명이 자기 요구를 받아서 도에 전달하고 도의 담당 부서에서 의견을 한 번 듣는 것으로 끝나버렸거든요. 지금 김은형 본부장 들어왔을 때도 중심 사업에 지자체 교섭이 있었습니다. 그런데 사실상 2024년도에는 준비를 못 했습니다. 2025년도를 준비하고 있던 과정에서 문제가 터지면서 좀 미루어지고는 있지만, 어쨌든 지역에 있는 노동조합이 연계할 수 있는 유일한 소통은 지자체 교섭입니다. 산별 연맹에서 각자의 의제를 가지고 투쟁하는 것은 불가능하다고 봅니다.

그래서 민주노총을 비롯한 각 산별 연맹이 경남 도민들에게 영향을 줄 수 있는 의제를 찾아서 그 의제를 가지고 지자체 교섭을 추진하다 보면 지역으로부터 인정받고 존재감이 좀 부각되지 않을까 하는 생각이 있습니다. 쉽지는 않겠지만, 민주노총이 지자체 교섭에 좀 더 많은 공을 들여야 합니다. 그동안 민주노총을 중심으로 노사정위원회에 참여할 거냐 말 거냐를 둘러싸고 논쟁이 많았지만, 핵심적인 내용인 투쟁이 빠져 있습니다. 교섭은 요구하는데 교섭이 안 됐을 때 투쟁을 어떻게 할 건지에 대한 내용은 전혀 없습니다. 노사정위원회도 마찬가지였죠. 노사정위원회에서도 투쟁을 어떻게 전개해 해결해 볼 건지에 대해 방향이 명확하지 못했던 겁니다. 민주노총 내 지역 본부들이 지자체 교섭을 준비하고 진행하지만, 실제 투쟁을 포함한 계획을 내놓은 데가 별로 없습니다. 그래서 저는 지자체와의 단체교섭이 그냥 협의하는 정도의 내용이 아니라 실제 민주노총 지역 본부 조합원들이 합법적 쟁의가 아니라 하더라도 투쟁하는 힘으로 뭔가를 만들어내는 방식이 공유됐으면 좋겠습니다. 이런 것들이 가능할 때 지역 연대가 활성화되지 않을까 생각이 듭니다.

안석태(민주노총 경남본부 부본부장)

지역 개입과 관련한 문제는 배종철 국장님이 말씀하신 것과 똑같은 입장입니다. 지역 본부가 노정 교섭을 추진할 때, 노사정 교섭 의제에는 지역 전체를 아우르는 의제와 산별 의제들이 있는데, 산별 분과 단위로 진행을 하면 된다고 생각합니다. 그런데 그것을 모아내는 과정은 있지만, 실제로 이 로드맵과 관련된 것을 산별 조직과 민주노총 지역 본부가 통일된 방향과 내용, 주요한 모델 사업을 정하고, 지역 교육 전략의 종자가 되는 것을 합의하고 이것을 중심으로 사람들이 힘을 모아야 합니다. 재정과 인력의 문제가 있기 때문입니다. 그리고 투쟁과 재정, 이것을 기반으로 투쟁 전략을 펼치고 지방 정부에 대한 압박 전략을 수립하고 추진해야 합니다. 그 모델 사업을 어떻게 선정할 거냐 하는 문제와 관련하여, 과거 무상급식과 같은 사업은 그래도 이견이 없는 의제나 내용이라고 봅니다. 지금 예를 들면 금속 같은 경우는 천 원 밥상 이런 것도 이야기하더라고요. 사업장이나 지역 단위의 쉼터 같은 걸 이야기할 수도 있습니다.

법률적 테두리의 문제도 있겠지만 보조 교섭을 통해서 지자체를 압박해 들어가고, 지자체가 예산을 투입하고 필요하면 금속노조가 사회연대기금을 공동 출연할 수도 있을 겁니다. 다른 산별도 같이 기여할 수 있는 방식을 고민하고, 그리고 지자체 단위가 더 규모 있게 하고 그것이 모델화되어서 확산할 수 있도록 하면 됩니다. 그다음 의제를 선정하고 교섭에 들어가는 방식으로 지역사회 개혁 전략을 마련해야 하지 않나 생각합니다. 그렇게 되면 산별 의제를 중심으로 한 산별 분과 전략도 자기 사업장의 문제만이 아니라 산별 전체를 포괄하는 의제를 제출할 수 있습니다. 그러면 산별연맹이 지방 지자체와 의제별 교섭과 내용에 개입할 수 있는 부분이 있다고 생각합니다. 배 국장님 말씀하신 바대로, 지역 개입 전략에서는 노정 교섭이나 지자체 개입 전략과 관련하여, 같이 결정을 했지만 실제로 문제를 풀어나갈 인력과 재정의 집중 그리고 함께 합의해서 종자를 선택하는 과정이 아직 부족하다고 봅니다.

조효래(진행)

지역 연대는 기본적으로 입장이 갈리는 문제는 아닌데 현실적으로 얼마만큼 힘을 실어 추진할 수 있을지, 구체적인 사업의 방향과 내용을 잘 설정할 수 있을지가 관건이 아닌가 싶습니다. 이 문제는 여영국 의원이 지역구 활동을 하시면서 많이 고민하셨을 것 같아요.

여영국(전 국회의원)

지역 연대와 관련하여, 노동의 의제뿐만 아니고 사회적 의제들이 굉장히 많지 않습니까? 예를 들어, 에너지 문제는 우리 지역에서 참 뜨거운 화두죠. 원자력 관련 기기를 생산하는 공장이 있다 보니까 노조 내에서도 갈등이 생기기도 하고, 그런 문제에 대해 우리 노동자들이 어떤 관점과 입장을 가져야 할지, 단위 사업장을 넘어서는 행동을 어떻게 조직해야 할지 이런 문제도 있습니다. 기후 위기에도 불구하고 우리 지역에서 에너지 전환 운동이 활발하지 못한 이유 중 하나가 그런 점이라고 봅니다. K-방산으로 수출이 늘어나니까 외국에서 방위산업에 일정한 담보를 요구합니다. 작년 재작년인가, 우리나라 국책은행에서 담보 비중을 기존에 몇 십억, 몇백억 원으로 확 높인 법률이 국회에서 통과된 적이 있는데, 저희 당 소속 의원이 반대 토론을 한 적이 있습니다. 반대 토론을 했는데 직접 이해관계를 가진 방위산업 지역에 있는 노조에서 저를 소환해 호되게 혼이 난 적이 있습니다. '앞으로 우리 모가지 자를 일이 있냐', 그런 문제 제기를 아무 거리낌 없이 했습니다.

지역 연대라는 관점에서 보면, 계급적 의제뿐만 아니라 평화, 교육 등의 의제가 중요한 사회적 의제로 이에 관한 명확한 관점을 가져야 하는데 이런 문제가 이제는 다 사라져 버린 거죠. 그러니까 지역 연대에 한계가 있을 수밖에 없다는 생각이 듭니다. 더욱이 김경수 도지사, 허성무 시장 등 민주당 지자체가 들어서면서 독자적인 시민운동 단체들이 제도권에 편입되었습니다. 일례로 김경수 도정이 들어온 후에 가덕도 신공항을 추진했습니다. 저희 같은 경우 강하게 반대하고 있는데, 이전 같으면 그 문제에 대해서 막 벌떼같이 들고 일어나 입장도 내고 했을 텐데 그렇지 않아서 '왜 안 하냐'고 물었습니다. 그러니까 첫 말이 '거기는 우리 경남지역이 아니지 않습니까?'라는 말이 돌아왔어요. 하여튼 시민사회운동이 제도권에 편입되면서 지역의 여러 의제와 관련하여, 우리 노동자들이 지역과 연대해서 참여할 기회가 많이 줄어들고 있다고 봅니다. 계급적 문제뿐만 아니라 평화의 문제, 교육의 문제 등에 대해 민주노총이나 금속노조, 공공을 포함해 우리 노동조합들이 입장들을 분명하게 가질 필요가 있다고 봅니다. 그래야 지역 연대도 고민할 수 있다고 생각합니다.

홍지욱(민주노총 부위원장)

현재 노동조합운동은 지역적으로든 사회적으로든 완전히 고립돼 있다고 봅니다. 민주노총과 금속노조 운동이 그렇습니다. 저도 금속노조 경남 지부장을 할 때 지부의 사회연대기금 사업을 통해서 어떻게든 숨통이라도 좀 틔어보자고 지역 연대에 대해서 고민을 많이 했고, 사업도 이래저래 하긴 했습니다. 그런데 한계가 문상환 국장님 말씀처럼, 지역 연대가 어떤 사안에 대한 지원을 넘어서는 수준의 전폭적인 전략으로 확장해 나갈 수 있는 내부적인 합의나 사업들이 만들어지지 않아 많이 아쉬웠습니다. 여영국 전 의원이 말한 교섭의 상대는 도지사나 시장이 되겠죠. 때로 상황에 따라서 조례나 제도로 접근하면 도의회나 시의회로 접근해 지역 의제를 성사하는 게 중요합니다. 기후 위기가 심각해지고 있는 상황에서, 기후 위기에 대응한 지역적 차원의 의제로 노동조합 단체협약에서 녹색 단협을 공론화하고 있습니다. 산별노조들이 녹색 단협을 적극적으로 요구하고 지회들은 기업주와의 단체협약 개정을 하고 있습니다. 1~2년마다 진행되는 임단협에서 일반적인 근로조건 개선은 할 만큼 했으니, 이제는 기후 위기에 대응한 지역 차원의 녹색 단협을 적극적으로 요구하고 해당 기업이나 업종, 지역 전체에 적용되는 기후 위기 대응 의제를 구체적으로 만들어가는 것이 필요합니다. 노조는 노사 간 단협에서 기후 위기에 대응하기도 하고 지역 의제에 대응하는 방향을 잡아갈 수 있습니다.

그러려면 여 의원이 말씀하셨지만, 에너지 전환이 시급합니다. 에너지 산업 전환을 위해서는 우리 지역으로는 석탄 발전, 화력 발전을 폐쇄하고 공공 재생에너지로의 전환이 필요한데, 대부분 풍력 발전의 설비를 포함한 공공재생 에너지가 대부분 미국과 중국 자본에 80% 이상 넘어가 있는 상황입니다. 심각하거든요. 그러니까 공공성을 담보할 수가 없는 상황인 거죠. 그래서 우리 경남도 풍력 발전을 준비하고 있고 울산 경남에 대규모 풍력 발전 단지가 조성될 텐데 민주노총 지역 본부나 해당 산별 조직들이 지금부터 나서야 합니다. 공공 재생에너지로의 전환 문제는 이의를 제기할 필요가 없어서 한국노총을 포함한 전체 노조들이 공동으로 지역 의제화하고, 공공 재정을 마련하여 사업장 단위를 넘어서는 지역 차원에서 요구하고 만들어가는 태양광 설치 등의 의제를 구체적으로 고민해 들어가야 합니다. 지금부터라도 공고가 나면 민주노총 경남본부가 그런 사업에 적극적으로 나서야 합니다. 노동조합의 현안이야 끝없이 밀려오는 거니까. 전략적으로 우선해서 선택과 집중을 통해 지역 문제를 공론화하고 지방 정부든 지역 자본가단체든 협상과 교섭을 준비하는 것을 빠르게 진행해야 한다고 봅니다.

김성대(전 민주노총 경남본부 정책국장)

돌이켜보면, 예전에 3.15 묘역 비정규직 노동자 한 분이 해고됐을 때 공공운수노조 전체 조직이 달라붙어서 투쟁했습니다. 조합원 한두 명 정도 있는 소수 노조인데 부당해고를 당했을 때 전체 조직이 동원되고 힘을 모아서 결국 그분을 현장으로 돌려보내기 위해 300~400명씩 몇 번이나 갔던 기억이 있습니다. 전체가 소수를 위해 이렇게 함께하는 모습이 훌륭한 모범이 아닌가 생각합니다. 민주노총 경남본부의 경우 미조직 노동자 사업장에서 산업재해가 나면 개입력을 굉장히 높여냅니다. 물론 산재추방운동연합 전문가가 있고, 조직된 노동자뿐만 아니라 미조직 노동자의 문제, 비정규직 지원센터의 개입력을 높여야 합니다. 한 사람이 피해를 보고 불이익을 당하는 경우, 함께 대처하는 구조를 마련해야 합니다. 얼마 전에 한 사업장 분과 상담을 했는데 의지할 데가 없는 경우가 많습니다. 이런 부분에 대해 우리가 부족한 측면이 있습니다. 민주노총 강령이 좋은 예입니다. 우리는 독점자본에 대한 규제를 강화하고 중소기업과 농업을 보호하며, 사회보장 주택, 교육, 의료, 세제, 재정, 물가, 금융, 환경, 교통 등과 관련한 정책과 제도를 개혁하겠다는 이야기를 합니다. 이제 노동자들의 계급적 요구도 중요하지만, 예를 들면 지역에서 위안부 문제가 중요한데 이런 문제에 결합력이 약합니다. 환경이나 위안부 문제는 노동조합이 시민단체들을 따라가지 못하는 부분들이 많습니다. 워낙 많은 사안이 벌어져서 그럴 수도 있지만, 더 확장된 연대를 위해서는 부족한 부분이 많습니다.

노조 내부를 보면, 정책에 관한 학습 욕구나 역량은 많습니다. 공공노조에는 박사급 조합원들도 많습니다. 자원은 많은데 지역 차원에서 보면, 여전히 중앙에 의존하는 게 커서 정책 능력이나 기본적인 학습은 예전만 못합니다. 예전엔 역사에서 배우기도 했는데, 마창노련의 역사를 통해 그 정신을 배우는 부분은 취약합니다. 마창노련의 교훈을 통해 노동운동의 자기 성찰이 필요합니다. 오늘 이런 자리들이 많아져서 기초를 닦아나가고 서로의 차이를 좁혀나갈 수 있습니다. 이런 게 사실 일상적 연대라고 봅니다. 한 사업장에서 구조조정이 있거나 생존권 위기에 처했을 때, 기자회견이나 지역 연대를 하곤 하는데, 딱 자기 입맛에 맞는 정당들만 부릅니다. 주변의 우호 세력들을 결집해 그 힘으로 현안을 돌파해야 합니다. 이런 사업 작풍을 개선해야 합니다. 일상적 연대를 강화하는 노력이 필요하고, 지금 금속노조에 사회연대기금 활동은 모범적이고 잘하는 부분이라고 봅니다. 울산이나 거제도 마찬가지로 이런 내용의 조례를 만들어 하청 노동자들의 근로조건을 개선하는 정책이 필요하다고 봅니다.

조효래(진행)

지역 연대 사업을 통일 단결의 사업작풍과 연관해서 접근해야 한다는 말씀이었습니다. 지적하신 바와 같이, 지역 연대에 대한 고민을 취약 노동자 보호라는 노동 의제에서 확장해 기후 위기나 에너지 전환, 불평등, 교육 등 사회적 의제로 접근해 고민하는 것이 필요하지 않을까 싶습니다.

주제 4. 노동운동의 혁신, 어디에서 시작할 것인가?

조효래(진행)

마지막 주제는 앞의 주제들과도 중복되는 부분도 있습니다만, 노동조합운동이 바뀌어야 한다, 혁신해야 한다고 하면, 노동운동의 혁신을 어디서부터, 무엇부터 시작할 것이냐입니다.

배종철(공공운수노조 경남본부 조직국장)

1987년 노동자 대투쟁 시기에는 노동자들의 조건과 처우가 비슷했기 때문에 노동조합 상층에서 합의하더라도 내 주장과 이야기라고 받아들이는 데 어려움이 없었습니다. 그래서 노동조합이 대중과 함께하는 게 그렇게 어렵지 않았습니다. 그러나 현재 모습은 전혀 다르다고 봅니다. 저는 대중과 함께 절차적 · 실질적 민주주의를 실현해 간부 활동가를 육성하는 것이 최우선의 과제라고 봅니다. 산별노조 운동과 진보정치 운동을 하겠다고 하면, 그 방식은 상층 중심의 활동이 아니라 철저하게 대중과 함께 결정하고 토론하고 실천하는 것이어야 하는데, 그런 사업을 위한 활동가들을 길러내지 못했습니다. 그렇게 되면 지금까지의 역사를 반복할 수밖에 없습니다. 현재 젊은 세대들은 내가 결정하지 않으면 행동하지 않겠다는 사람이 대다수입니다.

과거처럼 선배들이 '노동조합은 이렇게 하는 거야'라고 가르치는 방식으로는 불가능합니다. 이제는 철저하게 절차적 · 내용적 민주주의를 실행하는 활동가들을 길러내고, 그 활동가들이 실제 그런 사업을 만들어야 합니다. 그래야 노동운동의 대책이 섭니다. 결국, 사람이 바뀌어야 하고 그 과정에서 선배들이 해야 할 일은 우리가 놓쳤던 부분이나 잘못했던 부분에 대한 반성의 이야기를 듣는 과정입니다. 그런 것이 확인되지 않는 한, 단결이란 불가능할 겁니다. 지금까지 있었던 수많은 비판을 어느 단위에서 반성하고 대중 앞에 '이런 것들은 잘못했던 거야, 우리가 놓쳤던 거야.'라는 이야기를 만들어내는 것이 필요합니다. 남아 있는 선배들이 마지막 떠나는 시점에서 어떤 형태로든 그런 모습을 대중들에게 보여줬으면 좋겠습니다.

조효래(진행)

혁신의 출발은 사람을 키우는 거다. 민주주의에 충실한 간부 육성에서 시작하자. 다 동의할 수 있는 말씀이신 것 같아요.

안석태(민주노총 경남본부 부본부장)

짧게 말씀드리겠습니다. 혁신과 관련해서는 이런 자리가 더 확장되었으면 좋겠다고 생각합니다. 먼저, 저는 교육 사업과 관련된 것을 잘했으면 좋겠습니다. 교육 사업은 마인드를 열어놓고 이야기할 수 있었으면 합니다. 예를 들어 금속노조가 진행하고 있는 열사 탐방사업을 전 조직적으로 해봤으면 좋겠습니다. 간부들이 열사를 모르니까 열사의 삶과 배경을 아는 것에서부터 출발하고, 이것을 다른 의제로 확장해 가는 노력을 했으면 좋겠다는 생각입니다. 두 번째는 대의체계입니다. 노조의 운영위원회, 지역의 운영위원회, 연맹의 운영위원회와 대의원체계가 있습니다. 그런데 대의체계의 직접성을 강화할 방안을 찾았으면 합니다. 예를 들면, 지회장에게 어떤 문의가 들어오면 자기가 속한 해당 조직의 의견을 수렴해야 민주주의가 되고, 대표성도 가질 수 있습니다. 그런데 지회의 의견이 지회장 개인의 의견인 경우가 많아서 조합원들의 의견이 수렴될 수 있는 직접 민주주의를 강화하는 방안을 고민했으면 좋겠습니다.

조효래(진행)

역시, 교육사업과 민주주의를 강화하자는 말씀이신 것 같습니다.

여영국(전 국회의원)

노조 운동의 혁신과 관련해서는 우선, 직선제 문제를 진지하게 재검토해 봐야 하는 거 아닌가 하는 생각이 듭니다. 직선제를 통해서 지도부의 정치적 위상이 강화되는 측면도 있지만, 선거 과정에서 조합원 대중이 분열되고 여러 가지 부정행위가 발생하는 등, 대중들에게 미치는 부정적인 영향도 적지 않습니다. 또 하나는 민주노총이라는 내셔널 센터의 기능을 생각할 때, 굳이 직선제를 해야 하는가는 의문입니다. 저도 민주노총 경남본부장에 출마하면서 직선제 이야기를 혁신의 과제로 이야기했습니다만, 이제 20년이 지나 지난 과정을 돌이켜 보면 그걸 재고할 필요가 있지 않겠는가 생각합니다. 좀 지난 이야기인지 모르지만, 과거 금속연맹 시절에 노조 운동의 공적 역할, 예를 들면 거제 대우조선 노조의 경우 명절 선물을 지역의 특산물로 한다든지, 큰 백화점의 상품권보다는 지역사랑 상품권으로 해서 지역 주민들과 공생하려는 노력을 단체협약으로 추진했습니다. 그렇게 노조 운동의 공공성을 사회적 공공성으로 확대해 갔으면 좋겠습니다.

제가 얼마 전에 산청에 있는 유기농 배 생산 농가를 가봤습니다. 영농 법인을 만들어서 하는데 박원순 서울시장 때 학생들에게 좋은 과일을 공급하겠다고 서울시와 협약을 맺은 겁니다. 그게 시장이 바뀐 지금까지 계속되고 있고 덕분에 유기농 생산 농가가 확대되고 있었어요. 지금 기후 위기 시대에 첫째는 노조는 경남의 생산자들이 친환경 생산한 농산물을 조합원들에게 공급할 수 있는 고리를 찾아야 합니다. 그러면 농약도 덜 치고 기후 위기 극복의 대안과 연결될 수 있는 것 아닌가 합니다. 서로 도움이 되고, 사회 공익적 활동도 하는 의제들을 함께 결합해 나가면서 노조 운동의 한계를 극복해 나갔으면 좋겠다는 생각이 듭니다.

조효래(진행)

선거제도 개편과 노조 운동의 사회적 공공성, 특히 협동조합과 생산자와의 연계까지 강조해 주셨습니다.

홍지욱(민주노총 부위원장)

저도 직선제는 폐기하는 게 맞다고 봅니다. 민주노총의 지도 집행력은 심각할 정도로 저하되어 있습니다. 거의 붕괴된 정도라고 보는데요. 지금 120만 명 조합원이라고 자랑하면서도 제도 집행력이 전혀 확보되지 않는 수준입니다. 그러다 보니 당선된 집행부는 개혁을 추진해야 하는데, 양경수 집행부나 그 앞의 한상균 집행부 할 거 없이 모두 승자 독식 구조입니다. 적어도 120만 민주노총의 지도력은 집행부 구성에서 통합·연합이 반드시 전제되어야 합니다. 알다시피 전노협 때 단병호 위원장을 옹립했어요. 그때도 정파가 있었죠. 정파가 엄청나게 많았습니다. 왜 단병호 위원장을 내세웠냐면 통합을 잘 구현할 수 있다는 이유였습니다. 원로 노조위원장이며 약체 산별인데 위원장으로 옹립했단 말이죠. 유일무이하게 총파업을 단행했던 권영길 위원장도 정파 연합을 했습니다. 그런 거예요. 그래서 96~97 총파업을 해냈잖아요.

문제는 통합적 지도력입니다. 지금 윤석열 퇴진 광장에서 민주노총 깃발을 들고 광화문에서 기회를 열겠다고 해서 많은 박수를 받았는데 사실 속 빈 강정이었습니다. 국민은 광장에서 윤이 퇴진을 안 하고 늘어지니까 또 위험해진다고 하니까, 민주노총이 총파업을 해야 한다고 요구했어요. 민주노총 총파업을 위한 토론이 산별 단위로 이어졌지만, 결국 불가능했습니다. 물론 12월 3일 계엄 선포 이후에 즉각적인 총파업을 선언했죠. 그러나 총파업은 완전히 실패했습니다. 그러니까 노동조합이 가지고 있는 무기는 파업인데, 민주노총이 이것을 행사할 수가 없을 정도로 무너져 있단 말이에요. 이 문제를 극복하기 위해서는 통합적 지도력을 구성해야 합니다. 직선 경선을 통해 한 집행부가 되면 통합적 지도부는 절대 불가능합니다. 노동조합은 대중적이기 때문에 그렇습니다. 단일 사업장 내에 일사불란하게 터지는 게 아니라 한 나라의 총연맹은 지도부 구성에서 연합 통합이 불가피하다고 봅니다. 우리 금속노조도 정체상태로 하향 평준화되고 있는데, 중앙교섭의 출구 전략은 거의 10년 넘게 막혀 있어요.

문상환 국장이 진단했듯이, 중앙교섭도 마찬가지로 1만 5천 명도 안 되고, 산별노조의 핵심이 단체 교섭인데 교섭 전략에서 우위를 만들 수 있는 돌파구를 마련하지 못하고 있습니다. 금속노조의 경우 통합 지도부를 구성했던 7기 박상철 위원장이 유일무이하게 80% 중단 파업에 성공했습니다. 금속노조가 통합된 15만 시절 이후 한 번도 파업을 5만 명이나 참여한 역사가 없습니다. 정파별 집행부가 다 독자적으로 해봤는데 안 됩니다. 서로 정말 도와주지 않습니다. 그러니 반대하는 게 맞다고 봅니다. 노동조합운동의 혁신에는 여러 가지 방법이 있겠지만 일단 지도 집행력을 갖추는 게 최우선입니다. 금속노조나 민주노총은 정치적인 노선이나 정파 세력화 때문에 민주노조운동의 기본적인 정신과 조직 운영에 실패함으로써 현장의 신뢰를 상실하고 있습니다. 이러면 위험하다고 봅니다.

김성대(전 민주노총 경남본부 정책국장)

저는 노동운동의 혁신을 자신으로부터 찾을 수 있는 기회를 많이 마련해야 한다는 생각입니다. 또, 제도보다는 사람에게서 답을 찾으려고 합니다. 제도적인 측면에 대해서는 다른 분들이 말씀해 주셨고, '나는 진정으로 노동운동 활동가로 살고 있는가.'라는 질문입니다. 많은 활동가가 지금 관성으로 살고 있는데 '나는 정말 이 세상을 바꾸고자 하는가? 진정 모든 운동의 단계에 복무하고 있는가? 정파적 이해관계를 앞세우지 않는가?' 이런 성찰의 과정이 있어야 한다고 봅니다. 이런 자리를 통해 자기를 돌아보고 성찰하고 다시 힘을 내는 자리와 기회가 끊임없이 이루어져야 한다고 봅니다. 자신의 변화나 조직의 혁신에 대해서 인문학적 성찰이 많이 필요하다고 봅니다. 특히 역사나 철학, 전태일 정신을 들 수 있습니다. 우리가 노동자 대회를 할 때면 '전태일 정신'을 이야기하는데, 전태일 정신을 일상적인 활동이나 사업에 많이 접목해 내야 한다고 봅니다. 우리 지역에도 노현섭이라는 아주 훌륭한 노동운동가가 있지 않습니까? 우리 주변에 있는 아름다운 삶을 가진 열사들의 삶을 재조명하고, 그분들의 삶을 배우는 기회가 많아져야 한다고 봅니다. 노동 교육에서 인문학 교육을 강화해야 하고 민주노총이나 산별조직들의 선언 · 강령 · 과제에 관한 교육을 해야 합니다. 대화와 타협, 토론의 문화를 강화하고, 특히 소통과 공감 능력을 우리 간부들부터 키워나가는 것이 우선되어야 한다고 생각합니다.

문상환(금속노조 경남지부 미조직비정규사업국장)

많은 분이 말씀해 주셨는데요. 아까 우리 여영국 전 의원님이 말씀하셨던 지역 상품권이나 식당에서 농산물을 사용하는 것과 관련해서는, 금속노조의 중앙교섭과 집단교섭 참가사업장들은 성과급을 지급할 때 지역 상품권을 활용하고 있습니다. 그걸 확대하려고 하고 있고 실제로 강조도 많이 하고 있고요. 박완수 도지사도 어린이집의 지역 농산물 공급을 공약해서 계속하는 것으로 알고 있습니다. 지역을 살리기 위해 서울시장이 경상도까지 와서 하는 것도 중요하겠지만, 경상도 안에서 만들어지는 농산물을 도내에서 소비하는 것도 중요한 문제라고 생각합니다. 노동조합에서 이런 부분을 의제로 가져갈 수 있도록 금속노조가 그런 교섭을 많이 해왔다고 생각하고요. 물론 모든 사업장을 포괄하지 못하는 문제는 좀 있는 것 같습니다. 현재 대상 인원이 많지 않지만, 이를 늘려 가려는 노력을 하고 있습니다.

안석태 부본부장이 말씀하신 대로, 금속노조는 87년 세대가 빠져나가는 것에 대한 두려움이 있습니다. 솔직히 말씀드리면, 그 두려움을 끌어내고자 각 사업장 간부를 대상으로 노동조합을 만들고 민주노조를 지키기 위해 싸워왔던 열사와 관련한 의무 교육을 배치하고 있습니다. 지회 간부들을 모시고 강사팀이 열사와 관련한 내용을 가지고 노동조합이 왜 필요한지, 어떻게 활동해야 하는지 가르치고 있습니다. 금속노조도 고민을 하다가 지금 뚫고 있는 방식은 그런 겁니다. 보건의료노조의 전체 조합원 교육 시스템이 상당히 잘 돼 있고, 간부, 대의원들의 토론 체계도 상당히 잘 돼 있는 것으로 알고 있습니다. 금속노조는 예전 같으면 대의원대회를 자연스럽게 1박 2일로 했지만 요즘은 꿈도 못 꾸고 있습니다. 보건의료노조는 1박 2일, 2박 3일 이렇게 해내더라고요. 그걸 통해서 토론을 만들어내는 힘이 필요한 것 같습니다. 선배 노동자와 우리는 노동조합이 뭔지를 몸으로 배웠고, 연대투쟁이 당연하다고 받아들여 왔지만, 지금은 그걸 몸으로 배운다는 건 예전만큼 쉽지는 않은 것 같습니다. 그래서 눈높이를 맞추려는 노력을 하고 있고 금속노조가 2박 3일 확대 간부 교육시간을 필수적으로 요구해서 단체 교섭을 통해서 따내려고 하고 있습니다. 하지만 경남지역이 가장 확보율이 낮습니다. 경주, 대구, 충남 지역은 대부분 사업장이 2박 3일의 확대 간부 교육을 따내서 금속노조 중앙에서 통일된 교육을 하고 있습니다. 87년 이후 민주노조가 자리를 잡으면서 동일한 강사를 바탕으로 통일된 내용의 교육을 하고 싶었지만 그렇게 하지 못했습니다. 최근에는 그나마 금속노조 교육원이 만들어지면서, 부족하지만 2박 3일 교육을 통해서 눈높이를 맞추려 하고 있습니다. 2024년에는 기후 위기를 전체 공통 주제로 잡고 간부 교육을 하기도 했습니다. 물론 부족한 부분도 많이 있을 건데 노조로 보면 단위 지회는 받아들이는 게 좀 다릅니다. 87년 이전부터 활동을 해왔던 지회가 있고, 최근에 만들어진 지회가 있어서 그런지, 교육을 받아들이는 모습도 조금은 다르게 나타나기도 합니다.

또 하나는 금속노조가 지금까지 유지돼 올 수 있었던 여러 요건 중에 조합비의 중앙집중이 있습니다. 현재 조합비를 변화된 상황 속에서 어떻게 가져갈 것인지에 대한 논의를 하고 있습니다. 혁신으로 갈지 구태로 갈지는 솔직히 잘 모르겠습니다. 왜냐면 조합비 구조의 변경 논의를 시작한 배경이 87년 세대가 빠져나가면서 대기업을 중심으로 사업비 부족에 대한 문제 제기에서 비롯된 것이기에 그렇습니다. 하지만 금속노조가 중앙집중을 통해서 예산을 배정하는 방식을 지키려고 하고 있습니다. 변화하는 시대에 대한 노동조합 내부의 고민과 이를 바탕으로 한 활동이 전체로 보면 경남지역이 다른 지역에 비해서 늦은 편이고, 그런 부분에서는 죄송스럽다는 말씀을 드리겠습니다. 어쨌든 그런 고민을 하고 있고 최선을 다해서 하려고 한다는 말씀을 드리면서 마무리하겠습니다.

조효래(진행)

전체적으로 혁신과 관련해서는 일정한 합의가 되는 것 같습니다. 직선제를 포함해서 조직민주주의의 적절한 형태를 재구성하는 것, 그리고 노동조합의 교육을 강화하는 것. 이 두 가지로 혁신의 돌파구를 찾아야 한다는 말씀으로 이해가 됩니다.

예. 시간이 꽤 많이 지났습니다. 산별노조 운동과 노동자 정치세력화, 노동운동의 지역 연대 등 노동운동의 역할과 혁신에 대한 지역사회의 기대가 큽니다. 노동조합도 여러 가지 환경 변화에 어려움이 있습니다만, 산업도시에서 노조의 역할에 대한 지역사회의 기대가 크기 때문에 노동조합운동이 좀 더 많은 역할을 해줬으면 좋겠다는 생각입니다. 진보정당이 무기력하니 민주노총이 더 많은 역할을 해줬으면 좋겠다는 기대가 담겨 있다고 보입니다. 오늘 여러분들이 각자의 경험과 상황에 비추어서 지역에서 노동운동이 '무엇을 어떻게 해야 할 것인가'에 관해서 깊이 있는 말씀들을 많이 해주셨고, 이게 노동운동 발전에 많은 도움이 될 거라고 생각합니다. 고맙습니다.

경남 노동운동가들의
삶과 투쟁

초판인쇄 2025년 8월 29일
초판발행 2025년 8월 29일

지 은 이 조효래 · 심상완 · 김정호 · 한양하
펴 낸 이 채종준
펴 낸 곳 한국학술정보(주)
주 소 경기도 파주시 회동길 230(문발동)
전 화 031-908-3181(대표)
팩 스 031-908-3189
투고문의 ksibook1@kstudy.com
등 록 제일산-115호(2000. 6. 19)

ISBN 979-11-7457-141-0 93330

책에 대한 더 나은 생각, 끊임없는 고민, 독자를 생각하는 마음으로 보다 좋은 책을 만들어갑니다.